# エリアーデ
# 仏教事典

BUDDHISM AND ASIAN HISTORY
Edited by Joseph M. Kitagawa and Mark D. Cummings

Religion, History, and Culture
Selections from The Encyclopedia of Religion
Chiefly edited by Mircea Eliade

日本語版監修：
中村　元

編訳：
木村清孝、末木文美士、竹村牧男

法藏館

BUDDHISM AND ASIAN HISTORY
Edited by Joseph M. Kitagawa and Mark D. Cummings
Copyright © 1987,1989 by Macmillan Publishing Company,
a Division of Macmillan, Inc.
Authorized translation from the English language edition published by Macmillan Publishing Company, a division of Macmillan Inc.
All Rights Reserved. No part of this book may be reproduced or transmitted in any form or by any means, electronic or mechanical, including photocopying, recording or by any information storage retrieval system, without permission in writing from the Publisher.
Japanese translation copyright © 2005 by Hozokan Ltd. arranged with
through Tuttle-Mori Agency, Inc., Tokyo.

# 《日本語版》 監修者 序

　仏教やアジアの諸宗教を，広い視野から評価するという段になると，エリアーデさんの『宗教百科事典』(*The Encyclopedia of Religion*) が最適の書であるということを，なんぴとも承認せざるをえないであろう。
　エリアーデさんは，アジアの諸宗教についてもすみずみまで注意を怠らなかった。
　たとえば，仏教については，世界諸国の学界を通じて非常に優れた書が刊行されてきたが，本書は，一般の仏教学者が見落としたような事柄にも注意を払って，それを適当な箇所において言及，論評している。
　ヨーガと言えば，世界諸国において妙な流行とさえなっているが，学界ではヨーガに関する彼の研究は最も包括的で適切な概説書であると見なされている。
　ルーマニア生まれの，一見目立たない，地味な，けれん味のない温厚なこの学者を，人々は決して見逃さなかった。
　彼のもとには，世界諸国から研究者たちが訪れて来た。わたくしも，シカゴを通る時には必ず彼の門を叩いたが，彼は，極東アジアからの遊子を研究室または自宅に招き入れて，有益な学問的見解を述べてくださった。
　インドから東南アジアにかけての正統派哲学についても，新たなものを知りたいとの熱意にかけても，決して他の人々に劣らなかった。わたくしが1961年に氏の自宅で会った時にも，「あなたはこれからしばらくフロリダ大学に滞在するが，その間にあなたの『初期ヴェーダーンタ哲学史』（邦文）を毎日1ページずつでもよいから英訳するように」と言って激励された。
　エリアーデさんが晩年に落ち着いたシカゴ大学は，アメリカのみならず世界諸国を通じても一流の大学であるが，他の一流大学の有力教授たちも彼に対しては特別の畏敬の念をいだいていた。
　同じく最高水準ということでは人後に落ちないハーヴァード大学の宗教学

の教授と，たまたま宗教学の現状の話に触れたところが，その教授は「宗教学では最高なのはシカゴ大学だろうな」と言った。「神に対してのみ敬礼する」と言われるほど自信の強いハーヴァードの教授がこんな言を吐くので，わたくしが「それはなぜですか？」と問い返したところが，「なにしろ，あそこには，エリアーデがいるからな」という答えが，独り言のように返ってきた。エリアーデさんの存在はそれほど大きかったのである。

今われわれは，そのエリアーデさんと直に対面することができる。

エリアーデさんの畢生の大作の総仕上げとでも言うべき『宗教百科事典』のうち，特に「世界史における仏教および東アジアの諸宗教」の部分は，西洋諸国でも独立の単行本として刊行されて好評を博しているが，このたびそれの日本語訳が，『エリアーデ仏教事典』という一巻のまとまった大冊として刊行されることになった。本書の邦訳に協力されたのも，わが国の一流の学者たちであるが，ここで，その真価が問われるのであろう。挙示されている文献だけでも，ずいぶん新しい。

これは，宗教の学問一般について言えることであろうが，エリアーデさんの設定したいろいろのパラダイムが今後そのまま採用されるべきであるかどうかは，なお問題である。たとえば，「聖」と「俗」というパラダイムの区別は，西洋に発する宗教についてははっきりしているが，東アジア・南アジアの諸宗教については，はっきりしない点がある。改めて吟味されるべきであろう。そのほかいろいろの問題を残しているが，ただ一つはっきりと言えることは，エリアーデさんの残した偉大な研究成果を乗り超えることによってのみ，新しい宗教理解の道が開けてくるであろう，ということである。

中村　元

# ❖❖❖❖❖❖❖❖❖❖❖❖ 目　次 ❖❖❖❖❖❖❖❖❖❖❖❖

◇《日本語版》監修者　序　i

◇凡　例　x

# 原著序文　3

## ═══════ 第1部　仏教の基底 ═══════

## 1　仏教という宗教・文化・文明　11
フランク・E. レイノルズ, チャールズ・ハリズィー

0）序　論〔仏　教とは何か〕　11
1）宗派的仏教〔仏教教団の成立〕　16
2）文明的宗教としての仏教　19
　アショーカ王時代の仏教 19／国家仏教の再主張とその超越 22／汎アジア文明としての仏教 25
3）文化的宗教としての仏教　29
　過渡期の時代 29／僧団の体制・王室の体制・民間の仏教 32／実践の重視 34／儀式の普及 37
4）近現代の仏教　39
　文化的対応 41／文明的対応 43／宗派的仏教の展開 43
5）結　論　44
【文献ガイド】46
※補遺 49

## 2　ブッダ　50
フランク・E. レイノルズ, チャールズ・ハリズィー

0）序　論〔ブッダとは何か〕　50
1）歴史上のブッダ　53
2）ブッダ　56
　ブッダの称号 57／仏伝 60／ブッダの視覚化 65
3）ゴータマ以外のブッダたち　68

過去仏と未来仏 68／天上と宇宙世界のブッダ 71／生き仏 73
4）ブッダの本質（仏性） 75
5）結　論 78
【文献ガイド】79
※補遺 81

## 3　インドの仏教　83　　　　　　　　　　　　ルイス・O. ゴメス

1）起　源 83
研究資料と時代背景 84／三宝 88
2）僧　院 94
共通する教義基盤 96／崇拝と儀礼 98／結集および経典伝承の始まり 101
3）外国の侵入の時代 103
学派の出現と分派 104／聖典伝承の展開 107／実践面の発展 109
4）部派分裂と大乗の出現 114
インド以外の初期の学派 114／大乗仏教 114
5）大乗の発展 121
教義の発展 123／実践における発展 129
6）崇高な伝統と大学 132
大乗仏教の統合 132／学派 132／新しい経典 137／大乗仏教の衰退 138
7）タントラ仏教の革新 139
タントラ仏教の種類 141／タントラ文献 146／タントラ仏教と崇高な伝統 147
8）インドにおける仏教の衰退 150
9）仏教の残存とインド亜大陸での復活 154
辺境の仏教 154／再生の試み：マハーボーディ協会 156／アンベードカルと「新仏教」156／その他の現代仏教 157
【文献ガイド】160
※補遺 168

目次

========== 第2部　アジアに広まる仏教 ==========

4　東南アジアの仏教　173　　　　　　　ドナルド・K. スウェアラー

　初期発展段階 175 ／古典期 180 ／近代の東南アジアの仏教 194 ／【文献ガイド】209 ／※補遺 211

5　中央アジアの仏教　213　　　　　　　ロナルド・エリック・エンメリック

　本文 213 ／【文献ガイド】222 ／※補遺 223

6　中国の仏教　225　　　　　　　　　　エーリク・チュルヒャー

　地理的環境がもたらした結果 225 ／仏教と中国文化 228 ／時代区分 232 ／未発達期 233 ／形成期 235 ／自主的発展期 237 ／前近代期 239 ／近現代中国の仏教 241 ／【文献ガイド】242 ／※補遺 243

7　朝鮮の仏教　244　　　　　　　　　　ロバート・エバンス・バズウェル　ジュニア

　高句麗・百済・新羅，三国時代の仏教 244 ／統一新羅の仏教 247 ／高麗の仏教 249 ／李朝の仏教 251 ／近現代の仏教 252 ／【文献ガイド】253 ／※補遺 254

8　日本の仏教　255　　　　　　　　　　田丸　徳善

　歴史的背景と全般的な特徴 255 ／伝来から奈良時代末まで 259 ／平安時代の総合仏教 263 ／鎌倉時代の新仏教 266 ／徳川時代における制度の確立 271 ／近代日本の仏教 272 ／【文献ガイド】274 ／※補遺 277

9　チベットの仏教　278　　　　　　　　ハーバート・ギュンター

　仏教の初伝 279 ／弾圧と復興 282 ／カダム派教団 286 ／サキャ派教団 288 ／カギュー派とカルマ派教団 289 ／ゲルク派教団 292 ／ニンマ派教団 293 ／近代 296 ／【文献ガイド】302 ／※補遺 302

10　モンゴルの仏教　305　　　　　　　　ヴァルター・ハイスィッヒ

　本文 305 ／【文献ガイド】308 ／※補遺 308

v

# 第3部　　学派と宗派

## 11　小乗仏教　313　　　　　　　　　　　　　　　　　アンドレ・バロー
部派教団および学派の起源と関係 316 ／地理的分布 319 ／主要な教義の相違 321 ／文献 327 ／著名な人物 333 ／学派のインド外への拡大 336 ／【文献ガイド】341 ／※補遺 342

## 12　大乗仏教　344　　　　　　　　　　　　　　　　　　　中村　元
1）起　源　345
2）主な特徴　347
　一切諸仏・諸菩薩の崇拝 347 ／修道 351 ／在家仏教 355
3）主要経典　357
　般若経典類 357 ／三昧経典 360 ／輪廻に関する経典 360 ／法華経とその関連経典 361 ／華厳経典 363 ／浄土経典 364 ／宝積経 366 ／涅槃経 366 ／瑜伽行派の経典 367 ／『大方等大集経』とその他の経典 368
4）哲学学派　369
　初期の中観派とナーガールジュナ 370 ／初期唯識派 372 ／唯識派・中観派の後の展開 375 ／如来蔵思想 379 ／仏教論理学 380
5）社会思想・政治思想　383
【文献ガイド】387
※補遺 389

## 13　密　教　391　　　　　　　　　　　　　　　　アレックス・ウェイマン
密教が影響を及ぼした時代と地域 392 ／タントラ仏教の文献 394 ／密教の言葉 397 ／タントラの実践と類比的思考 399 ／タントラにおける儀式 408 ／【文献ガイド】413 ／※補遺 414

## 14　中国仏教の諸宗派　418　　　　　　　　　　スタンリー・ワインスタイン
教義としての宗 418 ／注釈の伝統の出現 419 ／経典の根本主題としての宗 422 ／成熟した宗派としての宗 423 ／宋代の記録に残されている

仏教宗派 425／現代中国における仏教宗派 428／【文献ガイド】429／※補遺 429

15 **日本仏教の諸宗派** 430　　　　　　　　　　　荒木　美智雄
奈良時代の仏教 431／平安時代の学派—天台宗と真言宗 433／鎌倉時代の仏教宗派 436／近世以降の仏教 441／【文献ガイド】442／※補遺 443

16 **チベット仏教の諸宗派** 444　デイヴィッド・L. スネルグローヴ
概説 444／ニンマ派とポン教の伝統 451／他の新しい教団 453／政治との関わり 455／【文献ガイド】458／※補遺 459

===== 第4部　　生活と実践 =====

17 **仏教のサンガ** 463　　　　　　　　　　　ハインツ・ベッヒェルト
資料 463／規則と手続き 465／比丘の生活 466／ブッダの教説におけるサンガの位置 467／サンガの歴史 468／上座仏教におけるサンガ 469／大乗仏教におけるサンガ 472／【文献ガイド】473／※補遺 474

18 **サンガと社会** 477　　　　　　　　H. L. セーネーヴィラトネー
サンガの経済的生活 479／サンガと政治的権威 482／サンガの分派とセクト主義 488／宗派，聖者，千年期の仏教 490／【文献ガイド】493／※補遺 494

19 **東南アジアにおける仏教徒の宗教生活** 496
　　　　　　　　　　　　　　　　　　リチャード・F. ゴンブリッチ
功徳の廻施 497／聖典上の典拠 497／宗教的行動の解釈 498／在俗者の宗教的段階と誓戒 500／作功徳 501／年中儀礼 503／聖物 504／【文献ガイド】506／※補遺 506

20　東アジアにおける仏教徒の宗教生活　508　　　　　海野　大徹
本文 508 ／【文献ガイド】518 ／※補遺 518

21　チベットにおける仏教徒の宗教生活　520
　　　　　　　　　　　　　　　　　　　　ロバート・A. F. サーマン
本文 520 ／【文献ガイド】528 ／※補遺 528

22　仏教と瞑想　530　　　　　　　　　　ウィンストン・L. キング
起源 530 ／上座部仏教の瞑想 531 ／上座部の基本的な瞑想方法 532 ／大乗における発展 535 ／密教 540 ／現代の傾向 541 ／【文献ガイド】542 ／※補遺 543

23　仏教図像　545　　シモーヌ・ゴーリエ, ロベール・ジュラーブザール
釈迦牟尼仏 545 ／超越的なブッダ 548 ／比丘と長老 549 ／菩薩と副次的な神々 550 ／その他の天界の従者 552 ／超自然的なもののさまざまな勧請 554 ／【文献ガイド】558 ／※補遺 558

24　民俗仏教　560　　　　　　　　　　　ドナルド・K. スウェアラー
流用 562 ／適応 564 ／変形 565 ／【文献ガイド】569 ／※補遺 570

=====　第5部　悟りへの道　=====

25　阿羅漢　575　　　　　　　　　　　　ドナルド・K. スウェアラー
「阿羅漢」の歴史と発展 575 ／仏教的救済論における位置 576 ／崇拝対象としての阿羅漢 578 ／【文献ガイド】580 ／※補遺 580

26　菩薩の人生行路　582　　　　　　　　　　　　　　　中村　元
用語の歴史と発展 583 ／菩薩の実践 587 ／菩薩の戒律 591 ／【文献ガイド】593 ／※補遺 593

## 27 天界のブッダと菩薩　594　　デイヴィッド・L. スネルグローヴ

天界の諸仏 597 ／菩薩と女神 603 ／恐ろしい仏たち 610 ／最後に 611 ／【文献ガイド】616 ／※補遺 617

## 28 完全なる成就者　618　　レジナルド・レイ

起源 618 ／理想像である成就者の構造 619 ／史実と成就者の伝記 623 ／成就者の歴史的役割 624 ／【文献ガイド】626 ／※補遺 626

## 29 ニルヴァーナ　628　　トーマス・P. カスリス

初期仏教・アビダルマにおけるニルヴァーナ 628 ／インド大乗仏教におけるニルヴァーナ 631 ／東アジア仏教におけるニルヴァーナ 634 ／結論 641 ／【文献ガイド】644 ／※補遺 649

◇あとがき　651
◇索　引　655　人名 656 ／書名・経典名 663 ／事項・その他 671
◇監修者・編訳者・翻訳者紹介

## 凡　例

1. 本書は，*Religion, History, and Culture: Readings from The Encyclopedia of Religion* のシリーズに収録されている Joseph M. Kitagawa and Mark D. Cummings eds., *Buddhism and Asian History,* Macmillan Publishing Company（New York, 1989）の日本語訳である．

2. 原著に明らかな誤りや誤植が認められた場合には訂正して訳したが，判断の難しい箇所は原著のままとした．なお，記述的・内容的に問題の見られる箇所については，訳注などで補足したものもある．また，本文には各訳者の判断で適宜訳注を付し，本文理解の一助とした．さらに，第8章および第15章については，原著執筆者の田丸德善，荒木美智雄両氏に，原著をもとに加筆修正をほどこした日本語原稿をご提供いただいた．

3. 見出しの付け方については基本的に原著のままとしたが，一部，見出しを付加したり，見出しに番号を付すなどして，読みやすく工夫した箇所がある．

4. 原著中の" "による強調は「　」で表し，（　）は本文でも同じ（　）で表した．専門的な仏教用語などについては，適宜意味を補った箇所もある．〔　〕は各訳者による訳語や訳文の補足である．

5. 原著中の BIBLIOGRAPHY は，本文では【文献ガイド】として示し，原著の表記形式をそのまま踏襲した．なお，各章末には「補遺」として，各訳者が参考文献を補足し，最新の学問成果を反映させて，読者の参考に供した．

6. 原著中の LIST OF CONTRIBUTORS, FINDING LIST OF ARTICLE TITLES, SYNOPTIC OUTLINE，ならびに *The Encyclopedia of Religion* に収録されているその他の項目記事への参照指示については訳出を省略した．ただし巻末には，日本語版独自の索引を付し，本書を活用する上での利便を図った．

7. 一般に漢訳語が用いられる術語については，本文中にサンスクリット語・パーリ語で示されていても，原則として漢訳語を用い，（　）内に原語のカタカナ表記を示して，適宜その意味を併記した．原語のカタカナ表記については，なるべく原語の発音に近づけようと試みたが，厳密なものではない．チベット語などでは学術上の慣用的な表記に従った場合もある．また本文中に，サンスクリット語，パーリ語，チベット語の区別を明示する必要がある場合には，それぞれ S・P・T の記号を付して示した．原著中に「T. D. no.」と略記されたものは，『大正新脩大蔵経』の経典番号を意味しており，本書では「大正蔵 No.」と表記した．なお，本書全体を通じての原語カタカナ表記の統一については，久間泰賢氏のご協力をいただいた．

エリアーデ 仏教事典

*BUDDHISM AND ASIAN HISTORY*

# 原著序文

　本書に収めた論考は，もともと『宗教百科事典』(*The Encyclopedia of Religion*) に掲載された仏教に関する項目の一部であり，多くの学識豊かな研究者たちによる協力の賜物である。

　『宗教百科事典』に掲載されたそれらの諸論文は，20世紀末の学問という視点から仏教の伝統を概観する試みであった。本書は，この学問的視点を保持しながら，同時に仏教入門として学生たちを仏教へと誘うのに最も有益な諸論文を一冊の本にまとめることを目的として作られた。そのため，論文は深さよりも広さに主眼をおいて選ばれたが，その結果「仏教の〜」という題で通用する，ときには驚くほど多様な文化形態に栄誉を与えることとなった。

　仏教は，紀元前5世紀頃，現在の北インドに実在した歴史的人物から始まった。ブッダが実際に何を語ったのかは永久に確定できないだろう。だが，諸経典の決まり文句によれば，ブッダは，「時間を超越し，実証でき，実り多く，賢者ならば直証し得る『真理』(法)を悟った」という。この真理は，現代風に言えば，歴史的側面とともに非歴史的側面をも備えていた。つまり，行為とその原因の普遍的「法則」として，その真理は時を超えて不変であるが，現実世界においてこの法則がいかに現われ，いかに保たれていくかは，人間の諸制度——たとえば言語——にかかっているので，（ブッダの教えの中に具体的に示されたような）社会的かつ歴史的な現象としての法は，他のあらゆるものと全く同じように，変化の過程に従い，"解釈" される可能性があると考えられる。

　このように，法は単一の文化形態によって制約されたり汲み尽くされたりすることなく，ブッダ以外の賢者たちも独力で悟ることができたことは，仏教の発展に大きな影響を及ぼすこととなった。これらの諸要素によって，仏教の伝統に移植可能性という利点が与えられたのである。つまり仏教は，その発祥地とは全く異なる文化の言語や方言の中でも成長できたばかりか，実

際，期待通りに時代を超えて具体的な歴史状況に適応できたのである。

　仏教の伝統においては，一方で無限の過去に法(ダルマ)を宣揚した覚者たちの実在が回顧されるとともに，他方でまた，開祖ブッダでさえも十分に予期できなかった状況のもとで，将来，同一の真理を解き明かす者たちが現われ，これらの教えを最大多数の人々にまで説き広めるであろうことが見通されていた。こう考えると，ブッダの教えが歴史的に拡大し発展することは，最初期の仏教徒たちによってさえ多かれ少なかれ，予期されていたことであった。

　ブッダの入滅後，数世紀の間に，原始仏教教団（サンガ）を構成する托鉢(たくはつ)僧の小集団が北インドの宗教勢力として顕著な存在となってきた。マウルヤ朝のアショーカ王（紀元前270即位）の統治時代，サンガは国家と結びつくことで，マウルヤ王国の国境地帯にまで及ぶ広大な地理的基盤を得たのみならず，国内の有力者と協力して，彼らとともに栄えるためのイデオロギーをも獲得した。マウルヤ朝権力の周辺にあった諸帝国との接触によって，北西では現在のパキスタンやアフガニスタン，南ではスリランカに至るまで，サンガは急速な発展を遂げた。その後まもなく，紀元1世紀までには，仏教は中央アジアの諸都市国家に広まり，そこからさらなる先の巨大な中華帝国にまで拡大していった。

　仏教がインド国境を越えて広まるのに伴ない，次第にサンガは三つの副次的な布教の中心地を発展させた。まずスリランカは，とりわけ君主制王国の古典期を通じて南アジアの宗教史に絶大な影響を与える上座部(テーラヴァーダ)の伝統の地となった。次に中国は，大乗仏教文化の中心地として機能し，その仏教が韓国，日本，ベトナムにも伝えられた。最後に仏教が伝来したチベットは，インド密教を相承し，これがヒマラヤ地帯を越えて内陸アジアの一部にも伝えられた。このような布教拡大の成果は，アジア史上に類を見ないほどであり，仏教的色彩の強い汎アジア宗教文化圏が形成されたのである。

　仏教が導入された地域の文化が多様であり，その伝統自体が柔軟で適応性があれば，仏教文化圏としてのアジアにおいて思想や実践の単一の表現を確認することはほとんど期待できないだろう。そして，実際に仏教が繁栄した多種多様な形態を目にするとき，何がそれらを一つに結びつけているのかを

見極めるのは，時として困難である。実際，日本の仏教は（それ自体が単一ではないが），スリランカやタイの仏教とははるかに隔たりがある。またチベットの仏教は，中国やベトナムで行なわれているものとは似ても似つかない。同じような信仰を有する地域においてさえも，驚くほど多様な表現形式によって均衡が保たれているのである。仏教文化が次々に伝わっていくなかで，仏教徒のあいだに開祖（仏）・教え（法）・ブッダが創設した共同体（僧）という最も単純な三宝への帰依や，一般にブッダの教えと認められながらも，どの学派によってもブッダの教説のすべてとは見なされていない"根本"教説についての信頼——これ以外に共通の信条は，ほとんど何も認められない。仏教徒のあいだに，共有される勤行形式や瞑想法は全く見られず，開祖ブッダ自身の真説が何であるかについてさえ合意に至っていない。あらゆる僧侶を概念的に共通の規則で拘束する僧院規範の法典である「律」でさえ，宗派的立場や所属を超えて，普遍的に遵守されるものではない。

　とすると，われわれは，自ら仏教徒と公言する人たちすべてを一つにまとめる要素が何であるかを突きとめることができるのだろうか。アジア仏教とか，仏教文化とかを，ひとまとまりのものとして語ることはできるのだろうか。

　レイノルズ教授が「仏教という宗教・文化・文明」（第1章）で述べているように，仏教の伝統をこのような広い概念枠で定義づけようという試みは，これまでのところ，有用ではあるが，結局，とても包括的とは言えないような結果に終わっている。強く求められていたのは，仏教的と言われるものすべてを説明できるほどに広く，かつ有意義な解釈の枠組みを生み出せるほどに具体的な定義を確立することであった。

　しかし仏教文化がさまざまに異なるにもかかわらず，われわれは仏教徒たち自身の中にこそ，より単純な答えを見出すことができる。宗教的求道の中心的要素を構成するものについて，さまざまな地域的伝統がどんなに異なっていようとも，ブッダの姿を拝し，自らの生活形態の創始者としてのブッダに敬意や尊崇の念を抱く点において，すべての仏教徒は一つに結びついている。仏教の伝統が結束力と創造力を発揮するのは，この「ブッダを想像する

こと」，すなわち，ブッダの人格と体験を復元し，再構築することにおいてこそなのである。

この想像という行為は，時としてイデオロギー的であり，ブッダであること（悟りそのもの）の「本性」やそれに至る道に関して，あれこれの視点を主張するものであった。しかしながら，たいていの場合，それは出家僧の最も格式のある瞑想法から，理論的には全く洗練されていない在家信者の実践に至るまで，その宗教実践の日々織りなすところにおいて最もよく現われていたのである。それらの表現は，すべて「覚者」（ブッダ）の人格から着想を得ている。仏教的瞑想，勤行形式，図像，建築，宇宙論，倫理，政治や社会理論にさえも，実に精妙な形で用いられている諸々の象徴や価値は，まさしくブッダの人格や生涯に由来しているのである。

まさにこれらの理由から，われわれは，仏教の伝統にとって知的な面で非常に重要な教義の諸要素を記述するのみならず，異なる社会的・歴史的状況において，仏教がどのように実践されてきたのかについての議論を含めることもまた重要であると考えてきた。

本書は，五つに区分されている。「第1部　仏教の基底」は，われわれが仏教を意義深く論じるための方法論を確立しようとする試みであり，ブッダや悟りについての議論を含み，あわせてその発祥の地における仏教史を概観する。「第2部　アジアに広まる仏教」は，アジア全体を通じて仏教の発展に触れ，東南アジア，中央アジア，中国，チベット，韓国，日本，モンゴルに関する論文を含む。「第3部　学派と宗派」は，仏教教義の発展に焦点をあてたものであり，まず悟りに至るための三つの大きな乗り物（三乗）について触れ，次に東アジアやチベットにおける仏教思想の地域的発展について扱う。仏教の社会形態に関しては，「第4部　生活と実践」に取り上げた。ここには，仏教教団（サンガ）について，また教団と国家との関係，アジアのさまざまな地域における仏教徒の信仰生活，瞑想の役割，仏教的実践を強化するための視覚像（ビジュアルイメージ）について，さらに，仏教がどのように他の純粋に地域的な伝統と関わり合うかについて記述されている。最後にわれわれは，「第5部　悟りへの道」において，阿羅漢・菩薩・大成就者といったさまざ

まな理想的人物において示される,悟りという仏教の主題(メインテーマ)に戻ってくる。

　全体として,本書に収められた諸論文は,アジアのさまざまな仏教文化を引き離している広大な隔たりを露呈してはいるが,同時に,仏教の言説すべてに浸透している象徴的構造という隠れた共通性をもまた開示しているのである。


　1989年2月

編　者

# 第1部　仏教の基底

PART 1 **FOUNDATIONS OF THE TRADITION**

# 1 仏教という宗教・文化・文明

Buddhist Religion, Culture, and Civilization

フランク・E. レイノルズ，チャールズ・ハリズィー
Frank E. Reynolds and Charles Hallisey

## 0. 序論〔仏教(ブッディズム)とは何か〕

　ヨーロッパで，仏教を「ブッディズム」(Buddhism)という言葉で捉えるようになったのは比較的新しく，今から300年ほど前のことである。現代の西洋人は，この言葉で2500年ほど前に興りアジア全体に広まった宗教——すなわち「仏教」——を捉えているのである。「ブッディズム」という言い方はときに嫌われることもあったが，次第に世界中で受け入れられるようになった。この言葉の定義については，いまだに見解が一致していないが，これまで一貫して次のような二つの相補的な意味で用いられてきた。第一には，「ブッディズム」とは老若男女の仏教徒たちが語り，行ない，大切にしてきたもののすべてを指す。フランスの仏教学者，L. L. V. プサンの造語を用いて表現すれば，ブッディズムとは，何世紀にもわたって「ブッダを中心として凝集した」思想，実践，組織，価値観をひとまとまりにしたものである。第二には，第一の用語法に包括される極度の多様性を統一的に特徴づけ，秩序づけるものとして用いられる。この秩序づけの過程において，当初「ブッディズム」は，より大きな範疇に属する概念の一例と見なされ，その結果，宗教，哲学，文明，文化といったさまざまなレッテルを張られてきた。けれども，第一の意味に含まれるデータを十分に説明できるような秩序づけの原理はただの一つも見出されていないことを認めねばならない。したがって，現時点でのわれわれの「ブッディズム」理解を限定してしまうことは非難されるべきであり，われわれは，「ブッディズム」の解説や解釈を継続的に深めていかねばならない。

第一の意味の「ブッディズム」は，今まで積み重ねられてきたさまざまな伝統の包括を強調するので，これが前面に押し出されると，「ブッディズム」という言葉は実に幅広い概念になってしまう。研究が進めば進むほど，この傾向は顕著になるだろう。なぜなら仏教徒は，仏教徒以外の者たちが行なってきたほとんどすべてのことを，ブッダの名において行なってきているからである。もちろん仏教徒たちは，宗教的な生活を送ろうとし，ある者は救済を目的として，それらの大志を実現させる助けとなる信仰や実践をつくりあげてきた。しかし，彼らは他の多くの事柄にも関心を持ち，ブッダに捧げられた記念塔（モニュメント）によって聖化された都市を造り，ブッダにご加護を祈りながら農作物を栽培した。また，仏教徒たちは，人前を気にしながらも高度に専門的な文法書や論書ばかりか，仏教詩や戯曲をも著したが，どれもブッダへの祈願文ではじまるものであった。仏教徒たちは非暴力を唱える一方，ブッダの名を唱えながら戦争をも辞さなかった。また，禁欲的な生活を重んじる一方，性愛の手引き書を著したり，家庭生活を楽しんだりもした。それらはすべてブッダの名のもとにおいて行なわれてきたのである。仏教徒はまた，「無我」（アナートマン）のような難解な哲学的諸概念を作り出してきたが，これらは彼らが保持してきた他の考え方や価値観に反している。一貫性がなく，矛盾している場合さえあるという点では，仏教徒も他の人たちと同様であった。彼らが語り，行なってきたことには，高貴な面とともに卑俗な面もあったのである。
　大多数の研究者たちは，さまざまな形で累積的に受け継がれてきた伝統としての「ブッディズム」の第一の捉え方をある程度は受け入れてきた。しかし，ほとんどの研究者が，この包括的な概念を流布させることには同意していない。彼らはどのような理想や価値観が仏教徒たちを鼓舞したのかを究明してきた。すなわち，個々人の行為をまぎれもなく仏教的と見なすのに役立つ普遍的な法則を考え出すことに努めてきたのである。研究者の中には，仏教史の底流を明示するのに，あるいは少なくとも〔仏教の〕多様性に対する一貫性を明示するのに，十分重要だと思われる行動様式や考え方や一連の思想を抽出してきた者もいる。この「ブッディズム」を理解する「鍵」として

の重要な候補に，仏教の開祖，ゴータマが説いたとされる教えが挙げられるが，その中にこそ，何世紀にもわたって展開されてきた仏教の本質が明示されている。すなわち以下の三つである。(1) 教団組織（サンガ）：その歴史的存続によって仏教実践の中心となり，仏教の思想や価値観が定着する社会的基盤となった。(2) 無我と空性（シューニャター）：これらは悟りによって具現されるが，互いに密接な関係にあり，仏教徒の品行を形作ってきたと言われる。(3) 涅槃（ニルヴァーナ）という目的：その達成が人生の究極的な目的である。このような類型や概念によって仏教を理解することは，仏教社会学や救済論にとって大変重要であるが，それはまた仏教の他の多くの面を見落としてしまうこととなる。しかも，明らかに，仏教理解のために重要であるとして抽出される要素は，他の宗教や哲学と比較する場合においてのみ特有であるにすぎない。それゆえ，この要素は，仏教徒の信仰，儀式，価値観の全体像を知るための中核とはなりえないのである。

　また，研究者たちは，年代順や学派別や国別などによって，仏教の中で積み重ねられ受け継がれてきた伝統を扱いやすく分類して，仏教を特徴づけようとしてきた。ある研究者たちは，主に哲学的な系統に沿って仏教を三つの時期に分類するが，これは仏教史家プトゥン（1290-1364）やターラナータ（1574-1608）[1]に従うものである。その第一期には，無我の思想と世界の構成要素（ダルマ）の実在性が強調された。初期の上座部（テーラヴァーダ）と説一切有部（サルヴァースティヴァーダ）という部派がその代表である。第二期には，あらゆる現象の究極的な空性という思想が採り入れられた。中観派（マーディヤミカ）がその代表である。第三期は，哲学的唯心論を特徴とするもので，唯識派（ヴィジュニャーナヴァーダ）がその代表である。しかし，この哲学的な分類は仏教の特定の面しか扱わず，5 世紀以降の仏教の重要な発展を無視してしまう点で大きな限界がある。

　また，別の研究者たちは仏教教団内部の意見の対立に基づいて基準を作り分類した。この分類法は，救済の過程とその目的に関する理解の違いによって特徴づけられ，三つの偉大な仏教の「乗り物」（ヤーナ）に焦点があてられる。小乗（ヒーナヤーナ；劣った乗り物）では，個人的救済の段階的な過程

を設け，阿羅漢（アルハット）の境位への到達（阿羅漢果）と，縁覚（プラティエーカブッダ；独覚または辟支仏、すなわち自分自身で悟りを開くが他者に教えることはしない者）の境位への到達（縁覚果）と，他者に個人的救済の方法を説き教える完全に悟りを開いた仏の境位への到達（仏果）という三段階に分類した。上述した上座部と説一切有部は，小乗仏教に含まれる二つの主要な部派である。小乗という語は，もともと，大乗（マハーヤーナ；優れた乗り物）と自称した当時の新しい運動の信奉者たちによって造られた蔑称に由来する。大乗教徒は新しい経典や教説を生み出したが，小乗教徒はそれらを拒絶した。

　小乗教徒と同様、大乗教徒もまた、多生にわたって続く階段的な救済の道を考え出した。しかし、彼らは、非常に重要で関連のある二つの点で重点の置き方を異にした。大乗教徒は，個人が救われていく過程は，大乗仏教のいくつかの学派で「他力」と呼ばれるものによって助けられ，教唆されうると考えた。そして最終的には，自己救済の目的は一つ——完全に悟りを開いた仏果への到達——しかないとした。ヴァジュラヤーナ（金剛乗）は，マントラヤーナ（真言乗），密教、タントラ仏教としても知られているが，大乗の基本的な方法論や目的を受け入れつつも，個人の悟りはもっと速やかに得られ，現世において達成される場合さえあると考えた。密教徒たちは，この現世での悟りの達成に導く実践をタントラと呼ばれる経典に記したが，これは大乗教徒にも小乗教徒にも受け入れられなかった。この小乗／大乗／金剛乗という図式は，仏教をさらに扱いやすく分類するために研究者によって用いられるおそらく最も一般的な分類法であろう。しかし，これにもまた大きな欠陥がある。この分類法には，紀元最初の千年間以降の発展の重要性を過小評価し，歴史上のある特徴を特別に注目すべき点と見なして、それを実際の歴史が証明する以上に過度に強調してしまう傾向があるのである。

　最後に，仏教は常に，それを取り巻く文化によって深く影響されてきたことが研究者によって認められている。仏教の伝統は，キリスト教やイスラム教のように積極的な布教伝道を行なう他の大きな宗教に比べて，教義と実践の両面で非常にさまざまな要素が付加され，融合される形で発展してきた。

仏教は地域的な流儀に順応しようとする忍耐強い性向を示してきたのである。その結果，さまざまな文化の中で仏教が変容してきたことは明らかである。その変容の程度があまりに大きかったため，初期の西洋の研究者たちは，日本で見られる宗教がスリランカで見られる宗教と歴史的に関連することが，すぐにはわからなかったほどである。チベット仏教，中国仏教などのように文化的視点から仏教を分類するこの方法は，仏教史上のより新しい局面，特に現代における発展に対しては非常にうまく当てはまる。しかし，この分類方法が危険性を持つことは極めて明白である。何よりもそれは，仏教伝統が持つ文化・政治・国家の境界を越えた包容力を覆い隠してしまうからである。

今世紀の仏教研究における一般的傾向は，受け継がれてきた仏教を，以上のような分類方法に基づいて区分するというものであるが，その結果，仏教が歴史的に存続してきたというわれわれの感覚はかなりぼやけてきたと言えよう。ソビエト〔ロシア〕の仏教学者，セオドル・スチェルバツキーは，この点で典型的である。彼はプトゥンによる仏教史の三つの「哲学的」段階づけの分類方法を採用し，*Conception of Buddhist Nirvāṇa* (Leningrad, 1927) の中で，第一期から第二期への移行に関して次のように論じている。「諸宗教の歴史において，同じ開祖から始まり，共通の系譜を主張し続けてきたもののなかで，このような新旧の間の断絶を目にすることは極めてまれである」(p. 36)。〔大乗と小乗との〕根本的な非継続性を指摘する同様の見解が，仏教を救済論的・文化的な類型として捉える観点からも提示されている。

積み重ねられてきた仏教伝統の調査研究は，各々の部分を他の部分から切り離して個別的に行なうのが今や一般的である。このような方法は，大寺院や出家エリート僧団の水準を超えたはるかに広い領域における仏教の思想と実践の足跡を発見することにめざましい成功をおさめてきた。研究者たちは各専門分野で，「ブッディズム」という名のもとに集められた可能な限り多くの現象に類型を見出し始めてきた。同時に，現代の研究には，しばしば木を見て森を見ないような危険性もある。特定の分野の研究を推し進めることが，かえって，仏教を汎アジア的な伝統として捉える研究者独自の視点を犠牲にしてしまうかもしれないのである。

しかし，宗教を研究する場合にはよくあることだが，研究の尺度が重要である。この項では，仏教を一般的レベルで論じ，その伝統の分断性よりもむしろ継続性を強調することにしたい。このような継続性は，仏教史全体を貫く静的な本質や核心の中には見つけることはできない。これらの継続性は，変遷していく一連の組織の中に保たれて新たな要求に応えようと拡大され，絶えず採り入れられる新たな諸要素と関係づけられてきた特定の諸要素をたどることによって突きとめることができる。仏教はインド北東部における托鉢修行者と在家信者の小さな共同体から出発し，アジアのさまざまな地域の国家・文明・文化と結びつき，ついには「近代性」や西欧とも結びつく偉大な「普遍」宗教へと発展してきた。言い換えるならば，われわれは，その仏教を作り上げてきたさまざまな要素と，連綿と続いてきた諸組織とを，ここで明らかにしようとしているのである。

## 1．宗派的仏教〔仏教教団の成立〕

　仏教は，前5-4世紀頃に小さな共同体として始まり，仏教徒自身の認識においてもまた歴史的事実の上でも当時共存していた社会・文明・文化からだけでなく，同時代の他の宗教教団からも一定の距離を保って発展した。そこで，この時代の仏教を「宗派的仏教[2]」と特徴づけることにする。

　仏教はアショーカ王の時代（前3世紀）までは，基本的に宗派的仏教の段階にとどまっていた可能性が高い。ブッダの滅度を前486年頃として，その後約200年間，宗派的仏教の状態が続いたとする説と，（仏滅をその100年後として）約100年間宗派的仏教が続いたとする説がある。いずれにしても，仏教にとってこの時代は，その後の仏教徒の思想や生活の基礎であり続けた多くの要素や形態が確立された重要な時期であった。このように，仏教史の初期の段階が重要であるにもかかわらず，われわれの知識は不十分で不確かである。初期仏教の様子を知るためには次の三つの点に注目すべきである。(1) 新興の仏教教団が認めた権威の源泉，(2) 仏教の教義と教団組織の発展形態，(3) 政治的・社会的風潮に対して教団が採った姿勢。次に，これらの

三点について論じる上で，主要な学説をいくつか確認していこう。

　仏教を，単なるヒンドゥー教の新たな一派としてというよりも，むしろ新たな宗派的な宗教の出現として捉えることができ，またそのように明言できる主な要因は，当時の共同体が，修行者ゴータマをブッダ（「悟った者」）として認め，かつ，ブッダの語ったとされる言葉を聖なる権威の新しい究極の拠り所として受け入れたことである。ブッダの権威が認められたのは，彼の人格と経歴と，特に悟りの体験を，現実のものであり，唯一無二であると人々が認めたことによる。それは，ブッダが悟りを通じてダルマ（法；真理）への洞察力を獲得したという確信に基づいていた。その真理は，たとえば次のような二つの教えとして表明されている。すなわち，(1) 縁起（プラティートヤ・サムトパーダ；実在を構成するさまざまな要素は相互に依存しながら生じるという教説）のように，より「哲学的」に定式化された真理と，(2) 四聖諦（①現実は苦で満ちている〔苦諦〕，②苦の原因は欲望である〔集諦〕，③苦を滅することも可能である〔滅諦〕，④苦を滅に導く方法がある〔道諦〕）に要約されるような「救済論的」な形で定式化された真理である。さらにブッダの権威は，ブッダから流れ出る教説や行為が，それを見聞した者たちによって正確に伝えられてきたという確かな事実に基づいている。

　古来伝えられる話によれば，ブッダの権威に対して，時おりなんらかの挑戦があったらしい。たとえば，ブッダの生存中にさえ，いとこのデーヴァダッタはより苦行を重視する傾向にあり，この新しい運動の主導権を握ろうとした，という数多くの記録がある。ブッダとその伝統を引き継いだ者たちは，そのような挑戦をうまく退けた。その結果，後代の論争では，ブッダの教説や行為の権威よりも，むしろその意味内容や正しい解釈に争点が向けられることとなった。

　初期仏教の教えにいっそう特有な内容と，それと密接に関連する初期仏教教団の組織に関する問題については，学問的な一致点はあまり見られない。これには，三つの相反する解釈があり，それぞれ詳細な原典の批判的研究に基づいて自説を擁護している。その第一は，初期仏教は自己救済の修行に努めていた哲学的志向の強い出家者たちの運動であり，それがやがて一般民衆

の宗教へと退歩していった，というものである。第二の解釈は，仏教はもともとブッダとその宗教的感化力の強い言葉のまわりに形成された一般民衆の宗教運動であったが，やがてその運動が出家エリートにも取り込まれ，あまり活力のない僧侶中心の保守的学風に変質していった，というものである。第三の解釈は，形跡のたどれるところまでさかのぼって見るかぎり，初期仏教の教えは哲学的な面と大衆的な面を持ちあわせており，われわれがたどりうる最も初期の段階では，仏教教団は出家者と在家者の両者がともに重要な構成要素であった，というものである。この説は最も説得力があり，次のような示唆を含んでいる。すなわち，哲学的／大衆的，出家／在家という二分法(ディコトミー)は，実際には，互いに対立するものというよりも，むしろ相補い合うものとして捉えるべきである。たとえ，仏教の運動が起こった当初から，それらの要素の相対的重要性や関係性についての理解の仕方が変わってきたとしても，この二分法は，対立関係ではなく，相互補完的な関係にあるものとして理解すべきである。

　前4世紀頃にヴァイシャーリーという都市で開かれた第二結集(けつじゅう)の時代までには，仏教教団にはすでに二つの競合する部派が存在した。その二つの部派の構成員は，現代の学問的分類によれば，「本来の」つまり「真の」仏教は出家僧団の伝統によるとする者たちと，同じくそれをより民衆的で人民主義的(ポピュリスト)な伝統によるとする者たち〔という区分〕に相当する。この教団分裂は第二結集の時点，もしくはその直後に起こった。前者を支持する人々は，サンスクリット語でスタヴィラヴァーディン（ⓅテーラヴァーディンI長老の道を唱える者，上座部）として知られるようになった。一方，後者を支持する人々は，マハーサーンギカ（大衆部(だいしゅ)）として知られるようになった。

　初期仏教に関する第三の論点は，その宗派的な特徴に焦点をあてたものである。アショーカ王以前の時代においては，仏教教団は政治体制や社会組織にほとんど無関係なとりわけ宗教的な教団であったが，このような社会との距離のとり方が，明確な原則に基づいたものなのか，それとも単なる歴史的偶然であったのかは明らかではない。初期の仏教徒は自分が救われることにあまりにも没頭しており，また初期の出家僧団はあまりにも「出世間的」な

あり方の達成に向かっていたため、初期仏教の宗派的な性格は、単に〔状況に〕付随的なものであるというよりも、むしろ本質的なものであったと主張する研究者もいる。個人主義的で出世間的な要素は、確かに初期仏教教団のある部分において重要な役割を果たしていた。しかし他方に、また考慮に入れなければならない対照的な要素も存在するのである。というのは、初期の仏教徒は王室の庇護を受けようと努めており、実際その努力が実ることが多かったからである。彼らは、ブッダとその生涯を描写する際に、王室という象徴を充当した。またたとえば、『アッガンニャ・スッタ』(『小縁経』)では王権と社会体制に関して明らかに反バラモン教的な思想を主張した。そして、国家の秩序と安定に資する権威の尊重と道徳的礼節を奨励した。このように、宗派的な特徴を持つ初期仏教の中には、アショーカ王の治世に顕著となってくる「文明的仏教」への道を準備する多くの要素が存在していたのである。

## 2．文明的宗教としての仏教

仏教は、その初期の歴史を特徴づける宗派性の痕跡を失うことはなかった。その大きな理由は、仏教の歴史のさまざまな地点で宗派性が繰り返し現われるからである。しかし、仏教は純粋に宗派的な宗教としてとどまっていたわけではない。アショーカ王の統治によって、仏教は新たな歴史的局面に入り、そこで洗練された高い文化と結合して特定の地域や政治の境界を超えた宗教になった。われわれはこれを「文明的宗教」と呼ぶことを好んできた。仏教は1世紀初頭までにインド内のさまざまな地域やその周辺において、文明的な特徴を十分備えるに至った。そして、文明的宗教としての仏教は千年紀の半ばまでには全盛期を迎え、アジア全域に展開した。しかし、6-7世紀までには、新たな段階に移る兆しがすでに現われ始めていた。

### アショーカ王時代の仏教

最初にインド全域にわたって軍事的征服によって帝国を確立したのはマウルヤ王朝であり、その第3代目の統治者がアショーカ王（前270-232頃）で

ある。アショーカ王が建てた数多くの碑文が，王の政治姿勢や実際の政治を物語っている。碑文の一つによれば，アショーカ王はこれ以上軍事的制圧を行なわないことを誓い，法（ダルマ）の実践と普及を宣言している。また別の碑文によれば，アショーカ王は，自らのダルマの理念を形成する基本的な道徳的諸原理に関して臣下に知らしめた。彼は，ダルマの祭典を自ら後援し，瞑想の実践も説いて国民に勧めている。また，領土内のさまざまな宗教教団が，ダルマの実践と教化を正しく行なっているかどうかを確認するために，特別な役人を派遣したことも記されている。

アショーカ王の碑文によれば，彼が正式に認め広めたダルマは，仏教のダルマと完全に一致していたわけではない。ただし，関連はしており，特に在家者の生活行動と衝突するような教えについてはそうであった。碑文によって明らかなように，アショーカ王は最初，政治にダルマを取り入れようとした時には，個人的には仏教徒ではなかったかもしれない。しかし，その後まもなく仏教徒になった。アショーカ王の詔勅碑文には，彼が支配する帝国内部だけでなく，北西部はギリシア人が統治していた地域まで，南はスリランカまで，さまざまな地域へ仏教を布教したことが記されている。また，アショーカ王が，仏教教団を保護し統一しようとしたことや，在家者の道徳を説く仏典の重要性を強調することに関係していたことや，ブッダの降誕の地などの重要な仏蹟へ国王として巡礼したことなども碑文には示されている。

アショーカ王の実際の政策と事蹟を記した碑文には，仏教を宗派的な宗教から文明的な宗教に変えたという王の影響力の一面だけしか表れていない。王の影響力の別の面を明らかにするものは，王の没後に仏教教団内に現われた伝説である。それらの伝説は，どの伝統の中で作られたかによって王の描き方が異なっている。たとえば，上座部仏教では，アショーカ王は，仏教教団の強力な護持者である理想的な人物として描かれている。一方，アショーカ王に関する文献として広く普及した『アショーカーヴァダーナ』（おそらく北西インドの説一切有部系のもの）では，アショーカ王は，やはり堂々と描かれてはいるが，冷酷な行動もする相反する人格を持った醜い風貌の人物として描かれている。いずれにせよアショーカ王伝のすべては，真に文明的

な国家仏教と相互に結びつく仏的王権の理想的なあり方を劇的な手法で描き出している。

　アショーカ王の時代とその直後には，それまでの仏教を文明的宗教に変化させるような，大きな進歩があった。それには，少なくとも次の三点がある。第一には，教団の構造の再編成であり，これは出家組織とそれを支える在家者との関係の，また両者のバランスの変革を伴なっていた。アショーカ王以前は，組織論の観点から言えば仏教教団の組織は出家者が中心であった。在家者の役割がいかに重要でも，在家者のための独自の組織は全くなかった。アショーカ王は仏教教団の仕事に「優れた」在家信者として参加し，さまざまなことを行ない，その理想像を示した。そのようなアショーカ王が現われたために，仏教を奉ずる国では，出家者の僧団に対応し，それとのバランスを保つものとして独立した在家者の組織ができるようになった（ただし，この在家者の組織は，ときには待ち望まれる可能性にとどまり，ときには宗教社会学的な事実として実現された）。そして，このように仏教教団の構造が再編成されると，次第にさらに大きな区分が生じてきた。それは一方における，帝王国家に結びついた都会のエリート階層に属する出家者・在家者と，他方における一般の出家者・在家者という区分である。

　また，仏教が文明的宗教になると，教義や学問にも影響が現われた。アショーカ王の時代からアショーカ王没後の時代にかけて，出家教団の各派で，教義はより精確に体系化され，哲学へと発展した。つまり，論理的に攻撃されないように，一貫性を持たせて，あらゆるものを理路整然と説明するようになったのである。その結果，ブッダの説法（スートラ；経），および教団内の規律についてのブッダの教え（ヴィナヤ；律）として教団がその記憶を保持してきたものに加え，新たにアビダルマ（より高度なダルマ；論）として知られる精緻な内容の文献が加えられることになった。それまで伝承されていたものには哲学的に曖昧な点があり，他と矛盾する教義が唱えられ，異なった宗教哲学体系が生じることは避けられなかった。そのため，仏教教団内に論争が起こり，学派とさらにその下の小さな学派が急増することになった。これはおそらく，他のより世俗的な論争とも関連していると思われるが，

そのことを学問的に明示できるだけの十分な資料はない。いくつかの資料には，合計 18 の学派の名前が一貫性なく列挙されている。それらの学派の大グループと小グループとの組織や教義の上での境界は，おそらく非常に流動的なものであったのだろう。

　仏教が文明的宗教へと変化していく上では，図像，建築，儀式の分野における発展も重要な要素であった。仏教が王室やエリート階層の後援者たちから保護を受けたことに関連して生じた変化もあった。たとえば，インド全土に大きな寺院がいくつも出現したことには，王室やエリート階層の援助が決定的な役割を果たしたようである。また，仏塔（[S]ストゥーパ）が各地に建立されたのも主にそのような援助によるものである。仏塔はブッダを表す記念塔(モニュメント)で，宇宙や関係する王室を象徴するもので満ちている。そして，たいていはブッダの遺骨の一部が納められていると信じられた。このような仏塔は仏教美術の発展に格好の場を提供した。そこではブッダは，足紋，菩提樹，王冠，法輪のような象徴的な形で表されている。これらの仏塔を中心に，礼拝して功徳を積む実践やこれに関連する儀式が頻繁に行なわれるようになり，新しい形ができていった。仏蹟への巡礼は，いっそうポピュラーなものになった。仏塔やその他のブッダを象徴するものに対する信仰や瞑想も，ますます広まった。そのうえ，功徳を積むという観念そのものも拡大され，それは自分自身のために功徳を積むことを意味するだけでなく，死んだ親族や他人に功徳を廻向することも含むと考えられるようになった。

## 国家仏教の再主張とその超越

　仏教の歴史にとって，アショーカ王は非常に重要であったが，王がつくりあげた国家秩序は，彼の死後ほんのわずかの期間しか保たれなかった。王の没後 50 年を経ずして（前 186），仏教を国教としていたマウルヤ朝は崩壊し，バラモン中心のヒンドゥー教の伝統をより擁護するシュンガ朝の時代となった。仏教文献には，シュンガ朝は仏教を迫害したとされている。しかし，仏教と仏教の諸教団がシュンガ朝が統治する領土内で繁栄し，発展し続けたという事実を考え合わせると，そのような迫害が実際にあったかどうかは疑わ

しい。それに，仏教が優勢な宗教として出現したのは，北東インド以外の地域であり，そこではシュンガ朝は，それまでのマウルヤ朝のようには権威と威信を維持することはできなかったのである。

　仏教は，前2世紀から紀元1世紀にかけての300年間に，インド半島の南端から，北西方面はギリシア人が侵攻支配したインドの地域まで，事実上インド全土にわたって，宗教的に強い影響力を持つようになり，さらにスリランカや中央アジアにも広まった。さまざまな文化を持つ地域を支配下に置こうとする新興の諸国家は，アショーカ王にならって仏教を国教として採用した。スリランカでは，ドゥッタガーマニーが，前2世紀半ばに島を王国として統一した時に仏教を採用したと思われる。中央インドでは，勃興してきたシャータヴァーハナ朝が仏教を擁護した。インド北西部では，ギリシア人や侵攻してきた中央アジアの諸王が仏教に改宗して，ある程度仏教が国教化した。しかし，それが北西インドでより完全になるのは，カニシカ王の治世中（1-2世紀），およびそれ以降である。カニシカ王は，インド北部から中央アジア内陸部まで領土を拡大した大クシャーナ帝国を治めた人物である。この時代までには，仏教は中国北部の貿易の中心地にまで浸透し始め，また水陸二つのルートを通じて東南アジアから中国南部にも広がり始めた。

　文明的宗教としての仏教と国家的宗教としての仏教との間に分化が生じたことは，仏教が完全に文明的宗教に変容したことの主要な側面であった。マウルヤ朝の後期においては，仏教の中の文明的な面と国家的な面は，明確には分化していなかった。ところが仏教は，1世紀の初めまでには，特定の諸地域ですでにさまざまな点で国家仏教を超える文明的宗教となっていた。このような展開とともに，仏教教団のエリート層の中に重要な特徴が現われてきた。この時代までには，仏教教団のエリートたちは，真に文明的な要素を取り入れていた。彼らは国際的関係を緊密に保って，一つの仏教王国から他の仏教王国へ，またさらにその外へと自由に旅をした。しかしまた，それとオーバーラップする形で国家仏教の奉仕者もいた。彼らはそれぞれ特定の王国の体制の枠内で活動していた。

　この頃，仏教の経典や教義はさまざまな方法で次第に拡大された。上座部

や説一切有部などの部派では権威ある聖典が作られたが，その後もさらに，新たな教理が注釈書を通してその伝統の中に組み込まれていった。説一切有部の場合には，カニシカ王が主催した仏典会議〔第四結集〕で，『大毘婆沙論』として知られる大注釈書が編纂された。他の部派では，聖典群（ピタカ）にさまざまなものが新たに付加され，潤色されて，増訂版となっていった。また，既成部派の進歩派の中から，新しい種類の経典も現われ始めた。このことは，後に大乗（マハーヤーナ）として知られるようになる新たな仏教の方向づけが始まったことを示している。それらの中で，最も早く現われたものは般若経典群で，これにはシューニャター（一切の現象は究極的には「空」であること）の教義が立てられ，すべての仏教徒が歩むべき道として菩薩（将来，仏になる者）の道が宣揚されている。そして，2世紀末に至る前に，偉大な仏教哲学者，ナーガールジュナ（龍樹）が現われた。彼はそれらの経典群全体に一つの体系的表現を与え，大乗仏教最初の大きな学派の基礎を築いた。この学派は中観派として知られる。

　仏教の経典や教義の拡張は，その文明的宗教としての有効性に寄与する次の二つの点における発展に伴なうものであった。旧来の仏教部派（以後は「小乗」と総称する）は，それまでは口伝によって伝えられてきた。しかし，この頃には，新しく現われた大乗仏教の教団のように，ブッダの教説についての解釈を文書に書き留めるようになった。また，自分たちのあいだで最も権威が高いとされる経典をサンスクリット語に訳したり，サンスクリット語で著述したりする仏教教団も現われた。それは，当時すでにサンスクリット語がインドでの卓越した文明的言語となっていたからである。

　仏教が急速に発展した結果，ブッダを表現したり，儀式においてブッダと心を通じさせたりする方法も大きく変化した。小乗の部派の中には，独自にブッダの伝記を作ったものもある。最も有名な伝記は，アシュヴァゴーシャ（馬鳴）による『ブッダチャリタ』（『仏所行讃』；ブッダの行実）である。これは洗練されたサンスクリット語による古典詩の文体（カーヴィヤ）で書かれている。また，小乗の諸部派では，人間の姿に模してブッダの像〔仏像〕が作られるようになった。洗練された芸術としても，礼拝と信仰の対象とし

ても，仏像はその中枢となった。さらに，これらの部派は，仏教の体系に非常に重要なブッダを新たに組み込んだ。そのブッダとは，未来仏の弥勒（マイトレーヤ；慈しみのある人）である。弥勒は兜率天に住み，地上に降りるにふさわしい時機を待っていると信じられた。この弥勒が新たな信仰の中心となり，やがて新たな形態の宗教的・政治的な象徴主義とその運動の中核にもなったのである。また，1世紀の初めまでには，大乗仏教特有の傾向が姿を現わしてきた。たとえば，阿弥陀仏（アミターバ；「無量光」）について説く経典類の出現がその一例である。それらの経典では，阿弥陀仏と名づける聖なるブッダに専念し，仏が司る西方の極楽浄土に生まれ変わるための観想の実践が説かれている。

　宇宙論やその宗教的実践への適用に関しても，密接に関連する発展が起こってきた。小乗仏教の系譜における最も重要な発展は，おそらく六道という宇宙論的な趣（ガティ；行き場），すなわち（神々・人間・畜生・阿修羅・餓鬼・地獄の住人のいずれかになるという）「運命」を鮮やかに描き出すに至ったことであろう。そこには，カルマ（業；道徳上の行為とその結果）の作用が真に迫るように描かれている。それらの経典はおそらく説教の拠り所として用いられたのだろうが，仏教的な道徳や積善功徳の実践を強く勧めている。また，この時代のその他の小乗仏教の文献には，果てしない広がりを持つ宇宙世界が，現実の世界とともに存在していることが示唆されている。新興の大乗仏教では，この多元的な世界観が前面に押し出され，少なくともこれらの他の世界のいくつかに，さまざまなブッダが存在するとされた。そして，この現実の世界に住むわれわれにとって，それらのブッダがいかに重要であるかが断言され，記述された。最後になるが，この時代には，小乗教徒も大乗教徒も，次第に呪術的な儀式を行なうようになった。それらの儀式は，さまざまな種類の歌や呪文，陀羅尼（Ⓢダーラニー，Ⓟパリッタ）の神秘的な力に依存するものであった。

## 汎アジア文明としての仏教

　2世紀から9世紀にかけては，仏教が非常に大きな創造性と影響力を持っ

た時代であった。6世紀の初頭までは，全般的に繁栄の一途をたどっていたと言える。仏教はスリランカ，インド，中央アジアにおいて繁栄した。周知のように，仏教は貿易路に沿って東へ伝播し，土着の信仰や実践と融合し，国家宗教として採用された。その結果，中国の華北・江南の両地域や，東南アジアの多くの地域において，仏教は不動の地位を確立した。5世紀頃より以降，このような仏教の広まり方が定着し，仏教は拡張を続けた。仏教は，新たに統一された中華帝国〔隋・唐〕の支配的な宗教となり，東南アジアの一部にも広がり続け，また重要な新しい地域，すなわち，最初は日本，続いてチベットにも定着していった。しかしながら，この時代の後半においては，このような発展は陰りを見せ始め，9世紀の半ばまでには，汎アジア的な文明としての仏教の時代は急速に終わりを告げていった。

　仏教は文明としての性格を持ったことによって地理的に拡大したが，同時に，仏教が広まったことによって，その文明としての性格も強くなった。しかし，汎アジア文明としての仏教の役割は，アジア全域に実際に仏教が広まったというだけにとどまらない。仏教寺院は，多くの場合，国家が後援し，さまざまな仏教国家の首都近郊に位置しており，現代における大学と類似した機能を果たしていた。地理的にますます広大な地域にわたって，絶えず僧侶が往来し，仏典が流通し，仏教芸術様式が伝達された。インドや中央アジアの訳経僧は中国へ旅し，中国の仏教徒の助けを借りて仏典をすべて中国語に翻訳した。このため中国語は，パーリ語，サンスクリット語と並ぶ重要な第三の仏典言語となった。5世紀には，仏教の尼僧たちが，授戒の儀式をスリランカから中国へ持ち込んだ。また紀元400年から700年の間に，法を求める中国人の僧たちが，次々と中央アジアや東南アジアを経由してインドに旅行して，神聖な仏蹟や寺院に参拝したり，経典や注釈書をさらに集めたりした。これらの仏教者のうち，法顕，玄奘，義浄などは，十分に発達した仏教文明に関する旅行記を執筆して情報を提供した。6世紀に，仏教は公式に日本に伝来した。7世紀には，中央アジア，インド，中国の仏教者はチベットに進出した。8世紀から9世紀の初めにかけて，日本の僧侶は，仏教の教育を受け，仏教の聖典を手に入れるために中国に渡った。これらは，この時

代を特徴づけている旅行や相互交流といったもののほんの一例にすぎない。

　仏教が文明的宗教としての頂点に達しようとする頃，小乗仏教の伝統はますます拡大し，かつ磨き上げられた。サンスクリット語とパーリ語の両方で新たな注釈書が著された。5世紀にインド北西部では，説一切有部と経量部の観点からヴァスバンドゥ（世親）が『倶舎論』を著し，またスリランカでは上座部の観点からブッダゴーサ（仏音）が『清浄道論』を著したが，この二つの非常に重要な綱要書は，それまでの注釈書を補強するものとなった。そのうえ，また，小乗仏教のテーマの多くが，他の仏教の伝統の基礎となった。仏教徒の大多数は，それまでと同様にブッダとしてのゴータマをかけがえのない存在とし，三界を設定する宇宙観に関心を集中させた。三界とは，最高位の神々と最高の瞑想の境地に関わり，形を持たない領域である「無色界」，少し地位の低い神々と瞑想の境地の物質のみに関わる形の領域としての「色界」，上述した六道からなる欲望の領域としての「欲界」，という三つの世界のことである。これらのうち，最後の「欲界」は，業の報いや布施の意義という，仏教全般に共通する教義の前提となるものであり，僧団の構成員にとっては特に重要であった。

　仏教が文明的宗教として最高潮に達したこの時期，大乗仏教では，時代を反映して高度な創造と体系化へのさまざまな努力が払われた。大乗教徒は，この時期に先立って『法華経』『涅槃経』『楞伽経』『華厳経』などの膨大な量の経典を作成していた。時代を下るにしたがって，インド，中央アジア，中国で，これらの経典の多くについて，おびただしい数の注釈書が著された。これらの経典や注釈書は，現象世界の空性，阿頼耶識（蔵識），如来蔵（如来の胎児）などに関する新たな教義を展開させた。そして，インドに起源を持つ中観派や瑜伽行派，中国に起源を持つ天台宗や華厳宗など，さまざまな大乗仏教集団で，これらの教義が学問的に体系化された。付け加えれば，これらの経典と注釈書では多くの仏や菩薩の存在を認め，多くの世界が，さらには無数の世界が実在するとした。また，これらの無数の仏，菩薩，世界（そしてその他の一切）の究極的根源は永遠の宇宙としてのブッダであるとして，その実在性を説き進める仏典さえあった。これら大乗仏典の中には，

特定の仏・菩薩が救いを求める人々を済度してくれることを強調するものもあった。上述の弥勒仏や阿弥陀仏以外で特に重要な仏・菩薩には，薬師如来（癒しの仏），観音菩薩（慈悲の菩薩），文殊菩薩（智慧の菩薩），地蔵菩薩（地獄で苦しむ者を救済する菩薩）などがあった。

　インドでは，千年紀の後半までに，仏教の新たな潮流として金剛乗（密教）が台頭してきた。この新仏教は，大乗の思想を基本的に受け入れたが，その考え方に新しく劇的な実践形態を加えた。その実践の多くは，秘儀としての性格を持っている。この仏教の出現は，新たな経典（『大日経』など）やタントラとして知られる新たな儀軌など，新しい聖典の作成と密接に関連していた。8-9世紀までには，この新仏教である金剛乗は，事実上仏教世界全体に広がり，特に日本やチベットに根を下ろした。しかし，金剛乗の教えが体系化される前に，仏教文明を構成する基盤自体が崩壊し始めたのである。このことは，この伝統がチベットや日本で非常に異なった形態をとった理由を，少なくとも部分的には説明していると言えよう。日本では，この金剛乗は真言宗として知られるようになった。

　仏教が汎アジア文明としての覇権を握っていた時代には，仏教には地域的な相違と経典による相違とがあったが，それらの間にはかなりの統一性があった。各々の文化圏，また小乗・大乗・金剛乗のそれぞれに，仏教の瞑想を実践する禁欲的な苦行者や黙想にふける者がいた。また，仏教の戒律を重視する聖者や道徳者もいた。仏教の信仰に没頭する出家者や在家者もいた。そして，仏教の呪術や祈禱に特別の関心を抱く者もいた。このような仏教徒のさまざまな集団や個人は，遠隔地や他の部派の馬が合う仏教徒たちと信仰も態度も実践も共有しており，また多くの者がそのことを自覚していた。

　さらに，仏教が文明的宗教として支配的であった時代には，仏教は文化の統一の規範を示していた。インドのヒンドゥー教，中央アジアのマニ教，中国の道教，日本の神道，チベットのポン教などのさまざまな宗教が仏教に触れ，思想や価値観に影響を受けて自らの革新を行なった。換言すれば，この時代の仏教は，アジアの他のすべての宗教が反応せざるをえないような，宗教・哲学・芸術・その他もろもろの基準を設定したと言える。また仏教は，

論理学・医学・文法学・科学技術・その他多様な要素を内包することで，文明的宗教としての役目を果たした。そして，宗教の持つ精神面にはほとんど関心がなかった多くの統治者やアジアのさまざまな貴族階級の人々も含めて，個人や集団を引きつけたのである。

## 3．文化的宗教としての仏教

　仏教は，アショーカ王の時代から9世紀頃までの1000年以上の間に，インド全域にわたる宗教から，最終的にはアジア全域にわたる一つの文明形態を表すものにまで発展した。この文明的宗教としての仏教も，それ以前の宗派的な仏教と同様に，その後の仏教の発展に，あらゆる面で消し去ることができないほどの影響を与えた。仏教は，包括性への関心や，極めて国際的な特色を，決して完全に失ってしまうことはなかった。しかし5世紀頃から，文明的宗教としての構造は次第に崩壊していき，新たな形態が現われ始めた。仏教は，アジア全域でさまざまな歴史的経過をたどって，「文化的宗教」とわれわれが好んで呼ぶものへと徐々に変化していった。

### 過渡期の時代

　仏教文明は，性格上，包括性と体系性を求めようとするものであったが，それが安定し物質的に繁栄するかどうかは，相互の交流を維持しながら共通の関心や価値観を共有する比較的少数の大寺院や僧院大学に依存していた。実際，これらの組織上の基盤は，極めてもろいものであった。それは，歴史上の諸事件が当時の大寺院とそこに住む僧たちの安寧を脅かしたという史実から明らかである。そのような教団の浮沈の結果として，仏教教団内部で新しい展開が起こってきた。そして結局，仏教はその展開を経て一連の個別の文化的伝統へと変化したのである。

　このような新たな展開の兆しは，かなり早い時期，すなわち仏教文明が栄光の頂点に達した時期に見られる。インド北西部から中国北部を結ぶシルクロードの仏教王国にとって不幸なことが5-6世紀に中央アジアで起こった。

インドやローマ帝国をも侵略した遊牧民であるフン族をはじめさまざまな異民族が，これらの仏教王国を侵略し，場合によっては征服するまでに至ったのである。中国の求法僧，玄奘が630年にソグディアナを訪れた時に見たものは，破壊された仏教寺院の跡とゾロアスター教徒に引き渡されたいくつかの僧院のみであった。

5-6世紀には，インドと中国の境を接する非常に重要な地域は不安定な状況であったが，これは，仏教の文明的宗教としての構造を弱体化させるにあまりあるものだったようである。まず最初に注目しなければならないのは，中国に，非常に中国的な仏教学派が新たに出現したことである。天台や華厳など，総合的な学派が誕生したことは，文明的宗教としての方向づけが踏襲されたことを示唆している。仏教経典のあいだには，さまざまな見解の相違が見られるが，これらの学派は，広範囲にわたって異なったレベルの教説を念入りに調べ上げ，それらの相違点を調停しようとした。もちろんこのこと自体が，文明としての仏教の特徴ではあるが，この和解の方式には極めて中国的な調和志向が反映されている。

後期インド仏教では，タントラの重要性が増大したが，隋・唐時代（589-907）の中国においては，浄土教と禅宗が成功をおさめた[3]。これらのことは，伝えられてきた仏教が自意識の上でより地域的な形をとりつつあったことをいっそう明示している。中国仏教には，それ以前のインド中心の仏教とは対照的に新しい独立独歩の精神がある。さらに当時起こった新たな動きは，国際色豊かな仏教の主要な拠点から離れたところで長期にわたって発展してきた結果でもあるようだ。こうして仏教は，貴賤を問わず，それぞれの社会階層によって以前にもまして盛んに表現され，これら各社会の階層同士の相互関係に対する新たな関心が生まれた。

6世紀から10世紀にかけて，仏教文明が中国に開花し，ある程度独立した新たな拠点が発展して，隋唐時代にその全盛期を迎えた。このような事情から，仏典や仏像が6世紀に日本に招来された時，それらは中国文化の精髄としてもたらされ，専有された。この新たな仏教は，皇太子として摂政をしていた聖徳太子の保護を受け，聖徳太子は，仏教を重視した隋を手本として

国を治めようとした。その後，奈良時代（710-784）になっても，日本では中国文化が引き続き強い影響力を持っていたので，華厳宗などの中国仏教の学派も繁栄した。

仏教文明の拠点であった中国とインドは，チベットにおいても互いに競い合った。チベットに初めて安定した国家を打ち立てたのはソンツェン・ガムポ王（650没）であるが，彼によって仏教がチベットにもたらされた。仏典はサンスクリット語と中国語の両方からチベット語に翻訳された。その後の，ティソン・デツェン王（755-797）が仏教を正式に国教として採用し，インドと中国との間の影響力をめぐる緊張を解消しようとした。そのために彼がかの有名なラサの宗論[4]を主催したところ，中国側が禅の「頓悟」の思想をかかげたのに対し，インド側はより段階的な仏道修行を唱えて論争した。両者ともに自らの勝利を主張したが，インド側が優位とされ，結果的に，サンスクリット語からの翻訳のみが許可されることになった。

9世紀から10世紀にかけて，インドと中国という二つの仏教文明の拠点は，内憂外患に苦しんだ。インドでは，仏教教団はヒンドゥー教の復活とイスラム教徒の侵入によって，13世紀までには事実上滅亡することになった。中国では，国家権力による迫害や儒教の復興のみならず，ウイグル族やトルコ族の度重なる侵入によって，仏教教団は壊滅的な痛手をこうむった。

6世紀にインドや中国で顕著になり始めた文化的変容は，10世紀に日本，朝鮮，チベット，スリランカ，東南アジアなどにも広がり，それぞれの地域で独自の仏教文化が展開された。いずれの地域でも教団の再編成が行なわれ，教団内のエリート層と一般の仏教徒との結束が強化された。霊験のある仏教実践や，それらを保ち，奨励する学派に新たな関心が持たれた。各地で仏教のシンボルや儀式が発展し，それらは独自の仏教文化を，特に民衆レベルにおいて代表するものとなった。

中央アジアの仏教教団は，イスラム教徒の勢力拡大のなかを生きのびることができなかった。インドでは，仏教は，千年紀に至るまでの数世紀間，ある程度成功しただけであった。インド北東部では，パーラ朝時代の8世紀から12世紀にかけて，仏教は王室と民衆から強い支持を受けたが，ヒン

ドゥー教の哲学と信仰（バクティ）の運動は仏教に対して非常に攻撃的であった。巨大な寺院がイスラム教徒によって破壊されてからは，仏教はインドではどこでもほとんど目立たない存在となった。中国では，儒教と道教が仏教の強力なライバルだったが，インドよりは成功したと言える。9世紀の迫害〔845，会昌の廃仏〕の結果，とりわけ文明としての仏教の役割は失われたが，しかし中国の主要な宗教として，次第に中国固有の宗教と融合していった。また，強く組織された土着の宗教伝統と競争する必要がない地域では，仏教は最も優勢な宗教となることに成功した。その地域とは，スリランカ，東南アジア（仏教がインドと同様に衰退したインドネシアやマレー半島を除く），日本，朝鮮，チベット（ここからついにモンゴルへと広がった）などである。これらの地域は，かつては仏教世界の周辺部であったが，その宗教的独創性は仏教の「枢軸時代」を生み出し，全体として仏教にめざましい変化をもたらすに至った。

### 僧団の体制・王室の体制・民間の仏教

仏教が，文明的宗教から文化的宗教へと変化したのは，仏教教団の構造が根本的に再編成されたことによる。文明的宗教の時代には，仏教教団は次の三種の層からなっていた。その第一は僧団（サンガ）と深い関わりを持つエリート層で，彼らは，広大な地域を旅行し，多くの言語に通じ，文明の担い手として活躍した。第二は僧俗からなる国家エリート層で，彼らは，王室とより密接に結びつき，貴族とも関係を持っていた。第三は，普通の僧や在家者など，地位の低い者たちで，彼らは都市だけでなく地方にも住んだ。文明的宗教としての仏教の最盛期には，中心的な組織のあり方は，一方においては第一の層と王や后，および地位の高い在家者たちからなる国家エリート層との関係であり，他方においては彼らが保護した僧たちの間の関係であった。普通の在家者やあまり地位の高くない僧は，もちろんそれなりの役割を果たしてはいたが，各時代を通じ，ほとんどの地域で仏教社会の主流から離れていたようである。しかし，仏教が文化としての宗教へ変容すると，このような状況は大きく変化した。

その一つは、僧団・国家・民衆の三つのレベルのそれぞれに生じた大きな変化である。まず、文明としての仏教を支え、維持してきた僧団内のネットワークの消滅が決定的になったことである。確かに僧団の中には、国際的な視野はまだ失われておらず、文化の異なる地域間の旅行や交流もすべてなくなってしまったわけではなかった。特に中国と日本、中国とチベット、スリランカと東南アジアの半島部との間には、そのような交流が残っていた。しかし、9世紀ないし10世紀以降は汎アジア的な仏教エリートと言えるような人物を挙げることは難しいだろう。

僧団に対する国の統制とともに、僧団の権限と影響力が失われ、国家レベルでの状況も変化した。仏教が文明的宗教として強い影響力を持っていた時代には、各大寺院は実質的には国家の中の独立国を形成していた。それらの僧団は土地と労働力という莫大な富を支配しており、しばしば積極的に営利事業も行なった。このようにして、僧団は、はなはだ裕福になった。そのために、格好の攻撃の的となり、特に文明の中心地として有益でなくなってきた後は、そうであった。インドや中央アジアでは、寺院そのものが破壊された。それ以外の地域では、寺院は破壊を免れても、富は奪われた。仏教圏ならどこにでも、このようなことが、一度や二度は起こった。国家レベルでの僧団の影響力が低下すると、必然的に僧団に対する国の統制は強化される。中国や日本では、国の統制は完全に官僚体制になった。規模は小さかったが、朝鮮やベトナムでも同様であった。スリランカや東南アジアの上座部仏教の地域では、王室による僧団の「浄化」という形で国家統制が行なわれた。しかしそれは比較的間接的であり、あまり効果的ではなかった。チベットはその地域的状況のために特殊であって、寺院と王室が極めて密接に結びつき、完全に一体化していた。

国際的な仏教エリートが消滅し、強大な組織が弱体化する一方で、草の根レベルの仏教徒の活動が盛んになった。地方の小さな仏教徒の組織は、長らく大寺院と共存していたが、新たに仏教社会の活動の中心となった。たとえば中国では、裕福な在家者たちが比較的小さな功徳院と呼ばれるものを支えていたが、これが仏教を発展存続させる重要な要素となった。スリランカや

東南アジアの，ガーマ・ヴァーシン（村落居住者）と呼ばれる僧たちは，文化的仏教の出現と密接な関係がある。彼らは，大都市だけでなく，都会から遠く離れた地域の人々にも仏教を広めた。文明的仏教においては，文明を担うエリートと国家レベルの僧俗との間の組織上の協力関係が大変重要であった。それとは対照的に，文化的仏教においては，主として中心都市に住む国家エリートである僧侶と，地方の寺院や村落に住む一般の人々との間のそれが大変重要であった。

## 実践の重視

　大部分の地域では，文明的宗教としての仏教が消滅するのに伴ない，総合的な仏教哲学や独自の思想体系を構築する時代は終わりを告げた。教学の哲学的刷新は続けられ，既成の主要な体系は，新たな状況に適応するように調整された。しかし，文化的宗教としての仏教の真の独創性は，効験のある仏教実践の方法を主張した宗派や運動に見られる。

　さまざまな仏教文化が発展した一つの大きな要因は，戒律（特に僧団内のそれには限定されない）を瞑想とともに重視する宗派や運動が優位に立ってきた点である。中国と日本では禅宗がこの種の仏教の典型であるが，そこでは厳しい戒律や，たとえば「只管打坐」や公案の推考のような形の瞑想実践が強調される。これらは，大乗仏教が東アジアにおいて文化的宗教として出現するや，傑出した宗派となった。そして，これらの宗派は，その後も，東アジアのさまざまな政治面や芸術面でのエリートに影響を与え続けた。スリランカや，ついで東南アジアにおいては，阿蘭若僧（Ｐアーランニカ）という「森林居住僧」が似たような性向を示し，同じような役割を果たした。スリランカでは，阿蘭若僧が出現したのは9世紀から10世紀であった。彼らは，好んで首都の富裕な僧団から退いて隠棲し，戒律の厳しい生活を選んだ僧の集団で，学問や瞑想に専念した。彼らは，12世紀にスリランカの重要な改革を先導し，その後の数世紀の間に，スリランカだけでなく，ミャンマー，タイ，カンボジア，ラオスといったテーラヴァーダ仏教の世界全体に改革運動を広げていった。テーラヴァーダ仏教の国々の阿蘭若僧は，東アジ

アの禅宗の修行者と同じように、さまざまな社会で活躍し、そのエリート層と密接に結びついていた。アティーシャによって金剛乗の伝統が確立されたチベットでも、同様に、戒律・学問・瞑想が重要視された。彼は11世紀に、チベットに仏教を「二度目に伝来」した人物である。15世紀には、ゲルク派、いわゆる黄帽派を設立した改革者たちによって、戒律に重点を置く改革がまた新たに行なわれた。この派は、その後、有名なダライラマの法系が率いるチベット(およびモンゴル)の支配的な宗派となった。

　文化的宗教としての仏教の出現により、エリート主義的で戒律志向の学派や運動に対比される新しい宗派や運動が生じた。それらは、より民衆的な信仰形態や密教的(タントラ的)な実践に焦点をあてたものであった。東アジアの大乗仏教が広まった地域で最も重要な展開は、第二の千年紀以降、数世紀の間に浄土教が次第に盛んになってきたことである。中国の浄土教諸派は、禅の実践者たちと親密な共生関係を保ち続け、かなり伝統的な出家修行の形式を維持した。しかし、日本の浄土教はさらに分化が進み、かなり革新的なものとなった。鎌倉時代(1185-1333)には、新たな日本独自の浄土教や、それに関連する諸宗派が法然、親鸞、日蓮のようなカリスマ的指導者によって創始された。これらの宗派は日本独自の色合いを帯びていた。日蓮にとっては、浄土とは日本そのものであった[5]。

　浄土教やそれに関連する信仰中心の宗派に比べると重要性は低いが、密教という宗教形態も、東アジアの文化的宗教の重要な一部であった。中国では、密教的要素は中国固有の道教と相互に深く関わり合っているだけでなく、チベットの金剛乗の伝統からも大きな影響を受けている。日本では、天台宗と真言宗において、さらに洗練された密教的要素が保持された。なお、たとえば山伏として知られる山林修行者からなる修験道のように、これら両宗の中に統合された集団では、もっと素朴で土着的な要素が顕著であった。

　スリランカでも12世紀から13世紀にかけて(日本では法然・親鸞・日蓮の時代)、信仰中心の宗教が仏教教団で影響力を持つようになり、主としてパーリ語よりもむしろシンハラ(スリランカ)語で書かれた仏教文学の新たなジャンルが生まれた。特に信仰中心の「学派」が形成されたわけではない

が，全体的な新しい信仰的要素がテーラヴァーダ仏教の伝統に吸収され，東南アジアのテーラヴァーダ仏教文化の中に浸透していった。同様に，われわれが知るかぎりでは，明らかに密教的な特徴を持つ「学派」というものは全く存在しなかった。しかし，密教的な要素が近代以前のそれぞれのテーラヴァーダ仏教の文化において，非常に重要な役割を果たしていたということを示す形跡がある。このような影響は，特にミャンマー北部，タイ北部，ラオス，カンボジアに強いようである。

チベットやモンゴルと言えば，金剛乗的な民族精神(エートス)を持つと予想されるが，この地域でより戒律を重視する伝統に対比されるのは，ニンマ派やカギュー派のような宗派である。これらの宗派は，現世利益を達成し，救済への「早道」を進むために，密教やタントラの儀式を行なうことを強調した。ただ，他の仏教文化においては密教やタントラの技法が信仰を補足したが，ちょうどそれとは逆に，チベットやモンゴルでは，信仰実践が密教やタントラの技法を補ったのである。

また，文化的宗教としての仏教のもう一つの重要な要素は，少なくともいくつかの社会では，出家者と在家者との伝統的な区別が緩和されたことである。この傾向は，戒律をより重視する情況においてはほとんど目立たないが，そのような情況においてさえ，この方向での動きがあった。たとえば中国や日本の禅宗寺院では，律の規定により，生産活動への従事はむしろ禁止されているのだが，実際には出家者は労働に従事することを求められた。日本の浄土教の諸宗派，および日本やチベットの密教系のいくつかの宗派では，僧侶が結婚して所帯を持つことが許され，それが普通になった。また，中国と日本では，出家者と在家者からなる組織や，在家者だけの組織が重要な役割を果たした。これらの中には，さまざまな仏教運動に身を捧げるまっすぐな宗教組織もあり，また，特に中国では，多くの秘密結社や救世主の出現を信じる組織もあった。スリランカや東南アジアにおいてさえも，僧院の世俗化の傾向がしばしば見受けられる。しかし，テーラヴァーダ仏教が根強いこれらの地域では，そのような動きは，変革が根づく前に，いつも王室の介入によって阻まれた。

## 儀式の普及

　文化的宗教としての仏教を特徴づけるこれらの宗派や運動と並んで，仏教の実践においても諸々の形式が存在した。それらは上述した宗派や運動の影響を受けながらも，より深く仏教文化に浸透したものであった。なかでも巡礼は，それらの実践の先端に位置づけられた。

　実際，文化的宗教としての仏教には，すべて仏教巡礼独特の形態が見られた。多くの場合，それらの巡礼の形態は，しばしば重なり合いはするが，独自の宗教文化複合体の特性を維持する重要な要素であった。いくつかの事例では，これらの巡礼の形態が，特定の王国を支え，また，その王国によって支えられる仏教文化複合体の境界を定めている。その一例として，スリランカが挙げられる。スリランカには，全土にわたって16の主要な遺跡が整然と分布している。その他，たとえば東南アジアでも，これらの巡礼の形態がしばしば政治上の区分を越える仏教文化複合体の境界を定めてきた。

　仏教の巡礼の主要な目的地となる聖地の多くは，山頂その他であるが，それらは，仏教がもたらされる以前から神聖視されていた。それらは仏教と共存するその他の伝統とも聖なる結びつきを保ち続けた。このような場所を巡礼することを通して，仏教は，土着の宗教伝統と関連するさまざまな神々や実践を吸収したのである。同時に，仏教の出現によって，当然のことながらそれらの神々や実践に仏教的な意味合いが吹き込まれた。日本では，仏・菩薩は，多くの状況において，土着のカミ（神）と事実上同一視された。中国では，地蔵・文殊・観音などの偉大なる菩薩たちが人気のある巡礼地の神聖な山々の居住者となり，このような巡礼の情況のなかで，徹底した中国化のプロセスが進行した。東南アジアにおける，仏塔や仏足石，またその他の巡礼の礼拝対象は，多くの仏教徒たちにとって，その土地で仏教を守護し，保護する土着の精霊（たとえばミャンマーのナッ，タイのピーなど）とブッダが，密接に結びついていることを表すものであった。

　仏教が文化的宗教として発展したところではどこでも，仏教は，その地域の地理的に神聖な場所だけでなく，年中行事の儀式にも入り込んでいった。

中国の仏教の年中行事には，さまざまな仏・菩薩を讃える祭り，中国仏教史上の重要な人物のための祭り，斎会（さいえ），盂蘭盆会（うらぼんえ）などがある。特に「盂蘭盆会」は，先祖のために供える供物を通して「孝」という中国的な美徳を表す非常に重要な行事であった。これらの儀式は，それ自体多分に中国的なものであるが，儒教と道教のいずれの祭礼をも混入し，中国の人々の日常生活に非仏教的な要素としてかなり大きく組み込まれているその他少数の儀式によって補われている。スリランカでは，仏教の年中行事には，ブッダの生涯の事績を讃える祭り，アショーカ王の伝道上の息子マヒンダがスリランカに仏教を広めるためにやって来たことを祝う祭り，王国の守護する仏舎利を敬う首都の祭り，雨安居（うあんご）の終了を示す寺院中心のカティン（Pカティナ；迦締那衣〈功徳衣（かちなえ）〉を与えること）の儀式などがあった。これらの仏教儀式には，非仏教的な儀礼が散在しており，スリランカの場合，それは主としてヒンドゥー教のものであった。このような規模の大きい儀式の他にも，地域の精霊たちへの供犠のような，さらに多様性のある土着的要素を含む特殊な儀式が，不定期に行なわれていた。チベット文化圏の仏教の年中行事には，仏教が土着の悪霊たちを打倒したとして，チベットへの仏教伝来を祝う大きな祭りがあり，寺院主催で行なわれた。また，仏教の神々（ターラー菩薩など）やチベット仏教の英雄たち（パドマサンバヴァなど）を讃える祭りもあった。チベット仏教の年中行事には，その他に仏教と土着のシャーマニズムの要素とが融合した大小の儀式も含まれている。

　仏教は，さまざまな文化のありようを表すものであるが，人の一生涯に関わる儀式，特に男子の成人式や死に関連した儀式とも結びつくようになった。男子の成人式に仏教が関わりを持つことは，最初は東南アジアに限られていた。多くの仏教国では，子供や若者は僧院で教育を受けた。しかも東南アジアだけは，一時的に仏教寺院に入門することが，男子を成人として認めるために文化的に不可欠のものとなった。たとえば，ミャンマーでは見習い僧となる儀式があり，タイ中心部では成長した男子が一人前の僧侶となる儀式がある。他方，葬儀への仏教の関与は，アジア全域にわたる現象であった。たとえば，仏教が文化的に優勢な宗教であったテーラヴァーダ仏教の国々では，

王室の者や僧院のエリート僧の葬儀には，ブッダ自身に対して行なわれたと伝えられる儀式にならって，丁重な火葬が行なわれるようになった。功績や身分の低い人々には，基本は同じであるが，もっと簡略な儀式が行なわれた。仏教が，他の主要な宗教とほぼ同等の勢力基盤で共存していた文化圏でも，葬儀を行なう場合には仏式の方が好まれた。典型的な例は中国である。中国では，仏教徒は丁重な葬送の儀式をするようになり，それが社会全体に広く行なわれた。もともと，このような死者のための儀式は，すでに今日の中国では消滅した真言宗（金剛乗）によって中国に持ち込まれたものであり，その儀式が中国の環境に適応し，仏教文化の一部として不可欠なものとなった。

　仏教はアジア全域のさまざまな社会で，さまざまな儀式の遂行を通じて，自ら文化的宗教であることを示した。仏教は，このような儀式の形を通して，アジアのさまざまな民族の生活にとって，何よりも不可欠なものとなった。そして，それぞれの文化を仏教の価値観に合致するように形づくり，かつまたその過程で仏教自体もそれぞれに独自のものとなっていった。ひとたび仏教が文化的宗教として確立されると，仏教は現代に至るまで，何世紀にもわたって，その地位と影響力を維持することになる。それを可能にしたのは，それらの儀式なのである。

## 4．近現代の仏教

　ヨーロッパでは，16世紀に重商主義と帝国主義が始まった。これが，世界各地にいろいろな一連の出来事を引き起こして，仏教社会を部分的にも全体的にも刺激し，脅かすことになった。さまざまな仏教文化の土台であった伝統的な社会や経済が崩壊し，新たな形態に取って代わられた。これらの新たな社会や経済は，個々の仏教社会を世界全体，特に西洋へと否応なく結びつけた。その結果，アジアの仏教徒も欧米の宗教者たちと同様に，ここ3世紀の間にヨーロッパ文明に起こったあらゆる大きな変化，すなわち台頭してきた合理主義，科学的唯物主義（マテリアリズム），民族主義，相対主義，科学技術（テクノロジー），民主主義，共産主義からの挑戦を受けることになった。

仏教と近代の文化や文明との出合いは一枚岩ではなかった。アジアの仏教世界では，この出合いは三つの段階に分けることができる。第一段階は，キリスト教の宣教師が貿易商人とともにアジアのさまざまな地域にやって来たことである。これらの宣教師たちは人々の改宗や教化を目的に来たのであり，聖書や教理問答集とともに印刷機や学校をもたらした。スリランカ，東南アジア，中国，日本では，仏教も含めたアジアの宗教伝統に対して，キリスト教伝道の猛攻撃が仕掛けられた。この猛攻撃は，ポルトガル人がスリランカの仏教寺院や遺跡を破壊したように，ときには暴力的な形で行なわれた。しかし，たいていの場合は思想面での言葉による攻撃であった。第二段階は，ヨーロッパ列強による多くのさまざまな仏教世界の支配という，さらに厳しい植民地化であった。スリランカ，ミャンマー，インドシナなどの仏教諸国は完全に植民地化された。また，タイ，中国，日本などは，植民地主義の強い影響を受けた。これによって，事実上あらゆるところで（チベットは特殊な例外である），政治体制と僧団体制との共生関係は崩壊し，そのために仏教教団が不利益をこうむったことは言うまでもない。

　第三段階は，20世紀になって，民主的資本主義にしろ共産主義にしろ，西洋の政治的・経済的イデオロギーを受容したことである。中国，モンゴル，チベット，朝鮮や東南アジアの一部地域の仏教徒は，現在，共産主義社会に生活しており，これらの地域の仏教教団の未来は明るいとは言えない。日本，韓国，スリランカ，東南アジアの一部地域（タイが適例である）では，資本主義が支配的であり，これらの地域の仏教には大きな可能性があるようにも思われる。しかし，共産主義と同様，資本主義もまた，現代の生活に仏教の思想や価値観が核心的に重要であるという主張を切り捨ててしまった。仏教の記念塔(モニュメント)や施設は，多くの場合，博物館の一部として扱われるが，一方仏教の信仰はしばしば個人的な見解の領域に追いやられてしまう。仏教は時代遅れで迷信的だと非難されることが多く，そのために酷評されたり無視されたりする。エドワード・コンゼが A Short History of Buddhism（London, 1980）で次のように述べている通りである。「資本主義が，共産主義よりも，仏教に対して寛容な態度で臨んできたかどうか，疑う人がいるのも無理はな

い」（p. 129）。

　仏教徒は，種々の困難に直面しながらも，現代史の混迷に対して積極的に対応してきた。仏教徒は，昔から繰り返し行なってきたように，刻苦勉励して変化しつつある環境に適応しようと努めている。しかしながら，今までのところは，まだ伝統的に継承してきたものに範を求めようとしている。そうした仏教徒の対応の仕方は，以下に述べるように文化的なもの・文明的なもの・宗派的なものの三つに分類されよう。

## 文化的対応

　ヨーロッパ文明に対する最初の対応は，性格上は文化的で，しばしば復古的であった。ヨーロッパ文明の諸要素に初めてさらされた時，いくつかの仏教王国は文化的独自性を守る手段として鎖国をしようとした。鎖国は日本，朝鮮，チベットなどで行なわれ，中国でも試みられた。一方，仏教の復興がキリスト教伝道の挑戦によって鼓舞された例も見られる。スリランカや中国では，キリスト教の宣教師たちが生気ある護教論によって仏教を批判することに努めたが，仏教徒の知識人たちはこれに対抗した。彼ら知識人たちは，仏教運動を進めるため，キリスト教宣教師の好戦的態度のみならず，印刷機や学校など，キリスト教伝道の方法や手段をさっそく採り入れた。仏教文化の時代に始まったいくつかの進展，特に出家者と在家者の区別の緩和も，このような革新によってさらに刺激されることとなった。また，交通機関の改善など，現代の科学技術によって，ますます多くの人々が巡礼のような伝統的な宗教実践をいっそう容易に行なえるようになった。

　また，仏教の復興はしばしば文化的愛国主義によって鼓舞された。キリスト教の挑戦に直面したとき，自分の宗教として仏教を選ぶということは，その人がシンハラ人やタイ人や中国人であることを選んでいることをも意味した。たとえば，中国的なものが劣っているとされることは，仮にそれがキリスト教とヨーロッパ文明の力や威信に触発された場合でも，断固として否定された。

　仏教と文化的愛国主義との結びつきは，スリランカと東南アジアで最も強

固である。仏教徒は、出家者も在家者も、地域の独立運動に積極的に参加した。このような状況のもとで、仏教は、その土地に固有の仏教文化を受け継ぎ、アショーカ王の国家宗教を手本として、明確な民族主義的性格を持つようになった。仏教は、植民地時代以後の政治では国家統合の手段として用いられてきた。また、仏教の諸要素は、スリランカ、ミャンマー、タイに新たに登場してきた都市型宗教にも取り込まれてきた。

　植民地時代のスリランカと東南アジアで仏教の国教制が廃止され、中国清朝や明治時代の日本でも同様の政策が採られると、在家者と出家者の関係は再び変化し、積極的な在家の指導者の出現が促された。国家によって庇護されなくなり、また概して十分な自己財源もなかった僧団には、地域の後援者の支持を育むことが必要だとわかった。このようにして、さまざまな経済的・社会的レベルの各層から多くの人々が僧団を中心とした宗教活動に積極的に参加するようになった。このことは、当然のことながら、しばしば論争を招き、僧団をさらに分裂させるという結果をもたらした。しかしまた、それは、仏教文化の発展の中で多く起こったことだが、在家者と出家者が新しい種類の組織に集うことができる環境を作り出した。霊友会や円仏教（ウォンプルギョ）といった、日本と韓国で大きな成功をおさめた「新宗教」はそのような環境から生み出されたものである。

　仏教の国教制が廃止されると、ヨーロッパ文明に最も大きな影響を受けた、新興都市エリート層の中から行動的な在家指導者が生まれてきた。彼らは仏教伝統の諸要素をヨーロッパ文明への期待と調和させるために、それらに「改革的な」解釈を持ち込んだ。その流れに属する近代の改革者たちは、ブッダの人間性や人間の苦悩に対するブッダの合理的な取り組みを強調して、ブッダの伝記を解釈してきた。何人かの近代主義者は、仏教思想を西洋の哲学的な考え方やさらには科学的理論とも関係づけようとしてきた。また、多くの改革的な仏教者は、仏教の教えが社会的・倫理的な諸問題と密接に関連することを強調してきた。

## 文明的対応

　ヨーロッパ文明と仏教文化との出合いは，仏教徒たちの中に自分たちが共通に受け継いできたものに対する新たな自覚を促した。仏教徒たちは新たに広範な交流を始めた。このことは，結果的に文明的宗教としての仏教の再生を意味した。

　仏教が再び，現代のアジアや世界に見られるさまざまに対立するイデオロギーを包括する文明的基準になるということは，新興都市エリート層に大いに歓迎された。多くの国々で，一群の仏教の護教論者は，仏教は真に民主主義的な，また社会主義的な社会の基盤になりうるのであり，無神論的宗教として世界の平和と統一の基盤になりうるのだと主張した。たとえば，日本にある日蓮宗系の「新宗教」の一つ，創価学会は，第三文明としての仏教という解釈を打ち出している。仏教は，思想的に観念論と唯物論の対立を超克でき，経済に応用すれば資本主義と社会主義の統合をもたらしうるというのである。

　仏教こそが「至高の文明」であり，またヨーロッパ文明によって引き起こされた精神的沈滞を打破するものであるという見方に立って，インド，インドネシア，ネパールなど，仏教の力が衰退したアジアの国々に対して，また西洋に対しても，新たな布教活動を積極的に進めている。

## 宗派的仏教の展開

　近代において宗派的仏教が新たな展開を見せるのは，布教活動による仏教の拡大と，ヨーロッパ文明との出合いを通じて起こった仏教の損失の結果である。このような仏教の展開が証明しているように，新しい仏教文明という発想は，まだ希求の途上にあり，現実のものにはなっていない。

　仏教の拡大に起因する宗派的仏教の展開は，西洋における仏教の定着にも見られる。近代の宗派的仏教は，移民集団のあいだや，西洋の文化や宗教伝統に嫌気がさした知識人や求道者たちのあいだなど，社会の主流からは一定の距離を置いたところで実現されてきた。もう一つの同様の宗派的仏教の展

開として，インドの新仏教運動が挙げられる。これは，B. R. アンベードカルの指導のもとに生まれたハリジャン（不可触民）たちの運動である。

　仏教のこうむった損失に起因する宗派的様式の復活は，全体主義的な共産主義の地域に見られる。このような展開は，その性格上，実用主義的で防衛的になる傾向が強い。仏教徒たちは自分たちの社会を共産主義社会の主流から孤立化させて，批判や攻撃を避けようとしてきた。しかし，このような試みはほとんど成功していない。逆に，新たな共産主義政府は，仏教の影響力を弱め，信用を失墜させるための手段として，強制的に宗派を孤立させることが多かった。共産主義政府は，共産主義のイデオロギーに基づいて仏教の教義を批判し，同時に仏教寺院を徹底的に廃棄することによって，仏教の指導者や組織からその文化的な力と影響力を一気に剝奪した。このようなことは，旧ソビエト連邦，モンゴル，北朝鮮，ヴェトナムなどで起こり，特にカンボジアとチベットでは激しかった。

　チベットでの出来事は，仏教が新しい宗派仏教として展開していく場合の悲劇的な一事例である。チベットの仏教組織と指導者たちは，中華人民共和国のチベット併合政策の一環として，容赦のない攻撃を受けた。このような攻撃はしばしば中国化という名目で行なわれ，仏教は伝統的なチベット文化の中心的な位置を占めていたがゆえに攻撃されたのである。1959年の中国の侵攻に伴ない，ダライラマを含む数千ものチベット人が祖国から逃れた。彼らは北アメリカ，ヨーロッパ，インドに難民社会を築き，そこでチベット仏教の文化的遺産を護ろうとしている。

　最後に，近代の，特にミャンマー，タイ，ヴェトナムの仏教徒の千年王国運動の発展も，宗派的仏教の展開と言えるかもしれない。近現代における他の多くの仏教が示すように，この千年王国運動は，仏教社会内部の力や教義解釈をめぐる難局に対する過渡的な反応であった。

## 5. 結　論

　仏教には，全体としてはまだ目立った近代的な特徴は表れてはいない。そ

れどころか，仏教の歴史的発展と現代の仏教の対応や変革との間にはかなりの連続性がある。そして，宗派的・文明的・文化的な様式が，仏教伝統の展開にかなりの影響を及ぼし続けている。

しかし同時に，仏教が他の世界宗教と同じく，多くの点で全く新しい近代の宗教的状況の一翼を担っていることも事実である。こうして，仏教はある種の近代的な要素を他の同時代の宗教と共有するようになった。そのような要素は，宗教的象徴主義の新たな形を模索する研究の中に見出すことができる。たとえば，タイの僧侶ブッダダーサの著作や日本の京都学派の仏教哲学書の中にそれが見られる。また，人間世界に強い関心を持つことや，多くの仏教の文脈(コンテクスト)で表れる現世的な救済論の中に，それらの共通した諸要素が認められる。現代のシンハラ人の仏教者である D. ウィジェーワルデーナは，このような態度を *The Revolt in the Temple* (Colombo, 1953) という小冊子に著して議論を巻き起した。その中で彼は，仏教徒は「寺院の小部屋に閉じこもり，ひとすじの意志を貫いて涅槃を求めるのではなく，自己を忘れた献身的な生活によって，今，この場において涅槃を達成するように努めていかなければならない。……（そうすれば）仏教徒は，もっと人間らしく人とふれあうようになり，人の苦しみをもっとよく理解したり，同情したりするようになるだろう」(p. 586) と述べている。

この仏教における多様性は，伝統と現在の状況とをともに表しており，それは，われわれ仏教を学び理解しようとする者たちや仏教徒に，結局仏教の概念の決定的な意味は累積されてきた伝統のそれでなければならない，ということを気づかせてくれる。仏教とは何かという概念規定については，幅広い解釈の余地を残しておかなくてはならない。それは，人々がブッダの名とともに生きていくかぎり，仏教の伝統は将来も変容するであろうからである。

◇訳 注
1) ターラナータの生没年には諸説がある。『仏典解題事典』では 1573-1615，平川彰の『仏教通史』では 1575-1616，『仏教インド思想辞典』では 1575-1640 とされている。
2) ここで「宗派的」と訳した原著中の英語は sectarian であるが，ここでは初期仏教において，部派として成立していく以前のまとまった宗教的集団のことを指していると思われる。以下，宗派的仏教という語が頻出するが，日本仏教における「宗派」のイメージとは

大きく異なるものであることに留意されたい。
3) 隋代から唐代前半までは，三論，天台，華厳，法相，浄土，禅，三階などの固有の学派，ないし宗派の形成・分立の時代であったが，その後は次第に，禅，もしくは念仏を基盤とするそれらの統合・融和の方向へと展開していった。宋代に入るとこの傾向はいっそう強まることとなった。理論よりも実践を重んじるこの二教が中国民族の体質に合っていたこと，民衆との結びつきが深かったこと，経済的に自立した寺院生活を送っていたことなどが両教の繁栄の原因と考えられる。
4) ラサの宗論については，1952年にP.ドミエヴィルが宗論に関する敦煌漢文写本『頓悟大乗正理決』(ペリオ4646)を発見し，*Le concile de Lhasa*（1952）を発表して以降，数多くの学者によって研究が進められてきた。宗論の呼称に関してもさまざまな議論があり，「サムイェーの宗論」「チベットの宗論」などの呼称を用いるべきだとする説がある。上山大峻「チベット宗論の始終」(『敦煌仏教の研究』，法藏館，1990年)，木村隆徳「サムイェーの宗論」(『シリーズ東アジア仏教5 東アジア社会と仏教文化』，春秋社，1996年)参照。
5) 日蓮は38歳の年に著した『守護国家論』において，「『法華経』を修行して何れの浄土を期すべきや」との問いに対して，「この経を信ずる人の所在の処は即ち浄土なり」と答えている。『法華経』如来寿量品に，「我常にこの娑婆世界にあり」「我常にここに住す」「我がこの土は安穏」などと説かれているのを受けて，久遠実成の釈迦牟尼仏がまします この国土こそが浄土であるとの確信を深めていった。

## 【文献ガイド】

J. W. de Jong, "A Brief History of Buddhist Studies in Europe and America" は，上・下2編の論文で，*Eastern Buddhist*, new series 7（May and October, 1974), pp. 55-106, 49-82 に発表された。また同論文を踏まえて，その後，"Recent Buddhist Studies in Europe and America 1973-83", *Eastern Buddhist*, vol. 17（Spring, 1984）pp. 79-107 が執筆されている。欧米における仏教研究史という重要で興味深いテーマを扱った数少ない書物の一つに，G. R. Welbon, *The Buddhist Nirvāṇa and its Western Interpreters*（Chicago, 1968）がある。

仏教に関する入門的概説書としては，Richard H. Robinson and Willard L. Johnson, *The Buddhist Religion*（2nd ed., Encino, Calif., 1977）が全体的には最もよくまとまったものである。一人の著者が仏教史全体を概観するという唯一の現代的な試みは，Charles Eliot, *Hinduism and Buddhism*, 3 vols.（3rd ed., London, 1957）の「仏教」の項に見られる。また同氏の *Japanese Buddhism*（rep., New York, 1959）も参照されたい。この二つはかなり昔の著作であるが（それぞれ1921, 1935年初版)，今でも貴重な情報を提供してくれる。この他に，仏教のある一面を諸文化にまたがって論じようとした重要な著作として，次の五つが挙げられる。Junjirō Takakusu（高楠順次郎)，

*The Essentials of Buddhist Philosophy* (3 rd ed., Wing-tsit Chan and Charles A. Moore ed., Honolulu, 1956); Paul Mus, *Barabuḍur : Esquisse d'une histoire du bouddhisme fondée sur la critique archéologique des textes*, 2 vols.(Hanoi, 1935); Robert Bleichsteiner, *Die gelbe Kirche*（Vienna, 1937），仏語訳は *L'église jaune*（Paris, 1937）; W. Randolph Kloetzli, *Buddhist Cosmology*（Delhi, 1983）; David L. Snellgrove の選集，*The Image of the Buddha*（London, 1978）。

インド仏教の中の初期の宗派的仏教の研究は最も重要であるが，研究書の多くはインド仏教のその後の段階についても論じている。たとえば，Sukumar Dutt, *Buddhist Monks and Monasteries of India*（London, 1962）や Edward Conze, *Buddhist Thought in India*（Ann Arbor, 1967）などがそうである。仏教の教理に興味がある場合には，Conze の著作以外に，宗派的仏教に焦点をあてた David J. Kalupahana, *Causality: The Central Philosophy of Buddhism*（Honolulu, 1975）や，初期の大乗仏教の有名な思想家であるナーガールジュナの著作を研究した Fredrick J. Streng, *Emptiness: A Study in Religious Meaning*（New York, 1967）なども参照するとよいであろう。

宗派的仏教やその文明的仏教への変遷について，より独占的に焦点をあてた歴史書としては，信頼できる Étienne Lamotte, *Histoire du bouddhisme indien: Des origines à l'ère Śaka*（Louvain, 1958）が挙げられる。同じ発展過程を，いくぶん異なった視点から書いたものに次の三つの著作があり，それぞれ非常に相関性があるので連続したものとして読むとよい。Frank E. Reynolds, *The Two Wheels of Dhamma*, "AAR Studies in Religion," no. 3（Frank E. Reynolds and Bardwell L. Smith, ed., Chambersburg, Pa., 1972）; John C. Holt, *Discipline: The Canonical Buddhism of the Vinayapiṭaka*（Delhi, 1981）; John Strong, *The Legend of King Aśoka: A Study and Translation of the Aśokāvadāna*（Princeton, 1983）。

仏教を国際的な文明として取り扱った良書はあまりない。このテーマに関して役立つものは次の三篇である。Trevor O. Ling, *The Buddha: Buddhist Civilization in India and Ceylon*（London, 1973）; Erik Zürcher, *The Buddhist Conquest of China: The Spread and Adaptation of Buddhism in Early Medieval China*, 2 vols.（Leiden, 1959）〔邦訳　エーリク・チュルヒャー『仏教の中国伝来』，田中純男・成瀬良徳・渡会顕・田中文雅訳，せりか書房，1995 年〕; René Grousset, *In the Footsteps of the Buddha*（J. A. Underwood tr., New York, 1971）〔邦訳　ルネ・グルッセ『仏陀の足跡を逐って』，浜田泰三訳，金花舎，1983 年〕。さまざまな状況における仏教の文化変容の過程に焦点をあてた主な著作としては，以下のものが挙げられる。まず Hajime Nakamura, *Ways of Thinking of Eastern Peoples*（Philip P. Wiener ed., Honolulu, 1964）は，中村元『東洋人の思惟方法』全 4 巻（1961–62 年 ;『中村元選集』1–4，春秋社，1988 年）を改訂・英訳したものである。このほか Alicia Matsunaga, *The Buddhist Philosophy of Assimilation*（Tokyo and Rutland, Vt., 1969）; Kenneth Ch'en,

*The Chinese Transformation of Buddhism*（Princeton, 1973）〔邦訳　ケネス・チェン『仏教と中国社会』, 福井文雅・岡本天晴訳, 金花舎, 1981年〕がある。

　特定の仏教文化に関する研究は数多くある。ある特定の地域に存在したさまざまな宗教を全体的に捉え, その状況における仏教に焦点をあてた価値ある研究が数点ある。そのよい例は, Giuseppe Tucci, *The Religion of Tibet*（Geoffrey Samuel tr., Berkeley, 1980）; Joseph M. Kitagawa, *Religion in Japanese History*（New York, 1966）などである。特定の仏教文化を別の角度から取り上げ, 仏教の伝播から文化変容の時代に至るまで, あるいは現代に至るまでを記した著作がある。たとえば, Bardwell L. Smith ed., *Religion and Legitimation of Power in Sri Lanka*（Chambersburg, Pa., 1978）, および広範囲にわたった Kenneth Ch'en, *Buddhism in China*（Princeton, 1964）の二つが挙げられる。最後に, 特定の仏教文化の解説の中には, 特定の時代やテーマに焦点をあてて詳細に研究したものもある。たとえば, 7世紀から8世紀の北東インドの仏教文化を主に扱った Lal Mani Joshi, *Studies in the Buddhistic Culture of India*（Delhi, 1967）; あるいは Daniel Overmyer, *Folk Buddhist Religion: Dissenting Sects in Late Traditional China*（Cambridge, Mass., 1976）; William R. La Fleur, *The Karma of Words: Buddhism and the Literary Arts in Medieval Japan*（Berkeley, 1983）などがある。

　また, 現代の仏教の発展を考察した著書・論文も非常に数多くある。1970年代初頭までの発展を概説したものとしては, Heinrich Dumoulin and John Maraldo ed., *Buddhism in the Modern World*（New York, 1976）が最適である。さらに, 特定の伝統に関して二組の優れた三部作がある。第一は, Holmes Welch の *The Practice of Chinese Buddhism, 1900–50*（1967）・*The Buddhist Revival in China*（1968）・*Buddhism under Mao*（1972）であり, すべて Harvard University Press から出版されている。第二は, Stanley J. Tambiah の *Buddhism and the Spirit Cults in North-East Thailand*（1970）・*World Conqueror and World Renouncer: A Study of Buddhism and Polity in Thailand against a Historical Background*（1976）・*The Buddhist Saints of the Forest and the Cult of Amulets*（1984）であり, すべて Cambridge University Press から出版されている。

　諸文化にわたりテーマ別に仏教を研究しようとする場合には, Frank E. Reynolds, John Holt and John Strong, *Guide to the Buddhist Religion*（Boston, 1981）が有益な情報を提供してくれる。これは, イギリス, フランス, ドイツでの研究を集めたもので, 序文と65頁の索引を設けた注釈つきの350頁の文献解説書で, 11のテーマから構成されており, その中には, "Historical Development," "Religious Thought," "Authoritative Texts," "Popular Beliefs and Literature," "Social, Political and Economic Aspects," "The Arts," "Religious Practices and Rituals," "Soteriological Experience and Processes: Path and Goal" などがある。

## 補 遺

佐々木現順『原始仏教から大乗仏教へ』（清水弘文堂，1978年）
高崎直道「アメリカ合衆国の仏教研究管見」（『東方学』82，1991年）
──────「最近十年の仏教学－仏教思想学会十年に因んで」（『仏教学』36，1994年）
──────・木村清孝編『シリーズ　東アジア仏教』全5巻（春秋社，1995-97年）
ドゥ・ヨング『仏教研究の歴史』（平川彰訳，春秋社，1975年）
日本仏教研究会編『日本の仏教』第1期全6巻（法藏館，1994-96年）
平川　彰『インド・中国・日本仏教通史』（春秋社，1977年）
──────『仏教研究入門』（大蔵出版，1984年）
吉津宜英「アメリカ仏教学管見」（『駒沢大学仏教学部論集』17，1986年）

\*

Bapat, P. V. ed., *2500 years of Buddhism*（Jyaistha, 1878）

Fields, Rick. *How the Swans Came to the Lake: A Narrative History of Buddhism in America*（Shambhala, Boston and London, 1992）

Harvey, Peter. *An Introduction to Buddhism: Teachings, History, and Practices*（Cambridge Univ. Press., 1990）

Inada, Kenneth K. *Guide to Buddhist Philosophy*（G. K. Hall, Boston, 1985）

Kalupahana, David J. *A History of Buddhist Philosophy: Continuities and Discontinuities*（Univ. of Hawaii Press, Honolulu, 1992）

Lopez, Jr., Donald S. ed., *Buddhist Hermeneutics*（Univ. of Hawaii Press, Honolulu, 1988）

Sangharakshita, *Ambedkar and Buddhism*（Windhorse Publications, Glasgow, 1986）

Williams, Paul, *Mahāyāna Buddhism: The Doctrinal Foundations*（Routledge, London and New York, 1989）

（西本照真　訳）

# 2　ブッダ
## The Buddha

フランク・E. レイノルズ，チャールズ・ハリスィー
Frank E. Reynolds, Charles Hallisey

## 0．序　論〔ブッダとは何か〕

　サンスクリット語およびパーリ語の「ブッダ」(buddha) という語は「目覚めた者」を意味し，インドの宗教では悟った者に対する尊称として用いられている。仏教によれば，これは比喩的な表現であり，悟りに常に特有な意識の変容を表しているとされる。このことは，「ブッダ」という名称で呼ばれる者が，さまざまな仏教の伝統において非凡であり威光を備えていたことを示している。また「ブッダ」という語は，「知性」や「理解」を意味する，サンスクリット語およびパーリ語の「ブッディ」(buddhi) と同じ語源を持つ。したがって，「目覚めた者」としての「ブッダ」は「知者」を意味するとも言える。

　仏教の伝統的理解では，「ブッダ」という語は普通名詞または称号であり，その性質上包括的な言葉である。「ブッダ」という語は，地位を表す「王」などの称号のように，個々の聖者だけではなく，より広範囲の概念的枠組みをも意味する。普通名詞としての「ブッダ」という語がある人物を描写する場合には，その人物を一つの種類のうちに含めているのであって，個々の性質を取り出したり分析したりしているのではない。つまり，特別な資質や特徴というよりは，むしろ周知の典型を強調しているのである。

　ジャイナ教でも，開祖のマハーヴィーラを「ブッダ」と呼んできたように，「ブッダ」という呼び方は，インドのさまざまな宗教で広く用いられてきた。しかし，この包括的なカテゴリーの定義づけが多様化したため，「ブッダ」という語は，単に「学識ある者」から「現実の本質を見抜く洞察力を持ち，

それによって人々を変容させ解脱に導く稀有なる者」に至るまで，さまざまな人格を表すのに多く用いられてきた。一般に仏教では，後者のより強い意味で，この「ブッダ」という語を用いてきた。

仏教徒たちは，古代インドの宗教的言説から「ブッダ」という語を取り入れ，他の多くの仏教用語にしてきたのと同様に，「ブッダ」という語にも特別な意味を与えた。しかし，初期仏教では，仏教の創始者であり歴史上に実在したゴータマに対しては，直接には「ブッダ」という語は使わなかったようである。ゴータマ入滅の直後の第一結集と，その数十年後の第二結集という最初の二つの仏教徒会議において編纂された仏典の中では，ゴータマは「ブッダ」ではなく，「世尊」（バガヴァン〈薄伽梵〉，「主」，一般的な尊称）や「師」（シャーストリ）と呼ばれている。しかし，「ブッダ」という語は，いったん使われ始めるとゴータマの主な称号となっただけでなく，仏教の思想と実践の基本的構造において中心的役割を担うものとなった。

ここではまず，歴史上に実在したブッダと，その人物や宗教的活動について少しでもわかっていることに焦点をあてて論ずることから始めたい。この問題は，少なくともここで扱うような方法では，伝統的な仏教ではあまり重要視されてこなかった。しかし，現代の仏教学者にとっては大変重要な問題であり，また現代の仏教徒たちや，近代西洋史観の影響を受けた者たちにとっても大きな関心の的になってきている。

その次に，初期仏教の各部派で使われてきた「ブッダ」という語について論ずることにする。初期仏教で用いられた普通名詞としての「ブッダ」という語には三段階の意味があり，それぞれ異なってはいるが，互いに関連している。まず第一に，「ブッダ」という語は，ゴータマ・ブッダや釈迦牟尼仏（シャーキャ・ムニ；シャカ族の聖者）として知られる者のことを指す。仏教では，普通，ゴータマはわれわれの属する劫（カルパ；宇宙的な時間・空間の一単位）のブッダとして認められ，また現在の仏教の開祖として讃えられている。ゴータマは完全な悟りを開いた者であり，多くの転生を経て，波羅蜜（種々の徳目）を成就したと理解されている。ちょうどゴータマ以前の他のブッダたち（過去仏）が目覚めたのと同様に，彼もまた並外れた努力によっ

て，完全に真理に目覚め得た。また，自らが悟った真理を他に教えようとする気持ちを生じ，そうする能力を得た。ゴータマは悟りを開いた後，「転法輪」(法の輪を転ずる)の師となり，比丘・比丘尼・優婆塞・優婆夷(男女の出家者・在家者)からなる仏教教団の創設を監督した。

　第二に，普通名詞の「ブッダ」は，「ゴータマ以外のブッダ」たちをも意味する。仏典には，さまざまな時や場所に存在する「ブッダ」たちの名が挙げられている。また，輪廻(サンサーラ)の繰り返されるこの世界からの解脱(モークシャ，涅槃すなわちニルヴァーナ)を達成した者は誰でも，少なくともいくつかの文派では，「ブッダ」と呼ばれうる。そこで，ブッダは「恒河沙数」(ガンジス河の砂のように無数)となりうるのである。しかし，それらのブッダがみな同じというわけではない。すなわち誓願や業績に応じて異なった能力を持ち，悟りの智慧には差がある。ある者たちは自分のためだけに悟りを開いて独覚(プラティエーカ・ブッダ；縁覚，辟支仏)となり，他の者たちは多くの人々の幸福のために悟りを完成して，正等覚者(サムヤクサンブッダ)となる。また，ある者たちは現世で使命を果たし，他の者たちは信者がそこに生まれることを望むような仏国土を造ることによって使命を果たす。

　最後に，普通名詞としての「ブッダ」は，「ブッダの本質」(仏性)という第三の意味のレベルを持ち，極めて広範な文脈で用いられる。この場合，ゴータマ・ブッダやゴータマ以外のブッダは，極めて深い意味において，究極的真理そのものであるとされる。結果として，仏教徒たちは，法(ダルマ；救いをもたらす真理)，空性(シューニャター)，真如(タタター)などと表現される，究極的真理の諸特性に対して，ゴータマ・ブッダやゴータマ以外のブッダから連想されるような，より人格的・活動的な意味合いを与えることとなった。しかし同時に，仏性という概念は，ゴータマ・ブッダやゴータマ以外のブッダを，いくぶんか非人格化する役割を果たした。たとえば，歴史上に実在したブッダの最も近くにいた初期の仏教徒たちは，ゴータマを人間の形に描くのを好まず，仏伝や仏像をつくることを意図的に避けていたようである。教えを説いたブッダが真理そのものと全く同一であるという考え

方を表すのに，彼らは非人格的・象徴的な表現を用いた。やや後代の伝統において支配的なものとなった，この第三の意味レベルとしての仏性の重要性は，ブッダの非人格的で言語を超越した「法身」（ダルマカーヤ）が，仏性のより人格的な表現であるような他のブッダたちにとっての根源・真理である，という主張を通じて表現されたのである。

## 1. 歴史上のブッダ

　19世紀後半から20世紀初頭にかけて，仏教の批判的考証を始めた学者たちは，「歴史上のブッダ」に深い関心を寄せた。しかしこの問題についての彼らの考え方は，根本的に相違している。この分野は大きく二つのグループに分かれた。すなわち，エミール・スナール，ハインリッヒ・ケルン，アーナンダ・クマーラスワーミなど，ブッダを神話上の存在であると捉える学者たちと，ヘルマン・オルデンベルク，T. W. リズ・デーヴィズ，C. A. リズ・デーヴィズなど，ブッダは歴史上に実在したとする文献学者たちである。前者は，サンスクリット原典の研究を重視し，太陽神話を示唆する仏伝中の諸要素に注目した。そして，ブッダは，仮に歴史上に実在したとしても，せいぜい古典的な太陽神話を史実化する好機をもたらした一改革者にすぎないとした。それとは対照的に，後者はパーリ語の仏典を重視し，許容しうる範囲でブッダの「歴史上の」生涯を創作（彼らの見解によれば「再現」）するのに利用できそうな諸要素に注目した。彼らによれば，神話的諸要素，および不合理と思われる要素は，後に真の史実に付加されたものであり，ブッダ本来の教えに終止符を打つようなものなのである。信仰のあまり付加されたこれらの欺瞞は，批判的研究によって特定され，仏伝から割り引いて読まれなければならないとされた。

　近年では，仏教はそれ以前の神話が史実化されたものである，という捉え方は不適切であるとされている。現在，この分野を研究するほとんどの学者たちは，歴史上にゴータマが実在したと確信している。この点についての一般的な合意を，ベルギーの偉大な仏教学者エティエンヌ・ラモットは「最初

期に創始者としての強烈な個性を持つ人物が存在しなければ，仏教は説明できない」（Étienne Lamotte, *magnum opus*, *Histoire du bouddhisme indien des origines à l' ère Śaka*, Louvain, 1958, p. 707) とうまく表現している。しかし同時に，今日入手可能な資料からは，ゴータマの生涯の詳細についてはほとんど情報が得られないこともわかっている。

歴史上のブッダについて何か意味のあることを述べようとする場合につきまとう困難は，そもそもブッダの生没年が不確定であるということからも理解できよう。仏教の各部派によって認定された生没年がさまざまであり，また具体的な証拠がわずかで決定的でないために，学者たちは，さまざまな説をあえて試みてきた。

歴史上のブッダの生没年を算出しようとする際には必ず，仏教文献に見られる二つの年代が重要となる。スリランカの年代記である『ディーパヴァンサ』（『島史』）と『マハーヴァンサ』（『大史』）に記された「長期年代記」では，歴史上のブッダの誕生をアショーカ王即位の298年前，入滅を即位の218年前としている。もしアショーカ王の即位（前326）の年代を認めるとすれば，ブッダの誕生は前624年，入滅は前544年となるだろう。この生没年は，スリランカや東南アジアでは古くから受け入れられており，これに基づいて1956年に，ブッダの入滅である般涅槃（パリニルヴァーナ）後2500年の記念式典が催された。しかしながら「長期年代記」を受け入れる多くの現代の学者たちは，ギリシアの典拠に基づいて，アショーカ王の即位はおよそ前268年または267年であり，ブッダの生没年は各々およそ前566年と前486年になる，と考えている。ヨーロッパ，アメリカ，インドの大多数の仏教学者が，この後者の生没年を支持している。

「短期年代記」では，インドの原典とその漢訳，チベット語訳が典拠になっている。これらの資料によれば，ブッダの誕生はアショーカ王の即位の180年前，入滅は即位の100年前とされている。アショーカ王の即位について，信頼できると思われるギリシアの典拠を採用すれば，ブッダの誕生は前448年であり，ブッダの入滅である般涅槃は前368年である。日本の仏教学者の多くがこの「短期年代記」を採用しており[1]，1982年にドイツの学者ハ

インツ・ベッヒェルトも強力にこれを支持した。

　どんなに正確を期して研究しても，「長期年代記」と「短期年代記」の問題を解決できる見込みはほとんどないように思われる。しかし，ブッダが前6世紀から前4世紀の間のある時期，歴史上に実在したということは，ある程度確実に言えるだろう。この時期は革新的な思想や思弁が見られた時代であり，ソクラテス以前の哲学，ギリシアの密儀宗教，近東の預言者たちと預言的宗教の各派，中国の孔子や老子，インドのウパニシャッドの賢人や禁欲的放浪者（シュラマナ；沙門）が現われ，ジャイナ教や仏教のような「創始宗教」が出現した。これらの理論的・宗教的な動きは，ヘレニズム世界のアレキサンダー大王の諸王国，中国の秦・漢王朝，ペルシャのダリウスとサイラス，インドのマウルヤ王朝のような国際的な帝国が形成されるに至って，いっそう活発になった。都市には都心部が形成され，まもなくその周囲に新しい生活環境を整えるための重要な拠点ができた。旧来の秩序や考え方を捨てた多くの人々は，自らの宗教的関心事を表現するさまざまな方法に対して偏見がなく，新たな宗教的・知的努力の形態に携わる者を支援した。

　歴史上のブッダも，インド北東部でのこのような時代の要求に応えた。ブッダは隠遁者であり苦行者であったが，彼が自ら実践し他にも勧めた隠遁生活と苦行は，インドの標準から見れば穏やかなものだったようである。ブッダは他の苦行者たちと同様，世間や快楽について根本的に陰鬱な見方をした。そして，とりわけ宗教的な集団に個人的に参加することが最も重要であるような一種の宗教生活を実践し，人にも勧めた。ブッダは，托鉢・放浪・独身生活・ヨーガなどの隠遁者の修行を試み，修養が中心的役割を果たす教団を組織した。ブッダが鼓舞した運動から判断するならば，ブッダは単なる革新者であっただけでなく，カリスマ的な個性の持ち主でもあった。一連の宗教活動によって，ブッダのまわりには一群の放浪托鉢者・尼僧・男女の在家信者などが集まった。

　歴史上のブッダについては，このように極めて一般化された仏伝があるが，それ以上に詳しい伝記を記述することができるであろうか。ラモットは前掲書の中で，歴史上に実在したゴータマの生涯について書くということは「絶

望的な企て」である（p. 16）と述べて警告している。しかし，ブッダについての詳細を語る伝承もわずかながらあって，それらは，仏伝には加えられてはいないものの，歴史的には後世の仏伝にとって核心をなすものであることを強く示唆している。このような伝承は，さまざまな部派の文献にほとんど同じ形で現われている。このことは，それらの伝承が，各部派が別個に発展し始める前4世紀から前3世紀よりも前のものであるということを正当に示している。

　この詳しい伝承のいくつかは極めて特殊で，恣意的，あるいは思いがけないものであるから，ただの作り話ではないようである。その中には，ゴータマがクシャトリヤ階級の出身であること，シャカ族に生まれたこと（もっと立派な系図が作られていたかもしれない），結婚して一児をもうけたこと，父の許可を得ずに苦行生活に入ったこと，悟りを通じて得たさまざまな洞察を他者に伝えようとしたが最初は失敗したこと，彼が打ちたてた教団の支配権を苦行志向の従兄弟[2]が狙ったこと，辺ぴな土地で腐敗した料理を食べた後に入滅したこと，などがある。しかしこれらの記述は，あまりにも少なく断片的であるため，歴史上のブッダについては十分には明らかではなく，満足のゆかぬものである。ゴータマと彼の生涯についてもっと有意義な実像を特定するためには，仏教教団の記憶や実践の中ではっきりと肯定されているブッダに目を向けなくてはならない。

## 2. ブッダ

　一般的な宗教史は，創始者が死ねばカリスマ的な中心を失うことになることを強く示唆している。その教団が存続するためには，これを克服しなければならない。ヨアヒム・ヴァッハは，初期の論文 "Master and Disciple: Two Religio-Sociological Studies"〔「師と弟子：二つの宗教社会学研究」〕(*Journal of Religion* 42, 1962) の中で「敬愛された創始者の『イメージ』は教団が存続するのに十分な一体感を生み出す」(p. 5) と述べている。

　「創始宗教」は，それぞれその教祖のイメージを伝えるための独自の方法

を発展させた。キリスト教には福音書や後代の芸術的な表現があり、イスラム教にはハディース（伝承；ムハンマドの言行録）とムハンマドが天国へと旅するミラージ（昇天）の物語がある。仏教は、この重大な局面に対処するために、5世紀の大乗経典『文殊般若経』（*Saptaśatikā-prajñāpāramitā*, Rome, 1923）にはっきりと説かれているように、「ブッダは、言葉では容易には理解できない」（p. 126）という仮説を用いた。このような認識は、ゴータマのイメージを残そうという仏教徒の願いを抑制するものとはならなかった。ゴータマに対する数々の称号を生み出して説明を加え、種々の「伝記」を記し、すばらしく壮麗な寺院を建築し、芸術的な視覚的表現を伝承することを通じて、ゴータマのイメージを残そうという彼らの願いをむしろ奮い立たせたのである。ヨアヒム・ヴァッハの言葉を借りれば、開祖ブッダのイメージは、その人格の本質と重要性に関する多様な見解が「結晶化するための具体的な核」となった。

　ブッダのイメージを創り出し、残していくことは、巡礼・観想・儀礼を含む仏教教団内での崇拝形式の発展と密接に関わっている。この点から気づくことは、ブッダを表現するさまざまな方法が、ブッダをじかに見極めようとする無数の個人的努力の賜物であり、また同様に、そのイメージを保持し共有したいという願いの産物である、ということである。

## ブッダの称号

　仏教徒がゴータマ・ブッダのイメージを表現した方法の中で、最も古く、最も流布したものの一つは、ブッダの称号による形式であった。たとえば、『マッジマ・ニカーヤ』（*Majjhima Nikāya*〈中阿含〉, London, 1948）の中に、ウパーリという在家信者がブッダの信者となった時、百種類の称号でブッダを称讃したことが記されている（vol. 1, p. 386）。この経典のサンスクリット語版では、「ウパーリは自らの信仰と敬意の表明として、これらの称号を、無意識のうちに発した」と付け加えられている。何世紀にもわたって、数々の称号が、ブッダの非凡な人間性や非常に優れた点に対して付与された。そうすることで、それらの称号は仏教の信仰の文学の基礎となり、それらの称

号を唱えることが祈りと瞑想の支えになった。

　何世紀にもわたって数え切れぬほど多くの称号がブッダにつけられたが、「ブッダ」という称号はブッダを説明するものとして特に好まれた。上座部（テーラヴァーダ）が伝承する『サンユッタ・ニカーヤ』（*Saṃyutta Nikāya*〈相応部〉, London, 1929）の注釈に、「この世で『ブッダ』という言葉を聞くことは、非常にまれである」（vol. 1, p. 312）とあるように、仏教徒は「ブッダ」という言葉を聞くことだけで歓喜した。後に、上座部の仏典に加えられた『パティサンビダー』（『無礙解』、Ñyāṇamoli tr., *The Path of Purification*, Colombo, 1964）は、「ブッダ」という言葉の意味を掘り下げ、「ブッダとは、悟りを開いた者、祝福された者が究極の解脱を達成し、菩提樹の下で一切智を獲得したことに由来する名前である。この『ブッダ』という名前は、悟り（ブッディ）を実現したことに基づいて名付けられる」（p. 213）と述べている。4世紀の中国の僧 肇（そうじょう）は、また別の仕方で「ブッダ」という称号を説明するが、それは道教の聖者を連想させる。すなわち僧肇は、「『ブッダ』とは、道を体得した者のことである。ブッダは（すべての有情の求めに）あまねく合致する形で（世界の）働きかけに応える。ブッダは活動を止滅しながら、あまねく活動する」（Erik Zürcher, *The Buddhist Conquest of China*, Leiden, 1959, p. 133）〔邦訳　エーリク・チュルヒャー『仏教の中国伝来』、田中純男・成瀬良徳・渡会顕・田中文雅訳（せりか書房、1995年）〕と論ずるのである。

　特定の称号の中には、目立たず不明瞭なままであったかもしれないブッダの特性を強調しているものもある。たとえば、上座部の後期の聖典である『マハーニッデーサ』（『義釈』）では、他の者を苦痛から救う者としてのブッダを表すのに、「天人師」（サッタル・デーヴァマヌッサーナーム；天人や人間の師）という称号が用いられている。通俗的なかけ言葉や語呂合わせを用いたり、手の込んだ語源的説明を引き出したりするような方法は、仏教の注釈者が称号の意味を説明するときにも好んで用いられた。

　　　　彼は状況に応じて、今ここを取り上げたり、来世を取り上げたり、究
　　　　極のゴールを取り上げたりして教えを説く。それゆえに彼は師（サッタ

ル）なのである。
　「師」とはどういうものか。世尊は「隊商のリーダー」（サッタル）である。師は隊商を連れ帰るからである。隊商を連れ帰る者が隊商に荒野を横切らせ……安全な地に到達させるように，世尊もまた隊商を連れ帰るリーダーなのである。彼は隊商に横切らせる……生という荒野を。
(Ñyāṇamoli, *op. cit.*, p. 223)

　ブッダの称号の中には，ブッダの家柄や家系を指すものもある。たとえば，釈迦牟尼（シャーキャ・ムニ）とは，シャカ族の（シャーキャ）賢人（ムニ）という意味であり，彼の個人名であるシッダールタ（悉達多）とは，目的（アルタ）を達成した者（シッダ），という意味である。また，ブッダと同一視された宗教神話上の一典型を指すものもある。たとえば，偉大な宇宙的人格を意味するマハープルシャ（大人）や，七つの宝石を持ち，正法の車輪を動かす全世界の帝王を意味する，チャクラヴァルティン（転輪聖王）である。また，バガヴァン（世尊；薄伽梵）のような，情け深い主という意味の語がある一方，タターガタ（如来〈かくのごとく来たもの〉，または如去〈かくのごとく去ったもの〉）のように，少なくとも〔後代のわれわれが〕ブッダを追想する際において，どことなく荘厳なあいまいさや不可解さを感じさせる語もある。
　種々の称号は，ブッダがあらゆる領域で究極にまで到達した者であることを示している。ブッダは姿や態度と同様，智慧も完全であった。ブッダが比類なきものであり，世界の頂点を極めた者であることを表す称号もある。アンドレ・バローは，重要な経典である『大般涅槃経』に見られる称号を主に取り上げて "The Superhuman Personality of the Buddha and its Symbolism in the Mahāparinirvāṇasūtra"〔「大般涅槃経におけるブッダの超人的性格とその象徴的意味」〕(In Charles H. Long and Joseph M. Kitagawa eds., *Myths and Symbols*, Chicago, 1969) という研究を著した。バローは，その結論として，これらの称号によって著作者たちが「ブッダの超越性を理解し始めた。……あらゆる点で完全で，あらゆる生物から抜きん出て優れており，

無比のこの至福を与える者は，明らかに弟子たちの心の中に位置を占めた。その位置とは，偉大な宗教の帰依者たちが自分たちの崇拝する偉大な神に与える位置であった」(pp. 19-20) と述べている。

ブッダの称号は，仏教徒の信仰の中で中心的な位置を占めた上に，念仏（ブッダアヌスムリティ）という瞑想の中でも特徴的なものとなった。仏教の他のあらゆる瞑想と同様に，念仏は心の修養と浄化を目的としている。そしてさらに，視覚化（ビジュアライゼーション）の方法，すなわちブッダのイメージを取り戻す方法でもあった。称号を観想して行なう視覚化の実践は，上座部では，出家にも在家にも重要であった。これはまた，インド北西部の説一切有部教団でも非常に一般的であり，中国の大乗仏教に影響を与えた。念仏は，大乗仏教の説であるブッダの三身説（トリカーヤ），特にそのうちの二番目の報身（サンボーガカーヤ；受用身）として知られる，具象化された身体についての説の発展に貢献した。

## 仏 伝

初期仏教では，ブッダの気高さと徳を讃える称号を唱えたり解釈したりする伝統と同様に，仏伝を語り継ぐ伝統が不可欠であった。初期仏教文献のパーリ語版と漢訳版では，ブッダ自身が行なったとされる説法の中に断片的な挿話が混入されて，修行や教義の要点を説いている。このような挿話は物語の形式をとっており，いつどこでそれぞれの説法が行なわれたかが描かれている。その他の断片的な挿話が，初期仏教の四大巡礼地[3]——ブッダ生誕の地・悟りを開いた地・初めて説法をした地・入滅すなわち般涅槃に至った地——で生まれたということは確かなようである。散在している物語の中には，伝記からさらに発展したと思われるものもあるが，伝記自体が持つ構造上の流動性を示唆しているものもある。そういうわけで，仏教における伝記の成立過程を理解する際に重要な問題となるのは，ある程度定着した仏伝がいつどのようにして実際に形成されたのか，という点である。

ごく初期の段階の仏伝についての最も説得力ある論証は，エーリッヒ・フラウヴァルナーが行なったものである（Erich Frauwallner, *The Earliest Vina-*

*ya and the Beginnings of Buddhist Literature*〔「最初期の律と仏教文学の起源」〕，1956)。鋭い原典批判による分析に基づいて，フラウヴァルナーは「シャーリプトラ（舎利弗）とマウドガルヤーヤナ（大目犍連）という二人の偉大な弟子の改宗の箇所までの完全な仏伝があったが，もはや現存していない。それはブッダの滅後およそ100年，アショーカ王の統治時代よりかなり以前に書かれたものであろう」と論じている。彼の説によれば，この伝記は，ヴァイシャーリーで開催された第二結集の時に承認されたと言われる犍度部（スカンダカ），すなわち出家者の戒律（ヴィナヤ）の序文としてつくられ，スカンダカには，ブッダの入滅，すなわち般涅槃の話と，できたばかりの初期の僧団の話が付け加えられた。同氏は「その後のあらゆる仏伝は，この原典に由来している」とし，「仏教各派に現存する戒律文献の中の断片的な伝記は，この本来の伝記が散逸したことを示しており，その後にできた種々の伝記は，この戒律の文中から切り取られ翻案されたもので，その後，練り上げられたものである」と論じている。

　同様に綿密な原典批判の研究に基づいて，アルフレッド・フーシェ，エティエンヌ・ラモット，アンドレ・バローなどの学者は，別の論証を行ない「一群の伝記は徐々に発達し，それらが後の時代になってさらに完全な一連の伝記へと統合された」としている。この説に従えば，仏伝は，作成された初期の段階では経典や戒律文献の中の断片であり，年代の順序や連続性には全く注意が払われていなかった。経典類が強調するのは，ブッダの前生物語（ジャータカ；本生譚），悟りに至るまでの話，悟り，ブッダの最後の旅，入滅，葬儀の話である。バローは「経典の中の伝記的なものは，大部分が別々の伝承から取られた挿話で構成されており，そうした伝承著作者たちは，教義の中の特定の部分を解説したいという気持ちから勝手に挿話を選び取ったのである」（André Bareau, *Recherches sur la biographie du Bouddha dans les Sūtrapiṭaka et les Vinayapiṭaka anciens*〔「経蔵と初期律蔵における仏伝の研究」〕，vol. 1, 1963, p. 364）としている。一方，戒律文献には，師としてのブッダに焦点を合わせ，悟りに関連する出来事の他に，彼の最初の弟子たちの改宗の話や，初期の教化の日々を描いた物語が織り込まれている。戒律文献におけ

るこれらの断片が描く様子は、文献中の他の部分で述べられる僧院の戒律と修行に正当な根拠を与えたと思われる。

　残存する数々の伝記のうち最も古いものは、紀元後の初期に仏教混淆梵語で書かれた『マハーヴァストゥ』(『大事』)という長大な詩選集である。『マハーヴァストゥ』が書かれてまもなく、よりしっかりした構成を持つ伝記がつくられた。特に『ラリタヴィスタラ』は、大乗仏教の各部派で重要な役割を果たした。『アビニシュクラマナ・スートラ』は特に中国で親しまれ、名目上だけにせよその漢訳とされるものが少なくとも5種類ある。また、非常に有名で親しまれたものに、アシュヴァゴーシャ(馬鳴)の作とされる『ブッダチャリタ』がある。さらに、4世紀から5世紀の間に、根本説一切有部の律として知られるまた別の伝記が、最終的に形を整えたものとして現われた。伝記についてのこれら数々の作品は、後の大乗仏教の各派にとって、ブッダとその生涯についての主要な典拠となった。

　これらの新たに書かれた種々の伝記は、ブッダの生誕、出家、悟り、最初の説法の地などの仏跡で発展した物語を組み入れていった。たとえば『ラリタヴィスタラ』の中の話は、明らかにカピラヴァストゥの仏蹟にある寺院の一つに関係がある。すなわち、その話の中では、ブッダの御者はブッダを残してカピラヴァストゥの宮殿に戻っているのである。さらにこれらの新しい伝記は、古い戒律文献の伝記的な部分の特徴も引き継いでいる。たとえば、完全な伝記である『ブッダチャリタ』の漢訳〔『仏所行讃』〕とチベット訳は別として、初期のさまざまの伝記はすべて、ブッダが教化活動を始めてまもない時点で物語を終える戒律文献中の物語に従っている。

　これらの新しい仏伝には、アショーカ王の死後数世紀間の仏伝に影響を与えた三つの重大な変化が見られる。その第一は、元来、仏教のものでもインド起源でもないものが新たに仏伝に加えられた点である。種々の伝記はシャータヴァーハナ朝やクシャーナ朝と結びついた世界的な文明の産物であったため、新たな挿話が、ギリシアや西アジアのものから取り込まれていても驚くにはあたらない。少し後になると、独立した形の仏伝を他の地域に紹介する際に、新しい文化的価値の典型としてのブッダを強調するために、このよ

うな変化が導入された。そういうわけで、4世紀の『アビニシュクラマナ・スートラ』の漢訳〔『出家経』〕では、ブッダの父であるシュッドーダナ（Ⓟスッドーダナ；浄飯）王の改宗を通して「孝養」の手本としてのブッダが描かれているのである。

　新たに独立した仏伝に見られる第二の重大な変化は、ブッダのゴータマとしての最後の生を詳細に説明する工夫として、ブッダの前生物語をいたるところに織り込んでいることである。これは特に『アビニシュクラマナ・スートラ』のいくつかの漢訳版と『マハーヴァストゥ』に明らかである。ラモットは、「ジャータカ物語の原動力となっているブッダの生涯の話の一つひとつが、前世の出来事の結果や再現である」（Lamotte, *op. cit.*, p. 725）としている。

　第三の明瞭な変化は、ブッダの超人的、超越的な特質がとりわけ重視されていることである。これ以前の物語は、ブッダの疲労や、ブッダが病気にかかりやすかったことについて述べている。しかし、新しい仏伝では、ブッダは人間の弱さを超越しているとされている。ブッダを超人的に描く傾向は、精神に関してだけでなく肉体にも及ぶ。『マハーヴァストゥ』には、「確かにブッダたちは沐浴するが、彼らには汚れは見出されない。身体は紫金色に輝き、ブッダたちが沐浴するのは、単にこの世の習慣に従っているだけである」（J. J. Jones tr., *Mahāvastu*, London, 1949, vol. 1, p. 133）と説かれている。また、ブッダの超越性を強調するあまり、ブッダの行実は次第に奇跡や魔術のように描写されるようになった。大乗仏教が出現し発展すると、新たにさまざまな物語が現われた。大乗仏典では、山頂や天上において、理解力の優れた弟子たちや菩薩や神々の大集団の前で、より高度な教えを説くブッダが描かれた。

　大乗仏教が数々の仏伝を受け入れ、各々独自の挿話を補足していったのに対して、上座部仏教では、仏伝を発展させることに抵抗を示し、仏伝をそのまま伝承してきた。ゴータマの滅後約900年の間、上座部の文献では仏伝の多様な要素が個別に保存されていた。しかし、最初の数々の仏伝が書かれてから約500年後の5世紀になると、上座部の仏教徒は、独自の形の仏伝をつ

くり始めた。それは，上座部独特のいっそう抑制されたスタイルで，先行する多くの断片的な物語を一つにまとめ，統合したものであった。

　後の上座部では，二種類の仏伝が，大きな影響と役割を担ってきた。二種のうち伝統的なものとして，『ニダーナカター』（因縁物語）がある。これは5世紀の『ジャータカ註』の序文になっており，仏伝の物語を挙げて，教えが正しいものであることを説いている。ここには，最初にブッダになろうという誓願を立てたスメーダであった時の前生から，ゴータマとして悟りを開き，その翌年に祇園精舎に居を定めるまでが記されている。その後の上座部の仏伝は，『ニダーナカター』に基づいて，以後のブッダの教化活動や，その他の事柄について物語を加えていった。

　上座部の伝記のもう一つの形式である「ヴァンサ」（年代記的な伝記）は，上座部特有のブッダの解釈を示している。上座部の仏教徒は，最初期から，色身（ルーパカーヤ）と法身（ダルマカーヤ）というブッダの二種類の身体を区別していた。ブッダの入滅である般涅槃の後，色身は遺骨として教団に残り，法身は教説として残った。4世紀から5世紀にかけて，上座部では，これらの残された遺産に焦点をあてた伝記的な年代記をつくり始めた。それはブッダの前世に始まり，ゴータマとしての最後の生に関する短い話である。続いて，遺骨やストゥーパなどの肉体的遺産を護持する王たちの話や，正しい教えと戒律という法としての遺産を護持する僧団の話が織り込まれて，上座部の歴史が語られる。この種の伝記的な年代記は数多くあり，『ディーパヴァンサ』（『島史』）と『マハーヴァンサ』（『大史』）をはじめとして，スリランカや東南アジアに他にも多くの「ヴァンサ」文献がある。

　近世以前の仏教史を通じて，主要な部派にはすべて仏伝がある。そして，それらの仏伝は，それぞれの立場に立ちながらも，当時の考え方や時代背景に応じて解釈に解釈を重ねてきた。現代では，新しい形の仏伝が紹介されている。これには，西洋の仏教研究の影響があり，また，歴史上に実在したブッダを再現しようという西洋の試みの影響がある。現代人の視点から見ると，仏教が大きくなりすぎて本来のブッダ像が見えなくなっているからである。非常に洗練された仏教界の新しいエリートたちは，仏伝中の奇跡的なも

のを排除し，代わりに合理的な倫理体系や瞑想の「科学」体系の師，あるいは民主主義や社会主義，あるいは人類平等主義の立場に立つ社会変革者としてブッダを描き，仏伝を「非神話化」しようとしてきた。この新しい形の仏伝は，仏教に関わるさまざまな場において姿を見せており，地理的にも宗派的にもあらゆる仏教の境界線を越えて衝撃を与えている。

## ブッダの視覚化

　仏教徒が視覚的に生み出し，表現してきたブッダのさまざまな図像は，称号や仏伝に示されたブッダの姿よりも謎に満ちている。仏教の記念碑的な建築・芸術・彫刻の歴史は，「神話化」や「神格化」などの通常の範疇にはすっきりと当てはまらない。そのうえ，さまざまな視覚的表現が崇拝や礼拝と結びついているということは，視覚的表現が仏教の儀礼行為において二次的な地位を占めるという多くのステレオタイプな考え方と対立する。さらに問題を複雑にしているのは，ブッダを視覚化した表現の機能と意義が，教義や修行が複雑になった後世の仏典でしか説明されていないという事実である。

　最初期のブッダを視覚化したもののうち最も重要なのは，埋葬塚，すなわちストゥーパであった。王や英雄の遺骨を塚に埋葬することは，インドでは仏教出現以前からの習慣であった。仏教徒やジャイナ教徒は，自分たちにとって最初の宗教的記念物の典型としてこのような塚を取り入れ，伝統的な風習でその塚を敬った。パーリ語で書かれた『マハーパリニッバーナ・スッタンタ』やサンスクリット語版，そのチベット語訳，漢訳〔『大般涅槃経』〕には，ブッダは，自分の葬儀を「転輪聖王」（チャクラヴァルティン；世界の王。ブッダの称号の一つともなった）の慣習に従った方法で行なうように指示したとされている。火葬の後，その遺骨は黄金の骨壺に納められ，四つの大通りの交差するところに築かれた塚に安置された。供え物としての花，花輪，旗，香，音楽は，葬儀やその後のストゥーパ礼拝の特徴となった。

　仏教が発展するとともに，ストゥーパはブッダの視覚的表現の中心的なものとなった。ストゥーパはブッダの偉大さを思い起こさせ，それを拝むことは，生きたブッダに実際に会うのと同じ価値を持つとも見なされるように

なった。ブッダの遺灰は分割され，増量され，配分されたため，遺骨を納める新しいストゥーパの建造が可能であった。ストゥーパは，最初はインド内で崇拝の中心となり，さらに仏教が流布したインド以外のいたるところで崇拝の拠点となった。ストゥーパは，また，ブッダを認識する上で重要な影響を及ぼすような象徴的意味を持っていた。たとえばストゥーパには，ブッダがその地域の人々と関わりを持つという地理的な重要性があった。またストゥーパは，次第に仏教の説に基づく宇宙世界を表すようになり，ブッダが宇宙的な人格であるという象徴的な思想が具体化されていった。

ストゥーパが尊敬や崇拝に値するのは，単にそれが遺骨を蔵しているからというだけでなく，その形態がブッダの悟りや仏性を象徴しているからでもある，と後代の文献は説明している。ある経典には，ストゥーパは法身（ダルマカーヤ；ブッダの超越的身体）であると説かれており，ストゥーパの階層と各部分が，ブッダの悟り（完成）に至る一連の精神的資質に関連しているとされる。このような象徴的な関係は，少なくとも一部の集団では長年受け入れられてきた事柄であった。つまり，ストゥーパは，ブッダの肉体的遺産であると同時に，精神的な遺産をも表しているのである。

仏教美術は，はじめはバールフット，サーンチー，アマラーヴァティーに見られるような，アショーカ王以後のストゥーパに見出される。これらの大きなストゥーパや門は，仏伝中の物語や，神々と人々が「世尊を礼拝する」場面の浮き彫りで飾られている。これらの浮き彫りの中では，ブッダは，常に物語にふさわしい象徴を用いて描かれている。たとえば，ブッダの誕生に関する場面が描かれた横長の装飾壁では，しばしばマハープルシャ（転輪聖王かブッダになる運命を持つ偉大な人間）に特有の印がついた足跡（仏足石）で表されている。悟りの場面では，ブッダは悟りを開いた場所の菩提樹や，悟りを開いた時に坐っていた玉座で，初転法輪（最初の説法）の場合は，法輪と見なされる八つの輻の車輪で表されていることが多い〔第23章の図1を参照のこと〕。ブッダの入滅，すなわち般涅槃の場面に好んで用いられる象徴は，もちろんストゥーパである。

装飾壁に他の多くの人間の姿が描かれていることを考えると，ブッダを表

すのになぜこのような非聖像的なものが用いられたのかは判然としない。しかし，おそらく抽象的な芸術の方が瞑想を行なうためにはより適していたのであろう。ブッダの称号やストゥーパの象徴的な解釈との関連で，瞑想での使用が強調されていたことは先述の通りである。また，これらの非聖像的なイメージは，キリスト仮現説が描く霊界のキリストという考え方に似たブッダ観を含意しているのかもしれない。つまり，ブッダはこの世を超えた存在であるという捉え方で，少し後に現われる数々の仏伝に見られる。こうした点から見て，当時の仏教では，教義面よりも具体的な現実，すなわち実践面での活動の方が盛んであったと思われる。これらブッダを表した初期の造形の意義についての教義的な解釈が文献の中で明確になったのは，何世紀も後のことだからである。

　ストゥーパや，ブッダを表すその他の非聖像的な象徴は，時代を通じてあらゆる仏教圏の仏教徒の生活に欠かすことのできないものであった。しかし，前1世紀の終わりに近づくと，別の視覚的表現形態が現われ始めた。すなわち，その時代以降，あらゆる仏教を奉ずる国々，および宗派において，人間の形をとった仏像が最も重要になった。これらの仏像の最初のものは，数々の初期の仏伝と同時代のものである。仏伝と同様，もともとは非仏教的・非インド的であった図柄が仏教の考え方や信仰体験を表現するのに用いられた。最初の彫像がつくられたと思われる北インド中央部のマトゥラーでは，彫刻家たちは，巨大で力強いブッダの姿を描写するために，古代インドで日常的に崇拝されていた大衆的な神格であるヤクシャ（夜叉）を連想させる様式と図像を用いた。初期の仏像製作のもう一つの大きな中心地である北西インドのガンダーラでは，アレキサンダー大王の侵略の後，数世紀もの間，ギリシア人がこの地方を支配しており，芸術家たちは，ギリシア人がアジアに紹介したヘレニズム様式を用いて，異なった形の仏像を彫った。

　仏像に関しては非常に多くの様式が発達した。そして，マトゥラー地方やガンダーラ地方の仏像のように，その地域の様式が十分に生かされた。しかし，これらの仏像にはある一貫性があった。仏像は，変わることなく，崇拝の対象としての，また瞑想の補助としての役割を担ってきたのである。仏像

の基本的形態は，明らかに，ブッダが出世間（ローコーッタラ；この世を超えた）の者であり，マハープルシャであり，チャクラヴァルティンであり，全知者などであるという考えから作られたようである。そして，これらの多様な特質を伝えるために，画一的な図像が用いられた。彫像（後には画像）は，ブッダを視覚化し，ブッダが現前していることを悟るための表現形態であり，かつそのための助けでもあった。

　非聖像的な象徴が瞑想のために役立つとすれば，人間の姿をとった像は，よりいっそう崇拝に適するだけでなく，情感や祈りにも適しているように思われる。実際，仏像とともに発達した礼拝や崇拝の様式は，ヤクシャなどの土着の神々に対する古来の帰依や祈願の様式と大きな関連がある。仏教の歴史を通じて，仏像の礼拝や崇拝は，花・香・音楽・食物・飲料など五感に訴えるものが供えられ，目前にある世俗的関心事のためになされることが多かった。

　「仏像はブッダの似姿であるがゆえに尊敬と崇拝に値する」と後世の仏典は説いている。仏像は，一般的な慣行として，その中に遺物が置かれたり，生命を吹き込むような儀式を通じて，生きた存在と見なされるようになった。このように仏像は，ストゥーパと同じく，ブッダを想起させ，人々を勇気づけ，真理へ導く媒体であり，かつ力の源でもあったのである。

## 3．ゴータマ以外のブッダたち

　ブッダの称号・仏伝・仏像は，仏教の各派の大多数において，だいたい共通していた。しかし，ゴータマ・ブッダ以外のブッダたちをどう捉え，彼らの役割をどう認識するか，そしてその意義をどう評価するか（それゆえ，ゴータマその人の役割とその意義をどう見るか）は，仏教のそれぞれの伝統によって大きく異なっている。

### 過去仏と未来仏

　かなり早い時代から，ゴータマは，はるかな過去から次々と出現してきた

ブッダたちのうちの一人であると考えられていた。初期の経典では，それら過去仏は名前が挙げられずに現われることがあるが，これは，悟りを開いたのはゴータマだけではなかったはずだ，という考え方によると思われる。『サンユッタ・ニカーヤ』（『相応部経典』）のような諸経典において，これらの過去仏に対する関心が，悟りを開いた時の彼らの考えに集中していることは驚くにあたらない。その考えとは，ゴータマが悟りを開いた時に持ったとされる考えと合致するものである。

　過去仏に関する初期の文献で最も重要なものは，ゴータマ・ブッダ以前に出現した六人のブッダについて述べた『マハーヴァダーナ・スッタ』である。この文献は，明示はしないが，最初期にまとめられた仏伝を含んでいる。ここには，あらゆるブッダの生涯がたどるような一つの典型が描かれているからである。すなわち，ヴィパシュインという名のブッダの生涯を描写する際，ゴータマは，彼が王家に生まれ，贅沢に育てられ，その後公園を訪ねた時に病気・老衰・死の現実に直面し，その結果，遊行僧としての生活を選んだことを語る。ヴィパシュインは独力で真理を悟った後，僧団を形成し，自分が見出したことを人々に教えたという。ゴータマ以外のブッダの物語では，細部については異なるところもあるが，どのブッダの場合も同一不変の真理を見出して説いたと言われている。

　アショーカ王の時代から仏教衰退期に至るまでは，ゴータマ以前に存在したとされるブッダたちがインドで崇拝されていた明らかな形跡がある。アショーカ王の碑文には，「ゴータマよりも前に存在し，ゴータマの前のブッダであったコーナカマナ仏のためのストゥーパの大きさを２倍にした」と記されている。10世紀までの間に，中国からの巡礼者が続々とインドへとやって来て，当地の過去仏に捧げられた記念塔（モニュメント）に参拝したことが記録されているが，それらの記念塔の多くは，敬虔なアショーカ王の建てたものであった。

　『ブッダヴァンサ』（ブッダの系譜）は，パーリ経典の中では後期の文献であるが，24の過去仏の生涯を，ほとんど同様の言葉を用いて物語っている。24という数はおそらくジャイナ教から借りてきたものであろう。ジャイナ

教には，開祖であるマハーヴィーラにまで至る24人のティールタンカラ（ジャイナ教の聖者）の系譜がある。また『ブッダヴァンサ』では，ゴータマ・ブッダと過去仏たちの関係が潤色されており，後に上座部の代表的なゴータマ仏伝の出発点となるような物語が含まれている。その話の中では，将来のゴータマ・ブッダは，前生でスメーダとして過去仏のディーパンカラに出会い，自らブッダとなるのに必要な大修行を行なうという誓いを立てている。

　過去仏の観念と密接に関わる考え方によれば，ブッダがこの世に現われるのは，ブッダ自身の精神的努力によるだけではなく，他の条件も関係する。一定期間に一定の世界に存在するブッダは，ただ一人である。また，先のブッダの教えが完全に消滅するまでは，次のブッダは出現しない。また，宇宙論的な考え方もある。劫（カルパ；宇宙の長大な時間）の始めにはブッダは誕生しない。劫の始めには，人間はあまりに富裕で長寿であるために，病気・老化・死を恐れない。そのような者には，天人や他の超人間的な生物と同様，「すべては苦しみであり，あらゆるものは無常である」ということが洞察できず，またブッダの教説を受け入れる準備もできていない。さらに，ブッダたちは閻浮提（ジャンブ州の大陸；インドとほぼ同義）にしか生まれず，祭官（バラモン）か王族（クシャトリヤ）の家系にしか生まれない。

　過去仏を年代記のように並べるのは，主に小乗仏教に顕著である。ゴータマ・ブッダをわれわれの時代の師として描き，彼の教えを権威づけるような崇高な系譜を与えることで，ゴータマ・ブッダの重要性を説いている。またこの考え方によれば，たとえゴータマや彼の教えが衰えてきても，ゴータマ以外のブッダが出現する可能性があり，希望の源を提供している。

　未来仏に対する信仰も小乗仏教で始まり，上座部などの種々の小乗仏教の各部派で重要な役割を果たした。〔ゴータマの〕次に現われるブッダは弥勒仏（マイトレーヤ；友愛ある者）で，アショーカ王統治の時代の後に著名な存在になったと思われる（もちろん，厳密に言えば，弥勒は，正確な意味ではブッダではなく，菩薩——ブッダとなる途上にある者——である。しかし，彼がブッダとなった時に果たす役割に仏教徒がいかに注目してきたかを考え

ると，今ここで扱うことも許されよう)。

　仏教圏全体に流布している未来仏としての弥勒の伝説によれば，弥勒は，もとはゴータマ・ブッダの弟子の一人であり，今は兜率天におり，地上に再生する適切な時期を待っている。弥勒は地上に平和と繁栄と救済の時代を築こうとしている。弥勒は未来仏として多様な役割を与えられた。その中でも特に，信仰の対象，祈願の的となり，また，権力者を正当化したり，反乱軍を結集させる大義名分となったりして，宗教＝政治的な中心ともなった。

　過去には，弥勒のいる兜率天に昇天したり，弥勒が現われた時代に人間界に生まれたりして，弥勒のもとに再生したいという願いが，多くの仏教徒の変わらぬ希望であった。今日でも，上座部の仏教徒の願いは同じである。特に4世紀から7世紀の間には，北西インド，中央アジア，中国では，仏教徒は弥勒の名を観想したり唱えたりすることによって，信仰心を起こした。しかし，東アジアでは，弥勒に代わって，別の宇宙世界〔仏国土〕に現前している阿弥陀仏が信仰されるようになった。

## 天上と宇宙世界のブッダ

　過去仏や未来仏が存在すると考えられた頃，すでに，仏教の宇宙論で説かれる他の宇宙世界にもゴータマ以外のブッダが存在する可能性が考えられていた。初期の過去仏たちのように，他の宇宙世界のブッダたちも，はじめは大部分が無名であり，集団で出現してゴータマ・ブッダの教えを讃えたとされている。個々のブッダたちが誰であるかを示す必要があるときには，ブッダにつけられる多くの称号が用いられた。

　他の宇宙世界にブッダたちが存在するという思想は，初期大乗仏教の文献で顕著になる。これは，『法華経』にあるように，最初は新しい教説に権威を持たせるために用いられた。ちょうど過去仏思想が初期の教団の教えを権威づけたのと同じである。やがて，これらのブッダたちは，それぞれ非常に強力で，彼らの世界は形容しがたいほど輝かしく幸福に満ちていると考えられるようになった。これらのブッダの姿は超人的で，その生涯は他者を救うために捧げられ，寿命は永遠に続くとされた。彼らの影響力は他の宇宙世界

にも及び，無限に積まれた功徳によって，われわれの世界を含めた他の宇宙世界の者をも救済することができる。このようなブッダに注目した部派は，人間としての経験をしたというゴータマ・ブッダの独自性を消し去り，即座に救済したり，力を及ぼしてくれるもっと強力なブッダたちと対比させた結果，必然的にゴータマ・ブッダにあまり重きを置かなくなった。

　天上に存在するこのようなブッダたちは原則的には無数であり，仏典には非常に多くが列挙されてはいるが，明確な仏伝や仏像があったり信仰されるようになったブッダはほんの数例である。阿弥陀仏（無量光）は，特定の宗派で信仰の対象となったブッダたちの中で最も重要なものの一つである。阿弥陀仏は，最初は北西インドあるいは中央アジアで信仰され，次いで中国，チベット，日本へと広まっていった。阿弥陀仏の国は，他の仏国土の美点をすべて備えた楽園である。阿弥陀仏は，すべての者をこの浄土（スカーヴァティー）に迎え入れる。そこに生まれるために菩薩の修行をする者だけではない。信仰を持たなくても単に阿弥陀仏の名を唱える者や，少しでも阿弥陀仏のことを思う者にも往生を認めているのである。現在もなお中国や日本で盛んな阿弥陀仏信仰，あるいは浄土信仰の伝統の中には，ブッダの観想，ブッダの視覚化，また，はじめはブッダの称号と結びついて発展した称名の諸類型が集中して見られる。

　仏教において重要な位置を占めるようになったもう一人の天上のブッダは，薬師如来である。阿弥陀仏は西方浄土にいるが，薬師如来は東方の仏国土にいる。阿弥陀仏とは異なり，人間が最終的な解脱に至るための手助けもせず，自らの国土に再生させたりもしない。ただ，薬師如来の名を繰り返したり思い浮かべれば，病気や飢えや恐れなどのさまざまな苦しみが和らげられ，儀式で薬師如来像を礼拝すれば，あらゆる望みがかなえられるとされた。薬師信仰は，もとはストゥーパと仏像を中心としたさまざまな形の信仰が発展したものであり，阿弥陀仏信仰の盛んであった中国と日本で広まった。

　その他の部派では，すべてのブッダや菩薩たちを統合するような考え方が発展し，広く影響を及ぼした。たとえば密教では，一人の根元的で中心となるブッダが非常に重視される。チベットのタンカなどの図像や儀式には，宇

宙的なマンダラが鮮やかに描かれており，諸々のブッダがその中に配置されているが，そのうち一人のブッダが，このブッダたちの本質あるいは根元であると考えられている。インドやチベットのある部派では，中心のブッダは金剛薩埵（ダイヤモンドを持つ者）であるが，より有神論的傾向が強調される場合には，ときにアーディブッダ（本初仏）が中心に置かれた。またインドやチベットの別の派では，中心のブッダは毘盧遮那仏（光輝ある者）であった。毘盧遮那仏はまた，日本の真言宗では特に優れたブッダとされ，日本に土着の八百万の神々の中の極めて重要な太陽神〔天照大神（または大御神）〕とも同一視された。金剛薩埵や本初仏を中心に置く場合と，毘盧遮那仏を中心に置く場合のいずれにも，マンダラの中には，宇宙世界で従属的な位置にいると見なされるゴータマ以外のブッダたちが（ときには彼らの眷属も）いる。彼らのうちで東方には阿閦如来（揺るぎない者）が，南方には宝生如来（宝石から生まれた者）が，西方には阿弥陀如来が，北方には不空成就如来（成功の確実な者）が位置することが多い。いずれの場合においてもマンダラは，全体が広大な一つの宇宙世界を表しており，またマンダラのブッダたちは，人体の神秘的な生理機能との対応を示している。

## 生き仏

　ゴータマ・ブッダ，独覚，過去仏，未来仏，天上のブッダ，他の宇宙世界のブッダの他に，また別種のブッダを加える仏教もある。そのブッダとは「生き仏」である。生き仏とは，この世において，なんらかの方法で完全な悟りを得て，慈悲を備えた者となった人である。このような生き仏は，ある場合には密教のようにさまざまな修行を通してブッダとしての資格を獲得した者のことであり，他の場合には，既成のマンダラに含まれているブッダ（通常は天上のブッダ）の生まれ変わりである。生き仏の存在を認めれば，当然，ゴータマの生まれ変わりであるという特殊な例以外は，ゴータマ・ブッダがあまり重要ではなくなる。しかし，生き仏の存在が考えられるようになり，大乗仏教や密教の重要な二つの特徴が，また新たに強調されることになった。一つは，ブッダの教えはこの世で永遠に有効であるという点であ

り，もう一つは仏教徒は現在でもブッダだけが与えられる救いを直接に受けることができるという点である。

　生き仏という考え方は，過去仏や他の宇宙世界のブッダについての考え方と同様，新しい仏教の教説や活動が採り入れられるような時代に発展した。こうした場合の新しい仏教の教説や活動は密教的な性格を持ち，ブッダになる「近道」となる儀式が重視された。生き仏という新しい種類のブッダは，仏教の新しい動きの産物であると同時に，その動きを権威づける一つの方法でもあった。初期に展開した天上のブッダという考え方と，後になって展開した生き仏たちという考え方の類似性は，他にも見られる。天上のブッダのうち，仏伝や仏像がつくられたり，帰依されたブッダがごくわずかであったように，生き仏についても非常に限られた者だけが選び出された。重視され尊敬された生き仏たちの多くが，実践を教えたり，秘密の〔埋蔵〕経典を明らかにしたり，新たに人々を回心させたりして，仏教の新たな一面を開いた，ということは驚くに値しない。チベット仏教の生き仏の典型的な例は，パドマサンバヴァである。彼はインドから来た有名な伝道者で，チベットの悪魔を退治して信頼を得，人々を仏教に回心させ，ニンマ派を創始したとされている。日本での同種の人物の一例が空海である。空海は真言宗の開祖であり，伝統的に祖師として，また救済者として尊崇されてきた。

　密教が興ると，生き仏は天上のブッダの生まれ変わりである，という考え方も盛んになった。これは，王や支配者に対する仏教の考え方と特に密接に関係しているようである。小乗仏教でも大乗仏教でも，王を菩薩あるいは未来仏であるとする考え方は古くからあった。王が弥勒菩薩と見なされたのは一般的であるが，天上の菩薩の生まれ変わりであるとされるか，生き仏であるとされるかは，さまざまであった。密教が盛んになると，生き仏についてもさらなる発展が生じた。かくして密教がクメール（カンボジア）の首都アンコールで確立した後，クメールの王は薬師如来であると認められ，尊敬されるようになった。その少し後代のチベットでは，伝統的に王と僧侶の両方の役割を持っていたパンチェンラマたちが，阿弥陀仏の生まれ変わりであると見なされた。

## 4. ブッダの本質（仏性）

　釈迦牟尼や，それ以外のブッダの称号・仏伝・仏像は，互いに同種類の存在とならないように，それぞれのブッダに応じて区別された。しかし，ブッダという語が普通名詞として持つ性格が示すように，どの部派でも，ブッダの本質という点では，ブッダと認められる者は究極的にすべて同一であると認められていた。一貫してゴータマを最上位に見なしてきた上座部でも，この最終的な段階では差異がないとしている。阿弥陀仏や大毘盧遮那仏を信仰する仏教でも同様である。この点に関しては，どの仏教でも見解が一致している。紀元初頭の小乗仏教の経典の一つである『ミリンダ・パンハ』（『ミリンダ王の問い』, *The Milindapañha*, London, 1880）には「どのブッダにも，姿形や徳行，精神統一，智慧，自在力などに関しての差異はない。どのブッダも本質的には同一だからである」（p. 285）と記されている。

　それぞれの部派では，どのブッダも究極的には同一であるという点では一致していたが，ブッダの実際的な描写に関しては大きな相違があった。前述したブッダという語の第三の意味は，現実世界の本質とその解明という問題に関連して，常に議論されてきた。初期の仏教徒たちは，ブッダがこの世を永続させる縁起（相互依存的生起）の法を悟り，ゴータマも他のブッダたちもこの縁起の法によって輪廻転生を終わらせるように説いた，と信じた。初期の大乗仏教，特に般若経系の仏典では，仏性とは，いかなるものにも固有の実体的本質（自性）はないということ（シューニャター；空性）を悟ることである，と理解され，その空性が究極的な真理（タタター；真如）である，と説かれている。瑜伽行派のような後期の大乗仏教は，より観念論的な世界観を持っていた。瑜伽行派では，仏性とは純粋で汚れのない本来の心〔自性清浄心〕を取り戻すことであった。『華厳経』を拠り所とする東アジアの華厳宗では，あらゆるものは無限に相互作用を及ぼすと考えられ，普遍的で宇宙的なブッダがあらゆるところに遍在するという特徴的な思想を発達させた。このような文脈においては，ブッダのあり方それ自体が真実を描写する

一つの方法となった。

　仏教の諸派において，いかなるブッダも同一であるという点では共通でありながら，また他方，ブッダについての解釈が多様であったのは，伝統的にブッダの本質を捉えて表現するのに，少なくとも次の二つの語法があったからである。一つは，ブッダの特別な性質を用いて，ブッダの本質を特定するものであり，もう一つは，ブッダの本質を形成する仏身についての議論である。これら二つの問題が追究されたために，ブッダの本質は，多様に理解されながらも，いくつかの点では一貫性があったのだろう。

　仏教徒によるスコラ哲学的な探求によって，ブッダの無比なる能力や性質についての詳細な表，すなわちアーヴェーニカ・ダルマ（不共法[4]；並外れた性質）のリストが作られた。アーヴェーニカ・ダルマの数は，文献や文脈によって，6から140にまでわたる。ここで興味深いのは，言及されている性質や能力の多さではなく，これらの性質や能力が四つの大きな項目に分類されるという事実である。その四つの項目とは，ブッダとなるための行為と悟り，およびブッダの本質を表現する智慧と活動である。

　これら四つのブッダの特性は，仏教の歴史を通してさまざまな方法で解釈されてきた。たとえば小乗仏教では，仏性を悟る手段として意志を伴った行為を重視するが，大乗仏教や密教では，いくつかの重要な観点からブッダの本質（しばしば，仏性のかたちをとる）がそのような行為に必要不可欠の条件であると強調する。同様に，小乗仏教では，智慧の獲得と慈悲の修行には隔たりがあるとしていたが，大乗仏教と密教では，智慧と慈悲の修行は一体化して分離できないと力説した。このような違いはあるが，実際にはいずれの仏教でも，ブッダたる者はこの四つの基本的な特質を備えていると考えられている。

　次に，ブッダの本質が仏身論を通してどのように表されてきたかについて考えると，やはり同じく多様さの中にも一貫性が認められる。『長阿含』のような初期の仏教文献では，ブッダはダルマ（法）に起因する身体，すなわちダルマカーヤ（法身）を持つものとして描かれている。初期の時代や，その後の上座部が発展した時代に，ゴータマが法身を持っていたという考え方

は，主としてゴータマが達成した個人的な悟りと，真理あるいは真実そのものとの密接な連続性を肯定する隠喩(メタファー)の役割を果たした。説一切有部のようなやや時代の下った後代の小乗仏教や大乗仏教では，法身という考えはもっと深い意味を持つようになった。ブッダの本質をいっそう超越的なものとする見方は，ゴータマの入滅という避けがたい現実を包摂することができる。法身は，そのための主要な手段となった。『法華経』のような経典では，法身こそがブッダの本質の真の意味にほかならない。人間の世界に現われ，教えを説き，入滅していったゴータマのようなブッダたちは，単なる顕現にしかすぎない。しかし，このような初期大乗仏教の文脈では，ブッダの本質や法身という相関した概念は，まだシューニャターやタターターのような哲学的概念との緊密な関係によって条件づけられている。

　法身は，他の大乗仏教や密教では，より存在論的な性格を与えられている。この場合，法身は「拠り所」や「源泉」，すなわち他のあらゆる真理がそこから発生するような真理を指し，これによってブッダの身体全体を新たに理解する基盤が得られた。ブッダという存在は，三身論によって説明されるようになる。三身（トリカーヤ）とは，法身（ダルマカーヤ）・報身（サンボーガカーヤ）・応身（ニルマーナカーヤ）である。法身は，他の二つの身体のもとになる主要な身体であり，そこから発するのが報身（受用身）であり，他の宇宙世界のブッダたちがこの世界の信者たちの前に現われる際に見られる輝かしい身体である。応身は，「幻視的(マジカル)」で一時的な身体であり，ゴータマが弟子たちの前に現われている時のような肉体的な身体である。

　大乗仏教や密教では，ブッダの本質と法身に関するこのようなより存在論的な観点が，仏性についての重要で救済論的な観念，すなわち，タターガタ・ガルバ（如来蔵；タターガタは如来というブッダの称号であり，ガルバは子宮を意味する）と結びつく場合もあった。如来蔵は悟りの結果であるとともに，その源泉，根拠でもある。仏性または如来蔵は，外部を汚れに覆われた法身だと考えられている。悟りとは，またそれゆえにブッダとなるということは，究極の真理である清浄で本源的な状態を取り戻すことであるとされる。その他の大乗仏教や密教では，仏性の次元において，清浄と汚れという二分

法は超克されている。

## 5. 結 論

普通名詞としてのブッダという語について検討する過程で，その意味を，(1)ゴータマ・ブッダ，(2)ゴータマ以外のブッダ，(3)ブッダの本質（仏性）という三つの基本的な段階に区分した。しかし特記すべきなのは，「ブッダ」という語においてはこの三つの段階が非常に密接に関連するものとして用いられており，その結果，それぞれの段階が他の段階に継続的に影響を及ぼしているという点である。したがって，ブッダという語が持つ複数の意味を区分することが，その解釈と理解に役立つとしても，明確な区別をすることはできない。

インドの論理学では，ブッダという語の持つこれらの三つの意味は，三つの異なったものを表すとされる。このことは，あらゆる名称に共通である。たとえば牛という語は，個々の牛，牛の集合体，そしてあらゆる牛に共通する「牛であること」という性質を指している。ブッダという語についても同様である。このような理論に精通していない読者は，数学の集合の理論で次のように見てもよい。個々のブッダは，ブッダの本質（仏性，第三の意味）に基づく集合の部分集合（第二の意味）の要素（第一の意味）である。数学の集合が要素なしでも存在するように，仏教でいう仏性もまた，個々のブッダによって具現されていなくても存在するのである。

◇訳 注
1）宇井伯寿は，アショーカ王即位を前271年とする説に基づき，アショーカ王即位と仏滅との間を116年と見ることによって，ブッダの生存年代を前466-386年とする説を立てた。中村元はアショーカ王即位を前268年に修正し，「前463-383年」説を立てている。
2）ゴータマ・ブッダの従兄弟（もしくは阿難の兄）と伝えられる，Devadatta（提婆達多）のこと。三逆罪（仏の身体を傷つける・阿羅漢を殺す・僧団を分裂させる）を犯したとされるが，独自の戒律に基づいて僧団を率いたとも言われる。
3）四大巡礼地とは，(1) ゴータマ・ブッダ誕生の地であるルンビニー（Lumbinī，藍毘尼園），(2) 成道の地であるブッダガヤー（Buddhagayā，仏陀伽耶），(3) 最初に説法（初転法輪）した土地であるムリガダーヴァ（⑤Mṛgadāva）もしくはミガダーヤ（℗Miga-

dāya, 鹿野苑），(4) 入滅した土地であるクシナガラ（Kuśinagara, 拘尸那掲羅）の四つを指す。
4) ブッダの優れた特質は伝統的に十八種に分類されることが多く，十八不共法（十力，四無畏，三念住，慈悲からなる）と呼ばれているが，『法華経』などの大乗経典では，別の十八種を挙げる。

## 【文献ガイド】

　ヨーロッパの言語で書かれた研究は，概してブッダという称号が持つさまざまな意味を個別に扱っているが，さまざまな意味の相互関係については，まだほとんど研究が進んでいない。
　Edward J. Thomas の次の著書は，この主題への格好の入門書である。*The Life of Buddha as Legend and History*（1927; 3rd rev. ed., London, 1949）は，英語で書かれた仏伝の標準的な研究書である。*The History of Buddhist Thought*（1933; 2nd ed., New York, 1951）は，インド仏教に照らし合わせて，ゴータマ以外のブッダとブッダという存在についての思想の発展を概観している。しかし Thomas は，チベットと東アジアでの発展について全く触れておらず，またパーリ仏教を好意的に捉えており，偏りがある。チベット仏教に関して有用な書は，David L. Snellgrove, *Buddhist Himālaya*（Oxford, 1957）である。これは密教研究の入門書となっている。東アジアでの革新的な研究は，大部分がブッダという存在の意味についてのものである。これに関する研究には，Junjiro Takakusu（高楠順次郎）, *The Essentials of Buddhist Philosophy*（Wing-Tsit Chan and Charles A. Moore eds., Honolulu, 1947）がある。ただし，題名通り仏教哲学を中心に扱っているわけではない。
　Heinz Bechert の重要な論文である "The Date of the Buddha Reconsidered," *Indologica Taurinensia* 10（1982）, pp. 29-36 は，ブッダの年代を計算するための長期年代記と短期年代記を裏付ける論証の要約が載せられていて有用である。ただし，彼は短期年代記を支持しているが，それは決定的なものではない。歴史上に実在したブッダに関する文化的な面を概説しているのが，Padmanabh S. Jaini, "Śramaṇas: Their Conflict with Brāhmaṇical Society," in Joseph W. Elder ed., *Chapters in Indian Civilization*, vol. 1（rev. ed., Dubuque, 1970）, pp. 39-81 である。この論文と一緒に読むとよいのが，J. A. B. van Buitenen, "Vedic and Upaniṣadic Bases of Indian Civilization" である。本稿は Jaini 論文の直前（pp. 1-38）にある。
　仏伝研究の出発点として役立つのは，Frank E. Reynolds, "The Many Lives of Buddha: A Study of Sacred Biography and Theravada Tradition," in Reynolds and Donald Capps eds., *The Biographical Process*（"Religion and Reason Series", vol. 11, The Hague, 1976）である。西洋の学界においてもブッダの伝記が著され，これに関連してブッダに関するさまざまな解釈が発展してきたが，本稿はその概要を類型

化して示し，また関連のある小乗仏教と上座部の後期の文献も概観している。

仏伝に関する最近の最も重要な研究は，フランス語の著作Étienne Lamotte, *magnum opus, Histoire du bouddhisme indien des origines à l'ère Śaka*（Louvain, 1958）で，仏伝の発展段階に関する論証が pp. 707-759 に見られる。Lamotte は本書の中で，非常に早い時期に完全な仏伝があったとする Erich Frauwallner の説に応えた。Frauwallner は，*The Earliest Vinaya and the Beginnings of Buddhist Literature* （Rome, 1956）の中でこの説を述べた。本格的に仏伝を研究するのに欠くことのできないものが，André Bareau, *Recherches sur la biographie du Boddha dans les Sūtrapiṭaka et les Vinayapiṭaka anciens*, 2 vols.（Paris; 1963-71）である。Bareau はこの著作で，仏伝の発展段階についての Lamotte の説を資料的に裏付け改善している。

Alfred Foucher, *The Life of the Buddha according to the Ancient Texts and Monuments of India*（Simone B. Boas abridged-tr., Middletown, Conn., 1963）は紀元初期からの仏伝を合成したものを記している。またその序論は，仏伝伝承の過程の初期仏教の巡礼の意義に光をあてた極めて重要なものである。

数本の個々の仏伝と，それより少し後の時代のチベット，中国，東南アジアにおける仏伝がヨーロッパの言語に翻訳されている。最も読みやすいものは，Aśvaghosa, *Buddhacarita, or, Acts of Buddha*, 2 vols. in 1,（Edward H. Johnston ed. and tr., Calcutta, 1935-36; 2nd ed., New Delhi, 1972）である。これを補足するのが，同じ仏典の漢訳版を Samuel Beal が翻訳した，*The Fo-Sho-hing-tsan-king: A Life of Buddha by Asvaghosha Bodhisattva*（Oxford, 1883; rep., Delhi, 1966）である。

仏教思想や活動のための傑出したブッダの象徴であるストゥーパの役割については，論文集 Anna Libera Dallapiccola and Stephanie Zingel-Ave Lallemant eds., *The Stūpa: Its Religious, Historical and Architectural Significance*（Wiesbaden, 1980）に紹介されている。本書所収の Gustav Roth, "Symbolism of the Buddhist Stupa" は，仏教文献中のストゥーパの象徴的解釈の研究という点で特に重要である。仏教世界全体にわたるブッダの視覚的表現様式に関する便利で美しい概説書かつ鑑定書は，David L. Snellgrove ed., *The Image of the Buddha*（London, 1978）である。

ゴータマ以外のブッダについての現代の研究は，ゴータマの仏伝や象徴に関する研究ほどには広範ではない。阿閦如来，阿弥陀仏，薬師如来についての簡潔で優れた入門書が必要であれば，G. P. Malalasekera ed., *Encyclopedia of Buddhism*（Colombo, 1968）を調べるとよい。田島隆純は *Étude sur le Mahāvairocana sūtra*（*Dainichikyo*）（Paris, 1936）の中で毘盧遮那仏について論じている。生き仏に関する資料は，Geoffrey Samuel がイタリア語とドイツ語から翻訳した Giuseppe Tucci, *The Religions of Tibet*（Berkeley, 1980）の中から収集することができる。

ブッダの概念と仏教概論の記念碑的な重要性を持つのが，Paul Mus, *Barabuḍur*, 2 vols.（1935; rep., New York, 1978）である。これはおそらく，ブッダという称号が持つ性格のあらゆる可能性を探った唯一の学術書であろう。本書では，初期仏教の小乗仏

教と大乗仏教，ストゥーパと遺骨の象徴的意味，天上と宇宙世界のブッダ，浄土の象徴的意味とその思想などに関する発展性のある論考が行なわれている。残念なことに，この長大な著作は翻訳されておらず，しかもそのフランス語は極めて難解である。

　専門的な参考文献（たとえば仏伝文献で入手できる翻訳や特定分野の発展についての研究など）が必要な場合には，Frank E. Reynolds, *Guide to Buddhist Religion* (Boston, 1981) の注釈のつけられた項目，特に，section 8, "Ideal Beings, Hagiography and Biography" と section 9, "Mythology (including Sacred History), Cosmology and Basic Symbols" を調べるとよい。

## 補 遺

ヴェロニック・クロンベ『ブッダ　生涯と教え』，（今枝由郎訳，大東出版社，2003年）
玉城康四郎・木村清孝『ブッダの世界』（NHKブックス，1992年）
────『ブッダとサンガ―「初期仏教」の原像』（法藏館，1999年）
三枝充悳『ブッダの入滅―現代語訳阿含経』（青土社，2000年）
佐々木閑『出家とは何か』（大蔵出版，1999年）
下田正弘『涅槃経の研究―大乗経典の研究方法試論』（春秋社，1997年）
大法輪閣編集部『ブッダ・釈尊とは―生涯・教えと仏教各派の考え方』（大法輪閣，2001年）
田上太秀『ブッダの人生哲学―「正しく生きる」ということ』（講談社選書メチエ，2002年）
立川武蔵『ブッダの哲学―現代思想としての仏教』（法藏館，1998年）
中村　元『ゴータマ・ブッダ』（法藏館，1958年）
────『中村元選集11　ゴータマ・ブッダ1―原始仏教1』（春秋社，1992年）
────『中村元選集12　ゴータマ・ブッダ2―原始仏教2』（春秋社，1992年）
────・佐藤良純・奈良康明著『新編　ブッダの世界』（学習研究社，2000年）
────・田辺祥二『ブッダの人と思想』（NHKブックス，1998年）
早島鏡正『早島鏡正著作集9　ゴータマ・ブッダ』（世界聖典刊行協会，1995年）
羽矢辰夫『ゴータマ・ブッダ』（春秋社，1999年）
────『ゴータマ・ブッダの仏教』（春秋社，2003年）
平川　彰『仏陀の生涯―『仏所行讃』を読む　新・興福寺仏教文化講座』（春秋社，1998年）
舟橋一哉『釈尊』（法藏館，1941年）
ジャン・ボワスリエ『ブッダの生涯』（木村清孝監修，「知の再発見」双書，創元社，1995年）
前田惠學『釈尊をいかに観るか（前田惠學全集第1巻）』（山喜房佛書林，2003年）
水野弘元『釈尊の生涯』（春秋社，1960年）

宮坂宥勝『ブッダの教え―スッタニパータ』(法藏館, 2002年)
宮本啓一『ブッダが考えたこと―これが最初の仏教だ』(春秋社, 2004年)

\*

Bechert, Heinz, ed., *The Dating of the Historical Buddha. Die Datierung des historischen Buddha*. 3 vols. (Göttingen, 1991-97)

Hallisey, Charles. "Roads Taken and Not Taken in the Study of Theravada Buddhism". In *Curators of the Buddha*, Donald Lopez ed., pp. 31-62, (Chicago, 1995)

Khoroche, Peter. *Once the Buddha Was a Monkey: Ārya Śūra's Jātakamālā* (Chicago, 1989)

Schopen, Gregory. "Burial *Ad Sanctos* and the Physical Presence of the Buddha in Early Indian Buddhism: A Study in the Archaeology of Religions". In *Bones, Stones, and Buddhist Monks. Collected Papers on the Archaeology, Epigraphy, and Texts of Monastic Buddhism in India*, pp. 114-147 (Honolulu, 1997)

Schopen, Gregory. "The Buddha as an Owner of Property and Permanent Resident in Medieval Indian Monasteries". Ibid., pp. 258-289 (Honolulu, 1997)

Sponberg, Alan, and Helen Hardacve, eds., *Maitreya, the Future Buddha* (New York, 1998)

Strong, John S. *The Buddha: A Short Biography* (Oxford, 2001)

(久間泰賢　訳)

# 3 インドの仏教
Buddhism in India

ルイス・O. ゴメス
Luis O. Gómez

　今日，インド亜大陸を旅すれば，仏教が盛んなのはインド亜大陸本土ではなく，セイロン島だけであるのがわかる。ベンガルやヒマラヤ地方，特にラダックやネパールには，仏教徒のいる地域があり，またブータンとシッキムでは仏教が中心的な位置を占めている。ブータンやシッキムの仏教徒の大半は大乗か金剛乗に属し，チベットおよびネパールに起源を持つ宗派や教団の信者である。またインド亜大陸のヒマーチャルプラデーシュとバンガロールでもチベット難民の中に仏教徒が存在するし，同様に，マハーラーシュトラにはアンベードカルの運動による仏教徒がおり，さらにはインドの聖跡を訪れる巡礼者，伝道者のあいだにも見られるであろう。仏教の多様化は新しい事柄ではないが，これらの仏教は，かつてのインドに栄えた仏教をそのまま引き継いだものではない。

## 1. 起　源

　仏教の創始者（⑤ガウタマ・シッダールタ，℗ゴータマ・シッダッタ）は約2500年前に，今日ネパール王国の位置するヒマラヤ山麓の小さな王国（貴族制共和国）の釈迦族に生まれた。彼は，青年時代に悟りを求めてガンジス川流域に赴いた。彼はさまざまな師のもとで数年の間研鑽した後，人生を大きく変える深い宗教的な体験をした〔＝ブッダとなった〕。そして彼は自ら師となり，その後半生を乞食遊行者として生きた。彼の世界観や人生観は，前6世紀のインドの文化的環境の中で形成された。そして，彼を源とするさまざまな宗教共同体の極めて独特な教義や実践は，インド的土壌の中で発展してきたのである。

## 研究資料と時代背景

　残念なことに，仏教の故国インドにおける仏教の歴史の大半については，信頼に足る史料が存在せず，仏教史の初期に関しては特にそうである。存在する文献資料は，古くても仏滅後500年のものである。考古学的資料は多いとは言え，そこから得られる情報は限られている。しかし，いくつかの事実には十分な確証がある。インド仏教の起源は前6世紀に流行した「沙門」運動にある。沙門とは宗教的完成者のモデルであり，遊行する苦行者である。沙門たちはインド・アーリアンの支配者層であるバラモンの宗教的・社会的秩序の外にあり，それに真っ向から対立する宗教的な目標を掲げた。一般にインドの宗教，つまりヒンドゥー教に特徴的な価値観は，ほとんどバラモンと沙門という二つのグループの相互の交渉によって，特にバラモン的秩序をヒンドゥー文化へと変容させる同化の過程を通して形成されたのである。

　沙門の二大宗教である仏教とジャイナ教が登場して，ヴェーダ・バラモン時代が終焉を迎え，多層にわたるインド文化が交流しつつ繁栄する時代が始まった。インド期とも呼ばれるこの新時代には，「異教」あるいは非ヒンドゥー教的な宗教組織が優勢になり，苦行者や修道者の教団が隆盛を誇った。またサンスクリット語よりも各方言を好んで使用するという特徴があった。

　他面，この新時代は，社会的変動と政治的不安定の時代であったと推測される。鉄の使用によって戦争や農耕の形態は根本的に変化した。森林は切り開かれ，農地は宮廷貴族の経済的基盤となり，宮殿や城壁が作られた。経済の余剰が大国家社会を可能にし，人口と資源の集中をもたらし，その結果，政治的野望を高揚させた。

　ブッダはこれらの変化に直接影響されたであろう。ブッダの死の直前，釈迦族は強力なコーサラ王国に略奪され，その直後に，今度はコーサラがマガダ国の力の前に屈した。ブッダの時代には，北部および中央インドに16の独立国が存在していたが，その1世紀後にはマガダ王国だけがその地域を支配し，さらに数百年後には，北インドのすべてと南インドの大半とを支配することになった。マガダ王国の統一は大きな犠牲を伴なうものであった。家

3　インドの仏教

地図1　インドの仏教

族や種族の秩序に基づいた政治・社会体制が崩壊し、古来からの神々は力を失った。

　古い秩序が崩壊するにつれて、バラモンたちは特権を主張したが、他の階級の者はそれを必ずしも認めたがらなかった。バラモンの支配を受け入れようとしない人々は、精神的・倫理的指導を沙門たちに求めた。近年の研究によれば、バラモンと沙門の関係は、以前考えられていたよりも複雑であるとされる。しかし、当時の経済的・政治的変動やバラモン勢力の拡大などによって排斥されたいくつかのグループを象徴するものが沙門たちの運動であった。それゆえ、沙門は一種の反逆者であった。彼らは世俗生活の諸価値観一般に挑戦したが、特に、その時代のカースト制度に反発した。したがって、宗教的な悟りに至るための生き方は、同時に社会的反抗、あるいは、少なくとも社会に対する不満の表明であったと言えよう。

　沙門たちの運動はばらばらであった。沙門グループのうち、仏教の主なライバルは、ブッダよりも少なくとも1世代か2世代前に起源を持つ古い教えを代表するジャイナ教であった。ジャイナ教は、ブッダが活動を開始する少し前に、ヴァルダマーナ・マハーヴィーラ（前468頃）によって改革された托鉢僧の共同体で、極端な形での現世否定と苦行主義を掲げた。これに対して仏教は、中道の教義を立ててその立場をより穏健なものにしようとした。また仏教は、ジャイナ教は倫理的責任と解脱の問題について機械論的であるとしてこれを批判した。このほか、初期の仏教は、アージーヴィカ（邪命(じゃみょう)外道(げどう)）を創唱したマッカリ・ゴーサーラの派を批判した。この派は、奇妙なことに運命論的な教義に基づいて一種の極端な苦行主義を説いた。

　沙門によるさまざまな運動は、単にバラモンの教義や実践から派生したり変形したりしたものではなく、独立した組織である。だが、それにもかかわらず、この時代のあらゆる運動に共通する諸要素を見出すことができる。すなわち、「遊行者」（パリヴラージャカ）と呼ばれた沙門たちは、バラモン教の森林住者と同様、社会からの隠遁者であった。ある者は、止(エンスタシー)（精神作用の抑止）の体験を求めた。またある者は、特定の仕方で行動をすれば純化され、苦から解放されると信じた。また他に、（儀礼や呪術の）知識、ある

いは洞察力（観想や直観）によって力を得ようとした者もいる。しかし，当時のたいていの組織は，このような傾向すべてを要素として持っていた。

初期のインド期，すなわち沙門が活躍した時代に形成された宗教的価値観の中に特に含めなければならないものは，輪廻（サンサーラ）の概念と，輪廻から解脱（モークシャ）できるという確信である。解脱とは，苦行的修練や現世否定や不殺生（アヒンサー）を重視する倫理的・儀礼的な規律を守ることによって実現されるものとされた。この理念は，意識の諸状態を変えようとすることと同様，儀式による清めや霊力などについての古代以来の考え方から，必ずしも離れていたわけではない。しかし，それは，沙門たちの運動の中で時に倫理的な徳行という形をとり，組織化された政治的暴力である戦争や宗教的暴力である動物供犠に対する反対となって現われた。

根本的な悪の力は，もはや霊的な人格に関わるものとは見なされず，人間を束縛し苦を起こすカルマ（原因と結果）という非人格的な倫理的法則である，と考えられるようになった。新しい宗教家たちは，止や究極的な知識への到達を目的として，カルマの活動の停止を求めるために，一般にヨーガとして知られているさまざまな自己修練を行なった。この修練の持続的な実践は，「道」（マールガ）として知られ，涅槃（ニルヴァーナ）と呼ばれる，激情や苦悩からの解放と平安を最終目的とした。

仏教は沙門の宗教の一つであり，他の沙門の宗教と類似した特徴を持つが，また独特の特色をも備えている。仏教では，輪廻とその弊害の問題は取り上げず，苦を普遍的な問題とした。すなわち，人間はその存在条件からして必然的に苦に至るが，苦には原因がある。その原因は，愛着すなわち「渇愛」（トリシュナー）である。輪廻からの解脱を果たすためには，人は，ブッダが定めた八正道〔八聖道〕[1]に集約される精神修練を実践しなければならないとされる。仏教の信者は世俗の生活を捨てて，遊行する苦行者になるよう求められた。それは創始者ブッダが自らの歩みをもって要約的に明らかにした理想であった。

ほとんどの沙門の集団は，事情があって，あるいは自らの選択によって，遊行者の道に入ることのできなかった在家の支持者に対する規定を作った。

仏教の在家信者は,「帰依」(シャラナ・ガマナ) すなわち, ブッダとブッダの教えと僧団への信仰を表明することと, 五戒 (パンチャシーラ), すなわち, 生き物の命を奪わないこと, 与えられていない物を盗らないこと, 邪淫に陥らないこと, うそをつかないこと, 酔わせるような飲み物をとらないこと, を守ることによって, 生まれ変わって世俗から脱することができる, という希望を持って正しい道を歩み始めることができた。

## 三　宝

　仏教の根本的な教義とそれ以降の教義について確実に言えることは, 仏教の教えのほとんどがブッダの人格と体験から成り立っている, ということであろう。仏教を一つの教義の体系であると理解しようとするならば, 口伝や成文化されたイデオロギー (経典を含む) は仏教徒たちの努力の成果である。仏教徒は, ブッダが提起した普遍的な問題を探究し, 明らかにしようとした。その問題の中には, 次のような問いが含まれている。ブッダは解脱の後も「存在する」のであろうか。覚醒の体験は言語に絶するものなのか。覚醒と解脱のうち, どちらの体験が根本的なのか。

　一方, 仏教を教義の体系としてではなく, 宗教として理解しようとするならば, 宗教共同体と崇拝対象に注目しなければならない。初期の仏教の共同体は, 基本的には, サンガと呼ばれる托鉢者ないし僧侶の集団によって代表された。彼らはブッダ自身が定めたとされる苦行的・修道的戒律 (プラーティモークシャ) と次の三つに代表される崇拝対象によって結びついていた。(1)「覚者」としての創始者自身 (ブッダ;仏), (2) ブッダの模範的かつ聖なる生活とその教えと体験 (ダルマ;法), (3) ブッダの人格と教えの記憶に支えられた共同体それ自体 (サンガ;僧)。これらの崇拝対象は「三宝」(トリラトナ) と呼ばれる。三宝に対する仏教徒の信仰は, 教義と儀礼の点で「三帰依」(仏・法・僧への帰依) で表明される。今日まで, この帰依文は, 僧侶の授戒の時と在家者の信仰告白の両方に用いられている。

■**ブッダ**　今日, 西洋の学者で, 仏教の創始者の詳細な伝記やその教えの内

3 インドの仏教

容を正確に知っているという者はいないであろう。上に述べたことは，仏教の起源から数世紀隔たった時代に体系化されたものについての知識に基づく推測にすぎない。とは言え，学者たちは仏教の創始者の歴史的実在には同意している。すなわち，西洋の学者は，伝統的な「伝記」に伝えられるガウタマ・シッダールタという名前をはじめとする情報やブッダの説法に関する伝説の信憑性について疑いを持ってはいても，弟子たちが釈迦牟尼（「釈迦族の聖者」）と呼んだ大きな影響力を持つ宗教的人物が存在したということは受け入れている。釈迦牟尼は前6世紀のある時点に，ガンジス川流域で遊行托鉢僧の共同体を創設した。これが後に，今や仏教と呼ばれる世界的な宗教となったのである。

　ガウタマ・ブッダ〔Pゴータマ・ブッダ〕の生存年代については確実性はないが，最も問題の少ない年代として，前563-483という説が受け入れられている（しかし，生存をその1世紀後に置く年代論もある）[2]。そしてある程度，伝説に信憑性があるとすれば，釈迦牟尼が35歳の時（前528頃）に，サールナート（ヴァーラーナシーの北東）において最初に説法した時から仏教が始まった，ということができる。

　釈迦牟尼は悟りの前も後も，典型的な遊行者として生涯を歩んだ。29歳の時，家族を捨て，精神の師を求めた。初期の伝説によると，釈迦牟尼は，当時，二人の師，アーラーラ・カーラーマとウドラカ・ラーマプトラのもとで学んだ，とされている。この若き苦行者は，これらの師から，瞑想の技術を習得したが，後にそれらの技術を否定することになる。しかし，その痕跡が仏教の瞑想理論の中に残っている。その後，学んだことに満足しえず，隠遁生活に入った。6年間に及ぶ苦闘の末，ついに国境の町ウルヴィルヴァー（ボードガヤー，〔Sブッダガヤー〕）の近くの菩提樹の下で「悟った」。

　釈迦牟尼は最初の説法を行なった後，教えを広めつつ45年間ガンジス川流域を遊行した。仏教の伝承のうちには，半世紀にわたるこの布教について相互に関連性のない多くの物語が残されているが，まだ誰もこの時期について十分納得の行く説明を作り上げた者はいない。伝承にとって，この時期はブッダが大いなる奇跡を現わしていく時期でもあり，歴史的正確さは，考

慮すべき重要なことでは全くなかったのである。

　ガウタマ・シッダールタ，すなわち釈迦牟尼仏は，クシナガラの近くで80歳で（前483）入滅した。彼の直弟子たちにとって，師の逝去はおそらく無常を説いた師の教説を確認するものであっただろう。しかしその入滅は，まもなくブッタの完全な平安と寂滅の象徴と見られるようになった。入滅と同時にパリニルヴァーナ（般涅槃）に至り，そこから二度と再生することはない。骨箱（舎利容器）に入れられ，仏塔に納められた遺骨（仏舎利）は，悟った者の最高の到達点を表すようになり，真理に至った者，すなわち如来——この通称は，やがて究極の真理そのものを示すものとなる——としてのブッダの地位を固めたのである。

■**法**　「初転法輪」（西洋では「ベナレスにおける説法」あるいは「鹿野苑の説法」）として知られる最初の説教は，歴史上に仏教の教えが登場したことを象徴している。他方，その前，同じ年に起こった釈迦牟尼の悟りの体験，「大いなる悟り」（マハーボーディ）は，宗教が自らの実践と理念を発展させるもととなる人間的経験である。この経験によって，釈迦牟尼は「覚者」（ブッダ）となった。ブッダの弟子たちは，仏教のあらゆる教義と実践は，ブッダの悟り（ボーディ；覚）と，愛欲，苦，輪廻からの解放であるニルヴァーナ（涅槃）に基づくと信じた。ブッダの説法に見出される教えは，これら二つの経験を規定するものとして，また，それらの経験へと導き，あるいは，それらから流れ出た精神的行為として，さらにまた，この経験，およびそれを持ったと主張する人々の息吹を受けて成立した制度ないし慣行として解釈できる。

　しかし，伝統的に創始者に帰せられている教養のうち，どれが本当に（もしいくらかでもあるならば）彼によって説かれたのかを推測することは，不可能ではないにしても困難である。ブッダの同じ言葉であっても，仏教徒によって解釈が異なることもあったであろう。釈迦牟尼の教えの核心は，「最初の説法」，特にそこで説かれたとされる四聖諦の教義にあると一般的に考えられている[3]。しかし，仏教の他の多くの教義も，インド内外にわたる仏

教の歴史を通じて，中心的位置を争っている。さらに，非常に古いと思われる多くの資料が四聖諦について述べていないばかりか，実際，どのような意味でも四聖諦を前提としているわけではなさそうである。同様のことが，仏教の教義上の思索を発展させる中心となる他の教義，たとえば縁起（プラティートヤ・サムトパーダ）の理法や，人間存在をその構成要素（スカンダ；蘊）などに分析する理論についても言える。

　初期の仏教がどの程度まで形而上学的性格を備えていたかをはっきりさせるのは困難である。いくつかの最古層の仏教文献には，初期仏教の共同体は，哲学的な解脱の教義よりも，出家の喜びと，政治的・社会的・宗教的な争いを離れて得られる平安を強調したことが示唆されている。最初期の仏教文献の一つ，『アッタカヴァッガ』（『スッタニパータ』）における修行者の理想は，その類である。托鉢僧は，バラモン，沙門，聖人たちが行なう宗教的，形而上学的な議論に加わることを避ける。彼はあらゆる見解から超越している。それは，こういうわけである。

　　清浄は見解によって，あるいは学習によっては（得られ）ない。
　　　知識によっても，倫理的規範や，儀礼によっても。
　　しかしまた，見解を欠いても（得られ）ない。
　　　学問，知識，倫理的規範，あるいは儀礼を欠いても。
　　これらすべてを捨て，それらに執われないとき，
　　　人は平安である。頼ることなく，彼は何かになろうと望んだりはしない。

（『スッタニパータ』839）

　ここでは，教義と規範と儀礼とがともに退けられている。これは，儀礼や知識や宗教的地位によって清浄となり自由を得ることができる，と強く主張する者に対する批判である。孤独な苦行者は，どんな者にもなろうとはせず，教義上の論争を避けるのである。

　このような教説の表すものが，教義の発展段階の最初期の実態であったとすれば，仏教の共同体が存続するためには，次に，儀式と教条が必要とされ

たであろう。このことが気づかれると，まもなく形而上学が，解脱の理論が，そして瞑想の意識的な体系が形成されることになったであろう。しかし次の段階に至ると，これらのテーマは後退し，苦行の倫理性についての議論の方が重要視された。この段階では，初期教団の苦行の理想は敷衍され，教義的に，信仰告白として，イデオロギーとして，また宗教的・倫理的実践の体系として定義された。これらを体系化した最初期のものは，おそらく八聖道であり，それは智慧（慧）と倫理的実践（戒）と精神集中（定）とに三分割される。伝統的にブッダの最初の説法の主題と見なされてきた四聖諦と三法印（無常・苦・無我）には，その体系を支持するものが含まれている。

■**サンガ（僧団）**　ブッダは，最初の説法をもってその後45年間に及ぶ活動を開始した。この間に，おそらく最初は托鉢僧の団体にすぎなかった教団を設立し，滅後も教えを引き継ぐことになる多くの優れた弟子を育てた。多くの弟子の名や，ブッダの教えを直接に継承した者の名が伝えられている。たとえば，ブッダの教団（サンガ）に入門を認められた最初の改宗者カウンディンヤ，三帰依を行なって完全な在家者の入門式を受けた最初の家長ヤサ，智慧に勝れた者シャーリプトラ，神変に優れた者マウドガルヤーヤナ，戒律をよく守ったウパーリ，ブッダの従兄弟であり愛弟子であったアーナンダ，教団に入門が認められた最初の女性マハープラジャーパティー，ブッダの教えを受け継ぎ，第一結集を組織したマハーカーシュヤパなどである。ブッダの弟子たちは幅広い社会階級を代表していた。ヤサは富裕な親方の息子，ウパーリはつましい床屋，シャーリプトラはバラモン，アーナンダは貴族（クシャトリヤ）の一員であった。初期の信者の中には，世間を捨てた者ばかりでなく，さまざまな分野の者がいた。国王ビンビサーラ，富裕な金融業者アナータピンディカ，賢夫人ヴィシャーカー，高級娼婦アムラパーリーなどである。

　僧団は，インド社会の重要な一部を占め，合法化と結束の道具として役立ったが，ときには社会に対する批判も行なった。特に初期の発展期，なかでも遊行托鉢僧の時期には，サンガは非協調的な集団であった。初期の弟子

たちについての記述から知られる仏教徒の社会階層の多様さは，当時のインド社会の流動的な状態をある程度反映している。また当時存在したカースト制度に対するブッダの公然とした対立姿勢をも反映している[4]。その挑戦は，社会に対するものであっただけでなく，宗教や政治に対するものでもあったが，ブッダはバラモン主義に対して批判的であったため，彼が作り上げた托鉢僧の団体は，新たな社会秩序に合わない者が参加し，受け入れられ，そこで理想を達成することができるもう一方の共同体となった。西暦1000年以降の数世紀間に最終的に仏教がヒンドゥー教に吸収されてしまうまで，仏教の改革と制度の数々は，機能の上で，社会秩序に対する反抗者と擁護者との間を揺れ動いたのである。

最初期の教団は決まった住居を持たなかったと思われる。出家修行者は，乾期には屋外で暮らし，「もの乞い」をしながら村から村へと施食を求めて歩いた。比丘（ビクシュ「もの乞い」，女性形は比丘尼，ビクシュニー）という名称はここからきている。比丘は家から出て（プラヴラジュヤー），遊行者の生活を送った。雨期の間だけは森の中の特定の場所や在家の支持者が提供した特別な園林に集って暮らした。彼らはその場所に仮の庵を建て，雨期が終わればそれを取り払って，ブッダの法を広めるために再び遊行に出た。

「遊行者」の乞食生活の理念は，「過去仏」ヴィパシュイン（毘婆尸）の信奉者たちが，遊行を中断して集まり，自分たちの理念を確認するために誦えた信条や戒（プラーティモークシャ；波羅提木叉または別解脱律儀）の中に表されている。

　苦難に耐えることは最高の苦行であり，涅槃は最高の状態である，と仏
　　たちは言う。
　なぜなら，他を損なう者は真の出家者ではなく，他に害を引き起こす者
　　は真の苦行者ではないからである。
　いかなる悪もなさず，善を行ない，自身の心を浄化すること，
　　これが仏たちの教えである。
　他に抗弁せず，他を害せず，戒（プラーティモークシャ）に従って自制

すること，
　　適度に食し，閑居して住し，心を耕すこと（アディチッタ），
　　これが仏たちの教えである。

（『マハー・アパダーナ・スッタンタ』〔3. 28〕）

　これらの偈は，初期の教えの要点を述べている。それは，中心となる不殺生，抑制と修養の二つの倫理，および瞑想の実践である。これらはすべて，比丘たちが苦行者の共同体を形成したことと関わっている。彼らにとっては，孤独で貧しく穏やかな生活を送ることが，難解な形而上学を発展させることよりも重要であった。

　仏教の教えの中で最初に体系化されたものは，最初期の経典からもうかがわれるのであるが，おそらく規則（戒律）であっただろう。それは，最初は，散在する遊行者集団にとっての信仰告白という形で表れ，すぐ後には定住する修行者（比丘）らにとっての僧団としての規定になったと考えられる。また，早い段階で，彼らは，伝統的な瞑想を体系化しようとした。瞑想方法の中には仏教以前のものもあり，ブッダ自身もそれらを師から学んでいた。このように，仏教の瞑想方法は初期のヨーガの流れを汲むものである。しかし，初期のものとの正確な関連性や初期の実践の内容については明らかではない。

　発展の初期の段階で，満月と新月と半月の時に行なわれる会合（ウポーサタ；布薩）においてプラーティモークシャを誦えるという共同儀式が定められ，これが僧団をいっそう緊密なものとした。次の段階では，僧個人と独居生活に権威が置かれた。これは僧団にとっては重要なことであったが，初期の僧団に分裂を引き起こさせる原因ともなった。こうして，教団間での戒の相違点よりも，他の教団と意見が対立しやすい瞑想や教義についての体系の方が急速に発達したのである。

## 2．僧　院

　マウルヤ（前 322-185）朝とシュンガ（前 185-73）朝によってインドが帝

国として統一されるようになると、仏教教団も統一されるに至った。前4世紀には、サンガはすでに複数の学派、あるいは部派に分かれていたであろうが、その相違は比較的小さかった。仏教は僧侶組合へと変わり、価値観と慣習を共にする社会に奉仕した。しかし、統一は長くは続かなかった。前175年にシュンガ王朝が中央アジアからの最初の侵略によって滅び、仏教も、すぐに新たな状況に適合する必要があった。しかし仏教徒は、外国からの侵入を受ける時までに、開祖の死からおよそ300年にわたって実践・経典・教義を体系化し、インド仏教の共通基盤を築き始めていた。

　仏教を継続させるための第一の要素となったのは、プラーティモークシャという教団維持のための規則と、儀式の時にこれを誦唱することであった。プラーティモークシャに関する相違は教義上の相違よりもいっそう深刻な問題となった。こうして、教団の歴史上、最も深刻な分裂を引き起こしたと考えられる第二結集は、僧院規則の細目についての解釈とその体系化の相違点を解決するために召集された、と言われている。教団を一つにまとめあげている規定を正当化し、明瞭にするため、プラーティモークシャの規則について詳細な注釈が必要であった。注釈は、すなわちブッダ自身が語ったこととされるが、後に、ヴィナヤ（律）という広大な量の聖典に発展した。

　しかし、僧院の規則が十分に発達するには、僧団が定住しなければならない。ブッダの滅後まもなく、雨安居(うあんご)（雨期の隠遁生活）は乾期にまで広がっていったと考えられる。これはおそらく托鉢遊行者に対する大衆からの支援がなくなってきたため、在家信者たちの招きに応じたからであろう。やがて仮の庵は、木造のある程度は恒久的な施設になり、遊行者の共同体は僧院になったのである。ラージャグリハ（現在のビハール）の近くに石の砂利でできた遺構が残っているが、これは最初期に建てられた寺院の一つであり、ブッダの時代に、教団に布施された土地の一角に建てられた有名な「ジヴァカのマンゴー林」（ジヴァカ・アームラヴァナ）寺の遺構である。この寺は初め、雨期の間だけ使われたのかもしれないが、すでに最初期の寺院の基本的な構造を備えており、僧侶のための住居と（おそらくはウポーサタの儀式のための）大きな集会堂がある。

僧団が定住するにつれて，僧院生活を規定するための規則と儀礼が必要となった。そのうち，少なくとも，ヴィナヤ中のプラーティモークシャのいくつかの条項や，カルマヴァーチャナーの中で議論される儀式の手続き上の規定のいくつかは，ブッダの時代にまでさかのぼるかもしれない。僧団を治める規則と手続きは，経典中で称讃されているヴァイシャーリーのリッチャヴィー族のような共和政体を手本にしているのは明らかである。経典中のこの称讃が創始者によるものであれば，ブッダは，北インドの消滅しつつある共和国が示した政治のモデルに基づいて遊行托鉢僧の僧団を整えた，と言うことができる。このような規則は，一方では秩序と調和を促し，他方では平和的な意見の対立と個々人の努力を奨励したであろう。それは，倫理面では相互の関心と援助をもたらしたが，政治的あるいは教義的な事柄については，中心的権威を欠くこととなった。

### 共通する教義基盤

ブッダは事物の本性，すなわち事物の「真如」（タタター）を悟った。それゆえブッダは如来（タターガタ）と呼ばれる稀有な存在者の一人なのである[5]。しかし，法（ダルマ）は，それを説く如来の存在にかかわらず常に存在する。法はあらゆる事物の本質（ダルマター；法性）だからである。如来たちによって認知されるこの真理は四つの語で要約される。無常・苦・無我・涅槃である。無常は苦をも意味する。変化するものに対する執着は苦をもたらすからである。そして，誰も変化を制御はできないから，「我」や「我が物」であるものは何もない，という無我の真理がある。一方，無我を体験することは解放されることでもある。無我は，人を渇愛や苦の原因から解き放ち，平安，すなわち涅槃に導く。

これらの原則は，仏教のすべての派が承認する，苦・苦の原因・苦の滅・苦の滅へ至る道という四聖諦の教義（苦・集・滅・道）の中に表されている。したがって，仏教では，苦の原因と苦を終わらせる方法とを理解すること，すなわち教義上の語を用いれば，「集」と「滅」の理解に努力が向けられる。滅は，実際，集（集起）の裏返しであるから，集，すなわち因果の正しい理

解がインド仏教の思索の中心となる。このような仏教の問題にとって最も重要な教義は，縁起（プラティートヤ・サムトパーダ）の理法である。われわれが「我」と見なすものはすべて条件づけられたもの，あるいは複合的なものであり，条件づけられたものはすべて因〔原因〕と縁〔条件〕に左右される。「我」という観念の原因と，その「我」がもたらす「苦」という観念の原因とを知ることによって，苦から自由になることができる。この教義は，アジア中に非常によく知られる仏教的教条を表す次の一節に要約されている。

　　如来は因を説いた。
　　同じく，因より生ずるすべてのもの（法）の滅を説いた。
　　これが偉大なる沙門の教えである。
　　　　　　　　　（『マハーヴァストゥ』2.62；パーリ『ヴィナヤ』1.40）

　抽象的な因果の理論は，究極的には救済論的な意味あるいは機能を持つと見なされた。それは，束縛（行為の結果による必然的な再生）と解脱（無知を克服し，束縛の原因を制御することによる再生からの解放）の双方の過程を明らかにするからである。因果の分析によって，生まれ変わって苦悩するような自我はそもそも存在しないということが明らかになるから，解脱が可能なのである。

　無常と因果は，物質的存在（四大）と精神的存在（六根，六境など）とからなるという基本的な理論によって説明された。また，さらに重要なことだが，人間存在は五蘊からなるという理論によって説明された。スカンダ（蘊；構成要素）は，仏教哲学の中心となるものであり，1世紀初頭までに究極的実在（ダルマ）の本質に関する理論体系の中に統合されていった。

　無常と因果という主題は，その後何世紀かの間，仏教哲学の思索の核心となる。しかし，宗教的観点から見ると，無我の問題の方がより重要な役割を果たしている。無我の教義は当初，悟りと解脱に関する洞察に富んだ公式化であると見られたが，仏教の教義上の問題を引き起こした。第一に，もし継続する我がなければ，倫理的（あるいは業的）責任はどうなるのかということが全く明らかでなかった。第二に，我が存在しないのなら，解脱は何を意

味するのか，と疑問に思う仏教徒もいた。

　これらの問題に密接な関連があるのが，解脱者の本性と状態に関する問題であった。換言すると，如来はいかなる者か，ということである。如来とは，超越的な，あるいは永遠の存在者であると考える者もいれば，消滅したことによって非存在者となった人のことであると見る者もいた。さらに，別の者は，これらの疑問を解決し，仏伝の神話化・聖人化に対応するために，解脱と無我について改めて定義し始めた。これらの問題は，（外国からの）侵略の時代に起こった教義と実践の変革の本質部分であり，大乗仏教の出現によって最高潮に達した。

## 崇拝と儀礼

　僧団での最も重要な儀式は，いつの時代も布薩（Sウパヴァサタ，Pウポーサタ）であった。布薩は特定の地域，あるいは「教区」（シーマー）の僧団の集会で，そこでは，プラーティモークシャの規定が誦唱された。これらの集会は，月齢の変わり目ごとに〔半月ごとに〕催された。雨期の終わりにも同様の儀式が催されたが，それは個人の過失を公に告白することが中心であった。この時にはまた，カティナの儀式が催され，僧侶は在家者から新しい衣を受け取った。その他の出家作法のような儀式は，それが地域全体に与えた影響は限られていたが，一般社会の宗教家の地位を表す重要なものであった。

　沙門に起源を持つ儀式が，他の儀礼にもまして，仏教教団と在家信者とを結びつける絆となっていた。比丘（ビクシュ）は，その名が示す通り，敬虔な男女の在家信者の布施（ダーナ）によって生活の糧を得る者であった。それゆえ，僧侶は毎朝托鉢をして村々を歩いた。在家者は進んで布施することで，精神的・物質的に，さらに勝れた状態に再生するための必要な功徳（プンニャ）が得られることを保障された。他者が功徳を得る助けをするから僧自らも功徳を受ける，とする宗派もあるが，僧は自ら積んだ徳以外からは功徳を得ることができないとする宗派もある。

　初期の段階では，在家者は，五戒（パンチャシーラ）を守り，三帰依を示

すことで信者であると認定された。このような慣習はインド仏教の歴史を通じて存続した。また，在家信者がサンガの布薩に参加することも，初期からの一貫した慣習であろう。

　僧侶たちの修行生活は，おそらく最初の頃ははっきりとした信仰的な行儀を行なう余地はなく，独居と瞑想に限られていたであろう。初期の僧院跡には聖廟を示すものは何ら残っていない。中庭に面した独房に住み，世間の喧噪を遮断することが最も重要なことであった。また，説教とプラーティモークシャの誦唱を行なうための集会所や，歩いて瞑想を行なう〔経行；チャンクラマ〕ための路が必要であったが，聖廟はなかった。

　しかし仏教が制度化されるとともに，在家者と僧との間に新たな実践的形態が生まれた。僧院に住む僧は，次第に聖職者としての役割を演じ始めた。僧は，一般社会に参加して，僧院外の儀式も行なったが，そのような儀式の多くは仏教が生まれる前から行なわれていたものであろう。仏教的な色彩の濃い儀式で，苦行を伴なわない重要な儀式は，ブッダとその直弟子たちの遺骨の崇拝であった。遺骨は容器に納められ，さらに石塔や塚（ストゥーパ，チャイトヤ）に安置され，信者はそこに供物を捧げにやって来た。アショーカ王の頃（前3世紀半ば）には，すでに遺骨崇拝が行なわれていたことは明らかとなっている。遺骨崇拝とともに，釈迦牟尼の生涯で重要な意味を持つとされる聖地への巡礼も行なわれることが多かった。聖地とは，特に，誕生の地と悟りの地と最初の説法の地とブッダが亡くなったとされる地を指し，古代の慣習に従ってこれらの場所に塚が建てられた。塚は，おそらく最初は聖跡として造られたのであろうが，後には記念碑となった。そして近隣の僧院が，それらの祭祀を維持・管理する役割を引き受けた。そして後には，ほとんどの僧院が仏塔（ストゥーパ）と関係するようになった。

　アショーカは，言い伝えによると，古代からの聖地とともに，ブッダの生涯に関係のある地にも八千もの石柱と仏塔を建てて記念したという。古代の聖地の中には，釈迦牟尼仏の数千ないし数百万世前に仏になったと信じられている神話的存在たる「過去仏」に関係する地もある。過去仏の礼拝と信仰は，それぞれの土地の神話に根ざした新しい形態の仏教が発展したことを示

している。その新しい仏教では，三宝の内容を拡大解釈し，釈迦牟尼と同じような体験と徳を持ち，それゆえに釈迦牟尼と同様に崇敬に値する神話的存在をその中に取り込んだ。

　石塔や塚は，遺骨が中に納められていてもいなくても，それ自身が神聖視されるようになった。またチャイトヤを含む礼拝堂が建てられた。残存するものは石で造られており，前１世紀ないし２世紀のものであるが，さらに古いものは木で建てられていたと考えられる。これらの「チャイトヤ・ホール」は寺院の標準的な聖廟となった。そこには石やレンガ製の様式化された記念の塚があり，それを納めるに際し，後陣で塚を巡る儀式のための声明（しょうみょう）（聖なる歌）が歌われた。

　西インドのバージャーにあるチャイトヤ・ホールのレリーフ（後期シュンガ，前２世期末頃）は祭儀のさまざまな様子を示している。崇拝の主な形式は右繞（にょう）（プラダクシナ；右廻りの巡回）の儀式であり，個人でもグループでも行なうことができた。ストゥーパは，神聖な，あるいは宇宙的な山を表していた。その中心には宇宙軸がある（現在はブッダの権威を示す傘で表されている）。こうして右繞の儀式は，ブッダとその教えに対する崇敬を表すと同時に，宇宙的な山を巡る太陽の路を歩むことをも象徴していた。

　ストゥーパは，古代の聖跡・丘・樹木の付近・川の合流点に建てられることが多かった。このような場所は，たいてい非仏教徒の信仰に基づいて神聖視されていた場所であった。こうして，仏教以前の慣習は，信仰としてではないが，仏教の礼拝や信仰とともに，あるいはそれらに取り込まれて生き残った。これらの崇拝が共存していたことには十分な証拠がある。仏教寺院内には，おそらく僧団に起源を持つ，より厳格な非聖像的な仏（偉大な悟りを表す菩提樹と玉座，涅槃を表す仏塔，ブッダの教えを表す法輪など）の崇拝に加え，従属的ではあったが，樹木（菩提樹と同一視された）崇拝や森の精霊（ヤクシャ），女神（デーヴァター），さらには古来からのヴェーダの神々も根強く崇拝されていた。こうしたことからも，「崇高な伝統」と民衆的な信仰とが相互に排他的であったと考えるべきではない。

## 結集および経典伝承の始まり

　第一結集，すなわちラージャグリハ（王舎城）での結集が歴史上の事実であったとすれば，マガダ国の首都のコミュニティーの中に仏教のサンガや教義を確立することに役立ったにちがいない。しかしどう見ても，結集で決定されたことは，必ずしもすべての仏教徒に受け入れられたわけではなかった。さらに，ブッダの滅後100年を経て行なわれた第二結集についての伝承には，意見対立を示すものや地理的な分裂が語られている。

　僧団内には，初期の遊行者の共同体の時代から対立や不和が生じる素地は十分にあった。しかし，ある力が僧団の統一を維持することに貢献した。たとえば，世俗的な権力は，サンガ内部の調和を保つ上で大きな影響力を持っていた。世俗的権力がサンガに対してある種の支配力を維持できた場合は特にそうであった。このように，伝説に語られている通り，三大結集はそれぞれ，アジャータシャトル王，カーラーショーカ王，アショーカ王による支援を受けたのである。サンガの内部には，権益グループが複数あったにちがいない。その主流は保守的で，変革を避けることで仏教を維持しようとした。つまり，彼らの目的は二つに分かれるが，それらは必ずしも和解可能なものではなかった。そこで，法を制定することによって，初期の教団のような理想的な統一された状態を回復しようとしたのであろう（もっとも，すでに見てきたように，おそらくこれは幻想であった）。統一に向けて採られた方法は二つあった。第一は，共通の僧院規定を設定しようする動きであり，第二は正典を定めようとする動きであった。このような傾向は，おそらく西暦紀元頃にいっそう強くなったであろう。というのは，その当時，多くの政治的要因から切迫した雰囲気を生み，調和と平安が希求されたからである。このような状況は，仏教という宗教そのものを生み出した状況と類似したものであった。

　調和への新たな希求から生まれたものの中で最も重要なものは，経典の編纂と改訂であった。口承を経て編纂されたブッダと彼の直弟子たちの言葉は，集成される前にすでに変化をこうむっており，最終的に記録された時には変

容が甚だしかった。仏教経典の中に創始者の言葉があるとしても，どの言葉がそれであるのかを決定するすべはない。実際，ブッダがどの言語で伝道を行なったのかについてさえ確たる証拠はないのである。研究者によると，初期マガダ語であろうということであるが，これは，初期マガダ語がマガダ王国の共通語であったからである。しかし，これは推論の域を出ない。もしそうであるなら，ブッダの言葉は，もともとの言語では全くわれわれに伝えられていないということになる[6]。

　上座部仏教は，彼らの経典に用いられているパーリ語がブッダの語った言語であると主張しているが，西洋の学者はそれには同意していない。パーリ語の経典も他の仏教経典と同様，創作されたものか，あるいは少なくとも他の時代の他の言語環境で編纂され，集成されたものであるのは明らかである。今日保存されている仏教経典は，創作されたものの集成であり，数世代にわたる暗唱者，編集者，編纂者の努力の結晶である。最初期の仏教経典の中には，ブッダが自らの言語で語った語録や言説が伝承され，それらが翻訳されたものもあったかもしれない。しかし，たとえそうであったとしても，現存するものは，創作ではないにせよ，少なくとも後世に編集されたものであり，後人の手が加えられているのである。

　ブッダの言葉が種々の形をとって伝えられたのは，当初からサンガが分散して活動していたためと考えられる。さらに，地理的な距離と言語の多様性を考慮すれば，口承によって多彩な文献上の伝統が生まれたことは想像にかたくない。このような混沌とした状態が想像されるだけに，なおさら，今日まで保存されている種々の経典にあまりにも多くの一致点があることには驚かされる。これは，上座部の経典（パーリ語で記されている）について特に顕著であり，また説一切有部の経典の断章（原語であるサンスクリット語あるいはその漢訳）についてもそうである。したがって，これら二つの派は最初期の伝承を記録に残しており，僧団が分裂する前（つまり，第二結集後の分裂より前）の時代の言葉や語録の集成を残しているであろう，と考えるに至った学者もいる。大多数の学者はこの見解を受け入れているが，種々の経典に一致性があるのは，経典が編集されたのが初期ではなく，もっと後の時

代になってからであるためだという見解もある。

　初期の聖典は口承によるものであり，そこにはダルマ（法）とヴィナヤ（律）という主要な二つの部門しかなかったにちがいない。ダルマはブッダと彼の直弟子たちの講話であり，ヴィナヤは僧院の規定である。三つ目の部門であるアビダルマ（論）は，初期の聖典には含まれていなかったが，後にはほとんどの派で聖典に加えられた。この点については，西洋では大方の意見の一致を見ている。アビダルマに付せられた権威は，各派によって程度の差こそあるが，現存するどの派の聖典集にもアビダルマが含まれている。

　初期の各学派は，比喩的に「蔵」（ピタカ）と呼ばれるそれぞれの聖典集を有していた。最終的に好まれた構成は三部よりなる「三蔵」（トリピタカ）という律（ヴィナヤ；僧院規定）・経（スートラ；教説）・論（アビダルマ；学問的論書）の三つの集成であったと考えられるが，別の組分けを採用した派もあった。すでに失われてしまった集成の中には，四分類あるいは五分類の聖典も存在した[7]。現存する主要な経典集成の中で，上座部パーリ聖典だけが厳密な意味での三蔵である。はるか後代の漢訳やチベット訳の集成は，もっと複雑に細分化されており，単に比喩的な意味で三蔵と呼ばれるにすぎない。

## 3．外国の侵入の時代

　仏教の僧院制度が確たる支援を得た時代は，マウルヤ王朝（前324-187）の衰退・滅亡とともに終わった。シュンガ王朝を開いたプシュヤミトラ・シュンガ王（前187-151頃）は，仏教に好意的ではなく，仏教への迫害を始めた。シュンガ王朝の時代にバールフット，サーンチー，アマラーヴァティーなどのインドで最も重要な仏教遺跡がいくつも建造された。しかし，それは同時にヒンドゥー教勢力が優勢となる前触れでもあった。ヴィシュヌ崇拝が高まり，一般民衆の宗教を吸収し，支配者層の支持を得たようである。仏教は，インド人と外国からの侵入者を統合する普遍的な宗教として受け入れられたが，侵入者が必ずしも仏教徒になるとは限らなかった。ギリシア，パルティア，スキタイ（サカ），クシャーナなどの非インド系の一連の支配

者たちは，仏教に対して宗教的忠誠心を持つことにためらいがあったようである。

仏教の伝承によると，ギリシアの王の中ではメナンドロス王（ミリンダ，前150頃）が仏教に改宗した者の一人とされている[8]。サカのスキタイ族は，月氏（クシャーナ）がトカラを征服したのとほぼ同時期の前130年頃にバクトリアに侵入したのであるが，亜大陸での仏教の強力な支持者となった。スキタイ族の南インドのライバル，シャータヴァーハナのタミル朝（前220-後236）は，アンドラ地方のアマラーヴァティーやナーガールジュナコーンダに大礼拝所を建設する援助をした。月氏も仏教を支持したが，おそらくスキタイ族やタミル朝ほど一貫したものではなかったであろう。文献には，支配者の中で最も有名なカニシカ王は仏教の敬虔な庇護者であった，と記されている（カニシカ王の在位年は不詳。王位継承は78年か，125年と考えられる）。クシャーナ時代（約50-320）にはガンダーラとマトゥラーの二大学派がインド美術，特に仏教美術に大変動をもたらした。ガンダーラとマトゥラーの北方様式と，アンドラの南派が，ブッダの聖像と非聖像とによる象徴化を結びつけた。三派が仏像を生み出したのは奇しくも西暦3世紀頃であったが，仏像の出現がそれぞれ独立していたのは明らかである[9]。

## 学派の出現と分派

聖典集成の歴史やその宗教史上の意義を理解するには，仏教各派の地理的分布・歴史・教義についてわかっていなければならない。しかし，残念ながら，これらの点に関して知られていることもまた極めて限られている。

■**教義と学問研究の発展** 遊行托鉢僧の共同体が僧院に本拠を定めたのに伴なって，新しい形態の宗教が起こった。彼らは伝統を維持し，制度を正当化することに腐心した。一つの理想を守り，一つの実践を行なう「森林住者」の生活を継続する者もあり，なかには依然として独居と瞑想の生活に専念する者もあったが，主流を占めるのは学僧となった。この新しい宗教の専門家は初期の仏教を研究し，その教義体系を新たな方向に進めた。古い教義は分

類・定義・拡充された。一方，伝承されてきた教えや規範と，新たな発展との間に見られる相違が次第に大きくなってきた。そこで，基本的で「根本的」な教えを定義し，解釈の方法を定型化する必要が生じた。実際，初期経典の伝承は流動的で不確実であったために，教義が学問的に発展したのであろう。経典の編纂が完結する頃には，学派間の相違や衝突は甚だしく，伝承は全体にわたって非常に流動的であったために，経典の基本的な内容に合意がある場合でも，何が正統であるかを決定することは困難であった。仏教徒は，これらの問題に対応して複雑な学問的研究を発達させた。

　初期の学問研究における手法と問題点のいくつかは，たとえ聖典編纂の時代より前ではないにしても，早期に編集されたスートラ（経）の部分にまでさかのぼるであろう。「論母」（マートリカー；教義上の「母体」）の形式は，スートラ文献にまれな形式ではない。それは，パーリ語経典や説一切有部の経典の中にもうかがわれ，また，『ダルマシャリーラカ・スートラ』（『法身経』）や『ダショーッタラ・スートラ』（『十上経』）などの初期の漢訳文献の中にも見られ，大乗経典に引き継がれている。この形式は経典解釈のためだけではなく，教義を編纂する上での初期の手法であり，ある種の解釈学であり，初期の口承伝承の編集の際にも用いられた。

■**初期の部派**　インドの地理的条件や言語の多様性，また仏教社会に中心となる権威が存在しなかったことから考えて，仏教のさまざまな分派は早期に発生したと言っても過言ではないだろう。伝承によると，最初の大きな分裂は，創始者の滅後100年にヴァイシャーリーで行なわれた第二結集の時（あるいはその直後に）生じたと言われている。その詳細についての真偽は別として，最初の分裂〔根本分裂〕は，上座部〔Ｓスタヴィラヴァーダ，Ｐテーラヴァーダ〕と大衆部（マハーサーンギカ）という，それぞれ「小乗」と「大乗」の先駆けとなった仏教の主要二派の間に起きたものであると言われている。

　この分裂の後，さらに枝末分裂が起こり，1世紀の初めまでには，宗派あるいは大小の学派が全部で30ほどを数えた。初期文献の中に，18の部派を

挙げているものがいくつかあるため、この分派が乱立している状態は伝統的に「十八部派」の時期と呼ばれている。これらが生じた時期は明らかではない。ほとんどの西洋の学者はインドの古典文献に従わざるを得ないが、多少の疑いがあるため、矛盾する資料の中から一貫性のある記述を選り分ける作業がなされている。パーリ語の伝承を信じるなら、少なくとも十八部派は、前3世紀、すなわち伝説に言われるモッガリプッタティッサが『カターヴァットゥ』(『論事』)を編集した時期にはすでに存在していたであろう、と言える。しかし、部派分裂の時代をそれほど古い時代に設定すると多くの問題が生じる。

同様に、第二結集を大分裂の始まりとする説が一般的に受け入れられてきた。この説によると、論争の主要点は僧院生活についての問題、すなわち、戒律の正確な内容と解釈についての問題であった。しかし、教義や儀式や学問の問題も、分派の重要な要素であったにちがいない。主要な論点の多くは、たとえば解脱の状態や解脱者のあり方という問題をめぐるものであった。解脱した人間(阿羅漢)は、倫理上や業の汚れをすべて免れているのか。解脱(涅槃)の状態は存在なのか非存在なのか。一つの世界体系に完全に悟った者(正等覚者)が同時に二人以上存在しうるのか。完全なる悟りへの途上にある者、すなわち菩薩や未来仏は崇拝に値するのか。菩薩や未来仏は他の有情を救うため、地獄に降りることができるのか。

これらの教理論争から、仏教社会の最も重大な亀裂を象徴的に示す一つの問題が浮上してきた。それは阿羅漢(⑤アルハット、ⓅアラハントB)の存在をめぐる問題である。大多数の仏教部派によれば、正等覚者(サムヤクサンブッダ)となることを希求できるのはごくわずかな人間だけで、他の者は仏としての非凡な智慧や徳を持てなくても、過去の業の重荷から解放され、涅槃における解脱が得られるという希望を持つことで満足しなければならない、とされた。そして、解脱の獲得は、それ自身が偉大なる達成であり、現世の終わりにも再生しないことを確信した者は最も聖なる者であり、最高の尊敬に値する「アルハット」(ふさわしい者)と見なされた。派によっては阿羅漢を、一切智を備え、倫理的汚れ(煩悩)を完全に免れた者、とさえ考えた。しか

し、日常的・世間的な事柄については、阿羅漢の知には明らかに限界があるとして、阿羅漢が完全な知を備えていることに対する反論もあった。これらの反論のうちのいくつかは、提起したとされる人にちなんで大天（マハーデーヴァ）の「五事」と名づけられ、定型化されている[10]。これらの批判は、阿羅漢を超人間的で完全なものであるとする信仰に対する挑戦として、また阿羅漢の人間性を受け入れたいための弁解として解釈できる。西洋の学者は伝統的に前者の解釈を採用している。

　各部派間の教義についての論争によって十八部派の各々が識別されたが、初期の段階では、これらの相違が教団内部で大きな亀裂に発展するものであったとは思えない。もっとも上座部と大衆部という二つの根本的な部派の分裂は例外であるが、その場合でも、両派の僧侶が一つの僧院でともに暮らしたこともあったという証拠がある。しかしながら、教義上の相違点、特に儀礼に関する論争の中に後の対立の種を見出すことができる。たとえば、化地部（マヒーシャーサカ）は、僧団の一員であったすでに存在しない者の遺骨を納めているにすぎない仏塔（ストゥーパ）を崇拝するよりも、僧団を崇拝し、僧団に供物を供することの方が功徳が大きいと主張した。他方、法蔵部（ダルマグプタカ）は、仏塔を崇拝する方が功徳が大きいと反論した。なぜなら、ブッダの歩んだ道とブッダの現在の（涅槃にある）状態は、生存しているどの僧侶のそれよりもはるかに優れているからであるという。ここに、社会的にも宗教的にも、その帰結において根本的な相違が生じていることが知られる。なぜなら、そのうちのどちらを選ぶかということは、精神規範上の二者択一の問題であるとともに、教団生活上の階層の二者択一の問題でもあるからである。

## 聖典伝承の展開

　多岐にわたる膨大な内容を持ったはずの文献群のうち、現在まで伝えられてきているものは、上座部のパーリ聖典と説一切有部のサンスクリット聖典のいくつかの断章だけである。大部分の文献集成については、ピタカやニカーヤについて記す碑文や、現存する文献にたまたま言及されているものか

ら知りうるだけである。

　スリランカのパーリ聖典の伝承によると，三蔵（トリピタカ）の三つは，第一結集の時にはブッダの語った言葉のままで編纂された。第二結集ではヴィナヤ（律）に多少の改訂が加えられ，第三結集ではモッガリプッタティッサの『カターヴァットゥ』が加えられた。数年後，第三結集の結果生まれた聖典と多数の聖典以外の注釈書が，マヒンダによってスリランカに伝えられた。その内容は，その後200年の間，口承によって（ムッカパーテーナ）伝えられた。その後，内乱と飢饉の厳しい時代を経て，スリランカのヴァッタガーマニー王の命によって文字の形で記録された。この事業は前35年から前32年にかけて完成された。聖典は，このようにして，ブッダが語った本来の言語で記録されたと言われている。この頃まで，注釈書はシンハラ語で伝えられていたが，その後，シンハラ語で成文化されて伝えられ，5世紀にパーリ語に翻訳された。

　しかし，現代の研究によると，この説にはいくつかの点で問題があるとされる。パーリ語は西インドのアヴァンティに起源を持つ文語的言語であると思われる。それが東インドで一生を送った者の日常語であったとか，初期マガダ王国の共通語であったとかいうことは考えられない。今日残されているパーリ聖典が，編集者や改訂者たちによって作成されたことは明らかである。それらの多くは，口承の響きを残しているとは言え，形式化，儀式化されたものであり，師が実際に行なう自然な説教とはほど遠い。これらの経典の中に種々の異なった層の言語・歴史・教義を容易に見つけることができる。「暗誦者」（バーナカ）が属する派によって異なった集成（最終的にまとめられた聖典の主部なカテゴリー）が伝承されていたばかりでなく，同じ文献集成でも異なった版が伝承されており，すでに口承の段階で伝承は断片化されていたと見られる形跡が多くある。結局，ヴァッタガーマニーの時に記録された経典が，現在われわれの知る三蔵であったかどうかを知るすべはない。むしろ逆の形跡があるのである。というのは，南インドの大仏教学者ブッダゴーサは5世紀に経典を校訂したのだが，それは彼がシンハラ語で記録されていた注釈書を編纂し，それらをパーリ語に翻訳した時であった，と伝えら

れるからである。これは、パーリ語の文献一般がブッダゴーサの時代以前に変質する時期を経たことを示している。

しかし、パーリ聖典が5世紀以前からあったとする説は広く受け入れられている。数々の注釈書でさえ、5世紀よりも早い時期に作られたはずである。パーリ聖典は、最終的な校訂版ができた時期がいかに遅くても、仏教発展の初期段階以来のものを多く残しているのである。

説一切有部のサンスクリット聖典については、原語で書かれたものは、個々に存在する少数の経典と断章のみで、そのほとんどは中央アジア出土のものである。しかし、その広範な部分が漢訳された形で残されている。この聖典は、100年頃にカシュミールのジャーランダラで「第四結集」が行なわれた時に書き留められたとされている[11]。この時期は、説一切有部が、アビダルマを体系化して『大毘婆沙論』と呼ばれる大部の注釈書を著した時期に近い。もしこの伝承が正しいなら、歴史的に興味深い二つの事実が認められる。まず、この編纂の時期とパーリ聖典が書き留められたとされる時期とが近いことが注目される。この点から、「小乗」の聖典の終結時期が前1世紀から紀元1世紀の間に置かれることになる。第二に、聖典の完結と学問体系の最終的な形成とが密接に関連している点は、両者が、正統性を確立するという類似した社会＝宗教的機能を果たすものであったことを表していると言える。

## 実践面の発展

この段階での信仰形式は、先に述べたようにまだ巡礼を行なったり、チャイトヤを崇拝したりするのが中心であった。しかし民間信仰と「崇高な伝統」が相互作用を続けるにしたがって、儀式上、帰依の側面が強調され、体系化がさらに進んだ、と考えられる。さまざまな儀式用の聖句が各部派に共通あるいは特有のものになると、部派間の相違が儀式にも影響し始めたであろう。最初期の儀式用の聖句には、ブッダへの讃歌、特に覚者のさまざまな異名を歌う讃歌があった。歴史的にも最初期の僧院儀式ですでにこのような讃歌が歌われていたであろうし、讃歌は、念仏（ブッダアヌスムリティ）す

ること，すなわちブッダの特性を思念することと密接に関連するものであっただろう。

■**巡礼地と仏塔** インドでは，仏教の実践形態と制度の多くは，紀元1世紀の初めまで外見上は一定だった。たとえば，最初期の非聖像的な象徴の例を示しているバールフットやサーンチーの遺跡は，古い時代の仏教であることを表している。しかし，他に古い時代の仏教であることを示すものは，その信仰が一貫して文献を持たなかったということを証明している。サーンチーの最古の部分である東門は，前90年から前80年の頃のものとされるが，そこにはジャータカ（ブッダの前生物語）の描写の横に，木と女性，すなわちヤクシャとヤクシー（民間信仰の男性と女性の豊饒（ほうじょう）の神々を表す）とともに，非聖像的表現である法輪・仏足石・玉座・菩提樹の模様が残されている。

最も発展した新しい特色は，ブッダの前生について次第に聖像（イコノグラフィック）的な表現が用いられるようになってきたことであり，それがジャータカのレリーフに現われている。ジャータカは，ブッダの前生についての伝説の発展したものであり，時代的特徴として，当時の信仰や，後に発達した大乗仏教における「過去世」の重要性を示唆している。しかし，大乗以前の最も重要な信仰上の発展は，仏塔や非聖像的象徴と結びついたブッダを記念する儀式から，仏像と結びついた礼拝と帰依の儀式へと推移したことであった。

1世紀以降，実践面での大きな発展は，内部の新たな発展とともに外部からの影響をもまた反映している。この時代には各派が各々の聖典を文書に表し始め，また外国からの侵略があった。これらのことが仏像の発展に大きな役割を果たしたであろう。現代の研究は，この信仰の基本となるような重要な要素が生まれた場所と，原因となった要素について論じている。フーシェの説に従って，北西地域を起源とし，仏像や菩薩像がギリシア・ローマ美術の影響のもとにガンダーラ地方（クシャーナ朝の時代）で初めて作られたとする考えや，クマーラスワーミの説に従って，南インドのヤクシャ信仰の自然な発展の結果として，アンドラ地方や北部の中心地，マトゥラー地方で最初の仏像が作られたとする考えがある。いずれにせよ，2世紀以降，仏像が

仏教図像学上の主流となった。仏塔およびジャータカの図像表現も存続したが，二次的な役割を担ったにすぎない。

　これらの仏像，特にマトゥラーの仏像には太陽の象徴(シンボリズム)との関連があるように思われるが，それは仏教に中央アジアやイランの影響があったことを示唆している。これは，ブッダを「宇宙の帝王」(チャクラヴァルティン；転輪聖王)や宇宙の主と見なし，また諸仏と諸菩薩を輝ける存在として捉える新たな教えの発展と密接に関連するものであろう。さらにガンダーラ地方に菩薩像が数多く存在することは，菩薩を理想的な在俗者と見なし始めたことや，あるいは少なくとも，菩薩に対する認識の仕方が変わったことを示唆している(それまでは菩薩は，単にブッダの過去の姿を示すものであったが，ブッダたる所以のものを表す枢要なモデルに変わったのである)。

　ブッダの過去世が重要になるにつれて，経典の編集過程においても，ブッダの伝記を定型化する必要に迫られた。最初の「仏伝」は紀元の初め，おそらく2世紀になって現われた。説一切有部の文献である『ラリタヴィスタラ』と出世間部の文献である『マハーヴァストゥ』には，ブッダの部分的な伝記が書かれている。最初の完全な伝記は，アシュヴァゴーシャ(馬鳴(めみょう))がカーヴィヤ形式の洗練された詩で著した『ブッダチャリタ』(『仏所行讃』)である。

　この時代はまた，仏典以外の文学が栄えた時代でもあった。詩人たちは仏教の劇を書き，また経典の寓話や伝説の詩的翻案を書いた。たとえば，アシュヴァゴーシャはシャーリプトラの生涯についての戯曲や，ナンダの改宗を語る詩『サウンダラナンダ』を書いた。文芸的な伝統の発展は，生きた伝統の他の層を反映していると見るべきであろう。したがって，ジャータカ伝承の活力は，アールヤシューラ(150頃活躍)の『ジャータカマーラー』の中にジャータカが，文芸ジャンルの一つとして登場したことに見られる。この古典詩人は，時おりマートリチェータと同一視されるが，マートリチェータは作品(たとえば『シャタパンチャーシャトカ』)の中で，当時の仏教信仰で一般的に行なわれていたにちがいない讃歌(ストートラ)の非常に洗練された響きをわれわれに伝えている。新たに再定義された菩薩の理念ととも

に，理想化されたブッダの姿をこれらの讃歌に見ることができる。

■**神秘主義者と知識人**　帰依の宗教としての仏教の発展は，仏教の苦行的・瞑想的な側面を曖昧にするものではなかった。ニカーヤに記されている瞑想法の体系は，この時代に最終的な形を整えたのであろう。止（エンスタシー）（精神作用の抑止）と観（インサイト）（直観的洞察）を発達させるために，まずスートラ文献に，ついでアビダルマ文献に，そのさまざまな手法が採り入れられた。

　僧俗両面において信仰形式が発展するとともに，新たなエリートとして宗教専門家が登場し，経典を組織的に研究することを通じてブッダの道を求めた。これらのエリートは「論母」を伝承し，「より勝れた」法（アビダルマ）――「法に関する」論書とする方が語源的にはおそらくより正確である[12]――を取り扱うと称する諸論書を著した。瞑想の範疇を分析することは，諸学派の重要な一面ではあったが，学僧は必ずしも瞑想に専念していたわけではない。実際，彼らの多くは，瞑想の実践は森林の僧に任せて，学問研究を宗教生活の主目的としていたにちがいない。学僧の目標は，仏教全体，特に経典にある古くからのおびただしい量の教義と実践について説明をすることであった。とりわけ，究極的に実在を構成する要素であるさまざまな「法」（ダルマ）を定義づけ，明らかにすることを追求し，「我」という誤った観念を諸法に分解したり，破砕したりすることができるものとした。

　この理論は救済論的な意味をも持っていた。最終目標は，ときには，人知を超えた，言語に絶するものと考えられた。このため，聖典文学は解脱した人，阿羅漢を次のように描写している。

　　鍛冶屋が灼熱の鉄を打つとき
　　明るい火花が飛び
　　そして消える
　　そのとき人は，その火花がどこに去ったかを知ることはできない。

　　同様に，真に自由になった人々
　　流れと束縛と欲望を超えて

ゆるぎない安楽に達した人々
その人々の行き着いた先を知ることはできない。
(『ウダーナ』〔8.10〕)

　しかし，この言語に絶することの伝統と並行して，最低限，解脱の過程を定義する必要が生じた。なぜなら，無我を次第に体得していくことは個人的な成長である，と理解されたからである。したがって，解脱に関する一連の標準的な定義には，解脱の道の各段階，すなわち精神的な達成度について一般的に承認される説明が付け加えられた。たとえば諸聖典の中では，すでに次の四つのタイプの聖者（アールヤプドガラ）が挙げられている。すなわち，再生しない者（アルハット；阿羅漢）・現世に再び戻らない者（アナーガーミン；不還）・もう一度だけ現世に戻る者（サクリダーガーミン；一来）・聖なる道に入った者（スロータアーパンナ；預流）である。
　解脱に至る道の水準，あるいは段階について聖典に記された内容は，多くの学問的考察の焦点となった。実際，聖典にこのような分類の記載があるということは，聖典編集に学問的影響があったというしるしであろう。救済論の体系の複雑な構造がアビダルマ各派の特徴であった。救済論は救済の道の地図，あるいは詳細な解説と考えられた。また，倫理的な実践や，瞑想の解説や分析も，哲学的な議論に融合された。この活動は各派の教義の特性を定義づけるのには寄与したが，それはまた，将来の多くの仏教教義の傾向を定めるものでもあった。アビダルマ論者の関心は，止や瞑想の段階の分析から実在をめぐる哲学的見解に対する合理的批判にまでわたるものであったが，教義面で多くの重要な結果をもたらした。(1) 学僧たちは「道の地図」，すなわち凡夫（プリタグジャナ）の状態から完全に覚醒した者（サムヤクサンブッダ；正等覚者）の至高存在に至る各段階の理論的青写真を考察し始めた。(2) 仏教の学僧は広範な哲学的問題の討議に，他のインドの知識人を引き込んだ。(3) 正統派護教学が多様に発展し，その結果，大多数の仏教徒にとって共通の専門用語が定着した。(4) 護教学の体系が厳密であったために，大乗仏教という新たな形態の仏教がその反動として生み出されることになった。

## 4．部派分裂と大乗の出現

これまでに述べた仏教の進展は，ほとんどが，仏教を変化させ最終的には仏教の信仰と実践を明確なものにした新しい気運の発展と重なり合っている。この新たな運動は，自らを「大乗」（マハーヤーナ）と呼び，彼らが「小乗」（ヒーナヤーナ）と見なす形態の仏教と区別した。

### インド以外の初期の学派

アショーカ王の統治時代を，仏教が広まる端緒の時代であるとする一般的な説から考えると，仏教は前2世紀の中頃までには，インドの辺境まで伝播していたと言える。紀元1世紀初頭までには，仏教はインド以外の地にも広まっていた。その後数世紀の間に，大乗と小乗はあらゆる方向に流伝した。最終的には，地域によって，大乗または小乗が主流となった。

東アジアおよび中央アジアでは，トルキスタンを除いて，大乗が中心勢力となった。トルキスタンでは，イスラム教徒が侵入して人々がイスラム教に改宗するまでは，説一切有部の僧院が栄えた。小乗は大乗よりも広まるのが遅かったため，ある外国の土地では先に栄えていた大乗を駆逐しなければならなかった。現存している小乗は，自らを上座部（テーラヴァーダ）と呼んでいる。「テーラヴァーダ」とは，シンハラ語で「長老派」を意味する。テーラヴァーダは，東南アジア全体に広がり，今日に至っている。

### 大乗仏教

仏教はインド外部の民族と遭遇し，また在家信者の影響を大きく受けて，徐々に沙門仏教という僧院の申し子から普遍宗教へと変わっていった。その変わり方は二通りであった。一方では，僧院制度は，変化する環境に適応して在家信者や世俗権力との結びつきを強め，文献を持たないその土地の民間信仰と共存するという満足すべきあり方を確立した。大乗・小乗の諸派はともに，この適応の過程に参画した。しかしまた他方では，仏教はその目標を

再規定し，その象徴を修正し，ある意味では新たな宗教とも言える新しい統合を創り上げた。この新しい形の宗教，すなわち大乗は，多くの人々のための道であり，すべての有情を救済するための乗り物である（ここから「大乗」の名がある）ことを主張した。その際立った特色は，現世肯定の傾向，人間の理想の世俗化，新たな信仰儀礼，および形而上学上，瞑想実践上の理想を新たに規定したことである。

■**大乗仏教の起源** 大乗教徒は，大乗仏教の経典が最初に説かれたものであると主張している。しかし，大乗仏教の起源を語る伝説は，この主張が偽りであることを示している。大乗は，その教説が仏教の初期には知られていなかった事実を認めている。釈迦牟尼は選ばれた菩薩や天人にしか大乗の教えを明かさなかったのであり，その菩薩や天人たちは数百年間その大乗の教えを密かに保持してきたのであると，大乗仏教は主張する。ある伝説によると，哲学者ナーガールジュナ（龍樹）は「般若波羅蜜」（プラジュニャーパーラミター；智慧の完成）として知られている大乗の経典を手に入れるために，地底に降りていかなければならなかった，と言われている。

　西洋では，大乗が起こった時代と場所について意見が二つに分かれている。一つは，アンドラ地方の東南地域の大衆部に起源を求める早期（1世紀初頭）起源説であり，もう一つは，2, 3世紀頃の説一切有部に起源を求める北西起源説である。しかし大乗は，インドの複数の地域と関係を持ちながら，漸進的で複合的な過程を経て発生したのかもしれない。大乗が，ある程度は改革運動であり，ある程度は大乗以前の仏教から自然に発展したものであったのは明らかである。しかも，これは別の意味では，インド亜大陸を形作っていく新たな社会勢力の産物であった。

　南方起源説によれば，アンドラ地方の大衆部の諸僧団が革新的な理念を発展させ，そのうちのいくつかが，自分たちは他のいわゆる小乗仏教とは全く異なったものであるとするようになったのだと言う。南方起源説は外からの影響も認めている。イランからの侵入者ならびに南インドの非アーリアンの下層階級である。前者の影響によって天上界の諸菩薩がいるとされ，後者の

非アーリアン的なものの影響によって女性が仏教の中で重要な役割を果たすようになった。

　大乗を発展させた動因を二つに分けると理解しやすい。社会的あるいは外的なものと，教義的あるいは内的なものである。外的なものの中には上述した中央アジアやイランの影響があり，特に儀式の発展と巡礼に影響を与えたものとして，女性の役割と在家信者の重要性が増大したことが含まれる。外国の要素としては，象徴としての光や，太陽崇拝や，非苦行的な傾向を導入したことが考えられる。

　教義的要因は，主として釈迦牟尼の前世の物語と過去仏崇拝の発展であり，いずれも阿羅漢の理想に対する批判に寄与した。ブッダの前世を菩薩とする物語によって阿羅漢よりも菩薩の理念を讃えるようになり，菩薩の誓願が中心的役割を担い始めた。菩薩の誓願は典礼に不可欠なものと見られ，功徳を廻施すること（廻向）が，至高の菩薩理念の一部としてその中心に置かれた。

　さらに，予言者や霊感を受けた信者が経典の制作に関わったと考えられる。それらの経典は，それまでの学問の伝統や経典編纂とは異なるものであった。大乗経典が現われてきた過程はゆるやかだったのだろうが，もはや跡をたどることはできない。おそらく旧来の各派が各々の経典を完結する頃に，大乗は，あからさまには対立しないまでも，旧来の各派とは相容れない経典を作成しつつあったのだろう。しかしまた同時に，仏教の「崇高な伝統」は大乗の教えを承認し，その卓越性を議論し始めた。こうして大乗の理論的解明（シャーストラ）の伝統が，偉大な説一切有部の統合が完成した時期と相前後して発展し始めたのである。

　西洋では，大乗と小乗の相違が誇張されることがある。大乗は革新的な仏教であり，不安を抱く在家信者が，これによって，それまでの抑圧的・保守的な僧院中心の仏教を乗り越えようとした革新運動である，と一般的に考えられている。しかし最近の研究によると，在家信者と出家者の対立は従来考えられていたほど鋭いものではなかったようである。さらにインドの大乗では，僧院制度が強力な力を持ち続けたことが明らかになっている。大乗は，インド亜大陸の各地でさまざまな形をとって生まれたと言えよう。それらに

共通する志向性があることがわかり，大乗という名で多少なりとも統一されたのであろう。いずれにせよ，新しい形態の仏教が生じた直接の契機が，新たな信仰形態の出現であったことや，また学問的仏教の伝統に対して広まっていた不満であったことは明らかであろう。

■**功徳，菩薩，浄土**　大乗が出現する以前から，信仰儀礼では「廻向」が重要であったことが碑文から判明している。仏教徒は，善い意思と行動が功徳を生み，それによって良い所へ生まれ変われると信じている。初期の仏教徒は，功徳を積めるのは自分自身のためだけであり，また功徳を積んでも良い所へ再生できるだけで，輪廻から解放されるわけではない，と信じていたようである。しかし紀元1世紀の初め頃には，一部の仏教徒は功徳について異なった考えを持つようになった。彼らは，功徳は共有したり，他の人に譲ることができ，また解脱達成の一要素でもあると信じていた。そして，自分自身の功徳を廻施することによって，亡くなった縁者を救済することもできると信じていた。

　功徳の廻施は，新しい仏教の中心的な教えとなり，社会的な行事になった。そして，仏教の行事は個人的なものではなく，社会への参加を意味するものになった。また，功徳の廻施によって仏教の儀式は高度化し，インド内外の異質な要素を吸収し，仏教の存続する要因となった。

　この実践と信仰は，過去仏崇拝や前生物語と相互に作用し，自身よりも他者の解脱のために自己を捧げた釈迦牟尼の前生である菩薩の徳にならうことを主な目標とする信念体系を作り出した。仏教徒は，他者を救済するために釈迦牟尼を手本とした。しかし，最後の生で悟りを開き，涅槃に達した釈迦牟尼にならおうとしたのではなかった。釈迦牟尼は前世において，一切の衆生のために悟りを開くという誓願を立てたが，仏教徒もこれと同様の誓願を立てたのである。このことは一方では，世間から逃れることよりも，むしろ世間を洞察することに重点を置くものとなった。また他方，新たな理想像であり，崇拝対象である菩薩というものを創り出した。

　当時のヒンドゥー教で献身的な信仰（バクティ）が発展したことは，仏教

において礼拝（プージャー；供養）の儀式が発展するのに重要な役割を果たしたであろう。しかし，大乗仏教の信仰や儀式が単にヒンドゥー教からの影響だけで始まったとするのは誤りであろう。たとえば，仏・菩薩の徳と力によって造り出された，苦しみのない生が可能な世界である「浄められた仏の国土」に生まれ変わることができるという信仰は，仏教の中から起こり，発展したものである。この新たな信仰は，「極楽」（東アジア仏教の「浄土」）の思想としてインドに広まった。それは，菩薩たちが前世で立てた誓願にすがるというものであり，菩薩たちは，誓願を立てて，自らの功徳を廻施することを選択し，特別な「国土」を浄化したと信じられた。しかしこれには，イランの宗教思想の影響もあるようであるから，中央アジアの改宗者の中に，この信仰のいくつかの源を探さなければならないだろう[13]。

■**新たな経典の形成**　新しい信仰形態やイデオロギーが起こるとともに，新たな経典が生まれた。大乗経典は，おそらく紀元1世紀の初期に作成が開始され，少なくとも5-6世紀まで作成・編集が続けられた。初期の各派の経典とは異なり，大乗経典は，大乗が生まれた土地で正式に集成・完結されたのではないようである。中国やチベットで編集された大蔵経でさえ，完結した聖典群ではなかった。

　大乗の文献は最初，以前からある部派の文献と区別がつかないものであった。東山住部のものとされる「般若経典」は，同名の大乗経典より早い時期のものであると考えられる。『宝積経』は，大衆部の経典の一部として始まったのであろう。また，今は失われてしまった法蔵部の呪蔵（ダーラニー・ピタカ）は，大乗に伝えられるいくつかの陀羅尼経典の原型を備えていたであろう。大乗の僧侶は，大乗以前のヴィナヤ（律蔵）を捨てることはなかった。多くの僧が法蔵部のヴィナヤに従い，一部の僧が大衆部のヴィナヤに従った。小乗仏教に分類される説一切有部のヴィナヤでさえ，大乗の僧院規範の基礎として用いられた。

　しかし，多くの大乗経典，特に初期のものは，非大乗の仏教，特にその阿羅漢の理想を批判した。これは宝積部の経典で，大乗仏教の初期の発展段階

を示していると考えられる『ラーシュトラパーラ・パリプリッチャー』(「護国菩薩会」)の主要なテーマの一つである。この文献では,僧院生活が他のあらゆる精神生活より勝るとされているが,菩薩の誓願が,僧院においてなされる単なる誓願よりも優れたものであるということが初めて明示されている。

　大乗文献の初期の歴史をある程度確定することは,不可能ではないにせよ,困難である。しかし『八千頌般若経』や,それを詩の形(偈頌)にした『仏母宝徳蔵般若波羅蜜経』が,残存する最古の大乗経典であると思われる。両者とも,菩薩の誓願を立てない小乗教徒の「低度の理想」に対する批判に中心を置いた論争があったことを示している。『仏母宝徳蔵般若波羅蜜経』は,菩薩の徳を定義し,超越的な洞察,すなわち「完全な智慧」(般若波羅蜜)を強調している。この智慧は,菩薩をあらゆる執着,および清浄性や出世間などの先入観から解放する。この智慧の重要な一面であるとも,これを補完するものとも言えるものは,「善巧方便」(ウパーヤ・カウシャルヤ;方法上の熟達)である。――ここでは,善巧方便とは,おかれた環境に対して,また執着からの解放という仏教の修行の究極目的に対して,身・口・意の三業を適応させる能力であると定義しておこう。菩薩は,この徳を積むために世間から完全に解放されていても世間にとどまるのである。

　『八千頌般若経』もこれらと同様のことを論じているが,功徳を少なくとも二つの方向に敷衍している。(1)悟りのために功徳を積むことは,解脱のために功徳を積むことと同時に,功徳が幻想であると看破することをも意味する。(2)功徳を積むことは,洞察(智慧,般若)の獲得に専念することである。智慧の完成(般若波羅蜜)は,すべての波羅蜜(完成)の目的として,かつ根本のものとして,一切諸仏の母という形で人格化された。般若波羅蜜は悟りを生む。しかもそれは,経典そのものの中に具体的な形で現われている。このように,『八千頌般若経』は,直観的洞察と善巧方便によって救済についての洗練された教義を述べる経典であり,儀式体系を合理化するものであり,崇拝の対象でもある。

　別の初期大乗経典である『法華経』も,阿羅漢を理想とする考えを非難し

ている。この経典は、大乗が展開した仏教教学に関する典型的な文献であるとされている。ここではブッダは、超自然的な、永遠なる、不変の存在として描かれている。同時に、一切の存在と非存在という概念から解放されているという点で、覚者（ブッダ）である。ブッダは悟りや涅槃に達してはいない。なぜなら、ブッダは、もともとブッダなのであり、無限の過去からずっと悟りを実現し、涅槃の状態にあるからであり、また、達成できるようなブッダたることや涅槃というものは存在しないからである。

　浄土（極楽；スカーヴァティー）の信仰は広く伝播していたが、圧倒的に支持を得ていたわけではない。浄土信仰については、初期の後半期（1－2世紀頃）の二つの文献に現われている。その二つの浄土経典[14]には、過去仏のもとで自身の仏国土を浄化する誓いを立てた法蔵菩薩の加護に対する信仰が説かれている。この菩薩の誓願は、信仰心をもってこの菩薩を念ずるすべての者に浄土への再生〔往生〕を保証している。浄土に再生〔往生〕すると、さらに最終的な悟りと解脱が保証される。しかし、この二つの文献のインドにおける歴史は、大部分あまり明らかではない。

　在家者や女性に対する初期大乗経典の姿勢にはあまり一貫性がない。『ウグラダッタ・パリプリッチャー』や『優婆塞戒経』では、在家者の倫理を説いているように見えながら、家長の生活には僧院の倫理を当てはめている。しかし、大乗はそれより古い伝統に比較して、論調・意図ともに宗教の方向性が非苦行的・非僧院的である。初期の大乗経典には、在家者を中心に据えたものがいくつかある。たとえば、『ガンダヴューハ』〔『華厳経』入法界品〕に登場する主人公は、教えを求めて多くの菩薩を訪ねる一人の若い在家の巡礼者である。彼が師とした者には、女性の夜叉や天上界の菩薩とともに、在家の男女がいる。また『維摩経』では、より現実的に実際に在家を理想的なものとして称讃している。『維摩経』は、奇跡的な出来事が描かれてはいるものの、大乗の脱神話化の傾向を示している。大乗仏教では、教義の比喩的意味をもとのものと正反対の意味で解釈するということもしばしばあった[15]。

## 5．大乗の発展

　仏教はグプタ朝の古典時代に繁栄したが，それをもたらした文化的華麗さは，ヒンドゥー教が優勢になる前触れでもあった。サンスクリット語がインド亜大陸の共通語として返り咲き，ヒンドゥー教の献身主義が，インド期の理想に取って代わり始めた。大乗は，当初からまちまちの運動として起こったにちがいない。小乗仏教や，大乗仏教のもとになった大乗以前の各部派において見られた分裂は，大乗自身にも残存したにちがいない。残念ながら，初期の分派については十八部派以上のことは今のところ知られていない。たとえば菩薩について，大衆部と説一切有部で捉え方が異なっているのは明らかである。また説仮部は，無為法（条件づけられていないダルマ）について他の初期の各派とは考えが異なっていたと見られる。そして，これらの相違のいくつかは大乗の発展に影響を与えたと考えられるが，確固たる証拠はない。

　大乗以前の仏教は，その思想的立場を支えるために哲学体系を発展させたが，大乗も特別な形態で学術面を発展させた。僧院体制の中で，大乗仏教の宗教的側面の基礎となっている迷信的なものとさまざまな点でかけ離れた，新たな教えが起こったのである。それは一部には，それまでの哲学体系に対する批判として起こったものであり，また一部には，新たな信仰を説明し，正当化する必要から生まれたものであった。僧院は，このように，学問によって再び制度上の地位を主張した。僧侶と在家信者がともに大乗の誕生に参画し，大乗の社会性や儀式を維持することに努めたが，学問上の指導力については，やはり僧院が中心であり，保守的な考えにとどまった。こうして，大乗仏教の改革が僧院制度と規範という連続する要素を持ち込んだことは同時にその形骸化と停滞をもたらす原因にもなった。僧院は，後に社会の重荷とさえなった。そして同時に，保守的な組織であったために，変化する社会には適応できなかったのである。

　それでも，グプタ朝の初期からパーラ朝の初期までは，僧院はまだ学問的

活動の中心であった。僧院はグプタ朝の庇護を受けた。特に，クマーラ・グプタ1世（在位414-455）は，もとはシャーリプトラに奉献されたビハール州の敷地内に大僧院を建立した。この僧院施設は，その地方の守護神にちなんでナーランダーと呼ばれる。ここは，クマーラ・グプタが特別に学問の中心と認知した時より数十年も前から，その機能を果たしてきたのであろう。この僧院は，その後1000年近くもの間，仏教の世界で，高度な学問の主導的機関となった。西インドのヴァラビーの大学と並んで，ナーランダーは大乗の学問的な側面を代表しているが，非学問的な（必ずしも「大衆的」というわけではない）面も共存していた。このような側面の概要は，考古学的遺跡や経典文学の内容，また中国からの巡礼者などの記述を通じて見られる。

　経典には森林居住者と都市居住者との間の対立がうかがわれるが，それは苦行者と知識人との間や，瞑想家と宗教政治家との間に緊張関係があったことを示しているのであろう。しかし，この単純な図式だけにとらわれて，仏教徒の宗教生活に重要な諸側面があることを見落としてはならない。哲学者と瞑想家と帰依者（一人の中にもこれら三者の要素が見られる）の間に，常に強い相互作用があったことは明らかである。さらに，アサンガ（無着(むじゃく)），シャーンティデーヴァ（寂天(じゃくてん)），アールヤデーヴァ（聖提婆(しょうだいば)）などの偉大な哲学精神を持つ者の著作は，共同体の社会生活に菩薩としての僧侶が積極的に関わったことを示している。したがって，この宗教の非知性的な局面は，弁証法的に捉えなければならない。つまり，われわれはこの局面を，敵対・緊張・不和と見ると同時に，対立は〔弁証法的〕統合において解消されたものと見なければならない。

　また大乗仏教は，本質的に複合的な宗教である。功徳の廻施や浄土への往生の願いといった一般的信仰と同様に，文字化されないもの（たとえば，巡礼）や，非仏教的な宗教（たとえば土地精霊信仰）の要素と融合した，「崇高な伝統」に根ざした儀式（たとえば，アシュヴァゴーシャ作とされる『仏の三身への讃歌』）もまた，大乗仏教の一部なのである。

## 教義の発展

　大乗の出現を説明する場合，大乗と大乗以前の仏教の連続性を強調したり，反対に，大乗は漸進的に成長したのではなく，根本的に過去と断絶したものとして現われたと断定するような極端な考え方は避けなければならない。実際は，この両極端の中間であろう。大乗仏教は，それより以前の仏教の教義と実践を論理的に拡大したものと考えることができるが，大乗仏教の基礎であるインド社会の構造の主要な変化も考慮しなければならない。これらの変化は，歴史上明らかである。

　大乗仏教の教義における重要な新機軸は，次の二つに分けることができる。第一に，本質的に初期の仏教の学問的構成概念に対する批判であり，第二には実践面での発展を反映する諸要素である。もちろん，いずれにしても視覚的ないし瞑想的な体験を無視することはできない。しかし残念なことに，宗教のこの一面は，必ずしも十分に記録されるとは限らない。実践面での帰結として最も重要なものは菩薩の教義であり，理論面でのそれは，空性（シューニャター）の教義であった。菩薩は，聖なるものが具体的な形をとって現われたものであると解釈でき，空性は新しい種類の神秘体験，あるいは瞑想体験を表したものであると解釈できる。

■**菩　薩**　大乗以前の仏教では，菩薩という語は，悟りを得ようと誓願を立てた時から，悟りを開いた時までのブッダを指していた。完成の理想形を抽象的に意味する時でも，それが価値あるものとされたのは最終目標，すなわち苦からの解放という点からであった。しかしいくつかの小乗部派においては，菩薩はそれ自体価値がある理想的な存在となった。菩薩になることは，有情のために完全な悟りを開くという誓願（プラニダーナ）を立てることであった。つまり，阿羅漢が行なったとされるように，単なる個人的な解脱を求めるのではなく，ブッダが前生において，菩薩として他のために身を捧げたことを手本として献身することであった。大乗仏教は，この批判的立場を自身のものとし，菩薩の理想を宗教上の中心的な目標としたのである。

以上，多数の菩薩に対する信仰があったことや，ブッダの前世についてのさまざまな伝説が発展したことを概説してきた。大乗仏教の教義は，そのようなブッダについての伝説を取り込んで構築したものである。また，神話的な菩薩たちが困窮し苦しんでいる衆生を助けるために（それだけのためではないが）悟りを追求していると信じられ，こうした菩薩信仰を取り巻く儀式も変化した。これに密接に関連したこととして，菩薩の誓願の誦唱が一般化したことが挙げられる。

　初期仏教では，菩薩は解脱途上にある人間を意味していた。小乗仏教のいくつかの部派は，釈迦牟尼だけでなく菩薩をも讃美し，ブッダの前世物語に描かれた精神的遍歴も理想化するようになったが，それが頂点に達した時に大乗仏教の菩薩が登場してきた。大乗仏教では，非常に多くの神話的な存在を，悟りの道のはるか先を進んでいると信じて讃美するようになった。したがって大乗仏教では，神話の中に複数の信仰の対象がある。特に保守的傾向の強い小乗仏教の部派（説一切有部や上座部など）とは対照的に，大乗仏教は，多くの仏・菩薩が多くの国土に住み，無数の有情を悟りへ導く，と教えている。

　このことに応じて，未来の仏としての菩薩を理想とする初期の信仰もまた捨て去られはしなかった。むしろ，それが再定義され，拡大された。解脱の理論についての大乗仏教の特徴は，約言すると，悟り（ボーディ；菩提）を強調し，涅槃（ニルヴァーナ）を二次的な位置に置く，という点である。このことは厳密に言えば，教義の変化というよりも，むしろ教団内の初期の分裂を示しているのかもしれない。これは，解脱の方法をめぐって　止（エンスタシー）（精神作用の抑止）と　観（インサイト）（直観的洞察）とで意見が対立していた沙門の宗教にまでさかのぼると考えることも可能ではある。しかし，そのように解釈する前に，悟りを，菩薩の誓願という脈絡において評価し直さなければならない。菩薩の唯一の願いは，「一切有情のための悟り」である。この考え方は，観の方が重要とされた，というだけでは十分には説明できない。

　また，涅槃を二次的なものとしたのは，涅槃の解釈を変えた結果なのであって，根本である「一切の執着からの解放」を拒否したのではない。菩薩

の誓願について説く定型的な経典では，菩薩は一切の有情が救われるまで涅槃に入ることを「延期している」と言われ，また，ブッダは涅槃に入ることなく世間にとどまるようにと祈られる。しかし中心となる教義では，菩薩は阿羅漢が求めたような涅槃を考えさえしないという。菩薩は，そのような涅槃を拒否するとか，延期するとかいうことよりも，別の種類の涅槃を希求するという形で規定されるのである。この新しい涅槃についての教義では，解脱は平安にも転生の苦しみにも執着しない境地，として定義される。解脱は，生死（輪廻）即涅槃と定義されたり，無住処涅槃（アプラティシュティタ・ニルヴァーナ）と呼ばれたりしている。

　上述のように，初期の観念としては，菩薩は現実の人間であった。この点は大乗の教義でも失われておらず，すべての信者が，完全な悟りを希う心（ボーディチッタ；菩提心）と菩薩の誓願を持つべきである，と考えられている。大乗教徒は，僧侶も在家者も，回心や儀式の繰り返しを通じて誓願を立て，菩提心を現実に抱き，菩薩になるという目標に向かう。また大乗仏教に特有なこととして，悟りを希う者は孤独ではなく，「天上界の菩薩たち」に伴なわれ守られている，という信念がある。天上界の菩薩は，道のはるか先を進む力強い存在であり，完全であるため，再生と解脱の両方から解き放たれており，再び生まれるか否かを，また，（もし再び生まれるとするならば，その）時や場所を自由に選択できる。天上界の菩薩は，有情を救うという唯一の目的のために再生を意のままにするのである。

　人道的・倫理的な理想を，宗教的な理想へ，また宗教的な畏敬の対象へと変えるものは，菩薩道の等級である。最初に悟りを希う心（菩提心）を起こし，誓願を立ててから，最終的に悟りと解脱を達成するまでには，無数の生が介在する。菩薩は十の段階（ブーミ；地）を経なければならない。まず，布施（寛容さ）の徳（主に在家者の徳）を熱心に実践することから始まり，第二段階の持戒（倫理性），第三段階の忍辱（忍耐）を経て，精進（堅忍不抜），禅定（瞑想），智慧（洞察），善巧方便（手だてに優れること），願（誓い），力，と進み，最終段階がブッダの最高の智である。したがって，これらの段階は，十の波羅蜜（完成）と呼応する。すべての波羅蜜はすべての段階で実践され

るが，各段階で定められた順序で修得される。一方の端には，大多数の信者が近づきやすい簡単な修行，すなわち人間としての菩薩のための段階があり，もう一方の端には，通常の人間には明らかに達成不可能な，崇拝対象となる超人間的な諸仏・諸菩薩のための段階がある。ある例外的な人たちは高い菩薩の階位まで昇る能力を有するかもしれないが，そのような理想的存在は，ほとんどが宗教的な情熱と想像力が生み出した神話的対象なのである。

　神話的な天上界の菩薩の中で，釈迦牟尼の次にこの世の仏になるとされる弥勒菩薩は，明らかに最も早い段階での神話を代表する。弥勒信仰は，東アジアの仏教では特に重要である。天上界の菩薩には，智慧の菩薩で経典の保護者である文殊菩薩も含まれる。文殊は一般の信仰では比較的重要性は低いが，僧院内での信仰では重要な菩薩である。信仰として最も重要なものは，慈悲の菩薩である観音菩薩であった。観音菩薩が中心的に信仰されていたことは，考古学的にも実証されている。

■空　性　空性（シューニャター）の教義は古くからの無我の教義を進展させたものである。それは，ある意味では，以前からの教義を拡大したものであり，執着という束縛を断ずる手段として，我と我に属するもの（我所）の実体としての存在を否定することである。しかし空性の思想は，実在についてのわれわれの一般的な考え方に対して，無我の教義による批判よりもずっと激しい批判を示している。事実，大乗の批判は，他の仏教徒には受け入れがたいものであった。なぜなら大乗からの批判は，ある意味で，仏教への批判でもあるからである。一切が空であるということは，すべての思想や概念に根拠がないということであり，究極的には仏教の教義自体に根拠がないということを意味することになる。

　空性の教義は，哲学的な学派によって発展したが，大乗経典の影響を受けている。その一つには次のような一文がある。「涅槃すら神通によって作られたるもののごとく，夢のごとし。いわんや他の事物や観念（ダルマ）においてをや……等覚者すら神通によって作られたるもののごとく，夢のごとし……」（『八千頌般若経』）。実際に空性の教義に関連するものは「方便」（ウ

パーヤ)である。つまり，実在についての仏教の教えは絶対的なものではなく，一切の見解を超えたはるかに高い目標へ到達するための手段である。文化の面で言えば，空性と方便の教義は，仏教の教義をさまざまな人々に順応させるのに役立ったであろう。大乗仏教は，空性と方便の教義に基づいて，宗教的な実践の個別的な内容を越えたところに仏教の真理を置くことによって，状況の変化に適応したり，新しい宗教上の慣例を採用したりすることができたのである。

しかし空性の思想はまた，菩薩の誓願と同様，悟りという仏教の究極的体験を弁証法的かつ瞑想的な過程であると捉える大乗仏教の解釈を反映している。悟りとは，我という実体を持ったものとして存在するものは何もないということに気づくことである，と言える。このことは，弁証法的には，それ自身の存在を持つようなものを矛盾なく思考するすべは何もない，ということを意味する。厳密に，かつ合理的に考察すれば，実体があるとか存在するとかの概念はすべてなくなる。宗教的体験として空性を悟るということは，我という実体が存在しないことを直接認識することを意味する。この認識は，精神修養によってのみ可能であり，それが解脱の体験にほかならない。実際に解脱は，『スッタニパータ』などの初期経典を想起させるような形で改めて定義されるようになった。解脱とは，今や実在についての一切の想定を，仏教の諸々の想定でさえも否定することによってもたらされる自由を指している。

　　執着と妄想を消滅すること，
　　多心を静めること，これが至福である。
　　ブッダはなんらのものも，なんらの教え（ダルマ）も説かなかった。
　　いずこにおいても，誰に対しても。

(『中論頌』25.24)

結局，空性はまた，聖なるものが内在することを確認することである。輪廻の苦しみに対して適用すれば，空性は世間の現実と価値が相対的なものであることを示すが，また同時に，それを聖なるものへ，すなわち悟りの体験

へと転換する。また，涅槃に対して適用すれば，空性は宗教的目標としての解脱を無常と苦からなる世界の外に設定することに対する批判となる。

■**絶対者についての他の見解**　大乗仏教では，神通力のある者や聖者が，われわれの境位の向上を保証してくれるという初期の思想を，神秘的・倫理的な理想を象徴するものにまで発展させた。天上の仏国土に住む大いなる存在が苦しむ有情を助けに来てくれるという考え方には，超越的な聖者の具体的な像を提供する理論体系や宇宙論が必要であった。そして，わかりやすい表現や具体的な像の方が好まれたために，抽象的で言表不可能的な空性の思想は，制限されたり拒否されたりさえした。

　大乗以前の仏教は，無常と無我を強調した。無常なものを常住であると考えることは最も害のある誤りであった。大乗は，空性の思想を立て，常住という見方を捨てさせたが，無常という見方をも捨てさせた。大乗の内部には，無常の中に何か常住なるものが存在すると発言する者もいた。『大般涅槃経』のような経典は，ブッダ自身が常住の教義を説いたと主張した。仏となるための種子，つまり生得の悟りの可能性は，常，楽（至福），浄である。そしてそれが真の自己（我）であり，無常である有情の心と身体に存在するという。

　崇拝の対象としての如来は「真如」（タタター）と結びついている。如来による救済の活動は，法（ダルマ）と法界（ダルマダートゥ；究極的真理）のイメージの中で作られる世界において実現するものと考えられた。そして如来の姿は，一切の善と徳を備えた者として最高の姿であるとされた。

　すべての大乗教徒に共通する一つの教義が，絶対者と凡夫との間になんらかの結びつきを打ち立てようとしたことで，〔この点から〕如来はいくつかの側面を持つと考えられた。第一は人間としてのブッダ，ないし，「応身」（ニルマーナ・カーヤ；化身）。これは歴史上に人間として現われる仏である。第二は超越的な聖者で，極楽と仏国土のブッダである。この仏は「報身」（サンボーガ・カーヤ）として崇拝の対象となる。第三は真如としての，不二なるブッダで，法界の具現者としての如来であり，「法身」（ダルマ・カーヤ

;法そのもの）と呼ばれた[16]。

## 実践における発展

　大乗教徒にとって瞑想の実践は宗教的行為の一部であった。まず，有情に対する慈悲を抱き，一切有情を救い，自分の積んだ功徳を彼らと分かち合おうという誓願を立てる。そしてすべての存在を分析検討し，最高の空性を悟るが，それは，このような努力を他者に捧げて彼らを救済するためである。

■崇拝と儀礼　大乗に独特の儀式は，三聚（トリ・スカンダカ）の儀式である。これは大乗仏教にとって非常に重要なものである。さまざまに定義されるが，7世紀の詩人シャーンティデーヴァ（寂天）の説明によると，懺悔（罪の告白）・随喜（他者の功徳を公式に祝福すること）・勧請（苦しむ有情のために一切諸仏が世界にとどまることを願うこと）という三部からなっている。敬虔な仏教徒は，この三聚供養を昼に3回，夜に3回行なわなければならない。

　『ウパーリ・パリプリッチャー』（『優波離問仏経』）の一部である『トリスカンダカ』（『三聚懺悔経』）として知られる文献は，告白（懺悔）と功徳の廻施が儀式の中心であることを立証している。告白の行為は明らかに昔のプラーティモークシャ（波羅提木叉；戒本）の儀式を受け継ぐものである。この他に引き継がれているものとしては，廻向の役割をめぐる初期の文献には著されなかった伝統（現在は，経典に統合されている）や，一般的な仏教の教えである三帰依に関連するものなどがある。

　それまでよりいっそう複雑な儀礼も行なわれた。そのうちのいくつかの形態が現存の文献にも残されている。それらの多くは「七重供養」（サプタヴィダーヌッタラプージャー）に収まると言われているが，七という数は抽象的な数と考えるべきである。より長い儀式の中で最も重要なものは，礼拝（諸仏と諸菩薩への礼拝）・恭敬（崇拝のための行為）・懺悔（悔恨の行為）・随喜（他者の利益を喜ぶこと）・廻向である。7世紀にインドを訪れた中国人求法者である玄奘は，当時インドの僧院で行なわれていた儀式を数例，簡単にではあるが記述している。

しかし，大抵の一般的な儀式はほとんど形式が定まっておらず，僧院特有のものでもなかったであろう。一般的な儀式は，文献や遺跡に残されている観世音の唱和が代表的なものである。特に文献では，「観世音菩薩の名を呼べば，菩薩はその人々を危難から救い出してくれる」と述べ，そのような菩薩の力を厳かに語っている。しかし，実際の実践では，当時の観世音信仰は，今日東アジアで行なわれているように厄除けや祈願の祈りを含むものであったと推測できる。

文献に記された基本的な儀式には，供養（プージャー）の儀式のような一般的なインドの宗教的慣習が取り込まれている。これらには，聖像の沐浴，聖像を運ぶ行列，聖像に布や香や音楽を捧げることなどがあった。

儀式は僧院の内部にも広がった。たとえば，『トリスカンダカ』という同じ名称を持つ別の文献（チベット語訳のみ現存）は儀式と瞑想の密接な関連を示している。そこでは他の多くの僧院の瞑想に関する手引書と同じように，日常的な儀式の周期と瞑想の時間が融合されている。

■瞑　想　瞑想の実践は，それまでと同様に大乗仏教でも重要であった。大乗仏教徒の修行の道程図と瞑想の手引書は，ある程度理想化された形ではあるが，瞑想の過程についての解説を与えてくれる。大乗仏教の瞑想の歴史についてはまだ体系的に論じられてはいない。しかし，インドの大乗教徒のあいだには，時代によって相違があり，また同じ一つの時代でも相違があったことは明らかである。ただ，種々の体系に共通する点だけを考えてみると，用語の使用法が化地部や説一切有部と非常に類似しているという点で，また，瞑想の対象や形態の伝統的な項目をほとんど変化させずに受け継いでいるという点で，過去と連続性があることがわかる。

しかしながら，瞑想の過程の解釈と高度な段階の瞑想の定義に関しては，小乗各派の解釈や定義とは根本的に異なっている。その主要な相違は，大乗仏教では，瞑想の目標を，心の中に瞑想の対象（アーランバナ）が存在しなくなった状態（ニラーランバナ）であると定義している点である。分別（概念的思考）と執着の根本となるすべての心の像（「印」；ニミッタまたはサン

ジュニャー）は心の静寂と分析の過程を通して捨てられ，ついに瞑想者は，あらゆる心の像から離れ（アーニミッタ），分別（思考）作用から解放された平安な精神集中の状態（ニルヴィカルパサマーディ）に至る。

　瞑想の理論のこのような変化は，法（ダルマ）の理論や無我の教義を，思索的な神秘主義の理論的焦点として棄てたことと密接な関連がある。大乗の瞑想は空性の瞑想を中心とする，と捉えられるかもしれない。しかし，学問的な仏教の伝統は非常に慎重であって，空性の他に悲（カルナー；同情）をも目標として定義している点を忘れてはならない。菩薩は，分別から解放された最高の段階（「出世間智」）にまで登った後に，菩薩の誓願を実現するため，再び世間に戻らなければならない。最も高度な瞑想段階は，少なくとも理論上は，悲を実践するための準備なのである。

■**新しい倫理**　菩薩の理想は，新しい倫理上の見解でもあった。大乗仏教の倫理思想には二つの主題があった。利他のための誓願と，世俗の中での生である。両者とも仏教を取り巻く社会的環境の変化を示している。つまり，世俗生活と，その生活が必要とするものや願望へのより大きな関心——より強い役割ではないにしても——，そして普遍的な社会的価値観を要求する文化的環境の存在である。利他を理想とする思想は，菩薩の誓願や，また，通常「菩薩戒」として知られている倫理的規範を新たに設定した点に表れている。多くの大乗仏教の文献は，この新しい「戒」（ヴィナヤ）を説いていると言われる。これらの中で，『ボーディサットヴァ・プラーティモークシャ』（『菩薩戒経』）はインドで特に重要であった。それは菩薩の誓願を立てる儀式を規定しており，明らかに初期の受戒作法の儀式（ウパサンパダー）に基づいている。インドでは，大乗仏教の律の経典は，初期の僧院の規範に取って代わるものではなかったが重要で，ときには義務的な，僧院内や在家における入門の儀式を保存し，伝達した。それらは，伝統的な僧院の律（ヴィナヤ）を本質的に補うものと考えられた。

## 6. 崇高な伝統と大学

　大乗仏教を制度化するのに最も重要であったのは仏教大学の設立であろう。これらの学問の拠点で仏教教義を究めることが，僧団生活において最も重要な目標となった。仏教大学は，最初，ナーランダーとヴァラビーに創られ，続いてパーラ王朝が中央インド東部を支配下に置くと（650頃），ヴィクラマシーラとオーダンタプリーにも創られ，そこで大乗の学僧たちは仏教圏各地から集まった僧たちを教育し，また，経典解釈や仏教哲学に関する緻密な体系を作り上げていった。

### 大乗仏教の統合

　大乗の学僧たちは，最終的には，より弾力性に富む形態の仏教やヒンドゥー教には対抗できなかったが，少なくとも500年間は，知識階級と一般信者の両方を満足させるような大乗仏教を創出する上で，指導的な役割を果たした。大乗仏教の信仰，儀礼，倫理，哲学，論理学が，優れたインド哲学の金字塔の一部となった。北西からミヒラクラ（エプタリト；〈白〉フン族）が仮借なく侵入した頃（500-528頃）や，インド南西部でチャールキヤ朝がヒンドゥー文化の再興に寄与していた頃（550-753頃）でさえ，インドは，一流の知識人，すなわち精緻な哲学的問題を探究したディグナーガ（陳那）やスティラマティ（安慧）などの卓越した哲学者を仏教界から生み出した。

　ミヒラクラの迫害（550頃）後は，仏教の最大の庇護者の一人，ハルシャヴァルダナ（605-647頃）が統治し，仏教はもう一度インド政治の変動のなかで生き残るすべを見出したのである。

### 学　派

　大乗仏教の学問の系統は，中観派，瑜伽行派，堅慧派の三学派に分けることができる。このうち中観派と瑜伽行派はインド大乗仏教徒の知識階級に普及した。堅慧派は，短命ではあったがチベットに大きな影響を与え，ま

た間接的に東アジアの仏教の発展の上で重要な要素になったと考えられる。

■**中観派** 中観派の創始者であるナーガールジュナ（龍樹，150頃）は，大乗仏教の伝統的学風と哲学の父とも見なされている。彼は，南インドの，おそらくはアマラーヴァティー地方の出身であったとされ，シャータヴァーハナ朝のとある王の顧問であったと言われている。大乗仏教最初の大哲学者であり，大乗のすべての学派の思想に影響を与えた。彼の哲学の中心は，縁起という大乗成立以前の理論から導かれるとされる空性（シューニャター）の理論である。空性とは，有（実在）の肯定でもなく無（非実在）の肯定でもなく，その間にある中道である。自我や自性（スヴァバーヴァ；不変の本質）を原因や結果に認めずに，ある種の因果関係（たとえば，修行道と解脱）を理解すれば，有と無の両極端は避けられる。ナーガールジュナは新たな哲学理論は立てず，当時のあらゆる哲学的教義の不合理である点をついた。そして，一切の形而上学の体系を肯定も否定もせず，立てるべき命題は何もないとした。したがって，ナーガールジュナの理論体系は，存在論としては有でも無でもなく，論理学としては肯定でも否定でもない「中間の学派」（マディヤマカ）である。ナーガールジュナの中道は，仏教的表現では，「輪廻（サンサーラ）と涅槃（ニルヴァーナ）は同一である」という彼の有名な言葉に要約される。

　中観派は，ナーガールジュナの時代の3–4世紀後に，プラーサンギカ〔帰謬論証派〕とスヴァータントリカ〔自立論証派〕の二つに分裂した[17]。このうちプラーサンギカは，ブッダパーリタ（仏護，500頃）とチャンドラキールティ（月称，550–600頃）に代表され，ナーガールジュナの教えに忠実であるために，哲学者は論敵の見解を帰謬法（reductio ad absurdum）によって批判すべきである，と主張した。一方スヴァータントリカは，中観派にも哲学体系，特に認識論が必要である，と主張した。このような見解を提唱した中心人物は，ブッタパーリタを激烈に批判したバーヴァヴィヴェーカ（清弁，500–550頃）であった。論争はしばらく続いたが，そのうち別の哲学的問題の陰に隠れてしまった。それは中観派が，最終的に，他の大乗仏教の

さまざまな要素,特に論理学派と瑜伽行派の要素を取り入れたからである。

中観派の学僧は仏教文学の発展にも寄与した。数篇の讃歌（スタヴァ）がナーガールジュナの作とされている。ナーガールジュナの弟子アールヤデーヴァ（聖提婆）は,『菩薩瑜伽行四百論』を著し,主として哲学的問題を扱ったが,菩薩の生き方についても論じている。ナーガールジュナの作とされる『スートラサムッチャヤ』（『大乗宝要義論』）と,7世紀のシャーンティデーヴァ（寂天）の作とされる『シクシャーサムッチャヤ』（『大乗集菩薩学論』）の二つは,大乗仏教の儀礼や倫理の指針となった。シャーンティデーヴァはまた,菩薩の生き方についての「指針」となる『ボーディチャルヤーヴァターラ』（『入菩提行論』）を著した。これは,中観派が注目した哲学的問題の模範的な概説書であるとともに,中観派の儀礼や瞑想実践の見本となるものでもある。

■瑜伽行派　ナーガールジュナの時代から約2世紀後,クシャーナ朝からグプタ朝に移り変わる頃,インド北西部に,新しい大乗哲学を唱える学派が生じた。この学派の創始者アサンガ（無着,310-390頃）とヴァスバンドゥ（世親,320-400頃）兄弟は,最初は小乗学派の学僧であった。兄のアサンガは化地部で修行した。したがって,アサンガの大乗仏教哲学には化地部のアビダルマ理論の重要な特徴が多く残っている。ヴァスバンドゥは,兄が大乗仏教の学僧として地位を築いた後に大乗に改宗したが,初めは経量部であり,説一切有部の教義にも並外れて精通していた。そして,ヴァスバンドゥもまた,完全に大乗教徒となった時でも,小乗仏教の教義を基盤として,その上に大乗仏教の教えを組み立てて合理的解釈を行なったのである。

彼ら兄弟が打ち立てた学派は,瑜伽行派（ヨーガーチャーラ）という名で知られている。この名称は,おそらくアサンガの主要作品である『瑜伽師地論』（『ヨーガーチャーラブーミ』,マイトレーヤの作とも言われる）という名から取られたのだろう。瑜伽行派は,自己修錬,特に瞑想による修行を中心に据えている。ヨーガの修行による体験について,瑜伽行派はその特徴である二つの教義を説いている。(1) 内観によって,心以外には何物も存在せず

（チッタマートラター；唯心性），外的世界は知覚によって造られたものにすぎないこと（ヴィジュニャプティマートラター；唯識性）が確信される。(2) 瞑想によってなされる心の分析によって，知覚や認識の種々の段階が明らかになり，さらに過去の行為の種子を蔵し，輪廻と業因果〔業生〕のもととなる，意識の深層のアーラヤ識（アーラヤ・ヴィジュニャーナ；蔵識，阿頼耶識）が明らかになる，とする。ただ，これらの二つの強調の仕方によって，教義に違いが生じてくる。ヴァスバンドゥの『唯識二十論』と『唯識三十頌』では唯心論が強調されており，アサンガの教義の中心はアーラヤ識の分析である。いずれの教義も識（ヴィジュニャーナ）の理論と考えられるので，この学派は唯識派（ヴィジュニャーナヴァーダ）とも呼ばれる。

　瑜伽行派内部の最初の大きな分裂は，教義の相違と同時に地理的な相違の表れでもあった。スティラマティ（安慧，500-560頃）に従うヴァラビーの学派は，ダルマパーラ（護法，530-561頃）が率いるナーランダーの瑜伽行派に対抗した。清浄な心がアーラヤ識と同じかどうかという問題は，緻密なインドにおける哲学的論争の精妙さを表しているだけでなく，瑜伽行派の心理学理論の基底に，救済論への関心とともに，他派，つまり堅慧派の影響があることを表している。この点についての論争は，解脱した心についての思想上の問題と同様に，認識論の問題にも関係しながら，中観派にも引き継がれていった。

■**如来蔵思想**　別の有力な部派は，すでにいくつかの大乗経典にも表れていた傾向，すなわち究極の実在を肯定的に定義し，あるいは論述する傾向に追従した。この部派が力を注いだのは，仏であるとはどういうことか，仏の徳とは何か，について存在論的な基礎を固めることであった。その基礎は，あらゆる有情（生物）に仏性が内在するという点に見出された。この部派は二つの名前で知られる。一つは，根本的な教義とする如来蔵（タターガタ・ガルバ；一切有情における如来の存在）の理論によるものであり，もう一つはそれを体系化したとされるサーラマティ（堅慧，350-450頃）によるものである。この部派が有情の存在基盤が肯定的であることを強調した点は，マイト

レーヤの思想と関連がある。マイトレーヤはアサンガの師であり、この部派の基本的な経典の一つである『究竟一乗宝性論』の作者であるとも言われている。このマイトレーヤの思想が如来蔵と唯心性という二つの解釈路線を生んだということが考えられる。

　サーラマティは『究竟一乗宝性論』の注釈を書いて、内在的な仏性が顕在化する過程を説明している。この書は空の理論に批判的であり、仏であるということの肯定的な属性について述べている。菩薩が世間にとどまるのは、解脱の悦びを放棄したというよりも、有情の世界に絶対的なるもの（ダルマダートゥ；法界）を顕すためであると考えられた。この考え方は大衆部の教義にさかのぼることができる。法界は肯定的なもので、形而上学的に絶対不変であり、ただ永遠であるだけでなく、清浄でもある。それは、倫理的、救済論的、認識論的な価値の拠り所である。この絶対的なものはまた、種姓（ゴートラ；霊的な家系）の土台である。種姓とは、相対的に区別される有情の悟りへの可能性になぞらえられたものである。

■**論理学者**　学僧たちが議論のルールに関心を持つようになり、ニヤーヤ学派のヒンドゥー論理学者と哲学的な論争を行なったことが、仏教の学問を大きく発展させた。ナーガールジュナとヴァスバンドゥは論理学に関する小品を著したが、仏教独自の独創的な論理学と認識論はディグナーガ（480–540頃）の時代まで待たなければならなかった。ディグナーガは瑜伽行派への忠誠を主張しているが、経量部の教義を多く取り入れている。仏教論理学の冠たる業績はダルマキールティ（法称、600–650頃）の著作であり、その著『プラマーナヴァールッティカ』とその注釈書は、論理学全体を批判的に刷新した。ダルマキールティの著作は、表面上は宗教史とは関わりがないように見えるが、5世紀以降の大乗仏教の学僧が行なった大きな知的努力の方向性を象徴するものである。

■**瑜伽行中観派の哲学者**　インドでグプタ朝が衰えるにつれて、大乗仏教の哲学は次第に折衷主義に向かった。8世紀にヴィクラマシーラに仏教大学が

創設される頃までは，ナーランダー大学で支配的であった哲学は，中観派を核とし，それに瑜伽行派が結びついたものであった。この動向は，早くはスヴァータントリカの中観派に根ざしており，先駆者と同じく空性についてナーガールジュナの基本的な教義を擁護して，存在論的・認識論的命題を体系化することを好んだ。この学派の最も傑出した人物はシャーンタラクシタ（寂護，680-740頃）であったが，その理論のいくつかは同時代のジュニャーナガルバ（700-760頃）から内部批判を受けた。しかし，宗教思想に最大の寄与をしたのは彼らの後継者たちであった。チベットでシャーンタラクシタの布教を引き継いだ弟子のカマラシーラ（740-790頃）は，哲学のさまざまな分野において多くの輝かしい著作を残した。カマラシーラはチベットへ赴き，そこで『バーヴァナークラマ』（『修習次第』）と呼ばれる，瞑想と菩薩道に関する三つの論文を書いた。それらはインド宗教思想の珠玉に数えられるべきものである。

## 新しい経典

哲学者たちは大乗の諸経典に着想の源を見出したが，それらの経典の大半は，明確に定義された哲学的理論を展開していたわけではない。また，特定の学派の教義と結びつくような内容を表明している経典もある。これらの編纂は，教義面で明確な根源を持たない経典よりも後の時代のものである点で学者の意見の一致をみている。しかし，経典とそれらの経典が示す学派との関連は必ずしも明確ではない。

たとえば堅慧派に特徴的なもののいくつかは明らかに大乗以前のものであり，華厳部と宝積部の経典の多くにも見受けられる。しかしサーラマティは，この学派の基本的な主題を扱ういくつかの大乗経典を特に選択し，それらに教証を求めている。最も有名なものはおそらく『勝鬘経』であろう。同様に重要なものとしては，『大般涅槃経（大乗）』『不増不減経』『陀羅尼自在王経』がある。

後に編纂された多くの大乗経典は，瑜伽行派と密接に関連している。それらの経典は，アサンガ，ヴァスバンドゥの時代にすでに知られていたが，現

存の形のものには，最初の瑜伽行派のいくつかの理論形態を前提とした一つの論争が反映されている。これらの中では『楞伽経』と『解深密経』が，哲学的見地からは最も重要である。『楞伽経』には，識（ヴィジュニャーナ）を段階的に捉える理論の初期の形態が含まれている。

## 大乗仏教の衰退

インドで大乗仏教が衰退したことの本質と諸原因について判断を下すことは困難である。大乗仏教の初期の成功が内向的傾向を生み，学僧たちは精妙な形而上学的な問題や論理学的な問題，あるいは文法学的な問題についてさえも議論することに時間を費やしたと言えるであろう。しかし実際は，そのような専門的学問に偏向した時期にも，前向きな宗教思想が眠っていたわけではない。けれども，大乗仏教がいよいよ体制化され慣習的になるにつれ，仏教を活性化したいという自然な欲求が，他の手段に活路を見出したということはありうる。大乗仏教の思想家たちは，もう一度，預言者的，革新的，カリスマ的な指導者を求めて新たな表現形態を追求したと思われる。しかし新たな仏教は，次第にタントラ仏教や，そしてついにはヒンドゥー教のような性格を持ったと考えられる。大乗教徒は，根底的にヒンドゥー教化しつつあった大乗に自然に適合する図像や儀式を求めて，タントラの修行法と図像を取り入れたのである。

大乗仏教からタントラ仏教への漸進的な移行は，大乗仏教の哲学が創造的な活力を失い始めた，まさにその時に弾みがついたように思える。7世紀にナーランダーでタントラの修行が行なわれていたことは知られている。ナーランダーの学者ダルマキールティはこの修行を批判したが，8世紀には大方の優れた学僧がそれを受け入れたことは明らかである。タントラが地位を確保するにつれ，パーラ朝の王は，ナーランダーに対抗すべく新たな学府を設立した。大乗仏教の強力な庇護者であったハルシャ王が657年に没したことが大乗仏教衰退の始まりとなったと言えよう。そして800年頃にダルマパーラのもとでヴィクラマシーラの大学が建設され，これがタントラ時代の幕明けを示すものとなった。

## 7．タントラ仏教の革新

　大乗仏教と同様に，タントラも宗教の変化とともに社会の変化をも反映するものであると考えなければならない。しかし，起源となった時代が明らかではないため，タントラ仏教[18]の発生について説明を試みる研究者はほとんどいない。しかしタントラ仏教の早期起源を主張し，タントラ文献は，表面に出る以前に何世紀もの間，秘儀として存在していたとする説もある。もしこれが事実であれば，タントラは6世紀よりずっと前に一種の地下運動として存在していたということになるが，それでもやはり，タントリズムが突如として仏教の主流となった理由はさらに説明されなければならない。

　タントラ仏教は，最初は少数派の宗教で，本来は仏教の主流派から苦々しく思われる，民間の要素を取り入れた内輪の信仰であったのだろう。それは，『アタルヴァ・ヴェーダ』の重要な儀式やその他のバラモン教の資料からうかがわれる，アーリア人や非アーリア人の入門儀式などのような古代の実践形態をまねたものである。タントラ仏教は，周辺的な宗教として起こったが，最終的には，以前の大乗仏教と同じように刷新力や，組織化された宗教への不満を発露する手段となるような役割を担って勢いを得た。タントラ仏教の信者は，主流派の新たな批判者となった。一部の者は，現世で直接的・自発的に仏となることができるように導く儀式と瞑想の手法こそが優れている，と説いた。そして，シッダ，すなわち成就者（「神通〈シッディ〉を有する者」，つまり呪力の実現）と呼ばれる遊行の聖者として，彼らは狂人を装い，僧院の規範を無視した。また別の者たちは，タントラ仏教を大乗仏教の究極と見なして，以前の教えと統合しようとした。そして，僧院主義の伝統的な前提に批判的な信念を採った時でさえも，既成の僧院の実践には従った。

　タントラ仏教の歴史の記録は，後者のグループについて多くを記している。民間の要素がタントラ仏教にどのような影響を及ぼしたか（たとえば，比喩的なものとしての性的実践が実際上の実践に先立つものであったか，あるいはその逆であったか）を確実に知ることは今となっては不可能である。しか

し，新たな遊行苦行者たちと彼らのイデオロギーは，自分たちが既成の体制を変えた時でもそれに従ったことは明らかと思われる。タントラ仏教は，大乗仏教がそれ以前の学問的仏教との間に築いた教団の協調的態度にならった。タントラ僧は菩薩の誓願を立て，大乗仏教以前の戒を受戒した。またタントラ仏教の修行者は，タントラ教徒ではない大乗の僧と同一の僧院で暮らした。こうしてタントラ仏教は，成就者が仏教の僧院制度の価値観に挑戦し続けた間でさえ，仏教の「崇高な伝統」の中へと統合されつつあったのである。

タントラ仏教は，インドの宗教の中心に登場する以前は，大乗教徒の中に混在する少数派の秘教的修行であったと思われるが，7世紀以前にどのような形態でどのくらいの期間存在していたのかを知ることはもはや不可能である。しかし，インドの宗教の中心に登場した時代は確定できる。というのは，善無畏（シュバーカラシンハ，716年長安に至る）や金剛智（ヴァジュラボーディ，720年洛陽に至る）というタントラ仏教の師が中国の都市に来たことから，いつタントラ仏教が中国に伝播したかがわかるからである。タントラ仏教がインド国外に進出するということは，タントラ仏教がインドで盛んでなければ不可能であったはずである。また，7世紀のダルマキールティやシャーンティデーヴァが，著書の中でタントラ仏教のマントラやダーラニー〔陀羅尼〕を批判したり称讃したりしており，あるいは，4世紀にまでさかのぼることができる『華厳経』『維摩経』『法華経』などの大乗経典にも初期のタントラ仏教の要素が見られる。これらの点は，タントラ仏教の起源をかなり早い時期であるとする有力な証拠となる。

タントラ仏教は一般的に，初期仏教の儀礼や図像や教義を用いている。タントラヤーナ（タントラ乗またはタントラ仏教）では，特にマントラやダーラニーと呼ばれる厄除けの呪文や神秘的な呪文が中心的な役割を担っている。3，4世紀の初期タントラ仏教の経典である『仏母大孔雀明王経』（『マハーマーユーリー』）には，インド各地の土着の神と結びついた厄除けの呪文が集められている。これらの呪文のいくつかはパーリ聖典の『アーターナーティヤ経』（『ディーガ・ニカーヤ』No. 32）にあるようなパリッタ（護呪）にまでさかのぼるようである。比較的早期の汎仏教的なダーラニーやパリッタをタ

ントラヤーナと同一のものと見るべきではない。しかし，このような呪文が，現存するほとんどの仏教に多く用いられるようになったことや，後期の大乗仏教の文献に陀羅尼経が登場したことは，仏教の中でも呪術的な面が重視され始めたことを表している。また大乗経典には，『法集経』や『維摩経』のような煩悩即菩提の教義を説くものや，如来蔵経典類のように内在的な仏性を説くものがあり，これらの経典もタントラ仏教の出現を予兆している。

## タントラ仏教の種類

　タントラ仏教の前史がどうであれ，たとえば実践が密教的であれ顕教的であれ，第三の乗り物，タントラヤーナとも呼ばれるこの新しい動向は，それまでの仏教と同様に複雑で細分化されていた。いくぶん不自然ではあるが，タントラを三種に分類するとわかりやすい。ヴァジュラヤーナ（金剛乗），サハジャヤーナ（倶生乗），カーラチャクラ・タントラ（時輪タントラ）である。第一のヴァジュラヤーナは，あらゆる形態のタントラ仏教の特徴となる象徴的な用語と儀式を確立した。それらの図像や儀式の多くは，『文殊師利根本儀軌経』（現存の形は750年頃完成），『大日経』，『初会金剛頂経』（あるいは『タットヴァサングラハ；真実摂経』）に記されている。東アジア仏教では，ヴァジュラヤーナは「マントラヤーナ」と呼ばれる原始的なタントラに分類される。第二のサハジャヤーナは，髪を伸ばした遊行の成就者が支配していたが，彼らは仏教の体制に公然と挑戦し，これを嘲笑した。サハジャヤーナは，宗教的体験の対象を「娼婦」と呼んだ。それは，サハジャヤーナがタントラの儀式に性的シンボリズムを用いたことを述べるものであり，精神は清浄であるとする僧院に対する挑戦であり，悟りが普遍的に経験可能であることを喩えるものであった。第三のカーラチャクラ・タントラは，初期の仏教からは最も離れたものであり，民間信仰の強い影響を受けている。そして，他の仏教文献のどこにも記述のない救世主主義(メシアニズム)や占星術を取り入れている。

　残念ながら，これら三つの動向の歴史は伝説の雲に覆われている。チベットの仏教はマントラヤーナを，ブッダの悟りの16年後にアンドラ地方の

ダーニャカタカでなされた第三の「転（法）輪」（第二の転法輪は大乗仏教）であると見なしている。しかし，これは明らかに不合理である。仮にマントラヤーナに4世紀に始まる初期の段階があったと考えると，ヴァジュラヤーナという語は，7世紀以降ガンジス川流域の伝統的な仏教において現われた初期のタントラ実践について記されたものを指すために特に使われたのかもしれない。

サハジャヤーナはカシュミールのヨーガ行者ルーイパ（750-800頃）から始まったと考えられている。記録された最古のサハジャヤーナの徒はベンガル出身の者たちであるが，この時期は9世紀の初めであろう。カーラチャクラ・タントラがシャンバラという神話上の土地に古く起源を持つという伝統的な見方は西洋では受け入れられていない。起源は10世紀以前ではなく，おそらくマヒーパーラ王（974-1026頃）の統治時代の初め頃にちがいない。その起源は南にだけでなく，北にも求められてきた。

■**ヴァジュラヤーナ（金剛乗）**　ヴァジュラヤーナという名称は，ヴァジュラ（金剛）という語が持つ象徴的意味に由来している。ヴァジュラという語は「ダイヤモンド」と「棍棒」の両方を意味する。したがって，ヴァジュラは堅固と破壊をともに表す。精神面では，智慧の鋭利な刃を表すとともに，すべての有情が持つ永遠の内在的な仏性を指す。この状態と力を人格化したものがヴァジュラサットヴァ（金剛薩埵）である。それは神的存在であり，かつ抽象的原理でもあって，次のように定義される。

 ヴァジュラは空性を意味する
 サットヴァは清浄なる知を意味する
 この二の一なることが
 ヴァジュラサットヴァの本質である
   （*Advayavajrasaṃgraha*, Haraprasad Shastri ed., Baroda, 1927, p. 24）

この定義の背景には，明らかに瑜伽行中観派の形而上学がある。ヴァジュラサットヴァは，空性と清浄心の両方を超越した，相対を離れた体験を象徴

している。この原理は，宗教的な意味では，人間とヴァジュラの本質との相同性(ホモロジー)を表す。つまり，人間の身体の中で，この生の中で，相対と絶対とが出合うのである。

この相対を超えたものの内在的な本質は，また「悟りへの意思」（菩提心）の概念によっても表される。しかしヴァジュラヤーナでは，内なる目覚めは到達点となる。つまり，悟りは完全な形で人間の身体の中に現存しており，「悟りへの意思」こそが菩提（覚醒）なのである。

> 悟りへの意思は，
> 始まりもなく終わりもなく，静止しており，
> 有と非有とを離れ，力あり
> 空性や悲（憐憫）と不可分である。
>
> 　　　　　　　　　　　　（『グフヤサマージャ』18.37）

この一体化は，図像においても儀式においても，一連の相同性に基づいている。たとえば人体の六つの要素は，大日如来（マハーヴァイローチャナ；大毘盧遮那仏(びるしゃな)）の身体の諸相と結びつけられ，人格を構成する五つの成分（スカンダ；蘊）は，ブッダの知の五つの形態[19]と結びつけられる。

しかし，タントラ仏教一般の最も顕著な特徴は，これらの相同性を性的シンボリズムにまで拡大している点である。「悟りへの意思」（菩提心）は精液と同一であると考えられ，潜在的な智慧（プラジュニャー；般若）は受精を待つ女性であると見なされる。したがって，智慧は女神と見なされる。この女神は，般若経文献にあるように母（ジャナニー）であり，女性修行者（ヨーギニー）でもあり，また低カーストの娼婦（ドーンビー・チャンダーリー）でもある。方便（ウパーヤ）は，女神に同伴する男性とされる。智慧と方便の結合（プラジュニョーパーヤ・ユガナッダ）は完全に一体化して不二である。もちろん，こうした仏教的解釈の背景には，豊饒性や母神シンボリズムを重視する非アーリア的な土台がある。しかし，それまでの取り澄ました出家仏教からのこのラディカルな離脱は，伝統仏教にショックを与えて独善的な自己満足を捨てさせようとした試みであると捉えることもできるだろう。

性的シンボリズムは譬えとして理解されるのであるから，タントラ仏教の多くは，原則の上でのみ反律法的であった。したがって，ヴァジュラヤーナにも誓願や戒律がなかったわけではない。方便として，儀式の象徴は絶対的なものと相対的なものとの統合を目標としており，相対的なものを排除したわけではない。タントラ仏教の誓願には，伝統的な僧院の規則や，菩薩の誓願（菩薩戒）や特別なタントラ仏教の規則があった。タントラ仏教の規則の一部は，『ヴィナヤスートラ』や『ボーディチッタシーラーダーナカルパ』のような経典に含まれている。
　さらに高度な神秘的実践は，より基礎的な大乗仏教とタントラ仏教の実践を修得した者のために取っておかれた。実践の段階は，『パンチャクラマ』（タントラのナーガールジュナ著の『五次第』）の「五つの段階」のような組織になっていた。一般的には学習内容を，秘教的なもの〔密教〕と公教的なもの〔顕教〕に分けることによって，高度な神秘的教義を保護した。タントラの類型のもう一つの一般的な分類法は，外面的な日常の儀式（クリヤー・タントラ；所作タントラ），瞑想の準備としての特殊な儀式（チャルヤー・タントラ；行タントラ），基礎的な瞑想の実践（ヨーガ・タントラ；瑜伽タントラ），最高度の瞑想タントラ（アヌッタラヨーガ・タントラ；無上瑜伽タントラ）とに区別するものであった[20]。これら各種の解釈学は，それぞれのタントラが最も適するものとして，教えの受け手を声聞・縁覚・瑜伽行派・中観派に区別することで，タントラ修行を護教的かつ教義的に分類するのに役立った。
　如来蔵思想の諸要素は，初期のトーテム信仰と結びついて，如来の家族ないし種族を体系化し，どの受け手が多様な教説のうちのどの教説に適するかを決めるのに役立つような一つのシステムを作り上げたようである。たとえば妄想に苦しむ者は，大日如来（マハーヴァイローチャナ）の種族に属するので，このブッダ（偶然ではなく最高の覚醒を表す）と結びつくような相同関係を養い，視覚化に励むべきである。この体系は，蘊（スカンダ；成分）や知のレベルなどの相同性を人格の種類にまで拡大させた。これは，聖なるものの内在性に対するタントラ仏教の探究の一部となる実践的な心理学であると考えられる。

■**サハジャ（サハジヤー）運動**　サハジャヤーナ（以下サハジャ）は，師弟の系譜からは，非常に古くからあるとされているが，現存するサハジャの文献で用いられている言語は，新インド語派の言語の中でも進んだ発展段階のものである。サハジャの文献は，ほとんど『ドーハーコーシャ』のようにアパブランシャ（卑俗語）で書かれたり，『チャルヤーギーティ』のように初期ベンガル語で書かれたりしている。そのため，それらの文献の時代は確定できないにしても，伝えられているほど古くはなく，一般的には 8-10 世紀と推定されている。

　サハジャの師僧たちの作とされるものには，新インド語派の言語（サラハ；750-800 頃，カンハ；800-850 頃，ティーローパ；950-1000 頃）で残されているだけでなく，サンスクリット語で書かれた注釈が少数あるが，それらは既存の仏教に対して初期の遊行成就者（シッダ）が影響を及ぼしたことを証明している。

　サハジャの教義的立場は，基本的にヴァジュラヤーナと同じである。「サハジャ」は，悟りの内なる原理，菩提心であり，智慧と方便が結合して実現されるものである。これら二つのタントラ仏教の主な相違点は，各々熟達した人の生き方にある。サハジャの人々は，既存の仏教に対して明確な挑戦を示した。理想とする人間は，家を持たず，女性の配偶者を伴なって遊行する狂人や，家を持つ魔術師であった。彼らはいずれも，「崇高な伝統」が単に象徴的あるいは神秘主義的に行なったことを具体化するものとして，女性の同伴者との合一の実践を主張する人々である。ヴァジュラヤーナはまもなく仏教大学の教育課程（カリキュラム）に取り入れられ，戒律（ヴィナヤ）と哲学的分析の制約下に入った。そして，僧院で行なわれる精神的涵養のための組織立った課程に組み込まれ，僧院は，仏教大学組織やその後援者の社会的・政治的安定に対する要求に応えた。他方，サハジャの偶像破壊者たちは自発性を求め，僧院生活を真の悟りに対する妨げと見なした。この挑戦の勢いは，大学者ナーローパがヴィクラマシーラの仏教大学での地位を捨て去って，半裸の狂人ティーローパに追従した時に，成就者ティーローパがナーローパに提起した奇怪な試練[21]について述べている半神話的な伝説に見られる。

したがって，このサハジャという特殊なタントラ仏教は，すべてのタントラに見られる偶像破壊的な傾向を最もよく表していた。そして宗教面だけでなく，社会的にも体制に挑戦した。というのは，民間の修行形態を自由に取り入れ，また女性と性とを神聖なるものとしたからである。穏健で禁欲的な大乗の楽園（女性もいないし性交もない）に対して，タントラ仏教は悟りの歓喜を性的合一の大楽（マハースカ）と同一視したのである。

■**カーラチャクラ（時輪）タントラ**　時輪タントラには，他の仏教の経典とは異なる特徴がいくつかある。ムスリムのインド侵入を防ぐための同盟を提案する明らかに政治的なメッセージや，占星術の象徴的意味や教えなどである。この作品はまた「アーディブッダ」，すなわち宇宙の一切がそこから生まれたという本初仏について記している。

しかし，「崇高な伝統」は，この時輪タントラをタントラ仏教の主流にあると見ている。その主要な論点は，タントラの儀式を含むすべての現象は，入門者の身体の中にあり，時間というものもすべて身体の中にあるということである。この文献では時間（カーラ）の概念が取り入れられ，議論され，時間のシンボリズムは，時間を制御し，それゆえにまた無常なる世界を制御する力を信者に与える手段であると説明されている。ナーローパ（ナーダパーダ，10世紀）[22]の作とされる『カーラチャクラ・タントラ』の部分的な注釈書である『セーコーデーシャティーカー』では，カーラチャクラ（時輪）のカーラ（時）とは不変の法界（ダルマダートゥ）と同じであり，一方チャクラ（輪）は時間を表す，と説明されている。カーラチャクラでは，絶対と相対，智慧（プラジュニャー）と方便（ウパーヤ）という二者が融合する。したがって，基礎としての民俗宗教や上昇気運にあったヒンドゥー教に対して譲歩したにもかかわらず，この意味において，カーラチャクラもまた，仏教の主流に統合されたのである。

## タントラ文献

「タントラ」という語は「糸」あるいは「横糸」という意味であり，それ

を拡大解釈すると経典をも意味する。新たな律法として作られた聖典は、密教的なものも顕教的なものも、タントラと呼ばれた。そして、それらは実際、師から弟子へと密かに伝授され、織り込まれた文献の糸となった。『マハーヴァイローチャナ』『グフヤサマージャ』『文殊師利根本儀軌経』の古い部分、『ヘーヴァジュラ』などの難解で深遠なタントラは、初期（8世紀以前）に作られた。タントラ仏教が優勢な組織体系となり、それゆえ体制の一部となる頃までには、一連の注釈書や著書が現われた。ナーガールジュナの『パンチャクラマ』は、これらの中で最初期のものである。タントラのチャンドラキールティ（9世紀）は『グフヤサマージャ』への注釈を書き、ブッダグフヤ（8世紀）は『マハーヴァイローチャナ』について論じた。サハジャの聖人たちの即興詩についてまでも、それらをこの世に留めておくために、ついにはサンスクリット語の諸注釈が書かれた。

## タントラ仏教と崇高な伝統

　タントラ仏教もまた、それまでの宗教と同様に最終的には制度化された。秘教的で、極めて個人的で、幻視的で、偶像破壊的な仏教として生まれたタントラ仏教も、学問的で、儀式的となり、ときには顕教的で、思索的な性格を有するものとなった。

　たとえば少なくとも7世紀末以降、タントラ仏教がナーランダーで栄えていたことを示す証拠が多数ある。タントラ仏教の師僧は、その頃には既成組織の一員となっていた。特にパーラ朝期には、タントラ仏教の実践や思索が仏教の大学で中心的になった。この時期は明らかに、タントラ仏教が制度化され、仏教の主流の一つとなった時期であった。

　この変化に伴なって、タントラ仏教の起源が呪術的なものであったということは、高度なタントラの儀式と、それまでの大乗仏教の修道論に相当するタントラ仏教の瞑想理論の陰にいくぶん隠されるに至った。しかし、タントラ仏教の儀式と瞑想は独自性を保ち、呪文、身振り、サークル（円）はそれぞれ、諸仏の真言（マントラ；神秘的な言葉）、諸仏の秘密の印契、人間の魂と道の図解（マンダラ）へと姿を変えた。

神秘的な図解（マンダラ）は，このシンボリズムの複雑さを表している。それは今現在の人間の図解であると同時に，解脱のための計画図であり，また変容した身体，つまり仏であることそれ自体の構造を示すものでもある。マンダラは，魔法のサークルとして超自然的な力が呼び起こされ，制御される領域であり，また宗教的象徴としては宗教的な進歩，体験，行動の領域である。マンダラには原初的な働きが残っている。すなわちマンダラは，いまだに力あるサークルであり，厄除けの機能を持っている。マンダラの中では，それぞれの仏や菩薩に，それぞれの意味と聖なる音節と色彩と位置とが割り当てられる。そのため，危険を冒すことなく超自然的な力が喚び起こされるのである。聖なる音節も呪力を持つ。諸仏を心に思い浮かべることは，しばしば悪魔や精霊を招致することと切り離せない。こうして，仏教の世界に新たな存在が仲間入りをした。諸仏と諸菩薩は女性を伴なっている。これらの霊的な異性のパートナーたちは，官能的な図像的表現にはっきりと表されている。

■**崇拝と儀式**　秘教的儀式は，民間信仰の要素を仏教教義の基礎に組み込んだ。他方，タントラ仏教の「崇高な伝統」が持つ顕教的儀礼は，バラモン教の儀式やヒンドゥー教の礼拝のみならず，大乗仏教の儀式を模範としている。タントラ仏教の日常の儀式とバラモン教の供養（プージャー）との間に多くの類似性があるのは，決して偶然ではない。しかし，全体的な一連の礼拝はやはり仏教的であった。たとえばサンスクリット経典である『アーディカルマ・プラディーパ』には，多くの事例が記されている。そこでは，帰依などの大乗仏教以前の仏教の要素や大乗仏教の儀式（懺悔・誓願・廻向）から構成される儀式に，タントラの儀式（マンダラへの献供・マントラの誦唱）が組み入れられている。
　さらに複雑な礼拝には，起源が『アタルヴァ・ヴェーダ』にまでさかのぼると思われる入門式，すなわち灌頂（アビシェーカ）の儀式や加持（アディシュターナ）の儀式がある。護摩（ホーマ）の儀式にも，ヴェーダやバラモン教と似たものがある。また，夜叉（ヤクシャ）と諸神（デーヴァター）を頻

繁に呼び出したり，霊をなだめたりするような，根底にある性的・錬金術的なシンボリズムには，明らかに民間宗教の諸要素も見られる。

■瞑　想　タントラ仏教の視覚化（ヴィジュアライゼーション）（サーダナ；成就法）の実践は，大乗仏教の瞑想の一部というよりも，むしろ儀式の一部であった。それはいつも，上に述べたような日常的儀式の組み立てに似た純粋に儀式的な枠組みの中で行なわれた。完全なサーダナは，大乗仏教以前の礼拝・瞑想と大乗仏教のそれとをタントラ仏教の視覚化へと統合した。瞑想者は通常，まず大乗仏教の「七重供養」を原型として作られた浄化過程（清浄式を含むこともある）を漸次行なう。次に，瞑想者のために選ばれた仏・菩薩に応じた真言（神秘的音節）を視覚化する。真言は，最後には仏・菩薩を明確に視覚化するように導く一連のイメージに変えられる。仏・菩薩がはっきりと視覚化されると，その瞑想者はその仏・菩薩と一体化する。しかし，この合一は不二なるものの実現であると解釈された。したがって瞑想者が仏・菩薩に変わるのと全く同様に，仏・菩薩が瞑想者になるのである。こうして，超越的なものは，菩薩の誓願を満たして瞑想の範囲を超え，瞑想者の生活の中で，現実のものとなるのである。

■**タントラの教理**　タントラ仏教のシンボリズムは，大乗仏教の正統的信仰の脈絡の中で解釈された。したがって，タントラ仏教の理論は大乗仏教から自然に発展したものとして説明することが可能となる。仏が内在するということは，輪廻と涅槃を同一であると見る大乗仏教の教義や，意識は本質的に清浄であると信じる瑜伽行派の教えと明らかに関係がある。タントラ仏教の呪術のシンボリズムも，明確な典拠を通して，魔術師としての菩薩の教義にまでたどることができる。世界は夢や魔術的な幻影のようなものであり，夢を夢であると知ること（そして，魔術師がするように幻影を知り，制御すること）によって，そこから自由になることができる。菩薩（したがって成就者）は，現実であると自らを欺くことなく，魔術的なトリックを行なうことができる。

しかし，儀式やシンボリズムなどの外的なもののみにタントラ仏教の特徴があるわけではないことを忘れてはならない。内在性についての極めてタントラ仏教的な理解のゆえに，独特のシンボリズムが大乗仏教の文脈を変容させる。ブッダは人間の身体に本来存在するが，ブッダの本性は，人が「三つの神秘」すなわち「三つの秘密」〔三密〕を認識したときにのみ顕現する。世間の幻想から解放されるだけでは十分ではない。幻想が仏性の顕現となるような仕方で，幻想の中で生きることによって解脱できるのである。タントラ仏教は，代わりとなる現実を構築しようと努める。すなわち，頭の中で構築された世界が，根本的に世界が幻想であることを明らかにし，また幻想を通してブッダの神秘的な力を顕わすのである。人間の身体・知覚の世界は，ブッダの身体，ブッダの知覚へと変容されなければならない。

　ブッダの身体〔身〕と言葉〔口〕と心〔意〕（三密）には，認識され，再現されるべき特質がある。儀式用語で言えば，熟達した人が拝伏や印契（ムドラー；儀式上の身振り）を行なうときに仏であることを実現するということである。真言（マントラ）を唱えるときにはブッダの声で語り，仏・菩薩を心に思い浮かべるときにはブッダの心を持つ。これが呪術的なのは明らかである。つまり，儀礼化された「ブッダのふるまい」の中にブッダの力が宿るのである。しかし，この教義にはまた，神秘的な秘技（民間の性的秘技に根ざす）によって身体を変えるという意味もある。その秘技からは救済論的な意味もまた生じる。つまり，秘技が人間をブッダに変え，すべての人間の機能が神聖となる。その人の心は悟った者の心となり，一切を知る。身体は，あらゆる衆生を救うのにふさわしい姿になり，声は，救済を求めるあらゆる衆生の言語を用いて語ることができる，とされるのである。

## 8．インドにおける仏教の衰退

　ハルシャの死により，仏教はビハールとベンガルを支配するパーラ朝（650-950頃）の庇護に頼るのみとなった。やがてパーラ朝は自ら創設した二つの大寺院——ヴィクラマシーラ（800頃），オーダンタプリー（760頃）——

3 インドの仏教

地図2　仏教の伝播

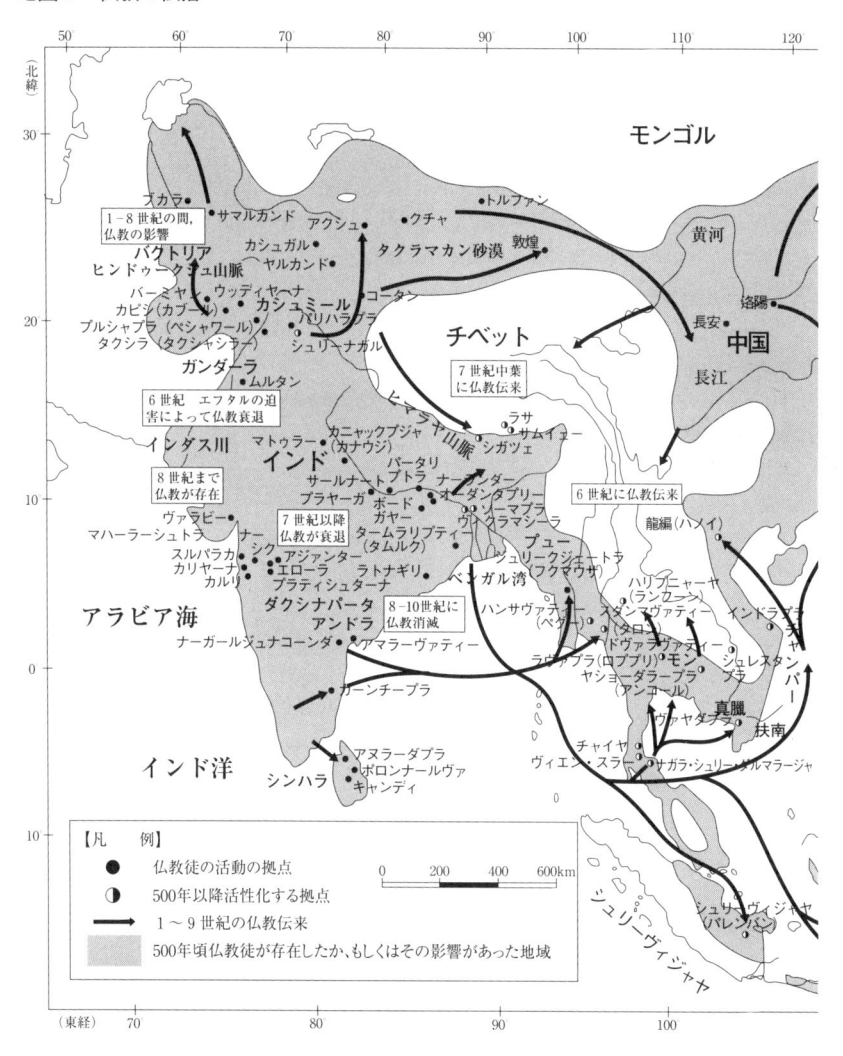

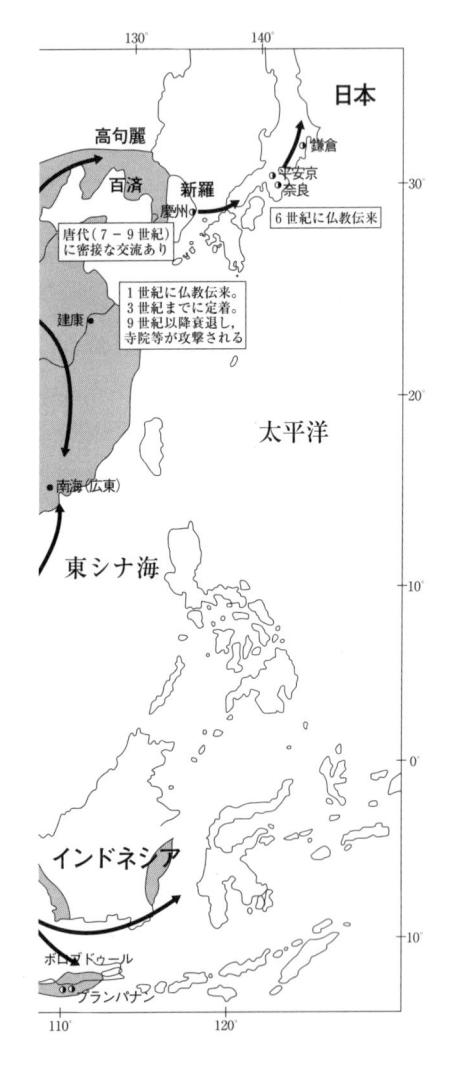

に肩入れするようになった。ナーランダーで最後に輝いた僧は，中観派の師であるシャーンタラクシタとカマラシーラであった。彼らは二人ともチベットの改宗に参画した。そして，古来のナーランダーの仏教大学は，競争相手であるヴィクラマシーラの陰に隠れてしまった。そしてヴィクラマシーラは，11世紀に最後の栄光を見ることになる。

伝承的には，インド仏教の終焉は，ムハンマド・グーリーのトルコ軍による二つの仏教大学の略奪（ナーランダー；1197，ヴィクラマシーラ；1203）による，とされている。しかし，ナーランダーの破壊が確かにそれまでの栄光に終わりを告げたとはいえ，ナーランダーは消え去ったわけではない。1235年にチベット人求法者ダルマスヴァーミン（1197-1264）がこの古来の仏教大学跡を訪れた時，彼は二カ所の僧院で数人の僧が説教するのを見ている。その他にも82の廃墟があった。このように，仏教はインドでしばらくの間は存続した。しかし，ダルマスヴァーミンが目撃した衰亡が例証する状況の中でさえ，トルコ軍はさらにナーランダーに残されたものを略奪する

ために襲撃に及んだのである。

　インドで仏教が衰退した理由についてはさまざまな議論がある。これは，問題が非常に複雑な（しかも，そのための確証もほとんどない）ために，意見が一致する可能性はほとんどないが，かつて挙げられていた論拠の中には，もはや一般には受け入れられなくなったものもある。たとえば，タントラ仏教は仏教の「堕落した形態」であり，それが仏教の消滅の一因となったとか，消滅を招いた，という考えは，もはや学術的には受け入れられていない。無防備で平和主義の仏教社会がムスリム戦士の侵略団によって滅ぼされたという考え方もおそらく単純化されたものであろう。トルコのインド征服者たちは好意的であるとはとても言えないが，711年にシンドゥを占領したアラブ人は，現地の人々と平和的に共存していたようである。さらに，ムスリムの侵入後，仏教が滅びたのに対し，ジャイナ教とヒンドゥー教が生きのびたのはなぜか，ということをやはり考えなければならない。

　ヒンドゥー教とジャイナ教を奉ずる王侯たちと仏教との関係は，常に平和的だったわけではない。それは，ベンガルのシヴァ派の王，シャシャーンカ（618頃）によるビハール征服が物語っている。仏教を許容しない，ということはなかったにしても，インド社会にしっかりと根づき，費用のかかる施設（寺院）が不要であるために成長したヒンドゥー教は，仏教に対する強力な挑戦となった。ヒンドゥー教の大勝が目前となった頃，仏教は，その活動を阻害する数多くの事件に見舞われた。たとえばこの時期，ヴィシュヌ主義（ここではブッダはヴィシュヌが姿を変えた権化〈アヴァターラ〉として登場する）が進展を遂げた。またアールヴァールとナーヤナールは南インド出身で，それぞれヴィシュヌ派とシヴァ派の偉大な聖者であるが，彼らのヒンドゥー教徒の庇護者たちがここに至って仏教とジャイナ教に公然と敵対するようになった。また，自身が「仮面の仏教徒」と呼ばれて非難された，マイソールの僧，シャンカラ（788-850）が仏教を批判した[23]。また，カシュミールでも仏教に対してシヴァ崇拝が勝利をおさめた（800頃）。

　しかし，仏教が消滅した原因は明確には言いがたい。仏教の思想と実践がヒンドゥー教に吸収されたということもあり，また反対に仏教がヒンドゥ

教化したということもあろう。そしてこれは、ヒンドゥー教が国家や地域の宗教として有利であったからだとも考えられる。しかし、それにもまして重要なのは、仏教の衰退には、おそらく仏教自体にその内在的な原因があったかもしれないということであろう。つまり仏教の衰退は、幅広い民衆の支持を得ずに、もっぱら王の庇護にのみ頼っていた僧院制度への依存体質や、僧院が内向的で、周囲の地域社会への布教や奉仕活動に関心を失って、村落社会の生活から遊離してしまったことに起因すると思われる。

　ムスリムの侵入によって、インド仏教の消滅は早められたかもしれない。しかしその原因は、主に内的なものである。そのなかで最も重要なことは、仏教がヒンドゥー教に次第に同化されたことであろう。ムスリムの侵入、特に、トルコによるガンジス川流域の征服は最後の一撃であった。この事件を時代の境界線と考えることはできるが、これがインドから仏教が消滅した第一原因であったとは言えない。

## 9. 仏教の残存とインド亜大陸での復活

　強大な僧院組織の最後の時代（12-13世紀）を過ぎると、インド仏教はインド亜大陸の孤立した小地域で細々と生きながらえた。ムスリムとイギリスの支配が続く間（13-19世紀）、インド仏教はほぼ完全にヒンドゥー教とイスラム教に吸収されてしまい、現代の復興への試みが行なわれる（19-20世紀）まで創造的な活動が行なわれた形跡は全くない。したがって、創造的なインド仏教の時代と現代仏教の出現との間には、ほぼ600年の中断がある[24]。

### 辺境の仏教

　トルコのインド占領が進行するにつれ、インドの最後の偉大な学僧たちはカシュミールやビハールを通ってチベットやネパールへと逃避した。そして彼らの才能は、他国において王族の庇護と民衆の支持に応えた。アティーシャ（ディーパンカラ・シュリージュニャーナ、982-1054）は1042年にチベットに入ったが、その生涯は、インド仏教が学僧を失った時にこうむった大い

なる損失を象徴している。アティーシャは、スマトラ滞在時に、ダルマキールティ[25]のもとで、インド大乗哲学についての広範な研究をタントラと結びつけた。彼はかつて、ボーディバドラ（ナーローパがヴィクラマシーラを去って遊行苦行者となった時の彼の後継者）とともに勉学した。また、ベーヤパーラ王の時代には、彼はヴィクラマシーラとオーダンタプリー両寺院の学頭（ウパーディヤーヤ）であった。彼は明らかに大金の申し出に魅力を感じて、チャンチュプウー王の招きによってチベットへ赴いた。

　インド人の学僧が移住し、チベット人の学僧が常に存在し続けたため、仏教の学問制度や伝統をチベットへ輸出することが可能になった。その仏教は、1959年に中国に抑圧されるまでチベットで保たれた。最も優れた僧たちは、インド社会がもはや僧院を援助しようとしなくなっていたため、一部はヒマラヤやベンガルの辺境地帯に追いやられた。いくつかの形態のタントラは、ただ家長僧のみに依存していたが、主としてベンガルやヒマラヤ山麓で生き残ることができた。一部の上座部仏教も東ベンガルで生き残った。彼らの大半は分裂の後、インドに避難したが、一部はバングラデシュとアッサムに残っている。

　インド直系のヒマラヤ仏教はネパールに残るのみである。今日もなお仮死状態ではあるが、一部は地域のヒンドゥー教と融合しており、12世紀のガンジス平原においてそうであったにちがいないと思われる形態をしている。ネパールの仏教徒は、インド亜大陸で作られた最後の偉大な仏教経典と考えられる『スヴァヤンブー・プラーナ』（15世紀頃）を生んだ。この経典はインド仏教の終末の姿を教えてくれる。すなわち、仏教徒の信仰と非仏教徒の聖なる場所との密接な結びつきや仏教の宇宙的存在論（本初仏）の形成、民間の宗教要素を取り入れたタントラ仏教の儀式の役割などを明らかにしている。ネパール仏教はヴァジュラーチャールヤと呼ばれる、妻帯したタントラ仏教僧の指導のもとで生き残った。そのため、ネパール仏教は、「ヴァジュラーチャールヤ仏教」とも呼ばれる。

　チベット起源の仏教は、インド亜大陸では主にラダック、シッキム、ブータン、またネパールにも残っている。しかし、おそらく現代のインドで最も

重要な存在はチベット難民の社会である。チベットの難民は約8万人にのぼるが，そのうち数千人が僧侶である。一部の僧侶は還俗せず，インドで自分たちの古代仏教の学問教育課程を復興して，古来の仏教大学の学問を母国へ逆流させている。今までのところ，インド社会へのチベット僧の影響は概して小さく，チベットへの帰還希望は時とともに小さくなってきている。しかし，インドの地にナーランダーとヴィクラマシーラの伝統が保たれていることは決してささいなことではない。

### 再生の試み：マハーボーディ協会

仏教を発祥の地に復興させようという試みは，1875年にアメリカ人，ヘンリー・S. オルコットがスリランカに創設した神智学協会（Theosophical Society）から始まった。この協会は，最終的には幅広い，限定の少ない思索的な目標を持つ機関となったが，長年植民地としての抑圧を受けた仏教徒に新たな自負を吹き込んだ。シンハラ（セイロン）僧，アナガーリカ・ダルマパーラ（1864-1933；俗名，デビッド・ヘーワウィタラネー）は仏教教育の近代化に着手した。彼はまたインドの主な巡礼遺跡，特に何世紀もの間，荒廃したままヒンドゥー教の支配下にあったボードガヤーの寺院の再興に努めた。彼は，この目的のもと，1891年にマハーボーディ協会を創立したが，それは今もなお，インド仏教にとって大きな存在となっている。

### アンベードカルと「新仏教」

新たな時代の最も重要で大規模な仏教の復興は，ビーンラーオ・ラームジー・アンベードカル博士（1891-1956）が率いたものである。彼は，インドの被抑圧者にとって仏教は福音であると考えた。そして仏教経典の中に，平等と正義の理念を読み取った。アンベードカルは多年の精神的探究の後，仏教こそインドのアウトカースト（不可触民）を最終的に解放する唯一の思想である，と確信した。1956年10月14日，彼はマハーラーシュトラのナグプールで仏教徒の集団「灌頂（かんじょう）」を行なった。新たな改宗者はほとんどマハール「指定カースト」（不可触民）出身者であった。アンベードカルの福

音は，ある点では正統的な仏教の外辺にある。しかし，他のアジア地域から来た仏教僧たちが改宗者の精神的な要請に応えてきた。その結果，熱烈なインドの仏教徒たちは彼を「アンベードカル菩薩」と呼んでいるのである。

## その他の現代仏教

インド仏教の再発見に最も実りある，持続的な努力を行なってきたのは，主として西洋の学者たちであった。ヨーロッパの学者の成果は，パーリ聖典協会（Pali Text Society；1881年にロンドンで設立）が出版した全パーリ聖典の現代的校訂版や，説一切有部の経典の一部の原典の回収などである。インド，北アメリカ，ヨーロッパの歴史家・考古学者・美術史家の協力による研究はインド仏教を歴史的・社会的流れの中に置いてきた。そして，まだその詳細な解明がなされていないとはいえ，仏教を歴史的展開の中で見ることを可能にしている。

日本での学問的研究も，20世紀初めから大きな歩みを見せた。日本では，1880年から1929年の間に三種の異なる版の漢訳経典[26]が出版された。それは，インド仏教の近代的研究において日本を首座に置く，実り多い批判的研究の世紀の始まりを告げる象徴的な出来事であったと言えるだろう。

現代世界において興味あるもう一つの現象は，ヨーロッパや北アメリカに「新仏教徒」（ネオブッディスト）が生まれたことである。大半が非インド的な仏教を取り入れたが，彼らのインド仏教経典への関心は支持者を作り出し，またインド仏教の過去を探求したいという要求を生み出してきた。1926年にロンドンで設立された仏教協会（Buddhist Society）や，1928年にパリで設立された仏教の友（Amis du Bouddhisme）は，ともに学問研究を支援し，またインドでの仏教復興を助けた。

19世紀にインドへの関心が復活したにもかかわらず，釈迦牟尼の地に仏教徒が復活する見通しは暗いようである。今日あるいは近い将来，インドに生きた仏教が栄えることは想像しがたい。仏教が息を吹き返すには，ダルマ（法）を他の地からインドに逆輸入することに頼らなければならないだろう。アンベードカルとアナガーリカ・ダルマパーラが仏教復興に寄せた希望には

十分な理由があったのだろうか，また，インド仏教が存在するための社会的必要条件はパーラ王朝の最後の君主とともに消えてしまったのだろうか，この点は，もっと後にならないとわからないことではないだろうか。

◎訳　注
1) 正見（正しい見方），正思惟（正しい思惟），正語（正しい言葉），正業（正しい行為），正命（正しい生活），正精進（正しい努力），正念（正しい意識），正定（正しい精神統一）。
2) 仏滅218年にアショーカ王の即位があったとする伝承に基づく。これに対して，たとえば宇井伯寿説は，仏滅116年にアショーカ王の即位があったとする伝承に基づき，ブッダの生存を前466-386とする。アショーカ王の即位の年をいつに設定するかによっても仏滅年代論にバラエティーが生ずる。
3) 最初の説法（初転法輪）は，かつて苦行をともにした五比丘に語られたとされる。そこではまず，両極端を離れることとしての中道が説かれる。
4) ブッダがカースト制度に公然と対立したと言えるかは疑問である。確かにサンガはあらゆるカーストに開かれており，また血統やヴェーダ聖典に通じていることなどは「真のバラモン」の条件ではないとされたことなどが伝えられているが，これらをただちにカースト制度に対する批判であると見ることはできないであろう。もしブッダがカースト制度そのものの批判者であったなら，経典にしばしば見える「真のバラモン」とはアイロニカルな表現ということになろう。
5) 如来＝tathā（如）＋āgata（来）。『大智度論』には，如去＝tathā（如）＋gata（去）なる語源分析も見える。
6) ガイガーは本文と反対の立場を採っていた。すなわち，パーリ聖典は，ブッダゴーサが言うようにブッダ自身の言語で編集されたのであって，他の言語からの翻訳ではないと見た（W. Geiger, *Pāli Literature and Language*, B. K. Ghosh tr., Oriental Bk. rep., Corp, Delhi, 1968 参照）。
7) たとえば法蔵部では，経・律・論の他に菩薩蔵と呪蔵を立てたと言われる。
8) ミリンダ王とナーガセーナ比丘の対話篇は『ミリンダ・パンハ』として知られる。日本語訳に，中村元・早島鏡正訳『ミリンダ王の問い』（全3巻　東洋文庫，平凡社，1963-64年）がある。
9) 高田修『仏像の起源』（1967年）は仏像の出現はガンダーラが一歩先んじており，その時期は1世紀の末であるとしている。
10) (1) 天魔に誘惑されれば，不浄の漏失を免れない。(2) 不染汚無知がある。(3) 真実に対する疑念がある。(4) 解脱を自身で知ることができず，他者（師）が悟入せしめる。(5)「苦」と叫ぶことによって聖道が起こる。の五つを「大天の五事」と言う。
11) 第四結集は，実際はカニシカ王による『大毘婆沙論』の編集であったと考えられている。
12) アビダルマ（S abhi-dharma, P abhi-dhamma）のアビ（abhi-）という接頭辞には「対して」「勝れて」などの意味がある。

3 インドの仏教

13) 仏国土のうち，特に阿弥陀仏の極楽浄土に生まれることができるという浄土思想の淵源を西アジアに求める説がある（たとえば岩本裕『岩本裕著作集1 仏教の虚像と実像』〈同朋舎出版，1988年〉の296-298頁参照）。しかし一方，浄土経典の編纂は北西インドでなされたとして，これを認めない説もある（たとえば藤田宏達『原始浄土思想の研究』〈岩波書店，1970年〉を参照）。
14) ここでいう二つの浄土経典は，おそらく『無量寿経』と『阿弥陀経』を指している。ただし，梵本『阿弥陀経』には法蔵菩薩の願は説かれていない。
15) 『維摩経』のチベット訳では，経典自身の名の一つが『対句の結びつきと逆倒の完成』である。
16) 仏身を表わす語の代表的なものを漢訳語で挙げれば，応身に相当するものに変化身・応化仏など，また報身に相当するものに受用身・報仏など，そして法身に相当するものに自性身・真身などがある。なお，ナーガールジュナに帰せられてきた『大智度論』は，法身（法性身，常身，真身など）と生身（色身，父母生身，無常身，化身など）の二身論である。
17) 中観派をプラーサンギカとスヴァータントリカの二派に分ける見方はチベットにおいて確立したと考えられている。
18) 従来スートラ（sūtra）と呼ばれていた経典が，8世紀以降，タントラ（tantra）と呼ばれるようになった。したがってタントラという語は，8世紀以降のインド後期密教の聖典を指すことが多いが，チベットではそれ以前の密教経典をもタントラと呼ぶ。本文のタントラ仏教も密教全般を意味している。
19) ブッダの知の五つ（五智）とは次の通り。(1) 法界体性智：絶対的・全体的智慧 (2) 大円鏡智：すべてを如実に映し出す智慧 (3) 平等性智：一切の平等を知る智慧 (4) 妙観察智：一切の対象をそれぞれに観察する智慧 (5) 成所作智：ものごとを成し遂げる実践的な智慧
20) プトゥンがチベット大蔵経のタントラの分類に用いた四分法。
21) ナーローパが受けるテストは次の12である。(1) 寺の屋根から飛び降りる。(2) 火の中に飛び込む。(3) 乞食に出て敢えて施者を怒らせる。(4) 池に橋を架ける。(5) 熱した油を葉の先につけて体をつつく。(6) 広野で男を追跡する。(7) 花婿花嫁を象から下ろして引きずり回す。(8) 王妃を投げ倒して引きずる。(9) 王子を車から引きずり下ろして小突き回す。(10) 少女と親しくなる。(11) 少女を師（ティーローパ）に捧げる。(12) 砂のマンダラに血を撒き，自分の頭と四肢を切断して，中央に頭を，周りに四肢を配置する（Herbert V. Guenther, *The life and teaching of Nāropa*, Oxford 1963）。また，同書によれば，ナーローパが棄てた地位はヴィクラマシーラではなく，ナーランダーの四学頭の一人としての地位である。
22) ナーローパの生没年は1016-1100であるから，11世紀とすべきである。
23) シャンカラはヴェーダーンタ学派の不二一元論派の学匠であるが，現象世界を虚妄とする幻影主義的一元論のため「仮面の仏教徒」と非難された。なお，中村元説では彼の年代は700-750である。

24) 法を神格化して崇拝する法格崇拝がベンガル地方等に残っているが,これは仏教,ヒンドゥー教,イスラム教の融合的宗教と見られている。
25) 11世紀スマトラの仏教徒。アティーシャがスマトラに12年間滞在したとき,アティーシャの師であったと伝えられる。
26)『大日本校訂大蔵経』(縮刷大蔵経, 1880-85),『大日本校訂蔵経』(卍蔵経, 1902-05) および『大日本続蔵経』(続蔵経, 1905-12),『大正新脩大蔵経』(1924-34)。

## 【文献ガイド】

Bareau, André. "Le bouddhisme indien." In *Les religions de l'Inde*, vol. 3, (Paris, 1966), pp. 1-246. この有用な概説の他にも,同氏の "Le bouddhisme indien," in Henri-Charles Puech ed., *Histoire des religions*, vol. 1, (Paris, 1970), pp. 1146-1215. を参照するとよい。Bareau は,ブッダの生涯の年代に関する古典的作品 "La date du Nirvāṇa," *Journal asiatique* 241 (1953), pp. 27-62 を著した。また同氏は "Les sectes bouddhiques du Petit Véhicule et leurs Abhidharmapiṭaka." *Bulletin de l'École Française d'Extrême-Orient* 50 (1952), pp. 1-11; "Trois traités sur les sectes bouddhiques dus à Vasumitra, Bhavya et Vinitadeva," *Journal asiatique* 242-244 (1954-56); *Les premiers conciles bouddhiques* (Paris, 1955); *Les sectes bouddhiques de Petit Véhicule* (Saigon, 1955); "Les controverses rélatives à la nature de l' arhant dans le bouddhisme ancien," *Indo-Iranian Journal* 1 (1957), pp. 241-250 などを通じて小乗学派に関する古典文献の研究と解釈を行なっている。また,ブッダの「伝記」について幅広い著作がある。*Recherches sur la biographie du Bouddha*, 3 vols. (Paris, 1970-83) および "Le parinirvāṇa du Buddha et la naissance de la religion bouddhique," *Bulletin de l'École Française d'Extrême-Orient* 61 (1974), pp. 275-300 を参照されたい。さらに,比較的一般的なもので,しかも学問的にも堪えうるものに *Le Bouddha* (Paris, 1962) がある。

Basham, A. L. *The Wonder That Was India* (London, 1954) 最も入手しやすく読んで面白いイスラム以前のインド文化史。ブッダの時代の宗教の動向についてさらに専門的な研究としては, *History and Doctrine of the Ājīvikas* (London, 1951) がある。

Beal, Samuel. *Travels of Fa-hian and Sung-Yun, Buddhist Pilgrims from China to India (400A. D. and 518 A. D.)* (London, 1869) 初期の二人の求法者〔法顕,宋雲〕の旅行記。また, *Si-yu-ki: Buddhist Records of the Western World*, 2 vols. (London, 1884) は玄奘のインド旅行記の英訳。

Berchert, Heinz. "Zur Frühgeschichte des Mahāyāna-Buddhismus." *Zeitschrift der Deutschen Morgenländischen Gesellschaft* 113 (1963), pp. 530-535. 小乗起源の大乗に関する要約的論考。同じ主題について, "Notes on the Formation of Buddhist Sects and the Origins of Mahāyāna," in *German Scholars on India*, vol. 1 (Varanasi, 1973), pp. 6-18; "The Date of the Buddha Reconsidered," *Indologica Taurinensia* 10(1982), pp. 29-36; "The Importance of Aśoka's So-called Schism Edict," in *Indological and Buddhist Studies in Honour of Prof. J. W. de Jong* (Canberra, 1982), pp. 61-68. また, "The Beginnings of Buddhist Historiography," in Bardwell L. Smith ed., *Religion and Legitimation of Power in Sri Lanka* (Chambersburg, Pa., 1978), pp. 1-12. を参照するとよい。同氏はまたブッダの用いた言語や初期の仏教の言語に関する最新の研究論文の編者でもある。*Die Sprache der ältesten buddhistischen Überlieferung/The Language of the Earliest Buddhist Tradition* (Göttingen, 1980).

―――――, and Georg von Simon, eds., *Einführung in die Indologie: Stand, Methoden, Aufgaben* (Darmstadt, 1979). インド学総論。仏教を含む, インドの歴史と宗教に関する豊富な内容の書。

―――――, and Richard Gombrich, eds., *The World of Buddhism* (London, 1984). 一般読者には最も学問的でかつ包括的な仏教概説。インド仏教は pp. 15-132 および pp. 277-278 で論じられている。

Demiéville, Paul. "L'origine des sectes bouddhiques d'après Paramārtha." In *Mélanges chinois et bouddhiques*, vol. 1, pp. 14-64 (Brussels, 1931-32).

―――――. "A propos du Concile de Vaiśālī." *T'oung pao* 40 (1951), pp. 239-296.

Dutt, Nalinaksha. *Aspects of Mahāyāna Buddhism and Its Relation to Hīnayāna* (London, 1930). 仏教部派の発展に関する Dutt の研究は大部分が古くなっているが, それに取って代わるべき包括的解説は存在しない。同氏の *Mahāyāna Buddhism* (Calcutta, 1973) は前掲書の改訂版とされることがあるが, 全く別のものであり, 前掲書の方が, はるかに優れている。部派に関する Dutt の初期の研究は, 種々の雑誌に掲載されていて, *Buddhist Sects in India* (Calcutta, 1970) に集約された。また, *Early Monastic Buddism* (rev. ed., Calcutta, 1960) も参照するとよい。

Dutt, Sukumar. *The Buddha and Five After-Centuries* (London, 1957) その他, 古いが有用な研究に *Early Buddhist Monachism* (1924; new ed., Delhi, 1960) および *Buddhist Monks and Monasteries in India* (London, 1962) がある。

Fick, R. *The Social Organization in Northeast India in the Buddha's Time* (Calcutta, 1920).

Frauwallner, Erich. "Die buddhistische Konzile." *Zeitschrift der Deutschen Morgenländischen Gesellschaft* 102 (1952), pp. 240-261.

―――――. *The Earliest Vinaya and the Beginnings of Buddhist Literature* (Rome, 1956).

―――――. "The Historical Data We Possess on the Person and Doctrine of the Buddha." *East and West* 7 (1956), pp. 309-312.

藤田宏達『原始浄土思想の研究』(岩波書店, 1970年) 初期の浄土信仰についての基準的著作。

Glasenapp, Helmuth von. "Zur Geschichte der buddhistischen Dharma Theorie." *Zeitschrift der Deutschen Morgenländischen Gesellschaft* 92 (1938), pp. 383-420.

—————————. "Der Ursprung der buddhistischen Dharma-Theorie." *Wiener Zeitschrift für die Kunde des Morgenlandes* 46 (1939), pp. 242-266.

—————————. *Buddhistische Mysterien* (Stuttgart, 1940). 初期のバラモン教の, 仏教教義への影響に関する諸説の大半を扱っている。

—————————. *Buddhismus und Gottesidee* (Mainz, 1954).

Gokhale, Balkrishna Govind. *Buddhism and Aśoka* (Baroda, 1948) 初期仏教の社会的政治的状況に関しては, 同氏に次のような幅広い研究がある。"The Early Buddhist Elite," *Journal of Indian History* 43 (1965), pp. 391-402; "Early Buddhist View of the State," *Journal of the American Oriental Society* 89 (1969), pp. 731-738; "Theravāda Buddhism in Western India," *Journal of the American Oriental Society* 92 (1972), pp. 230-236; "Early Buddhism and the Brāhmaṇas," in *Studies in History of Buddhism* (A. K. Narain ed., Delhi, 1980).

Gómez, Luis O. "Proto-Mādhyamika in the Pāli Canon." *Philosophy East and West* 26 (1976), pp. 137-165. 『スッタニパータ』の古い部分が, パーリ聖典の他の部分, 特に上座部の解釈で述べられる中心的な主題とは根本的に異なる伝統の層を残していることを論じている。"Paradigm Shift and Paradigm Translation: The Case of Merit and Grace in Buddhism," in *Buddhist-Christian Dialogue* (Honolulu, 1986) では大乗仏教における廻施の問題が論じられている。大乗仏教の教義と神話については筆者の "Buddhism as a Religion of Hope: Polarities in the Myth of Dharmākara," *Journal of the Institute for Integral Shin Studies* (Kyoto) を参考にされたい。

Grousset, René. *The Civilizations of the East*, vol. 2, *India*. (London, 1931). インド史の最良の概説の一つである。また玄奘の旅の現代的敷衍の改作, *Sur les traces du Bouddha* (Paris, 1957)〔邦訳 ルネ・グルッセ『仏陀の足跡を遂って』(浜田泰三訳, 金花舎, 1983年)〕もある。

平川 彰『インド仏教史』2巻(春秋社, 1974-79年)日本での研究視点から見たインド仏教の貴重な概説。最初期のヴィナヤの発展については同氏の『律蔵の研究』(春秋社, 1960年)と『初期大乗仏教の研究』(1969年)〔『平川彰著作集』3・4, 春秋社, 1997年〕に論じられている。"The Rise of Mahāyāna Buddhism and Its Relationship to the Worship of Stupas," *Memories of the Research Department of the Tōyō Bunko* 22 (1963), pp. 57-106, は西洋では良く知られており, 著者の日本語による著作の成果を要約している。

Horner, I. B. *Early Buddhist Theory of Man Perfected* (London, 1936). パーリ聖典における阿羅漢理念についての研究。ミリンダ王とナーガセーナの対話の翻訳

*Milinda's Questions*(London, 1964), および *Women under Primitive Buddhism* (1930; rep., Delhi, 1975) も参照されたい。

Horsch, P. "Der Hinduismus und die Religionen der primitivstämme Indiens." *Asiatische Studien/Études asiatiques* 22 (1968), pp. 115-136.

―――――. "Vorstufen der Indischen Seelenwanderungslehre." *Asiatische Studien/ Études asiatiques* 25 (1971), pp. 98-157.

Jayatilleke, K. N. *Early Buddhist Theory of Knowledge* (London, 1963). 初期の仏教思想と沙門およびウパニシャッドの教理の関係を論じている。

Jong, J. W. de. "A Brief History of Buddhist Studies in Europe and America," *Eastern Buddhist* 7 (May 1974), pp. 55-106, (October 1974), pp. 49-82. これらの文献解題的概説と筆者の "Recent Buddhist Studies in Europe and America: 1973-83", *Eastern Buddhist* 17 (1984), pp. 79-107 は共に大部分がインド仏教の文献学的な研究のみを対象としている。同氏は自分と同じ仏教学の系譜に属さない重要な研究者については触れない傾向がある。しかし、これらの論文は当該分野の利用可能な最も学問的な概説であり、学問的に厳密な白眉の書である。

Joshi, Lal Mani. *Studies in the Buddhistic Culture of India* (Delhi, 1967). 中期および後期大乗仏教の時代のインド仏教。

Kajiyama Yuichi (梶山雄一)." Women in Buddhism." *Eastern Buddhist* 15 (1982), pp. 53-70.

―――――――――. "Stūpas, the Mother of Buddhas, and Dharma-body." In A. K. Warder ed., *New Paths in Buddhist Research* (Delhi, 1985.) pp. 9-16.

木村泰賢『阿毘達磨論の研究』(明治書院, 1937 年 〔丙午出版社, 1922 年 ;『木村泰賢全集 4』大法輪閣, 1968 年〕) 説一切有部のアビダルマ概説。特に『大毘婆沙論』の分析が有用である。

Lamotte, Étienne. "Buddhist Controversy over the Five Propositions." *Indian Historical Quarterly* 32 (1956). この論文に集められている資料は, 多少の増補を加えて彼の最高傑作である *Histoire du bouddhisme indien: Des origines à l'ère Śaka* (Louvain, 1958), pp. 300-319, 542-543, 575-606, 690-695 にも収められている。この学殖豊かな著作は, 今もなお初期のインド仏教史 (およそ紀元 200 年まで) の基準的な参考書である。残念ながら Lamotte は中期および後期のインド仏教史の試みは行なわなかった。しかし, "Sur la formation du Mahāyāna," in *Asiatica: Festschrift Friedrich Weller* (Leipzig, 1954), pp. 381-386 では大乗仏教の起源について論じており, 大乗仏教の北方起源を明確に表明している。また *Der Verfasser des Upadeśa und seine Quellen* (Göttingen, 1973) も参照されたい。初期の仏教については, "La légende du Bouddha," *Revue de l'histoire des religions* 134 (1947-48), pp. 37-71; *Le bouddhisme de Śākyamuni* (Göttingen, 1983); *The Spirit of Ancient Buddhism* (Venice, 1961) を参照されたい。また, 大量の大乗仏教の文献の翻訳もある。

*Le traité de la grande vertu de sagesse*, 5 vols.（Louvain, 1944-80）; *La somme du Grand Véhicule d'Asaṅga*, 2 vols.（Louvain, 1938）および仏国土の概念についての小論（pp. 395-404）を付した *L' enseignement de Vimalakīrti*（Louvain, 1962）がある。

La Vallée Poussin, Louis de. *Bouddhisme: Études et matériaux*（London, 1898）筆者は西洋の仏教学者のなかで最も膨大かつ影響力のある研究を残した者の一人である。この他に, *Bouddhisme: Opinions sur l'histoire de la dogmatique*（Paris, 1909）, *L' Inde aux temps des Mauryas*（Paris, 1930）, *Dynasties et histoire de l'Inde depuis Kanishka jusqu'aux invasions musulmanes*（Paris, 1935）などを著し, 歴史的研究に寄与した。教義の研究には *The Way to Nirvāṇa*（London, 1917）; *Nirvāṇa*（Paris, 1925）; "La controverse du temps et du pudgala dans la *Vijñānakāya*," in *Études asiatiques, publiées à l'occasion du vingt-cinquième anniversaire de l'École Française d'Extrême-Orient*, vol. 1（Paris, 1925）, pp. 358-376; *La morale bouddhique*（Paris, 1927）; *Le dogme et la philosophie du bouddhisme*（Paris, 1930）がある。アビダルマについては "Documents d'Abhidharma," in *Mélanges chinois et bouddhiques*, vol. 1（Brussels, 1931-32）, pp. 65-109 を参照されたい。また, 最も大きな影響力を持つアビダルマの著作 *L'Abhidharmakośa de Vasubandhu*, 6 vols.（1923-31; rep., Brussels, 1971）を仏訳した。James Hastings ed., *Encyclopaedia of Religion and Ethics* に収められた Poussin の論文は, 今もなお一読に値する。特に有用な論文は, "Bodhisattva (In Sanskrit Literature)," vol. 2（Edinburgh, 1909）, pp. 739-753; "Mahāyāna," vol. 8（1915）, pp. 330-336; "Councils and Synods (Buddhist), " vol. 7（1914）, pp. 179-185 である。

Law, B. C. *Historical Gleanings*（Calcutta, 1922）同氏による初期仏教史についての研究はこの他にも多数ある。たとえば, *Some Kṣatriya Tribes of Ancient India*（Calcutta, 1924）, *Tribes in Ancient India*（Poona, 1943）, *The Magadhas in Ancient India*（London, 1946）などである。

―――――, ed. *Buddhistic Studies*（Calcutta, 1931）インド仏教の歴史と教理に関する精力的な論文集。

Legge, James. *A Record of Buddhist Kingdoms*（Oxford, 1886）『法顕伝』の英訳。

Majumdar, R. C. ed., *History and Culture of the Indian People*, vols. 2-5（London, 1951）仏教隆盛時のインド史概説。

Masson, Joseph. *La religion populaire dans le canon bouddhique Pāli*（Louvain, 1942）仏教の学問的伝統と民間の仏教信仰の相互影響に関する, いまだに代わるもののない基準的研究。

Masuda Jiryō（増田慈良）"Origins and Doctrines of Early Indian Buddhist Schools." *Asia Major* 2（1925）, pp. 1-78 ヴァスミトラによる十八部派の古典的解説の英訳。

May, Jacques. "La philosophie bouddhique de la vacuité." *Studia Philosophica* 18 (1958), pp. 123–137 哲学的問題を論じている。歴史的概説については "Chūgan," in *Hōbōgirin*, vol. 5（Paris and Tokyo, 1979）, pp. 470–493, ならびに御牧克己との共著（下記）を参照されたい。一方, 瑜伽行派（サーラマティの派を含む）についての論考は, 歴史・教理の両面から研究されている。"La philosophie bouddhique idéaliste," *Asiatische Studien / Études asiatiques* 25（1971）, pp. 265–323 を参照されたい。

Mimaki Katsumi（御牧克己）and Jacques May. "Chūdō" In *Hōbōgirin*, vol. 5（Paris and Tokyo, 1979）pp. 456–470.

Mitra, Debala. *Buddhist Monuments*（Calcutta, 1971）インドの仏教遺跡に関する手ごろな概説。

Mitra, R. C. *The Decline of Buddhism in India*（Calcutta, 1954）.

Nagao Gadjin（長尾雅人）. "The Architectural Tradition in Buddhist Monasticism." In A. K. Narain ed., *Studies in History of Buddhism*（Delhi, 1980）, pp. 189–208.

Nakamura Hajime（中村 元）. *Indian Buddhism: A Survey with Bibliographical Notes*（Tokyo, 1980）編集に一貫性がないが, 日本におけるインド仏教発展の研究について, 有用な情報が得られる。

Nilakanta Sastri, K. A. *Age of the Nandas and Mauryas*（Varanasi, 1952）また *A History of South India from Prehistoric Times to the Fall of Vijayanagar*（Madras, 1955）と *Development of Religion in South India*（Bombay, 1963）も参照されたい。

Oldenberg, Hermann. *Buddha, sein Leben, seine Lehre, seine Gemeinde*（1881; Helmuth von Glasenapp rev. and ed., Stuttgart, 1959）ドイツ語初版は W. Hoey による英訳 *Buddha, His Life, His Doctrine, His Order*（London, 1882）がある。

Paul, Diana. *The Buddhist Feminine Ideal: Queen Śrīmālā and the Tathāgatagarbha*（Missoula, Mont., 1980）, また *Women in Buddhism*（Berkeley, 1980）も参照のこと。

Prebish, Charles S. "A Review of Scholarship on the Buddhist Councils." *Journal of Asian Studies* 33（February 1974）, pp. 239–254 初期の部派の問題および, そのヴィナヤの歴史と意義について論じている。この主題に関しては, 他に次のようなものがある。"The Prātimokṣa Puzzle: Facts Versus Fantasy," *Journal of the American Oriental Society* 94（April-June 1974）, pp. 168–176; *Buddhist Monastic Discipline: The Sanskrit Prātimokṣa Sūtras of the Mahāsāṅghikas and the Mūlasarvāstivādins*（University Park, Pa., 1975）.

―――――, and Janice J. Nattier. "Mahāsāṅghika Origins: The Beginning of Buddhist Sectarianism." *History of Religions* 16（1977）, pp. 237–272 大衆部を

「リベラル」とする見方に反対する独創的で説得力ある論証。

Rhys Davids, T. W. *Buddhist India* (London, 1903) 方法論に問題があるとはいえ, 権威ある著作である。古いが役に立つものとして "Sects (Buddhist)," in James Hastings ed., *the Encyclopaedia of Religion and Ethics*, vol. 11 (Edinburgh, 1920), pp. 307-309 がある。

Robinson, Richard H. "Classical Indian Philosophy," In Joseph Elder ed., *Chapters in Indian Civilization*, vol. 1 (Dubuque, 1970), pp. 127-227. 仏教哲学をインド思想の一般的な流れや思索的様態の一部として解釈しようとする, やや特異ではあるが価値ある試み。また, "The Religion of the Householder Bodhisattva," *Bharati* (1966), pp. 31-55 は, 大乗仏教を在家信徒による運動であるとする考えに対する挑戦である。

―――――――――――, and Willard L. Johnson. *The Buddhist Religion: A Historical Introduction* (3rd rev. ed., Belmont, Calif., 1982) 従来の版を大幅に改訂したもので, 優れた参考文献を付している。英語の読者にとって有用な手引き書。

Ruegg, David S. *The Study of Indian and Tibetan Thought* (Leiden, 1967) インド仏教, 特に初期仏教に関する現代学問研究の主な論点を概説した価値ある書。また, *La théorie du tathāgatagarbha et du gotra* (Paris, 1969) は如来蔵の教理についての権威ある研究である。中観派については, "Towards a Chronology of the Madhyamaka School," in *Indological and Buddhist Studies in Honour of J. W. de Jong* (Canberra, 1982), pp. 505-530 および *The Literature of the Madhyamaka School of Philosophy in India* (Wiesbaden, 1981) を参照のこと。

Schayer, Stanislaus. "Precanonical Buddhism." *Acta Orientalia* 7 (1935), pp. 121-132. 聖典には, 初期仏教は明確には記されていない, としている。聖典以前の仏教教義を再構築しようと試みている。

Schopen, Gregory. "The Phrase '*sa pṛthivīpradeśaś caityabhūto bhavet*' in the *Vajracchedikā*: Notes on the Cult of the Book in Mahāyāna." *Indo-Iranian Journal* 17 (1975), pp. 147-181. 大乗仏教の哲学的性格より宗教的性格を強調し, エリートの思索よりもむしろ一般化された信仰と実践を明らかにし, 初期の大乗仏教の歴史に新たな展望を開いた。他にも次のような著作がある。"Sukhāvatī as a Generalized Religious Goal in Sanskrit Mahāyāna Sūtra Literature," *Indo-Iranian Journal* 19 (1977), pp. 177-210; "Mahāyāna in Indian Inscriptions," *Indo-Iranian Journal* 21 (1979), pp. 1-19; "Two Problems in the History of Indian Buddhism: The Layman/Monk Distinction and the Doctrines of the Transference of Merit," *Studien zur Indologie und Iranistik* 10 (1985), pp. 9-47.

Schlingloff, Dieter. *Die Religion des Buddhismus*. 2 vols. (Berlin, 1963) 主にインドの聖典文書の観点による洞察に富む仏教解説。

Snellgrove, David L. ed., *Buddhist Himālaya* (Oxford, 1957) 本研究は現代のヒマラ

ヤ仏教に関するものであるが，タントラ仏教一般についての有益な情報が得られる。また，二巻からなる *The Hevajra Tantra: A Critical Study*（London, 1959）には上記の主要なタントラ文献の英訳と研究が含まれている。*The Image of the Buddha*（Tokyo and London, 1978）では，他の研究者たちと共同で仏教の図像学の歴史を概説している。

Stcherbatsky, Theodore. *The Central Conception of Buddhism and the Meaning of the Word "Dharma"*（1923; rep., Delhi, 1970）説一切有部の教義への古典的入門書。中観派については，*The Conception of Buddhist Nirvana*（Leningrad, 1927）を著している。初期の仏教については "The Doctrine of the Buddha," *Bulletin of the School of Oriental Studies* 6（1932）, pp. 867-896, および "The 'Dharmas' of the Buddhists and the 'Guṇas' of the Sāṃkhyas," *Indian Historical Quarterly* 10（1934）, pp. 737-760 がある。また "Die drei Richtungen in der Philosophie des Buddhismus," *Rocznik Orjentalistyczny* 10（1934）, pp. 1-37 で仏教思想史を類別した。

高崎直道『如来蔵思想の形成―インド大乗仏教思想研究』（春秋社, 1974 年）インドの如来蔵思想を研究した大作。

Thapar, Romila. *Asoka and the Decline of the Mauryas*（London, 1961）アショーカ王統治についての論争を巻き起こした研究。*History of India*, vol. 1（Baltimore, 1965）に結論が要約されている。また，インド仏教の研究に関連するものとして，*Ancient Indian Social History: Some Interpretations*（New Delhi, 1978）, *Dissent in the Early Indian Tradition*（Dehradun, 1979）, *From Lineage of State*（Bombay, 1984）がある。

Thomas, Edward J. *The Life of the Buddha as Legend and History*（1927; rep., New York, 1960）ブッダの生涯についての今なお本一冊にのぼる唯一の論評である。やや古くなったが，なお有益なものに 1933 年の著作 *The History of Buddhist Thought*（New York, 1975）がある。

Varma, V. P. *Early Buddhism and Its Origins*（New Delhi, 1973）

Vetter, Tilmann. "The Most Ancient Form of Buddhism." In *Buddhism and Its Relation to Other Religions*（Kyoto, 1985）.

Warder, A. K. *Indian Buddhism*（2nd rev. ed., Delhi, 1980）この分野の数少ない現代的概説の一つ。古典資料の参考文献（pp. 523-574）が付されている。残念ながら，筆者は漢訳とチベット語訳資料を使用していない。

Watanabe Fumimaro（渡辺文麿）. *Philosophy and Its Development in the Nikāyas and Abhidhamma*（Delhi, 1983）初期の仏教学，特にスートラからアビダルマ文献への変遷時の仏教学について論じている。

Watters, Thomas. *On Yuan Chwang's Travels in India*. 2 vols.（London, 1904-05）玄奘の旅行記についての広範な研究。

Wayman, Alex. *The Buddhist Tantras: Light on Indo-Tibetan Esotericism*（New

York, 1973) インドのタントラ仏教研究の概説や入門書ではなく, 特定の主題や問題を論じた論文集。第1・2章はタントラ仏教の初期の問題に関するもの。また, *Yoga of the Guhyasamājatantra: The Arcane Lore of Forty Verses; A Buddhist Tantra Commentary* (Delhi, 1977) も参照されたい。"The Mahāsāṅghika and the Tathāgatagarbha (Buddhist Doctrinal History, Study 1)," *Journal of the International Association of Buddhist Studies* 1 (1978), pp. 35-50 では, アンドラの大衆部所属の諸部派と大乗仏教の発展との間の関連の可能性を論じている。"Meditation in Theravāda and Mahīśāsaka," *Studia Missionalia* 25 (1976), pp. 1-28 は小乗仏教の二大部派の瞑想教義に関する研究である。

Winternitz, Moriz. *Geschichte der indischen Literatur*, vol. 2 (Leipzig, 1920). その英訳に *History of the Indian Literature* (Dehli, 1983) がある。概して古くはなったが, いまだに凌駕されていない。

Zelliot, Eleanor. *Dr. Ambedkar and the Mahar Movement* (Philadelphia, 1969).

## 補遺

石上和敬・日野紹運, 金沢篤・水野善文, 翻訳共著『バシャムのインド百科』(山喜房佛書林, 2004年)

宇井伯寿『印度哲学研究』全6巻 (甲子社書房 1924-30年；岩波書店, 1965年)

江島惠教『中観思想の展開』(春秋社, 1980年)

加藤純章『経量部の研究』(春秋社, 1989年)

梶山雄一『空入門』(春秋社, 2003年)

北川秀則『インド古典論理学の研究―陳那 (Dignāga) の体系』(鈴木学術財団, 1965年；臨川書店, 1985年)

櫻部 建・上山春平『仏教の思想2 存在の分析 (アビダルマ)』(角川書店, 1969年)

佐々木閑『インド仏教変移論』(大蔵出版, 2000年)

静谷正雄『初期大乗仏教の成立過程』(百華苑, 1974年)

静谷正雄『小乗仏教史の研究―部派仏教の成立と変遷』(百華苑, 1978年)

下田正弘『涅槃経の研究』(春秋社, 1997年)

高田 修『仏像の起源』(岩波書店, 1967年)

立川武蔵『中論の思想』(法藏館, 1994年)

塚本啓祥・松長有慶・磯田熙文編著『梵語仏典の研究Ⅲ 論書篇』,『梵語仏典の研究Ⅳ 密教経典篇』(平楽寺書店, 1990年)

塚本啓祥『法華経の成立と背景』(佼成出版社, 1986年)

戸崎宏正『仏教認識論の研究―法称著「プラマーナ・ヴァールティカ」の現量論』全2巻 (大東出版社, 1979, 1985年)

長尾雅人『中観と唯識』(岩波書店, 1978年)

中村　元・三枝充悳『ブッダ』（小学館，1987 年）
干潟龍祥『ジャータカ概観』（鈴木学術財団，1961 年；春秋社，1981 年）
前田恵学『原始佛教聖典の成立史研究』（山喜房佛書林，1964 年）
松長有慶『インド密教の形成と展開』（法藏館，1998 年）
水野弘元『水野弘元著作選集』（春秋社，1996 年）
宮坂宥勝『インド古典論』全 2 巻（筑摩書房，1983 年）
宮林昭彦・加藤栄司訳『現代語訳　南海寄帰内法伝』（法藏館，2004 年）
森　章司『初期仏教教団の運営理念と実際』（国書刊行会，2000 年）
山口　益『般若思想史』（法藏館，1951 年）
結城令聞『世親唯識の研究』上・下（大蔵出版，1986 年）
横山紘一『唯識の哲学』（サーラ叢書，平楽寺書店，1979 年）
渡辺章悟『大般若と理趣分のすべて』（渓水社，1995 年）

\*

Davidson, Ronald M. *Indian Esoteric Buddhism: A Social History of the Tantric Movement*（New York, 2002）

Gombrich, Richard. *Theravāda Buddhism: A Social History from Ancient Benares to Modern Colombo*（London and New York, 1988）

Hirakawa Akira. *A History of Indian Buddhism: From Sākyamuni to Early Mahāyāna*. Paul Groner tr., and ed.,（Honolulu, 1990）

Ray, Reginald A. *Buddhist Saints in India: A Study in Buddhist Values and Orientations*（New York, 1994）

Schopen, Gregory. *Bones, Stones, and Buddihist Monks: Collected Papers on the Archaeology, Epigraphy, and Texts of Monastic Buddhism in India*（Honolulu, 1996）

Snellgrve, David. *Indo-Tibetan Buddhism*. 2 vols.（Boston, 1987）

Williams, Paul, with Anthong Tribe. *Buddhist Thought: A Complete Introduction to the Indian Tradition*（London, 2000）

（上田　昇　訳）

# 第2部　アジアに広まる仏教

PART 2 **THE PAN-ASIAN BUDDHIST WORLD**

# 4 東南アジアの仏教
Buddhism in Southeast Asia

ドナルド・K. スウェアラー
Donald K. Swearer

　東南アジアの仏教は伝統的に上座部仏教（または，上座仏教）[1]と呼ばれている。実際，パーリ語を聖典言語とする東南アジアの仏教，南方上座部は，中央アジアや東アジアの北伝サンスクリット大乗仏教（密教も含む）とは，慣習などにおいて少々異なる部分がある。タイやビルマの人々は，たいてい自国の仏教を，前3世紀にアショーカ王の伝道使節であるソーナとウッタラによって「黄金の半島」（スヴァンナブーミ）に伝えられたと言われる上座部仏教の伝説に連なるものと考えているようである。しかしながら，現代の研究によると，10-11世紀から15世紀にかけて興った古典期の東南アジア諸国家が発展する以前には，東南アジア──現在のビルマ〔ミャンマー〕，タイ，ヴェトナム，カンボジア，ラオスに及ぶ地域の仏教はどのような部派に属するのかを厳密に分類することはできないようである。考古学的な物証と年代記の記述によれば，この地域の宗教の状況は一定の形式のものではなく流動的なものであった。それは組織化された宗派というよりも，ブッダの遺物が奇蹟を起こすと信じられたり，僧がカリスマ性や呪術的な力を備えていることなどを特徴とする仏教であった。換言すると，東南アジアの初期の仏教は多様であり，いくつかの宗教が混淆したようなものであった。すなわち，ヒンドゥー教のダルマシャーストラ（法典）やバラモン教の神々，ローケーシュヴァラ（観音）などの大乗仏教の仏・菩薩，密教の儀礼，説一切有部のサンスクリット語文献，そして，パーリ上座部仏教などの諸々の要素が混在していたのである。

　11世紀から15世紀までの東南アジア仏教の古典期は，いくつかの王国の発展とともに始まった。すなわち，ジャワのシュリーヴィジャヤ王国，カンボジアのアンコール朝，ビルマのパガン朝，タイのスコータイ朝，ラオスの

ルアンプラバン朝などの王国である。そして，パーリ上座部の正統であるスリランカ系マハーヴィハーラ派（大寺派）が各国に確立された時に，古典期の東南アジア仏教は絶頂期を迎えた。このように 14，15 世紀までは，ビルマ，タイ，ラオス，カンボジア仏教の主要なものはスリランカ系正統派〔上座部〕であったが，他の宗教も排除されたわけではなかった。このスリランカ系正統派は，教義的には注釈家ブッダゴーサの影響を大きく受けていたが，さまざまな土着の思想と慣習をも包含していた。この時代，現在のマレーシアとインドネシア（バリ島を除く）地域にはイスラム文化が広まっており，その地域の宗教は，精霊信仰と，バラモン教の神々への信仰と，預言者ムハンマド〔マホメット〕のイスラム教が混淆したようなものであった。西洋とキリスト教の諸要素が東南アジアの宗教的・文化的環境の中に入り込んだ，植民地支配による政治的空白期には，それまで支配的であったインド仏教に基づく世界観や，それと相関する王権や僧団の制度的な面が次第に脅かされることになった。19 世紀以降の東南アジアの仏教は，西洋の科学文明の挑戦を受けることになった。そして，近代の愛国主義者に対して文化や思想面での支援を与え，また政治・経済・社会の変化に伴なう圧迫や緊張に対しては，ときには救世主（未来仏）を説くなどの特異な解決を与えた。また，スリランカ系上座部を特色づけるブッダゴーサのアビダルマ正統的教義に挑戦する教義上の革新を成し遂げた。

　以下では，東南アジアの仏教に関して，初期の発展，正統上座部の確立，および現代という時代の挑戦に対するこの伝統のさまざまな対応の仕方という観点から検討することにする。東南アジアの仏教の未来に不安はないかもしれない。しかし，問題があるのは明らかである。カンボジアやラオスの政治状況は，その国々の仏教を制度的に根幹から脅かしている。タイでは，急速で広範な近代化と世俗化が仏教のさまざまな伝統的要素を衰えさせてきた。ビルマでは，国内政治の内紛が僧団に深刻な影響を与えてきた。われわれが東南アジアの仏教に関心を向ける際に，仏教のもろさを無視してはならない。しかし一方で，これら東南アジアの国々が絶えず自らの文化を自ら定義し，自ら決定してきた時に，仏教が潜在的に貢献してきたこともまた無視しては

ならない。

## 初期発展段階

　最初期の王国の段階から大規模な国家が成立するまでの間において，東南アジアの仏教の特徴は多様性と折衷性である。東南アジアの仏教は，その地域全体に花開いたインド文化圏の一部であると思われた。初期には，仏教は土着の精霊信仰やバラモン教と上手に共存していたが，その過程で変容をこうむったことは疑いない。この地でも仏教は，中央アジアや東アジアで見られた，よく知られている仕方で広まっていったようである。つまり，パドマサンバヴァのような僧が，土着の守護神を仏教に従属させたり，商人たちとともに移動した僧たちが，特別な霊力や厄除けの力を持つと信じられていた舎利や仏像や聖なる言語での呪文や書写された仏典をもたらしたりすることによって仏教を広めたのである。このようにして仏教が普及したことは，パーリ語や，後代の東南アジアの各地域の言語で書かれた仏教の年代記から知ることができる。ビルマの『サーサナヴァンサ』や，タイの『ムーラサーサナ』において，ブッダは仏教を広めるためにこれらの国々を訪れた，とされている。ここでのブッダとは，歴史的観点から解釈すると，より高度な文化を持った無名の仏教僧を意味していると読める。年代記の記述は初期の碑文よりも歴史的には曖昧であるが，仏教を部族民の素朴な生活よりも高度なインド大陸の文化に正確に関連づけている。そして仏教は，都市文化の発展に寄与し，地域を越えた普遍的価値を持つ象徴を提供し，また多様な社会がともに参加し，新しいアイデンティティーを見出すことのできる世界観や，人々が意思疎通できる言語や，組織的な宗教生活を可能にし，体系的な教育がなされる制度などを明確に示したのである。

　初期の東南アジア仏教は，一般的にはこのように言えるが，このことはこの地域に特有の仏教が確立されたということを否定するものではない。この地の仏教には，優勢なパーリ上座部だけでなく，大乗や密教等の他の部派や学派も含まれていた。下ビルマ地方のシュリークシェートラの古代ピュー人の都フモーザーで発見されたパーリ語碑文から，5，6世紀には上座部仏教

がすでに存在していたことがわかる。また、その碑文にアンドラ・カダンバ文字が用いられていることは、南インドのカーンチープラム、ネーガパタム、カーヴェーリーパッタナムとの結びつきを証明している。7世紀にシュリー・クシェートラ（室利察咀羅；現在のプローム地方）を訪れた中国人僧の義浄は、上座部だけでなく、大衆部、根本説一切有部、正量部などの存在にも言及している。大衆部は、大乗仏教の先駆の一つとして知られている[2]。大衆部はインドのマガダ地方で発祥したが、その後インドの北部、西部、東部、南部の各地に定着した。たとえば、アマラーヴァティーとナーガールジュナコーンダの碑文は大衆部に言及しており、大衆部の仏典がプラークリット語で書かれていたことを記している。それ以外の上座部、根本説一切有部、正量部の三つの部派は小乗の部派である。ある伝承によれば、根本説一切有部は説一切有部系の七つの部派の一つで[3]、インドで広範囲に広まったのだが、1世紀後半にカニシカ王の保護のもとで広められた北部では特に盛んであった。その仏典は仏教混淆梵語で書かれている。正量部は、別名、犢子部とも言われ[4]、アヴァンティから興ったものであるが、碑文には、4世紀にはサールナートで、5世紀にはマトゥラーで存在したことが指摘されている。7世紀初頭の偉大な王、ハルシャヴァルダナは、その治世の初期に正量部を保護したと考えられている。このように、義浄がプロームの地に存在することを確認した四部派はすべて、インドの重要な仏教の中心地、および、さまざまな仏教部派の保護者とされている有力な王たちとも関係がある。

　東南アジア史の形成期に多様な仏教部派が存在したという論拠は、ビルマ史料や大陸部と島嶼部双方の史料の中に見出すことができる。唐の年代記（7-10世紀）〔『新唐書』驃国伝など〕は、8、9世紀にシュリー・クシェートラのピュー（驃）の都に仏教が栄えていたことを記している。プロームとフモーザーで見つかった同じ時期の考古学的物証や彫刻には、ジャータカや広く流布した注釈文献に登場するブッダが描かれている。ブッダや大乗菩薩の生涯の場面を描いたテラコッタ製奉納銘板も発見されており、さらには、南インドの文字で記されたサンスクリット語、パーリ語、パーリ語とサンスクリット語の混淆語、そしてピュー語による碑文なども発見されている。フ

モーザーのストゥーパ跡から発掘された5世紀から8世紀にさかのぼる物品からも,多様な仏教が多数存在したことが裏付けられる。

　ピュー人の南,下ビルマの沿岸部にはモン人,別名タラインが居住し,ペグー（ハンサヴァティー）とタトン（スダンマヴァティー）という繁栄する中心地を擁していた。ビルマとタイの年代記によればラーマンニャデーサと呼ばれるこの領域は,今日のタイの大部分に広がっていた。モン人の大きな中心地の一つは,はるか北部のハリプンジャヤ（今日のランプーン）にもあった。バンコクの南西30マイルにあるナコーン・パトムで発見された考古学的物証によって,かつてドヴァーラヴァティーと呼ばれたその地域でモン人の仏教文化が栄えていたことが明らかにされた。そこには小乗と大乗の両方の仏教が存在していた。ナコーン・パトムとポン・トゥック近郊にあるアマラーヴァティー様式の仏像は4,5世紀のものである。また,グプタ朝の初期と後期の流れを汲む像もそこで発見されている。後年の年代記編纂者によると,タイと下ビルマのモン人のドヴァーラヴァティー仏教には共通点がないということであるが,考古学的物証と文献的な資料から,パガンと比べると,パーリ上座部仏教がしっかり存在していた形跡が認められる。

　上ビルマのイラワジ平野の聖なるポパ山の近くに位置するパガンは,チベット・ドラヴィダ系のムランマ人の中心地となったが,このムランマ人が後にその地域全体を支配することになる。そして,ビルマという名称も彼らの族名に由来しているのである。10,11世紀に,パガンやイラワジ川流域に広まった仏教は,秘教的なシヴァ教や精霊崇拝のナーガ信仰などと似通った折衷的な大乗密教が優勢であったようである。ビルマの年代記によれば,アリーと呼ばれるこの宗派の僧はブッダの教えに従わなかった。彼らは業の力に対して神秘的なマントラが効力を持つと信じており,結婚前に処女を僧侶に捧げるという習慣を広めた[5]。発見されたものの中には,観音や文殊などの大乗菩薩のおびただしい数の仏像の他に,配偶者と交わる神々を描いた壁画の断片なども含まれている。

　ビルマの『フマンナン・マハーヤーザウィンドージー』（1829年から始まる『玻璃王宮御大王統史』）によれば,この国の政治・宗教史は,タトン出身

のモン人の上座部仏教のカリスマ的な僧シン・アラハンが，1044年にパガンで王位に就いたビルマ人の王アニルッダ（アノーヤター）に与えた影響によって書き変えられたと言われている。『フマンナン・マハーヤーザウィンドージー』によれば，シン・アラハンは，アニルッダ王を上座部仏教信仰に転向させ，タトンの王マヌハ（マノハリ）から舎利，比丘，パーリ聖典を手に入れるように王に勧めたとされている。マヌハがそれらを譲ることを拒否したことが，アニルッダにタトンに攻め入る口実を与え，ついには下ビルマのモン人は征服され，チャンシッター王（1084-1113）の時代に，上座部が排他的ではないものの支配的な仏教部派として確立することになった。

「周辺部を含めた大インド」へのインド文化の拡大の一端として，5世紀以降，大乗・密教・小乗といった形態の仏教が，その他の東南アジア大陸部と島嶼部に確立された。5世紀にグナヴァルマンが法蔵部の仏教を北インドからジャワへ伝えたとされており，7世紀までは，シュリーヴィジャヤ王国のスマトラで仏教が栄えていたようである。たとえば684年に作られた碑文には，ジャヤナーサーという名前の仏教徒であった王について記されている。また中国への帰路，仏典を書写し翻訳するためにジャワで数カ月を過ごした義浄は，当時その地に小乗・大乗両方の仏教が存在していたことを報告している。インドネシアはこの他にも，ナーランダー大学のダルマパーラや，南インドの二人の著名な密教僧ヴァジュラボーディ（金剛智）とアモーガヴァジュラ（不空）の来訪を受けている。8世紀末の二つの碑文は，シャイレーンドラ朝の諸王の庇護のもとカラサンにターラー寺院が建設されたこと，そして，ケルナクに文殊菩薩の仏像が作られたことを記している。シャイレーンドラ朝は北インドのパーラ朝の流れを汲む大乗仏教を大いに庇護した。

安南国（ヴェトナム）では，南部のチャンパ王国の諸王も仏教を保護した。義浄によれば，チャンパでの主要な部派は正量部であったが，説一切有部も存在していたという。9世紀にさかのぼるアマラーヴァティー様式の仏像と僧院の礎石などがクァン・ナム州から発見されている。また，アンタイで見つかった同時期の碑文には，ローカナータ像の建立が記されており，また阿弥陀仏や毘盧遮那仏などの大乗の諸仏についても言及されている。

カンボジアでは，初めはヒンドゥー教が主要な宗教であったが，5世紀以降には仏教が存在した形跡も残っている。たとえば，503年に扶南のジャヤヴァルマンが中国に使節を派遣し，貢ぎ物として仏像を贈っていたり，また，ジャヤヴァルマンの息子ルドラヴァルマンがブッダに祈願するために碑文を建てたりもしている。11世紀にスールヤヴァルマンはニルヴァーナパダという称号を与えられた。また，クメール朝で最も偉大な王であり，アンコール・トムの建設者でもあるジャヤヴァルマン7世は大乗仏教を保護した。シュリーンドラヴァルマデーヴァ治世の1308年のパーリ語碑文には，小乗仏教への言及が見られ，また，ほぼ同時期の中国の文献には，その当時カンボジアで小乗仏教が栄えていたという記述が見られる。

　ここに取り上げた史料からも，東南アジアの大部分の地域で，仏教が汎インド文化の一部として存在したということが確認できる。中国や東南アジア各地の年代記の記述や，中国人旅行僧たちの日記，さらに膨大な量の考古学的物証や碑文などのさまざまな史料から次のことが明らかである。すなわち，インドの特定の地域に由来するものであったり，特定の支配者に保護されたりして，大乗，小乗，双方の仏教が各地に存在したという点である。また，東南アジアの古典期の主要な国家が登場するまで仏教の標準的な形態というものは存在しなかったということも明白である。

　また，この時期の多様な形態の仏教は，バラモン教や土着の精霊信仰と共存していたことも事実である。はたして，扶南，チャンパ，シュリークシェートラ，ドヴァーラヴァティーなどといったビルマ，カンボジア，タイ，インドネシア地域の古代国家の人々は仏教徒だったのか，それともヒンドゥー教徒だったのだろうか。それとも，仏教やヒンドゥー教自体が，あまりに東南アジア土着の文化に順応し，変容してしまったために，ほとんど見分けがつかないままに「仏教」とか「ヒンドゥー教」という名前で呼んだだけなのだろうか。このような古典期以前の国家の王たちは，一応ヒンドゥー教徒とか仏教徒と位置づけられ，彼らの言う仏教は特定の部派や学派として定義されるかもしれないが，おそらく，その王たちはさまざまな聖職者や僧や宗教教団を保護し，土着の守護神からヴィシュヌ神，シヴァ神，毘盧遮那仏に至る

までさまざまな神格や精霊を崇拝したのであろう。実際, 状況が複雑であるため, 分類するのが非常に困難な場合がある。そのような制約があるとしても, 形成期における東南アジアの仏教の性格について何がしか論及することは不可能ではないだろう。しかし, 仏教の特定の部派や学派が存在したことを示す証拠となるものについても, この時期の仏教は多様で折衷的なものである, という点を踏まえた上で理解されるべきである。

## 古典期

　東南アジアの古代王国の創立期には, 仏教の特徴は多様性と折衷性であったが, この時期にはいくつかの形式上の共通点や教団としての正統派が出現し始めた。仏教やヒンドゥー教が東南アジアの王政のあり方や形態の発展に貢献した一方, 王政が仏教僧団との間に共存関係を持つようになり, 形を整えつつあった正統派を保護し始めた。歴史的に見ると, この正統派は, スリランカ系上座部仏教の系統で, 東南アジア大陸部のビルマとタイで優勢となったが, ヴェトナム, マレーシア, インドネシアではこの正統派は発展しなかった。ヴェトナム文化は中国の影響を強く受けたからであり, マレーシアとインドネシアは13世紀にイスラム教が伝播したからである。ここではまず最初に, 東南アジアの古代王政の性質と形態を基準にして仏教を検討し, 続いて, 13世紀以降, ビルマ, タイ, カンボジア, ラオスに特徴的な宗教として登場したスリランカ系上座部仏教をたどることにする。

**■仏教と王制**　古典期の東南アジア史の中で仏教と王制国家の興隆との関係は, 相互に恩恵をもたらすある種の共存関係であったと通常言われる。仏教が提示した世界観では, 王が中心的位置に置かれていたり, また人間社会が王の役割に依存するような社会観を提供したりしたので, 支配者たちは仏教を保護した。仏教は観念的には王権の存在を認め, 王権の存在に形而上の理論的根拠と道徳的基盤を与えた。また仏教僧団も東南アジアの王たちを支持した。なぜなら, 制度化された教団の豊かな物資, 成功, 人気は, 支配階層からの支持, 保護, 寄進に大いに依存していたからである。

『ディーガ・ニカーヤ』の『アッガンニャ・スッタンタ』[6]に典型的に示される上座部仏教の宇宙観によれば、世界は完全で光輝に満ち差異がない状態から、非常に濁った差異のある状態に変化していくものであるとされている。そして世界は不完全なものになる。つまり、性別、顔だち、田畑の規模などの相違によって、欲望、貪欲、肉欲、憎悪が生まれ、それらによって今度は、人々は調和や安寧を破壊するような行動に走るのである。人々は状況を改善する必要を痛感し、調和を欠き混沌とした世界に秩序をもたらしうるような、優れた容貌と智慧と徳と力を兼ね備えた人物を選出した。その人物、すなわち統治者である王は、人々に選ばれたということで、文献の中で、マハー・サンマタと呼ばれている。彼はダルマ（法）に従って統治するのでラージャ（王）であり、また、経済や政治秩序の維持に責任を追うクシャトリヤ、すなわち領主でもある。社会秩序は、四階級からなる社会構造（インドの伝統的なヴァルナ制）を造り出し、維持している公正な王によって保たれている。そのような平和で協調的な状況には、出世間的な目標、すなわち涅槃を求める比丘の生活の維持も考慮に入れられている。さらに、統治者は平和と強調を保ち、人々にさまざまな幸福をもたらす責任があった。この幸福には、人々が宗教的で精神的な生活を求めることも含まれている。

　東南アジアの王権の古典的概念に対して仏教が行なった貢献は、特にダルマを強調した点と、支配者の役割を道徳的模範者として強調した点である。王は、宇宙の法や自然法や道徳法を貫く普遍的ダルマに基づいて統治する転輪聖王（[S]チャクラヴァルティン、[P]チャッカヴァッティン）であるとされる。彼の権威は、全体的な事物の宇宙体系の中で彼が占める位置に由来している。しかし王としての力や、うまく統治できるか否かは、その人徳にかかっている。王は武力、富、知性、有能な大臣、信望などに基づいて統治を行なうが、ダルマの具現化と王の支配能力は10のラージャダルマを守れるか否かにかかっている。すなわち、寛大さ・善行・無執着・正直さ・穏健さ・厳格さ・怒りの抑止・非暴力・忍耐・自制である。理想的な王は、貪欲・悪意・知力の混乱のあらゆる痕跡を心から取り除き、暴力や破壊的な武器の使用を慎む。このような道徳的徳目は、上座部仏教の説く究極的な理想像を表したも

のである。それは，世俗（アーナーチャッカまたはローキヤ）と出世間（サーサナチャッカまたはローコーッタラ）あるいは，理想的な政治的指導者像（転輪聖王）と理想的な宗教的模範者（ブッダ）というような二つの車輪（チャッカ），二つの領域を併せ持ったものである。

政治的指導者としての役割と宗教的指導者としての役割との共存関係は，『ジナカーラマーリパカラナ』[7]（『勝者の時代の詞華集』）などの古代東南アジアの年代記では，多くの場合独特の神話的形態を取っており，それはスリランカのパーリ語の年代記（『マハーヴァンサ』など）にも見られる。年代記の編纂者は基本的に，ブッダがある地域を訪問することによってその地域を神聖化するのであると考えていた。ブッダはしばしば土地の住民を改宗させ，ダルマを説いている。確かに僧院にいる著作者たちは，宗教者としてその地で仏教を優位に立たせようとして年代記を書いたのだが，そのなかで，ブッダがビルマのタガウン王国やタイ北部のハリプンジャヤなどを訪れたとしたことは，その地で後に仏教と王権とが相互に結びつく下地となっていったのである。たとえば，タイ北部の年代記では，ブッダがチェンマイ渓谷にあるハリプンジャヤのモンラヴァ州を訪れた際，ブッダは，自らの遺骨がこの州の12世紀の有力な王の一人，アーディッチャ王に発見されるであろう，と予言している。この話は王が仏教の保護者であることを示唆するだけでなく，仏教の象徴的な具現者であることをも示している。王はブッダの遺骨を納める支提（しだい）（[S]チャイトヤ，[P]チェートヤ；霊廟）を建立し，その伝承を賛美している。そして実際，ブッダは，統治のために必要な力，遺骨の持つ不可思議な霊力を王に付与している。このように，遺骨を納めた塚チャイトヤは王国にとっての不可思議な力の中心，つまり精神的支柱としての役割を果たした。北部タイのランナー王国と他の国々との同盟関係が，ハリプンジャヤのその不可思議な力の中心（チャイトヤ）の前で正式に結ばれた。ラオスとタイの宗教史でもエメラルドのブッダ像が同様の役割を果たした。この仏像を所有し，君臨する王に対して，何人もの王子たちが忠誠を誓ったのである。

東南アジアの仏教と古代王制との相互関係の特徴は，建築史上では，ボロブドゥール，アンコール，パガン，その他の古代都市に見られる大規模な

チャイトヤ，ストゥーパなどから知ることができる。これらの中で最古のボロブドゥールは，8世紀半ば，ジャワ島の今日のジョグジャカルタ近郊のケドゥ平野に，「山の王たち」を意味するシャイレーンドラ王朝のもとで建設された。『ラリタヴィスタラ』『ディヴャーヴァダーナ』『ジャータカマーラー』『ガンダヴューハ』などの物語を描いた浮彫りに大乗仏教の影響が濃厚に見られる。三層からなる円形の円壇の上に 72 のストゥーパがある。ストゥーパの外壁には穴があいており，中は空洞である。そして，それらが毘盧遮那仏の坐像を囲んでいる。学者の説によると，この遺跡は広大な山を象徴しており，一切の存在の根本であるダルマと王権を結びつけるものである。また，これは「山の王たち」への土着信仰をアーディブッダ（本初仏），もしくは普遍的な仏性と結合させたものかもしれない。両者の結合を支持して，シャイレーンドラ朝の碑文では，サンスクリット語のゴートラという語が，「ブッダの一族」と「祖先からの家系」という二つの意味で使用されたと考えられている。ここから，代々のシャイレーンドラ王統を如来の家系と同一視したのであろう。

　カンボジアのアンコールは，東南アジアの王権と宗教との相互関係，特にデーヴァラージャ（神である王）について理解する手掛かりとして，今までにも広く研究されてきた。おそらく，このデーヴァラージャという考え方は扶南で発生したもので，扶南はモン・クメール語のブナンに由来する中国名であろう。つまり，このブナンとは「山」を意味し，おそらく，国家の樹立者が定めた国の守護神を崇拝するという意味があるのであろう。9世紀初頭，クメールの王ジャヤヴァルマン 2 世は，このような背景のもとにシヴァ教を国教として採用し，王をシヴァ神の化身として崇拝するように求めた。このような王と神の同一視は，ピラミッド形の寺院の中央祭壇に設置されたリンガに象徴されている。そのリンガは須弥山を模したものであり，王国の中心であることを表していたのである。デーヴァラージャ崇拝は，11 世紀初頭のスールヤヴァルマン 1 世と 12 世紀のジャヤヴァルマン 7 世（在位 1181-1218）の時代に大乗仏教的な色彩を帯びた。ジャヤヴァルマン 7 世は 12 世紀の末，アンコール・トムに，自分自身を観音と同一であると主張するかの

ような巨大なバイヨン寺院を建立した。デーヴァラージャ思想から考えると，スールヤヴァルマンとジャヤヴァルマンはブッダの化身，つまりブッダラージャとなったと考えられる[8]。

　その他の古代東南アジアの都市や，王家や宗教上の大建造物からは，ヒンドゥー教と仏教の双方の世界観の影響がうかがわれる。16マイル四方にわたる古代のパガン遺跡には，5000以上ものストゥーパが残っている。パガンは，アニルッダ王（1040-77）と，その軍隊の司令官で，継承者でもあったチャンシッター（1084-1113，異説あり）によって統一された。シュエジーゴン・パゴダは，万物（ダルマ）の厳粛な秩序の保持者である転輪聖王の力を象徴する，ブッダの神聖な三つの遺骨を祀っている。このパゴダの建設に着手したのはアニルッダであると思われるが，完成させたのがチャンシッターであることは確かである。13世紀後半に完成したミンガラゼーディなどの他のストゥーパは，ボロブドゥールに見られるような，根本的な大宇宙と小宇宙を象徴している。それは上部を切り取ったピラミッドのような形をしており，四辺には壇になった台座と中央階段がある。パガンを見下ろすストゥーパ，アーナンダ寺院は11世紀後半にチャンシッターによって建立され，広大な山と象徴的な洞窟とを結びつけている。つまり，ブッダが瞑想を行なったという修行僧の洞窟と，全宇宙に力を与える神秘的な精神的支柱とである。寺院内の大きな仏像に向き合って跪（ひざまず）いている小さな像はチャンシッターを表していると考えられる。これは彼が，自分は菩薩であり転輪聖王でもあると見なしていた，という碑文の記述を裏付けている。

　神話的色彩を帯びた転輪聖王の典型的な姿は，マウルヤ王朝のアショーカ王の徳行のなかで具体的に示されている。同様に，仏典に説かれる転輪聖王は，東南アジアの上座部の年代記が記す理想化された王のモデルとなっている。アショーカ王は特に道徳面での模範であり，年代記や碑文の語るところによれば，ビルマ，タイ，ラオスなどの王たちは彼にならうことが多かった。アショーカ王の伝記は，彼の仏教への改宗を境にして二つの部分に分けられる。前半は戦に明け暮れる邪悪なアショーカ王（Ⓟチャンダーソーカ）を描き，後半は公正で徳の高いアショーカ王（Ⓟダンマーソーカ）を描いている。

同様に、アニルッダは兄を殺してパガンの王になったが、即位後は仏教の保護者となった。チェンマイのティローカラージャ（1441-87）も父親に反逆したが、その後は仏教僧団の繁栄のために力を注いだ。東南アジアの王たちは、僧団を正常化し、経・律・論の三蔵聖典を整えるために、アショーカ王が行なったように会議を招集したとも伝えられている。このように仏教を保護することは、王たちが国を支配し、人心を掌握する上で、正義の王であるという名声を高める方途となった。スコータイ朝のラーマ・カムヘン王は、有名な1292年の碑文に、遺産の問題を公平に裁定し、捕らえた敵兵を殺したり打ったりせず、臣民の不満に耳を傾けるべきだ、と記している。ダルマに則り正義感に満ちた、このような温情あふれる王の手本は、明らかにアショーカ王である。

■**スリランカ系上座部仏教の優勢**　純粋な意味で東南アジア仏教圏となる地域（ビルマ、タイ、ラオス、カンボジア）が、正統スリランカ系上座部仏教に徐々に移行していったのは、11世紀後半から13世紀の初頭以後であった。上座部が広まるにはいくつかの要因があった。たとえば、東南アジアの大陸部に影響を与えていた仏教がアジア各地で衰退したことや、ヴィジャヤバーフ1世（1055-1110）とパラッカマバーフ1世のもとでスリランカが影響力を強めたことや、ビルマ人とタイ諸族の権力の確立や、スリランカ、ビルマ、タイ間の相互交流の深まりや、上座部の通俗的な慣習が東南アジア大陸部で一般大衆に好まれて広まったことなどである。東南アジアにおけるスリランカ系上座部仏教の成立過程の大筋はほぼ明らかになっている。しかし、碑文に記された内容と年代記の記述が一致していないため、年代を厳密に確定することは困難である。そのため、年代については学者間で異論があり、歴史の再構築は定説を得るには至っていない。

　パーリ語仏典に依拠する上座部仏教とサンスクリット語仏典に依拠する小乗仏教は、比較的古い時代から存在していた。タイ中央部や下ビルマにおいて発見され、モン文化と結びつきのあるパーリ語碑文がこの説を裏づけている。また、パーリ語文献を手に入れるためにラーマンニャデーサに行幸した

アニルッダ王の逸話などの年代記の証言からもそれは確認される。モン人に広まっていた上座部仏教の源流は，インドの東海岸沿いのカーンチープラムの辺りにあるという説が碑文によって正当化される。ビルマの民間伝承は，カーンチーとの結びつきがあったブッダゴーサはタトンからやって来たか，もしくはスリランカを訪れた後にタトンに赴いたとしているが，そこには史実としての核心があるのかもしれない[9]。つまり，カーンチーの上座部仏教がモン人地域に広まったということである。モン人は，ビルマ人とタイ人に強大な影響力を持っていたが，そのモン人がパーリ上座部仏教を信奉したことが，ビルマ人やタイ人の中に最終的にスリランカ系上座部仏教が浸透していくための宗教的文化的背景となった。これから見ていくように，ビルマ人とタイ人は，宗教，伝統的な法体系，芸術形態，文字などの面でモン人文化の諸要素を同化吸収した。結果的にモン人の上座部仏教が，スリランカ系の上座部仏教を仲介したのである。つまり，スリランカから伝わった上座部仏教は，一方で，モン人の宗教的文化的伝統との連続性を維持すべくはたらき，また，一方では，ビルマ人とタイ人がモン人の宗教的文化的支配から離脱することを可能にしたのである。さて，次に，このような文化の変容と宗教の統合について詳しく述べることにする。

**ビルマ**　ビルマとスリランカとの接触は，ビルマのアニルッダ王がパガン時代を創設した時期にまでさかのぼる。11世紀中頃，〔南インドの〕チョーラ朝との戦争によってスリランカが混乱状態に陥ったために，モン人の上座部仏教の力を知っていた〔スリランカの〕ヴィジャヤバーフ1世は，正式な授戒を復活させるためにビルマのアニルッダに援助を求めた。アニルッダはそれに応えて僧侶の一団とパーリ語聖典をスリランカに送った。その見返りとして，アニルッダは仏歯の複製と，タトンで手に入れたパーリ語聖典の写本と照合するための三蔵聖典の写本とを要求し，それらを贈られた。仏歯はパガンのシュエジーゴン・パゴダに祀られ，ビルマ国の守護神のような存在になった。考古学的史料からは，パーリ語三蔵聖典全体を入手したとする点については年代記編者の主張に疑問が残るが，この年代記の話はビルマにお

いてスリランカ系仏教の重要性が増大したことを示すものと解釈できる。なぜなら，単にスリランカから直接送られた文献が以前のものより権威があるというだけでなく，王が新しいスリランカ系仏教と結びついたことによって，〔それまで権威のあった〕モン人の宗教的文化的伝統を凌ぐ王の権威が正当化されたからでもある。

　スリランカ系仏教は，ナラパティシードゥー王（1173-1210）の治世に栄え，その中のマハーヴィハーラ派が，この時期に正統となった。スリランカ系仏教，特にマハーヴィハーラ派が勢力を獲得した理由の一つには，優れたビルマ人僧たちがスリランカを訪問したことが挙げられる。パガンの仏教僧団で形の上では最高位者としてシン・アラハンの跡を継いだパンタグは，1167年にスリランカを訪れている。また，モン人の僧ウッタラジーヴァ長老は，1180年に前任者にならってスリランカを訪れているが，その時には，モン人の沙弥（見習い僧）チャパタを含む僧侶の一団を伴っていた[10]。このチャパタこそが，マハーヴィハーラ派が他派に優先するその地位を確立した時に，最も大きな役割を演じることになった人物である。チャパタと他の四人の僧たちはスリランカに10年間滞在し，マハーヴィハーラ派で再び受戒し，マハーヴィハーラ派の長老となった。彼らがビルマへ帰国したことによって，東南アジアの大陸部においてスリランカ系仏教の永続する基盤が確立された。さらに，これにより，ビルマの仏教僧団は，シン・アラハンの流れを汲むタトンと，カーンチー起源の上座部仏教と，スリランカ系の上座部仏教とに分裂することになった。チャパタがパガンへ戻ると，ナラパティシードゥー王は彼と他の四人の長老たちに，シン・アラハン系のビルマ人僧たちに対してスリランカ系への再授戒を行なうように命じた。このようにして彼は，モン人の上座部仏教よりも優位に立ったスリランカ系仏教の正統派の権威を確立させた。年代記は，シン・アラハンの系統を「旧僧伽」（プリマガナ）と呼び，チャパタのスリランカ系僧団を単に「新僧伽」（パッチャーガナ）と呼んでいる。戒律上の問題や個人的な理由により，新僧伽はスリランカから帰国した長老たちのうち誰に師事するかによっていくつかの派に分かれることになった。分派間の相違点の一つは，布施が特定の僧侶個人に対

してなされるのか，それとも僧団全体に対してなされるのかということであった。

スリランカ系僧団をラングーン〔現在のヤンゴン〕に近い下ビルマのダラにもたらしたのは，「大いなる名声ある学者」という意味のダンマヴィーラサという称号を持つサーリプッタであった。この系統は，モン人系の上座部仏教を表すアリヤーラハンタパッカビック僧団に対して，シーハラパッカビック僧団と呼ばれている。年代記は，この僧団をカンボージャ・サンガパッカとも呼んでいる。それはカンボジア人の居住地の近くにその本拠地が置かれたからである。このような呼称が存在することは，史実を反映している可能性もあるし，また，下ビルマに進出してきた，東側のモン・クメール地域（ドヴァーラヴァティー）の初期の上座部仏教のことを指している可能性もある。スリランカ系僧団はまた，スリランカで再度受戒したブッダヴァンサ長老とマハーサーミ長老という二人のモン人僧によって，マルタバンにももたらされた。ペグーのカルヤーニー碑文によれば，13世紀までには，マルタバンにはモン人系のアリヤーラハンタ僧団とスリランカ系の五つの僧団との合計六つの僧団が存在していた。ビルマの上座部仏教の分派主義は現代まで続いており，比較的同一性が保たれているタイの上座部仏教とは対照的である。

仏教はナラパティシードゥー（1173-1210）の治世に繁栄した。王の援助で美しい寺院が数多く建設され（スーラーマニ，ゴードパーリンなど），パーリ語の学問が花開いた。たとえば，チャパタ（別名サッダンマジョーティパーラ）は，パーリ語文法書『スッタニッデーサ』，戒律書『サンケーパヴァンニャナー』，高度な哲学書『アビダンマッタサンガハ』といった一連の有名な作品を書き残しており[11]，サーリプッタは，『ダンマヴィラーサ』もしくは『ダンマタート』という名称で，ラーマンニャデーサで編纂された法典を初めて集成している。ナラパティシードゥー王の時代には，それまで優勢であったモン人の影響力が薄れていったが，それは建築様式や碑文へのビルマ語の使用にも反映されている[12]。

## 4　東南アジアの仏教

**タイ**　タイ人への仏教の広まり方は，おおむねビルマにおけるのと同様であった。タイ人は，中国南西部からイラワジ川東部の丘陵地帯（シャン人の故郷）やメナム平野北部（シャム人），さらにナムウのかなり東側（ラオ人）などへ移り住むにつれて，また，モン人とクメール人たちに支配されていた低地へ徐々に移り住むにつれて，バラモン教や上座部仏教，大乗仏教などに接触するようになった。1254年にクビライ・ハーンが南詔を征服し，さらに多くのタイ人が南へ押しやられてからは，タイ人たちはモン人とクメール人とに及ぶ支配権を打ち立て，彼らの先進文化のさまざまな要素を取り入れ始めた。タイ人が，現代のタイの国土の大半にその勢力を拡大するにつれて，ビルマの場合と同様に，とりわけモン人の仏教がタイ人に大きな影響を与えることになった。13世紀後半と14世紀にスコータイとチェンマイという二つの大きなタイ人の国家が樹立されたが，その成立にもモン人の仏教の影響が見られる。

スコータイとチェンマイは，それぞれ，有能な統治者であったラーマ・カムヘン（在位 1279-99）とマンライの指導のもとに，タイ人居住地域の中の強大な中心地となった。スコータイは，遅くともジャヤヴァルマン7世の時代以降，クメールの植民地となっていたが，13世紀半ばには独立したタイ人国家となった。二人のタイ人指導者，ペ・ムアンとバンクランハオはクメールの代官シュリー・サジャナラーヤを捕らえ，スコータイから追い払った。そして，バンクランハオは，スコータイの王に就任し，インドラーディトヤという称号を持った。インドラーディトヤの三男ラーマ・カムヘンが，スコータイ随一の王にして，タイ史上模範的な仏教徒の王となった。13世紀の最後の20年間を占める在位期間中に，ラーマ・カムヘンは，西はハンサヴァティー（ペグー），北はプレー，東はルアンプラバン，南はナコンシータンマラート（リゴールあるいはタンブラリンガ）に至る広大な領域に勢力を及ぼした。ナコンシータンマラートは，8世紀から12世紀まではシュリーヴィジャヤに，それ以降はクメールに支配されていたが，11世紀には上座部仏教の重要な中心地になっていた。スコータイでラーマ・カムヘンが王位に就く以前，ナコンシータンマラートのチャンドラバーヌが，スリラン

カに使節を送った。『チューラヴァンサ』によれば，パラッカマバーフ2世は，ナコンシータンマラートの僧ダンマキッティ長老に対してスリランカを訪問するよう招請している。ナコンシータンマラートにおける上座部仏教の力を十分に認識していたラーマ・カムヘンは，その地の林住派（アランニャカ）から，一人の長老をスコータイへ招いた。有名な1292年のラーマ・カムヘン石柱碑文はスコータイのさまざまな宗教施設について記している。たとえば，林住派の僧院（ワット・タパーン・ヒン），クメール寺院（ワット・プラ・パーイ・ルアーン），プラカプンの街の守護神を祀る神殿などである。つまり，ラーマ・カムヘンが上座部仏教を保護したという確たる証拠があるものの，13世紀のスコータイの宗教はさまざまであり，折衷的なものだったのである。

　ラーマ・カムヘンの後継者たち，つまり息子のルー・タイ（1298-1347）や孫のリ・タイ（1347-68あるいは74）たちの治世に，スリランカ系仏教が正統派となった。『ジナカーラマーリパカラナ』によれば，スコータイの僧スマナは，マルタバンに住んでいたスリランカ人の長老ウドゥンバラ・マハーサーミのもとで勉学に励み，受戒した。その後，スマナはスコータイに戻ってスリランカ系僧団を設立した。また，同僚のアノーマダッシーと協力して，今日のタイの国土の大半（アユタヤ，ピツァヌローク，ナーン，チェンマイ，ルアンプラバン）にスリランカ系僧団を広め始めたと言う。さて，とりわけリ・タイ王は，敬虔な仏教徒として，また，仏教の保護者として有名である。王は仏舎利と仏像を招来し，国中に仏教の慣習を普及させるべく，仏足石を作った。仏教学者としても有名であった王は，上座部としては初めての体系的宇宙論と考えられる『トライブーミカター』（『三界論』）[13]の著者としても知られている。

　スリランカ系仏教がスコータイにおいて地歩を固めつつあるのと同じ頃，北部と東北部のタイ人国家，つまりチェンマイとルアンプラバンにもスリランカ系仏教が広まりつつあった。チェンマイは，タイ北部にマンライによって樹立された大規模なタイ人国家である。マンライは，その勢力をチェンセーンからチェンライ，チェンコン，ファーンにまで拡大した。マンライは

1296年にチェンマイを樹立する以前の1291年に、ハリプンジャヤのモン・ラヴァの中心地を制圧している。碑文史料と年代記によると、スマナ長老は、1369年にクーナ王（1355-85）の招聘によって、自らマルタバンで師から学んだスリランカ系仏教をチェンマイにもたらした。クーナ王は、スマナによってもたらされた仏舎利を祀るために、ワット・スアン・ドクを建立した。そして、スリランカ系仏教はハリプンジャヤのモン人の上座部仏教に優る地位を獲得した。スコータイやパガンの場合と同様に、スリランカ系仏教はタイ人やビルマ人が権威を築く基礎としたモン人の上座部仏教との連続性を保つ手段としてだけでなく、彼ら独特の宗教的・文化的伝統を示す手段にもなった。

　チェンマイのスリランカ系僧団は、タイ人の最も偉大な王の一人ティローカラージャとプラ・ムアン・コウ（1495-1526）の時代に絶頂期を迎えた。ティローカラージャは、1430年にチェンマイにもたらされたマハーヴィハーラ派の支持を受け、父サム・ファン・カンの廃位を正当化した。チェンマイのスリランカ系僧団の中心であるワット・パ・デーンの『ムーラサーサナ』によれば、スリランカ系仏教は、コッテのパラッカマバーフ6世治世下の1423年にスリランカを訪れたチェンマイ、ロップリー、下ビルマ出身の39人の僧侶の一団によってタイに伝えられたとされる。彼らはタイ人の一国家アユタヤに戻った。アユタヤは、1412年にインドララージャのもとにスコータイを制圧し、18世紀の末にビルマに征服されるまでの間、タイの中心部を支配した国家である。タイ北部の年代記によれば、この派遣団に参加した僧たちは、タイの中部と北部に散り、現地の僧たちに再び戒を授けて彼らを新しいスリランカ系僧団に組み入れた。ティローカラージャは、1477年の通常議会で、このワット・パ・デーンを中心とするマハーヴィハーラ派をチェンマイの正統派仏教とすることに決定した。パ・デーンの年代記は、ティローカラージャを僧団の偉大なる保護者として、またアショーカ王のような、徳の高い模範的な王として描いている。ティローカラージャの後継者プラ・ムアン・コウの時代に、チェンマイではパーリ語仏教学が花開いた。『マンガラ・スッタ』へのパーリ語の注釈書『マンガラディーパニー』[14]がこ

の時期に書かれ，これは現在でも上級のパーリ語学習の教科書として用いられている。また，最も重要なタイ北部の年代記である『ジナカーラマーリパカラナ』もこの時期に記された。

　チェンマイで仏教が最盛期を迎えていた時期に，ビルマでは下ビルマのペグーを本拠としてダンマゼーディー王（在位1472-92）が国を治めていた。タイ北部やビルマの年代記，さらにはカルヤーニー碑文によれば，ダンマゼーディー王の時代に，ペグーとアヴァから宗教使節が何度かスリランカを訪れている。また，同様にスリランカ人の僧たちもビルマを訪れている。ビルマ人の僧たちはスリランカで再び受戒し，スリランカのいくつかの寺院を訪れたりしている。ダンマゼーディーもティローカラージャと同様に，僧団を統合しようと願い，ペグー王国の僧たちを一本化するために新たな授戒式を行なった。下ビルマ全土，アヴァ，タウングー，さらにシャン王国，タイ，カンボジアなど，各地から僧たちがペグーへやってきて受戒した。この時代は，下ビルマの「黄金時代」と年代記には記されている。

　**カンボジアとラオス**　カンボジアへ上座部仏教がもたらされたのは，メナム・チャオプラヤー川下流域のモン人を通してであった。11，12世紀には，上座部仏教も，大乗仏教やバラモン教と共存する形で存在していた。11世紀に，大乗仏教が国王の保護を受けていたことは確かである。そして，アンコール・トムのバイヨン寺院を建設したジャヤヴァルマン7世は，クメールのデーヴァラージャ（ブッダラージャ）崇拝に基づく神格と王権の一体化を背景に，ローケーシュヴァラ仏と同一視された。古代東南アジアの王たちによく見られたことであったが，ジャヤヴァルマンは大乗仏教を保護したけれども，それは決して他の信仰を排除するものではなかった。カルヤーニー碑文と『フマンナン・マハーヤーザウィンドージー』によれば，12世紀にジャヤヴァルマンの息子と思われるカンボジア人僧が，ビルマからスリランカへの使節の一員に加わっている。13世紀から14世紀の初頭にかけて，タイ人の圧力に押されたロッブリー地域のモン人僧が流入したことは確実なようである。13世紀末にアンコールへ派遣された使節の一員であった周達観

の『真臘風土記』によれば、その頃に上座部の僧たちがクメールの都にいたという。『ジナカーラマーリパカラナ』は、1423年にスリランカへ派遣されたチェンマイの使節団について述べるなかで、スリランカ系のマハーヴィハーラ派をカンボジアへ伝えた8人のクメール人僧についても言及している。

ラオスでの仏教の発展は、カンボジアとタイ両国の影響を受けている。ラオ人の年代記によれば、ジャヤヴァルマン・パルメーシュヴァラ（在位1327-53）は、ピ・ファとファー・グムを助けて、それまでスコータイの政治的支配下にあったラン・サンを、独立した王国とした。ルアン・プラバンのワット・ケオの碑文には、ファー・グムがアンコールにいた頃の師で、その後、宗教使節の一員としてカンボジアからラン・サンへ赴いたマハーパサマンと他に二人のスリランカ系長老の名が記されている。14世紀末以降、ラオスとカンボジアの仏教は、その地域でタイが政治的に優勢であったことから、仏教の面においても主にタイの影響を受けていることは確かである。近代でも、タイ国内の上座部の動向はカンボジアとラオスにも影響を与えている。また、共産革命以前は、カンボジアやラオスの僧たちはバンコクの仏教大学に学んだ。

■**まとめ**　古代東南アジア諸国家の勃興を特徴とするこの時期、仏教はさまざまな顔を持って存在した。パーリ上座部は、主にドヴァーラヴァティーや下ビルマのモン人を通して伝えられ、後にビルマ人やタイ人は、先進文化としてこれを取り入れた。大乗仏教は、シュリーヴィジャヤやアンコールのみならず、パガンや初期のタイ人諸国家にも存在していた。さらにこの上座部仏教や大乗仏教は、土着の精霊信仰やバラモン教と強固に対抗しつつも共存し、それらの要素を取り入れることもあった。仏教は、ダンマラージャ思想の理想を示すことによって、東南アジアの王権に対する考え方や王の統治に大きく貢献した。ダンマラージャは、インドのアショーカ王に代表されるだけではなく、チャンシッター、ラーマ・カムヘン、ティローカラージャなどの東南アジアの諸王にも見出されるものであった。

上座部仏教が東南アジア大陸部に教線を拡大する際に、スリランカは非常

に大きな役割を果たした。上座部のこの発展には，さまざまな要因が寄与したが，ここで，その中の二つを挙げてみよう。モン人の上座部仏教を取り入れたビルマ人とタイ人が勢力を伸ばしたことと，そのビルマ人とタイ人が文化的・宗教的独自性を確立する手段として，その後スリランカ系の仏教を取り入れたことである。スリランカ系仏教の影響は11世紀までさかのぼって確認できるが，スリランカ系僧団が古代諸国家の興起や発展とともに優勢になったのは，ようやく12世紀の半ばから15世紀の末にかけてのことであった。スリランカ系仏教は，その世界観，歴史観，僧団の制度，教育，言語などを通して，王政を正当化することに貢献した。しかし同様に重要なことは，スリランカ系仏教は，仏舎利などの遺物や仏像などを崇拝することや，土着信仰と混淆した民間信仰を通して民衆の宗教となったことである。

ヴェトナムは，古代東南アジアの仏教諸国の発展の歴史にはあまり登場しない。これは，初期のヴェトナム史に登場するチャム人のあいだにヒンドゥー教の影響が強かったためと，ヴェトナム地域には中国の文化的影響力が圧倒的に強かったためである。11世紀までヴェトナムは，事実上，中国の勢力範囲内の一つと言ってよく，リ（李）王朝（1009-1224）のもとに独立を勝ち得た後でさえ，文化面では中国の感化を受けていた。ヴェトナムの大乗仏教は，明らかに中国文化の影響の一端であり，毘尼多流支（ヴィニータルチ）によって580年に始められたと伝えられる禅宗（ヴィニータルチ派）は，ヴェトナムでの有力な仏教の宗派であった。やがて，エリート層は儒教を好むようになるが，仏教は，大衆のあいだで大きな位置を占め続けた。

## 近代の東南アジアの仏教

上座部仏教をその有力な構成要素とする古典期の東南アジアの宗教と文化は，ビルマ，タイ，カンボジア，ラオス，ヴェトナムの文化に独特の統一性を与え，またさらに今日までこれらの国々の文化を支えている。古典期の宗教的世界観，組織構造，文化的特性は，17世紀以降の西洋諸国の帝国主義的拡張や近代主義の挑戦に直面して，変化をこうむり，修正され，それらはさまざまな形で再び現われてきた。そこで，次のような点から検討を加えよ

う。第一に、仏教がこのような挑戦にどのように対応してきたのか。第二に、近代の諸国家の発展の中で仏教がどのような役割を果たしているのか。第三に、東南アジア地域の仏教の未来について、最近の情勢は何を暗示しているのか、である。

　近代の東南アジアの仏教には、植民地時代、とりわけ19世紀から20世紀の間の変化が大きく反映している。ビルマ、タイ、インドシナでは、植民地時代の経験が個別であり、その内的要因も異なっているので、各国の近代宗教史は各々異なっている。しかし、たとえば18世紀のヨーロッパの啓蒙主義運動が、中世のキリスト教ヨーロッパの統合体に根本から挑戦したように、この19世紀から20世紀前半の間に、仏教、バラモン教、精霊信仰を混合させた東南アジアの伝統は批判的に洗い直された。その結果、そのような世界観と結びついていた制度や価値観も再検討された。多くの場で古代の世界観とそれに基づく伝統的な道徳的社会に対する挑戦が見られた。東南アジア全体を通して、僧団が担っていた教育の役割は、西洋式教育に取って代わられてきた。教養を身につけた者としての、また教育者としての僧侶の地位、そして伝統的に教えられてきたことの意義も低下してきた。ビルマでは、1885年に仏教に根ざした王政制度が崩壊した。さらに、イギリスは仏教を比較的野放しにしたため、以前は伝統的に国王が僧団に与えていた権威と指導力がなくなり、僧団は混乱状態に陥った。タイでは、仏教の宗教的慣習を伝承し、支えてきた農村や都市部の環境が、ここ50年の急速な都市化によって大きく変化した。ラオス、カンボジア、ヴェトナムの共産主義革命は、文化的価値観を基層で支えてきた仏教を駆逐した。これらは、近現代に東南アジアの仏教が受けてきた挑戦のほんの一部である。

■**近代化と改革**　東南アジアの仏教諸国に植民地支配の手が伸びる以前には、個々の国家はそれぞれ異なった状況にあった。1767年にビルマがアユタヤを滅ぼしたことにより、タイ人（この呼称は今日のタイの国土に住んでいるタイ人を指す）には、チャオプラヤー川下流域の今日のバンコクの地に新しい都を建設する機会が与えられた。新しいバンコクの地は国際市場に地理的

に近くなるため，これから夜明けを迎えようとしている新しい時代に向けて，格段に優れた立地条件であった。新王朝（ラタナコーシン朝）は，強くなりつつあった西洋からの影響にかなりうまく対処することができたし，新しい意味での国家統一の確立にも専心した。一方，ビルマ人たちは，アラウンパヤーとその息子の治世下での戦争に辟易しており，宗教的，民族的な分立状態に悩まされていた。ビルマ人たちは，都（アヴァ，アマラプラ，マンダレー）が地理的に孤立している点で不利であり，その上，英緬戦争でアラカン地方と下ビルマをイギリスに割譲した，バジードー王のような政治的能力に劣る王たちに支配されていた。カンボジアは，18世紀と19世紀初頭には，タイ人あるいはヴェトナム人に基本的には支配されていたが，1860年代に，全土がフランスの保護領となった。ラオスでは，ルアンプラバンとヴィエンチャン王国が19世紀にはタイの支配下にあったが，1863年にノロドム王がフランスの保護領となることを受諾した。1890年代にようやく，フランスはコーチシナ，安南，トンキンを制圧した。これらの地域はカンボジアとともに，1887年にインドシナ連邦に組み入れられた。タイ以外の東南アジアの仏教国は，フランスとイギリスの植民地政策によって崩壊したが，タイは，政治的に独立を保ったことと，モンクット（ラーマ4世，在位1851-68）とチュラロンコン（在位1868-1910）の卓越した指導力があったために，宗教上の近代化と変革が行なわれた。したがって，この近代化と改革という問題については，タイに焦点をあてるのが適当であろう。

　古代のタイ仏教の世界観は，スコータイのリ・タイ王の手になる『トライブーミカター』〔トライプーム〕に述べられている。この書物は，ある意味では，行政的・政治的体系を建て直し，彼の前任者の政策のもとで崩壊した協調構造を復活させるというリ・タイ王の計画の一部と見なされるべきである。リ・タイ王は，世界が時の経過によって段階的に悪化していくという仏教の歴史観を示すことによって，人間の生というものが，欲界・色界・無色界の三界の中で，業によって決定されるということを強調しようとしたのである。『トライブーミカター』は仏教の説法として見た場合，聞く者たちに道徳的な生活を送るように勧め，そうすることによって天界に生まれるという果報

が受けられると説いている。人間，天人，悪魔などさまざまな世界からなる輪廻の中で，『トライブーミカター』は中心人物として，伝説上の王ダルマ・アショーカを模範とする輪転聖王，すなわち全世界を治める王に焦点をあてている。リ・タイの考える，伝統的な世界観，王の役割，業の働き，来世に天上に生まれるという果報への期待などは，スコータイの政治，社会，宗教の秩序に一つの合理的な論拠を与えている。タイ王政の繁栄を再び確立したラーマ1世（1782-1809）が『トライブーミカター』の改訂を命じたことは，その書物の永続性と，編纂された時代と同様の政治的，社会的崩壊の時代にあって，それが秩序と安定の指針として有用なものであったことを立証している。

　しかし，『トライブーミカター』に示された世界観は，すぐさま西洋から挑戦を受けることになった。欧米の宣教師，商人，旅行家たちが1830年代，1840年代にバンコクにやってきて，1850年までに，タイすなわちシャムは，西洋諸国と通商条約を締結した。1851年に王位に就いたモンクットと，その有能な外務大臣チャオ・プラヤ・ティパコラワンの指導を受けたシャム貴族のエリートたちは，西洋の科学技術と文化に関心を抱き，それらを受け容れるようになった。彼らのあいだに，実用的見地に立った科学的経験主義が広がり始め，その影響で信心深いモンクットでさえ，伝統的な『トライブーミカター』の世界観には多少そぐわない，神話的要素を取り除いた仏教を，明確に打ち出すようになった。このような立場からの批評は，正式には1867年にチャオ・プラヤ・ティパコラワンの手になった『キチャヌキット』（さまざまな事柄を説明する書）に明らかにされている。その書物では，諸々の事象を，伝統的な宇宙観や神話から説明するのではなく，天文学・地学・医学などを用いて説明している。たとえば，雨が降るのは，雨を降らす神々が暴れ出すからでもなく，大蛇がその尾を打つからでもなく，風が雲から水を吸い出すからである，とか，病気は悪行を罰する神が引き起こすのではなく，空気の流れによって引き起こされる，と述べられている。これらの説明は，正確ではないにしても，神話的，宗教的というよりもむしろ自然のあり方に従うものであった。『キチャヌキット』は，仏教を社会倫理の一体

系であると主に捉えている。たとえば，天界と地獄は場所を指すのではなく，道徳的もしくは教育的な面で有効性を持つものであり，また業（⑤カルマン，Ⓟカンマ）は現実に果報をもたらす力ではなく，人間の多様性を説明する因果原理である，などと述べている。モンクットの後継者である息子のチュラロンコンは，『トライブーミカター』は単なる想像の所産であると宣言して，伝統的な東南アジアの仏教的世界観に基づく神話的宇宙観からさらに距離を置いた。

　タイの仏教的世界観が近代化されたことによって，仏教僧団にも改革が行なわれることになった。この改革はモンクットが着手し，さらにチュラロンコンの時代にも続いた。モンクットは1851年に王位に就くまで，25年間僧侶であった。その間，モンクットはパーリ語文献を研究し，さらに厳格な修行を行なうモン人僧たちと交わったことによって，タイの仏教が本来の仏教からかけ離れていることを確信した。モンクットが提唱したのは，パーリ語や仏教文献をもっと真剣に研究することや，瞑想を上手に行なえるようにすることであった。モンクットが宗教改革に尽力したことによって，僧団の規律がより正統なものになり，その向上が見られた。ワット・ボヴォニベーにおいてモンクット王の周りに集まった一群の僧たちは，タンマユット（法に従う者）と自称し，タイ仏教の厳格な新宗派の中核となった。タンマユット派，別名ダンマユッティカは，成立の事情からして王室と深く関わりがあったため，近代タイ仏教の発展において非常に大きな役割を果たしてきた[15]。1864年には，クメールの王室がタンマユット派をカンボジアに取り入れ，同国でも同様な役割を演じた。しかし，ラオスではタンマユット派の影響は大きくなかった。

　モンクットの掲げた理想を具体化した仏教改革派の伸長によって，僧団内にさらなる変化が引き起こされた。それは特に，僧団が，モンクットの息子チュラロンコンの政策に組み込まれた時に顕著であった。チュラロンコンは，周辺地域を新興国家タイの中に政治的に統合しようとすることをねらった改革を実行に移すと同時に，国内のすべての僧を一つの国家的組織に統一する政策にも着手した。その結果として，僧団の規律とともに僧団内の教育の質

も全国的に改善された。また，仏教史・教義・典礼の学習については三段階，パーリ語学習については九段階からなる，全国規模の僧団の標準カリキュラムが確立された。さらに，より高度な研究のために，二つの仏教大学がバンコクに設立された。

　19世紀末から20世紀初頭に至るタイ仏教の近代化と改革には目を見張るものがあるが，タイの事例は，すべての東南アジア仏教国に見られる一般的潮流の一部として考えられるべきであろう。経典と教義の分野においては，文献重視の新しい考え方が台頭してきた。これは，ビルマで1956年と1957年に開催された全仏教徒会議を機に行なわれた，三蔵聖典の新たな編纂事業に象徴的に表れている[16]。教義の再解釈は，以下の三つの主要な流れに沿っている。すなわち，超自然的，また神話的な側面よりも，伝統の持つ倫理的側面を強調すること，民衆に浸透している思想や慣習の中の神秘的要素を，仏教本来の伝統とは相容れないものとして拒否すること，仏教を科学的に弁証し直そうという関心に沿って，西洋的観点から仏教思想を合理化することの三つである。ビルマのウー・チャン・フトンのような護教論者たちは，あらゆる近代科学的な考え方は仏教の中にすでに存するものであると主張した。また，それほど大それた主張はしないが，縁起（⑤プラティートヤ・サムトパーダ，Ⓟパティッチャ・サムッパーダ）のような仏教の教義と，アインシュタインの相対性理論との間の具体的な関係を例に引く者もあった。仏教の護教論者たちは，概して，次のようなことを立証しようとした。すなわち，仏教は他の宗教，特にキリスト教よりも科学的であり，また，仏教の経験主義的な事物の捉え方や方法論は近代科学とも相通じるものであり，また，科学は仏教の特定の教義を裏付けたり，証明するものだというようなことである。

　僧団の近代化と改革も，タイについてわれわれが詳細に検討した線に沿って，他の国々でもなされた。たとえば，カンボジアでは，タイからタンマユットを取り入れたのみならず，国家の方針に従って僧団を再編している。ラオスやビルマにおいては，主に在家者の主導のもとに，改革を意図したさまざまな仏教徒の組織や協会が登場した。

■**仏教と近代国民国家**　植民地時代の末期から独立当初の時代に，ビルマ，タイ，カンボジア，ラオス，ヴェトナムが近代国家になっていく過程で，仏教が，欠くことのできない要素であることが明らかになった。仏教は，新しい独立国家の発展に大きく貢献した一方，伝統的な仏教の思想や慣習が強いられた変革に対して，さまざまな方法で抵抗した。そこで最初に，仏教が国家独立の運動や国家の独自性と統一性を維持するためになした貢献について検討することにする。次に，近代国家の組織から伝統的なものに向けられた数々の圧迫に対して仏教が行なった抵抗について検討しよう。

　歴史的に見れば，仏教は，古典期の東南アジア諸国の特徴を明確にするのに重要な役割を演じた。そのため，これら近代諸国家の特徴を再び考える上で仏教が不可欠の要素となるのは当然のことである。たとえば，ある国が植民地支配を受けているといった場合には，民族主義者の活動は宗教的な基盤や背景から生まれたか，もしくはそれらと同一のものであった。その好例としてビルマを取り上げてみよう。ビルマでは，仏教は，20世紀の最初の数十年間に起こった独立運動にはずみを与えた。ラングーンをはじめ，ビルマ各地の青年仏教連盟（YMBA）は，すぐさま政治的役割を担った。最初の重大問題は，1918年の「履物を脱ぐこと」についての論争であった。ビルマの習慣に従って，ヨーロッパ人もパゴダ内では履物を脱ぐべきであると，青年仏教連盟は主張した。そのため，イギリス政府は履物の着用規制については，各パゴダの住職に決定権を与えた。それに続く10年間には，民族主義運動は，主にビルマ人団体総評議会（GCBA）に率いられたり，政府が後ろ楯をする選挙には棄権するように煽動して投獄されたウー・オッタマや，イギリスの刑務所内でハンガーストライキ中に死亡して独立運動の殉難者となったウー・ウィサラのような政治活動を行なう僧たちに率いられていた。

　アウン・サン将軍の暗殺を受けて，1948年1月にウー・ヌが首相になると，彼は仏教を政策の中心に据えた。彼はマルクス主義は否定したが，仏教社会主義は採用した。彼は，本質的に国家というものは，個々人が利己的な欲望を克服できた時にはじめて成立しうるのだと確信していた。誰もが十分な生活必需品を与えられ，身分階級や貧富の差は最小限にとどめ，人間は誰

しも道徳的かつ精神的な完成を求めるべきである。国家は国民の物質的要求に応え，仏教は精神的な欲求に応えるべきである。このような目的のために，ウー・ヌは仏教を広め，僧たちを監督するために1950年に仏教教義会議（Buddhist Sasana Council）を創設し，宗教問題担当大臣を設け，さらに，瞑想を行ないたい役人には30分早く仕事を切り上げさせるように政府機関に命じた。1960年にウー・ヌは，自分自身と政党の名のもとに，仏教をビルマの国教とする方針を明らかにした。ただし，これは，キリスト教徒のカレン人などの少数部族には不評であり，また，ウー・ヌを首相から解任した1962年3月のネ・ウィン将軍のクーデターへの大義名分の一つとなった。ウー・ヌは多くの面で純粋すぎて政治的に現実性がなかったので，彼の仏教社会主義の考え方は，結局，政治的指導者とはダルマによって支配し，自らの功徳の力によって平和と繁栄を生み出すものである，という古い考えに逆戻りしてしまった。しかし，このような考え方は1960年代の政治の現実とは相容れないものであった。

　他の東南アジア諸国では，仏教は，とりわけ支配体制に抵抗する基盤として，また政治的指導力の重要な象徴の一つとして機能した。1960年代には，政治活動に積極的なヴェトナム人僧たちがジェム体制の崩壊に寄与した。そして，その後も，ティック・トリ・クワンとティック・ティエン・ミンの指導のもとに，連合仏教協会（United Buddhist Association）が，引き続き積極的に政治活動を行なった。カンボジアでは，シアヌーク殿下が仏教社会主義に基づく政治哲学を採用し，衰退はしたものの，古代東南アジアの仏教に基づく統治の伝統を体現する最後のカンボジア王となった。

　東南アジアの仏教は，政治的な独立運動の精神的な後ろ楯となったり，仏教的特色を備えた政治イデオロギー形成の一助となったり，政治権力構造に対する挑戦を促す原動力となってきたが，それだけではなく，仏教は，国家の領域内での政治的統一を促進するためにも利用されてきたのである。仏教を国教とすることで国家統一を促進しようとしたウー・ヌの願いは純粋すぎるきらいがあった。それは，仏教僧団内の派閥間の争い[17]や，相当数の少数派の非仏教徒が多数派の仏教徒から，明白ではないにせよ，目に見えない圧

力を感じていたことなどを考慮に入れていなかったのである。

　タイでは，チュラロンコン王とその有能なサンガラージャであるヴァジュラニャーナのもとで僧団の中央集権化が行なわれた[18]。これにより，僧団の規律と教育が向上したのみならず，僧団がさらに深く国家に組み込まれていった。チュラロンコンの後継者，ワチラウット（在位 1910-25）は国家に対する忠誠を仏教に対する忠誠と同義であるとした。実際には，彼は愛国心を向上させる手段として，仏教を利用したのである。特に彼は軍事力を重視し，さらに，愛国心とはタイ仏教を支持することに等しいと見なした。彼はイギリスの国防義勇軍に似た「野性の虎部隊」を創設した。また，その一部隊である「虎の子部隊」は，後にボーイスカウト運動に吸収された。その両部隊によって，国家，宗教（仏教），国王へ忠誠を誓うことが奨励された。

　仏教は国家統一を促進する政府の政策の中で依然として重要な手段であった。1962年の仏教僧団法令によって，世俗の国家権力のもとに，僧団の組織がさらに中央集権化された。同年，政府はダンマドゥータ計画を，1965年にダンマチャリカ計画を実施した。前者は海外の仏教僧や，国内でも特にタイの東北地方など緊張状態にある国境地域で活動する僧を支援するもので，後者は北部山岳地帯の諸部族に対する仏教伝道使節を対象としたものである。

　しかし仏教は，植民地後の新しい東南アジア諸国の特徴となったり，国家を支える一種の「国家宗教」として機能しただけではない。仏教は，新たな民族主義がもたらした融和や変化などにも抵抗してきた。この抵抗は，伝統的な宗教慣習の継続や地方自治権の拡大を求めて起きる場合もあった。また，武装暴動や千年王国救世主待望運動のような形を取ることもあった。前者の例としては，20世紀初頭の北部タイの僧クルーバー・シーヴィチャイが，後者の例としては，ビルマのサヤー・サン反乱（1930-31）が挙げられる。

　タイの仏教僧団の大勢は，僧団の組織，規律，教育を標準化するという，20世紀初頭の中央政府が打ち出した方針に協力したが，注目すべき例外もあった。北部タイのチェンマイ地方のクルーバー・シーヴィチャイが，その一人である。彼は中央の国家僧団からは授戒をする師として認められていなかったのに，北部タイの慣行に従って比丘や沙弥に授戒した。そのために，

彼は中央の僧団と衝突した。また，彼は独力で膨大な資金を調達し，荒廃していた僧院を再建し，チェンマイを見下ろすドイ・ステープ山上の有名なマハーダートゥ寺院に通じる道路を，人力労働を雇って建設した。このような諸事業が成功したため，彼には奇蹟的な力が備わっているとされた。しかし，1919年に，彼は，僧としての規律違反と暴動を煽った容疑で訴えられ，バンコクに出頭するよう命じられた。ただし，上級役人たちは彼を処罰した場合に予想される悪影響を危惧して，彼に有利になるように仲裁した。最終的には，彼はタイの中央僧団の法律に従ったが，僧団の上層部は，北部の僧たちが伝統的な慣習にある程度従うということを黙認した。

　他にも，新興の国民国家に対してさらに過激な仏教徒の反撃が東南アジアの各地で展開され，そのような抵抗運動は，通常カリスマ的な指導者を中心とするものであった。そのような指導者は，ときには弥勒菩薩の生まれ変わりと信じられた。ビルマでは，20世紀の初頭，イギリスの植民地支配の打倒と，ビルマの王政とビルマ仏教の復活を目的とした暴動が数件勃発した。それらの暴動の一つはサヤー・サンが率いたものであった。サヤー・サンは下ビルマのターヤーワディー地方の僧であったが，イギリスの支配を覆すために政治的にもっと直接的な方法を採ろうと僧籍を離れた。サヤー・サンの運動は，伝統的宗教色が強く，また自らも王の雰囲気を漂わせていた。また，彼を支持した人の大半は，1920年代に結成された民族主義連盟（ウンターヌ・アティン）と関係する政治的な僧たちであった。サヤー・サンは，1930年10月28日に密林の中の都において，極めて伝統的なビルマの作法に従って，「王」としての戴冠式を行なった。武装集団に訓練が施され，12月末頃に暴動が勃発した。紛争が下ビルマ全域とシャン人の住む地方にまで拡大したため，警察による暴動鎮圧の援軍としてイギリス軍が招請された。紛争が終結したのは，8ヵ月に及ぶ戦闘の後であった。

■**最近の動向**　最後に，近代の国民国家という流れのなかで，東南アジアの仏教の将来について述べなければならない。インドシナの戦争からアメリカが撤退したことなどから，カンボジアではポル・ポトの大量虐殺体制が徹底

的な破壊を行なった。このようなことがあったにもかかわらず、カンボジアとラオスの僧団の崩壊は、仏教の伝統を揺るがしはしたものの、決して伝統を根絶するようなものではなかった。しかし、ラオスとカンボジアでは宗教・文化混合の伝統は崩壊の憂き目を見た。タイや、1960年代の初めから西洋の影響をあまり受けなかったビルマですら、そのような伝統の崩壊はゆるやかに進行した。換言すると、東南アジア仏教の政治的、経済的状況は、明らかに東南アジア仏教のあり方そのものに影響を与えた。ここに浮上してくる傾向は、互いに矛盾したものではないにせよ、逆説的に思える。次にそのような三つの問題を検討してみよう。一つ目は、活動的な在家指導者が増えていることと、超能力を持つとされる僧たちが崇拝されていること、二つ目は、瞑想の習慣が復活していることと、政治活動や社会活動への積極的な参加が強調されること、三つ目は、神秘的で習合的な儀礼慣習が盛んに行なわれていることと、仏教本来の教義の純粋さが主張されていることである。

　現代では、宗教活動のさまざまなレベルで在家者の指導的役割が増大している。ビルマの青年仏教連盟（YMBA）と、タイで始まった仏教の「日曜学校」は、明らかに西洋キリスト教の影響を受けている。またさまざまな目的を持つ在家組織が発展している。たとえば、革命以前のカンボジアには、カンボジア共和国仏教協会（1952）、仏教学校親睦協会（1949）、宗教福祉救済センター親睦協会（1970）、カンボジア共和国宗教学生協会（1970）、カンボジア仏教青年協会（1971）などがあった。在家仏教徒は世界的規模の仏教運動にも積極的に関わった。とりわけ有名な在家グループは、バンコクに本部のある世界仏教連盟（WFB）と、諸宗教間の対話協議を行なっている世界教会会議（WCC）である。

　出家僧が中心となることを特徴とする宗教伝統のなかにあって、在家の人々の役割がますます重要になってきたことは、近代の東南アジア諸国に見られるさまざまな発展を反映している。そのなかでも無視できないのは、エリートたちのあいだに仏教とは関係のない西洋の教育が普及したことである。しかし、このような現象とともに、それとは正反対の状況も目にする。それは、超能力を持つとされる聖者に対する根強い信仰である。徳の高い僧が救

世主的信仰のカリスマ的指導者となる例（たとえば，ビルマのマハガンダレ・ウェイクザド・アプウェグヨーク）がある一方で，崇拝の形式がかなりくだけた印象を与え，大衆化されたものもある（たとえば，タイのプラ・アチャルン・ムン）。徳の高い僧が自ら奇跡的で超自然的なことを説くことは皆無に近いのだが，弟子たちが自らの師をそのように仕立てるのである。その僧の誕生にまつわる星宿の前兆や，子供時代の驚くべき出来事や，その他これに類する事柄を描いた聖人伝がよく現われる。僧が奇跡的な力を持つということは上座部仏教では古くからある現象だが，それは今日まで存続し，ある人々によれば，現代ではその傾向がますます強まっているというのである。

瞑想は常に仏教の修行の必要条件であったが，伝統的には，林住比丘（アランニャヴァーシー）もしくは瞑想比丘（ヴィパッサナードゥラ）の本領であった。現代では，瞑想は，普通の仏教寺院の日課の一部として広く行なわれている。さらに，瞑想センターもあり，それには僧と在家者の双方を受け容れる所と，在家者専用の所がある。ビルマでは在家者の瞑想は，ウー・バ・キンやレディ・サヤドー（1856-1923）のような瞑想の師の指導のもとに特に盛んであった。西洋人は，ウボンラチャタニにあるワット・パ・ポンのアチャン・チャ師のような有名な東南アジアの瞑想の指導者たちにとりわけ惹かれてきた。瞑想を行なう僧の中には，瞑想の方法やその人自身の徳の高さのために有名になっただけではなく，超人的な能力を身につけているということで名声を博した者たちもいた。

現代の東南アジア仏教では，瞑想は僧院内での修行だけでなく在家者にも取り入れられるようになったが，ただしこのような瞑想重視の傾向によって，強力な実践的社会倫理の形成が妨げられることはなかった。ヴェトナム人の禅僧ティック・ナット・ハンは1960年代のヴェトナムにおける武力紛争に対して仏教としての解決法を生み出す努力をした。また経済発展のための仏教的理論の確立にも広範な関心が向けられてきた。その仏教的理論は西洋の資本主義に批判的であったが，必ずしもマルクス主義に傾倒していたのではない。また，仏教徒は麻薬中毒のような特定の社会問題を解決するためにも

活動してきたし，核兵器の拡散にも強く反対してきた。東南アジアの仏教徒は，国際組織においても，自国内においても，世界平和や全人類の基本的人権などの理想を実現するために他の宗教団体の人々とも連携してきた。タイ人僧ブッダダーサ比丘などの仏教説教者は，仏教とは個人倫理と社会道徳の実践的体系である，と説いた。

　また，ブッダダーサは，功徳を積むための儀礼に重点を置いたタイ仏教の伝統的慣習に対しても，非常に批判的であった。そのような儀礼の目的は，個人的な功徳を積むことや，厄除けや，幸運を招くために超自然的な力に媚びることである。彼はその著作の中で，また，タイ南部のチャイヤのセンターで，欲望と執着を克服することの重要性を強調している。ブッダダーサによれば，涅槃とは我欲を克服した時に得られる心の状態である。これは僧だけでなく，すべての仏教徒の目標である。それどころか，彼によれば，これはすべての宗教の目指すべきものである。ブッダダーサの批判は，タイのみならず，東南アジアの仏教に広く見られる大衆的な仏教儀礼慣習に伴なう呪術性を反映している。そのような儀礼慣習が目指しているのは，功徳を積むこと，つまり，自業自得の原則により自らの状態を良くすることを通して，物質的な生活を改善しようとすることである。ブッダダーサは，ブッダの教えの根幹をなす涅槃や無我という教義が，あらゆる仏教徒の宗教的営みの一部とならなくてはならないと述べている。この言葉は，重層的な文化の中に埋没してしまった本来の仏教の核心を復興させようとする現代の多くの仏教思想家の考えを示している。大衆宗教とは種々の宗教が習合したものであり，世俗的な目標の達成を強調するものであるが，他方，タイやビルマの護教論者たちは，一般の仏教徒が仏教の核心を全般的に理解し実践することができるように，と努力を重ねている。このような傾向を，東南アジア仏教の「プロテスタント化」と見なす評論家もいる。

　東南アジア仏教の現代の特質は，古くから伝来したものを守るだけでなく，新しい方向にも目を向けている。ラオスやカンボジアなどのマルクス主義体制下で仏教僧団はどのようにやっていくのか，また，バンコクやチェンマイなどの都会的でますます物質重視になる環境のもとでどのようにやっていく

のか，これらを予想することは困難である。上座部の僧の教育水準が，一般社会のエリートたちのそれに太刀打ちできないものとなったとき，僧は，社会内での地位を維持できるのだろうか。仏教は，人口爆発，売春，栄養失調，経済開発のような諸問題に対して有効な発言ができるのだろうか。仏教は，時代とともにどれほど変化し，どれほどその独自性を維持できるのだろうか。仏教はビルマ，タイ，ラオス，カンボジア，ヴェトナムの人々の独自性の根幹となってきただけでなく，世界の文化にも大いに貢献してきた。そのような仏教の前に，上掲のような問題や，他のさまざまな問題が立ちはだかっている。

◇訳　注
1）以前は，大乗仏教側からの貶称である小乗仏教という呼称が多かったけれども，最近ではこの呼称が一般化しつつある。
2）日本では平川彰氏が大乗仏教の教団起源として，仏塔を中心とする在家教団を想定する説を発表し注目された（『初期大乗仏教の研究』，春秋社，1968年）。また，下田正弘「大乗仏教の教団起源に関する問題」（『涅槃経の研究』，春秋社，1997年，6-19頁）は平川説への批判的視点を示しつつ，大乗の教団起源の問題を海外の研究をも含めて要領よく概観している。
3）これはヴィニータデーヴァの説である。他にも七派ではなく，二派，四派に分派したとする説もある。根本説一切有部の教団史的問題は，静谷正雄「根本説一切有部について」（『小乗仏教史の研究』，百華苑，1978年，153-158頁）に詳しい。なお，近年，少なくとも文献資料からは，「根本説一切有部」と「説一切有部」とは同一のものであるとの解釈が提示された（榎本文雄「『根本説一切有部』と『説一切有部』」『印度学仏教学研究』第47巻，第1号，1998年）。
4）各伝承は，正量部は犢子部からの分派の一つと伝えている。（静谷，前掲書，217-233頁）
5）アリー僧のこの種の悪行については，生野善應氏による『サーサナヴァンサ』の邦訳が至便である（『ビルマ上座部仏教史──サーサナヴァンサの研究』，1980年）。ただし，『サーサナヴァンサ』は，アリー僧を追放した上座部の立場から書かれていることは，考慮に入れるべきである。また，僧が処女を奪う慣習は，カンボジアなどでもかつて見られたが，これは一種の成人儀礼にあたるものだとする説もある（三宅一郎・中村哲夫『考証真臘風土記』1980年，129-140頁）。
6）古代インドの世界創造観や社会研究の面からも注目される『アッガンニャ・スッタンタ』には，これまでにも多くの研究がある。近年，コリンズの研究，ならびに詳細な訳注が公にされた。Steven Collins, "The Discourse on What Is Primary（Aggañña Sutta-

nta). An Annotated Translation," *Journal of Indian Philosophy*, 21 (1993), pp. 301-393 参照。

7) 詳細は N. A. Jayawickrama, *The Sheaf of Garlands of the Epochs of the Conqueror* (PTS, 1978), p. 36 参照。

8) (訳文, p111, l. 15) デーヴァラージャという語をもって, アンコールの王を神と同一視する見方に, 近年, 疑義が呈されている(笹川秀夫「アンコールの王権とナショナリズム」『東京外大 東南アジア学』第6巻, 2000年)。

9) ブッダゴーサの生涯については, その出身地の問題を始めとして諸説入り乱れている。マノーラタプーラニーによれば, スリランカ来島以前, 南インドのカーンチープラで上座部を学んだとされる。また, タトンとの関連でコーサンビーは次のように述べている。「ビルマの伝承に言われているブッダゴーサがビルマのタトン出身のタレイン人であったという説に関して, 彼は実は南インドのテルグ国出身のテランガ人であった事。なぜならば, 古来テランガ人はビルマおよびインドシナに植民し, Talaimg という名も Telanga から転訛したものであるからである」。森祖道「ブッダゴーサの生涯」(『パーリ仏教註釈文献の研究』, 山喜房佛書林, 1984年, 469-527頁) 参照。

10) 『サーサナヴァンサ』によれば, ビルマからスリランカへ赴いたのはウッタラジーヴァ長老とチャパタ沙弥のみであり, チャパタの帰国の際に, インドやスリランカなど出身の四人の比丘を伴なっていたとされる (生野, 前掲書, 1980年, 83-84頁)。

11) 『スッタニッデーサ』はカッチャーヤナのパーリ語文法書『カッチャーヤナ・ヴァイヤーカラナ』に対するヴィマラ・ブッディの注釈書『ニヤーサ』に対する注釈であり, 『サンケーパヴァンニャナー』はアヌルッダ作『アビダンマッタサンガハ』に対する注釈である。したがって, 『アビダンマッタサンガハ』はチャパタの著作でなく, また他の二著作もチャパタがスリランカからビルマへもたらしたものにすぎないという説もある。M. H, Bode, *The Pali Literature of Burma* (Royal Asiatic Society, 1909), pp. 17-18 参照。

12) 現存する最古のビルマ語碑文は, 1112年に記されたミャゼーディ碑文とされる。パガン近郊で発見されたもので, チャンシッターのために寺院を建立した事などが記されている。この碑文は, パーリ語, モン語, ビルマ語, ピュー語の四言語が併記されており, 「東洋のロゼッタストーン」とも呼ばれている。

13) 本書はタイ語で著された著作であり, 通常『トライプーム (Traiphum)』と表記される。なお, 本書はリ・タイが王子時代の1345年に著された。

14) 本書は『スッタニパータ』中の『マンガラスッタンタ』に対する注釈であり, 1524年にシリマンガラによって著されたものだが, 通常『マンガラッタ・ディーパニー (*Maṅgalaṭṭhadīpanī*)』と呼ばれる。

15) それに対して在来派をマハーニカイと呼ぶ。現在もタイではタンマユットとマハーニカイの二派が存続しており, 両派の僧侶数, 寺院数はタンマユットがマハーニカイの一割ほどらしいが, タンマユットは王室との関係などからほぼ互角の実力を有するとされる。

16) 1954-56年の間にラングーンで行なわれたこの結集はビルマ式に数えて第六結集と呼ばれる。ちなみに第五結集は1871年にマンダレーでミンドン王のもとに行なわれ，ビルマ文字版三蔵が編纂されている。
17) ビルマには最大宗派のツダンマ派を始めシュエジン派など四派が存在するが，教義的には大差はなく，戒律遵守の厳格さなどが異なるのみである。生野善應『ビルマ仏教―その実態と修行』(山喜房佛書林，1975年) 200-226頁参照。
18) 1902年に制定された「僧伽統治法」はその象徴であろう。石井米雄『上座部仏教の政治社会学』(創文社，1975年) 145-147頁参照。

## 【文献ガイド】

　東南アジアの仏教に関する研究には，テキストの翻訳と教理の研究，東南アジア各国の仏教の発展史，大衆的な村落仏教の文化人類学的考究，仏教と政治変動の研究などがある。Georges Coedèsの二つの研究書，Walter F. Vella ed., *The Indianized States of Southeast Asia*（Susan Brown Cowing tr., Canberra, 1968）と H. M. Wright tr., *The Making of South-East Asia*（Berkley, 1966）は，Reginald Le May, *The Culture of South-East Asia*（London, 1954）と並んで優れた東南アジア研究である。東南アジアの宗教と王権とに関する古典的研究には，Robert Heine-Geldern, *Conceptions of State and Kingship in Southeast Asia*（Ithaca, N. Y., 1956）がある。東南アジアの上座部仏教の歴史と，現在におけるその教義と実践について読みやすい一般向きの研究書は，Robert C. Lester, *Theravada Buddhism in Southeast Asia*（Ann Arbor, 1973）である。上座部仏教を複合的な宗教，政治の合法化，近代化などの点から分析したものに，拙著 *Buddhism and Society in Southeast Asia*（Chambersburg, Pa., 1981）がある。仏教と政治の合法化の問題は，Bardwell L. Smith ed., *Buddhism and Legitimation of Power in Thailand, Laos, and Burma*（Chambersburg, Pa., 1978）の中の数編の優れた諸論文で論じられている。

　初期パガン時代に関する記念碑的研究は，Gordon H. Luce, *Old Burma Early Pagán*, 3 vols. (Locust Valley, N. Y., 1969-70) である。ビルマの二つの重要な年代記が英訳されている。一つは，*Hmannān mahā yaząwintawkyī* の英訳 Pe Maung Tin and G. H. Luce tr., *The Glass Palace Chronicle of the Kings of Burma*（London, 1923）であり，もう一つは，Pannasami, *Sāsanavaṁsa* の英訳，B. C. Law tr., *The History of the Buddha's Religion*（London, 1952）である。ビルマのパーリ仏教とサンスクリット仏教に関する優れた研究は，Nihar-Ranjan Ray の *An Introduction to the Study of Theravāda Buddhism in Burma*（Calcutta, 1946）と，*Sanskrit Buddhism in Burma*（Culcutta, 1936）である。さらに，最近の研究に，Winston L. King, *A Thousand Lives Away*（Cambridge, Mass., 1964）がある。文化人類学の立場からの優れた二つの研究がある。Melford E. Spiro, *Buddhism and Society: A Great Tradition and* its Burmese Vicissitudes (2nd ed., Berkley, 1982) と, Manning Nash, *The Golden Road to Modernity* (New York, 1965) である。Nash はまた, *Anthropological Studies in Theravada Buddhism* (New Haven, 1966) の編集主幹を務めた。その論文集には, Nash, David E. Pfanner と Jasper Ingersoll によるビルマ仏教とタイ仏教に関する貴重な論文が収められている。E. Michael Mendelson, *Sangha and State in Burma* (John P. Ferguson ed., Ithaca, N. Y., 1965) は, 難解ではあるが, 情報の宝庫である。仏教と初期の国家主義の時代については, Emanuel Sarkisyanz, *Buddhist Backgrounds of the Burmese Revolution* (The Hague, 1965) と Donald E. Smith, *Religion and Politics in Burma* (Princeton, 1965) に考究されている。

タイ国史に関する良書で, タイ仏教についても詳しく論じたものが, David K. Wyatt, *Thailand: A Short History* (New Haven, 1984) である。Kenneth E. Wells, *Thai Buddhism: Its Rites and Activities* (Bangkok, 1939) は, いくぶん古いもので, やや地味ではあるが, 今でも非常に有用である。タイ北部の重要な年代記の一つ, Ratanapanya, *Jinakālamālīpakaranam* には, N. A. Jayawickrama による英訳 *The Sheaf of Garlands of the Epochs the Conqueror* (London, 1968) がある。Frank E. Reynolds と Mani B. Reynolds は, タイの宇宙論に関する重要な論書, *Trai Phūmi Phra Rūang* を *Three Worlds according to King Ruang* (Berkley, 1982) として訳出した。Prince Dhani-Nivat, *A History of Buddhism in Siam* (2nd ed., Bangkok, 1965) は, タイ仏教の発展に関する歴史的概観を簡潔に述べている。最近, 文化人類学者によるタイ仏教に関する重要な研究が出版された。特に, Stanley J. Tambiah, *World Conqueror and World Renouncer* (Cambridge, 1976) と, Charles F. Keyes の数点の論文, たとえば, "Buddhism and National Integration in Thailand," *Journal of Asian Studies*, 30 (May 1971), pp. 551-567 などは参照されるべきである。宗教史家たちもタイ仏教研究に貢献している。Frank E. Reynolds は論文を数点発表している。その一つが, "The Holy Emerald Jewel: Some Aspects of Buddhist Symbolism and Political Legitimation in Thailand and Laos," in Bardwell L. Smith ed., *Religion and Legitimation of Power in Thailand, Laos, and Burma* (Chambersburg, Pa., 1978), pp. 175-193 である。拙書に, タイ北部の有名な僧院を調査した *Wat Haripuñjaya: A Study of the Royal Temple of the Buddha's Relic, Lamphun, Thailand* (Missoula, Mont., 1976) がある。

ラオス, カンボジア, ヴェトナムの仏教研究には, フランス人研究者が大きく貢献している。Louis Finot, "Research sur la littérature laotienne," *Bulletin de l'École Française d'Extrême-Orient*, 17 (1917) はラオスの仏教文献の研究には不可欠である。Marcel Zago, *Rites et cérémonies en milieu bouddhiste lao* (Rome, 1972) は, ラオスの宗教を広範囲に考察している。一方, Charles Archaimbault, "Religious Structures in Laos," *Journal of the Siam Society* 52 (1964), pp. 57-74 は, 限られた視点からではあるが非常に有用である。Lawrence Palmer Brigg, "The Syncretism of Religions in Southeast Asia, especially in the Khmer Empire," *Journal of the American Oriental Society* 71 (Oct.-Dec., 1951), pp. 230-249 はカンボジアの宗教の展開を概説している。Adhémard Leclère の古典的研究, *Le bouddhisme au Cambodge* (Paris, 1899) は今でも権威のある研究である。ヴェトナムの宗教に関する古典的研究は, Leopold Michel Cadière, *Croyances et pratiques religieuses des Viêtnamiens*, 3 vols. (Saigon, 1955-58) である。しかし, これより入手しやすいのは, Chanh-tri Mai-tho-Truyen の三つの言語で書かれた概説 *Le bouddhisme au Vietnam, Buddhism in Vietnam, Phat-giao Viet-nam* (Saigon, 1962) である。Thich Thien-An, *Buddhism and Zen in Vietnam in Relation to the Development of Buddhism in Asia* (Carol Smith ed., Los Angeles, 1975) では, 6世紀から17世紀までの仏教学派の展開が考究されている。Thich Nhat-Hanh, *Vietnam: Lotus in a Sea of Fire* (New York, 1967) は, 1960年代の仏教の状況を歴史的視点から検討したものである。

興味ある読者は以下の文献にも目を通されたい。Heinz Bechert の三巻に及ぶ研究 *Buddhismus, Staat und Gesellschaft in den Ländern Theravāda-Buddhismus* (Frankfurt, 1966-73), および Edward B. Harper ed., *Religion in South Asia* (Seattle, 1964), 特に Michael Ames と Nur Yalman の論文, ならびに Robert N. Bellah ed., *Religion and Progress in Modern Asia* (New York, 1965) は, 一読を勧める。

## 補遺

青木　保『タイの僧院にて』(中公文庫, 中央公論社, 1976年)
─────『沈黙の文化を訪ねて』(日本経済新聞社, 1976年；中公文庫, 中央公論社, 1982年)
生野善應『ビルマ仏教─その実態と修行』(大蔵出版, 1975年)
─────『ビルマ上座部仏教史─サーサナヴァンサの研究』(山喜房仏書林, 1980年)
池田正隆『ビルマ仏教─その歴史と儀礼・信仰』(法藏館, 1995年)
池端雪浦他編『岩波講座　東南アジア史』全9巻 (岩波書店, 2001-02年)
　〔特に第2巻『東南アジア古代国家の成立と展開』と第7巻『植民地抵抗運動とナショナリズムの展開』は, 本稿と関わりの深い諸論等を含む〕
石井米雄『世界の宗教8　戒律の救い・小乗仏教』(淡交社, 1969年)
─────『上座部仏教の政治社会学』(創文社, 1975年)
─────『世界の歴史14　インドシナ文明の世界』(講談社, 1977年)
─────『タイ仏教入門』(めこん, 1991年)
─────「上座仏教と国家形成」(『岩波講座世界歴史13　東南アジア・東南アジア伝統社会の形成』岩波書店, 1998年)
─────編『講座　仏教の受容と変容2　東南アジア編』(佼成出版社, 1991年)
─────他監修『新訂増補　東南アジアを知る事典』(平凡社, 1999年)

―――――・桜井由躬雄『ビジュアル版世界の歴史 12　東南アジア世界の形成』(講談社, 1985 年)
―――――・―――――編『東南アジア史Ⅰ　大陸部』(新版世界各国史 5, 山川出版社, 1999 年)
石澤良昭『アンコール・ワット』(講談社現代新書, 1996 年)
―――――・生田滋『世界の歴史 13　東南アジアの伝統と発展』(中央公論社, 1998 年)
伊東照司『ビルマ仏教遺跡』(柏書房, 2003 年)
岩本裕編『アジア仏教史　インド編Ⅳ　東南アジアの仏教』(佼成出版社, 1976 年)
大野　徹『謎の仏教王国パガン―碑文の秘めるビルマ千年史』(NHK ブックス, 2002 年)
佐々木教悟『インド・東南アジア仏教研究Ⅱ　上座部仏教』(平楽寺書店, 1986 年)
佐藤　健『南伝仏教の旅』(中公文庫, 中央公論社, 1987 年)
ドラポルト『アンコール踏査行』(三宅一郎訳, 平凡社, 1970 年)
田村克巳「東南アジア基層文化論」(『岩波講座　世界歴史 6　南アジア世界―東南アジア世界の形成と展開』岩波書店, 1999 年)
長澤和俊『海のシルクロード史』(中公新書, 中央公論社, 1989 年)
奈良康明『仏教史 1　インド・東南アジア』(山川出版社, 1979 年)
肥塚隆責任編集『世界美術大全集　東洋編 12　東南アジア』(小学館, 2000 年)
三宅一郎・中村哲夫『考証　真臘風土記』(同朋舎出版, 1980 年)
森部　一『タイの上座仏教と社会―文化人類学的考察』(南山大学学術叢書, 山喜房佛書林, 1998 年)
和田久徳訳注『真臘風土記―アンコール期のカンボジア』(平凡社, 1989 年)
島田虔次編『アジア歴史研究入門 5　南アジア・東南アジア・世界史とアジア』(同朋舎出版, 1984 年)

＊

Collins, Steven. *Nirvāṇa and Other Buddhist Felicities: Utopias of the Pali Imaginaire* (Cambridge, 1998)
Gombrich, Richard, and Gananath Obeyesekere. *Buddhism Transformed: Religious Change in Sri Lanka.* (Princeton, N. J., 1988)
Holt, John C., Jacob N. Kinnard, and Jonathan S. Walters, eds., *Constituting Communities: Theravāda Buddhism and the Religious Cultures of South and Southeast Asia.* (Albany, 2003)
Swearer, Donald K. *The Buddhist World of Southeast Asia* (Albang, 1995)

(石上和敬　訳)

# ⑤ 中央アジアの仏教
Buddhism in Central Asia

ロナルド・エリック・エンメリック
Ronald Eric Emmerick

　仏教がどのようにして初めて北方のバクトリアへと広がったのか，またそれがいつのことなのかは正確にはわからない。しかし，前3世紀にインドのアショーカ王によって伝道事業が推進され，その結果，インドとイランの境界地域に仏教が盛んに広まったという確かな証拠がある。アショーカは領土の隅々にまで碑文を建てた。最も有名なのがいわゆる「岩石勅令」と「石柱勅令」で，それにはさまざまなことが述べられている。アショーカはこれらの碑文を通じて自分が説き勧めたい仏教教義に基づく倫理規範を生涯にわたって天下に知らしめようとした。アショーカの碑文はアフガニスタンのカンダハルのような北方でも2基発見されている。また，彼は建立事業でも有名であり，民間の伝承では八万四千もの塔を建立したと信じられている。アショーカと彼の継承者たちの時代に建立された塔は，後代のクシャーナ朝のもとで建立されたものとは形態上著しく異なる。この違いは7世紀にこの地を巡礼した著名な中国人僧の玄奘がすでに注目していた。彼は北西部にあるアショーカ時代の塔を多く拝観している。たとえばタクシラで3基，ウッディヤーナで2基，ガンダーラで5基，ナガラハーラ（ジェララバッド）付近で3基，ジャーグダ（カンダハル付近）で12基，さらにカーピシー（ベグラム）でも1基拝観している。

　クジュラ・カドフィセスによって創始されたクシャーナ帝国は，紀元後最初の数世紀の間に統合と拡大を遂げた。クシャーナ人は出自未詳の民族で，ガンダーラに住み，今日「バクトリア語」と呼ばれている東イランの言語を公用語として採用していた。彼らは，タクシラからバーミヤンを経てバルクに至り，さらに，アフガン国境上のテルメズへ至る有名なキャラバンルートを支配していた。クシャーナの仏教徒の居住跡を示す考古学上の遺跡は，そ

のルートのあちらこちらで発見され、さらにその東方でも発見されている。

インド史上の新時代と言えば、クシャーナの統治者のうちで最も有名なカニシカ１世（１〜２世紀）が想起される。カニシカは仏典では第二のアショーカとして称讃されており、彼についてもアショーカと同様の伝承が生まれている。しかし、彼が仏教の庇護者となったのは、改宗したからというよりはむしろ仏教に対して寛容であったためであろう。彼の鋳造した硬貨には、ブッダの姿を描いているものも一種類あるが、さまざまな神々の肖像も描かれている。考古学的な資料によって、クシャーナ人は主としてシヴァ神やイランの女神アルドクショーを崇拝していたが、一方で仏教も彼らのあいだに浸透していたことがわかる。また伝承によれば、カニシカは、著名な医者チャラカとの交際に加え、高名な仏教の著述家アシュヴァゴーシャ（馬鳴）[1]、マートリチェータ（摩咥里制咤）[2]、ヴァスバンドゥ（世親）とも親交があったとされている。しかし、そのような伝承は、カニシカの統治下で仏教がかつてないほど繁栄し広まったという、すでに他の資料で実証済みの事柄を確認する程度のことにすぎず、それ以上の価値はあまりない。

クシャーナ帝国は近隣に住むさまざまな民族を取りこんだ。とりわけ、イランの諸部族はギリシア人、インド人と並んでその代表格であった。ギリシア人は、前４世紀のアレキサンダーの時代以来、バクトリアとガンダーラに住んでいた。サカ族は前２世紀に同地に侵入した。周知のように、ガンダーラ様式として知られる仏教美術の様式が発達した要因は、この地方の各共同体がいろいろな宗教を受け入れる風習を持ち、加えてそこにギリシア人の影響が及んだことにあると言われている。この様式の最も注目すべき特徴はブッダを人間の姿で表現していることである。それ以前では、ブッダの姿は美術家たちの表現しえない対象として考えられており、したがって、美術上のブッダは、たとえば車輪のような形で、象徴的にのみ表されてきたのである。さらに特筆すべきことは、ガンダーラ美術において仏教の在家信者がしばしば描かれているという点である。商人であったトラプサとバッリカという兄弟が、ブッダに食べ物を与えたという逸話がしばしば絵の題材にされる。ショトラックにある２世紀のレリーフには、彼らはひげを生やし、インド・

スキタイ人の衣装をまとった姿で描かれている。伝承では，バッリカは地名のバルクと関係があるとされている。

　菩薩信仰が当初からガンダーラ美術に反映されていることも重要である。最も有名なのは弥勒菩薩，すなわち，将来ブッダになることが約束された菩薩の肖像である。近年，1977年にマトゥラーで阿弥陀仏の彫刻の断片が発見され，脚光を浴びるようになった。その彫刻は付随する碑文によって，106年のものと鑑定されている。

　大乗仏教の成立年代・成立地の問題をめぐっては多くの論争がある。しかし，紀元1世紀の間にガンダーラのような国際的な環境で興ったことを示す資料が数多くある。ブッダが人間の姿で表現されたことは，確かにギリシアの影響を示すものにちがいないが，それは同時に，歴史上の釈迦牟尼仏を，数多くのブッダの中の単なる一人と見なすべきであるとする大乗仏教の教えに従ったためでもある。

　クシャーナの影響は北方のコレズムやソグディアナへと広がっていったことが知られている。しかし，この地域が実際にはクシャーナの支配下になかったことは明らかと思われ，またクシャーナ時代に，この地方に仏教が存在したという証拠は多くはない。ブカラ付近のヴァラクシャやサマルカンド付近のアフラーシヤーブとパンジケントで発掘された遺跡は，明らかに仏教徒のものではなく，一方，クルガン・チュベ付近のアジナ・テペ遺跡，フェルガナのクヴァ遺跡，フルンゼ付近のアク・ベシム遺跡など，はるか東方にある仏教遺跡は，すべて7，8世紀のものである。ブカラやサマルカンド近辺の遺跡を見ればはっきりわかるように，この時期になっても仏教は首都の周辺ではまだ定着していなかった。玄奘は7世紀のサマルカンドを訪れたが，そこで仏教の帰依者を目にすることはほとんどなかった。玄奘が当地の人々に仏教に改宗するように説き勧めたにもかかわらず，8世紀に慧超の中国名で知られる朝鮮人の巡礼僧がサマルカンドを訪ねた時，そこに見出したのはたった一人の僧侶と，その僧侶が住む仏教寺院一つだけであった。

　クシャーナ人は硬貨やスルフ・コタールにある王朝寺院の碑文に文字を刻む際，公用語としてバクトリア語を採用した。しかし，彼らの行政上の言語

はカローシュティー書体で書かれた，いわゆるガーンダーリー・プラークリットと呼ばれるインドの言語であった。クシャーナの影響は紀元1世紀の間に中国へと着実に広まり，200年から320年の間にガーンダーリーで書かれた行政文書が鄯善(ぜんぜん)（クロライナ）王国で発見されている。鄯善と言えば，コータン〔于闐(うてん)〕の少し東のニヤ川からロブ・ノールあたりまで広がる王国である。また，おそらく2世紀後半のものと思われるカローシュティーの良質の碑文が中国の洛陽で発見された。ガーンダーリー・プラークリットは小乗の学派である法蔵部が用いた言語であるが，彼らが保持する『長阿含(じょうあごん)』や律が410年から413年にかけて仏陀耶舎（ブッダヤシャス）によって漢訳された。ニヤで発見された文書の一つには，法蔵部が校訂した『解脱戒経』の最終偈が記されている。また，中国の巡礼僧法顕の報告によって，鄯善には小乗仏教の僧侶が4000人以上も住んでいたことがわかっている。

あらゆるインド文献における最古の写本の一つに，ガーンダーリー・プラークリットの『法句経(ほっくきょう)』（『ダンマパダ』）校訂本がある。これはカローシュティー書体で書かれた現存する唯一の文語体の仏典でもある。コータン付近で発見されたものであるが，これまでのところコーマリ・マザールからもたらされたという説はあっても，考古学上の遺跡とのはっきりした関係をつかむまでには至っていない。鄯善王国の近くで発見されたニヤの文書と基本的に同じ方言を使って書かれており，むしろニヤの一寺院で書かれたものかもしれない。とすれば，ガーンダーリー・プラークリットの『法句経』は2世紀のものとも考えられる。そして，それがコータン付近で発見されたということによって，法蔵部が中央アジア東部への最初の仏教伝道を指導したという学説はますます確かなものとなる。法蔵部がコータンに来たにせよ来なかったにせよ，ガーンダーリー・プラークリットを話せる者は確かに来ていた。それは，コータン語の最古層にガーンダーリー・プラークリットからの借入語がすでに浸透していることから明らかである。

クシャーナの時代までに，小乗の別の学派である説一切有部が中央アジアに伝播するようになった。彼らは仏教混淆梵語で書かれたシュロの葉の写本をもたらした。最も初期の写本は主として，オアシス都市クチャ〔亀茲(きじ)〕や

カラシャール〔焉耆〕付近の洞窟寺院で見つかっている。クシャーナ時代は，阿毘達磨（アビダルマ；仏教教理論）や偈頌〔詩文〕に関する書物が主流をなしていた。近年の古文書学の研究によって，バーミヤンやギルギットなどの西方の寺院と東トルキスタンにある東方の寺院とが密接な関係にあったことが確定されている。したがって，説一切有部の一派を中心とした伝道活動が，アフガニスタンやカシュミールを起点に始まったと考えることは十分可能である。

　仏教がコータンに最初に根づいたのがいつ頃であったのかは正確にはわからない。後世の伝承では前84年頃とされているが，それはまずありえない。中国の資料によれば，2世紀を迎えるまでにはコータンにはサンガ（僧伽；僧侶の集団）があったとされる。また，先述のように，コータン付近で発見されたガーンダーリーの『法句経』はおそらく2世紀のものと考えられる。3世紀に洛陽で般若系経典を学習した朱士行は『二万五千頌般若経』を求めて西方に行き，それをコータンで発見した。この経典を291年に中国語に訳した無羅叉（モークシャラ）はコータン人である。さらに，コータン人ギータミトラは296年に長安（今の西安）に同じ仏典の写本をもたらした。このようにコータンは，3世紀にはすでに大乗仏教研究の拠点としての地位を確立していた。

　般若系経典のサンスクリット写本の断片がコータンで多数発見されたが，それらの大半は未刊行の状態である。すでに刊行されたものに『金剛般若経』の不完全なテキストがあり，19フォリオ[3]のうちの14フォリオが現存している。この著名な大乗仏典のコータン語訳の完全写本も現存している。これはかなり後代のものだが，注釈者の興味深い補記が書きこまれている。これほど多くの大乗仏典の写本の断片がコータンで発見されているという事実は，コータンでは大乗仏教が優勢であったという中国人の報告の信憑性を立証するものである。しかし，これらの写本の多くはまだ刊行されていない。コータンから直接もたらされたものにちがいないが，『法華経』の大判の一写本が近年多くの研究者の注目を浴びている。それには後代のコータン語で書かれたいくつかの奥書きが含まれている。

中央アジアにおけるサンスクリット仏典の諸校訂本は特に興味深い。サンスクリット仏典がどのような経緯でチベット語や中国語に翻訳されたかが，それらの校訂本を見るとよくわかるからである。サンスクリット仏典が中央アジアの諸言語に翻訳されたのは比較的後の時代になってからであった。仏典の漢訳は，はじめはガーンダーリーの経典をもとに行なわれ，その後，サンスクリット経典から翻訳された。インドの仏典の漢訳を初期に手がけた翻訳者の多くは自ら中央アジアの諸言語を話した。コータン出身の一詩人の不満の声から，そのことがよく読みとれる。「コータン人はコータン語で著された仏法を全く評価しない。インドの言語によって仏法をわかった気になっているのである。コータン人にとって，コータン語で書かれた仏法は仏法ではないらしい。一方，中国人にとって仏法とは中国語で書かれた仏法のことである」。このような嘆きをもらす詩人にとってコータン語経典が軽んじられることは特に不満であったにちがいない。デーヴァプラジュニャー，シクシャーナンダ，シーラダルマなどコータンの伝道僧は，洛陽や長安で仏典の漢訳に従事したが，この詩人は彼らの努力を目にしても，その真価をほとんど認めなかった。

　コータン国王は100年頃にカシュガル〔疏勒（そろく）〕を仏教信仰の地に改宗させたと言われている。この頃，おそらく大乗仏教はまだ顕著な運動ではなかったから，コータンは小乗仏教の教説に従っていたことであろう。小乗は主としてカシュガルで支持され，その後，タクラマカン砂漠を横断し，北ルートの諸都市へと伝わっていった。同じことがトゥムシュクについても言える。トゥムシュクの仏教僧院は4世紀か5世紀頃の建築と考えられる。その歴史については何もわからないが，遺された美術品に見られる様式はクチャ地方のキジルとの関連を示している。また，トゥムシュクで写本の一断片が発見された。これは女性の仏教信者が比丘尼になるための儀式の文句を記したもので，コータン語と密接な関係にある中世イラン語方言で書かれているが，書体は，トカラ語を表記する際に使われたブラーフミー書体と同種のものである。しかも，コータンの諸言語はそれぞれさまざまな系統に発達していたが，古代トゥムシュク語の数多くの特色からわかるように，トゥムシュク語

はかなり古い時期にコータン語から独立していた。このことからトゥムシュクにサカ族の僧侶が住んでいたことが明らかになった。考古学的な裏付けによれば，複合的な僧院は10世紀頃に火をかけられて破壊された。カラカニがその地域にイスラム教を強要した頃であろう。

ソグディアナの中心部に仏教が存在したという証拠はあまりないが，ソグド人は中央アジアや中国に仏教を伝播させる上で重要な役割を担った諸民族のうちの主要な一つであった。彼らは，中国の都の洛陽にまでおよぶシルクロード北道に沿って交易の集落を築いた商人であった。ソグド人は仏教だけでなく，マニ教やキリスト教をももたらした。その上，中世イラン語系のソグド語に翻訳された三宗教すべての聖典が現存している。ソグド人は交易のために中国語の知識を習得していたが，漢訳仏典をソグド語に翻訳することにも利用していた。さらに，サンスクリット仏典を漢訳した初期の翻訳者の中にはソグド系の人物もいた。たとえば，194年から199年まで洛陽で翻訳作業に従事した康孟詳[4]（康とはサマルカンドのこと）もその一人であった。

敦煌で書かれたソグド語の手紙が4通現存している。これらは313年のものと考えてほぼまちがいない。敦煌の南西14.5キロメートルのところで有名な千仏洞の造窟が始まったのは366年であるから，ソグド人の集落はそれ以前に存在していたことになる。中央アジアの写本を収めた有名な中世の図書館が今世紀の初頭に発見されたが，それはそれら数百の洞窟寺院の中の一つであった。この図書館は，現存するコータン語文献を擁する最大級のもので，残されたソグド語仏教写本の大部分を所有している。

仏教は1世紀の初めまでには敦煌に伝来していたにちがいない。しかし，確実な証拠は3世紀の文献にはじめて見える。鳩摩羅什（クマーラジーヴァ）以前の最も偉大な仏典の翻訳者は，インド・スキタイ人の竺法護（ダルマラクシャ）であった。彼は230年頃敦煌に生まれた。仏典を求めて中央アジアを広く旅したことや，中央アジアの数多くの言語に精通していたことで知られている。彼はインド人，クチャ人，月支人すなわちコータン人，そしておそらくソグド人とともに共同で翻訳にあたった。280年頃，敦煌に巨大な僧院を設立したのは，彼の中国人門弟の一人，法乗であった。

219

トルコ語で書かれた最も初期の碑文は，ブグト付近で発見された墓碑銘である。ブグトは，モンゴルのオルコンにある8世紀のトルコ王の碑文群の遺跡から約170キロメートル離れたところにある。碑文は571年にカガン〔可汗〕となった東突厥の王子のための墓碑銘である。581年頃のもので，後のソグド語の仏教写本に見られるソグド文字の一種を使ってソグド語で書かれている。このソグド文字の一種から後にウイグル文字が発達し，東突厥人が仏教文献を翻訳する際に使用された。碑文はサンガの確立について言及しており，しかも，そこに登場する東突厥王のうち二人はまちがいなく仏教徒であった。またカープシー（ベグラム）から来て，コータン王国にしばらくの間滞在したジナグプタ（528-605）と呼ばれる僧が，東突厥の宮廷で仏教を教えたことが知られている。

トルファン〔吐魯番〕の東方〔南東〕約数キロメートルにあるコーチョ，現在のカラコーチョは，14世紀の終わりまでトルファン地方の主要都市であった。中国資料では一般に「高昌」あるいは「火州」と記される。ここは前1世紀に中国〔前漢〕の軍事上の拠点として始まった。790年頃，チベット人に征服され，840年から843年にオルコン盆地においてウイグル帝国が陥落すると，その後，ウイグルはコーチョを南の首都とした。オルコン地方から来たウイグル人はマニ教徒であって仏教徒ではなかった。しかし，コーチョには仏教を信仰するソグド人や中国人が長い間住んでいた。ウイグル語で書かれた仏典の大部分はトルファン地方で発見されており，説一切有部や大乗仏教の正典を底本としている。これらの文献の言語はソグド語に深く影響されており，このことから，ウイグル人の仏教教化にソグド人が重要な役割を果たしたことが推測されよう。しかし，ウイグル文献の大部分は，おそらくソグド人の翻訳者の手を借りて中国語から翻訳されたものと考えられる。一般に，ソグド人は自ら仏典を中国語からソグド語にも翻訳していた。トルファン地方でも他の地域でも，中央アジアの僧伽はチベットの仏教徒と引き続き接触があった。そのため，11世紀から14世紀にかけて，多くのタントラ文献がチベット語からウイグル語に翻訳されている。

ウイグルで最も有名な仏典は『マイトリシミト』（ⓈⅠ『マイトレーヤサミ

ティ』）である。さまざまな場所で数多くの写本が発見されていることからもわかるように、『マイトリシミト』は人口に膾炙(かいしゃ)した経典であった。奥書きがあり、プラジュニャーラクシタという説一切有部の人がトカラ語から訳したことが記されてある。相当数のトカラ語訳文献が現存するが、その大部分はいまだ刊行されないままである。トカラ人はインド・ヨーロッパ語を話す非トルコ系民族である。その言語に二つの方言があることが立証されている。東トカラ語、つまりトカラ語Aは、主としてカラシャールで話される方言である。西トカラ語、つまりトカラ語Bは、主としてクチャで話される方言である。東トカラ語の方がよく知られており、『マイトリシミト』や有名な『プンニャヴァンタ・ジャータカ』はこちらで書かれている。しかし、西トカラ語で書かれた文献は数多く、いまだ刊行されない状態にある。トカラ語仏典の大部分は説一切有部のサンスクリット文献から翻訳されており、6世紀から8世紀にかけてのものである。

　クチャにいつ頃から仏教が伝播していたのかについては、おそらく1世紀初頭よりも前ではないかということを示すいくつかの証拠がある。有名な翻訳者である鳩摩羅什の時代（344–413）には、クチャに仏教が十分に定着していたのは確かである。鳩摩羅什はインド人の父とクチャ人の母との間に生まれた。クチャ王の妹であった母は尼となった。20歳になる前に、彼は小乗から大乗に転向した。生涯の間、彼は小乗・大乗の多くの仏典を漢訳したが、彼が中観(ちゅうがん)思想を中国にもたらしたことで、中国では主に記憶されている。羅什のおかげで、ある時期クチャでは大乗仏教が高い崇拝を受けていた。ところが、ダルマクシェーマと呼ばれるインド人僧の報告によれば、5世紀の初めにはクチャの住民の大半は小乗に従っていたとされる。583年頃、クチャ王は大乗を奉じていたが、630年の玄奘の報告によれば、クチャ人の多くは小乗の教説に従っていたという。また、8世紀の朝鮮人巡礼僧、慧超によれば、地方の住民は小乗に従っていたが、中国人の居住者は大乗を熱心に奉じていたという。4世紀の初め、ポー・シュリーミトラというクチャの王子は、仏典を韻律をもって吟唱するクチャ式の技法を中国の江南地方に紹介した。

以上，簡単に概観してきたが，1世紀から10世紀の千年間，中央アジア全体が仏教の影響を強く受けていたことが明らかとなった。コータン，トルファン，コーチョ，敦煌といった仏教研究の拠点が東トルキスタンに出現した。さまざまな民族が仏教に改宗した。すなわちイラン人，なかでもトゥムシュク人・コータン人・ソグド人や，トカラ人，東突厥人・ウイグル人といったトルコ人，中国人も仏教徒となった。中央アジアに移住してきたインド人は，この地にインドの宗教をもたらした。しかし，伝道者として特に活躍したのはソグド人と中国人であった。仏教の発展に中央アジアの仏教徒がいかに貢献したかを評価することは難しい。ソグド人とトカラ人の貢献は，経典を翻訳したり，布教したりする程度にとどまっていたと考えられる。ただコータン人やウイグル人が，中国人と同じように自国に独自の解釈をもたらし，従来正しいとされた伝統がこれによって圧迫を受けたことはまちがいない。コータン人は大乗仏教や後期のタントラ仏教の発展にも寄与した。というのは，チベット人がコータンや敦煌に居住していた時代に，チベット人とコータン仏教とが接触したからである。

◇訳　注
1）1-2世紀頃の仏教詩人で，ブッダの伝記を主題とする『ブッダチャリタ』『サウンダラナンダ』などを著した。
2）2世紀頃の仏教詩人で，ブッダの徳を讃歎した讃頌（ストートラ）を著した。
3）表と裏を合わせた写本1枚を1フォリオと言う。
4）曇果とともに『中本起経（ちゅうほんぎきょう）』を翻訳したと伝えられている。

## 【文献ガイド】

中央アジア仏教を概説する最も詳細な論文は Lore Sander, "Buddhist Literature in Central Asia," in G. P. Malalasekera ed., *The Encyclopedia of Buddhism,* vol. 4, fasc. 1 (Colombo, 1979) である。しかし，細部に不正確なところが多く見受けられ，注意して利用しなければならない。同書 vol. 4 所収の B. A. Litvinskii の論文は "Central Asia" という表題であるが，ソビエト中央アジアやアフガニスタンの仏教を扱っているにすぎない。同様のことが彼の著作 *Outline History of Buddhism in Central Asia* (G. M. Bongard-Levin ed., Moscow, 1968) にも当てはまる。Simone Gaulier, Robert Jera-Bezard, and Monique Maillard, *Buddhism in Afghanistan and Central Asia*, 2 vols.（Leiden, 1976）は美術の秘宝を 124 枚もの図版で示し，これに簡潔な解説を付している。著名な論文 Annemarie von Gabain, "Buddhistische Türkenmission," in *Asiatica: Festschrift Friedrich Weller*（Leipzig, 1954）, pp. 160-173 はトルコ人の果たした役割だけに限定している。典拠の裏付けのない彼女の論文 "Der Buddhismus in Zentralasien," in *Religionsgeschichte des Orients in der Zeit der Weltreligionen*（Leiden, 1961）, pp. 496-514 ではイラン人の果たした役割を否定している。この点については，拙稿 "Buddhism among Iranian Peoples," in Ehsan Yarshater ed., *The Cambrige History of Iran*（Cambridge, 1983）, pp. 949-964 を参照のこと。中央アジアの仏教文献に関する便利な概説書には，拙著 *A Guide to the Literature of Khotan*（Tokyo, 1979）, David A. Utz, *A Survey of Buddhist Sogdian Studies*（Tokyo, 1978）, Wolfgang Scharlipp, "Kurzer Überblick über die buddhistische Literatur der Türken," *Materialia turcica* 6（1980）, pp. 37-53, Werner Thomas, "Die tocharische Literatur," in Wolfgang von Einsiedel ed., *Die Literaturen der Welt in ihrer mündlichen und schriftlichen Überlieferung*（Zurich, 1964）, pp. 967-973 がある。

## 補遺

井ノ口泰淳『中央アジアの言語と仏教』（法藏館，1995 年）
─────・水谷幸正編『シルクロードの仏教』（アジア仏教史・中国編）（佼成出版社，1975 年）
岡崎　敬編『シルクロードと仏教文化』（東洋哲学研究所，1979 年）
西川幸治『仏教文化の源流を探る─インドからガンダーラまで』（日本放送出版協会，1986 年）
樋口隆康編『続シルクロードと仏教文化』（東洋哲学研究所，1980 年）

\*

Baij Nath Puri. *Buddhism in Central Asia*（Delhi, 1987）
Thrower, James. *The Religious History of Central Asia from the Earliest Times to the Present Day*（New York, 2004）
Bechwith, Christopher I. *The Tibetan Empire in Central Asia: A History of the Struggle for Great Power among Tibetans, Turks, Arabs, and Chinese during the Early Middle Ages*（Princeton, 1987）
Brough, John. "Comments on Third-Century Shan-shan and the History of Buddhism," Bulletin of the School of Oriental and African Studies 28（1965）, pp. 582-612（= Collected Papers. Minoru Hara, J. C. Wright eds., pp. 276-307, London, 1996）
Elverskog, Johan. *Uygur Buddhist Literature*（Turnhout, 1997）
Emmerick, Ronald Eric. *A Guide to the Literature of Khotan*, Studia Philologica Bud-

dhica Occasional Paper Series Ⅲ (2nd ed., rev. and enl., The International Institute for Buddhist Studies, Tokyo, 1992). 〔文献ガイドにある前掲書 (1979) の増補改訂版〕

―――――――――. *The Book of Zambasta*, p. 343 (London, 1968)

Foltz., Richard C. *Religions of the Silk Road: Overland Trade and Cultural Exchange from Antiquity to the Fifteenth Century* (London, 1999)

Klimkeit, Hans-Joachim. "Buddhism in Turkish Central Asia," *Numen* 37 (1990), pp. 53-69

Litvinsky, Boris A. *Die Geschichte des Buddhismus in Ostturkestan* (Wiesbaden, 1999)

Nattier, Jan. "Church Language and Vernacular Language in Central Asian Buddhism," *Numen* 37 (1990), pp. 195-219

Petech, Luciano. "The Silk Road, Turfan and Tun-huang in the First Millennium A. D." in Turfan and Tun-huang, *The Texts: Encounter of Civilizations on the Silk Route,* Alfredo Cadonna ed., pp. 1-13 (Florence, 1992)

Pinault, Georges-Jean. "Aspects du bouddhisme pratiqué au nord du désert du Taklamakan, d'après les documents tokhariens," *Bouddhisme et cultures locales,* Fumimasa Fukui, Gérard Fussman eds., pp. 85-113 (Paris, 1994)

Saha, Kahanika. *Buddhism and Buddhist Literature in Central Asia* (Calcutta, 1970)

Sander, Lore. "Buddhist Literature in Central Asia," *Encyclopedia of Buddhism*, G. P. Malalasekera ed., vol. 4, pp. 52-75 (Colombo, Sri Lanka, 1979)

Schmidt, Klaus T. "Zur Erforschung der tocharischen Literatur. Stand und Aufgabe," *Tocharische Akten der Fachtagung der Indogermanischen Gesellschaft,* Bernfried Schlerath ed., pp. 239-283 (Berlin, 1994)

Utz, David A. *A Survey of Buddhist Sogdian Studies* (Tokyo, 1978)

Yaldiz, Marianne. *Archäologie und Kunstgeschichte Chinesisch-Zentralasiens (Xinjiang)* (Leiden, 1987)

(岸根敏幸　訳)

# ⑥ 中国の仏教
Buddhism in China

エーリク・チュルヒャー
Erik Zürcher

　文献学と考古学の双方の資料が示すように,仏教は1世紀に中国に伝来した[1]。当時アジアには二つの大帝国があり,大陸横断のキャラバン用ルートであるシルクロードによって結びついていたが,仏教はこの沿線に成立したオアシス諸国家へまず伝播し,その後北西方面から中国に入ってきたのである。仏教が繁栄した西端地域は二大帝国の一つ,クシャーナ帝国（インド＝スキタイ帝国）である。それは,北西インドに興起し,今日のブカラからアフガニスタンに至るインドとイランとの国境地帯を支配した帝国である。一方,東方では,辺境の町である敦煌に仏教のターミナルがあった。この当時,もう一つの帝国である漢が今日の中国の大半を治めており,ときにはさらに遠く中央アジアにまで軍事的支配を及ぼしていたが,敦煌はその国境に位置していた。このような事情で,オアシス諸国家は東西両帝国の文化的影響にさらされていた。それらの国々は,中国（漢）と中東（クシャーナ帝国）との間に活発化しつつあった通商・外交関係上の主要な拠点となると同時に,繁栄する仏教の中心地ともなった。仏教が遅くとも2世紀に海上ルートから中国に伝わったことを示す資料もいくつかはある[2]。しかし,海上ルートによる接触・伝来は,シルクロードの場合とは比較にならないほど少ない。当時はシルクロード経由で訳経僧や諸仏典や芸術を刺激する諸要素が間断なく中国に流入しており,その起点は中国の人々が漠然と西域と呼んだ地域,つまり現在の新疆およびロシア領中央アジア,さらにはパルティア,カシュミール,北西インドといった遠隔地にまで及んでいた。

## 地理的環境がもたらした結果

　地理的な形勢は,さまざまな意味で中国仏教の発展,特にその形成期にお

ける発展を左右する要因であった。第一に，中国仏教は地理的形勢のために，ある程度地域的にさまざまな様相を呈した。一般に華北と北西部の中心は西域と直接に接触する状態が続いていた。数世紀にわたり，際立って優秀な渡来僧たちが主として華北で活躍した。そして，漢訳仏教経典の大半が編纂されたのもこの地であった。4世紀初めから589年まで中国の北半分は異民族の征服者によって支配されていたが，当時仏教の起源が外国にあるということは周知のことであり，これによって仏教は彼らのあいだにますます普及したにちがいない。同じ数世紀の間，中国の江南地方は現地に生まれた一連の中国王朝によって支配されており，陸上による西域との直接的な交渉はなかったが，そこではいっそう漢化された様式の仏教が発展した。それは訳経や経典研究とは関係が浅く，中国の伝統的な哲学や宗教によって仏教の観念を解釈することに心血を注ぐというものであった。隋朝のもとで帝国が再統一された（589）後に，中国仏教の二大潮流は融合した。その混合と統合は隋・唐両王朝（589–906）のもとでの仏教の黄金時代を予告するものであった。

　地理的環境は別の重要な結果をもたらした。すなわち，中国の外部には多種多様な形の仏教を呈する数多くの個別の拠点があったために，中国はこのような拠点を通じて数世紀にわたって仏教を吸収することとなった。この多様性は地理的多様性によるだけでなく，インド仏教が絶え間なく新しい学派や潮流を発展させ，それらが大陸に伝播し，ついには中国まで伝わったことにも起因していた。このように，中国人は均質で矛盾の全くない単一の宗教体系としての仏教に直面したのではない。むしろ，まさに当初から，さまざまな教理の雑多な集合体としての仏教に直面したのであり，それは時おり，本質的な点で相互に矛盾し合うことすらあった。すなわち，中国人が直面した仏教とは小乗と大乗双方に由来する数千もの経典であり，多種多様な学問書であり，学派ごとのさまざまに異なる戒律であり，新宗派の編み出した典籍や密教の儀軌であった。——しかも，これらはすべてブッダの最初の教説の一部であることを主張し，したがって非の打ちどころがない正統性を主張した。このように仏教がとめどもなく多様性を増していったことは，中国の

宗教的指導者に刺激を与え，彼らを未踏の地へと赴かせた。彼らの目的は諸矛盾を解決することであり，仏教の教説をあらゆる表現上の相違を超越した一つの根本的な真実へと還元させることであった。中国人の反応は二通りあった。ブッダの説法は説かれた時期や聴衆のさまざまな精神的水準によって異なっているのであり，ブッダのあらゆる教えをそのような「対機説法」という巨大な体系の中に統合しようとする試みが一方でなされた。他方では，「直接的」で直観的な悟りへの方法の多用とあらゆる経典研究の排除とによって最も急進的に多様性を否定する傾向が見られた。前者の傾向は，結果として中世中国仏教の偉大な学問体系を生み出した。また後者の傾向は禅仏教に（これが唯一ではないが）最も明確に表れている。

　つきつめて言えば，中国とインドとが遠く隔たっていたために中国の僧院諸教団と仏教発祥の地の宗教的な拠点とが直接にはめったに接触しなかったことが，中国における仏教の発展の仕方に重大な結果をもたらした。インド旅行を企て，当地で学問を積むことができたごくわずかの求法僧は別として，中国の僧侶はインド仏教について直接的な知識は全く持っていなかった。中国仏教史のどの時代にも通じて言えることであるが，サンスクリット語を修得していたことがうかがえる中国人はほんの一握りであった。他方，外国から中国にやって来た渡来僧（インドから来る者もいるが，中央アジアや東南アジアの仏教の拠点から来る者も珍しくなかった）で中国語に堪能な者も稀有であった。仏教典籍の漢訳の制作は，一般的には翻訳集団，すなわち複数の異邦の僧侶によってなされた。彼らはその典籍を暗誦し，たいていの場合二カ国語を解する通訳の助けを借りながら，はなはだ生硬な訳文を作った。またその翻訳は書き留められ，中国人の手で後に改訂され推敲された。そのような手順に伴ない誤謬が生じる危険があったことは容易に看取できる。仏教の概念がいったん中国語に表現されると，その原義が持つニュアンスの大半は失われてしまった。仏教が中国の外部で発展したがゆえに，言語の壁は仏教を直接的に理解する上で常に手に負えない障害であり続け，またインド国内の学問の拠点――また実際には中国国外の仏教の拠点――との直接の交流があまりにも副次的なものであったために，全体の形勢を変化させること

はできなかった。しかし，同じこれらの要因が中国における仏教の著しい漢化と仏教の中国文化への浸透に貢献したこともまた明らかである。経典があまりこなれていない特殊な中国語（5世紀頃には漢訳経典の言語として標準化していた）にひとたび翻訳されると，表意文字の漢字を使用しているという特殊な性質のおかげで，中国全土で読むことができ，また国外の指南書がなくとも実にさまざまな方法で解釈することができる。中国仏教がそれ以外の土着の宗教と思想や実践の形式において混ざり合う際，その混ざり方に無数の形態が見られたのは，中国仏教に独自の伝播パターンがあったからである。6世紀までに仏教はすでに完全に「内地化」されていた。いたって中国的な環境のもと，外国からの渡来僧は二義的な役割しか演じなかったが，中国の僧侶は修学に努め，その独創的で独自性のある思想は，6世紀頃，中国仏教の最も有力な諸学派が現われた際，その拠り所となったのであった。

## 仏教と中国文化

　仏教はひとたび中国に伝播するや手ごわい障害に直面した。というのも，中国は巨大な帝国であり，数世紀を経て結晶化されてきた政治的かつ社会的な理念や規範によって支配された一大文明であるからである。特に文化的エリートのレベルでは，このような有力な理念は，教理の上でも制度の上でも仏教の最も根本的な諸概念と対立することがあった。正統派儒教の伝統を代表する者として，中国の読書人はその世界観を支持した。彼らの世界観は「政治神学」の領域に属するある特定の宗教理念には同意するものの，基本的に実用主義的であり，世俗的であった。儒家の世界観は，人類世界は天地とともに一つの有機的な統一体を形成しているという理念に基づいており，したがって，天命により神聖化された統治者が政治の完璧な執行によって宇宙の調和を維持するという理念に基づいていた。したがって，儒家の活動範囲は原則として無制限であった。すなわち，皇帝と，さらに広くその支配の道具である士大夫官僚とが，すべての宗教的事柄だけでなく現世のあらゆる事柄に関してもまた，権力，威信，権威を一手に集中させていたのである。その根本的な価値は安定性であり，階層的秩序であり，人間関係の調和であ

り，また行為に関する特に家族内や君臣関係における相互義務に付属する儀礼的な規則の実直な遵守である。その理想の国家は，イデオロギー的に調教された支配者である官僚エリートが家父長的な，しかし仁愛に満ちた支配を行ない，生産的で勤勉な人々が彼らの支配に服従する，というしくみの農業社会である。この特徴的で極めて根深い政治的・道徳的・宇宙論的理念は，中国思想の中核的な伝統を形成した。周期的な盛衰はあったものの，その理念は前2世紀から近代初期まで卓越した地位を保持した。このように，仏教は全盛期においてさえも現世的な秩序の要求に従わざるをえなかった。極めて強大で中核的な伝統の影響を受けながら発展しなければならなかったのである。

　儒家エリートは，人間存在の根本理念がこの世で実現できるものだと主張し，また，教理というものは，その形而上学的な特質よりも，むしろ現実に適用できるかどうか，社会—政治的に効果があるかどうかによって評価されなければならないと主張していたので，仏教は，教理としては儒家エリートの反発に直面せざるをえなかった。一般に，特定の個人に限定して救済を要求することは偏狭な精神であり，利己主義であるとして拒絶された。すなわち，人間は社会の中においてのみ自己を完成させることができるというのである。中国の宗教・哲学思想の伝統のうち，儒教以外の主たる土着の思想と言えば道教であるが，その道教の伝統もまたかなりの程度までこのような姿勢に特徴づけられている。すなわち，道教の伝統においてもまた，その目標は具体的であり，現実的である。——つまり，自然の力との調和および不老長寿にある。このような概念や姿勢からすれば，言うまでもないことであるが，仏教は，ひとたび中国の土壌に移植されてしまうと，過酷な圧迫にさらされた。仏教ではあらゆる存在が実在しないものとして排除される。輪廻転生の理念やすべての行為に対して応報（カルマン；業）があるという因果応報の理念を信奉している。また，悟りやニルヴァーナ（涅槃）などという形而上学的な目標を追求する。これらはインドでは，仏教界の内外双方で普遍的に認知されていた。しかし中国では，異国風の目新しいものであり，中国で最も尊崇されている賢者たちの教えに反するものであった。そもそも仏教

は，その教理の起源が中国以外にあるというだけで，それ自身「夷狄の教え」として非難されるのに十分であった。したがって，真の秩序と文明が存する唯一の地帯である中華帝国において，仏教は普及に適さない教えであった。

　社会制度的なレベルでは，その緊張関係はさらにいっそう明白であった。出家の理念は家庭生活を完全に拒絶し，放棄することを特に暗示しているが，この観念と儒教道徳のまさにその根本とが衝突することは必至であった。なぜなら儒教道徳によれば，男子は祖先を祀り，両親に対する孝を進んで行ない，家系を確実に存続させるために結婚し，男子の子孫をつくらなければならず，男子の主たる本分は自分の家族に対するこれらの義務を履行することにあるからである。もし出家者の生活に不道徳の烙印が押されていたとすれば，それはまた寄生生活という意味でも非難されていた。すべての臣民は役に立つ，すなわち生産活動を行ない，社会の構成員であると考えられていたので，仏教僧は国家において反社会的な組織であるとの汚名をまんまと着せられることが多かった。——出家者は肉体労働を行なうことが許されておらず，通常各地を歩き回って生涯の大半を過ごし，食糧のために乞食をすることになっていた。儒家の観点から言えば，彼らが汚名を着せられたのは，これらの事実に対する当然の反発であった。しかも挙句の果てには，仏教僧は超俗の団体と見なされるために，俗世の義務（賦役労働・軍事奉仕・納税を含む）を負わないばかりか，また，政府のあらゆる形の監視を免れている，と伝統的に言われてきたことにより，多くの嫌悪感や不信感が生じた。「沙門不敬王者」の考えは，仏教発祥の地では常に自明のこととして認められてきた仏教の古い概念であった。中国では，そのような国内になじまない団体の思想は，体制転覆をねらい天を冒瀆するものであると考えられていた。後期帝政時代（宋・明・清）に，仏教僧はその権利を手放さなくてはならなくなり，見せかけの独立すらも喪失してしまうが，それまでの数世紀間，その思想は熱い論争と衝突の対象となった。

　これらの阻害的要因がそろっていたにもかかわらず，仏教は中国に根を下ろし，精神的にも物質的にも中国文明の重要な一要素となることができた。

このことは，政治が崩壊し，これに伴ない強力なイデオロギーとしての儒教が一時的に衰退した時期と仏教の形成期とがほぼ一致していたという事実にある程度の原因がある。220年に漢帝国が滅亡した際には，仏教は中国伝播以来ほとんど知られることのないままに150年以上もの歳月が経過していたが，一方，その後，帝国が分裂して中国の大部分が「夷狄」の王朝の統治下となった五胡十六国時代（311-589）には，仏教は急速に発展し，顕著な宗教運動となった。これらは決して偶然の一致などではない。そのような暗黒時代には，帝国統一と絶対的権力のイデオロギーである儒教は，その威信をほとんど失っていた。仏教は，全国的な政治的混沌と多極主義に便乗したように，この状況に便乗したのである。帝国が再統一された時，仏教は儒家の側がいかに敵対しようとも，もはや揺らぐことのない地位を獲得していた。

　しかしながら，もし周囲をことごとく敵に囲まれていたならば，明らかに仏教が中国に地盤を得ることは決してできなかったであろう。仏教の普及と同化を刺激する積極的な要因もあった。第一に，中世における儒家の妨害はごく少数のエリートに限られていた。人口の大半が儒教化されるようになるのは後期帝政時代であり，ゆえに当時の人口の大半はまだ儒教化されておらず，したがって，新しい異教の運動の影響を受け入れることができた。収斂するための結節点が多くの分野に存在した。仏教の起源にみられる諸要素は伝統的な理念や実践の一部とある程度共通点があり（あるいは共通点があったらしく），結節点では両者が互いに継ぎ合わされていた。このようにして，たとえば出家の理念は「隠士」という土着の伝統と結びつき，禅定（ディヤーナ）は道教が説く修心法のうちのいくつかの形態と結びつき，一切衆生の救済という大乗の観念は祖先祭祀と結びつき，仏教の在家信者の集会は伝統的な農民共同体と結びつくこととなった。このように，仏教の理念と実践は，収斂したり混淆したりという極めて複雑な過程を通じて中国文明という生地の中に織り込まれたのである。なぜ仏教が保守的方面からのあらゆる妨害にもかかわらず，その影響を一部の有識エリートのあいだにまで行使し続けることができたのか。そのもう一つの理由は，仏教が儒教の対抗者としてではなく，儒教を補完するものとして登場することができた点にある。

正確に言えば、儒教は概して国家と社会の秩序化を唯一の目標としており、それゆえ、仏教は孔子の社会的・政治的な教説に対して形而上学的な面における一種の補完物として役立つにちがいないということになる。実際、仏教は道教の理想である「道」に対して、悟りやニルヴァーナといった崇高な（しかし補足的な）目標を付加することができたのであり、それと同じことが儒教に関しても言えるのである。また、最後の要因として、ある時期、公的な庇護が重要な役割を果たしたことがある。庇護を受けたのは、一つには宮廷で仏教が信仰されていたためであるが、しかし、単にそれだけでなく——あるいはむしろ主たる理由としては——仏教僧が王朝・国家・社会を祈禱や儀礼を通じて呪術的に守護することができたからである。しかしながら、このような積極的な要因があったにもかかわらず、隋唐時代において仏教が絶頂期に達した時でさえも、中国は決して本当の意味での「仏教国家」にはならなかった。このことは、かつても今も真実である。

## 時代区分

中国仏教を大まかに概観する場合、五つの主要な時代に区分することが適切であると思われる。ただし、この時代区分は主として社会的・制度的発達に基づくものであること、そして、教義上の特徴のみに基づく区分であれば、その境界線がやや違った箇所に引かれるであろうことは、留意されねばならない。

(1) 未発達期（1世紀半ばの仏教伝来から3世紀まで）
　仏教が宗教生活・知的生活において、ごく二義的な役割しか果たさなかった時代である。中国の王朝名で言えば、後漢（29-220）・三国時代（220-265）・西晋（265-326）が含まれる。

(2) 形成期（300-589）
　形成期は政治的には分裂時代を含んでいる。この時代、華北は多数の夷狄の征服王朝によって占領されており、かたや、長江流域と江南は脆弱な
ぜいじゃく
漢人王朝によってかわるがわる統治されていた。知的方面でのこの時代の

特色は，仏教が少数の読書人や僧侶自身へ浸透したこと，また，有識の出家者というエリート集団が形成されたことにある。当時仏教は，中国のあらゆる地域に，また中国人も夷狄の皇族も含めたすべての社会階層に普及した。中国仏教の土着の諸学派が興隆するための素地は，この時代の末期までに形成された。

(3) 自主的発展期（隋・唐治下の第二の帝国統一期と一致，589-906）

自主的発展期は中国史における「中世極盛期」である。一方では中国土着の部派・学派が形成された。他方ではインド型の仏教が中国に移植された。この時期，大寺院では空前の物質的繁栄と経済活動が見られた。845年には，容赦のない法難に見舞われた。これは中国仏教が徐々に衰退していく兆候と見られる。

(4) 前近代中国の仏教（10世紀から19世紀まで）

儒教は都市化・官僚化した「士大夫」社会の中で勢いを盛り返し，教線を拡大した。仏教はこの事態に圧迫されながら，次第に文化的エリートの支持を失い，卑俗的な民間宗教へとますます姿を変えていった。ただ禅仏教だけは，かろうじて知識人層の興味を換起し続けた。

(5) 近現代中国の仏教（1880年から現在まで）

仏教を復興しようとする試みは小規模で，どちらかと言えばエリート主義的な運動であった。20世紀以降，特に1920年代以降になると，ナショナリズム，近代化，マルクス・レーニン主義は三位一体となり，仏教はもっぱらこれらの圧迫にさらされた。

## 未発達期

有名な故事によると，漢の明帝（在位58-75）はかつて夢の中で「金人」に出会ったとされている。腹心の一人が「それは仏と呼ばれる異国の神です」と教えると，明帝はインドの北西まで使者を派遣し，3年後その使者は二人のインド人僧侶を伴なって帰朝した。明帝はインド人僧侶のために都の

洛陽に中国史上最古の寺院である白馬寺を建立した。この故事はおそらく2世紀末以後に成立したものであり，布教を目的とした作り話にすぎない。しかしながら，65年に仏教の出家者と信者がある君主のもとに仕えていたことが初期の信用に足る史料の中に触れられており，ゆえに故事は明帝時代に宮廷にすでに仏教が伝来していたことの覚え書であるとも言えよう。これは中国に仏教が伝わっていたことを示す信用に足る最も古い——しかし不幸にして唯一の——証拠である。仏教が中国にいつ伝播したのかは，実のところ正確には知られていない。仏教は前述の環境のもと，1世紀に黄河流域と華北平原とに連なる甘粛回廊を経由して，北西方向から徐々に浸透してきたにちがいない。これ以後かなり長期にわたり，仏教の帰依者は大部分が中国の土地に足を踏み入れた異邦人であったと思われる。

　2世紀半ば以降になると状況はもっと明瞭になる。この頃から，歴史に名を残した最初の渡来僧たち（パルティア人，クシャーナ人，ソグド人，若干のインド人）が，洛陽一帯で訳経事業に取り組み始めたのである。最終的に彼らは相当数の漢訳仏典を協力して制作し，このうちの約30点は現存している。このような事業は——仏教が中国人のあいだに広まり始めたことの証拠であると同時に——後世，中国の仏教文化の最も著しい成果の一つとなる大規模な訳経運動の幕開けを示していた。翻訳の対象としてどんな著作が選ばれていたのであろうか。この点から判断するならば，漢代末期の数十年における仏教の活動範囲はどちらかと言えば限定されたものであり，禅定を扱う小さな文献に多くの関心が払われた。おそらく道家が修心ないし修身の技法として定めたものと禅定とが類似していたからであろうと思われる。漢が滅亡して（220）後に仏教の活動範囲は広くなった。何百という典籍が翻訳され，しかもその中には，『法華経』『維摩経』といった大乗仏教経典の生硬な最古の漢訳も含まれていた。未発達期における中国仏教の普及と組織化については，訳経事業を除くとあまり知られていない。仏教の役割はまだ非常に控え目であった。——文化的な上層階級の活動領域である中国俗文学の中で仏教について言及されることは，3世紀末まではほとんどなかった。このことから明らかなように，新しく「風変わりな」救済法として社会の下層か

ら信奉者を獲得することが当時の仏教の役割であった。

## 形成期

　4世紀の初め，政治面と文化面で地殻変動が生じ，その影響はほぼ4世紀間にわたって続くこととなった。さまざまな異民族が中国の内憂に乗じ，北辺の地から中国文化の揺籃の地へと侵入してきた。311年，都が侵略者によって包囲されると，中国人の宮廷は不名誉にも江南地方へ逃れなければならなくなった。311年以降，中国はまっぷたつに分断された。華北は政治的に極めて不安定な状態にあり，多種多様な異民族によって支配された。また，江南は同じくらいに短命な漢人王朝がかわるがわるこれを支配した。しかし，特に江南では政治の脆弱さが文化的偉業や思想界における多方面にわたる活発な活動に結びついた。儒教の衰退によって，新たな知的空気が生まれ，絶え間ない戦争，混沌，惨劇の恐怖から逃れるための手段として，儒教に代わる新しい手段も認知されるようになってきた。道教はその宗教的かつ哲学的多様性により，文化的エリートのあいだに数多くの信徒を獲得した。当時の形而上学上の諸問題は，古典的な道教思想家（特に老子と荘子）が唱えた謎めいた瞑想やそれ以上に神秘的な『易経』に基づいており，エリートたちはこの問題に鮮烈な関心を注いでいた。このような雰囲気であったので，仏教は文化的上層階級の関心をつかむことができたのである。同時に，学僧という聖職者エリート——その多くは生まれながらにして教育を享受する階級に属していた——の形成も見られた。前述の環境の中で彼らは新たな信条を流布させることができた。このように，江南では，特殊な型の「貴族仏教」の発達が見られた。その特徴は大規模な領域で諸宗教の混淆が行なわれた点，仏教のより哲学的な側面，特に一切空（シューニャター）という大乗仏教の教理を明確に強調した点にある。支遁（314-366）や慧遠（334-416）のような学僧は伝統的な中国思想の見地から仏教の教理を有識者層に説き，それによって中国仏教哲学の基礎を築いた。

　仏教の勢力は梁の武帝（502-549）のもとで隆盛を極めた。また，この時期，比較的大きな僧院はこの上ない物質的繁栄に恵まれた。武帝は在俗のま

ま戒律生活に入り，宮廷で自ら仏典を講釈し，動物を犠牲に捧げることを禁じ，詔勅を発して道教を禁止した。禅宗の祖として名高い菩提達摩（ボーディダルマ）が中国に渡来したと言われるのもこの時代である。しかし，仏教は上層階級にのみ普及したわけではなかった。搾取される農民の大部分にとって，仏教はさまざまな意味で魅力的であった。利他的な大乗仏教の教理や儀礼の中には，救いとなる諸仏や菩薩への祈願，呪術的なまじない，寺院での多彩な祭事といった，より初歩的なものもあり，農民たちは一面においてこれらの教理・儀礼の中に慰めを見出すことができた。しかし，このような混迷の時代には，仏教寺院はまた兵役・租税・賦役の重圧を回避する場所を提供した。江南地方には400年までにすでに1700以上もの寺院があり，また8万名もの僧尼を数えた。この勢力拡張ははなはだ急激であり，史上はじめて反仏教集団の反発を引き起こし，「反社会的な」僧侶の台頭を制圧するための対策が講じられた。「夷狄」が支配していた華北では，仏教はさまざまな理由から一般に異民族の支配者たちの庇護を受けていた。出家者は呪術的な手段によって繁栄や戦勝を確かなものにする能力を持っていたので，当初支配者は彼らを新しいタイプのシャーマンとして迎え入れた。また後世になると，支配者は出家者を宮廷に迎えることが多くなった。仏教は異民族の教理として儒教と競合するのに利用できたからであり，出家生活に入れば人々は家族という危険な関係を取り結ぶことができなくなるからでもあった。

　この時代の華北仏教の特色は教団と国家との密接な関係にあり，そこに正負両面のあらゆる影響を見ることができる。当時の政府の手厚い保護（雲崗石窟寺院はモンゴル民族の祖先〔鮮卑族〕にあたる拓跋魏〔北魏〕の支配者が5世紀に造営したもので，政府の仏教保護の顕著な現われである）は僧院の諸制度が飛躍的に発達を遂げたことからもうかがえる。5世紀初頭の魏帝国の寺院の数は約3万カ寺，僧尼の数は200万人に上った。他方，教団は国家が任命する僧官によって，こと細かに監督されていた。これは寺院内の農奴制を政府が後援する制度でもあり，これにより寺院の大半は経済活動を拡張することができた。また時おり見られた教団を否定する激しい運動は，仏・道二教の競合が一因となって極点に達し，容赦のない迫害（446-452

〔北魏太武帝の廃仏〕，574-578〔北周武帝の廃仏〕）を引き起こした。教義の上で最も重要な出来事は，偉大な渡来僧であり訳経者でもある鳩摩羅什（クマーラジーヴァ）が402年に長安（現在の西安）入りしたことであった。当時長安は都であり，その支配者は熱心な仏教徒であり，チベット人の祖先でもあった。鳩摩羅什は，その出身地である中央アジアのクチャ（亀茲）ではすでに学者として著名になっており，中国へは，「空」という究極の真理は存在も非存在もともに超越すると説く中道に関する大乗仏教の哲学（中観派；マーディヤミカ）を伝えた。羅什は，われわれの知るかぎりでは史上最大とされる翻訳集団の援助を受けながら，膨大な数のしかも優れた漢訳経典を生み出した。この時代の末期になると，仏教は中国社会のあらゆる階層に浸透するようになった。僧侶は精神的にも物質的にも少なからぬ影響力を有し，それによって顕著な社会集団と化していた。最も重要な諸典籍が翻訳され，中国人の祖師たちはこれらの著作を基礎としながら，独自の教理体系を創造し始めた。

## 自主的発展期

隋・唐朝において中国仏教は最高点に達した。あらゆる分野において偉大で創造的な活動があった。常に純粋に宗教的な理由からとはかぎらなかったが，さまざまな皇帝のもとで，仏教は大規模に保護された。悪名高き則天武后（在位690-705）のもとで，仏教の国家的援助および政治的利用は過度に及んだ。しかし，公的な保護は常に，僧侶を官僚的支配の下に置き，その成長を抑制しようとする試みを伴っていた。中央アジアは再度中国人の支配下に入り，7世紀後半まで仏教伝播の受け皿としての機能や，中国とインドの間の通過点としての機能を保った。当時は聖地を巡礼しようという気運が盛り上がり，最も有名な巡礼者として玄奘（559〔602が定説，一説に600〕-664）を挙げることができる。玄奘は中国仏教において，いろいろな意味で例外的な人物である。彼は入竺という注目すべき旅行（629-645）を果たし，高い水準の現地調査を行なった。またそればかりでなく，サンスクリット語に精通し（当時の中国人にはまれなことであった），偉大な学者および翻訳

家として優れた業績をあげたのである。7世紀後半，アラブの征服者がインドへの陸路を遮断した。よって，聖地巡礼の最後の高まりは，中国の南岸から出発してタームラリプティ（現在のカルカッタ近郊）およびスリランカへと至る海路を経由して行なわれた。

　唐代初期，仏教は，当時の宗教的および知的生活において，最も創造的な活動として際立っていた。6世紀後半から9世紀にかけて隆盛を誇った学派や宗派のいくつかは，インドに直接の起源を持つものであった。たとえば，玄奘はインドの唯心論的仏教（瑜伽行派）の中国版を創始し，またやや遅れてさまざまな種類の密教がインド人の阿闍梨によって紹介された。けれども，最も有名な宗派は根本的に中国的なものであり，それらは大いなる独創性を持った理論を独自に発展させた。たとえば，浄土教のようないくつかの宗派は信の宗教であり，信心を唱導し，罪を懺悔し，阿弥陀仏や観音菩薩（中国では女性と考えられた）がわれわれを済度してくれる恩寵に帰依することを，救済への容易な方法とするものである。他の宗派は性格として煩瑣な学問仏教であった。「教相判釈」を説く宗派は，中国人にもたらされた仏教教義があまりに多様であることへの反動もあって，最終的かつ最高の啓示を含むと考えられる特定の一経典に専念した。とは言え，他のすべての教えは拒否されるのではなく，初心者の考えを準備するのに役立つ予備的な道具と見なされた。たとえば，名声の高い天台宗（浙江省天台山にちなむ）は，途方もなく煩瑣な構造を持ち，既知のあらゆる教えを教えの五つの段階という図式に従って分類する〔五時教判〕。そこでは，一切が最終的に，究極的な真理が現わされたものとしての『法華経』の教義に帰結するのである。

　中国や日本で禅（⑤ディヤーナ；瞑想・忘我）として知られる宗派は，中国思想（特に道教）の観念・実践と大乗仏教の観念・実践との独特な融合体として，7世紀に登場した。禅は，言説や理性的思考によっては最高の真理へ到達できないという基本思想から出発して，規範的な文献や理性的な熟考に頼ることなく，直接的かつ直観的に悟りへ至る方法を普及させた。禅は，身心を滅尽する瞑想活動（坐禅），すなわち逆説を含んだ精神集中のための奇怪な論題（公案），さらには師僧からの意図的な力のこもった強打（棒喝）な

どの使用によって，あらゆる論法が破棄されねばならないと考えた。「無心」という究極の境地が，徐々にではなく突然の激発として悟られたとき，聖と俗とのあらゆる区別は消え去り，そのため「最高の真理は，水を運んだり薪を割ったりすることの中に含まれる」のである。禅仏教は，特に知識階級に甚大な影響を及ぼした。禅は中国や朝鮮において，芸術面・文学面に大きな影響を残しており，これらの地域では，禅は他のほとんどの宗派が消滅した後も存続し，日本においてはそれがさらに顕著であり，今日に至るもなお，禅は隆盛を保っている。

　唐朝は，繁栄している間は，無数の僧院の施設や僧侶の領地の増大する特権に対し寛大であることができた。しかし，唐代後半になると，朝廷は政治的騒乱や経済的危機に蝕まれ，僧権反対主義が勢力を伸ばした。また，仏教は知識活動の面においてもその基盤を失いつつあった。というのも9世紀は，儒教の再興が始まり，その結果，仏教は基本的に非中国的な信仰であるとされ，仏教に対する嫌悪の情がますます増加した時代であったからである。845年に，経済問題，儒教の僧権反対主義，朝廷における有力道士の干渉などが合体して一つの勢力となり，空前絶後の仏教迫害〔会昌の廃仏〕をもたらした。4万カ寺以上の寺院が破壊され，26万500名もの僧尼が還俗を余儀なくされた。後に僧侶は再び増加することを許されたが，その経済力は回復できないほどの打撃をこうむっていた。

## 前近代期（900-1880頃）

　前近代期の始まりは，10, 11世紀の巨大な政治的・社会的・経済的な変化の過程に認められる。この時期，中世中国の農業を基礎とした貴族社会は，後期帝政中国という都市化・官僚化した社会に変容し，ここに士大夫層と富裕な商人層を担い手とする洗練された都市文明が現われたのである。当時，儒教の価値はますます優位を占めていった。11, 12世紀は，強力な「新儒教」の復興した時代であった。「新儒教」とは初期の儒家思想が巨大な煩瑣哲学的体系に発展したものであり，その中の形而上学的上部構造には仏教思想のある部分が取り入れられている。14世紀において，これら「新儒教」

体系の一つが，国家によって正統説と認められ，儒教経典の正統的解釈は，国家官僚への道を開く国家試験〔科挙〕において唯一有効なものとされた。家族制度や宗族制度は，儒教特有の行動規定をも含めてすべての民衆に普及した。

　後期帝政時代（宋：960-1279，明：1368-1644，清：1644-1912）になると，中国社会は完全に儒教化してしまった。このような状況のもとで，仏教は量的な面ではともかく着実に衰退した。一般民衆レベルでは，宗教は盛況を極め，ありとあらゆる形態の民間信仰が生まれた。また，僧侶は依然として民衆から畏れられるだけの器量があった。仏教の衰退というのは主として知的な面での衰退であった。社会の少数派である読書人の関心が，仏教から新儒教へ移行したということである。この移行の結果，仏教の大半は下層階級の低俗な信仰に陥ってしまった。ただし，禅だけは石のように形を変えず，知識人の一部に根強い人気を保った。中国仏教の教理面の衰退は，唐代仏教のほとんどの宗派が消滅したことによっても示される。諸宗融会や相互依用へ向かう傾向が一般に見られ，これにより初期の宗派は徐々に自らの独自性を失っていった。明代になると，仏教の思想面・実践面でなんらかの活動が認められる潮流は，禅と大衆的な浄土信仰だけとなった。諸宗融会はこの時代に流行した思潮であり，「三教帰一」（儒教・道教・仏教の基本的統一）という思想は極めて好評を博した。後期帝政時代の仏教の特徴でさらに注目すべき点は，居士がかつてないほど重要な役割を果たしたことである。これは，僧侶の地位が下降するにつれて，宗教生活における居士の役割が以前にもまして顕著になったことによる。1280年から1368年の間，中国はモンゴル帝国（元）の一部となったが，これは中国史の後半において興味深い間奏曲と言えるものであった。元朝のモンゴル人支配者たちは主としてチベット密教に興味を示し，中国におけるラマ教の影響がこの時期から始まった。チベット密教と後代のモンゴルのラマ教とは，主として政治的な理由から明・清両王朝の庇護を受けた。しかし同時に，宗教生活はかつてなかったほどに専制的な政治の支配下に従属したのであった。

## 近現代中国の仏教

　19世紀後期は，在俗の居士たちが仏教復興のための試みを初めて企てた時代であった。当時中国は西洋や日本の優勢に直面し，自国の後進性を克服しようと国を挙げて取り組んでいたが，居士の企てはこのような動向の一部分であり，さらに具体的には，中国におけるキリスト教宣教師たちの影響力に対する反動でもあった。辛亥革命および中華民国の建国（1912）の後，仏教僧侶を全国的規模で組織化したり，仏学院の設立により彼らの教養水準を向上させたり，日本，インドや南アジア，東南アジアの仏教国などとの交流を定着させたりするなど，さまざまな試みがなされた。1920年代後半から，この運動，あるいは少なくともその中の進歩主義陣営は尊者，太虚大師（1899-1947）に導かれたが，彼はその生涯をすべて中国仏教の復興に捧げたのである。しかし，この運動から多くのものが生ずることはなかった。知識界の全体的思潮は，宗教的復興のための余地をほとんど残していなかった。新しい知識人エリートも国民党政府自身も，あらゆる宗教を「封建的迷信」として拒絶する傾向があり，仏教教団の内部でさえ，この復興運動に関わったのはごく一部の少数にすぎなかった。また，第二次世界大戦前，日本政府が親日感情を育てるためにこの運動を意識的に利用したという汚点もある。

　1949年の中華人民共和国建国以降になると，中国政府の対僧侶政策は政治的監督と武力制圧との間を揺れ動いた。前者は完全に政治化された仏教協会を通して行なわれたものであり，後者は特に文化大革命（1966-69）のような大衆運動を指す。政府が容認する仏教とは，明らかに先鋭部分を切り取られた仏教である。政府によって献身的活動は制限され，かつての僧院が有したあらゆる社会的・経済的機能は奪われているのである。僧侶そのものについては，信頼するに足る数量的資料を欠いているが，新たな受戒者の欠如や還俗によって激減していることは疑いない。概して中国本土における仏教の前途は暗い。ごく最近（1976以降），従来よりは多少自由な政策の兆候が見られるものの，現代化や科学・技術を過度に強調するこの時代，敵対するイデオロギーからの圧力は，仏教が組織的な宗教として存在することに好意

的ではなく、ましてや繁栄することなどなおさらである。

◇訳　注
1）仏教の中国への初伝に関しては、いくつもの説がある。しかし現在では、前漢の哀帝の元寿元年（前2）に景盧（けいろ）という人物が大月氏国の使者の伊存から「浮屠経（ふときょう）」（仏典）を口授されたとする『魏志』の説が、一般には史料の上では最も早いものとされている。
2）たとえば、近年になって、後漢代のものと認められてきた江蘇省の孔望山の磨崖造像の中に仏教系のものが含まれていることが報告されたが、その仏教は海上ルートを経由して入ったと見なす研究者もいる。『文物』（1981年 第7期）、『仏教初伝南方之路』（文物出版社、1993年）参照。

## 【文献ガイド】

中国仏教史全般を扱った最良かつ最新の研究書は、Kenneth Ch'en の *Buddhism in China*（Princeton, 1964）および *The Chinese Transformation of Buddhism*（Princeton, 1973）〔邦訳　ケネス・チェン『仏教と中国社会』、福井文雅・岡本天晴訳、金花舎、1981年〕である。同様の主題についての簡潔で適切な紹介は、Paul Demiéville の優れた概説、*Le bouddisme chinois*（Paris, 1970）に見ることができる。A. F. Wright, *Buddhism in Chinese History*（1959; rep., Stanford Calif., 1965）〔邦訳　アーサー・F・ライト『中国史における仏教』、木村隆一・小林俊孝訳、第三文明社、1980年〕は読みやすいが、いささか表面的である。中国仏教によって具体的に示されるような中国とインドの関係史については Probodh C. Bagchi, *India and China: A Thousand Years of Cultural Relations*（2nd ed., Bombay, 1950）が取り上げている。初期（5世紀初頭まで）の諸問題は拙著 *Buddhist Conquest of China*, 2 vols.（1959; rep., Leiden, 1979）〔邦訳　エーリク・チュルヒャー『仏教の中国伝来』、田中純男・成瀬良徳・渡会顕・田中文雅訳、せりか書房、1995年〕が広範囲にわたり論究している。中世（5-9世紀）の僧侶の社会的・経済的側面については、Jacques Gernet, *Les aspects économiques du bouddhisme*（Saigon, 1956）〔中国語訳　『中国五～十世紀的寺院経済』、耿 昇（こうしょう）訳、商鼎文化出版社、1994年〕という優れた研究がある。禅仏教に関する欧文の文献は膨大にあるが、陳腐なものが大半である。例外と断言できるものは、Charles Luk（Kúan Yu Lu）, *The Secrets of Chinese Meditation*（London, 1964）と Philip B. Yampolsky, ed. and tr., *The Platform Sūtra of the Sixth Patriarch*（New York, 1967）である。前近代の中国における国家と教団との緊張関係については、J. J. M. de Groot, *Sectarianism and Religious Persecution in China*, 2 vols.（Amsterdam, 1903-04）〔邦訳　J. J. M. デ・ホロート『中国における宗教受難史』、牧尾良海訳、国書刊行会、1980年〕が依然として唯一の網羅的な研究であるが、今日では時代遅れでむしろ偏っている。近代の中国仏教に関する最良の研究としては、Wing-tsit Chan（陳栄捷）, *Re-*

*ligious Trends in Modern China*（Columbia U. P., 1953; New York, 1967）〔邦訳 ウィン-チット・チャン『近代中国における宗教の足跡』, 福井重雅訳, （金花舎, 1974年）〕ならびに Yang Ch'ing-k'un, *Religion in Chinese Society*（Berkeley, 1961）の関連部分が挙げられよう。20世紀の中国仏教についてさらに詳しく知りたければ, Holmes Welch の *The Practice of Chinese Buddhism, 1900-1950*（Cambridge, Mass., 1969）と, *The Buddhist Revival in China*（Cambridge, Mass., 1968）を参照されたい。同氏はまた *Buddhism under Mao*（Cambridge, Mass., 1972）の中で, 1960年代後半までの中国における仏教の運命を描き出した。

## 補遺

阿部慈園編『比較宗教思想論2―中国・日本・韓国』（北樹出版, 1997年）
鎌田茂雄『中国仏教史』（岩波全書, 岩波書店, 1978年）
―――『中国仏教史』全6巻（東京大学出版会, 1982-99年）
―――『新中国仏教史』（大東出版社, 2001年）
木村清孝『中国仏教思想史』（世界聖典刊行協会, 1979年）
末木文美士・曹章祺『現代中国の仏教』（平河出版社, 1996年）
趙　樸初（ちょうぼくしょ）『仏教入門』（法藏館, 1992年）
任（にん）継愈（けいゆ）主編『定本中国仏教史1　秦・漢・三国時代』（丘山新, 小川隆, 河野訓他訳, 柏書房, 1992年）
―――主編『定本中国仏教史2　西晋・東晋・十六国時代』（丘山新他訳, 柏書房, 1994年）
―――主編『定本中国仏教史3　南北朝時代』（小川隆, 丘山新他訳, 柏書房, 1994年）
中村　元・笠原一男・金岡秀友監修『アジア仏教史　中国篇』全5巻（佼成出版社, 1974-76年）
―――『シナ人の思惟方法』（春秋社, 1988年）
野上俊静他『仏教史概説・中国篇』（平楽寺書店, 1976年）
道端良秀『中国仏教史』（改定新版, 法藏館, 1977年）
源　了圓・楊（よう）曾文（そうぶん）『日中文化交流史叢書4―宗教』（大修館書店, 1996年）

（岩城英規　訳）

# 7　朝鮮の仏教
Buddhism in Korea

ロバート・エバンス・バズウェル　ジュニア<br>
Robert Evans Buswell, Jr.

　朝鮮仏教の伝統を考える場合，朝鮮が北東アジアの隣接地域から決して孤立した存在ではなかったことは，常に思い起こすべきことである。有史以前の朝鮮文化は，中央アジア・北アジアの草原に住する半遊牧民の文化に極めて類似していた。しかし，戦国時代（前403-221）以降，燕・斉・趙など中国北方の国から，避難民が中国本土の戦禍を逃れて朝鮮半島へ移住してくると，漢文明は急速に朝鮮固有の文化を凌駕し始めた。朝鮮仏教を，より広域の東アジア仏教の伝統の重要な一部分として取り扱わねばならないのは，まさにこのためである。朝鮮の後代の異名が「隠者の王国」であるにもかかわらず，実際，朝鮮や中国の仏教の伝統と勃興期の日本仏教の伝統の間には，ほとんど有機的なつながりが確かに存在していた。中国は明らかに，「絹の道」によってインドや中央アジアの仏教とより密接な絆を持っており，またその圧倒的な規模の領土と人口により，必然的に中国の教義の傾向が東アジアの仏教において支配的であった。しかしこのことは，朝鮮半島や中国大陸における朝鮮人経典注釈者の著述が，天台・華厳・禅など，明らかに「中国」の仏教宗派と一般に考えられているものの発展に根本的に寄与したことを否定するものではない。同時に，数多くの中国人仏教者の教学上の見解は，朝鮮において融合されて新しい形態のものとなった。それはインドや中央アジアの仏教教義が中国において統合されたことに匹敵する革新的なことであった。したがって，東アジアにおける仏教の伝統の独特な発展を評価するときには，常に朝鮮人の貢献を考慮しないわけにはいかないのである。

## 高句麗・百済・新羅，三国時代の仏教（4世紀後半-668）

　『三国史記』『海東高僧伝』『三国遺事』などの朝鮮の古記録によると，仏

## 7　朝鮮の仏教

教は朝鮮の三国時代に中国本土から朝鮮に伝えられたとされる。朝鮮への仏教の伝来は，372年，前秦（351-394）の王，苻堅(ふけん)（在位357-384）が，僧の順道（スンド）を高句麗朝廷に遣わし，経文と仏像を贈ったことに始まるとされる。前秦が東トルキスタンという非常に国際交流の盛んな地域の覇権を握ったことにより，中国文化はインド・イラン・古代ギリシアの文明と親しく接触することとなり，その結果，新たな中国化した仏教を生み出した。数十年にわたり高句麗を包囲してきた前燕を，370年に苻堅が破ったことにより，苻堅と同年代の高句麗の小獣林(しょうじゅうりん)王（ソスリム，在位371-383）との間には，緊密な絆が芽生えた。こうした接触により，仏教も含め，活気に満ちた中国北部の文化が朝鮮に伝えられたのである。この初期仏教の特質を明確にできる資料はわずかしか残されていないが，おそらく初期仏教は呪術的な修行，僧院と国家との共存，弥勒信仰，大乗系統の仏教に属する経典の研究などが特徴的であったと考えられる。376年，順道のために僧院が建てられたと言われ，これが朝鮮における正式な仏教機関についての最初の記述である。

　順道の後には，384年に胡僧の摩羅難陀(まらなんだ)（マーラーナンダもしくはクマーラーナンディン）が続いた。彼は中国の東晋（317-420）から海路で百済に来たとされる。彼は宮廷に熱烈に迎えられ，仏教は百済全土に急速に普及した。彼の来訪から一年足らずの後に，摩羅難陀と最初に得度した朝鮮人僧侶たちのために，漢山に寺院が建てられた。百済では戒律（ヴィナヤ）の研究が特に盛んであったと思われる。高句麗・百済の両国においては，三論（マーディヤミカ〔中観派〕）・説一切有部のアビダルマ（倶舎）・涅槃・成実・天台などの諸宗が栄えた形跡がある。もっとも，この時代の著述はほとんど現存していない。しかし，仏教が東アジア全体に普及するために極めて重要で不可欠であったのは，百済の航海術であった。この技術によって百済は中世東アジアのフェニキアとなったのであった。発達した海路によって，百済は554年に仏教の学問僧・声明師・仏師・絵師・工匠などを日本に派遣し，日本人に中国化された仏教文化の基礎を伝え，飛鳥・奈良時代の豊かな仏教文化の礎を築いた。新羅が南朝鮮全域に領土を拡張したこともまた，大量の朝鮮人の日本への移住（彼らは「帰化人」として知られた）を促した。水田耕

作の進歩，宮殿や寺院の建築，都市計画など古代日本における文化的・技術的業績の多くは，次々に渡来した移住者がもたらした専門的な知識や技術の直接の成果であった。こうした進歩によって604年には聖徳太子が著したとされる日本最初の成文法〔「十七条の憲法」〕が制定され，日本における最初の中国的官僚制度をもたらした645年の大化の改新に至ったのである。

　異次頓（イチャドン）の殉教の後，529年になってようやく，仏教の力を強化した三国のうち，最後に新羅が公式に仏教を信奉した。おそらく危急な政治状況が，新羅に仏教受容を促す触媒の働きをしたのである。朝鮮半島統一に強い意欲を持ち続けていた新羅の貴族が仏教を信奉した強力な動機は，高句麗や百済を新たに征服し，長い間仏教を信奉してきたこれらの貴族社会を和解させようとすることにあった。中国文明を新羅に伝えるパイプ役として欠くことのできなかった仏教が果たした重要な役割は，中国の歴史を通して見られる非中国民族の中国化に極めて似ている。

　三国の仏教は，外来の宗教と土着の信仰との完全な融合であったと思われる。たとえば，土着の蛇と龍の信仰は，龍を仏法の守護者とする大乗仏教の信仰に溶けこみ，その後の朝鮮仏教を特徴づける独特な「護国仏教」となった。この融合の最も早期の一例としては，死後に海龍に生まれ変わり，国と新たな信仰を外敵の侵略から守ろうという新羅の文武王（在位661-681）の誓願があった。仏教と国家はその後，共存関係を発展させ，僧は諸仏・諸菩薩に国家の守護を祈願し，国家は仏教が全国に普及するよう惜しみない援助を提供した。新羅に続く高麗朝期に行なわれた仏教経典の印刻事業〔高麗大蔵経〕のような，朝鮮寺院史上最も顕著な業績の多くは，国家が仏教に対し関心を払い，これをしてきたことの所産であった。仏教僧もまた，朝鮮民族の祖先の英雄と仏教という新しい宗教との間の一致点を明示することに努め，そのことをもって仏教が朝鮮人の間に速やかに同化されるよう促した。たとえば，天帝である「桓人」は，インドと仏教の神々の王である帝釈天と同一であり，また朝鮮民族の先祖である「檀君」（タングン）は吉祥天の化現であることを証明する試みがなされた。過去仏が存在していた痕跡が朝鮮において明らかにされたと主張し，未来仏である弥勒仏の下生は，朝鮮半島南

部において起こると予言した。今日，朝鮮寺院を訪れると，境内の山神や北斗七星を祀った祠（ほこら）の周囲に目が止まる。われわれはそこに，中国化した民衆文化と仏教との統合を見ることができる。

一般に仏教と朝鮮固有の文化との相互作用を表していると考えられる三国仏教の最も有名な制度の一つに，「花郎」（かろう）（ホアラン）運動があった。『三国史記』によると，この運動は576年頃に，新羅の真興王（しんこう）（在位540-575）が創始したもので，その前身である女性呪術師の集団を模したものであった。「花郎」運動は，新羅朝廷の領土拡張政策の一端として組織されたと考えられ，貴族の師弟たちに，倫理的徳行を敬い，洗練された文化を享受することを浸透させる意図があった。彼らは儒教の孝養，愛国的忠義，道教の無為思想，仏教の道徳などの教育を受けた，と後の新羅の著書で述べられている。こうした記述や他の文献にもあるように，花郎の卓越した宗教教育は，花郎が準軍事的組織であったという通念を否定するものである。野外において歌ったり踊ったりするような，一般に花郎から連想される風雅な集団儀式は，イニシエーションとしての旅や巡礼という巫術（ふじゅつ）的な活動であることを，多くの学者に示唆している。花郎と仏教者との類縁性は全く不確かなものであるが，結局花郎を弥勒仏と同一と見なすことが，朝鮮人のあいだに仏教の教義を普及させるための運動であった，と考えられてきたことを確かなものとしていよう。

## 統一新羅の仏教 (668-935)

668年，新羅の旗のもとに朝鮮半島が統一された後，新しい宗教がかつてない隆盛を極めた。中国で発展した教理仏教の主な宗派が朝鮮に伝えられたのは，この時期であった。三国時代に導入され始めた教理思想は，統一新羅の時代に統合されて五大宗派となった。すなわち，僧院の規律の研究と修行を強調した「戒律宗」，『大般涅槃経』の教えを広めた「涅槃宗」，仏教教理に対する融会観を強調した朝鮮独自の宗派である「法性宗」（ほっしょう），華厳宗の朝鮮における初期の一派であった「円融宗」，瑜伽行派の唯識思想に基づいた「法相宗」の五宗である。初期朝鮮哲学における最高の成果はこの時期に達

成され，元暁(がんぎょう)（ウォンヒョ，617-686）や義湘(ぎしょう)（ウィサン，625-702）などの重要な学者が，この時期以降，朝鮮仏教界の特徴となる仏教哲学への姿勢を創り出した。朝鮮僧が中国で著した経典注釈書は，中国の仏教宗派の発展においても大きな役割を果たした。元暁と義湘はともに華厳宗の重要な先駆者であり，中国華厳宗の大成者である法蔵(ほうぞう)（643-712）に両者の影響が見られる。玄奘（?-664）の愛弟子である円測(えんじき)（ウォンチュク，613-696）は，中国法相宗の著名な注釈学者であり，彼が著した『解深密経疏(げじんみっきょうしょ)』は，初期チベット仏教に大きな影響を及ぼした。

　成熟した朝鮮仏教の伝統の最も大きな特徴の一つである諸宗融会(シンクレティズム)の伝統は，熱心な研究活動が行なわれたこの時期に発展した。東アジアに仏教が伝来した時から，仏教は，最初はインドで，次いで中央アジアで発展した膨大で多数な経典と注釈書の伝統を築いてきた。このため，中国の寺院の組織は，宗派心に拘束されないという特徴を持つようになった。宗派による相違は極端ではあったが，対立する諸要素が調和させられうる手段を見出そうと，それぞれ非常に異なるものであっても明らかに仏教であるさまざまな思想を共通の光のもとに見ていこうとする試みが，最初は中国で始められ，後に朝鮮においてかなり洗練された形で行なわれた。朝鮮の伝統のいくつかの特徴は，宗教の諸宗融会の傾向を促した。朝鮮は中国よりも国土が小さく僧侶の人口が少ないため，宗派に分裂し，互いに論争していれば，仏教が宗教界において安定した影響力のある勢力として存続できる望みはほとんどなかった。さらに，外敵の侵入という絶え間ない脅威のために，統一され，中央として組織された教団制度がどうしても必要であった。すべての宗派の解釈に共通する要素を見出し，さらには，仏教思想と実践のあらゆる要素を統合しうる宗教を求めて諸宗派共通の方法（「通仏教」；トンプルギョ）を創始するために，あらゆる主だった朝鮮仏教思想家はこれらの統合する共通要素を探求しようと努めたのだった。こうした姿勢を通して朝鮮人は，アジアに見られる中で最も統合(エキュメニカル)的な仏教の伝統の一つを発展させたのである。

　朝鮮仏教の歴史における最も重要な発展の一つは，統一新羅の時代に禅（ソン）の教えが伝来したことである。朝鮮半島にはじめて禅が導入された

のは，中国禅宗第4祖の道信(580-651)について修行したと言われる朝鮮僧の法朗(ポムナン，活躍期632-646)によってである。法朗の生涯や思想はほとんど知られていないが，中国禅における二つの異なる系統の教えを統合しようと試みたことが付せられている。すなわち，菩提達磨(5世紀)—慧可(487-592)・僧璨(?-606)の系統の教義と，道信—弘忍(601-674)の系統の教義とを『大乗起信論』の諸宗融会的な如来蔵理論を用いて統合しようとしたとされている。結局，法朗の系統の後継者は，朝鮮禅の最古の宗派である曦陽山派を創始した。8-9世紀の間，中国大陸から帰国した他の朝鮮の高僧たちは，他の八つの山に禅堂を建て，後に「禅門九山」として知られるようになったものを形成した。これら8派のうち7派は，唐代禅宗の洪州宗の系統に起源を持つが，この洪州宗が発展して，後に完成した禅の伝統である臨済宗となるのである。残りの一つである須弥山派は，後に発展して曹洞宗となった青原行思(?-740)の系統に由来するものである。中国大陸における朝鮮の高僧たちは，中国禅の発展にも大きな役割を果たした。おそらく，これらの朝鮮僧のうちで最も有名な者は，金和尚の名でも知られる無相(ムサン，694?-762)であろう。彼は四川地方の保唐宗の開祖とされ，チベット人に知られた最初の禅師であった。禅の高僧が中国と朝鮮の間を絶えず往来していたにもかかわらず，朝鮮の仏教内部では学問宗が地位を堅守しており，禅門九山の普及を妨げた。彼らはその教えを広められないことに常に不満を抱き，道義(トゥイ，?-825)や無染(ムヨム，800-888)などの禅僧は学問宗を直接攻撃し，ついには朝鮮の寺院は二つの対立する宗派に分岐したのであった。

## 高麗の仏教(937-1392)

朝鮮寺院の発展に対する高麗僧の主な貢献は，禅と学問宗とを和解させたことであった。それを最初に試みたのが義天(ウィチョン，1055-1101)であった。彼は禅門九山と学問宗を結合して，天台宗を再興しようとした。天台の教義は義天の時代以前から，朝鮮半島にあったことが知られている。たとえば，1世紀ほど前，有名な朝鮮天台の高僧である諦観(チェーグワン，?

-971）は，唐代の中国に招かれ，長い間散逸していた天台の綱要書を再び伝えた。また国外在住の間に，中国天台の注釈書の中で最も重要なものの一つである『天台四教儀』を著し，天台哲学を体系化した。しかしながら，天台宗を復興させるために尽力した義天が，朝鮮天台宗の事実上の創始者と見なされている。義天は，天台教学における観法を，禅と学問宗の間のさまざまに変化する関係を和解させる理想的な手段と考えていたようである。しかし不幸にして，46歳という早過ぎた死によって，彼の努力もあっけなく終わり，宗派の状況はよりいっそう不安定なものになった。

　義天の困難な試みは，約3世代後の知訥（チーヌル，1158-1210）によって引き継がれた。知訥は義天と同様に禅と教理学の統合という諸宗融会を構想し，かつ運動したカリスマ的な禅師であった。しかし，義天の学問的態度とは異なり，知訥は同時代の諸宗派を新しい禅宗に融合し，個々別々の済度の方法を統合しようと努めた。彼は朝鮮禅の修行に，話頭（「決定的な語句」）の研究を取り入れた。話頭とは，よく知られている「公案」とほとんど同意語で，大慧宗杲（1089-1163）が中国で発展させたものである。知訥はさらに，宗密（780-841）が説いた頓悟漸修という修道論の体系に話頭の研究を組み入れ，最後にはこの禅の方法を李通玄（635-730）による華厳思想の解釈と融合させようとした。知訥による禅と教理学の統合は，朝鮮独特の禅宗と見なされるようになり，曹渓宗（チョゲサ）と呼ばれた。彼の努力は，沈滞した朝鮮寺院に再び生気を与え，朝鮮仏教の伝統における禅思想の優勢を示したのである。

　朝鮮禅における主要な瞑想術としての「話頭」が確実に取り入れられたのは，知訥の弟子の真覚慧諶（チンガクヘーシム，1178-1234）によってであった。宋代（960-1279）の中国人思想家を模範として，慧諶は仏教・儒教・道教の三宗教の間の集約点を模索した。知訥の諸宗融会の考えを受け容れ，解釈を拡大して，さらに他の宗教を和解，調整しようとする彼の試みは，後の朝鮮人著述家による一連のこの種の探究を活発なものにした。高麗時代後期の禅師である太古普愚（テーゴブウ，1301-82）は，衰微した禅門九山を新たな曹渓宗に融合するために尽力し，この統一的な宗派を，彼が元代に伝法を

受けた中国臨済宗の系統の上に移植しようとした。彼らやその他の禅師の努力により，曹渓宗はその後ずっと朝鮮仏教の有力な宗派として，今日に至るまでその地位を保持することを約束されたのである。

## 李朝の仏教（1392-1910）

1392 年，李朝の到来とともに，仏教の繁栄には陰りが見え始めた。一般に，李朝の公式の政策は儒教を方針としたと考えられているが，王の多くは仏教に対して引き続き私的な援助を惜しみなく与えた。たとえば，李朝の開祖，李太祖（在位 1392-98）は高僧，無学自超（ムハクチャチョ，1327-98〔一説に 1326-1404〕）を王師（ワンサ；王者一人の師）という公職に任命し，また『李朝実録』の太祖の治世についての記述には，太祖が寺院の造営や僧侶への精進料理の供応をしたり，さまざまな仏教儀礼などに援助を行なったことがたびたび言及されている。しかし，儒家官僚は，中央権力による宗教の管理を強化するために，仏教僧の選考手続きをより厳格にし，寺院や庵の数を制限して公式に認可された宗派数を削減し，寺院制度を再編成するなど，君主に圧力をかけ続けた。これらの政策は，李朝第 3 代国王である太宗（在位 1400-18）により正式に採用され，次の世宗（在位 1418-50）によって大規模に実施された。1424 年の世宗の勅令において，曹渓宗・天台宗・戒律宗〔摠南宗〕は統合されて禅宗となり，残りの学問宗は合併して教宗にまとめられた。僧侶の度牒を得るのに新しい規則が採用され，得度はいっそう難しくなり，すでに出家していた多くの僧侶が還俗させられた。国師（ククサ；一国の師）や王師という公的地位は廃止された。荘園や森林など寺院の資産は国家に没収され，僧院が維持していた農奴の軍団は軍隊に徴募された。仏教寺院はもはや，首都や主要都市では存続を許されなかった。この悲惨な時代には，仏教僧にとって伝統の真の存続自体が，新たな教理上の試みや瞑想の工夫と同じくらい重大な関心事であったことは驚くに値しない。

朝鮮仏教史上，極めて困難なこの時代に，寺院に継承されてきた禅の指導法を要約して著したのが，西山休静（ソサンヒュジョン，1520-1604）である。彼は，禅と教宗を統合するという知訥の初期の構想からヒントを得て，

『禅家亀鑑』という簡潔な修行の手引書を著した。儒教と道教に関する彼の他の解説書の意図するところは、仏教と高麗中期に創始されたこれらの対抗する宗教との調和を支持し、三教の目的が多くの点で類似していることを略述することであった。しかし、休静一派のあらゆる試みにもかかわらず、仏教の創造的な活動は衰退していった。

## 近現代の仏教

19世紀後半以降、朝鮮半島への日本の侵出は、朝鮮仏教の伝統に対し、新たな展開と圧力をもたらした。1876年の日朝修好条規（江華条約）の批准に続いて、真宗大谷派をはじめとする日本仏教の各宗派は、増え続ける朝鮮在住の日本人入植者を改宗させるために行動を開始し、それは朝鮮の民衆にもすぐに広まった。1895年、無力な李朝は日蓮宗の伝道師の抗議に屈し、仏教僧が首都ソウルに立ち入ることを禁じた何世紀にもわたった禁令を解かざるをえなかった。その同じ時期に、朝鮮禅僧の鏡虚（キョンホ、1857-1912）とその弟子たちは、禅修行の復活を促し、この系統の継承者は今日までその教えを説き続けている。

1910年の日韓併合の後、朝鮮僧の中には、仏教の繁栄は、日本の大宗派との合併をはかることによって可能であると感じた者もいた。李晦光（イフェーグワン）は朝鮮寺院と日本曹洞宗との連合を交渉するに至ったが、多くの朝鮮僧は、曹洞宗の漸悟を自らの伝統である頓悟的志向にとって忌避すべきものであると見なして、合併を阻止してしまった。もう一つの運動は、仏教寺院をさらに分断するおそれがあった。1919年の朝鮮独立宣言に仏教界でただ一人署名した有名な著述家である韓龍雲（ハンヨンウン、1879-1944）は、早くも1913年に、僧侶は結婚を許されるべきだと主唱して同時代の人々の顰蹙を買ったが、仏教が現代の世俗社会においてなんらかの実践的な役割を維持しようとするならば、この運動は必要であると彼は感じたのであった。この立場は朝鮮寺院の伝統的な独身主義の方針とは正反対のものであったが、日本の植民地政府は1926年、僧侶の婚姻を公認する新しい僧院規則を発布することにより、ついにこの立場を支持した。十年足らずの

間に，事実上すべての寺院住職は結婚し，それによって朝鮮寺院の伝統的規律に劇的な変化を引き起こした。仏教を近代的状況により適合した形で提示しようという改革運動は，他にもますます頻繁になされた。これらの運動の中で最も有名なのが，1916年に朴重彬(ぼくじゅうひん)（パクチュンビン，1891-1943）によって創始された円仏教（ウォンブルギョ）であり，これは，仏教の教義に，儒教・道教・東学，それにキリスト教からさえも引き出してきた全く異なるさまざまな要素を結合させたものである。

　1945年の独立後，朝鮮仏教界は和解しがたい二つの宗派に分裂した。僧侶の婚姻を認める自由な宗派である太古宗(たいこ)（テーゴジョン）は，日本の庇護の下で繁栄し，主に在家仏教信者の多い都市を基盤としていた。曹渓宗は太古宗より規模が小さく，日本の長期にわたる占領期間にも独身生活を堅守し続けた僧侶たちの，宗教的には保守的な宗派であり，彼らの関心は伝統的な朝鮮仏教の禅定・教理・戒律の指導を復興させることにあった。数年にわたる激しい論争を経て，1954年，曹渓宗はついに自らの地位に対する政府の支持を勝ち取った。両宗派の間には論争が続いているが，すべての大寺院は曹渓宗の支配下に復帰している。今日，朝鮮仏教の有力な宗派である曹渓宗は，新しい世代の在家信者や出家志願者に仏教の教学や修行について関心を抱かせることにかなり成功している。

## 【文献ガイド】

　欧米語で著された朝鮮仏教に関する信頼できる書物で，専門家以外にも理解できるものはほとんど皆無である。朝鮮と日本の学者による研究の概要の一部は，Chun Shin-yong ed., *Buddhist Culture in Korea,* "Korean Culture Series," vol. 3（Seoul, 1974）に載せられている。J. H. Kamstra, *Encounter or Syncretism: The Initial Growth of Japanese Buddhism*（Leiden, 1967），part 3 は三国仏教とその初期日本への影響に関する有用な概観を含んでいる。三国時代初期の高僧の伝記の英訳は，Peter H. Lee, *Lives of Eminent Korean Monks: The Haedong Kosŭng Chŏn*（Cambridge, Mass., 1969）である。三国仏教の朝鮮高僧伝，教義伝の集成は，Tae-hung Ha and Grafton K. Mintz trs., *Samguk Yusa: Legends and History of the Three Kingdoms of Ancient Korea*（Seoul, 1972）に意訳がある。朝鮮僧のインド，中央アジアへの巡礼記（『往五天竺国伝』）は，近年英訳され，Han Sung Yang, Yün-hua Jan, and Shōtarō Iida

(飯田昭太郎), *The Hye Ch'o Diary* (Berkeley, 1984) として翻訳されている。朝鮮の華厳思想は, Steve Odin, *Process Metaphysics and Hua-yen Buddhism: A Critical Study of Cumulative Penetration vs. Interpenetration* (Albany, N. Y., 1982) である程度触れられており, 付録として義湘の華厳思想の概要の翻訳が収められている。天台教学に対する諦観の概説書『天台四教儀』については, David W. Chappell and Masao Ichishima (一島正真), *T'ien-t'ai Buddhism: An Outline of the Fourfold Teachings* (Honolulu, 1984) に翻訳されている。

朝鮮の禅については, 拙著 *The Korean Approach to Zen: The Collected Works of Chinul* (Honolulu, 1983) に網羅されている。本著における導入部分では, 朝鮮仏教の初期の歴史と, 知訥の生涯と思想の文脈をたどるために特に禅の伝統に関してやや広範な概説をしており, 専門家はそこに載っているアジアの言語で著された朝鮮仏教に関する著作の解題を調べてもよい。朝鮮仏教に対する知訥の貢献については, Hee-sung Keel, *Chinul: Founder of the Korean Sŏn Tradition* (Berkeley, 1984) でも考察されている。朝鮮禅の修行に関する刺激的な解説は, Sung Bae Park, *Buddhist Faith and Sudden Enlightenment* (Albany, N. Y., 1983) である。円仏教の主な著作は, Chon Pal-khn, *The Canonical Textbook of Won Buddhism* (Seoul, 1971) に翻訳されている。全時代にわたる朝鮮僧によって書かれた文学的成果の多くは, Peter H. Lee tr., *Anthology of Korean Literature: From Early Times to the Nineteenth Century* (Honolulu, 1981) に翻訳されている。朝鮮僧が著した哲学書や高僧伝の精選集については, Peter H. Lee ed., *Sourcebook of Korean Civilization*, vol. 1 (New York, 1993) が出版されている。1979年までに著された朝鮮仏教に関する欧米語による研究業績については, Han-Kyo Kim ed., *Studies on Korea: A Scholar's Guide* (Honolulu, 1980) の第4章, "Philosophy and Religion" に列記されている。

## 補遺

阿部慈園編『比較宗教思想論2―中国・日本・韓国』(北樹出版, 1997年)
江田俊雄『朝鮮仏教史の研究』(国書刊行会, 1977年)
鎌田茂雄『朝鮮仏教史』(東京大学出版会, 1987年)
中村 元『チベット人・韓国人の思惟方法』(春秋社, 1989年)
中井真孝『朝鮮と日本の古代仏教』(東方出版〔大阪〕, 1994年)
金 煐泰『韓国仏教史』(沖本克己監訳, 禅文化研究所, 1985年)
―――『韓国仏教史概説』(経書院, 1989年)
―――『韓国宗教年鑑』(韓国宗教社会研究所, 1993年)

(岩城英規 訳)

# 8 日本の仏教
Buddhism in Japan

田丸　徳善
Tamaru Noriyoshi

　インドに成立した仏教が，中央アジアから中国へという長い道のりを経て，日本列島に伝来したのは6世紀半ばのことであった。それは伝来の当初，まだなんらの組織も持たず，後になって「神道」という名で呼ばれることになる日本固有の信仰や祭祀の複合とは全く様相を異にした，本質的に外来の宗教であった。しかし，それ以来1500年ほどの期間に，仏教は日本人のあいだにしっかりと根を下ろしたのみでなく，その社会的・文化的ならびに宗教的な生活において，重要な役割を果たしてきたのである。事実，その及ぼした影響は極めて強かったし，また今もなお強いので，日本人の生活のこれらの側面を理解しようとするどのような試みも，仏教に正当な考慮を払うことなしには不十分にならざるをえないであろう。もっとも，これは日本が完全に仏教化されたということを意味するものではない。日本の歴史のどの時点をとっても，仏教が独占的な地位を占めていたことはなく，それはむしろ神道，儒教，そして後にはキリスト教など，他の宗教ないし思想的な伝統と共存してきたのである。さらに加えて，日本という土壌の上で展開していく過程で，仏教は固有の文化の影響のもとに大きな変容を遂げ，独特の日本的な特徴を示すに至った。したがって日本仏教という現象は，二つの対照的な視点から取り上げることができる。一つは仏教がどの程度まで，またどのような仕方で日本文化の形成に貢献したのかを問うことであり，もう一つは逆に，もともと外から来た仏教が，日本という国の社会的ならびに文化的な環境に適応していく過程でどのように変わったのか，と問うことである。

## 歴史的背景と全般的な特徴

　一方では社会や文化に強い影響を与えつつ，他方では自らもまた変容する

というこの過程は時代を通じて見られるのであるが，それを叙述するに先立って，日本仏教の全般的な性格を規定してきた二，三の要因を指摘しておくことにしよう。まず第一に注意しなければならないのは，日本にもたらされた仏教の内容が決して単一ではなく，その歴史のいくつかの段階に由来する多様な要素を含んでいたということである。日本の最初の正史である『日本書紀』（720撰）によれば，仏教は552年に朝鮮の百済国から伝来したとされる（『上宮聖徳法王帝説』は538年とする）。仏教についての知識は，その後6世紀から17世紀にかけて間歇的に，〔遣隋使・遣唐使などの〕公式の使節や求法・伝道の僧たちによって，直接に中国から入手されたのである。このいわゆる北方ルートで伝わったという点から，日本の仏教は南および東南アジア諸国に見られる上座部仏教に対して，大乗の一流派とされるのが普通である。この見方は誤りとは言えない。というのは，特にその現状を見る限り，日本仏教はサンガという僧院制度を核とした上座部，または他のいわゆる小乗の諸派とは，明らかに大きく異なっているからである。しかし，日本には大乗だけでなく，また小乗の要素も見られることは留意しておく必要があろう。具体的に言えば，日本では，仏教の展開のほとんどすべての局面を代表する経典・教義・行法・儀礼などが伝えられ，保存され，研究されてきたのである。

日本仏教は，ある意味で，インドにおけるその発端から後代になって現われてきた形態までを含んだ，仏教の歴史全体の要約とも見ることができる。そしてこの事実は，日本の地理的な位置を考えれば容易に理解できるであろう。すなわち，日本列島は中国大陸の東の縁近くに位置していたことで，おのずから仏教の伝播の終着点となったのである。日本からさらに南北の両アメリカ大陸やヨーロッパなど，世界の他の部分への仏教の移植が始まったのは，ごく最近のことにすぎない。

第二に，仏教は日本では中国文化の他の諸々の要素と密接に結びついた形で受容された。そしてこのこともまた，日本の置かれていた歴史的な状況から説明することができる。概して言えば，日本は中国という高度に発達した強力な文明の中心をめぐる，いくつかの衛星社会の中の一つであった。これ

らの社会は，中国を中心として「東アジア世界」とも呼びうる半ば自律的な文化圏を形づくり，漢字文化，中国をモデルとした政治・法律制度，広い意味での儒教，ならびにインドを起源としながらも中国的な要素を大幅に取り入れた仏教など，いくつかの要素を共有していた。当時の中国は，隣接するこれらの社会に対し，政治的にもまた文化的にもはるかに優越していたから，これらにとって中国が新しい情報や文化技法の源泉とされたことは，はなはだ自然の成り行きであったと言える。他方5世紀以降，このような統一中国と接触を始めた頃の日本は，政治的には，それまで分立していた多くの氏族を朝廷の中央集権的な指導体制のもとに組み込むことによって，新しい社会秩序を築き上げる過程にあった。そして文化的には，日本はなお未発達の状態にあり，まだ文字を持っていなかった。このような状況のもとで，仏教が高度に洗練された文化の要素として喜んで迎えられたことは，なんら怪しむに足りない。これはとりわけ伝来から間もない時期について言えることであるが，そのような状況は，近世になって西欧文明が到来するまで，多かれ少なかれ続いていたのである。

　このことと関連して注目されるのは，日本の歴史には二つの時期が交互に入れ替わるという，独特のパターンがあるように見えることである。すなわち，外の世界との接触を熱心に追求し，外来文化の要素を孜々として吸収する時期と，受容したものを消化し，独自のものを創造することに心を砕く時期とである。これらは，それぞれ「外向期」ならびに「内向期」と名づけてもよいであろう。この点でも，決定的に重要だったのは島国という日本の位置である。というのは，それによって外来文化の輸入に際して選択を働かせ，外からの妨害を受けることなしに，受け入れた外来の要素を同化し，洗練することが可能となったからである。このようなわけで，仏教の導入に続く数世紀には，それを大陸文化の一環としてわがものにしようとのすさまじい熱意が特徴的であるが，9世紀の終わり頃以降の時期になると，それに手を加えることで明らかに土着的な表現が生み出された。そして，このような内的な熟成の時期がかなり長く続いた後，日本が再び外の世界との大規模な出合いを経験する16世紀から，またさらにもしくは19世紀の半ばからは，新し

い時代の象徴はもはや仏教ではなく，キリスト教であった。

　このように，仏教がはじめ優れた中国文化の一部として導入されたことは，日本におけるその展開の仕方とも無関係ではない。とりわけ早い時期には，新しく到来した信仰を進んで受け入れてこれに帰依したのは，朝廷やそれをめぐる有力な貴族階層の人々であった。もちろんこれは，仏教が庶民の生活に何一つ影響を与えなかったということではない。実際にはすでに奈良時代（710-784）の頃から，仏教の影響が一般の人々の生活にも及んだことを示す二，三の兆候が見出される。しかし，全体として見るならば，仏教の感化が本当により広い人々にまで及ぶようになるのは，中世の鎌倉時代（1185[1]-1333）ならびに室町時代（1338-1573）以降のことなのである。この点からすれば，仏教は地域的には中央から地方へ，また社会の中では上層から下層へと弘まったとも言える。初期の日本仏教がしばしば「貴族的」であり，後世のそれが「庶民的」と見なされるのは，このような理由によるのである。

　以上，いくつかの全般的な特徴について述べてきたが，これは日本の仏教が，その教義または実践のいずれか，あるいはその両方に関して画一的であったという意味に解されてはならない。事実はむしろ逆であり，それは常に極めて多様な立場を内包していたが，これは一部は日本に伝来する前からの伝統の複雑さ，そしてまた一部は摂取の過程で受けた変容によるのである。組織という点からしても，日本の仏教は多くの「宗派」に分かれてきたし，これは現在でも変わらない。日本では，〔西欧におけるように〕普遍的な要求を掲げる仏教の教会のようなものはかつて存在したことがないので，それを〔英語で「分派」という意味の〕sect と訳するのは誤解を招きやすく，むしろ学派（school）と言った方がより適切であろう。このような内部的な多様性が，日本の歴史の上での仏教の展開の結果であるのは明らかであるから，次にそれについて手短に概観しなければならない。その際，日本史の通常の時代区分によって叙述を進めることにしたい。というのは，日本における仏教の地位は，国民の政治的・社会的・文化的な生活における出来事によって完全に規定はされないまでも，大きく影響されてきたからである。

## 伝来から奈良時代末まで

　6世紀の半ばにおける公伝から始まって奈良時代にその頂点に達する時期が，日本の仏教の歴史で最も重要な時期の一つであることは疑いの余地がない。すでに述べたように，それは日本における統一国家の形成期でもあった。これら数世紀の間，仏教はまず日本の中枢を占める有力な氏族や朝廷の貴族たちによって受容され，そこから徐々に日本社会に地歩を築いていったのであって，これが後世のすべての展開の基礎となったのである。

　しかし，細かく検討してみると，この新しい信仰は抵抗なしに受容されたのではなかったことがわかる。一つには，天皇の地位は一人の人物が宗教的な機能と政治的なそれとを兼ねるという，神道に由来する祭政一致の観念に基づいていた。したがって，天皇が外来の宗教に帰依することは，このような権力の基盤そのものを脅かすことにもなりかねなかったであろう。さらに加えて，有力な氏族も排仏派と崇仏派とに分かれて抗争したが，最後には，より開明的な蘇我氏が，仏教を私的な祭祀として取り入れる勅許を得ることになった。こうした対立について注目を引くのは，崇仏派と排仏派のどちらもが，仏教の教えについて正しい理解を持っていたようには見えないことである。彼らにとっては，ブッダとは外国からもたらされた一種のカミ（異常な力をもった神格）にほかならなかったのである。彼らが仏像を讃嘆したのはその妙なる美しさのためであり，彼らは仏教をただ治病や繁栄といった実際的な利益をもたらす，より優れた呪術的な手段として受け入れたにすぎないのである。

■**聖徳太子**　このような早い段階において，仏教の興隆に決定的な役割を果たすとともに，またその思想のより深い理解への道を拓いたのが聖徳太子（574-622）である。太子は政治家であるとともにまた思想家でもあり，二つの互いに補い合う目標を追求した。すなわち，一方では天皇の権威のもと，中国の官僚制をモデルとした中央集権国家を確立しようとし，他方では公に仏教を推奨することで，国民の精神生活を豊かにしようとしたのである。

607年，太子はそのために中国の隋の宮廷に使節を派遣したが，それは中国の諸制度や仏教の経典・教義について，多くの貴重な情報をもたらした。こうして太子によって開かれた中国との接触は，それ以後の数世紀にわたる日本の仏教の展開にとって，極めて重要な意義を持つことになった。それとともに太子は，都ないしその近辺でいくつかの大寺の建立にも着手した。なかでも法隆寺は日本最古の仏教建築の一つとして知られている。これらの事績を考えると，太子が日本仏教の父として賛仰されてきたのは決して不思議ではない。

　しかし，太子の影響はこれらの活動だけにはとどまらず，また仏教思想の本質の把握という知的な面にも及んでいる。太子によるとされる「世間虚仮唯仏是真」という句は，太子が仏教について，その同時代の人々よりはるかに深い洞察力を持っていたことを語っている。この句は，日本ではそれまで見られなかった現世否定の思想を示す最初の印として注目すべきものと言える。このほかさらにいくつかの作品が伝統的に太子の撰とされてきた。いわゆる「十七条の憲法」，三つの重要な大乗経典への注釈である『法華経義疏』『維摩経義疏』『勝鬘経義疏』がそれである。「十七条の憲法」はいくつかの道徳的ないし行政上の教訓を述べたものであり，概して儒教的な思想にいくらか法家的な要素を加えた内容を持っているが，しかし，仏教には究極的な価値の源泉としての優越した役割を与えている。一方，三つの注釈は，仏教の原理について驚くべき正確な理解を示すとともに，また仏教の思想を現実の生活の必要に合わせようという，日本独特の傾向をも見せている。

■**奈良仏教の諸宗**　聖徳太子没後の展開は，概してその構想した路線に沿ってなされたと言ってよいであろう。645年の大化の改新，あるいは701年の大宝律令の発布などの施策は，律令制度と呼ばれる中央集権的な行政組織の確立と，宗教，とりわけ仏教の興隆を目指したものであった。こうした仏教に対する国家護持の政策は，最初の恒久的な都である平城京（現在の奈良）の完成の後にその頂点に達したのである。この点で特に重要なのは，国家の援助によって全国に国分寺の組織をつくるため，741年に聖武天皇の発した

詔勅である。天皇はさらに749年，総国分寺である奈良の東大寺に毘盧遮那仏の巨大な青銅像を鋳造・建立せしめた。この毘盧遮那仏像は3年の後に完成し，華やかな開眼供養が行なわれたが，それは壮大な宇宙の象徴であるとともに，また統一国家の象徴でもあった。さらに加えて，天皇は自らを「三宝の奴」と称し，仏教への個人的な帰依を表明するとともに，それをほとんど国教ともいうべき地位にまで高めたのである。

奈良時代の仏教のもう一つの特徴は，それが仏教の中のさまざまな視点を包括していたということである。いわゆる南都六宗は，それぞれがインド仏教の特定の経典ないし論書の研究の伝統をなし，8世紀頃に唐の都であった長安で栄えていたものである。

(1) 律宗は同じ中国名に基づいており，主として仏教の出家者の生活規律である戒律（ヴィナヤ）の解釈を扱った。それは主に中国の道宣の南山律の流れを汲むもので，日本においては僧尼の授戒を受け持った。

(2) 成実宗は仏典解釈の一学派で，その名はインドの訶梨跋摩（ハリヴァルマン）の作と伝えられる論書『成実論』から取られた。

(3) 倶舎宗は世親（ヴァスバンドゥ）の『阿毘達磨倶舎論』（略して『倶舎論』）から名づけられた。『倶舎論』は小乗仏教の中の説一切有部と経量部のアビダルマ思想を叙述した書物である。

(4) 三論宗（中観派）は東アジアにおける中観派の伝統の基礎となっている三つの論書，すなわち龍樹の『中論』と『十二門論』および，その弟子の提婆の『百論』から取られた名称である。

(5) 法相宗（瑜伽行派）は有名な巡礼僧である玄奘（602-664）によって中国に将来され，法相と呼ばれた瑜伽行派のアビダルマ思想の伝統に基づいている。

(6) 華厳宗は主要な大乗経典の一つである『華厳経』〔およびそれに基づいて賢首大師法蔵（643-712）らが大成した華厳哲学〕を研究する。

しばしば宗派と呼ばれるものの、これらは具体的な形の集団というよりは学派とでもいうべきものであり、当時の僧が一つ以上の「学派」について教えを受けることは、ごく普通のことであった。六つの中で、最初の三つは明らかにみな小乗的な立場であるが、後の三つは大乗の経論を研究するものであり、これらを合わせると、8世紀頃までに中国に伝えられた仏教思想のほぼ全般にわたったのである。ただし、これらの区別がもっぱら仏教の教義の学問的な研究にのみ関わるものであったことは、強調しておかなければならない。国民の生活の実際面においては、仏者ならびに仏教組織の担った主たる機能は、国家の安寧をもたらすと信じられたいろいろな儀礼を執り行ない、その外護者たちのために現世的な願いの成就を祈ることだったのである。

このように、中央政府や支配者としての貴族階層の政治的な目標と強く結びついていたとは言え、奈良仏教にも庶民的な様相が欠けていたわけではない。この庶民的な面を最もよく代表するのが、都の近くに住んだ私度僧で不思議な力を備えていたとされる行基（668-749）である。伝承によれば、彼は諸国を歩いて庶民のために多くの事業を行ない、聖武天皇もその大仏の建立の完成のために彼の協力を得たとされる。彼にまつわるこれらの説話は、仏教が土着のシャーマニズム的な信仰とも結びつきつつ、すでに広く庶民のあいだに浸透し始めたことを物語るものであろう。時とともにその影響力を増していく民俗仏教という底流は、ここに始まったのである。

これら南都六宗の中で今日もなお命脈を保っているのは、興福寺ならびに薬師寺を擁する法相宗、東大寺を中心とする華厳宗、そして唐招提寺の律宗の三つのみである。また法隆寺を中心とした聖徳宗も、このグループに加えてみることができるであろう。その立地が奈良地方に偏り、また信徒の数も多くはないので、これらの派の社会的な影響力は、後になって成立した、より強力な組織に比べれば限られている。しかし、それらは古代における仏教の繁栄の記憶を喚び起こすものとして、また後のすべての展開を生み出した源泉として、ある種の象徴的な価値を有すると言ってよい。

## 平安時代の総合仏教

　794年,都が奈良から平安京(現在の京都)へ遷されたことで,日本史は古代の後半に入ることになる。平安時代(794-1185)と呼ばれるこの時期になると,それに先立って少なくとも部分的には実現された集権的な官僚制度は少しずつ弛緩し,やがて次の時代の封建制度へと移行していった。名目的には政権はなお朝廷にあったとは言え,政治の実権は荘園の私的な所有をその権力の基盤とするごく少数の貴族,とりわけ藤原氏の手に握られることになった。統一国家の崩壊というこの全般的な流れの中で,仏教教団は国家との関係ではある程度の自律を達成したが,他方では,なんらかの仕方で支配者である貴族階層の関心に沿わなければならなかった。さらに加えて,9世紀の終わりには遣唐使が廃止され,それまでずっと続いていた大陸からの宗教の流入も中断した。こうした状況が仏教の土着化に有利に働いたことは明らかである。

　この時代の初め頃,天台ならびに真言という二つの新しい宗派が,それぞれ最澄(767-822,諡号は伝教大師)ならびに空海(774-835,諡号は弘法大師)という二人の優れた指導者によって開創された。その性格や気質は非常に違っていたにもかかわらず,二人には多くの共通点があった。彼らはともに,奈良にある正統的な諸派からの掣肘を受けることのない,日本仏教の新しい中心を打ちたてることを目指していた。そのため,彼らはともに入唐して仏教の教義や実践の最新のものを学び,帰国の後は,都の喧騒を離れた聖なる山を選んでその拠点をつくったのである。しかし,より重要なのは,彼らの立場が極めて包括的かつ総合的だったという点である。つまり,彼らは仏教および仏教以外のいろいろな視点がその中に位置づけられるような,一切を包括する枠組みをつくろうとした。このような性格のゆえに,天台ならびに真言の教学は,それ以後に進んだ固有信仰と仏教との融合に対して,うってつけの理論的な基礎となったのである。

■天　台　　天台というのは,中国の天台山,そこに建てられた寺院,ならび

にそこで智顗（538-597）が開いた学派の名称である。若くして奈良の東大寺に学び、伝統的な学派の形式主義に少なからず幻滅した最澄は、さまざまな視点を一つに総合しうるような新しい教えを求めたのであるが、それを与えてくれたのが天台の教学であった。そして彼はたまたま桓武天皇の知遇を得て還学生に選ばれ、唐に赴いて学ぶことができた。中国天台は『法華経』を特に重んじ、止観の瞑想を実践するとともに、究極的な真理の実現についての精緻な哲学的体系を作り上げていた。最澄はこれらの教えを忠実に学んだが、手本とした中国の教学とはやや異なって戒律・坐禅・密教儀礼などの要素をも同じように重視したのである。要するに、最澄の天台は中国天台よりもさらに総合的であった。彼はまた仏教の教えを弘めることは鎮護国家のためと考えており、その点で国家中心的な傾向をも示している。

　最澄は都の東北にわずか離れて聳える比叡山に建立した延暦寺に拠って、天台宗の独立を達成するためにその後半生を捧げた。ただし、この目標はその生前には実現するには至らなかった。当時の制度では、仏教のグループが公認されるには、戒壇で授戒して僧とする権限を得なければならない建前であったが、それは律宗のみが持つ特権であった。最澄の度重なる懇請にもかかわらず、勅許はなかなか下されず、その没後7日目になってようやく認められた。その時以来、比叡山は日本における仏教の教学と修行との最も重要な中心の一つとなったのである。その歴史的な重要性は、次の鎌倉時代に現われてくる新しい運動、すなわち浄土教、禅、および日蓮仏教の流れが、みななんらかの形で比叡山と結びついているという事実を見ても、容易に推察できるであろう。

■**真　言**　真言とはサンスクリット語のマントラの訳語であり、物質的および霊的に異常な効果をもたらすような不思議な力を秘めた語のことである。空海によって日本に将来されたこの種の仏教は、インドにおける仏教の展開の最後の段階で現われてきたタントラに由来する。それは高度に形而上学的思想と呪術的な色彩の強い複雑な儀礼との混じり合ったものと言ってよいであろう。空海ははじめ官途に就くことを志したが、18歳の折、にわかに儒

教と道教の勉学を捨てて，仏教に向かった。その後，幸いにも遣唐使の一行に加わって都の長安を訪れ，その頃盛んであった密教の学習に没頭したのである。3年にわたるその滞在の間，彼はその奥義を究めて密教の第8祖にも任ぜられた。帰国してからは，奈良の南にある高野山に金剛峰寺を，また京都に東寺を創建してその教えを弘めた。

　空海は文学や芸術の分野にも優れた才能を持つ万能の天才であったから，その影響は広い範囲にわたった。しかし，その最も重要な業績はやはり密教の教えを体系化したことであろう。『十住心論』がそれであり，この書で彼は仏教および仏教以外のさまざまな立場を分類し，それを，自然な意識の状態から始まって次第に高まっていき，密教で実現される完全なあり方で頂点に達する階梯として叙述したのである。密教の教えによれば，究極の真理はすべての現象の中に象徴的に表されるが，それはとりわけ神秘的な語句であるマントラ，宇宙の秩序を図で描いた曼荼羅，宗教的な真理を象徴する儀礼的な身振りであるムドラー（印相(いんそう)）として示されるという。こうした象徴を重視することから，密教は仏教の図像や美術に著しい影響を及ぼしてきた。それとともに，後代の密教が一再ならず単なる儀礼主義に堕する危険に曝(さら)されてきたという事実も否定することができない。

■**その他の流れ**　この時期には，仏教の歴史のその後の方向を決めるような，いくつかの流れが次第に明らかになってきた。その一つは，固有の宗教である神道との混淆への強い傾向である。実際的なレベルでは，数多くの「神宮寺」がつくられ，神道の社の境内で仏教の儀礼が行なわれた。また思想的なレベルでは，この混淆を説明するため，神道のカミはいずれかのブッダまたは菩薩が日本で姿を変えて現われたものであるという「本地垂迹(ほんじすいじゃく)」が説かれた。主として総合的な天台および真言の教えに基づいたこのような神仏混淆は，明治時代の初め（1868），政府の指令によってやや強引に解消されるに至るまで，日本の仏教の著しい特徴をなしていたのである。もう一つは，とりわけ平安時代の末期に表面に現われてきた鋭い歴史的な危機の意識，およびそれに伴なう新しい教えの探求である。疑いもなく，その当時の社会秩

序の不安定さによって助長されたこのような危機の意識は、「末法」の理論という形をとって表された。すなわち、仏法は三つの段階を経て衰えるのであり、しかもその最後の段階がまさに始まったとされたのである。事実、この時期にはさまざまな救済者、とりわけ阿弥陀仏への信仰が、貴族たちのあいだでも庶民階層でも等しく高まって、次の時代への道を準備したのである。

## 鎌倉時代の新仏教

　鎌倉幕府（1185-1333）が創設されて、日本の歴史は新しい段階に入ることになった。政治の実権は、京都の朝廷をめぐる貴族たちの手から新興の武士階級に移り、封建制の時代が始まったのであるが、それは制度としては1868年まで続くことになる。そして、政治の領域におけるこのような推移とほぼ並行して、仏教でも一連の新しい運動が現われてきた。なかでも注目に値するのが浄土教、禅、日蓮仏教の三つである。

　これらの三つは、時として互いに対立したにもかかわらず、いくつか共通の特徴を持っている。まず第一に、これらはみな天台の伝統から出たものである。これらはそれぞれの仕方で、先行する時代の総合的な教えの中から一つの特殊な教えまたは実践法を選び、それのみに注意を集中した。すなわち、浄土教は阿弥陀仏への信仰を通じての救いの道を選択し、禅は瞑想修行の道をとり、日蓮仏教はひたすら『法華経』に示された真理への献身を説いたのである。一言で言えば、これらは三つとも天台ならびに真言の包括的なアプローチとは明らかに対照的な、選択的かつ分派的な立場に立っていた。そして、こうした偏りの結果、それらはしばしばずっと前から確立していた諸派との軋轢に直面しなければならなかった。

　歴史的に見ると、これら各々は異なった背景を持っていた。三者の中では、禅は宋代の中国からの直接の影響に負うところが多いから、いくらか例外的とも言える。言うまでもなく、瞑想（⑤ディヤーナ；禅）の実践ということは、初めから仏教の本質的な要素をなしていた。しかしそれは、実践的な気質の中国人の手によって、形而上学的な思弁を退け、瞑想を通じて直接の洞察を求める独立した禅仏教となったのである。浄土教は、起源からすれば大

乗仏教の初期にまでさかのぼるものであり，したがってインド的ならびに中国的な原型を持っていた。ただそれが平安時代の末期および鎌倉時代の初期に広く普及したということは，その当時の歴史的な状況の文脈の中で解釈すべきものと思われる。最後の日蓮仏教については，国外の先駆者のようなものは見当たらない。この点で，それは禅とも浄土教とも違っており，最も典型的に日本的と見なすこともできよう。

■**浄土教**　すでに述べたように，阿弥陀仏の救いへの信仰や「極楽」（スカーヴァティー）と呼ぶその「浄土」への往生の観念は，平安時代からよく知られていた。しかし，この傾向が日本の仏教における最も強力な流れの一つとなるような決定的な転機をもたらしたのは，法然（源空，1133-1212）であった。法然は比叡山に登って学んだが，そこで行なわれていた煩瑣(はんさ)な学風には満足できなかったので山を去り，人々の求めによりよく応えうるような仏教を探し続けたのである。そして長い霊的な探求の後に，ついに1175年，それを念仏，すなわち仏の名を唱えるという簡単な行のうちに見出した。このような教えの正しさを弁護するため，後になって撰述されたのが，その主著『選択本願念仏集(せんちゃくほんがんねんぶつしゅう)』である。彼はこの中ですべての仏教を二つ，すなわち自らの修行によって悟りという目標に到達しようとする聖道門，ならびに阿弥陀仏の慈悲への心からの信頼によって浄土へ往生し，そこで阿弥陀仏の教えを聞いて悟りに達するという浄土門とに分けた。そして，これら二つの中で後者を選びとり，念仏以外のすべての伝統的な修行はただ補助的なものにすぎないとしたのである。

　法然はこのようにただ一つの易しい行のみを勧めたが，これは日本仏教の歴史において全く新しい見方であった。そうした道が選ばれたのは，阿弥陀仏の慈悲への信頼からであるとともに，また人々は罪業の深さのために悟りを求める努力さえもなしえないとの信念からでもあった。法然によれば，このような末法の世においては，人は「自力(じりき)」によって悟ることはできず，「他力(たりき)」を頼みとするほかはないという。人間の本性や歴史についてのこのように悲観的な見方が，当時の政情や社会の不安定さと関連していることは

疑いの余地がない。しかし，法然の教えの最も重要な点は，高尚な思弁や手間と費用のかかる儀礼を却け，その代わりに単純な信仰の行を勧めることで，庶民にも救いの道を開いたということなのである。

　法然には多くの有能な弟子がいたが，師の教えに最も急進的な解釈を与えたのは親鸞（1173-1262）である。彼は，法然の体系にとって基本的ではあるが，法然自身にはいくつかの契機の一つにほかならなかった思想，すなわち阿弥陀仏の包括的かつ絶対的な慈悲という考えを強調した。衆生を救う阿弥陀仏の本願力を堅く信じた親鸞は，仏がすでにその救いを実現しているのだとの結論に到達したのである。彼によれば，すべての人はその地位や資質に関わりなく，またたとえ自ら意識しなくても，すでに救われているのだという。だから念仏は，彼にとっては浄土に往生するための行ではなく，むしろ阿弥陀仏への報恩の表現なのであった。このような信念に基づいて，親鸞は自らを「非僧非俗」と称し，あからさまに戒律を捨てて妻を娶り，子女を育てるという破天荒な振舞いを敢えてなし，それによって世俗の生活と宗教的な求道とを一つにする新しいモデルを確立した。その流れを汲み，法然の浄土宗とは別となった浄土真宗は，その後の数世紀を通じて規模と影響力とを増し，現在でも日本の最も強力な仏教教団の一つとなっている。

■禅　鎌倉時代に現われた第二の主要な流れは禅であるが，それは煩瑣な形而上学や煩雑な儀礼を捨て，その代わりに日常の生活のただ中における個人的な悟りの経験だけに集中するという点で，それまでの伝統的な仏教とは違っていた。こうした禅の立場を最もよく表したのが，よく知られる「教外別伝」の句である。このように単純さを追求するということでは，禅は浄土教と軌を一にしていた。ただ，後者に属する人々が信仰を重んじて外からの助けによる救いを求めたのに対し，禅は悟りは自らの努力によって得られるものだ，とのより伝統的な考えを保持したのである。

　宋代の中国で広く親しまれていた禅は，何人かによって日本に伝えられた。最も早いのは栄西（1141-1215）であり，もと天台の僧であった彼は二度にわたって中国を訪れた。そして1191年，二度目の滞在を終えて帰るに当

たって，当時の中国で行なわれていた，いわゆる五家の一つである臨済禅を導入したのである。栄西は鎌倉幕府の庇護を受け，その活動の拠点として鎌倉の寿福寺ならびに京都の建仁寺を建てた。彼がこのように新興の武士階級の支持を求めたという事実は注目してよい。というのは，彼は京都では比叡山の天台という既成勢力からの激しい非難にさらされがちであったし，また京都に住む貴族たちは当然ながら伝統的な仏教を好んだからである。これは禅の移植の最初の一歩ではあったが，それはなお前代までの仏教，とりわけ密教儀礼の要素をいくらかは含んでおり，純粋な禅ではなかった。こうして栄西は片足を平安仏教に置き，他方の足で禅という新しい伝統に立っていたのである。

　これより36年ほど後になって，道元（1200-53）が中国から曹洞の禅をもたらした。臨済禅と曹洞禅との主たる違いは，悟りに到達するためのアプローチにある。すなわち臨済禅では，師と弟子との間で，公案という，主に昔の禅匠の逸話からとられた謎のような話題による問答の方法を用いるのに対し，曹洞禅はほとんど坐禅の修行だけに集中する。これを道元は「只管打坐」，すなわち無用の思考を働かすことなくただ坐ることだと述べたのであるが，彼にとって悟りとは修行を離れてあるものではなく，修行はそのまま悟りなのであった。栄西とは異なり，道元は他の派に対して厳しい態度を取った。彼は儀礼には一切関わらず，また念仏は全く無用のものと見なした。こうした峻厳な精神の持ち主であった道元は，世俗の事柄に対しても超然としていた。その後半生，彼は都から遠い北陸の永平寺に退いて，少数の選ばれた弟子たちの訓育にそのすべての精力を注いだのである。

　日本における禅の二大流派である臨済宗と曹洞宗は，それ以後の展開を見ると，著しく異なった方向をとったことがわかる。栄西やその後継者たちの多くの例からも明らかなように，臨済宗はその当時権力の座についた高位の武士たちの庇護によって栄えたのである。その拠点となった主要な寺である「五山」は，鎌倉や京都にあり，禅の教育とともに，また宋学をも含めて新たに輸入された中国の学問の研究の中心となった。臨済禅はこうして高尚な文化の普及に重要な役割を果たすことになった。これに対して曹洞宗は，主

に地方武士や農民たちのあいだにその支持者を求めていった。しかし，これらの人々の支持を得るためには，道元の厳しくエリート的な姿勢を捨て，彼らの宗教的な必要により多く合するような態度を取ることが避けられなかった。こうして曹洞宗は，布教の手段としていくらかの民俗的な信仰や儀礼を取り入れたが，なかでも死者のための葬祭の仏事を編み出したのである。そしてこれは，やがて日本仏教のほとんどの流派の特徴の一つをなすに至った。

■**日蓮仏教**　13世紀にはさらにもう一つ，その開祖である日蓮（1222-82）の名と刻印とを担っているユニークな運動が現われた。日本の宗教史の上でおそらく最もカリスマ的な人物の一人である日蓮は，日本の国の物質的ならびに精神的な状態について深く憂慮し，その改善のために絶えず闘い続けた。「立正安国」こそが，その目標であった。ある意味では，彼の運動は天台宗の内側からの一種の改革だったとも言えるが，それはひたすらその目標のみを追求することで，伝統的な宗派の形をはるかに超え，新しい独立の宗派となったのである。

　当時の日本に降りかかった天変地異や社会的な災厄の原因について，若い頃から心を悩ませていた日蓮は，それは「正法」が消え去ったからであり，だから日本は正しい教えが確立するまでは安泰ではないとの結論に達した。そして，この「正法」は天台の伝統で解釈されてきた『法華経』の中にあると信じたのである。したがって彼は，『法華経』を唯一の正しい経典として讃えるよう人々に説き，これ以外の経典に依拠したすべての宗派（律，真言，禅，そして特に浄土の諸宗）を，偽りの教えとして激しく攻撃した。しかも日蓮は，他の宗派を批判するだけにとどまらず，『法華経』の精神に沿って仏教界と政治とを改革するよう，鎌倉幕府に進言した。このような激烈な行動は，当然ながらその反対者たちの敵意を誘い，日蓮は幕府による度重なる弾圧を受け，ついに北の佐渡島に流罪となった。その努力は生前には見るべき成果を生まなかったけれども，彼は献身的な弟子たちを惹きつけ，その後何世紀にもわたって多くの有力な運動を鼓吹したのである。

　日蓮の教えは京都やその他の町の商人階層に受け入れられた。やがて15

世紀になり国中の政治秩序が崩壊すると，日蓮の教えの信奉者たちは武器をとるに至り，「法華一揆」と呼ばれた蜂起は恐るべき力を発揮した。日蓮仏教がこのように積極的に政治や社会に関わっていく姿勢を持っていることは注目に値する。そしてこの預言者的な精神こそが，日蓮仏教を日本およびそれ以外での他の仏教の流派から分かつ特徴なのである。日蓮の遺産がなお力強く生き続けていることは，現代の仏教系の新宗教運動を見ればただちに明らかであろう。たとえば，霊友会，立正佼成会および創価学会など，多くの大教団がみな彼の教えに深いつながりを持っているという事実は，この宗派が息の長い影響力を持っていることを証明するものである。

## 徳川時代における制度の確立

日本仏教の歴史についての叙述には，仏教は鎌倉時代にその頂点に達したかのように述べたものが多い。ある意味ではこれは正しい。というのは，日本における主要な流派はみなこの時期の終わりまでには現われており，それ以後に起こったのは，概してそれぞれのグループの中での展開にすぎなかったとも言えるからである。したがって，日本の仏教は大きく奈良仏教系，天台系，真言系，浄土系，禅系，日蓮系の諸系統に分けることができ，この分類は現代の公式統計にも採用されている。ただし，このことが，それ以後の時代には何一つ重要な展開はなかったということを意味しないのはもちろんである。事実はむしろ逆であり，徳川時代（1600-1867）には新しい教義ないし実践法こそ現われなかったとは言え，仏教の制度的な基盤はそれまでの歴史にはなかったような仕方で確立されたのである。そして，この時期に起こった変化は，近代における仏教の性格に直接に関わっている。

全般的に見れば，この時期には仏教諸派は公に認知される一方で，また徳川幕藩体制の政治的および行政的な目的に奉仕させられることになった。17世紀の半ば，仏教の寺院は神社とともに，中央ならびに地方の二つのレベルで任命された寺社奉行の統制のもとに置かれた。また，どの宗派でも，本寺と末寺という階層的な組織が作られた。さらに，当時はキリシタンと呼ばれたキリスト教の禁止とともに，幕府はすべての国民に特定の仏教寺院に籍を

置くことを命じ、寺院はその人物が禁じられた宗教の信者でないことを証明する「寺請」を発行することになった。これらの措置によって、〔西欧世界での〕教区にも似た網の目のような組織が作られたのであり、そこではすべての家庭が少なくとも名目の上で、ある寺に属することになった。「檀家制度」と名づけられるこの方式は、法的には明治時代（1868-1912）の初めに廃止されたが、今でもなお、多くの仏教組織にとって重要な社会的な基盤となっているのである。

このような徳川体制の政策が多くの仏教宗派の安定に大きく寄与したことは明らかである。それはすべての地区に仏教寺院があることを前提としたから、寺院の数も増加した。しかし、このような安定が極めて高くついたこともまた明らかである。多くの寺院の物質的な繁栄はしばしば僧侶たちの道徳的な頽廃をもたらし、その結果として厳しい批判が起こった。仏教組織の内側では、時として僧侶たちへの不信から、篤信の在俗者たちによる一種の地下の宗教活動が発生し、また外部からの批判の声も時とともに増大していった。さらにこうした状況の中で、多くの宗派が作った学林・檀林において学問が盛んになったかに見えたにもかかわらず、仏教者たちの知的な創造力は甚だしく後退した。というのは、新しい教えを説くことが許されなかったので、伝統的な教義の細部に手を加え、それを洗練することに努力が集中されたからである。それまでの仏教者たちは、それぞれの時代の最も優れた思想家でもあったが、今や時代の投げかける真の社会的および宗教的な問題を取り上げたのは、儒者および一定の範囲では神道の学者にほかならなかった。

## 近代日本の仏教

1868年の明治維新によって始まった日本の近代は、生活のあらゆる分野において一連の根本的な変化をもたらした。仏教は、積極的な意味でも、また消極的な意味でも、急速な近代化の過程によって深い影響を受けることになった。最もはっきりした変化が生じたのは制度の面、とりわけ仏教と国家との関係においてである。明治政府は天皇の権威のもとに国民を動員しようと試み、神道に優先的な地位を与えて古くからの神仏習合を解消したのであ

る。しかし，一般の庶民の信仰や実践においては，これら二つの伝統はなお一つに結びつき，調和したものと見なされている。今日でさえ，多くの日本人は神社に参拝するとともに，また仏教の寺院ともつながりを持っているのである。ただ，少なくとも法的には，仏教はもはや，かつて享受した特権的な地位にはなく，宗教的に多元的な社会の中で他と並ぶ一つの宗教伝統になったことは明白である。

　社会的な環境に生じたこれらの変化は，19世紀の後半から日本に押し寄せたキリスト教的西欧の影響とも一緒になって，さまざまなレベルおよび形で，伝統的な仏教組織の側からの一連の反応を引き起こした。その一つとして，教育事業ならびに社会事業への新たな，また積極的な取り組みが挙げられる。それまでも，仏教寺院の多くは教育や社会福祉のセンターとして役立ってきた。今やこれらの活動を近代的な制度の規制に沿うような形で推し進めることがその仕事となった。またこうした流れと並行して，布教活動の刷新も認められ，一部では海外への布教も試みられるに至った。これらや，これに類する努力は，制度的な改革という項目に要約できるであろう。

　これらの改革と並んで，多くの指導的な仏教者たちは近代精神の挑戦と取り組む必要を感じた。こうして，たとえば哲学的ならびに文献学的な新しい仏教研究が始められた。かつて16世紀に仏教が初めてキリスト教と出合った時，それぞれの宗教の基本的な前提についての理論的な反省は，論争という形をとってすでに着手されていた。しかし近代になってからは，仏教はキリスト教のみならず近代の科学的な世界観とも向き合わなければならなかった。このような出合いは，仏教の教えについての多くの再解釈の試みを生んだのであり，それは今日までも続いている。他方，1880年代以降における新しい研究技法の導入は，日本で仏教史のほとんどすべての段階の資料が利用できるという状況にも助けられて，近代的な学問の厳しい基準を満たすような仏教研究を開花させたのである。

　最後に，既成のグループの周縁またはその外側に，多くの新しい運動が現われた。伝統的な聖職者の条件に合わないというかぎりでは，これらの運動は緩い意味で在家仏教運動として性格づけることができる。そのいくつかは，

霊的な探求と仏教思想の研究に専心するごくわずかな人々からなる小さなものにすぎない。1900年に清沢満之（きよざわまんし）(1863-1903) が始めた「精神主義」の運動や，第二次大戦後では加藤弁三郎 (1899-1983) が創始した「在家仏教協会」などがその例である。しかし霊友会，立正佼成会および創価学会などは，数百万にものぼる会員を擁して全国的な組織にまで成長した。これらの教団は，20世紀になって現われたいわゆる新宗教運動の重要な部分を占めている。それらの出現は，さまざまな改革の試みや盛んな研究活動とともに，仏教が日本人の生活にとって，変わることのない意義を持っていることを示しているように思われる。

◇訳 注
1) 鎌倉時代のはじめについては，守護・地頭の導入で1185年とするか，源頼朝の征夷大将軍任命で1192年とするかの二説がある。

## 【文献ガイド】

■**英語の文献** この主題を扱った西欧語の文献の数は，主題の重要さに比べれば極めて少ない。現在入手できる文献のあるものは，日本の宗教という大きな枠の中で仏教を扱っている。この範疇では，Masaharu Anesaki（姉崎正治），*History of Japanese Religion with Special Reference to the Social and Moral Life of the Nation* (Kegan Paul, 1930; rep., Rutland, Vt. and Tokyo, Chareles E. Tuttle, 1963) が，その資料や解釈に古い部分があるにもかかわらず，なお標準的である。幸いにもこれを受け継ぐのが，Joseph M. Kitagawa, *Religion in Japanese History* (New York, Columbia Univ. Press, 1966) という好著である。この書は日本の宗教を全体として見るという意図のもとに，3世紀頃から第二次大戦後までの時期にわたって，日本のさまざまな宗教体系の間の錯綜した関係を跡づけている。巻末には詳しい文献目録ならびに用語集が付されていて便利である。

日本における仏教の位置ならびに役割については，Byron Earhart, *Japanese Religion: Unity and Diversity*, (3rd rev. ed., Belmont, Calif., 1982) ならびに日本の文化庁がまとめた *Japanese Religion*[1] (Tokyo and Palo Alto, Calif., Kodansha International, 1972) の中の関連の章節を参照すると有益である。特に日本の仏教を取り上げたものでは，まずCharles Eliot, *Japanese Buddhism* (1935; rep., New York, 1959) が挙げられる。この書はすべてを網羅してはいないが，日本における仏教のいくつかの局面について，重要な洞察を与えてくれる。またDaigan Matsunaga（松長大寒）and Alicia Matsunaga, *Foundation of Japanese Buddhism,* 2 vols. (Los Angeles and Tokyo, 1974-76)も大いに役に立つ。この書は，主な宗派の社会的な背景についての短い記述とともに，それらの歴史的な継承関係や基本的な教説についての詳しい情報を含んでいるが，ただその扱う範囲がほぼ中世末期までに限られている。

　一般に中世以後の仏教は，これまでやや等閑視されてきた主題であり，この分野の出版物は日本語でもそれほど多くはない。その意味で Hideo Kishimoto ed., *Japanese Religion in the Meiji Era*（John F. Howes tr., Tokyo, 1956）〔原書　岸本英夫編『明治文化史　宗教篇』，洋々社，1953 年〕は徳川時代から明治時代までの仏教とそれをめぐる状況について簡潔に記述したものとして貴重である。

■**特殊研究**　広く日本の仏教全般を扱ったもののほかに，特定の時代ないしは宗派，または個々の人物などを取り上げた文献もある。次に試みにその一部を挙げてみよう。古代については Marinus Willem de Visser, *Ancient Buddhism in Japan*, 2 vols. (Paris, 1928-35)がある。密教は広く流布しているにもかかわらず，これまで文献の数はやや少なかった。最近に出版された Minoru Kiyota（清田実），*Shingon Buddhism: Theory and Practice*（Los Angeles, 1978）は，E. Dale Saunders, *Mudrā: A Study of Symbolic Gestures in Japanese Buddhist Sculpture*（New York, 1960）とともに，この空白を埋めるものの一つである。浄土宗の開祖である法然の生涯と思想については，勅修の伝記の翻訳に行き届いた解説を付した Harper Coates and Ryugaku Ishizuka（石塚龍學），*Hōnen the Buddhist Saint,* 5 vols.（1925; rep., Kyoto, 1949）が最も基礎的なものである。もう一つの有力な宗派の開祖である日蓮の人物像は Masaharu Anesaki（姉崎正治），*Nichiren the Buddhist Prophet*（1916; rep., Gloucester, Mass., 1966）に鮮やかに描き出されている。Paul Peachey によりドイツ語から英語に翻訳された Heinrich Dumoulin, *A History of Zen Buddhism*（New York, 1963）は禅の背景ならびにその日本における展開についての優れた概観である。禅の日本文化への影響は広く論じられた話題であり，それについては D. T. Suzuki, *Zen and Japanese Culture*, 2nd ed. rev. and enl.（1959; rep., Princeton, 1970）〔邦訳「禅と日本文化」「続禅と日本文化」（『鈴木大拙全集』11，岩波書店，1970 年）〕が古典的と言ってよいが，ただ著者は禅の影響をやや一面的に強調する傾向がある。仏教系の新宗教運動については，Clark B. Offner and Henry van Straelen, *Modern Japanese Religions*（Leiden, 1963）および Harry Thomsen, *The New Religions of Japan*（Tokyo and Rutland, Vt., 1963）から基本的な情報を得ることができる。

■**文献目録**　この主題の性質上，原典資料や研究成果の大部分は日本語で公刊されている。上に選んだ文献にはあるいは偏りがあるかも知れないので，それを補うために，次にこれら日本語の出版物について英語で解説した二，三の文献目録を紹介しておこう。この種のものとしては，坂東性純・花山勝友・佐藤良純・佐伯真光・島啓隆編の *A Bibliography on Japanese Buddhism*（Tokyo CIIB Press, 1958）ならびに国際文化振興会

編の K. B. S. Bibliography of Standard Reference Books for Japanese Studies with Descriptive Notes, vol. 4, Religion（Tokyo, 1963）がある。前者は約1600点を収録しており、また後者では仏教の項で92点の基本文献を挙げている。この後者を受け継ぐのが、現在、国際交流基金によって2ないし3年の間隔で刊行されている An Introductory Bibliography for Japanese Studies（Tokyo, 1975～）である。その宗教の章は、日本仏教の領域で当該の期間になされた研究の成果について短い報告を行なっている。

■日本語の文献　日本仏教の主要な宗派は、みなそれぞれの基本となる典籍の集成を有している。すなわち、天台宗典刊行会編『天台宗全書』全25巻（第一書房、1935-37年）、真言宗全書刊行会編『真言宗全書』全42巻（高野、1933-39年）、浄土宗宗典刊行会編『浄土宗全書』全21巻（山喜房佛書林、1929-31年）およびその続篇の宗書保存会編『続浄土宗全書』全20巻（山喜房佛書林、1940-42年）、妻木直良編『真宗全書』全74巻（仏書刊行会、1913-16年）、宮ែ祖泰・佐藤黄楊編『国訳禅学大成』全25巻（二松堂書店、1930-31年）ならびに日蓮宗全書出版会編『日蓮宗全書』全20巻（須原屋書店、1910-16年）などである。これらの原典集成は、個々の宗派の伝統について『大正新脩大蔵経』全100巻（大蔵出版、1924-34年）あるいは『大日本続蔵経』全150箱（蔵経書院、1905-12年）、仏書刊行会編『大日本仏教全書』全151巻、（東京、名著普及会、1912-22年）などの標準的な典籍集よりもさらに詳しい文書を示している。

　近代以前の時期においては、仏教の研究と言えば主に教理の解釈であったが、20世紀になってからは歴史的な研究が盛んになってきた。この種の数多くの業績の中でも、最も基本となるのは辻善之助『日本仏教史』全10巻（岩波書店、1944-55年ほか）である。本書は、その伝来から明治期の直前に至る日本仏教の全歴史を扱い、それぞれの時代の社会的・政治的・知的な状況の中での仏教の姿を鮮やかに描き出している。これほど大部のものではないが、圭室諦成『日本仏教史概説』（理想社、1940年）も極めて示唆に富んでいる。この書は社会経済史の視点を交え、日本の歴史を通じて仏教教団の置かれた位置を明らかにするのに成功している。これとは違った思想史的なアプローチの代表が、家永三郎『上代仏教思想史研究』（法藏館、1948年）ならびに『中世仏教思想史研究』（法藏館、1947年、改訂版、1990年）である。これら両書に収められた多くの論文で、家永氏は仏教的なものの見方の特性とそれが日本人の心性に与えた衝撃とを叙述している。近代日本における仏教の歴史は、これまで未開拓だった分野であるが、吉田久一『日本近代仏教史研究』（吉川弘文館、1959年；川島書店、1992年）が簡潔な概観を与えてくれる。そして最後に、龍谷大学図書館編『仏教学関係雑誌論文分類目録2巻（1931-1955）』（百華苑、1961年）は、明治初期から1950年代末までになされた研究についての手引きとして役に立つ。

◇補　注
1）改訂新版あり。（Noriyoshi Tamaru & David Reid eds., *Religion in Japanese Culture*,

Kodansha International, 1996)

## 補 遺

池田英俊『明治仏教教会・結社史の研究』(刀水書房，1994 年)
石田瑞麿『日本仏教思想研究』全 5 巻 (法藏館，1986-87 年)
井上順孝ほか編『新宗教事典』(弘文堂，1989 年)
井上光貞ほか編『大系 仏教と日本人』1～16 (春秋社，1985 年)
大久保良峻・佐藤弘夫・末木文美士・林　淳・松尾剛次編著『日本仏教 34 の鍵』(春秋社，2003 年)
大山誠一『〈聖徳太子〉の誕生』(吉川弘文館，1999 年)
勝浦令子『古代・中世の女性と仏教』(山川出版社，2003 年)
今野　達・佐竹昭広・上田閑照編『講座　日本文学と仏教』全 10 巻 (岩波書店，1994-95 年)
金岡秀友・田丸徳善他編『仏教文化事典』(佼成出版社，1989 年)
佐藤弘夫『神・仏・王権の中世』(法藏館，1998 年)
末木文美士『日本仏教思想史論考』(大蔵出版，1993 年)
─────『鎌倉仏教形成論』(法藏館，1998 年)
黒田俊雄『黒田俊雄著作集』全 8 巻 (法藏館，1994-95 年)
平　雅之『日本中世の社会と仏教』(塙書房，1992 年)
高崎直道・木村清孝編『シリーズ　東アジア仏教 4　日本仏教論』(春秋社，1995 年)
髙埜利彦『近世日本の国家権力と宗教』(東京大学出版会，1989 年)
圭室諦成『葬式仏教』(大法輪閣，1963 年)
圭室文雄編『日本名刹事典』(雄山閣出版，1992 年)
田村圓澄『日本仏教史』全 5 巻・別巻 1 (法藏館，1982-83 年)
田村芳朗『日本仏教史入門』(角川書店，1967 年)
田村芳朗・宮﨑英修編『日本近代と日蓮主義』(春秋社，1972 年)
日本仏教研究会編『日本の仏教』全 6 巻 (法藏館，1994-96 年)
─────『日本仏教の研究法』(法藏館，2000 年)
日本仏教人名辞典編纂委員会編『日本仏教人名辞典』(法藏館，1992 年)
速水侑・中尾堯・圭室文雄・柏原祐泉『日本仏教史』4 巻 (吉川弘文館，1987 年)
松尾剛次『鎌倉新仏教の成立』(吉川弘文館，1988 年)
龍谷大学仏教学研究室編『仏教学関係雑誌論文分類目録 3 (1956-1969 年)』(永田文昌堂，1972 年)
─────────────『仏教学関係雑誌論文分類目録 4 (1970-1983 年)』(永田文昌堂，1986 年)
渡辺照宏『日本の仏教』(岩波書店，2002 年)

# ⑨ チベットの仏教
Buddhism in Tibet

ハーバート・ギュンター
Herbert Guenther

　チベットにおいて，仏教は非常に複雑な現象を呈している。豊かで緻密な仏教哲学は，高度に発達した深遠な心理学と結合した。その心理学とは，視覚（ヴィジュアライゼーション）化のような高度な技術を変容のための他の諸操作と組み合わせて用いるものである。仏教は，ある意味で，哲学，心理学，技術，科学と，宗教との共同作業である宇宙論（コスモロジー）を発展させてきた。ここで言う「宗教」とは，深く人の心を揺さぶる内的体験と，全的に経験され，感得されたものを合理的，論理的に表現しようと働きかける理論とが渾然一体となったものと定義づけられよう。このようなものとして，個々人の願いと不安に応え，彼ら相互の関係を調整することによって，宗教は社会と緊密な関わりを持つ。事実，仏教は現実に生きている人間を見失うことはなかった。現実の人間とは，受け取ったあらゆる情報に基づいて，神々とそれ以外の生き物——主に人間たち——がひしめく多種多様な「世界」を心の中に作り上げようとするものだからである。

　チベットの仏教は大乗仏教の歩んだ跡を追って発展した。大乗仏教は高まりつつある社会意識を旗印として掲げ，小乗の理想像である阿羅漢が外の社会から隔絶していたとされるのとは対照的に，人々への奉仕に生きる菩薩を理想像としてきた。菩薩は必ずしも僧侶である必要はなく，どのような身分の者であってもなることができたので，菩薩のそうした社会的性格が強調されると，この新しい理想像と阿羅漢像との間に緊張が生まれた。阿羅漢は僧侶階級出身者しかなれず，初期仏教において僧侶は優遇された地位にあったので，たとえ社会的経済的な状況が変化しても，彼らはその地位を保とうとしたのである。チベットではこうした緊張は，政治権力をめぐって争う僧院勢力の台頭へとつながっていった[1]。

思想と心の問題に関して言えば、大乗仏教は、人間存在に対する、経典（スートラ）に体系づけられた認識論に基づくアプローチと、タントラに体系づけられた体験を中心とするアプローチとに代表される。インドの言葉である「タントラ」とは、文字通りには「織り機」を意味する[2]が、より広義には、「生ける者のさまざまな可能性」も指すであろう。これらの可能性が個人存在の不壊の核と価値を成り立たせているのである。個人は、なんらかの仮説的な「アートマン」、すなわち〔永遠の〕自己」によってではなく、自らの現存在の力によって価値あるものとなる。この不壊の核と価値を表すインド固有の言葉が「ヴァジュラ」〔金剛、ダイヤモンドを指す〕である。この語は含蓄が深いので、そのためかつてさまざまに誤解されてきたが、その轍を踏まないためにも、むしろ翻訳せずにおいた方がよいであろう。

## 仏教の初伝

仏教には、それ独自の「道」に加えて、何であれ吸収してきたものを再解釈することで、功績とは言えないまでも、異なる民族の慣習や宗教儀礼を摂取してしまう傾向があった。ひとたび仏教が確固たる地位を築いてしまった後では、後世の人々は初伝当時のものを、とかく低く評価しがちであったが、(8世紀初頭に) チベットに入ってきた時の仏教は、すでに思想的に高度に発達したものであった。しかし、初期の状況については漠然としたことしかわかっていない。それは主として二つの要因による。一つは、仏教が公認される以前の支配的な思想勢力はポン教であったが、古い資料がないために、それ自体かなりの部分がいまだ不明であるという事実である。ポンポと呼ばれるポン教徒たちのほかに、「人の法」（ミ・チュー）を代表する、物語の語り部（ドゥン）と謎かけ歌を歌う人（デゥ）がいた。新来の仏教は、「人の法」とポン、すなわち「神々の法」（ラィ・チュー）の両方に取って代わるものだと自ら主張した[3]。こうした主張を可能にしたのは、中央アジアと中国から仏教思想がすでに伝えられており、それがインド仏教受容の基盤を用意していたという事実である。チベット仏教初期の状況をわからなくさせているもう一つの要因は、インド仏教がチベットに入って支配的になる以前に存

在していたものは何であれ，非文明的・原始的で野蛮なものであるという偏見である。実際は，仏教伝来当時のチベットの宗教事情は，すでに原始的な段階からはずっと発展したものであったのである。

仏教は支配者層・有識者層からなる高度に洗練された社会によく受け入れられていたが，しっかりと根づくためには公の保護も必要としたことに注目すべきである。つまりチベットでは，仏教は，家や氏族間の対立，親中国派，親インド派という派閥間の争いなど，今日では「政治的」と言うべき諸々の動きに最初から関わっていた。こうした政治への関与があったからこそ，ついには，中央政府と半独立の地方国家という二重のレベルで機能する教団国家としてのチベットの形態が生まれたのである。どの在俗の役人も，みな僧院内の役職を兼ねていた。この聖俗の区分の根本にあるものは，古くからの一者と多者の問題である。それは，チベットの場合，化身という概念によって解決されてきた。観音菩薩という象徴を通して，人間という存在は一者と見なされる〔人間の精神的統一性〕。化身という象徴を通して，人間という存在は多者と見なされる〔人間の肉体的多数性〕。一人ひとりのダライラマは，彼の歴史的・肉体的な前任者の生まれ変わりであると考えられ，同様に，チベット仏教の諸宗派の高僧たちも彼らの前任者の生まれ変わりであると見なされているのである。

チベットの仏教史全体は，構造の異なった二つの動きの補完関係を反映している。そのうち一つが優位を保っているが，他を排除することはない。これら二つの動きとは，前者は，何も省察せず，主題とせず，対象化しない（それゆえに主観化もしない）「神秘的」思惟であり，一方，後者は，何かを省察し，主題とし，対象化し（それゆえに主観化もする），具象化する「合理的」思惟である。神秘的思惟は生きた経験の即時性を保とうとし，宇宙に達し，溶けこむことによって，おそらくそれを再び捉えようとする（もし起こるとすれば，それは同時に起こる運動である）。合理的思唯は，経験の外に立って，あるがままにそれを分析し，区分し，起こったことを分類し，果てしなくそれについての議論を続ける。

仏教の公認に関する数々の歴史的な出来事は，根底にあるこの相互補完関

係を立証している。ティソン・デツェン王（756-797？）〔敦煌文献によれば出生は 742，在位が 754-796〕の父，メアクツォム〔ティデ・ツクツェン王（704-754 在位）〕は，極めて早い時期から，すでに仏教への関心を示していた。そしてシャンシュン地方で神秘的瞑想の修行を行なっていた僧侶たちを招聘しようとインドへ密使を派遣した。しかしながら，返事として彼らはいくつかの文献を送ってきただけであった。宮廷内部に反仏教感情があったので，王はさらなる仏教文献を入手するために，バ氏のサンシという者を内密に唐へ送った。サンシは帰国すると身を隠さねばならなくなった。なぜなら，年老いた王はすでに没し，後継者の息子はまだ幼く，宮廷を次々と襲った災厄は仏教に心を寄せたせいだとされていたからである。ティソン・デツェン王は成年に達した時，非常に慎重に，父の仏教への関心を引き継いだ。若き王は，後に僧としてイェーシェー・ワンポの名で出家することになるバ氏のセルナンに，インドの学僧（パンディタ）シャーンタラクシタへの招待状を持たせてインドとネパールへ派遣した。しかしながら，チベット内の騒動のために，この学僧はチベットへ到着するなり去らねばならなかった。シャーンタラクシタがチベットへ再入国できたのは，反仏教の指導者マシャン・トムパケーが暗殺され，彼の支持者が追放されて，反仏教勢力が一掃された後のことであった。

　シャーンタラクシタはチベットでは何の成果も収めなかった。瑜伽行自立論証中観派〔世俗として瑜伽行派の唯識思想を認め，推論式を用いて空性を論証する中観派〕の徒として，彼は，合理的な思考とそれに伴ないがちな議論のための議論を強調した。自らの限界を悟り，この学僧は僧パドマサンバヴァを招くことを王に進言した。パドマサンバヴァという人物の生涯について現存資料が語るところは，（彼が脅迫に遭いチベットを去ったという事実以外は）一致していない。彼の生誕地ウッディヤーナは，その位置すら，いまだ十全に確認されていない。パドマサンバヴァは，神秘的にも合理的にも考えることができた人のように思われる。彼は，普遍的な経験に基づくことから始め，それによって神秘主義と合理性のいずれかの選択という「二者択一」に陥る過ちを避けたからである。実践を中心とした体験についての彼の教義

から見れば，パドマサンバヴァは単なる抽象あるいは純粋に認識のみによる分析には満足してはいなかった。ある学者たちがしてきたように，この人物に悪霊払いの祈禱師（エクソシスト）というレッテルをはることは，神秘主義が意味するものへの誤解であり，それを超自然的な魔術（オカルティズム）と混同することである。事実，チベット文明の中の，これらの「神秘的」非仏教的要素が仏教と結びつき，仏教に違った趣を与えることになったのは，パドマサンバヴァのおかげである。特にポン教と仏教〔ニンマ派〕の双方が唱えるゾクチェン（大究竟）の教義に関してはその通りである。ニンマ派が守護者の一人と見なすニャン・ティンゲージンは，イェーシェー・ワンポに対して反乱を起こし，彼を禅仏教とつながりのある神秘の伝統の傑出した人物ペルヤンと交替させた。ニャン・ティンゲージンはまた，時の統治者たる王によって，王位継承者ティデ・ソンツェンの後見人にも選任された。にもかかわらず，イェーシェー・ワンポは，もう一人の仏教の「合理主義者」（瑜伽行自立論証〈中観〉派）を代表するカマラシーラを招くことによって巻き返しを計った[4]。いわゆるサムイェー僧院での論議の結果は，後世の，そのため信憑性のあまり高くないチベット資料によると，純インド的合理主義者とその戒律重視の傾向の優位を示している[5]。合理主義のみか，あるいは神秘主義のみかという，この政治がらみの論争において，それらの相互補完関係は看過された。亀裂はむしろ広がったのである。さらに，神秘主義が個々のすべての経験と共存し，それを包括するものとして経験の即時性を強調したのに対し，合理主義はある精神的発展段階から次の段階へと漸次進むことを主張した。後者がうまく達成されるためには，その過程に関わる個人あるいは共同体〔教団〕が布施によって支えられることが必要であった。

## 弾圧と復興

続いて設立された出家教団は，ただちに，商業活動から貿易にさえも手を染める自治の経済共同体となっていった。数々の僧院は，裕福な家々から寄進された広大な地所を次第に獲得しながら自ら有力な地主となり，弱小地主たちは彼らに対抗することが不可能となり，ついには彼らの小作人となって

いった。出家教団は税を免れていたため，国は人的・物的双方でかなりの資源を教団に奪われてしまった。教団は経済力をつけてくると，だんだんと専横になり，より多くの特権を要求するようになった。こうしたことがランダルマ王（838-842）〔本名ダルマ・ウィドゥムテン，正しくは809-842，在位841-842〕による仏教弾圧を招いた主な原因であった。

　この弾圧によって，仏教側は宮廷の保護ばかりでなくあらゆる資産を奪われた。政治面では，842年あるいは846年にラルンの一介の僧ペルキドルジェによってランダルマ王が暗殺されたが，それもチベットを政治的分裂から救うことはなかった（この犯行の後，ペルキドルジェはアムド〈青海〉の循化地方へ逃れ，そこで出家教団の復興に間接的に携わったと言われている）[6]。敦煌，沙洲など，一時はチベットに占領されていた中国の辺境地域の都市は失われ，指揮官は討ち首となった（866）。彼の軍隊はばらばらになって国境の地へ散っていき，そこで新興の共同体の中核を形成した。その後まもなくチベット人たちは，ウイグルとカルルク・テュルク〔いずれも中央アジアのトルコ系部族国家〕によってトルキスタンから追われた。思想的にも精神的にも，僧院と宗教共同体の健全な感化力はもはや感じられなくなった。

　ランダルマ王の暗殺後，彼の二人の息子ユムテン（最初の夫人の子，あるいは他の女性からさらわれたと伝えられるので，少なくとも彼女によって育てられた子）とウースン（二番目の夫人の子）が〔南北に〕分割してチベットを支配した。ウースンの息子ペルコル・ツェンは敬虔な仏教徒であったと言われるが，臣下に殺された。ペルコル・ツェンの二人の息子は，かつて中央の王家の領土であった西ツァンと，ガリの三つの地，すなわち，マルユル（1100年頃まで仏教国家として続いた），プラン，シャンシュンまたはグゲをそれぞれ取った。ペルコル・ツェンの長男の息子と孫は，グンタン，ニャンまたはミャン，アムドのツォンカ，そしてヤルルンに地方政権を立てた。こうしてこれらの地域で仏教は生き続け，結局，かつてチベット〔吐蕃王国〕であった東の地域を皮切りに再び活性化したのである（チベットのいくつかの王統史に見られる記事は疑わしい。なぜなら，それらの著者にとって，自分の所属する系統が続いていたという主張を裏づけることが既存の関心事

であったからである）。

　東方における仏教の復興過程で興味深いことは，中国あるいは非インド系仏教とのつながりが保たれていたという事実である。話は次のように展開する。弾圧の時期に三人の仏教僧，ツァンのラプセル，ボドンのヨゲチュン，トェルンのマル・シャーキャムニが，ラダック地方とカルルク・テュルクの占領地を抜けて西へ向かった。ウイグル人の占領地を通り，ついにアムドに至った。そこに住んでいた元ポン教徒で，ツォンカ出身のムシ（ムス）族のゲー・ラプセル（822-915？または892-975？）が仏教に改宗していた。この地域には，パドマサンバヴァの後継者でティソン・デツェンの治世に追放されたヴァイローチャナ〔チベット最初の出家者の一人，ゾクチェンの始祖〕がいたために，ゾクチェンの教えによる仏教が花開いていたと思われる。三人の僧の行ないに感銘を受け，ゲー・ラプセルも出家したいと願った。出家には五人の出家僧の立ち会いが必要なので，二人の中国の和尚が定数を満たすために加えられた。これに関連して，非インド的なものには何であれ敵愾心を抱いていた親インド派のチベット仏教徒たちが，おそらくは〔中国の〕道教徒であった和尚と中国仏教徒ハシャン・マハーヤーナ（摩訶衍和尚）とを一貫して区別しないできたことに注意すべきである[7]。

　中央チベットにどのようにして仏教が到達したか，それについての話は，東部の地域に起こった出来事を模して作られており，そのことのためだけでも信憑性が薄い。9世紀から10世紀の間，その後のチベット仏教史にとって大変重要な出来事が，国の西部で，ガリ地方の歴代の王たちの努力によって起こった。コルレ王は弟ソンゲのために退位し，僧衣をまとい，（ラ・ラマ）イェーシェー・ウーを名乗った。彼は，戒律の伝統を学ばせるため，数人の若者をカシュミールへ派遣した。当時，カシュミールでは（インドでは消滅したも同然の）仏教が最後の輝きを保っており，仏教の教義に対する神秘的，合理的いずれのアプローチもまだ盛んであった。ここで言う「合理的」とは，説一切有部，経量部，中観派，瑜伽行派などの仏教の諸学派に当てはまるが，チベット人たちによって，それらすべてがギュー・ツェン（顕教；明らかな教え）に分類されている。それは認識論に基づくもの，あるい

は「因果律」を説くものと類型づけられる。一方,「神秘的」なものとは,ギュー（⑤タントラ〈密教；秘密の教え〉），すなわち経験志向の「実存的」アプローチのことである。

　若者たちは,学業を終えて帰国する時,多くの学者と芸術家を伴なって帰ってきた。こうして仏教への関心に再び火がつき,すぐに中央チベットへと広まった。そしてまもなく,巡礼の波が頻繁にチベットとインドの間を往復するようになった。

　この頃,西チベットでは二人の人物が主要な役割を演じていた。イェーシェー・ウーによってインドへ派遣された若者たちの一人であったチベット人のリンチェン・サンポ（958-1055）と,サホルの王の息子と言われ,仏教のあらゆる面に精通していたアティーシャ・ディーパンカラ・シュリージュニャーナ（982-1054）である。アティーシャは,イェーシェー・ウーの甥または甥の息子であるチャンチュプ・ウーによってグゲに招かれ,1042年にそこに到着した。

　リンチェン・サンポは積極的に多くの寺院を創建した（伝承ではその数を108とするが,108はインドの宗教的な考えによる聖なる数字の一つとしてしばしば現われることに注意しなければならない）。彼が西チベットに建てた最も大きな寺院はトリンで,壁画で有名である。スピティのタボとナコの両寺も彼が建てた可能性が大きい。彼はまた,インドからもたらされた仏典の翻訳でも活躍した（その翻訳は初訳と,すでに訳出されていたものの改訳を含む）。これらの典籍のうち計158点は,カンギュール（カンジュール；ブッダによって「語られた」とされる経典類）とテンギュール（タンジュール；インド人学者の手による「ブッダの言葉」を分析,注釈した論書類）の膨大なコレクション〔いわゆるチベット大蔵経〕のうちに収められている。リンチェン・サンポは,「新しい」伝統と「古い」〔ニンマ派の〕伝統との間の線引きを行なった。つまり神秘主義的性格の文献〔タントラ文献〕を新旧二つに区分したのである。この区分はチベットだけに当てはまるもので,極めて政治的（すなわち親インド的）な含みを持ち,ただ,「より古い」文献が（サンスクリット語あるいはプラークリット語で書かれた）インド原典の

形で手に入るかどうかということを基準にして独断的に区分されたように思われる。失われたインドの原典から翻訳されたとされる文献は簡単に除外され、「まがいもの」あるいは「不確か」の汚名を着せられた[8]。

アティーシャは、中央チベットへ旅した時、仏教が復興過程にあるのを見た。ラサから数キロメートルのところにあるニェタンで、彼はカム地方から来た僧侶のグループと接触し、彼らはアティーシャの弟子になった。その中心的なメンバーの一人が、ウー出身のドムトゥン・ゲルウェー・チュンネー（1008〔一説に1005〕-64）で、カムから僧院の戒律を再び中央チベットへもたらした僧であった。カムでは、パドマサンバヴァの教えの系統がヴァイローチャナを通していまだ息づいており、ヴァイローチャナの弟子の中にはその地方の王の娘もいた。ヴァイローチャナ独自のゾクチェンの教えは元ポン教徒、ヤシ・ボントンに伝えられた。彼はインドと中国両方の伝統を継ぐ苦行僧（アロ・イェーシェー・チュンネー）の教えも受けていた。この苦行僧はデンロン（ロンタン）で修行した。そこはスムリティという名のネパールから来た僧が『倶舎論』の学習のために学堂を創ったところで、スムリティは、ドムトゥンが涼州へ移るまで、その師であった。アロ・イェーシェー・チュンネーは、〔ニンマ派の〕ロンソム・チューキ・サンポにカムの伝統に従ったゾクチェンの教義を伝えた。ロンソム・チューキ・サンポの著作の一つに『テクパ・チェンポィ・ツル・ラ・ジュクペィ・ゴ』（『大乗実践入門』）がある。これは奥深いゾクチェンの教えの書物であり、旅の途中、ロンソムに出会ったアティーシャが絶賛したものである[9]。

## カダム派教団

アティーシャは自ら『菩提道灯論』（『ボーディパタ・プラディーパ』）という小篇を著し、後世に大きな影響を与えた。これに関連してドムトゥンが、典籍（カー、すなわち「ブッダの言葉」〔経典〕とテンチュー、すなわちインド人学者による注釈書）と自分の師の教えとどちらがより大切であるかと尋ねた時、アティーシャは次のように答えた。「師の教えの方がより大切である。なぜなら、弟子は教えの秘められた意味を正しく理解することに専心し、あ

るいはそれを義務とするが，師からの直接の伝授でそれが保証されうるからである」。事実，弟子との直接の関係において師あるいはラマ〔高僧〕がいかに重要であるかは，チベット仏教に対して，ラマイズム（ラマ教）という名称がしばしば用いられることでもわかる。こうした個人的な関係のなかで，師の果たす役割はますます必要不可欠なもの，疑問の余地のないものとならざるをえなかった。ある意味で師は仏性の生きた具現と見なされた。仏性とは何かを伝えてくれる人は「心の友」〔善知識〕として知られていた。そしてチベットで最初の土着の仏教宗派，カダム派を作り上げた多くのアティーシャの後継者たちは，こうした人々であると考えられた。在家信者に向かっては，彼らは喩え話を用いて，先入観にとらわれた聴き手の心を浄化しようとした。しかし，全体としてはもっぱら合理的な教化にとどまった。神秘的な面も全く拒否されたわけではなかったが，主知主義者によって歪められてしまった。このことが，アティーシャの教えが広く受け入れられなかった理由であろう。彼の最もお気に入りの弟子であったドムトゥンは，教誡を与えることすら拒み，あらゆる種類の布教を避け，1059年にラデン僧院を建立した後は，その死まで，自らの庵で全くの隠遁生活を送ったのであった。

　師と弟子の関係は厳密に個人的なものであったが，公共の場では，在家の社会とその中の宗教教団との間にもちつもたれつの関係があった。宗教教団は，在家の人々に精神的な支えを提供し，その代わり，物質的には在家によって支えられていた。このことが，教団間の対立だけでなく，それらの政治的，経済的な権力の拡張を招くことになった。さらにその結果，古い僧院が再建され，二つの機能を持ち始めた。第一に，それらは学問の中心となり，文化生活の一般的な水準を高くすることに寄与した。第二に，それらはまた，余剰人口の受け皿となり，そのため耕作地の非生産人口への分配をなくし，それによって経済の水準を極めて高くすることに寄与した。それにもかかわらず，人間存在の問題に対する僧たちの合理的なアプローチは，カダム派教団のメンバーに課せられた婚姻・飲酒・旅行・金銭の所持の禁止などの訓令とあいまって，あまり人の心を捉えるものではなかった。何よりもこのアプローチは，人間の複雑な本性の生き生きした構成要素をなおざりにしていた

からであった。神秘に満ち，感動を与え，精神的に充足させてくれるものがなかったのである。この空白を満たそうとした人々のうち最も傑出していた人物が，ドクミ〔本名シャーキャ・ションヌ〕（992-1072〔異説では993-1064, 993-1074〕）とマルパ〔チューキ・ロトゥ〕（1012-96〔一説に97〕）であった。

## サキャ派教団

　ドクミは西チベットの地方統治者らの経済的援助を得て，インドとネパールへ赴いた。広くネパールでサンスクリット語を学び，その後はインドのヴィクラマシーラ僧院で，『ヘーヴァジュラ・タントラ』に注釈を書いたマハーシッダ（「完全なる成就者」）シャーンティパの指導のもとで勉学を続けた。このタントラは，女性を表すさまざまなシンボルとイメージを用いて表現される，精神の発展過程の体験的特徴を説いたものである。しかし，ドクミは，彼の教えの大部分をチベットで，あるインド人の師から莫大な額の金銭を払って授かった[10]。後にドクミは『ヘーヴァジュラ・タントラ』をチベット語に翻訳し，それはサキャ派教団の基本典籍の一つとなった。この教団はドクミの弟子の一人，クン氏のクンチョク・ギャルポ〔1034-1102〕が1073年に僧院を建てた土地にちなんで名づけられている。サキャ派の僧院は，ネパールの谷とシガツェ周辺の豊かな農業地帯を結ぶ交易路上に位置し，それはさらに遊牧民たちの土地へと延び，教団にバターとウールを供給してくれたのであった。こうした貿易と自然の資源とによって，サキャ派が支配していたこの地域は裕福になっていった。クンチョク・ギャルポの息子で後継者の偉大なサキャ・クンガー・ニンポ（1092-1158）は，この学派の教義を明確な形で表した。それは「道果説」（「ラム・デー」）として知られるようになったが，もともとは，もう一人のインド人の偉大なる解脱者ヴィルーパにその起源を求めることができる。

　裕福な地主たちに支えられ，また自らの組織力を行使して，クンガー・ニンポはサキャ派の強大な発展への礎を築いた。サキャ派は，パクパ〔ロトゥー・ギャルツェン〕（1235-80？）の優れた手腕で，元朝のクビライ・ハーンからチベット全土の支配権を認められたのである。政治権力闘争に巻き込

まれながらも、サキャ派教団の学者たちは哲学と語学の分野で最も活躍した。ソナム・ツェモ（1142-82）はタントラ文献の体系化に尽くし、タクパ・ギャルツェン（1147-1216）はチベットの仏教発展初期の歴史を初めて著し、また医学についても著作を残している。サキャ・パンディタ・クンガー・ギャルツェン（1182-1251）は、文法、詩学、論理学について著作をなした。彼の記念碑的作品である有名な『ツェーマ・リクペィテル』〔正理の蔵〕は、仏教論理学の起源とされるダルマキールティの『プラマーナヴァールッティカ』〔正しい認識根拠の解説〕を超える論理学の際立った成果である。最後に、パクパは、仏教に関して考えられるあらゆる事柄について膨大な著作を残す一方、モンゴルの王子たちへ優雅な文体の手紙を書いているが、さらにモンゴル語を記すために、後世パクパ文字の名で呼ばれるようになる文字まで考案した。この教団で真に独自の思想家、ロントン・マウェー・センゲ（1367-1449）は、ポン教の家系の出身で、64の注釈書、教育書を著した。

　学者であり、芸術家でもあったプトゥン〔リンチェン・ドゥプ〕（1290-1364）は、厳密に言うと、サキャ派ではなく、シャル派（1040年、チェによってツァンの地に建てられたシャル僧院にちなんで名づけられた）の徒であった。プトゥンの見地はほとんどサキャ派と変わりなく、カンギュル、テンギュルに収められた膨大な大蔵経文献の改訂・整理という気の遠くなるような仕事を請け負った。プトゥンは「古い」教団（ニンマ派）の著作に対して偏見を抱いており、そのうち敬意を表する一人の恩師についてのみ、その著作を数点、大蔵経に採録したにすぎない[11]。このような偏見は、後世、とりわけゲルク派の一部にニンマ派への敵愾心を育てる原因となった。

## カギュー派とカルマ派教団[12]

　マルパ、本名マルのチューキ・ロトゥは、南チベットのラダクの肥沃な地方で裕福な両親のもとに生まれた。彼は荒々しい気性であったので、両親は彼をドクミのもとへ送った。12年間、ナーローパ（ナダパーダ）のもとで勉強し、ナーローパの「六法」〔内的火・幻身・夢・光明・中有・転移と呼ばれる六つの瞑想〕をチベットへ伝えた。マルパの最も重要な弟子はミラレーパ

(1040-1123)である。彼は，その頃までに，肉体中心のヨーガの技術に従うようになっていたインドの苦行の伝統を継承した。彼はその美しく感動的な詩（グル）によって最もよく知られている。それはインドの偉大な解脱者たちがその至高の経験を表現したドーハーと呼ばれる詩に倣っている。こうして始まった教団は「カギュー」（「ブッダの言葉の継承」）として知られるようになった。教義の中心はマハームドラー（「大印契」）の体験である。それは，多様な「現象」（ナンワ）と統一的「無」（トンパ）との融合によって，その実現が目指される補完関係の原則を強調する。ゾクチェンの伝統の純粋で神秘的な教えとは対照的に，マハームドラーの教義には若干合理的なニュアンスがある。

ミラレーパの最も重要な弟子はガムポパ〔別名ダクポ・ラジェ〕（1079-1153）である。彼が後に与えた影響は非常に大きい。貴族の家に生まれ，まず医学を学んだ。しかし，だんだんと瞑想の技術へ引かれていった。ダクポに僧院を創設し，そこで積極的にその時代の最も優れた学者たちを指導した。彼は「道次第」（ラムリム）への手引きを著した最初の人である。それは数えきれないほどの模倣を生んだ[13]。ガムポパの最も偉大なる三人の直弟子で後継者の一人，パクモドゥ〔ドルジェ・ギャルポ〕（1110-70）は，大きく裕福なデンサティルの僧院内の簡素な草庵で一生を過ごした。この僧院は彼の死後，貴族ラン氏の支援によって発展し，やがてこの一族が僧院の座主や在家の主な行政官の職を占めるようになった。僧院は氏族の運営によって続いたが，しかし，その影響力にもかかわらず，思想的にこれといった明確な路線を築くことはなかった。パクモドゥの弟子であるミニャク・ゴムリン（12世紀に活躍）はディグン僧院を建てたが，実際には1179年に，ディグン・リンポチェとしても知られるデン出身の僧ジクテン・グンポ（1143-1212〔一説に1217〕）がそれを開設した。この僧院は，まもなく名声と力を得てサキャ派と争うようになった。ガムポパの三人の重要な弟子の二番目で，カムの生まれのドゥスム・ケンパ（1110-93）は，1147年にカルマ・デンサ僧院を，また（それ以外の僧院のうちでは）1185年に，現在のカルマ派の本拠であるツルプ僧院を開いた。この系統の高僧たちは，僧院から僧院へと旅を

しながら生涯を過ごした。富裕な保護者を持たず,彼らはその土地に住む人々や遊牧の人々に支えられていた。彼らの黒帽という名は,ブッダのすべての行ない(Ｔティンレー,Ｓカルマン)を象徴する黒い帽子から採っている[14]。教団の代表は現在も「〔カルマ〕黒帽派」として君臨している。

それと関連して「〔カルマ〕紅帽派」として知られる系統は,タクパ・センゲ(1283-1345)に始まる。ガムポパの三番目の傑出した弟子であるゴムパ〔ツルティム〕(1116-69)は,弟子のラマ・シャン〔ユタクパ〕(1123-93)を通じてツェル地方のラサに近いグンタンに別の学派〔ツェル派〕を建てた。ツェルという名称は,この宗派と宗派を支援する氏族とに対して用いられた。この一族は政治に参画し,その一人がチベットのチンギス・ハーンへの服従の交渉に当たった[15]。他の多くの「分派」のうち,ドゥク派とシャン派にも言及しなければならない。前者はリンレーパ・ペマ・ドルジェ(1128-88)によって設立され,その名をウー地方のドゥクにあった僧院から採っている。教団はブータンと西ヒマラヤで最も活動した。ペマ・カルポ(1526〔一説に1527〕-92)は,その中でも特に優れた学者の一人であった。彼の『チャクチェン・カンズー』『大印契の蔵』は情報の宝庫である。シャン派教団は,その起源をキュンポ・ネルジョル〔1086-1139〕にまでさかのぼる。彼はポン教徒であったが,仏教に改宗した。多くのインド人学者から教えを受けたが,特にナーローパの妻(姉妹?)ニグマに就いた。その主要な教義はチョナン派教団を通じて伝えられた[16]。チョナン派はシェーラプ・ギャルツェン(1296〔一説に1292〕-1361)によって有名になり,その信奉者や共鳴者の中には,バラワ・ギャルツェン・ペルサン(1310-91),鉄の鎖の橋を作ったことで知られ,「空(くう)の谷の狂人」というあだ名で劇場の守護聖人となったタントン・ギャルポ(1385-1464),歴史家ターラナータ(1575〔-1649〕)などの著名な人物が数えられる。この派の特徴ある,哲学的立場は,諸説融合的な『カーラチャクラ・タントラ』に部分的に基づいており,不寛容なゲルク派の攻撃の的となった。ゲルク派は,情け容赦なくチョナン派の僧院を破壊したり,ゲルク派僧院へ改宗させたりし,チョナン派の典籍を燃やすことすらした[17]。

11, 12世紀の, 哲学や宗教の成熟期に他に二つの苦行教団が起こった。南インドの一苦行者によって設立されたシチェー派(「苦しみを鎮める者」)と, パダムパの傑出した女弟子マチク・ラプキドンマ(1055-1145)の起こしたチュー派(「執着の過程を断つ者」)である。この派は後に二つの系統,「男」チューと「女」チューとに分かれ, 今なお, 西ヒマラヤに信者を持っている[18]。

## ゲルク派教団

その着想がインド起源であることを強調したこの知的活動は, やがて僧院間の政治権力闘争, 貴族たちの間の反目, そして増大するモンゴルと中国の領土拡張主義に直面して精神的な力を失い, 死に絶えていった。このようにして, カルマ派はサキャ派によって, そしてサキャ派はゲルク派によって, 権力から追われ, 影に追いやられた。ゲルク派は, モンゴルのグシ・ハーンの介入によって全チベットの統治権を与えられた。それはダライラマ5世, ガワン・ロサン・ギャムツォ(1617-82)個人に委ねられたが, 彼はモンゴルの保護者から与えられた「知事」という肩書きに甘んじなければならなかった[19]。

ゲルク派は, ツォンカパ・ロサン・タクパ(1357-1419)をその創始者とする。この派は, 野心的で権力に飢えた彼の弟子たちの決断で卓越した地位を獲得した。ツォンカパはココノール地方の役人の息子で, 若い時, 当時の最も有名な高僧たちに学んだが, 長い間にわたって彼に影響を及ぼしたのは, ロントン・マウェー・センゲの弟子であったサキャ派の高僧レンダーワ〔ションヌー・ロトゥ, 1349-1412〕と, アティーシャの教義を彼に親しませたカダム派の高僧ウマパであった[20]。40歳で彼はカダム派のラデン僧院に入り, そこでアティーシャの化現を見たと言われている[21]。

ツォンカパは人柄の高潔さで名声を得たが, 独立した思想家ではなかった。アティーシャの『菩提道灯論』を敷衍した彼の有名な『菩提道次第大論』(『ラムリム・チェンモ』)は, 基本的には, サンスクリット語の原文で残っているか, あるいは早くに原文の失われている, いずれかのインド典籍からの

引用の膨大なコレクションである。同様に，仏教の神秘的な面を扱うことを意図した彼の『真言道次第論』(『ガクリム・チェンモ』)には，儀礼の実践の細々した列挙と描写ばかりが目立つ。彼の教義は，弟子たちに伝えられて強烈な政治的色彩を帯びた教条主義(ドグマティズム)に変貌した[22]。注目すべき例外はダライラマ5世である。彼の幅広い興味の中にはニンマ派の瞑想方法への個人的な関心も含まれていた。このためにニンマ派は彼の時代，禁教を免れたのであった[23]。1408年〔あるいは1409年〕，ツォンカパは，モンラムチェンモ(「毎年の新年の大祈願祭」)をソンツェン・ガムポ王が建てたと言われるラサのチョカン(大招)寺で主催した。1年後，彼は自分自身の僧院リボ・ガンデンを創設し，そこで教え，著作し，厳しい僧院の戒律によって若者たちの共同体を監督した。彼の二人の主要な弟子が，後に有名になった二つの僧院を建てた。1416年にできたデプン〔ジャムヤン・チュージェー(1379–1449)創設〕と1419年のセラ〔シャーキャ・イェーシュー(1354–1435)創設〕である。しかし，多くの場合，内部闘争で分裂していた既成教団との争いに初めから加わり，ゲルク派の気風と政治指向を決めたのは，ツォンカパ本人を取り巻いていた利害関係であった。ゲルク派の政治への没頭は，最初にディグン派とサキャ派が発展させた考えである転生によって，歴代ダライラマが〔権力を〕継承することで頂点に達した[24]。転生という理念は，それにまつわる神秘にもかかわらず，一族あるいは僧院の富と権力が他人の手に渡ることを防ぐ方策として，どのような教団にとっても，なんら政治的主張のなかったニンマ派にとってさえも，そもそも手放すにはあまりにも利の多いものであった。この理念のもう一つの面は，最も有能な者が「転生者」と認定されることで，彼らが属している機構の知的水準をおのずと高めるということである。総体的に見れば，この巧みな方策は大変よく機能したのである。

## ニンマ派教団

すでに記したように，ニンマ派の系統で最も知られた人物はパドマサンバヴァである。彼は，最初の「道次第」(ラムリム)についての書物であり，仏教の経験を重んずる側面を解説した『サンガク・ラムギ・リムパ・リンポ

チェ・セルウェー・ドンメ』〔『秘密道次第；明らかなる宝石の灯』〕を著したと信じられている。この小篇は，パドマサンバヴァが，しかるべき時に再び発見されるよう埋蔵したと言われている作品のグループに入る。この種の文献はテルマ〔埋蔵経典〕として知られている。こうした著作の多くは確かに偽作であるが，他に真正の文献を改作したものも多い。後者の例には『カータン・デガ』〔『五部教戒』〕と『パドマ・テンイク』〔『パドマサンバヴァ〈蓮華生〉伝』〕がある[25]。『パドマ・テンイク』は絶えず書き改められてはきたが，ティソン・デツェン王の遺書を含んでいる。テルマという言葉は単に洞穴や岩の下に隠された書物だけを指すのではなく，人が心の奥にしまっていたものを表出したものや，そうして思想と革新的な考えの発展に貢献したと言えるようなものも指すことに注意しなければならない。こうした「発掘」は，かなり早い時期に，最初の「埋蔵経典発掘者」(テルトン)，サンゲー・ラマ(1000-80頃)によって始められた。他によく知られた「発掘者」として，ニャンの統治者であったニャンレル・ニマ・ウーセル(1124-92)，グル・チューキワンチュク(1213-70あるいは73)，彼の妻チョモ・メンモ(1248-83)，オーゲン・リンパ(1323-60頃)，プトゥンがそのカンギュル，テンギュールの編集から外した『ニンマ・ギューブム』〔『古タントラ全集』〕の収集者であり，編者であったラトナ・リンパ(1403-79)などがいる。これに関連して，リグジン・ゲーキデムトゥチェンの名でも知られ，北方テルマの伝統を代表するゲードゥプ・ギャルツェン(1337-1408)を忘れてはならない。南方の伝統は，ダライラマ5世の支持を得ていたミンドルリン僧院のテルダク・リンパ(1646-1714)の弟であるロチェン・ダルマシュリー(1654-1717)に引き継がれる。北方の伝統の中心であったドルジェ・ダク僧院は，1717年から18年にかけてのジュンガルの反乱でこの僧院とともに破壊され，ロチェン・ダルマシュリーは殺された[26]。

すでに述べたように，ロンソム・チューキ・サンポはゾクチェン系統の思想を説いたが，最も傑出した思想家はロンチェン・ラプチャムパ(1308-63あるいは64)であった。今日に至るまでロンチェンは類まれな人物であり続けている。その明晰さにも似ず生まれながらの詩人であり，すべてにわたる

学識にもかかわらず決して学者ぶらず，常に刺激的な思考の持ち主であった。彼の『ゾェドゥン』(『七つの宝蔵』)と『コルスム・スム』(『三つずつの三組』)は，ゾクチェンの思想と実践の理解には不可欠なものであり，またヴィマラミトラの教えを要約した『ニンティク・ヤシ』〔『四箇心髄』〕はまさにゾクチェンの経験の精髄である。ロンチェン・ラプチャムパその人がニンマであり，ゾクチェンの哲学であると言っても過言ではない。ニンマ派の思想は本質的に経験を最も重要視する過程の哲学であり宗教であるので，インドから伝来したもののみを真正なものとして受け入れる，帰謬論の傾向をもつ論理中心のさまざまな学派からしばしば攻撃された。こうした攻撃に遭遇した人々のうち，少なくとも三人の著者がめざましく応戦した。まず，グェ・ロツァーワ・ションヌペル（1392-1481）である。彼は，歴史書の大著で，プトゥン（すでに述べたように，プトゥンがニンマ派のタントラを大蔵経から排除した責任者である）を批判した『デプテル・グンポ』(『青冊史』)を著した[27]。同じく重要なのが〔学者であり埋蔵経典発掘者であった〕ガリ・パンチェン・ペーマ・ワンゲル（1487-1542〔あるいは43〕）である。彼の『ドムスム・ナムゲー』(『三律義決定』)は，心理的洞察では，ディグン派の師ジクテン・グンポの甥であるオンポ・シェーラプ・チュンネー（1187-1241）の説いた「一意趣」（ゴンチク）の理論を攻撃したサキャ・パンディタの『ドムスム・ラプイェ』〔『三律義細別』〕をはるかに凌いでいる[28]。三番目のニンマ思想の中心的な擁護者は，ソクドクパ・ロドゥ・ギャルツェン（1552-1624）である。彼はかつてモンゴルの侵攻部隊に対抗してその領地を守ったと言われている（ゆえにソクドクパ〈「モンゴル人を追い払ったもの」〉という通称がある）。彼は医師として，また仏教史を著したことで最もよく知られている。17世紀は，六つの最も大きなニンマ派の僧院のうち五つが建てられた時期であった。すなわち，ドルジェ・ダク（1610），カトク（1656），ペルユル（1665），ミンドルリン（1676），ゾクチェン（1685）である。それぞれがニンマ派の思想の発展に重要な役割を果たした。

## 近 代

　18世紀の知的巨人たちのうち,〔ニンマ派の学匠〕カートク・リグジン・ツェワン・ノルブ (1698-1755) にまず言及すべきであろう。彼は, 二次的な資料によって権威があるとされることをただ単に繰り返すことには満足せず, 原典に戻ろうとして, しばしば驚くべき結論に達した。彼の興味は主に歴史と地理とにあった[29]。ジクメー・リンパ (1730〔一説に1729〕-98) も劣らず重要である。彼のなした主要な貢献は, ロンチェン・ニンティク〔ロンチェン・ラプチャムパのゾクチェンの教えである悟りの精髄〕の実践であり, それを彼はロンチェン・ラプチャムパの化現に会い, 発展させた。関心の幅広さ, 思想の深さ, 際立った学識にもかかわらず, ジクメー・リンパは, 手本としたロンチェン・ラプチャムパの作品の特徴である輝かしい構成や文体の美しさには到達できなかった。もう一人の, この時代の注目すべき人物は, シャンペン・ターイェー (1740〔1800?〕生) である。彼は僧院の戒律の重要性を強調し (彼はそれを教育に不可欠と考えた), 僧侶は社会に対して義務を負うと考えた。この意味で彼はチベット最初の社会改革者であった。

　シャンペン・ターイェーの精神に則って新しく自覚された社会的道義心の観念が, ロンチェン・ニンティクの教義と実践の精髄とともに, ザトゥル・オーゲン・ジクメー・チューキワンポ (1808〔-87〕) の性格を特徴づけている。彼は, チベットの伝統では, ザペルトゥル, あるいは自らそう呼ばれることを好んだアブレルパ (「ぼろをまとった老人」) という名前でよく知られており, 生涯の大半を遊牧民たちのあいだで過ごした。彼は, 常にニンマ派の好んだ書である『ボーディチャルヤーヴァターラ』(『入菩提行論』)〔シャーンティデーヴァ著〕に特に精通していた。この書の第9章についてのニンマ派の解釈はゲルク派を怒らせ, ゲルク派は, ニンマ派の学者を攻撃, 中傷するこの機会を決して逃さなかった[30]。ザペルトゥルの最も重要な貢献は, 深奥なゾクチェンの教えを一般の聴衆に紹介しようとした, 合理性と神秘性が混合した独特の『クンサン・ラミィ・シェルルン』〔『良き師の口伝』〕である。そこには, 教師がチベット語訳の何冊ものインドの書物を選択して,

生徒にその書物の持つあらゆる意味を完全に理解させようとする新しい教育の傾向が見られる。この新しい指導方法，そして宗派主義を越えようとする固有の試みは，リメ〔無宗派〕運動として知られるようになった。それは東チベットのデルゲに始まったが，おそらくある程度はデルゲの王家に降りかかった悲劇にまつわる出来事によって打ち出されたものであろう。

　ジクメー・リンパの名声は，デルゲの若い王妃〔ツェワン・ラモ〕の耳に達した。彼に会った時，彼女の心に彼への深い帰依の念が生まれた。ジクメー・リンパとその弟子ドワ・ドゥプチェンは，たちまちデルゲで最も影響力の大きい師となった。このニンマ派一門に与えられた名誉は，〔サキャ派〕ゴル系の高僧たちと貴族社会の彼らの保護者たちの嫉妬を招いた。1790 年に，デルゲの若い王サワン・サンポ（別名クンドゥプ・デゲ・サンポ）が巡礼の途次，22 歳で没した時，息子一人と娘一人が残された。彼らの母，ガジェ氏のツェワン・ラモは世継の息子の摂政となった。妃は，ティソン・デツェン王の王妃でパドマサンバヴァの弟子であったゲンツゥル・チャンチュプの転生者と見なされていた。彼女がジクメー・リンパとドワ・ドゥプチェンを保護したことが，1798 年の反乱の要因となり，ニンマの党派は敗れた。王妃と王妃の愛人として告発されたドワ・ドゥプチェンは投獄され，やがて亡命追放された。また多くのニンマ派の一党が死刑あるいは追放を余儀なくされた。12 歳の王子がデルゲの名ばかりの当主となり，ニンマ派に敵対する僧たちの監督下に置かれた。彼は自らの王位継承権を固めた時，世間を捨て僧侶となった。一方でデルゲ王家とサキャ派の間に存在した昔からの特別な関係を再認識しながらも，彼は，すべての宗派の容認と保護の遂行がデルゲの宗教政策の柱であるべきであると主張した。

　リメ運動は，そのメンバーに次のような著名な人物を数える。有能な医師であり，百科全書『シェーチャ・クンキャプ』〔『所知遍満』〕と，精神的鍛練に属する文献の独特の超宗派的な集成『ダムガク・ゾゥ』〔『教誡の蔵』〕の著者であるジャムゴン・コントゥル・ロドゥ・ターイェー[31]（1813-99），仏教詩の大家ジャムヤン・ケンツェイワンポ（1820-92），そして忘れてはならないのが，思いつくかぎりのあらゆる話題について書き残したチュ・ミパ

ム・ジャムヤン・ナムゲル・ギャムツォ（1841〔一説に 1846〕-1912）である。重要な人物は他にもいたし，今日も輩出されている。

　1959年に中国がチベットを占領した時，それはおそらくチベットに野心を持つ他の者たちへの先制攻撃としての動きであったが，中国が最初にとった政策は破壊とも言うべきものであった。しかし，この政策は時おり変わり，チベットからの報告は矛盾している。確かに言えることは，かつて僧院が奪っていた政治権力は過去のものになったということである。僧たちが引き続き宗教儀式を行なうことを許されている僧院でも，他の一切の活動は認められず，それは将来にわたっても何の知的な支えもありえないことを意味している。共同体の生活において儀式は大切な役割を果たすが，それが宗教のすべてではない。こうして知的な空白ができてしまった。確かに仏教そのものが終わりになったわけではない。しかし，チベットの中国への併合とともに，仏教史の一つの章は閉じられたのである。

◇訳　注
1) チベットにおける宗教教団間の政治的対立は，聖職者と有力氏族が結びついて，さまざまな利権を得ようとすることから起こったもので，出家と在家，僧院主義と社会改革派，小乗と大乗という対立はなく，また出家者の理想として小乗仏教の阿羅漢の位が菩薩よりも重視されたこともないので，この記述はチベットの教団の成立事情を正しく表したものではない。
2) 「タントラ」(tantra) という語は「織り機」(loom) という意味もあるが，むしろ「織り糸」を意味し，タントラを「縦糸」，スートラを「横糸」として対で解釈することが多い。
3) チベットの史書によると，古代のチベットは「ドゥン」「デゥ」「ボン」によって統治されていたという。「ドゥン」は今日では故事来歴を指すが，本来は祖先から伝えられた経験に基づいた慣習で，人々の行動の規範になったものである。やがてそれが発展して「説話」となり，それを語り伝える人も「ドゥン」とよばれた。「デゥ」は謎めいた言葉を発して神の声を地上に伝える一種のシャーマンのような存在であったと考えられている。「ボン」は古代チベットの宗教であり，今日「ボン教」と呼ばれるものにつながる。
4) イェーシェー・ワンポは，シャーンタラクシタの死後，サムイェー僧院の最高責任者であったが，ニャン・ティンゲージンらの反対により退き，ペルヤンがその職を引き継いだ。しかし，その間に禅僧摩訶衍の不思不観の禅が広まり，王妃までがこれに帰依し，ペルヤンの前で出家した。しだいに深刻化するインド仏教徒と中国仏教徒との対立に困ったティソン・デツェン王は，引退していたイェーシェー・ワンポを呼び戻して，シャーンタラク

シタの弟子であったカマラシーラをインドから招かせ,摩訶衍と論争させたと言われる。これが794年のサムイェーの宗論である。伝承によると,ペルヤンはインド仏教,中国仏教のいずれも道は違うが悟りにはちがいないという考えであったのに対して,イェーシェー・ワンポはインド側に立って禅宗を批判したという。

5) チベット側の資料では,摩訶衍はカマラシーラとの論争に破れて追放となり,王はインド仏教の正統を宣言したと伝えられるが,敦煌文献によると,摩訶衍は敦煌に戻り,そこで活動していたとされる。事実,禅宗関係の多くの文献が敦煌から発見されている。

6) これはチベットの伝承であり,史実ではない。古い漢文資料によると,王を暗殺したのは宰相バー・ギェルトレ・タクニャである。ランダルマ王には仏教関係の著作もあり,仏教を弾圧したという事実があったかどうかは疑問視されている。山口瑞鳳『チベット』下,46-49頁参照。

7) サムイェーの宗論でカマラシーラに破れたとされる摩訶衍和尚は,当時のチベットに入った中国仏教を代表しており,彼自身や彼の教義が後のサキャ派やゲルク派などから批判の対象になることはあっても,道教と混同されたことはない。

8) リンチェン・サンポは『法と非法の区別』という書物を著し,ニンマ派のタントラが古い目録に記されておらず,インド原典も見つからず,チベットへ来たインドのいかなる学僧もその教えを説かなかったことなどを理由に,ニンマの教義を非正統と見なしたと伝えられる。

9) ここでロンソムが受けたとされるのはカム流のゾクチェンの教義である。『青冊史』によると,ロンソムがアティーシャに会ったのは彼がチベットに入った1042年のことであるが,そのとき,ロンソムの著作を褒めたという記事はない。アティーシャが感心したのは,ロンソムの著作ではなく,アロの『大乗ヨーガ入門』であると,『青冊史』は伝えている。

10) パンディタ・ガヤダル(ガーヤダラ)を自分の寺,ムクルン寺に招き,金500サンを払って教えを受けたという伝承を指すのであろう。インドのヴィルーパによって創始された道果説は,ガヤダルを通じてドクミに伝えられ,サキャ派の密教教理を代表するものとなった。

11) 10世紀以前に翻訳されたと言われる古いタントラを集めて編纂されたニンマ派の『古タントラ全集』が,インド起源の真正なものであるかどうか疑わしいことから,プトゥンが一部を除いて,それを,大蔵経に含めなかったことを指す。しかし,彼の師であったニマ・ギャルツェン翻訳官とリクレルはそれを真正なものと認め,またプトゥン自身ニンマ派の家系に生まれ,その教育を受けたと言われており,彼はその『仏教史』の中で,ニンマ・タントラの正統性については賛否両論があるのでそのままにしておいた方がよいと考えたことを,打ち明けている。したがってプトゥンの立場はむしろ中立であったと見るべきであろう。

12) カルマ派はカギュー派の一派である。著者はこの節で,カギュー派の起こりとその分派(パクモドゥ派,ディグン派,カルマ黒帽派,カルマ紅帽派,ツェル派,ドゥク派,シャンパ・カギュー派),そしてカギュー派とは別の教団であるチョナン派とシチェー派を一

緒に扱っている。
13）正確にはガムポパの『道次第』はアティーシャの『菩提道灯論』（『ボーディパタ・プラディーパ』）に基づいており，最初のものとは言えない。チベットでは菩提（悟り）を求める修行の階梯を説くこの種の書物が多く書かれた。代表的なものはツォンカパの『菩提道次第大論』（『ラムリム・チェンモ』）である。
14）そもそも黒帽派の2代目カルマ・パクシ（1204-83）が元朝皇帝から官位の印である黒い帽子を献じられたことから，この派を「黒帽派」と言い習わし，同様にタクパ・センゲに紅い帽子が位階の印として献じられたので「紅帽派」という名称が起こったと考えられている。
15）このような史実は報告されておらず，伝承かと思われる。
16）チョナン派は，宗祖ユモ・ミキョー・ドルジェが『カーラチャクラ・タントラ』の密教を中心に学び，広めたことから始まったのであり，彼とシェーラプ・ギャルツェンがキュンポの教義を継承したということは知られていない。またキュンポの弟子の系譜にもこの二人の名はない。またキュンポの系統では『カーラチャクラ・タントラ』は重要な位置を占めていないのである。したがって，シャン派からチョナン派へ教義の継承があったとは認めにくい。
17）1650年のダライラマ5世の命によるチョナン派禁教を指す。チョナン派はインドの瑜伽行派の祖であったマイトレーヤに帰せられる『究竟一乗宝性論』に説かれた如来蔵思想に基づいて，如来蔵あるいは仏性といわれる本性清浄な，永遠の実在を認め，「他空説」（如来蔵に煩悩の汚れがない〈空である〉という意味での空理解）を説いたので，「自空説」（ものに自性がない〈空である〉という意味での空理解）を説くプトゥンやゲルク派から批判された。しかし，ダライラマ5世による弾圧は，教義的というよりは，チョナン派がゲルク派の政敵であるカルマ派との結びつきが強かったという政治的理由によるものと考えられている。
18）この説明は正しくない。「チュー」はシチェー派の中心教義であって，別の派の名称ではない。インド僧パダムパ（？-1117）の教説を「父（男）系」，マチクの教説を「母（女）系」と呼ぶのである。ただし，パダムパの「父系」は，この教えがインドから来たということを示すために後から作られたものと考えられている。「チュー」は，他の宗派でも広く行なわれた瞑想修行であるが，自分の身体を魔や動物に与えると念じ，墓場などの場所で瞑想し，恐怖の体験を通して肉体への執着を断とうとするものである。
19）サキャ派の勢力は14世紀に衰退し，代わってパクモドゥ派が統治権を握り，16世紀以降はカルマ派とゲルク派の権力闘争となった，というのが史実である。1642年，ゲルク派はモンゴルのオイラート族の青海ホシュート部の長グシ・ハーンの力を借りてカルマ派をおさえ，チベット全土を掌握した。ダライラマ5世にチベットの主権が委ねられ，実際の政治行政の責任者である「摂政」職はソナム・ラプテン（1595-1658）に与えられた。
20）ウマパ（「中観の人」という意味）は神秘的な人物であり，ツォンカパは彼を通訳として文殊菩薩と対話をし，中観哲学の奥義を悟ったと伝記には語られている。

9　チベットの仏教

21) ラデン僧院へ赴いたのは1400年（43歳）とも言われる。彼は46歳の時，そこでアティーシャの『菩提道灯論』にならった『菩提道次第大論』を著作しており，アティーシャの化現を見たというのは，そのことを象徴していると思われる。ただし，彼の中観思想はアティーシャのそれと比べると，はるかに発展したものである。

22) これらの記述は適切ではない。ツォンカパの両著作は顕教，密教に関して従来のチベットにはなかった多くの独自の解釈を含んでいたため，後にサキャ派などの学者から強い批判を浴びることになるのである。また，彼や彼の弟子たちの教義そのものはあくまで思想的なものであり，政治とは別のレベルで発展させられていったと見るべきであろう。ただ他宗派との論争の過程で次第に宗祖ツォンカパを絶対視し，もっぱらその立場を擁護することになっていった傾向はある。

23) ダライラマ5世自身の家系がニンマ派と関わりが深かったことにもよる。ニンマ派は下層階級の支持が厚かったので，支持基盤を広げるという政治的意図もあったのであろう。続くダライラマ6世もニンマ派の家系から選ばれている。

24) 転生活仏の制度は，特定の氏族が教団の権益すべてを独占することを避け，生まれ変わりによる相続によって教団の結束を固めようという意図で，14世紀，最初にカルマ黒帽派・紅帽派によって採用された制度である。これに対抗して，ゲルク派も16世紀に，同じ制度を採用した。ディグン派，サキャ派は氏族教団であり，転生による後継者選びはしていなかったので，この二派によって転生という理念が発展したというのは誤りである。

25) いずれも埋蔵経典発掘者であるオーゲン・リンパによってサムイェーとシェルダクから発見された，パドマサンバヴァの言葉と予言を記したものであるとされる。しかし，実際はオーゲン・リンパ自身の創作と考えられる。

26) ダライラマ5世の死後，実権を握っていた摂政サンゲー・ギャムツォを殺害し，ダライラマ6世を逮捕してチベットを掌握したモンゴル青海ホシュート部のラサン・ハーンを，同じくモンゴル・ジュンガル部のツェワン・ラブタンが急襲し，これを殺害してラサを占領した事件である。ニンマ派はサンゲー・ギャムツォの協力者であったため，被害を受けた。1720年，ダライラマ7世を擁した清軍がラサに向かい，ジュンガル軍は逃亡した。1726年，清も同じ理由でニンマ派を弾圧した。

27) プトゥンは確かにニンマ派のタントラの多くを大蔵経に収めなかったが，彼自らの立場はむしろ中立であった。『青冊史』の記述も客観的なものであり，プトゥンを批判したというのは妥当ではない。

28) サキャ・パンディタの『三律義細別』は，ツェル派のゴムパ・ツルティム（1116-69）の「白妙丸」（カルポ・チクトゥプ）の思想，ディグン派のオンポの「一意趣」（ゴンチク。仏の意趣は一つであるという意味）の思想，摩訶衍の禅宗的なゾクチェンの思想などを批判した書物である。いずれの思想も，本来備わった清浄な仏性の発現により，ただちに悟りを得るという頓悟の思想である。一方，『三律義決定』は詩頌の形で書かれ，古い教えを伝える者たちの首飾りと言われるゾクチェンの奥義を語ったものである。

29) 当時，弾圧されていたチョナン派の教義の保護に重要な役割を果たし，ネパールでボド

ナートとスワヤンブーの仏塔を修復したと伝えられるカートク寺の活仏である。
30) 第9章「般若波羅蜜の章」の特に勝義と世俗の二諦の解釈をめぐってチベットでは多くの議論があり，オーゲン・ジクメー・チューキワンポから解釈を授かった名高いニンマ派の学匠ミパム・ナムゲル・ギャムツォ（1846-1912）は，その注釈書を著し，ゲルク派と論争した。しかし，これはニンマ派に始まったことではなく，そもそもツォンカパが「勝義諦（真実）は仏の知の対象になりうる」「世俗諦（世間の真実）は正しい認識によって成立する」という理解を示したことに，サキャ派などが反論したことに端を発している。この問題に関するかぎり，ゲルク派の解釈の方がむしろ非伝統的であり，ニンマ派の解釈は多数派に属していた。
31)「五蔵」の出版で知られる。すなわち『所知遍満』，タントラの教義にニンマ派・サキャ派の儀軌を加えた『伝承教説真言蔵』『大宝埋蔵書蔵』，各宗派祖師の教誡をまとめた『教誡の蔵』，自著の注釈などの『独自秘密部蔵』である。彼の無宗派運動の目的は，非ゲルク派教義の復活にあったと考えられている。

## 【文献ガイド】

最も読みやすいチベット仏教についての書物は，Geoffrey Samuel が独語，伊語から英訳した Giuseppe Tucci, *The Religions of Tibet*（Berkeley, 1980）である。この本には膨大な文献表が収められているが，ただし挙げられているチベット語の題名は同定しにくい。R. A. Stein, *Tibetan Civilization*（J. E. Stapleton Driver tr., Stanford, Calif, 1972）〔邦訳スタン『チベットの文化』，山口瑞鳳・定方晟訳，岩波書店，1971年〕も価値ある資料を提供してくれる。この本には，チベット原典資料が同定しうるかぎり挙げられており，Stein は中国資料も用いている。David Snellgrove and Hugh Richardson, *A Cultural History of Tibet*（New York, 1968）は大変読みやすいが，大まかで政治色が濃い。

## 補 遺

金子英一『古タントラ全集目録』（国書刊行会，1982年）
河口慧海『チベット旅行記』（高山隆三校訂，全5巻，講談社学術文庫，1978年）
─────『第二回チベット旅行記』（高山隆三校訂，全5巻，講談社学術文庫，1981年）
ゲシェー・ラプテン，アラン・ウォレス『チベットの僧院生活 ゲシェー・ラプテンの半生』（小野田俊蔵訳，平河出版社，1984年）
佐藤 長『チベット歴史地理研究』（岩波書店，1978年）
─────『古代チベット史研究』上下（同朋舎出版，1977年）
─────『中世チベット史研究』（同朋舎出版，1986年）
シャカッパ，W. D.『チベット政治史』（貞兼綾子監修，三浦順子訳，亜細亜大学アジ

ア研究所，1992年）

ジル・ヴァン・グラスドルフ『ダライラマ　その知られざる真実』（鈴木敏弘訳，河出書房新社，2004年）

立川武蔵「トゥカン『一切宗義』サキャ派の章」（『西蔵仏教研究』1, 東洋文庫, 1974年）

―――「トゥカン『一切宗義』カギュ派の章」（『西蔵仏教研究』5, 東洋文庫, 1987年）

―――・石濱裕美子・福田洋一「トゥカン『一切宗義』ゲルク派の章」（『西蔵仏教研究』7, 東洋文庫, 1995年）

田中公明『チベット密教』（春秋社，1993年）

谷口富士夫「トゥカン『一切宗義』チョナン派の章」（『西蔵仏教研究』6, 東洋文庫, 1993年）

D. スネルグローヴ, H. リチャードソン『チベットの文化』（奥山直司訳, 春秋社, 1998年）

長尾雅人他編『岩波講座 東洋思想2　チベット仏教』（岩波書店，1989年）

ダライラマ14世『チベットわが祖国―ダライラマ自叙伝』（木村肥佐生訳，中公文庫，2001年）

長野泰彦・立川武蔵編『チベットの言語と文化』（冬樹社，1987年）

西岡祖秀「トゥカン『一切宗義』シチェ派の章」（『西蔵仏教研究』2, 東洋文庫, 1978年）

平松敏雄「トゥカン『一切宗義』ニンマ派の章」（『西蔵仏教研究』3, 東洋文庫, 1982年）

福田洋一・石濱裕美子「トゥカン『一切宗義』モンゴルの章」（『西蔵仏教研究』4, 東洋文庫, 1986年）

森　雅秀『マンダラの密教儀礼』（春秋社，1997年）

山口瑞鳳監修『東洋学術研究21-2　特集　チベット仏教』（東洋哲学研究所，1982）

―――『吐蕃王国成立史研究』（岩波書店，1983年）

―――『チベット』全2巻（東京大学出版会，1987, 1988年［改訂版2004年］）

R. A. スタン『チベットの文化　決定版』（山口瑞鳳・定方晟訳，岩波書店，1993年）

＊

Cabezón, José Ignacio, and Roger R. Jackson, eds., *Tibetan Literature: Studies in Genre*（New York, 1996）

Dargay, Eva M. *The Rise of Esoteric Buddhism in Tibet*（Delhi, 1977）

Dreyfus, Georges. *The Sound of Two Hands Clapping*（Berkeley, Calif., 2003）

Dudjom Rinpoche, Jikdrel Yeshe Dorje. *The Nyingma school of Tibetan Buddhism*（Gyurme Dorje and Matthew Kapstein tr., and ed., Boston, Massachusetts, 1991）

Goldstein, Melvyn C., and Kapstein, Mattew T. eds., *Buddhism in Contemporary Tibet: Religious Revival and Cultural Identity*（Berkeley, Calif., 1998）

Kapstein, Matthew T. *The Tibetan Assimilation of Buddhism: Conversion, Contestation and Memory*（Oxford, 2000）

Karmay, Samten Gyaltsen. *The Great Perfection: A Philosophical and Meditative*

*Teaching of Tibetan Buddhism*（Leiden and New York, 1998）
Kvaerne, Per. *Tibet: Bon Religion*（Leiden, 1985）
Lopez, Donald Jr., ed. *Religions of Tibet in Practice*（Princeton, N. J., 1997）
Roerich, George N. *The Blue Annals*,（Motilal Banarsidass Pub., 1996）
張　其勤（Zhang Qiqin）撰『西蔵宗教源流考』（西蔵人民出版社，1982年）
―――――――――――撰『番僧源流考』（西蔵人民出版社，1982年）

（吉水千鶴子　訳）

# 10 モンゴルの仏教
Buddhism in Mongolia

ヴァルター・ハイスィッヒ
Walther Heissig

　モンゴル人が最初に仏教と接したのは 4 世紀のこととされる。当時，中国人の僧侶たちがこの辺境地域に入り，土地の住民と交わりながら布教活動していたことが，中国の一次資料に報告されている。7 世紀には仏教の影響はイェニセイ川流域地方にまで及んでいた。その証拠として，中国語の碑文を刻む仏教寺院の鐘がいくつか発見されている。モンゴルに仏教が広まったもう一つの要因は，主にウイグル人が支配するシルクロード沿いのオアシス国家で仏教徒のコミュニティが栄えていたことにあった。さらに，オゴデイ・ハーン（在位 1229-41）〔チンギス・ハーンの第 3 子〕がモンゴルの首都カラコルムに建てた宮殿〔万安宮〕は，かつて仏教寺院があったその礎石の上に築かれており，この寺院の壁画の一部は保存されている。しかし，こうした初期の仏教徒の活動を伝えてくれる資料はむしろ珍しい。

　初期の仏教伝播に関するモンゴル資料の諸記録は，このような布教活動を神秘的な出来事のうちに包み隠しているが，それは，クビライ・ハーン（在位 1260-94）の治世下での他宗教に対するタントラ仏教の優位を証明している。〔サキャ派の高僧〕サキャ・パンディタ・クンガー・ギャルツェン（1182-1251）との緊密な関係が確立するのはオゴデイの治世下のことであったが，モンゴル人のチベット遠征[1]後，ようやく仏教はモンゴル人に影響を与え，結果としてチベット人僧侶がモンゴルの宮廷に人質として一時逗留することとなった。当時の宮廷では高僧（Tラマ）パクパ（1235-80）が活躍し，彼のおかげで仏教に帰依するモンゴル人が増えた。また，1269 年の彼のブロック字体の発明は膨大な仏教文献のモンゴル語への翻訳へとつながった[2]。ウイグル語訳の仏典はすでに存在しており，モンゴル語訳はおおむねこれを底本にして行なわれた。これより先，すでにチンギス・ハーンがサキャ派の

〔2代目〕座主クンガー・ニンポ（1092-1158）を招いたという伝承もあるが，特に証拠はない。

　大がかりな仏典の翻訳や印刷にもかかわらず，改宗は貴族と支配者の家系の者たちに限られていたようである。歴史的に見てもモンゴル人は宗教に寛容であり，その点から考えると，仏教が広く一般民衆のあいだにまで広まったというのはどちらかと言えば疑わしい。異なったものが混じり合って影響し合った結果，この時期に民間の神々は仏教の神格へと変わり，他の宗教の考え方も受け入れられた。

　モンゴルの中国支配が1368年に終わると，仏教の慣習は単なる迷信になり下がるか，モンゴル土着の宗教概念あるいはシャーマニズムに再び取って代わられ，モンゴル人のあいだでは衰退していった。仏教への改宗の第二波がやってきたのは，16世紀を過ぎてからのことである。それはトメトのアルタン・ハーン（1507-83）[3]のチベット東部辺境地域への軍事遠征によってもたらされ，その結果，モンゴル人は再びチベット仏教の聖職者たちと接触することになったのである。1578年，ダライラマ3世がアルタン・ハーンの新しい城フフホト（帰化城）[4]を訪問したことを皮切りに，多くのチベット人僧侶が熱心に布教活動に努め，わずか50年という短い間にほとんどすべてのモンゴル人貴族が仏教に帰依した。布教にたずさわった僧侶の中でも最も有名なのが，東モンゴル人を教化したネイチ・トイン（1557-1653）と西方と北方のモンゴル人を教化したザヤ・パンディタ〔1599-1622〕である[5]。君主，豪族たちは「その土地にはその宗教」〔それぞれの土地の君主がその土地の宗教を決める〕という原則にできる限り従って行動していたが，その一方，人々に馬，乳牛，金銭を寄進して新しい信仰を受け入れるように説いた。民衆はこのような君主，豪族の支援を受けながら，あるいは自ら望んであるいは強制によってチベット仏教を奉じるようになった。シャーマニズムは禁止され，その偶像は捜し出されて焼かれた。多くの新しい僧院が設立され，それはより多くの人に僧侶となる機会を与え，その結果モンゴルの労働人口は減少した。しかし，これらの僧院は，中世初期のヨーロッパの修道院のように，文学，科学，特に仏教哲学の育成の場ともなった。1629年までに，

1161巻のチベット仏教聖典,カンギュール（カンジュール）〔インド撰述大蔵経のブッダ自身が語ったとされる経典類〕をはじめとして,前回訳されなかった多数のチベット仏典がモンゴル語に翻訳された。当時チベット語によって数多くの宗教書が著されており,ゆえにチベット語は,さながら中世ヨーロッパのラテン語のように僧侶たちの「共通語」となっていた。

　中国の清代,特に康熙帝,雍正帝,乾隆帝の治世下に,これら満州族皇帝とモンゴル人貴族たちによってモンゴル語仏典の印刷が進められた。聖典を写し,印刷の版木を彫り,仏典を印刷するための費用を寄進することは功徳を積む行為と考えられた。医学書,哲学書,歴史書も出版され頒布された。モンゴル人の精神生活は宗教的ないし半宗教的理念・倫理によって強く影響されるようになった。康熙帝の援助を受けてモンゴル語のカンギュールの改訂版が1718年から1720年にかけて印刷された。テンギュール（タンジュール）〔インド撰述大蔵経のインド人論師の著作〕の翻訳は乾隆帝のもとで1741年に始められ,1749年に完成した。（カンギュール108冊,テンギュール223冊からなる）印刷された完全版が,皇室からの贈り物としてモンゴル中の僧院に寄贈された。

　18世紀になると,全文モンゴル語で綴られた国家祈禱の典礼書の中に,モンゴル古来の神話の要素が組み込まれた。その1世紀後には,およそ1200の仏教寺院と僧院とが内モンゴルに,700以上が今日のモンゴル人民共和国の領土内に存在し,モンゴルの全男子の人口の3分の1以上が聖職についていた。僧院は独自の経済機構と財産を所有し,独立した行政,政治組織を形成した。20世紀になると,内部抗争と道徳規範の変化,また政治の変動と新しいイデオロギーが,僧院と仏教の衰退をもたらした。ごく最近になってようやく僧院の一部が中国内のモンゴル地域,モンゴル人民共和国,ソ連のブリヤート・モンゴル〔現ロシア連邦ブリヤート共和国〕で再開された。しかし,若い世代が再び信仰を喜んで受け入れるかどうかは定かではない。

◇訳　注
1）1239年,オゴデイの第2子ゴデン率いるモンゴル軍がチベットに侵攻,チベットがモンゴルの占領下となった時,当時のチベットの氏族仏教教団を代表して,サキャ派の大学

者にして第5代座主であったサキャ・パンディタ・クンガー・ギャルツェンが涼州へ赴き，モンゴルに服従の意を表したことを指す。
2）サキャ・パンディタの甥で彼に同行したパクパは，後にクビライ・ハーンの信頼を得て，元朝の国師，さらには帝師となり，そのおかげでサキャ派がチベットの統治を元朝から委託されることとなった。パクパは元朝の宮廷に仏教を広め，クビライの命でモンゴル語を書写するために新しい字体を創った。これがパクパ文字と言われるが，元朝の崩壊後は用いられなくなった。
3）チンギス・ハーンの子孫で15世紀末にモンゴル各部を再統一したダヤン・ハーンの孫にあたる。右翼万戸の一つトメト部の長であったが，実力でハーン位を獲得し，明に侵行し，まわりの勢力を押さえてモンゴルの主権を拡張した。
4）フフホトはアルタン・ハーン（1507-82）のもとに亡命していた中国人たちが彼のために1565年に築いた中国式の城で，後に明朝から帰化城と名づけられた。現在の内蒙古自治区政府所在地呼和浩特市である。アルタン・ハーンは1571年，カムから来たアセン・ラマの勧めで仏教に帰依し，当時チベットのゲルク派のデプン寺座主であったソナム・ギャルツェン（後のダライラマ3世）を招請し，1578年青海湖の南チャプチャルの寺で会見，彼に「ダライラマ」の称号を授けた。ダライラマ3世はフフホトも訪れているが，それはこの年ではなく1586年のことである。
5）ネイチ・トインは西モンゴル，トルグート部出身，ザヤ・パンディタはオイラート，ホシュート部出身で，いずれもモンゴル人であり，チベット仏教を学んで布教した。

## 【文献ガイド】

Heissig, Walther. *Die Pekinger lamaistischen Blockdrucke in mongolischer Sprache* (Wiesbaden, 1954).

―――――――. "Zur geistigen Leistung der neubekehrten Mongolen des späten 16. und frühen 17. Jahrhunderts." *Ural-Altaische Jahrbücher* 26 (1954), pp. 101-116.

―――――――. *The Religions of Mongolia* (Geoffrey Samuel tr., Berkeley, 1980).

Ligeti, Lajos. *Catalogue du Kanjur mongol imprimé* (Budapest, 1942-44).

Tucci, Giuseppe. *Tibetan Painted Scrolls*, 2 vols (Virginia Vacca tr., Rome, 1949).

―――――――. *The Religions of Tibet* (Geoffrey Samuel tr., Berkeley, 1980).

## 補遺

石濱裕美子『チベット仏教世界の歴史的研究』（東方書店，2001年）
サガン『蒙古源流』（岡田英弘訳注，刀水書房，2004年）
長尾雅人『蒙古ラマ廟記』（中公文庫，1987年）

ヴァルター・ハイスィッヒ『モンゴルの文化と歴史』(田中克彦訳, 岩波文庫, 2000年)
福田洋一・石濱裕美子「トゥカン『一切宗義』モンゴルの章」(『西蔵仏教研究』4, 東洋文庫, 1986年)
宮脇淳子「オイラットの高僧ザヤ・パンディタの伝記」(『チベットの仏教と社会』, 春秋社, 1986年)
―――『最後の遊牧帝国―シューンガル部の興亡』(講談社選書メチエ, 1995年)
―――『モンゴルの歴史』(刀水書房, 2002年)
護 雅夫・岡田英弘編『民族の世界史4 中央ユーラシアの世界』(山川出版社, 1990年)
山口瑞鳳『チベット』下(東京大学出版会, 1988年)
山田信夫『草原とオアシス』(ビジュアル版世界の歴史, 講談社, 1985年)

*

妙舟法師『蒙蔵仏教史』(上海, 1982年)

(吉水千鶴子　訳)

# 第3部　学派と宗派

PART 3　**BUDDHIST SCHOOLS AND SECTS**

# 11 小乗仏教
Hīnayāna Buddhism

アンドレ・バロー
André Bareau
*原文はフランス語。デイヴィッド・M. ウィークス(David M. Weeks)が英訳

　小乗（ヒーナヤーナ）という用語は，紀元前に出現した一群の仏教の学派もしくは部派とそれらから直接派生したものを指す。小乗という言葉は，「小さな乗り物」を意味するが，解脱に向かう「劣った手段」という意味の蔑称である。それはちょうど紀元前後頃に興った大きな仏教改革運動である「大乗」（マハーヤーナ；「大きな乗り物」すなわち解脱に向かう「偉大な手段」）を信奉する人々によって，それまでの仏教に対して軽蔑的に用いられたのである。実際，大乗教徒は，小乗教徒を利己的に自分自身の救済のみを追求していると非難し，自分たちはすべての生類の解脱を求め，自らの解脱は最後まで後回しにすると誓ったのである。すなわち，小乗の実践者の理想は，涅槃に到達した聖者である「阿羅漢」（[S]アルハット，[P]アラハント）である。一方，大乗の聖者は「菩薩」であり，あらゆる種類の生類を救うために数え切れないほどの生死を繰り返し，遠い将来仏になると決意した，すべてのものを憐れむ「英雄」である。小乗仏教と呼ぶものに対して初期仏教[1]という名前を与えた方がより適切であろう。というのは初期仏教という言葉は最も古い形の仏教の総体を意味するからである。すなわち，それは大乗仏教興起以前の仏教，およびそれと同じ発想を持ち，阿羅漢という同じ理想を持つ仏教を含んでいる。

　初期仏教はブッダ自身によって説かれた最初期の仏教に直接由来するが，その信者や指導者たちが古い教えの解釈を深め完璧にしようと絶えず付加と変形を加えている点で，最初期の仏教と区別される。この絶えざる極めて正当な努力は，多くの論議，論争，分派を呼び起こし，その結果20ほどの部派が出現することとなった。実際，ブッダ自身の教えにはこれらの学派の経典を通じてのみ近づきうるのであり，その経典は紀元の初め頃になって初め

て文字に書き留められ，すでにこれらの部派の中に存在した相違を反映している。さらにもともとのインドの原語のものであれ，漢訳・チベット語訳のものであれ，この膨大な経典のうち，今日まで伝えられているのはごくわずかであり，したがって，ブッダ自身によって教えられた教義に対するわれわれの知識はかなり曖昧であり，推測の域を出ない。われわれはそれを確実に復元するのに必要なすべての記録を持っているわけではなく，われわれの持っている経典に共通するすべての教義や他の要素を集めたとしても，せいぜいわれわれはこれらの学派の相違の起こった直前の仏教教義の段階にしか到達できないであろう。これらの文献は単なる歴史の偶然のみによってしか，われわれに伝えられていないのである。

われわれがここで部派とか学派とか訳したインドの原語は，サンスクリット語でもパーリ語でもニカーヤであり，まさしく「集団」を意味する。われわれの文脈では次のような集団のことを言う。すなわち，ブッダの忠実な弟子であることを真摯に表明し，多かれ少なかれ他とは違った経典の信仰に基づく点において，他の同じような集団とは区別される成員の集団であり，彼らは多く在家信者であるよりも比丘（ビクシュ）である。これらの経典間の違いは言い回しや表現形式の違いだけではなく，相当数の教義的要素や出家者の戒律をも含む。集団を崩そうとする圧力（実は同じ圧力が集団を作ったのであるが）や，地理的な拡張や，ときにはかなりの分散，さらには新たな問題を課する歴史の変遷にもかかわらず，これらの集団の多くは注目すべき内的結合を何世紀もの間保ち続けた。それでもそれらの多くに分裂が起こり，新たな部派が生まれた。さらにわれわれが持っている資料——それはあいにく非常に少ないのであるが——から判断するに，これらのさまざまな集団間の関係は一般に良好であった。彼らの論争は，おおむね活気ある論争というレベルにとどまったのであり，経済や政治的問題に発展したときにのみ，より深刻な争いとなっていった。

これらの分裂や部派・学派の形成にはいくつかの要因が考えられる。まず第一に，仏教のサンガは強力で多様な方法によりその統一を強制するような最高の権威——キリスト教における教皇のようなもの——を持たなかった。

忠実に真実を反映していると思われる経典を信じるならば，ブッダ自身はおそらく一部の出家者の集団の反抗に直面し，必ずしも彼らを抑えることはできなかったと思われる。さらに最も古い伝承では，彼はサンガの長となる人物を指名せず，ただ弟子たちに正しい教え（ダルマ）に帰依するように勧めただけだったという点で一致している。これが，創始者の死によって「孤児となった」集団を壊そうとする力に対するわずかな防御だったのである。

　実際，少なくとも500年の間，ブッダの教えは，系統は同じでも異なるいくつかの方言による口承のみによって伝えられたと思われる。このことと，サンガに権威的な階級制度がないという二つのことから，世尊が直接の弟子たちに残した言葉を進歩的に歪曲したり，変形させたりすることになった。さらにこの言葉は，必ずしも語りかけられたすべての人々が理解しやすく納得しうるものではなかったので，伝道者たちによる説明や解釈が必要だった。最後に，ブッダの教説は，それらが向けられた人々の心に起こるありとあらゆる多様なすべての問題に対する解決を含む完全な体系からは，ほど遠いものであった。こうして出家者や在家信者，さらには仏教に反対するバラモンやジャイナ教徒など，仏教徒ではないがその教義に興味と関心を抱く人々は，その教えのさまざまな欠点や，過ちや矛盾にたやすく気づいたのである。このことはサンガを悩ませ，逆に仏教に信頼を置かず，論破しようとした人々を喜ばせた。これらのさまざまな疑問や批判に対する解答を工夫した仏教の伝道者たちは，ブッダの説法についての彼らの理解や知識によって導かれてはいたが，彼らの試みはもともとの教えを越えて拡張し，また同時に否応なくサンガ自体の中心に新たな違いや論争への原因を作ったのである。

　一部の著名な学者たちは，仏教の「部派」と「学派」を区別しなければならないという。この解釈によれば，部派とは常にサンガの規律についての深刻な意見の相違から生まれたものである。そのような意見の相違は結果としてサンガの分裂（サンガベーダ）を引き起こし，サンガの成員は一緒に生活したり，共通の宗教的生活を行なうことができなくなった。一方，学派は教義上の問題についての意見の相違によるものである。しかしこれらの意見の相違は，実際の分裂やあからさまな敵意を生むことはなかった。この解釈は

確かに魅力的であるが，初期の部派間にある実際の状況は，ここに示されたものよりもいくぶん複雑で多様であることを考えると，いくらか割引して考えなければならない。

## 部派および学派の起源と関係

初期の仏教サンガの起源について情報を提供してくれる資料はおしなべて紀元後に書かれたものであり，それゆえにそれを完全に信頼するわけにはいかない。にもかかわらず，これらの資料の最古のものは概して主要な点で一致しているので，ある程度の確信をもって，それらが由来する共通の伝承を復元することができる。これは諸部派や学派間の真の相互関係をかなり正確に反映するであろう[2]。

最初のサンガの分裂はおそらく前4世紀の中頃，ヴァイシャーリーの仏典結集のしばらく後に起こった。しかしシンハラ（上座部）の伝承による主張にかかわらず，この出来事には直接の関係はない[3]。分裂はおそらく阿羅漢の性格に関する意見の相違から起こったもので，ある権威者によれば，この世で涅槃に到達してもいまだ完全ではないという。これらの考えを支持する人々は数が多かったので，「大衆部」（マハーサーンギカ；「より大きなサンガの人々」）と呼ばれる集団を作り，彼らの敵対者，すなわちブッダの最初の弟子たちの教えを忠実に守ろうと主張し，阿羅漢になんらかの不完全性の残ることを否定した人々は「上座部」（スタヴィラヴァーディン；「年長者として語る人々，もしくは長老の教えを伝える人々」）と名乗った。

これらの二つの集団は，今度は徐々にいくつかの部派や学派に分かれていった。この大衆部と上座部という二つの部派を起源とすることについてはほとんど疑いはないが，その後に興った部派が最初の二つの集団とどのようにつながっているのかは正確にはわからない点が多いし，それらが興った環境や年代についてもわからない。大衆部から直接，間接に派生した部派や学派についての情報が部分的に失われているのである。

大衆部から発展した集団の中には，一説部，それに続く鶏胤部，最後の制多山部がある。一説部は今度は説出世部を生んだが，この説出世部は一説部

がその教義の一時的な発展によりとられた一形態であっただけかもしれない。鶏胤部からは多聞部と説仮部が派生した。少なくとも制多山部の一部のものは紀元直前に南インドのクリシュナ川の下流に住していた。それらからまもなく二つの重要な部派，すなわち東山住部と西山住部が興った。そしてやや遅れて，王山部と義成部が興った。これら四つの集団は紀元後数世紀の間繁栄した地方の名前（アンドラ）からアンドラ派と呼ばれる。

　上座部の集団は前3世紀の初め頃まで統一を保ってきたが，その頃「人我」（プドガラ）の存在を主張した犢子部が分かれた。50年ほどたって，アショーカ王（前268即位）の治世[4]に説一切有部が犢子部以外の上座部から独立して北西インドに根づいた。今回は「一切が有る」（サルヴァム　アスティ）という説一切有部の思想についての論争であった。2世紀の初頭に，残っていた上座部は今度は自分たちを説一切有部と区別するために分別説部（「識別を教える者」）と名乗ったが，再び二つに分裂した。この論争からは化地部と法蔵部が生まれたが，厳密に言って，ブッダはサンガに属するかどうか，また世尊になされた布施とサンガになされたものとの価値関係について互いに対立していた。1世紀の初頭頃，犢子部から四つの新しい部派が興った。すなわち法上部，賢冑部，密林山部，正量部である。正量部はインド仏教において非常に重要な位置を占めるが，後にアヴァンタカ学派とクルックラ学派を派生した。また一つの部派が説一切有部から派生した。すなわち経量部であり，それは譬喩師，説転部と同一視される。

　前3世紀の中頃，南インドとスリランカに根を下ろした分別説部のうち，あるものはしばらく化地部と極めて密接な関係を持っていたようであり，その存在は同じ地域で確かめられる。聖典語としてパーリ語を採用し，自分たちの教えが極めて正統なものであると精力的に主張し，サンスクリット語のスタヴィラヴァーディン（上座部）のパーリ語形であるテーラヴァーディンを名乗った。彼らも上座部のように内部の論争と分裂に悩んだ。紀元の数年前，仏教がスリランカに伝来した時に，大寺派から分かれた無畏山寺派が設立され，後に4世紀になって祇陀林寺派が出現した。

　最後に，上座部から派生した三つの部派は，その正確な関係や独自性につ

図1　小乗仏教の分派

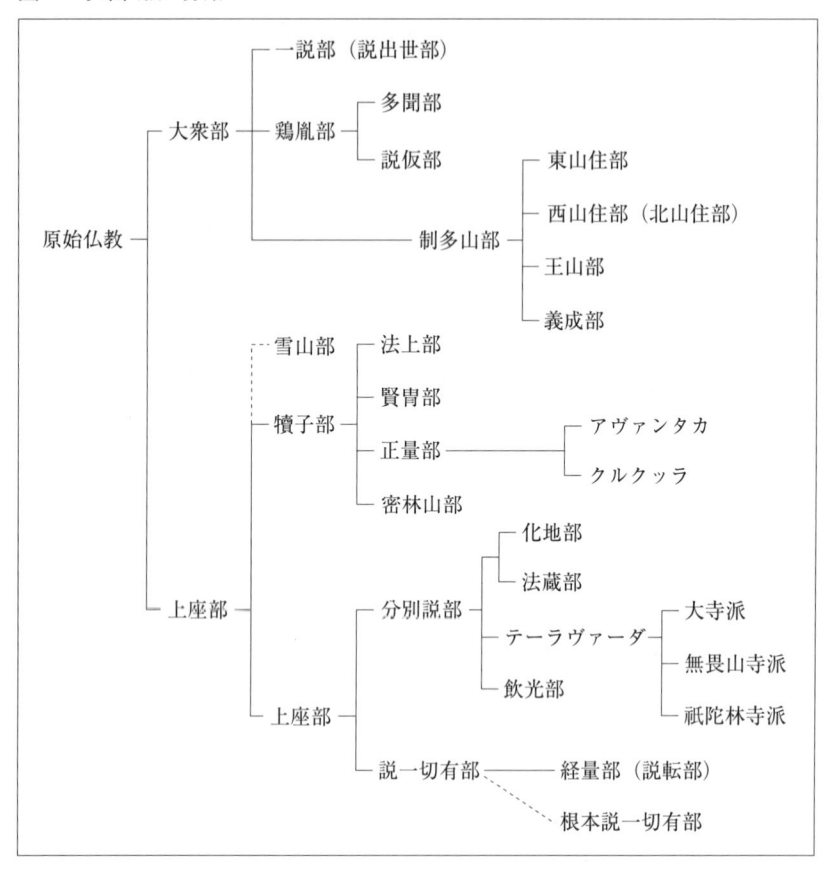

```
                    ┌─一説部（説出世部）
                    │      ┌─多聞部
              ┌─大衆部─鶏胤部─┤
              │            └─説仮部
              │                     ┌─東山住部
              │                     ├─西山住部（北山住部）
              │      └─制多山部─────┤
              │                     ├─王山部
              │                     └─義成部
              │   ┌─雪山部   ┌─法上部
              │   │          ├─賢冑部
原始仏教──────┤   │  ┌犢子部─┤              ┌─アヴァンタカ
              │   │  │       ├─正量部──────┤
              │   │  │       │              └─クルクッラ
              │   │  │       └─密林山部
              │   │  │                ┌─化地部
              │   │  │                ├─法蔵部
              └─上座部─┤      ┌─分別説部─┤            ┌─大寺派
                      │      │          ├─テーラヴァーダ─┼─無畏山寺派
                      └─上座部─┤          └─飲光部      └─祇陀林寺派
                              │
                              └─説一切有部──経量部（説転部）
                                        ┊
                                        └─根本説一切有部
```

いていくつか問題を提示する。飲光部は，その基本的位置は説一切有部と分別説部の折衷であるが，説一切有部と分別説部の経典を創ることとなった分裂の少し後に，後者から興ったものであることは明らかである。より不思議なのは雪山部である。それに関する事実はほとんどわからず，また矛盾だらけである。根本説一切有部は，7世紀の終わりに突然，サンスクリット語で書かれた膨大な律蔵を持って出現したが，それは多くの点で初期の説一切有部のものとは大きく違っている[5]。

　これらの部派や学派の重要なもののうちいくつかの例外——たとえばテー

ラヴァーダにはシンハラの聖史の聖典が残っている——を除いて，これらのさまざまな集団の歴史は何も知られない。にもかかわらず，それらの存在は多くの碑文と他の価値のある資料のおかげで明らかである。玄奘と義浄によってもたらされた情報より判断すると，彼らが長い間インドに滞在した7世紀の時点では，ほとんどの部派はすでに消滅していた。起源となった大衆部より派生したすべての部派のうち，ただ一つ説出世部のみが，依然として多くの人を集め，繁栄していたが，場所的には極めて限られ，バーミヤン（現アフガニスタン領）のみであった（図1参照）。

　ここで解答がいまだ確定していない，重要な問題が生起する。すなわち，小乗として知られるこれら初期の仏教の部派や学派と，大乗仏教徒たちの集団との間に，いかなる関係があるのかということである[6]。彼らのうちある者——特に大衆部起源の者——が数多く大乗に転向したのか，あるいは彼らの教義の自然的発展によって生まれたのであろうか。玄奘はインドで出会った多くの仏教集団に言及するために大乗上座部という表現を使っているが，この意味で解釈すべきか，あるいは彼らは大乗に転向した上座部であると推論すべきなのか。あるいは二つの集団の信者が混じり合うことなく，その場所に共住していたのか。この二番目の解釈はより満足のいくものであるが，にもかかわらず，最初の解釈も決定的には否定できない。

## 地理的分布

　部派や学派の地理的分布を示す二種類の記録がある。すなわち碑文とインドにやって来た多くの中国人僧の記録とである。初期の部派について述べる碑文は，数にして数十，時間にして前2世紀から6世紀までのものであるが，局地的で極めて不十分なデータしか与えてくれない。確かにそれらは，実際に特定の場所にある時期に名前の挙げられた集団が存在したことを証明してはくれるが，この部派が，他の場所，他の時期に存在していたのか，していなかったのかはわからない。中国人求法者，主に玄奘，価値的にそれにつぐ義浄のもたらした情報は比較にならないほど完全である。しかし，それも彼らがインドを訪れた7世紀のみに限られている。

これらの二つの情報源の研究——おおむねスリランカ仏教に関するシンハラ年代記のように——は，初期仏教の部派についてのいくつかの重要な一般的特徴を明らかにする。いかなる集団もインドや近隣の国全体にわたって広がったことはなく，一方，いかなる場所もある特定の集団の独占的地域とはならなかったのである。不幸にしてほとんどいつもその理由はわからないのであるが，ある集団はある地域で多数派であり，また他の地域では少数派であり，さらに他の地域では全く存在しない。しかし，彼らが存在する所ではどこでも，他の集団とさまざまな割合で共存していると言うことができる。たとえば，多くの場所——特に歴史や伝説によって仏教信者の目に神聖視されたり，巡礼者にとって重要である場所——では，さまざまな部派の比丘たちは隣接した僧院にともに住み，しばしば同じ聖なる対象物——仏塔（ストゥーパ），菩提樹など——を礼拝していた。これはブッダの生涯において主要な出来事が起こったガンジス川流域の聖地だけではなく，そこから遠く離れたサーンチー，カーリー，アマラーヴァティー，ナーガールジュナコーンダなどでもそうである。スリランカでは，大寺派・無畏山寺派・祇陀林寺派というテーラヴァーダの三つの下部集団の中心となった三つの大きな僧院は，島の古代の首都であるアヌラーダプラの郊外に位置している。

　学派や部派のすべてがガンジス川の中流域に存在していたようであるが，そのことは巡礼の主要な場所がそこに位置していたので容易に理解しうる。より重要なものが——それらはともに大衆部と上座部より興ったものであるが——東インドのベンガルやその付近に少なくとも7世紀までは共存していたらしいことが，玄奘と義浄によって報告されている。

　テーラヴァーダは常にスリランカの大部分で優勢であったし，今日もそうである。11世紀には彼らはミャンマー人の多くを改宗させ，後にはタイ，カンボジア，ラオスの人々がそれに続いたが，彼らは今日でも宗教的支配を続けている。7世紀には上座部系の分別説部は，彼らはテーラヴァーダと同じではないにしても極めて近い関係にあったのであるが，同じように最もスリランカに近いインドのタミルの全地域を支配し，さらに，スリランカ島や南インドに船出する出発地であるガンジス川の仏教聖地の近くやボンベイの

北の沿岸地域に集中していた。

　これらに最も深く関係した部派の位置についてはほとんど知られていない。化地部の存在は北西インドのクリシュナ川流域とスリランカの両方に記録されている。法蔵部の存在は北西インドのみに知られる。飲光部は主に北西インドに多いが、ボンベイの付近にも見られた。説一切有部は明らかに、前3世紀の半ばから少なくとも7世紀までは、ガンジス川上流域からカシュミールまでの北西インドの全域において多数派であった。

　7世紀には正量部は最も多数の比丘を含む部派を形づくり、インダス谷の中部からボンベイの南東に至る西インドの全域を支配した。彼らはガンジス川流域を通して、また東インドにも多数存在した。いくつかの碑文により、1世紀の初め頃ボンベイに法上部と賢冑部が存在したことが証明される。

　本来の大衆部およびそれから発展した部派に関する資料は非常に少なく、拡散している。大衆部が北西インドやボンベイ付近やクリシュナ川の下流に存在していたのは確実である。制多山部もまたこれらの最後の二つの地域、本来は後者のほうに住んでいたが、そこには多聞部も住んでいた。玄奘の報告によれば、7世紀までに説出世部は今日ではアフガニスタンの中心部にあるバーミヤンをインド=イラン地域の仏教の一大中心地の一つとし、さらにそこに数多くいた。東山住部、西山住部、王山部、義成部は1世紀にクリシュナ谷の下流あたりで繁栄し、巨大な記念碑を多く作ったが、7世紀の初めまでにはほとんど消えてしまった。

## 主要な教義の相違

　多くの学派を派生することになった主要な教義上の相違点、それらを区別する基本的な概念、そしてさまざまな部派が互いになした反応や反駁については十分に伝えられている。しかし多くの場合、特に、明らかにあまり重要でない部派に関しては、情報はあいにくひどく曖昧であり、彼らの教義の特徴を示すには矛盾があったり、ときには記載がないことさえある。

　多くの問題が分派の原因となったが、それらは新しい部派を形成するまでには至らなかった。これらの論争は、時として仏教全体の展開にとても重要

な役割を果たした。同じような見解を持っていると予想される初期の部派のいくつかは，実際には互いに大いに隔たった教義上の意見を採用していることがある。このように，ある問題について同じような意見を持った学派の間では，彼らの伝統的な関係から予想されるものとは全く違ったグループ分けが生ずることがある。最初に主要な部派の形成をもたらしたと思われる基礎的な概念を調べてみよう。

大衆部は，この世で涅槃に達したある阿羅漢が，性愛的な夢を見て夢精をする，いまだ無知の痕跡を宿している，たとえば仏教の教義以外のことについて疑わしい領域がある，悟ったことを他の人々によって知らされることがある，解脱のための瞑想中に何か言葉を発する，と考えて上座部から分かれたものであろう。上座部は阿羅漢はすべての不完全さから完全に脱していると主張して，これらの五つの可能性〔大天の五事〕を否定した。

犢子部，正量部など，後にそこから発展した学派は，有情を構成する五蘊（蘊；スカンダ）と同一でもないし別でもない，つまり，これらの五蘊の内側にあるのでも外側にあるのでもないという「人我」（プドガラ）の存在を信じていた。仏教の教義において一致して否定されたバラモン教の「我」（アートマン）とは違うものではあるが，この「人我」はある生存から次の生存へと生き続け，これにより，ある行為の主体と，その行為の結果を現世あるいは来世で受ける存在とが同一であり続けることができるのである。他のすべての学派は，この「人我」を概念化することは論理的に不可能であると主張し，それをアートマンが単に変装したものにすぎないと見て，この仮説を退けた。

説一切有部では「一切が有る」と主張したが，それはすなわち，過去と未来が実在の物質的存在であるということである。この考え方で，仏教徒にとって極めて重要ないくつかの現象の説明が可能になった。すなわち，継続的で個別的な心の行動からなる意識の活動，過去の記憶や意識，未来の予知や意識，時間の長短の差はあれ，そしてときには一回の人生の長さを超えて起こる「業」（カルマン）の「異熟」（ヴィパーカ；業因と性格を異にする非善非悪の結果）である。しかし他の部派にとっては，過去のものはもはや存在

しないし，未来のものはまだ存在しないということは明らかであった。

　飲光部は善歳部とも呼ばれたが，これらの二つの中間の立場にいた。すなわち，まだ果を生んでいない過去の行為は存在するが，それ以外の過去は存在しないと主張した。しかしこの主張には，説一切有部も彼らの批判者も納得しなかった。

　経量部[7]は経蔵（スートラ・ピタカ）をブッダの権威のある言葉を含んだ唯一のものとし，論蔵（アビダルマ・ピタカ）を世尊の弟子の作品と見なす点だけが，説一切有部と異なっていた。資料によれば，経量部は，有情を構成する五蘊が一つの生から次の生へ「転生」すると主張したので，説転部とも呼ばれたという。このことはおそらく，彼らの見方では，これらの蘊のうち四つのものが，死の瞬間に五番目のもの，すなわち微細な識に吸収されることを意味すると理解すべきであろう。経量部はまた，しばしば説一切有部の著作の中で批判され，議論の中でたびたび比較や譬喩を用いたためにその名を得た譬喩師と同一であるようである。

　ある重要な意見の相違のために法蔵部から化地部が分かれた。後者にとって，ブッダはサンガの一部であり，それゆえ，サンガになされた布施は大果（マハーパラ）をもたらすが，特にブッダに向けられたものはそうではない。それに対して法蔵部では，ブッダはサンガから離れており，彼の弟子たちによってのみ構成されるサンガをはるかに超越しているので，ブッダになされた布施のみが大果をもたらす，と主張した。これらの対立した見解は，初期の仏教の宗教的実践にかなりの影響を与えた。

　説出世部は，ブッダが世間を超越している（ローコーッタラ）と主張する点で他の大衆部系の学派と異なっている。世間超越という言葉はいくつかの非常に異なった意味を持つが，彼らはブッダに超越的な性格を与えるべく，漠然とこの言葉を使っている。彼らによれば，ブッダが世間を超越しているのは，単にその考えが完全に清浄だからのみではなく，この世界の外側や天上にとどまっているからである。このようにわれわれは説出世部の中に仏教的仮現説――真実の，超越的で，無限のブッダである「法身」（ダルマカーヤ）とこの世に出現したブッダである「変化身」（ニルマーナカーヤ；真実の

ブッダから生じた仮の姿)との区別——の起源を求めるべきである。生類を救うために,変化身は人間の姿をとってこの世に生まれ成長し,悟りの原理を発見して説法をして,そして最後に入滅して完全にこの世から姿を消したのである。説出世部はまた,ブッダの超越的な性格を説明するために,菩薩の並外れた特徴を激賞したにちがいない。これらの卓越した概念は,この部派が,同じような概念を採用し発展させた大乗仏教の形成に大きな役割を果たした,と信じさせるに足るものがある。

おそらく説仮部は,その名前が示すように,すべてのものは単なる言語的慣用(プラジュニャプティ)の産物にすぎず,それゆえ実際には存在しない,と教えることで,大衆部グループから派生した他の学派と区別される。ここに,一切「空」(シューニャター)という有名な理論——それは大乗仏教の教義の基本的要素の一つであり,最古の大乗経典である,初期の「般若経」の主題として何度も繰り返し力説される——の起源が見られるのかもしれない。

あいにくわれわれは,上座部グループから興ったものであれ,大衆部からのものであれ,他の学派の基本的事実を知らない。鶏胤部や多聞部や正量部などの資料はあるが,非常に疑わしく,漠然としていて,極めて曖昧であり,互いに矛盾さえしている。他のものに関しては全く情報が伝わっていない。

以上見てきたように,何百という論争が起こって,さまざまな学派に分かれたが,新たなサンガの分裂には至らなかった。これらの論争は,もしこの印象が単なる情報不足によるものでなければ,明らかに二,三の部派に関してのみであり,わずかの間しか続かなかった。他方,今日残されている論書や経典の注釈書が示すように,これらの論議のうちいくつかは,多くの学派に長い間,ときには何世紀にもわたって影響を与え,揺り動かしさえした。このような重要な論争の中で,二つの対立する陣営における部派同士の関係はしばしばそれらの派生関係とは無縁なものとなった。隣接する部派間の良い関係,つまり地理的に近い地域では,教義上類似することが多かった。私が特に指摘したいのは,これらの意見の相違の非常な重要性であり,それは初期の仏教思想の歴史の中で重要な特徴なのである。

説一切有部,正量部,そして東山住部は死と再生とをつなぐ「中有」(ちゅうう)(ア

ンタラーバヴァ）の存在を堅く信じていた。この概念はテーラヴァーダと大衆部には採用されなかった。後者は，アンドラ派や説一切有部とともに，菩薩は苦しむ衆生を救うためにいわゆる悪趣（ドゥルガティ），さまざまな地獄にさえも，生まれることもあると主張した。テーラヴァーダの見解によれば，すべての行為は因果応報，すなわち因果は完全に再生の状態を決定するので，そのようなことは不可能であるとした。犢子部，正量部，説一切有部，東山住部は，阿羅漢がさまざまな段階で退転したり，ときには涅槃を失うこともありうるとしたが，テーラヴァーダ，大衆部，経量部はこの考えを採用しなかった。テーラヴァーダ，説一切有部，法蔵部は，神々も苦行者の性的禁欲（ブラフマチャリヤ）を行なうことができるとしたが，正量部と化地部では不可能であるとした。テーラヴァーダと説一切有部は，五つの趣（ガティ；業によって導かれる世界），すなわち天・人間・畜生・餓鬼・地獄のみを認めていたが，アンドラ派と犢子部はもう一つの趣，キリスト教でいう意味での悪魔とまではいかないものの，天の敵であり，超人的な存在である阿修羅を付け加えた。

　大衆部，テーラヴァーダ，化地部は，四聖諦（チャトヴァーリ・アールヤサトヤーニ）の現観（アビサマヤ；直観的理解）を説いたが，アンドラ派，説一切有部，正量部はそれは徐々に起こると信じた。この論争は非常に重要で，中国とチベットの僧侶たちが教義上の論争で互いに反目し合ったラサの会議（8世紀）においても中心テーマとなっていた。大衆部やテーラヴァーダ，および近接した学派は，「心」（チッタ）が本来清浄であり，ただ外来的な汚れによって汚されると主張したが，説一切有部のみがその考えを否定していたようである。

　テーラヴァーダ，犢子部，正量部はただ一つの絶対的な，「無為法」（アサンスクリタ・ダルマ），すなわち涅槃のみを認めていた。しかし多数の学派は虚空（アーカーシャ）も無為法であると考えていた。それらのうちいくつかは，「縁起」（プラティートヤ・サムトパーダ），悟りへの道（マールガ），そして，ときにはその他の実体も，特に「真如」（タタター）または「住」（スティタター；生起した状態を保つこと）も同様に絶対的であり，無為法である

とした。このようにこれらの学派の考えは大乗仏教のものと非常に似通っていた。

煩悩、特に潜在的な煩悩、すなわち随眠(アヌシャヤ)と、活動的な煩悩、すなわち纏(パリアヴァスターナ)の性質について、いくつもの重要な論争が集中した。大衆部、アンドラ派、化地部はそれらに非常に厳密な区別を設けた。ところがテーラヴァーダと説一切有部は同じ煩悩の二つの相にすぎないと考えた。テーラヴァーダと説一切有部にとっては、随眠と纏とは同じように心と結びつく、すなわち相応している(チッタサンプラユクタ)としているが、大衆部、犢子部、正量部、化地部にとっては、随眠は心と離れている、すなわち不相応である(チッタヴィプラユクタ)が、纏はそれと結びついているとしている。アンドラ派では、随眠と纏は同様に心と離れているとした。

説一切有部と犢子部によれば、仏教徒以外の修行者(ティールタカ；外道)はその努力にもかかわらず、五つの劣った神通力(アビジュニャー)のみを得ることができ、このようにさまざまな奇跡——他の人の考えを読む〔他心通〕、彼らの過去世を思い出す〔宿命通〕、過去の行為の因縁により衆生の再生を見る〔天眼通〕など——をなしうるとした。しかし化地部と法蔵部は、五つの神通力は、漏を断ち切る、すなわち涅槃を達成するという六番目のものと同様に、悟りの道を歩んだ仏教の修行者のみが得ることができるとした。

「物質」(ルーパ；色)と行為(カルマン；業)の異熟のしくみとの関係についてもまた不一致が生じた。テーラヴァーダにとって、色は業の異熟とは独立しており、それはこの異熟の結果ではない。それは倫理的に善でも悪でもなく、本来無記である。それに対して説一切有部、正量部、化地部では、色は人間の身体を通して善いあるいは悪い行為に与するときに、善にも悪にもなりうると説いた。色もまた、過去の行為の結果、人間として生を受けた身体——美形であるとか醜いとか、頑丈であるとか病弱とか——になるときには、異熟の結果であるとした。

説一切有部は、五感には常に貪欲(ラーガ)が伴なっているとするが、大衆部と化地部は、それらは伴なったり、伴なわなかったりすると考えた。し

かし犢子部では，これらの両方の可能性を否定し，五感は本来無記であり，それゆえ善でも悪でもありえないと説いた。

## 文　献

　初期の仏教文献は，分量においても興味深さの点においても，非常に重要なものだったにちがいない。なぜなら，今日伝えられているものは，全体のうちのごく一部であるにもかかわらず，かなりの量があるからである。この文献の大部分はそれを創った部派とともに消滅してしまった。現在テーラヴァーダだけがスリランカや東南アジアで繁栄している。大部分の学派はもともとのインドの原語で書かれているか，または多くは漢訳された，いくつかの断片，単独の経典，その他短編の作品以外は何も残していない。それらがどの部派に属していたのかもほとんど不明である。

　今日残されたもののおおよそ半分は，多かれ少なかれ仏教混淆梵語，さまざまな中期インドの方言，そしてとりわけパーリ語といった当時のインドの原語で書かれている。実質的にその全部が伝えられているテーラヴァーダの文献の大部分は，パーリ語で書かれている。それ以外では，ほぼ同量のものが漢訳やチベット訳でのみ伝えられている。チベット訳で伝えられているものは，特に小乗に関するものでは，漢訳に比べて極めて限られ，しかもほとんど説一切有部と根本説一切有部のものしかない。それに対して大乗の文献は，大量のものがチベット語に翻訳されており，漢訳されたものにほぼ匹敵する。

　このように教義文献——正確に言えばトリピタカ（三蔵）に属するもの——の量は，三蔵以後に書かれたものよりも多く伝わっているようである。本来，完全なパーリ語の三蔵はスッタ・ピタカ（経蔵），ヴィナヤ・ピタカ（律蔵），アビダンマ・ピタカ（論蔵）よりなる。

　さらに経蔵は五つのニカーヤ（集まり）に分けられる。すなわち『長部』（ディーガ）経典，『中部』（マッジマ）経典，『相応部』（サンユッタ）経典，カテゴリーの数に従って並べた『増支部』（アングッタラ）経典，そして最後に『小部』（クッダカ）経典，を集めたものである。最後のものは五つのう

ちで最も長大で，最も雑多な部門である。『小部ニカーヤ』はブッダの前生の物語（ジャータカ）や偉大な弟子たちの行為（⑤アヴァダーナ，Ⓟアパダーナ）を記録したもの，彼らの作品とされる教訓的な詩（ガーター），『ダンマパダ』（『法句経』）と呼ばれる，編者不明の有名な教訓的な詩を集めたもの，その他10ほどのさまざま作品を集めたものである。

　今日に伝えられている三蔵の他のものと同様に，パーリ語の律蔵は基本的に三つの部分を含む。これらは比丘に課せられる戒律の多くの規則の説明と詳細な定義，比丘尼によって遵守されるべきもの，両者の具体的な生活に関する特別な規則，すなわち所有を許されたものの正しい使い方，儀式，律を破った者の刑罰，論議の決着法などである。

　パーリ語の論蔵は七つの異なった作品よりできている。そこでは経典の中ではあまり体系的ではない教義が再組織され，体系的に分類され，多くの点で肉付けされている。これらの七つの作品のうち，『カターヴァットゥ』（『論事』）は他の学派から出された200以上に及ぶ意見を論破しており，その過程においてテーラヴァーダ特有の教義を明らかにしている。

　残念なことに，どの部派であれ完璧な形の三蔵は伝わっていないが，多かれ少なかれ，いくつかの部派の重要な部分が残されている。まず五部派の律蔵が完全に伝わっている。すなわち，大衆部，化地部，法蔵部，説一切有部，根本説一切有部のものであり，これらはすべて漢訳で伝わり，さらに最後の二つのものには，多少増幅があるサンスクリット語の断片がある。根本説一切有部の律蔵の完全なチベット訳が伝わっているが，それはいっそう大きく増幅されており，他のものよりも後になって書かれたものである。さらに仏教混淆梵語で書かれた『マハーヴァストゥ』（『大事』）という，説出世部の律蔵の一部分が独立して残されている。これは実際には部分的ながら伝統的なブッダの伝記であり，伝説が多く散りばめられている。

　テーラヴァーダ以外の部派は，彼らの経蔵をなしている四つないし五つの部分よりなるものに対して「阿含」（アーガマ；伝承）という単語を使っていたが，それはパーリのニカーヤに相当する。これらの阿含のうち，五つは明らかに完全な形で漢訳の中に現存する。すなわち，法蔵部の『長阿含経』，

説一切有部の『中阿含経』,説一切有部と飲光部の『雑阿含経』,最後に,おそらく説出世部以外の大衆部から派生した部派に属したであろう『増一阿含経』である。またそのほとんどが漢訳で,いくつかのものが本来のインドの原語で残されている150以上もの独立した経典があるが,それがどの学派に属していたかを決定することは不可能である。パーリの『小部ニカーヤ』に対応するものはまとまった形では伝わらないが,多くの他のインド語原典のあるものと同様に,テーラヴァーダを構成するものと類似する70ほどの漢訳が現存する。

　完全な形の論蔵が漢訳で二つ伝わっている。説一切有部のもの(この一部分がチベット訳にも存在する)と『舎利弗阿毘曇論』で,これは法蔵部に属していたものの,大衆部にも影響されたもののようである。テーラヴァーダの論蔵と同じく,説一切有部のものも七つの作品よりなるが,その両方の作品のうちの一部に際立った類似点があるものの,その全体的な構造は,その教義のように非常に異なっている。『舎利弗阿毘曇論』は四つの主要な部分よりなるが,テーラヴァーダのものとはさらに大きく違っている。大部分において,部派は論書を作り自己の部派の立場を擁護したのであるが,これら三つの論蔵は,部派が最初に現われた時期より明らかに遅れるものである。逆に,経蔵中のさまざまなニカーヤや阿含の経典の教えは,その起源の学派が何であろうと,単一な教団が部派に分裂する前の,共通の初期の仏教に対して非常に忠実であり,顕著な一貫性を示している。同じことは,さまざまな律蔵の中に含まれる教団の規則の大部分についても言え,律蔵間の区別は主として修行者の生活の二次的な,ささいな点によっている。

　蔵外文献も疑いなく非常に重要である。しかし,それは経典よりも少ししか残っていない上,より不均衡に分散している。幸運にもテーラヴァーダによってパーリ語で書かれたものの多くが伝わっている。すなわち経典の注釈書,論書,伝説の集成,信仰の詩などである。また主要な説一切有部の論書,これらの作品や論蔵の主要部分に対するいくつかの注釈,さらにいくつかの後代の作品も伝わっている。残念ながら,われわれが利用できる,これ以外の学派の蔵外文献は六つほどに限られる。

テーラヴァーダの経典に対するパーリ語の一連の注釈書は，4世紀と5世紀にブッダダッタ（仏授），ブッダゴーサ（仏音），ダンマパーラによって創られたが，彼らは古シンハラ語で書かれた古い注釈書（現在は散逸）を利用した。また，すべてのテーラヴァーダの学者の中でも最も賢く，最も著名であるブッダゴーサは『清浄道論』（清浄への道）という名の重要な論書を書いたが，そこには大寺派のすべての教義が述べられている。もう一つの有名な論書は『摂阿毘達磨義論』（高度な教義の解釈の集成）であるが，これは11世紀頃，セイロンの比丘であるアヌルッダによって書かれた。他方，それにつぐ重要な大寺派の論書が4世紀から15世紀の間にさまざまな著者によって書かれた。これらの作品には，一つもしくはそれ以上の注釈書があるが，そのほとんどが残っていない。ただ一つの大寺派でないテーラヴァーダの作品が，不思議なことに漢訳で現存している。すなわち『解脱道論』（解脱への道）であり，ウパティッサに帰せられるが，彼はブッダゴーサの少し前の人であり，無畏山寺派の学者であろう。
　論書類には『ローカパンニャッティ』（『世間施設論』）が加えられよう。これは14世紀にミャンマー人の比丘サッダンマゴーサ（正法音）によって，失われたサンスクリット本から改作されたものである。また特によく知られた『ミリンダ王の問い』（『ミリンダ・パンハ』）も同様に失われた作品より影響を受けたものである。その失われた作品は前2世紀に北西インドに住んでいたメナンドロス王のようなギリシア人やヨーロッパ人に対する仏教宣伝のための小さなマニュアルのようなものであっただろう。『ミリンダ王の問い』にはパーリ語版の他に，二つの漢訳があるが，それらは互いにかなりの異同があり，テーラヴァーダの文献〔パーリ語版〕からはさらにかけ離れている。
　テーラヴァーダの蔵外文献には教訓的な詩や散文あるいは韻文の伝説の集成が含まれる。教訓的な詩の中には，『アナーガタヴァンサ』（『未来の歴史』）があり，カッサパ（迦葉）比丘がメッテーヤ（弥勒）と呼ばれる次の仏の人生について語っている。また『ジナチャリタ』（『勝者の物語』）は歴史上のブッダの奇跡に満ちた人生をメーダンカラが述べたものである。『ラサヴァーヒニー』（『情趣の流れ』）はヴェーデーハによって古シンハラの詩から

パーリ語に訳されたが，これは敬虔なる生活を勇気づける意図を持った100ほどの伝説を集めたものである。

しかし，テーラヴァーダの文献を他の部派のものから際立たせているのは，その有名な歴史書である。というのは，古代インドにおいては，歴史というものはほとんど考慮されなかったからである。一連の『島史』『大史』『小王統史』は，主要なシンハラのテーラヴァーダ学派である大寺派の「長老」（テーラ）の極めて特殊な目から見た，スリランカの始まりから18世紀末までの完全な歴史を韻文で記録したものである。他の歴史書として，崇高な韻文体で聖なる遺跡について語ったものがある。すなわち，『ボーディヴァンサ』（『菩提史』）は菩提樹の物語であり，『トゥーパヴァンサ』はアヌラーダプラの主要な塚の物語であり，『ダーターヴァンサ』は仏歯の物語である。

説一切有部の蔵外文献の主要な作品は多くは漢訳およびチベット訳に残っている。それらのうちのいくつかの完全なもしくは部分的なサンスクリット原典も発見されている。

説一切有部の蔵外文献には注釈書が二つだけ伝わっている。一つは僧院での規律に関する規則集であり，『説一切有部律毘婆沙論』という題名である。もう一つはこの部派の論蔵の主要な作品である『発智論』の注釈書で，『阿毘達磨大毘婆沙論』と呼ばれる。この『大毘婆沙論』（偉大な注釈書）は説一切有部の，より正確には，毘婆沙師（ヴァイバーシカ；大毘婆沙の支持者）の名で知られる，彼らの最も重要な学派の教義の膨大な要約である。これはすべての仏教文献のうちでも最も大部なものの一つである。

説一切有部は紀元後数世紀の間にサンスクリット語で書かれたいくつかの作品を残した。主要なもので最も有名なものは，5世紀にヴァスバンドゥ（世親）によって書かれた『阿毘達磨倶舎論』（高度な教説の宝庫）と多くの注釈書である。これらのうち多くはサンスクリット原典あるいは漢訳，チベット訳で現存している。ヴァスバンドゥは，経量部的見解を抱いているとして，彼と同時代の厳格に正統的な説一切有部に属するサンガバドラ（衆賢）によって非難された。サンガバドラは，これらの見解を『阿毘達磨順正理論』（高度な教理の論理学の理論）と『阿毘達磨倶舎論』の教訓的詩（カー

リカー）に対する長い注釈の中で論破している。説一切有部はまた，仏教の理想に従って『ローカプラジュニャプティ』を創ったが，それは漢訳[8]とチベット訳に残っている。

　他の学派はいくつかの論書と注釈書を漢訳に残しているにすぎないが，それらの多くはとても短く，起源もわからない。完全な，あるいは部分的な律蔵に対応する注釈書の中では，根本説一切有部のヴィシェーシャミトラによる『ヴィナヤサングラハ』（律の集成），所属部派のはっきりしない『ヴィナヤマートリカー』（律の要約）が挙げられる。

　犢子部とそれに関係した学派の文献は相当の量だったにちがいないが，そのうち残っているもののすべては，彼らの教義を要約している二つの小さな作品の漢訳だけである。しかし，それらは残念なことに稚拙なもので，不明瞭である。これらのうち最も重要な作品は『サンマティーヤ・ニカーヤ・シャーストラ』（正量部の論書；『三弥底部論』）と名づけられている。

　他の同じタイプの作品が二つ漢訳に残っているが，それらはよりよい訳でたいそう長いにもかかわらず，それらがもともとどの部派に属していたかを決めることはいささか難しい。一つは『成実論』（真実の実現）と呼ばれるもので，3世紀頃，ハリヴァルマン（訶梨跋摩）によって書かれたが，大衆部から派生した学派，たぶん多聞部の教説を説き，擁護するものである[9]。もう一つは上述したように，『解脱道論』であり，その著者ウパティッサは，たぶんシンハラの無畏山寺派に属していたのだろう。そのパーリ語の原典が近年再発見された。

　散文や韻文で書かれた伝説類の文献もすべての部派の著者たちの霊感によるものであった。それらの大部分が経典と同様に作者不明のまま残っている。それらの作品のうちいくつかは，歴史上のブッダの生涯を，その偉大さを増すために多くの奇跡で装飾して語っている。最も有名な三つのうち，二つのものがたまたまインドの原語で残っている。これらはプラークリット方言の影響を受けた仏教混淆梵語で書かれている。すなわち『マハーヴァストゥ』と『ラリタヴィスタラ』（『方広大荘厳経』）であり，両者ともブッダ伝説の発展に重要な資料である。前者は説出世部の律蔵の独立した一部であるが，し

かし実際は特殊な主題と同様に，別個の，さらに言えば，かなり後代の作品である。『ラリタヴィスタラ』は最初，説一切有部の手によって編纂されたが，後になって大乗教徒によって改訂された。これらの二つのものとは対照的に『ブッダチャリタ』(『仏所行讃』)は，インドの最も偉大な詩人の一人である，2世紀頃のアシュヴァゴーシャ（馬鳴〈めみょう〉）によって古典サンスクリット語で書かれた。サンスクリット原典は半分が見つかっているだけだが，漢訳は完全な形である。

仏教信者の教化を語る伝説，もしくは過去・未来のブッダの前生物語の集成は，仏教混淆梵語の原典も漢訳も数多くある。ここでは最もよく知られれた『アヴァダーナシャタカ』(『撰集百縁経』)と『ディヴァーヴァダーナ』（神聖な偉業）とを挙げるにとどめる。

## 著名な人物

仏教徒であろうと，バラモン教徒であろうと，他の誰であろうと，古代のインド人は実際にわれわれが考えるような歴史，つまり正確な記録を保存するために，出来事，年月日，名前，重要な人物の伝記を正確に記述することには興味がなかった。このことはインド仏教の歴史，および偉大な人物の生涯について特に当てはまる。非常にまれな例を除いて，これらの人物については，一つまたはいくつかの著作や，またよりまれには異端と宣言された見解，論争，論議といった仏教史における重要な項目，出来事に付せられた名前が知られるのみである。ほとんどすべての場合，これらの人々の生涯，彼らの生まれ，生活した地域，彼らが活動した世紀さえも知られない。さらに，伝承によって伝えられる彼らについての乏しい情報は，漠然としており，矛盾を含み，明らかに伝説によって歪められており，われわれがそれを使うときには，大いに懐疑心を持つ必要がある。テーラヴァーダの歴史はスリランカの年代記で十分に詳しく述べられているが，その主要なシンハラの長老たちについてさえも，初期インド仏教の他の集団や学派の人物たちと比べて，われわれが多くのことを知っているとは言えないのである。ともかくスリランカの歴史に散在し，二千年もの間，島の僧院社会を守ってきた王や王子や

将軍についての詳細な記述に比べると，これらの長老たちの生涯については絶対的に情報が少ないのである。にもかかわらず，われわれは，これらの年代記によって，他の部派の師たちよりもこれらのシンハラのテーラヴァーダの長老の名前を多く知ることができるし，それらのおかげで，彼らの多くが活動した場所と時間について，一般的にはある程度正確に知ることができるのである。

テーラヴァーダの著名な人物の中で，われわれは最初に，パーリ語の聖典に対するすべての注釈書と教義についてのいくつかの重要な著作が帰せられる三人の偉大な学者を挙げなければならない。最も有名なのは確実にブッダゴーサで，『清浄道論』の作者である。伝承によればブッダゴーサはビハール出身のインド人のバラモンであり，仏教に改宗し，おそらくタミル地方に移り住み，その後，マハーナーマ（大名）王の治世の時（409–431）にスリランカの首都であるアヌラーダプラに移り住んだ。ブッダダッタはブッダゴーサよりも少し年上らしいが，おそらくタミル地方のカーヴェーリー川流域で生まれ，人生の大部分をそこで過ごしたが，彼はおそらくアヌラーダプラにも滞在した。最後にダンマパーラもまたタミル地方のカーンチープラムに4世紀の後半に生まれ，おそらくは主に彼の故郷に住んだが，スリランカにも旅をした。このようにインドのタミル地方は，5世紀初頭には，仏教の，より正確にはテーラヴァーダの文化の重要な拠点であり，スリランカと同じか，もっと活気のある所であったように思われる。

パラッカマバーフ（パラークラマバーフ）1世の統治時代（1153–86）は，特に，シンハラのテーラヴァーダが繁栄した時期であったが，この時代は多くの学僧によって彩られた。最も有名なのはウドゥンバラギリのカッサパの弟子であるサーリプッタであり，彼は王によって命じられた僧院の改革において中心的な役割を果たしたと同時に，彼自身も優れた学僧であった。サーリプッタは彼の住居であるポロナールワのジェータヴァナの新しい僧院を，彼の時代の仏教の学問と知識の殿堂とした。彼はパーリ語と同様，サンスクリット語でも高度な詩を創り，著作も両方の言語で書いたが，多くの聖典に対して作った副注は権威あるものとなり，また文法家や詩人としても高い評

価を得た。彼の多くの弟子たちのうち，何人かは学識ある僧侶となり，価値ある著作を残した。有名な者として，ダンマキッティ，サンガラッキタ，スマンガラ，ブッダナーガ，メーダンカラ，そしてヴァーチッサラがいる。

近代に関しては，そのテーラヴァーダ仏教への影響が決定的であり，広範囲に及んだ第一級の人物を挙げなくてはならない。すなわちシャム王ラーマ2世の末子であるモンクット王子である。彼は出家して四半世紀の間，僧衣を纏い，彼の国の僧院の大改革に着手した。特に，彼はタンマユットという新しい僧院の秩序をつくり，同時代のものよりも厳格に修行の規則を遵守した。その一方で彼はシャムの社会的現実を直視し，西洋の文化や宗教を熱心に学んだ。彼の兄の死に伴ない，王となってからは，ラーマ4世の名のもとに統治を行ない（1851-68），外国からの影響や貿易に対して大いに門戸を開き，近代国家への転換をなし，自分の任務を成し遂げた。彼はシャムのみならず，近隣の王国やスリランカにおいても，19世紀半ば以後になされたテーラヴァーダ仏教の大改革の主要な開拓者の一人である。この運動はこの宗教の原典，すなわちパーリ三蔵への回帰とともに，近代の状況に対して必然的かつ合理的な適合をなしたことによって特徴づけられる。

説一切有部の最も有名な人物は，疑いなく『倶舎論』の作者であるヴァスバンドゥ（世親）であろう。不幸にもこの偉大な師に関するわれわれの持つ情報は疑わしく，矛盾があるように思える。その結果，彼の生涯は論争の主題となっている。説一切有部のヴァスバンドゥはアサンガ（無着）の弟である瑜伽行派のヴァスバンドゥと同一人物なのであろうか。彼は4世紀あるいは5世紀に生きたのであろうか。彼はプルシャプラ（現在のペシャワール）のバラモンの家に生まれたのであろうか。彼はカシュミールで暮らし，後にアヨーディヤー（現在のファイザバード）に移り，そこで死んだのだろうか。あれやこれや彼の伝記の細かなことについては全く一致を見ない。

彼の主要な論敵であったサンガバドラについては，さらにわからないことが多い。わかっているのは，彼が世親と同時代の人であり，カシュミール出身であり，ヴァイバーシカである説一切有部の忠実な擁護者であったことだけである。「一切がある」という概念のさまざまな解釈や，漢訳を通してわ

れわれに伝えられた作品の作者とされる，この部派の他の偉大な師たちについては，われわれはその名前以外にほとんど何も知らない。ヴァスミトラ（世友(せゆう)，一人か複数），カートヤーヤニープトラ（迦多衍尼子(かたえんにし)），ダルマシュリー，ゴーシャカ，ウパシャーンタ，ダルマトラータ……確かに説一切有部の創始者であるマディヤーンティカはアショーカ王の時代に彼の弟子たちをカシュミールに定住させたであろうが，彼自身は歴史というよりも伝説に属するようである。

　他の部派の創始者についても，名前と以下のことしかわからない。すなわちマハーデーヴァが大衆部を，ヴァーッツィープトラが犢子部を，ウッタラが経量部を創ったことなどである。それ以外では，われわれは偶然に名前が残されていた二，三人の師を知っているだけである。すなわち，経量部のシュリーラータ[10]と『成実論』（『サトヤシッディ』）の作者であるハリヴァルマンである。シュリーラータについては，説一切有部の論書の中で批判されている彼の見解以外には何もわからない。ハリヴァルマンは彼の大きな著作の研究から判断すると，おそらくガンジス川中流域のバラモン出身であり，3世紀頃の人で，多聞部と思われる大衆部系の部派の一つにおいて仏教徒になったと考えられる。

## 学派のインド外への拡大

　アショーカ王の宗教的な熱意のおかげで，前3世紀の半ばから仏教はインドから外へ広がり始めた。すなわち，南方はスリランカ，北西方面は現在アフガニスタンと呼ばれる地域である。多くの重要な碑文や考古学上の遺跡から，これらの地域でまもなく仏教が繁栄したことがわかる。この事実とシンハラの年代記により，われわれはテーラヴァーダが極めて早期に，スリランカにおいて有力なグループとなり，その地位を保ち続けたことがわかるが，同じ頃——紀元前最後の3世紀の間——北西の山岳地帯（その頃はガンダーラとかカピシャと呼ばれていた地域）でどの部派が繁栄していたかは正確にはわからない。もっとも，アショーカ王時代にカシュミール付近で発生したと伝えられる説一切有部が，北西地域の人々を仏教に改宗させ，それから少

し遅れて大衆部系の学派が，この地域に参入したと考えられる。

　碑文はわずかしか残されていないが，特に有名な中国の巡礼僧である玄奘と義浄の報告，さらに中央アジアでの多くの仏教写本の発見により，インドの外にもさまざまな初期の部派が存在していることがわかった。それらの部派は，東南アジア，インドネシア，中央アジア，そして中国にも，紀元後数世紀，特に7世紀に見られた。

　同時にテーラヴァーダはインドネシアへ進出したが，そこでは説一切有部と根本説一切有部が大勢力となっていた。この二つのグループは極端に信者が多く，ほとんど中央アジアの全域を独占していた。そしてこの二つの部派は南中国においても繁栄していたが，そこでは化地部，法蔵部，飲光部も同様に栄えた。この三つの部派はインドネシアでも繁栄し，法蔵部は東中国や陝西(せんせい)省にも存在した。正量部は，今日のヴェトナムの中心であるチャンパで最も有力であった。以上のことは義浄の報告に記されている。

　初期インド仏教部派の三つの異なった文献の中国語への翻訳は，同数の極めて中国的な学派の基礎を創ったが，それらはまもなく日本に紹介された。最古のものは成実宗として知られているが，成実とはハリヴァルマンの『サトヤシッディ』の鳩摩羅什(くまらじゅう)（クマーラジーヴァ）による漢訳（411-412）の題名である。中国の信奉者たちを引きつけ，関心を集めたこの論書の主要な教理は，二つの真理，すなわち世俗的・相対的な真理〔俗諦〕と，至高の絶対的な真理〔真諦〕とを区別することである。それはすべてのもの，すなわち五蘊よりなる個人のみならず，外的事象のすべてもまた実体を欠いたもの〔空〕であると説いている。このように，この論書の教えは小乗と大乗，より正確には小乗と中観派との間に位置するようである。成実宗は実際，鳩摩羅什の二人の直弟子である僧導と僧嵩(そうすう)によって興されたが，二人はそれぞれ別の学派の長となり，一人は安徽(あんき)を，もう一人は江蘇を中心とした。この二人の師と彼らの弟子たちは『成実論』に，厳密にはその漢訳に多くの注釈を作った。そのために『成実論』が南中国全体に広く知られるところとなった。中観派の忠実な後継者である中国大乗仏教の三論宗の指導者たちは，精力的にこの教えと戦い，その空の概念が誤っていることを主張した。彼らの攻撃

により，7世紀半ばに成実宗は衰退し，その直後に消滅した。しかし，625年には朝鮮の僧侶が『成実論』の漢訳とその教えを日本に伝えた。それは成実宗の名を受け継いだが，日本では中国におけるほど繁栄はせず，対立する宗派の三論宗にまもなく吸収された。

二番目の学派はサンスクリット語の「コーシャ」の音訳である倶舎宗を名乗ったが，それは563-567年に真諦，651-654年に玄奘によって漢訳された有名な世親の『阿毘達磨倶舎論』に基づいている。この論書で展開される説一切有部の実在論は，大乗仏教が有力であった当時の中国では，さほど受け入れられなかった。その結果，8世紀後半には消滅し，法相宗として知られる瑜伽行派の中国化した宗派に吸収された。それに先立って658年頃，二人の日本人僧，智通と智達がこの倶舎宗を日本に伝えた。日本においては独立した学派としては中国ほど成功しなかったし，長く続かなかったが，それは智通と智達自身が法相宗に属していたことによる。法相宗は，日本ではすでにかなり重要な位置を占めており，まもなく倶舎宗を吸収した。

初期仏教に基づく三番目の，そして最後の学派は前の二つの学派とはかなり違っていた。それは律宗と呼ばれるもので，7世紀の半ばに，当時の中国仏教を悩ませていた教理的論争に対する対応として，有名な僧である道宣によって設立された。彼は，倫理的な高潔さや厳格な僧院の規律の方が空虚な知的な考察よりも宗教的な生活にははるかに重要であると主張した。したがって，彼は，412年に仏陀耶舎と竺仏念によってなされた法蔵部の律蔵の漢訳である『四分律』のよく整った戒律を弟子たちに課した。彼の学派は，それ自体としては決して多くの信者を持たなかったが，それが中国仏教に永続的な影響を与えたことは明らかである。この学派の活躍のおかげで，『四分律』はその所属学派にかかわらず，すべての中国僧の従うべき唯一の戒律の集成となり，大乗教徒もそれに従った。この学派は753年に中国僧鑑真によって日本にもたらされたが，彼は奈良の都に温かく迎えられた。律宗の名で知られ（真言宗の一派である真言律宗と混同すべきではない），今日でも生き続けている（中国でも20世紀のはじめまでは存在していた）が信者は多くない。

しかしながら，インドの外に広がった後にも繁栄している唯一の初期仏教の部派はテーラヴァーダである。その永続的成功（それは今でも繁栄している）の要因は何か。それは，テーラヴァーダ仏教が比較的孤立した地域であるスリランカにおいて紀元前に十分に基礎を築いていた事実，またほとんど常に島の政治的権威と強力な友好的関係を維持し，それを最高度に活用するすべを知っていたという事実によって説明できる。特に初期のいわゆる小乗仏教がインド自体から消えつつあった11世紀以降，東南アジア主要地の小さな国々において，この現象が拡大することなどましてありえない。当時，インドの小乗仏教信者は非常に少なく，インド全体としての巨大な領土の中で，小さな，消えゆく教団として散在しているにすぎなかった。このような不運な機会が逆によい効果をもたらしたとすると，それは仏教の帰依者にとって何とも奇跡的な出来事であったにちがいない。

 このことはミャンマーでも起こった。すなわち11世紀半ば，国の中央部と北部を支配していたアノーヤター王が南部の沿岸地域を征服したが，そこではテーラヴァーダの僧たちが支配者をすでに改宗させていた。アノーヤターも，まもなくテーラヴァーダの仏教を信仰した。宗教的情熱に駆られて，彼は家臣たちに彼の例にならうよう命令した。その時以来，テーラヴァーダはミャンマー国民の大多数の宗教となっている。

 その2世紀後，タイ人は山岳地帯から北部へ降り，今日タイとして知られる国土全体を支配したが，この時も同じことが行なわれた。彼らの王はテーラヴァーダに改宗し，彼のすべての権威をもって，すべての国民に教えを弘めたのである。

 その次の世紀には，いまだにその状況はよくわからないが，その時まで大乗仏教とヒンドゥー教が繁栄していた隣国のカンボジアも短い間にテーラヴァーダの国となり，現在に至っている。メコン川中流域に沿って広がる小王国ラオスは，ほどなくしてそれに追従した。

 インドの状況とは対照的に，テーラヴァーダ仏教がスリランカを除いて互いに極めて近い位置にある異なった多くの国々に広まったことは，この部派が末永く繁栄する点で大いに役立った。実際，これらのうちのある国の僧院

の社会が困難に直面したり，あるいは衰退しかけた時（そのようなことは何回もあちこちで起こったが），敬虔な仏教徒である王が他国の支配者の援助を要請すると，学識があり尊敬に値する僧侶たちを派遣して，当面の問題を解決し，テーラヴァーダを本来の価値や強さにまで回復させたのである。同様にある国で改革や前進が実行されると，すみやかに他の国々のテーラヴァーダ社会へと広がっていった。その典型的な例が，19世紀の，後にシャム〔タイ〕のラーマ4世となる王子で，僧侶でもあるモンクットであり，彼はテーラヴァーダを近代世界に適応させ，同時に遠い過去の聖典への回帰を成し遂げたのである。

◇訳 注

1）「初期仏教」(early Buddhism) という名称は，「原始仏教」すなわち部派分裂以前の仏教を指して用いられる場合があるので，注意が必要である。三枝充悳『初期仏教の思想』（東洋哲学研究所，1978年）参照。

2）部派の系譜については，各部派の伝承により大きく異なっている。ここでは主にスリランカ上座部の伝承に基づき，解説されている。

3）スリランカの歴史書『島史』によると，上座部と大衆部の分裂の原因は，「十事の非法」であるとされる。すなわち，(1)塩浄，(2)二指浄，(3)聚落間浄，(4)住処浄，(5)随意浄，(6)久住浄，(7)生和合浄，(8)水浄，(9)不益縷辺尼師壇浄，(10)金銀浄という，戒律で禁止されている10の項目に対する緩和要求がおこったが，ヴァイシャーリーの結集において長老の比丘によって否決された。しかし，この決定を承認しない多数派の比丘たちがつくったのが「大衆部」であるという。平川彰氏は，むしろこの「十事の非法」が根本分裂の直接原因であり，ここで以下述べられる「大天の五事」は付随的要因であるとしている。平川彰『インド仏教史』上（春秋社，1991年），109頁以下参照。

4）近年，アショーカ王の治世に破僧定義が変更され，僧団のあり方が大きく変化し，その後の仏教の多様化のきっかけとなったことが，佐々木閑の研究により明らかにされた。佐々木閑『インド仏教変移論―なぜ仏教は多様化したのか―』（大蔵出版，2000年）参照。

5）根本説一切有部が説一切有部とどういう関係にあるのか厳密に決定するのは困難である。一説には，中インドの有部教団がカシュミールの有部教団に対抗して「根本説一切有部」を名乗ったのではないかと言われる。平川，前掲書167頁を参照。

6）近年の研究では，部派仏教と大乗仏教とは断絶した存在ではなく，むしろ，そのつながりが強調されてきている。代表的なものに，下田正弘『涅槃経の研究―大乗経典の研究方法試論―』（春秋社，1997年）がある。同書には，その研究史についても詳しい記述が見られる。

7）近年の研究により，経量部は有部の「三世実有」説に反対し，「現在有体・過未無体」

説を共通に主張する一群の人々が名乗った名称であり，部派というよりは学派のようなものであること，また，経量部を最初に名乗ったのは，4世紀半ばのシュリーラータであることなどが明らかになった。加藤純章『経量部の研究』（春秋社，1989年）参照。
8）漢訳『施設論』は，Prajñaptiśāstra の部分訳であり，『ローカプラジュニャプティ』に相当する部分は訳出されていない。
9）現在では，ハリヴァルマンは経量部に属するという見解が一般的である。
10）シュリーラータについては，加藤純章の前掲書に詳しい研究がある。

## 【文献ガイド】

Aung, Schwe Zan, and C. A. F. Rhys Davids trs., *Points of Controversy*（1915; rep., London, 1969）さまざまな小乗仏教の部派間の教義上の論争をテーラヴァーダの観点より扱ったテキストである，パーリ語の『論事』の翻訳。

Bareau, André. *Les sectes bouddhiques du Petit Véhicule*. Publications de l'École Français d'Extrême-Orient, vol. 38（Saigon, 1955）利用可能なすべての資料に基づく網羅的な概説書。

Bechert, Heinz, and Richard Gombrich. *The World of Buddhism*（London, 1984）この優れた著書の p. 82 に部派分裂についての論考が収められている。

Ch'en, Kenneth. *Buddhism in China; a Historical Survey*（Princeton, 1964）, pp. 129–131 と pp. 301–303 に小乗仏教より派生した中国の宗派の情報がある。

Demiéville, Paul. "L'origine des sectes bouddhiques d'après Paramārtha." In *Mélanges chinois et bouddhiques,* vol. 1（Brussels, 1932）, pp. 15–64. この主題についての主要な資料の一つを大家が注釈を付けて仏訳したもの。

Dube, S. N. *Cross Currents in Early Buddhism*（New Delhi, 1980）初期の部派間の教義上の論争についての興味深い研究であるが，主に『論事』に基づいている。

Dutt, Nalinaksha. *Buddhist Sects in India*（2nd ed., Calcutta, 1978）小乗仏教の歴史と特に教義の優れた概説書。

Fujishima Ryauon（藤島了穏）. *Le bouddhisme japonais: Doctrines et histoire de douze sectes bouddhiques du Japon*（1889; rep., Paris, 1983）この古い本は日本仏教の宗派，特に小乗仏教から派生した三つの宗派について西欧語で書かれた最も完全な概説書である。

Hajime, Nakamura（中村 元）. *Indian Buddhism: A Survey with Bibliographical Notes*（Hirakata, 1980）この大きな著作はインド仏教についてわれわれの知りうるすべての知識を視野に入れており，非常に豊富で最新の文献を含んでいる。小乗仏教の部派についても長大な章（pp. 90–140）を充てている。

Lamotte, Étienne. *Histoire du bouddhisme indien: Des origines à l'ère Śaka*（Louvain, 1958）この優れた著作は多くの頁（pp. 571–705）で初期の部派，それらの起源

と分布，仏教の言語，そして部派の教義の展開を論じている。

La Vallée Poussin, Louis de, tr., *L'Abhidharmakośa de Vasubandhu* (*1923-1931*), 6 vols. (rep., Brussels, 1971) 偉大なベルギーの学者によるこの有名な論書の仏訳は，詳細な注釈と非常に長い序説とを含んでいる。説一切有部に関する教義上の論争についての情報に富んでいる。

Law, Bimala Churn. *A History of Pāli Literature* (London, 1933) テーラヴァーダ文献についての完全で非常に詳細な概説書。

Masuda Jiryō (増田慈良). "Origins and Doctrines of Early Indian Buddhist Schools". *Asia Major* 2 (1925), pp. 1-78. 小乗仏教の部派とそれらの主要な教理を解説した『異部宗輪論』の注釈を付した英訳。

Renou, Louis, and Jean Filliozat, *L'Inde classique* (Paris, 1953) 〔邦訳 L. ルヌー, J. フィリオザ編著『インド学大事典』全3巻，山本智教訳，金花舎，1979年，1981年〕。vol. 2 の pp. 315-608 は特に，小乗仏教の部派についての文献と教義を扱っている。中国学者の Paul Demiéville とチベット学者の Marcelle Lalou の共同研究は非常に貴重である。

静谷正雄『小乗仏教史の研究，部派仏教の成立と変遷』(百華苑，1978年) 小乗仏教の部派の起源と変遷に関する最も新しい著作である。文献と碑銘の資料についての詳細で完全な研究。

Takakusu Junjirō (高楠順次郎) tr., *A Record of the Buddhist Religion as Practiced in India and the Malay Archipelago* (*A. D. 671-695*) (1896; rep., Delhi, 1966) 義浄の南アジア・東南アジアへの巡礼記〔『南海寄帰内法伝』〕の英訳。

Warder, A. K. *Indian Buddhism* (2nd rev. ed., Delhi, 1980) 詳細に小乗仏教を取り扱っており，それらの抱える問題に興味ある解答を出している。

Watters, Thomas, tr., *On Yuan Chwang's Travels in India, 629-645 A.D.* 2 vols. (London, 1904-05) 玄奘の旅行記〔『大唐西域記』〕から多くの個所を抽出して英訳したもの。現在では利用できないこれ以前の翻訳 (Stanislas Julien, Samuel Beal など) の多くの誤りのほとんどを訂正した優れた注釈が付いている。

## 補 遺

石井米雄編『講座 仏教の受容と変容2 東南アジア編』(佼成出版社，1991年)
―――――『タイ仏教入門』(めこん，1991年)
加藤純章『経量部の研究』(春秋社，1989年)
橘堂正弘『スリランカのパーリ語文献』(山喜房佛書林，1997年)
木村泰賢『木村泰賢全集4 阿毘達磨論の研究』(大法輪閣，1968年)
―――――『木村泰賢全集5 小乗仏教思想論』(大法輪閣，1968年)
櫻部 建『倶舎論の研究 界・根品』(法藏館，1969年)

──── ・上山春平『仏教の思想2　存在の分析（アビダルマ）』（角川書店，1969年）
佐々木教悟『インド・東南アジア仏教研究Ⅱ　上座部仏教』（平楽寺書店，1986年）
佐々木閑『インド仏教変移論―なぜ仏教は多様化したのか―』（大蔵出版，2000年）
下田正弘『涅槃経の研究―大乗経典の研究方法試論―』（春秋社，1997年）
高井観海『改訂増補　小乗仏教概論』（山喜房佛書林，1978年）
塚本啓祥『初期仏教教団史の研究』（山喜房佛書林，1966年）
──── 『インド仏教における虚像と実像』（山喜房佛書林，2003年）
平川　彰・平井俊栄他『倶舎論索引』（大蔵出版，1983年）
藤吉慈海『インド・タイの仏教』（大東出版社，1991年）
舟橋一哉『倶舎論の原典解明　業品』（法藏館，1987年）
水野弘元『水野弘元著作集』（①仏教文献研究　②仏教教理研究　③パーリ論書研究）（春秋社，1997年）
山口　益・舟橋一哉『倶舎論の原典解明　世間品』（法藏館，1955年）
吉元信行『アビダルマ思想』（法藏館，1982年）
渡辺楳雄『上代インド仏教思想史』（大法輪閣，1978年）

\*

Cohen, Richard S. "Discontented Categories: Hinayana and Mahayana in Indian Buddhist History." *Journal of the American Academy of Religion* 63 (1995), pp. 1–25.

Egge, J. R. *Religious Giving and the Invention of Karma in Theravada Buddhism* (Richmond, 2001)

Hoffman, F. J., and M. Deegalle, *Pali Buddhism* (Richmond, 1996)

Holt, J., J. N. Kinnard, and J. S. Walters. *Constituting Communities: Theravada Buddhism and the Religious Cu Hures of South and Southeast Asia* (Albany, 2003)

Hsüan, T., and S. Ganguly. *Treatise on Groups of Elements; The Abhidharmadhātukāya-padaśāstra: English Translation of Hsüan-tsang's Chinese Version* (Delhi, 1994)

Ray. N. *An Introduction to the Study of Theravada Buddhism in Burma: A Study in Indo-Burmese Historical and Cultural Relations from the Earliest Times to the British Conquest* (Bangkok, 2002)

Soda, K. *Theravada Buddhist Studies in Japan* (Calcutta, 1998)

Thien, C. *The Literature of the Personalists of Early Buddhism* (Delhi, 1999)

Weber, C. *Wesen und Eigenschaften des Buddha in der Tradition des Hinayana-Buddhismus* (Wiesbaden, 1994)

（浅野守信　訳）

# 12 大乗仏教
Mahāyāna Buddhism

中村　元
Nakamura Hajime

　サンスクリット語のマハーヤーナ（大乗）は，直訳すると「（悟りに導く）大いなる乗り物」という意味である。この言葉は，前1世紀頃から北インドと中央アジアで展開した仏教の一形態を示す。大乗仏教は，現在ではネパール，シッキム，チベット，中国，モンゴル，ヴェトナム，韓国，日本などで行なわれている。大乗仏教は，スリランカやインドシナ半島にも伝播したが，結果的には南アジア地域からは姿を消してしまった。

　マハーヤーナという名称は，チベット語では「テクパ・チェンポ」と訳され，中国語や日本語では「大乗」と訳された。「より偉大な」「数多くの」「優れた」という意味が中国語や日本語の「大」という言葉に反映されている。というのも，大乗仏教によれば，その教えは「小乗」の教えよりはるかに偉大であり，大乗によって苦しみから救済されたものは，保守的な仏教である「小乗」によって救われたものの数よりはるかに多いからである。したがって，大乗の信奉者によると，大乗は小乗より勝っているというのである。さらに客観的に言って，上座部やその他の小乗部派と比較して，大乗仏教は，思索的にはるかに野心的であって，より幅広い宗教実践を含んでいたが，その一部は特に在家信者の要求に応えるためのものであった。そして，大乗で説かれるブッダの観念とブッダとなるための修行に関しては，小乗仏教のものより神話的性格が明瞭である。大乗仏教は利他的な態度をも強調し，その究極の目的は衆生（生きとし生けるもの）の成仏であると宣言している。その聖典類は，はじめサンスクリット語で書かれていたが，ほとんどが失われてしまっている。しかし，それらの多くがチベット語訳や漢訳経典という形で残されている。

## 1. 起　源

　大乗仏教の起源については，いまだ完全には解明されていない[1]。大乗仏教を最初に説いた人々は，伝統的な仏教教団（サンガ；僧伽）には属さない遊行者たちであったと考えられている。初期大乗経典には，善男子・善女人（「クラプトラ，クラドゥヒトリ」）と呼びかけられる人たちが，その聴衆の一部に現われる。この事実は，小乗教団とは全く別個の運動として展開したと推定されている最初期の大乗仏教のさまざまな教団で，在家の男性信者・女性信者が重要な地位を占めていたことを示していると考えられる。大乗仏教を提唱する複数の教団は，紀元2世紀に西北インドで生まれ，その後この運動が他の地域に広がっていったと考えられている。このような集団の一つである諸弟子衆（「シシャガナ；求法者集団」）と呼ばれるグループは，徹底した利他行の実践を行なっていたようである。

　大乗仏教運動はおそらく仏塔を中心とした活動に従事していた宗教者の集団から始まったと考えられている。このような集団は，後に出家者と在家者からなるいくつかの教団となった。彼らは自らを菩薩（ボーディサットヴァ）と呼んでいたが，このことは，彼らの修行の目標がまぎれもなく仏そのものとなることにあったことを示している。説法師（ダルマ・バーナカ）と呼ばれた聖典の布教者・讃誦者や，禅定の実践者たちが，このような菩薩の集団を導いていた。小乗仏教（筆者は「保守的仏教」という表現を用いる）の諸部派では仏塔崇拝や造寺の功徳が強調されていたのであるが，やがて初期の大乗仏教の諸教団では，このような実践を遠ざけて，一般大衆にアピールしやすく，はるかに現実的な経典（ブッダの言葉）の読誦というものを強調するようになっていった。さまざまな仏を讃えることや大乗仏教の有していた呪術的な要素は，当時のヒンドゥー教に現われつつあったバクティ運動に対抗する上でも有効であった。

　静谷正雄は，碑文資料と大乗経典の漢訳年代をもとに，マハーヤーナという呼称を用いなかった「原始大乗」と，意識的に大乗を主張した「初期大

乗」との違いを指摘している（最初に「マハーヤーナ」という言葉を用いた経典は，『八千頌般若経』であり，後代の増広付加部分が認められる。その最古の部分とされる偈頌部分は前1世紀頃のものと言われる）。静谷は，前100–前1年頃までを原始大乗の「萌芽期」，1–100年頃を原始大乗の「発達期」とし，50–100年頃を初期大乗仏教の「萌芽期」，100–250年を初期大乗仏教の「発達期」としている。

　大乗経典の発展は，原始大乗の萌芽期に始まり，ほぼ7–8世紀にその最高潮を迎えた。これらの経典は，ときには全体として，大方広（「ヴァイプルヤ」；「広大な」「壮麗な」の意）という言葉で呼ばれる。その多くは，影響力が十二分に発揮されるよう芸術的に創り出された文学的な傑作である。これらの経典には，いつどこで制作されたのかは全く示されていないが，たぶんインドや現在のパキスタン北部地域だけでなく，仏教教団がかなり発展していた中央アジアでも制作されたと推測されている。中央アジアで発見された経典の写本の中には非常に古いものがある。カバの木の樹皮に書かれたものは，前1世紀か紀元1世紀のものであろうとされている。一部の大乗経典は，当初，プラークリット語や，トカラ語，ウイグル語といった中央アジアの言語で著され，6世紀にナーランダー大学で大乗経典が盛んに研究された頃までには，サンスクリット語で書き直されていたことが判明している（これらにはプラークリット語の口語体の痕跡が認められる）。グプタ王朝が320年にサンスクリット語を公用語として採用したことが，プラークリット語からサンスクリット語の利用への変換を促した要因であると言われる。グプタ王朝以前の記念碑や銘板上に残されたほとんどの碑文はプラークリット語で記されているが，グプタ王朝設立以後に制作されたほとんどすべての同様の碑文はサンスクリット語で記されている。膨大な量のサンスクリット語による仏教文献の写本が，過去100年間にカシュミールのギルギットやその他中央アジアのさまざまな場所で発見されている。このような写本と他の中央アジアの諸言語による写本は，現代における仏教研究の基本資料であり，またそれらの漢訳も参照して用いることができる。中央アジアで制作されたサンスクリット語経典の写本が，ネパールで発見されたものと相違点を有す

る点は意味深い。

　大乗仏教はもともと，教義的には伝統的な仏教と全く違ったものではなかった。大乗仏教の存在の根拠となった菩薩思想は，実は，大乗仏教以前の仏教文学作品にまでその起源をさかのぼることができるのである。菩薩の概念は，明らかに前1世紀の初め頃から紀元1世紀の半ば頃，すなわち，バールフットの仏塔の彫刻が創り出された後で，初期大乗経典の誕生する以前に成立したと考えられる。実際，この時代の考古学資料は，菩薩の概念が大乗仏教に先行することを示しており，菩薩像は，この時期から始まった伝統的仏教教団の祠堂でのみ発見されていて大乗仏教の遺跡からは発見されていないのである。大乗仏教は保守的仏教で強調された多くの徳目（パーラミター；波羅蜜）の観念もまた，伝統的仏教から受け継いでいた。しかし，大乗仏教の信奉者によって，慈（マイトリー；博愛の心）と悲（カルナー；慈愛の心）の精神が強調されたのであった。もう一つ，大乗仏教の重要な特徴の一つとして現われた思想が，一切諸仏への信仰であるが，これにもまた大乗仏教以前の信仰にその先行形態がある。

## 2．主な特徴

　大乗仏教には，伝統的仏教と自らを区別するさまざまな教義，実践，傾向がある。

### 一切諸仏・諸菩薩の崇拝

　初期仏教では，菩薩という語は，大悟以前の釈迦牟尼仏（シャーキャムニ；釈尊。後代には釈尊が成仏する以前のすべての仏を意味することになる）のことであったが，それにはブッダとなるために精進した数多くの前世におけるさまざまな存在も含まれる。このような初期の教えに見られる救済論や宇宙論に則って，誕生から生滅という大宇宙の一サイクルにはただ一人の菩薩が存在すると想定されていた。後に，この観念は精巧に作り上げられ，釈迦牟尼仏の前生話を集めた「ジャータカ」（本生譚）に集大成されていった。一

部の保守的仏教徒たちは，同一時期に数多くのブッダが存在する，という思想を持っていたが，この観念は大乗仏教で大いに発展せられ，同一時期に無数のブッダが無数の仏国土に存在すると主張された。

　一部の大乗経典（たとえば『仏名経』）は，均しく一切諸仏への讃辞を捧げることを勧めており，21ほどの経典が諸仏の御名を唱えることを称讃している。仏・菩薩の御名を繰り返し唱えることは，『仏説最勝妙吉祥根本智最上秘密一切名義三摩地分』（大正蔵 No. 1187〔異本に大正蔵 Nos. 1188, 1190〕）も勧めている。別の経典〔『仏説八吉祥神呪経』（大正蔵 No. 427）〕では，特定の八仏に祈願することが勧められている。『大乗宝月童子問法経』（大正蔵 No. 437）では，釈迦牟尼仏が十方の浄土に各々います十の仏を礼拝することの必要性を説いており，一方，『賢劫経』（大正蔵 No. 425；12の類似した経典の一つ）では，今の時代に住むと言われる千の仏がほめ讃えられ，八万四千の徳の完成（パーラミター；波羅蜜）の必要性が説かれている。この経典は，紀元200年から250年の間に編纂されたと推測されている。

　しかし，大乗仏教の諸仏と小乗仏教の諸仏との違いは，単に数の多さだけにあるのではない。大乗仏教で説かれる諸仏には，保守的仏教が説く一人の仏よりも，さらに顕著な超人性や神聖さがある。それでもなお，大乗の諸仏は保守的仏教で説かれる仏の肉体的・精神的な特性の多くを受け継いでいた。

　大乗仏教の実践者たちの諸仏に対する讃美と諸仏の特性についての思索は，三身（トリカーヤ）説を生み出した。その中で，言葉で言い表すことのできない絶対なる理法としての「法の身体」（ダルマカーヤ；法身），永劫の間の修行の結果生じた徳の果報として仏が享受する不可思議な「変化の身体」（サンボーガカーヤ；報身，この身体は，同じように創り出された天界・浄土にあるのだとしばしば考えられた），そして仏が衆生を苦しみから救済するために現わす「生身の身体」（ニルマーナカーヤ；応身）という三つの側面あるいは「身体」が，仏にはあると考えられた。もちろん釈迦牟尼仏は，われわれの時代のための応身の仏なのである。

　天界に生まれたいという普通の願いは，大乗仏教ではさまざまな仏の浄土へのあこがれという形で現われた。そのような浄土では，仏がそこに生まれ

たものたちの利益のために法を説くと信じられていた。大乗経典全体を通じて，東方の阿閦仏（アクショーブヤ）の浄土と西方の阿弥陀仏（アミターバ）の浄土が対照的に現われる。『悲華経』〔大正蔵 No. 157；『大乗悲分陀利経』大正蔵 No. 158〕は，三十劫の寿命を持つ蓮華尊如来（ブッダ・パドモーッタラ）の蓮華浄土について記しているのであるが，この経典はまた，この世界で釈迦牟尼仏が実践する慈悲行を讃えることを通じて，阿閦仏と阿弥陀仏を讃えるこれら浄土経典の姿勢に対抗している。この経典における重要な登場人物は，一切衆生を苦しみから救う大悲比丘（マハーカールニカ・マハーシュラマナ）であり，同じく重要な登場人物は，ヴィシュヌ神の化身である婆毘紐（ヴァーユヴィシュヌ）菩薩である。

　文殊菩薩（マンジュシュリー）は数多くの経典で重要な役割を果たしている。『仏説文殊師利般涅槃経』（大正蔵 No. 463）では，臨終時に文殊菩薩を礼拝することの功徳が述べられている。『文殊師利問菩提経』（大正蔵 No. 464）では，文殊菩薩が成仏について解説している。そして，『仏説大乗不思議神通境界経』（大正蔵 No. 843）では，文殊菩薩は神通力により「無相」（アーニミッタ）を披露している。『文殊師利所説不思議仏境界経』（大正蔵 No. 340）では，文殊菩薩は菩薩行について説明している。文殊菩薩は，しばしば普賢菩薩（サマンタバドラ）と一対で現われる。7 世紀までに，文殊信仰と中国の五台山との関連が確立され，それがインドにまで知れわたっていたという。普賢菩薩は，文殊菩薩との関係でしばしば取り上げられた菩薩である。

　保守的伝統仏教で考えられたように，弥勒菩薩は，今は兜率天にいますが時が来ればすべての生きとし生けるものの救済のためにこの娑婆世界に下生する未来仏として崇拝された。弥勒の信仰者は，兜率天への往生（兜率上生）を念じ，弥勒とともにこの娑婆世界に下生するという念願を熱烈に抱いたのである。中国や朝鮮半島では「弥勒三部経」が特に尊崇された。これらは，3 世紀に編纂された『仏説弥勒大成仏経』（大正蔵 No. 456），やはり 3 世紀に成立した『仏説弥勒下生成仏経』（大正蔵 No. 455），そして 4 世紀の末頃に制作された『仏説観弥勒菩薩上生兜率天経』（大正蔵 No. 452）である。

『弥勒菩薩所問本願経』(大正蔵 No. 349)では，釈迦牟尼仏が弥勒菩薩に菩薩行を解説している。『大宝積経』第25「発勝志楽会」〔菩提流志訳，大正蔵 No. 310 (25)。闍那崛多訳『発覚浄身心経』(大正蔵 No. 327)もある〕では，弥勒が心乱れて怠惰に陥っていた60人の菩薩たちをいかにブッダのもとに導き，彼らのために助言を求めたかが描かれている。この経典は「よく語られたものは何でも，ブッダによって語られたものである」という言葉があることでよく知られている。

しかし，アジア全土で最も信奉されていた菩薩は，「一切衆生を無量なる慈しみの眼で観ずる」という観音菩薩（アヴァローキテーシュヴァラ）である。この菩薩の名前は，最初期の写本ではアヴァローキタスヴァラとして現われる。この菩薩の有する特徴のいくつかはヴェーダ聖典に現われるアシュヴィン双神のものと同じであることが指摘されている。観音菩薩は，苦しみの中にいる衆生を救済するとされ，救いを求める者たちからの懇願に対して，ただちに救いの手を差しのべると考えられていた。観音の功徳について述べる経典の中で最もよく知られているものは『妙法蓮華経』『法華経』の第25章（サンスクリット本の第24章）の「観世音菩薩普門品」である。そこでは，観音菩薩を信奉する者たちに与えられるこの世における果報と，観音が象徴する利他の精神の美徳が強調されている[2]。『華厳経』では，観音のいますところは補陀落（ポータラカ）であるとされ，浄土教では，観音菩薩は阿弥陀如来の随身であり従者であるとされている。

『妙法蓮華経』の第23章（サンスクリット本の第22章）では，もう一人の菩薩である薬王菩薩（バイシャジュヤラージャ）が，彼の信奉者らをいかに救済し，彼らの望みをかなえるかが描かれている。この観念がさらに発展して，薬師如来（バイシャジュヤグル）という仏が生み出された。この如来もまた熱烈な信仰の対象となり，この仏に捧げられたいくつかの独立した経典が編まれ，その功徳が讃えられた。このような経典の一つである『仏説薬師如来本願経』(大正蔵 No. 449〔異本に Nos. 450, 451, 1331〕)では，この世と来世における利益について述べられ，そして東方と西方にある浄土について述べられている。

もし大乗仏教の菩薩思想を，仏教の他の伝統と異なるものとしている唯一の特徴があるとすれば，それは悟りを希求する者すべてを菩薩あるいは未来世に仏として位置づけて，すべての宗教的な実践のゴールが成仏そのものであるとするかたくなな主張である。このように，大乗仏教の実践とは，この成仏を希求する心，菩提心（ボーディチッタ）を，「自らも完全なる悟りを得た覚者（ブッダ）になるのだ」という誓願（プラニダーナ）として明確化することに始まり，そしてその実践は悟りというゴールに導く一連の階梯（ブーミ）によって明瞭に表現されているのである。しかしながら，この誓願と実践に見られる顕著な特徴は，すべての衆生が救済されるまで自らの究極の成仏を延期してこの世にとどまるという実践者の決心にある。すなわち，大乗の菩薩は他の生きとし生けるものの利益のために休みなく働き，自らの菩薩行の功徳を他の衆生に廻向するのである。上述の諸菩薩の一部は，明らかに神話的存在と考えられるが，それらはすべての菩薩行の実践者が到達可能な精神的な完成という理念を象徴するものである。ある大乗仏典によると，仏性（すなわち悟り）はすべての生きとし生けるものに例外なく備わっているという。

## 修　道

大乗仏教には，統一的に承認された戒律というものはない。ということは，大乗仏教が保守的仏教教団よりも制度的に統一性がないということを示している。しかし大乗仏教は，保守的仏教教団の説く実践に従う者たちの声聞道（シュラーヴァカマールガ）と，大乗仏教の価値観，特に苦しんでいる他の人々を救済しようと励む人々のための菩薩道（ボーディサットヴァマールガ）という二つの実践の道を区別している。後者の道を歩む者たちは崇拝に値すると見なされて，信頼されていた。というのも，彼らは衆生を苦しみから救おうとするため，他の衆生とともにあることを望み，成仏が可能でも仏となることをあえてしなかったからである。菩薩道は，アヴァダーナ（譬喩経典）と総称される大乗仏教以前の文献類の中で最初に述べられた。このような文献では当初，歴史的存在としての釈迦牟尼仏に似せて菩薩たちの人とな

りや性質が描かれていたが，後に誓願と修道（バーヴァナー）といった菩薩が備える他の特徴が付されるようになった。すべての菩薩たちは同様な基本的な誓願（総願）を立てる。しかし，阿弥陀仏の場合のように，一部の菩薩は独自の誓願（別願）を立てていた。菩薩になるという特権は，悟りを求める者すべてのものである。したがって，菩薩の理想とはすべての人間存在が手にすることのできるものである。

　伝統的仏教教団の基本的な制度（特に僧院の規範である律）は，大乗仏教でも踏襲された。しかし，大乗仏教の倫理は，その諸教団に伝統的仏教教団とは全く違った規範を設定させた。7世紀前半にインドを訪れた中国の巡礼僧玄奘は，「大乗上座部」と呼ばれる僧の一団があったことに言及している。いくつかの大乗経典は，僧尼や男女の在俗信者に対し，さまざまな形の倫理的実践を奨励している。特に，「十善戒」（ダシャクシャラ・シーラーニ）の実践が奨励された。保守的仏教教団の倫理と比較すると，大乗仏教の倫理はより柔軟で，さまざまな環境に合うよう改められた。理想的な徳行は，六つの完成（パーラミター；波羅蜜）〔六波羅蜜〕として定型化され，菩薩思想の中に取り込まれていった。これらは「布施」（ダーナ），「持戒」（シーラ），「忍辱」（クシャーンティ），「精進」（ヴィールヤ），「禅定」（ディヤーナ），人智を超越した智慧である「般若」（プラジュニャー）である。ある文献では，七つ目の完成として般若に基づく巧みな手だてである「方便」（ウパーヤ）が加えられており，十波羅蜜を唱える経典もある。一般的に，自らを顧みず他者の手助けをするという布施行が強調された。『賢聖集伽陀一百頌』（大正蔵 No. 1686）は，この布施の完成を讃えた 100 の詩編を集めたものである。ブッダの偉大なる慈悲が，一切衆生への贈り物として解釈されたのである。自らの功徳を他者に振り向けるという廻向（パリナーマナー）も，また布施の一形態として奨励されていた。

　大乗仏教の倫理観はいわゆる「大乗戒経」ではっきりと謳われているが，その要は利他の精神である。大乗仏教の教団に論理的な基盤を提供していた経典の中に『諸法無行経』（大正蔵 No. 650）があるが，この経典を伝教大師最澄（767-822）は大変尊んだ。大乗仏教における制戒を解説した他の経典

には，『仏蔵経』（大正蔵 No. 653），『仏説出生菩提心経』（大正蔵 No. 837〔異本に『仏説発菩提心破諸魔経』No. 838〕），『仏説法律三昧経』（大正蔵 No. 631）がある。大乗経典の中には，制戒は出家者のみならず在家者も実践すべきものであるという思想を反映するものもある。その一つ，『ボーディサットヴァ・プラーティモークシャ・スートラ』（『菩薩解脱戒経』）では菩薩の戒律が説かれているが，そこでは出家者と在家者の戒律が言及されている。『勝鬘経』で説かれる戒律は，中国・日本ではよく知られているものである。

このような経典の中でも最も有名でかつ論争の中心となっているものが『梵網経』（大正蔵 No. 1484〔異本に Nos. 1181-15, 2246, 2797〕）である。中国で大変尊ばれていた大乗戒経であったため，日本の僧侶にとって根本的な大乗戒経となった。現在では，この経典は中国で編纂されたことが解明されているが，中国では，この経典がなんらかの形で 350 年頃にはすでに用いられていたことを示す証拠が存在する。菩薩の行ないに関するもう一つの経典は『菩薩地持経』（大正蔵 No. 1581〔異本に Nos. 1579, 1582, 2803〕）である。この経典は，出家・在家を含む菩薩道を志す者すべてに，あらゆる戒を堅持すること（サンヴァラシーラ・プラーティモークシャ；律儀戒），あらゆる善行を為すこと（クシャラダルマ・サングラーハカ・シーラ；摂善法戒），一切衆生に慈悲を授けること（サットヴァールタ・クリヤーシーラ；饒益有情戒）という三種類の実践（三聚浄戒）を要求している。この第一は，保守的伝統的仏教教団の律を踏襲していることを表しており，第二と第三は大乗仏教の理念の表明と言えよう。

シャーンティデーヴァ（寂天）が 8 世紀に著した大乗仏教経典の大要である『シクシャーサムッチャヤ』〔『大乗集菩薩学論』大正蔵 No. 1636〕では，慈悲の精神は肉体的な愛をも是認すると説明されている。シャーンティデーヴァによると，肉体的な欲望は瞋恚（怒り）ほど罪深くはないという。結果的に，大乗仏教のさまざまな教団に妻帯した僧が現われるようになった。5 世紀に，メーガヴァーハナ王の妃がカシュミールに建てた僧院では，その僧院の半分の区域には律に則った行ないを実践する比丘が止住し，残りの半分は妻子を有し家畜や財産を所有する者たちのために確保されていたという。

しかし,『大方等大集経』のような後代の経典は,比丘の妻帯を教団の退廃の証拠として挙げている。今日,ネパールの仏教僧たちのあいだでは結婚は自由であり,僧の妻帯はチベットやモンゴルのブリアット族の僧のあいだでもほぼ通常のこととなっている。日本で初めて僧の妻帯を許可した教団は浄土真宗であるが,西洋文明の導入以後,日本の僧の妻帯は通例となっている。

一部の大乗経典では懺悔がその主題として取り上げられている。これらの経典の一つである『大乗三聚懺悔経』(大正蔵 No. 1493) では,懺悔は,他者の役に立つ喜び,道徳的戒め,功徳の廻向などに導く,と説かれている。『仏説浄業障経』(大正蔵 No. 1494) では,一切は本来清浄であるという洞察を再確認することによって,業(カルマン)によって作られた障害が滅せられることを教えている。業障(カルマヴァラナ;業の障り)は,懺悔や瞑想,あるいは神秘的な呪文を繰り返し唱えることによって滅することができる,とされる。

『仏説諸徳福田経』(大正蔵 No. 683) のような経典では,福徳を生むさまざまな善行が述べられ推賞されているが,その他の経典では,仏塔の右繞三匝(右回りに3回巡る礼拝)のような行為(『右繞仏塔功徳経』大正蔵 No. 700) や,仏塔や霊廟(チャイトヤ;制多)への献灯(『仏説施灯功徳経』大正蔵 No. 702) などの特定の実践が取り上げられ,その功徳について説かれている。また,『仏説未曾有経』(大正蔵 No. 688〔異本に『甚希有経』〕) のような経典では,仏塔崇拝と一切諸仏の崇拝とが結びつけられている。『仏説作仏形像経』(大正蔵 No. 692),『仏説造立形像福報経』(大正蔵 No. 693),『仏説大乗造像功徳経』(大正蔵 No. 694) などの経典では,諸仏・諸菩薩の像を造立する功徳が説かれているが,これは,ガンダーラやマトゥラーにおける盛んな仏像制作のさまを反映するものであると考えられる。もう一つの経典である『仏説浴像功徳経』(大正蔵 No. 697〔異本に『浴仏功徳経』№. 698〕) では,灌仏の儀礼について細部にわたって論じられている。バラモン僧の風習から採用された数珠の使用についても,『仏説校量数珠功徳経』(大正蔵 No. 788〔異本に『曼殊室利呪蔵中校量数珠功徳経』〕) で論じられている。元来,南アジアにおいては,仏教僧ではなく,バラモンが葬送儀礼を執行していたの

であるが，やがて大乗仏教の僧たちが彼らに代わって執り行なうようになっていった。『仏説無常経』（大正蔵 No. 801）では，「無常」の理を肯定するために葬送儀礼を執り行なうことを奨励している。後代になると，葬送儀礼の執行が，日本の出家者の主要な責務となっていくのであった。

## 在家仏教

ほとんどの大乗経典においては，在家者の地位は認められ称讃されていたが，なかには出家者の禁欲的生活が在家者の生活よりも優位に置かれるような傾向を示している経典もあった。しかしながら，ほとんどの大乗仏教思想の基盤と言える「空」（シューニャター）の思想は，涅槃（ニルヴァーナ；解脱）と輪廻（サンサーラ；世俗的な生存の世界）とを同一視することを可能にし，在俗の生活を神聖視する理論的根拠を提供していたのである。このことは，宗教の本質というものは出家者の生活の中というよりも世俗の生活の中に求められるべきであるという結論に導いた。したがって大乗仏教では，在家仏教というものが宗教的な理想として説かれるようになったのである[3]。菩薩の慈愛は在家者にあまねく向けられると信じられ，たとえば，文殊菩薩を例に挙げると，彼は世俗に生きる普通の人々を，さらに彼を信仰していない人々さえも救済すると言われたのである。

確かに，大乗仏教の実践者の多くは出家者（ビクシュ）であった。そして，その一部の者は，『大乗荘厳経論』（『マハーヤーナスートラーランカーラ』，大正蔵 No. 1604）や『大乗集菩薩学論』などに現われるように，「出家菩薩」（ボーディサットヴァ・ビクシュ）と呼ばれていた。しかし，在家仏教的傾向は顕著に残っていた。ナーガールジュナ（龍樹，150-250頃に活躍）以前に編纂された戒律聖典と言われる『郁伽長者経』（ウグラダッタ・パリプリッチャー）〔異本として，漢訳に『法鏡経』大正蔵 No. 322，『郁伽羅越問菩薩行経』（大正蔵 No. 323）『大宝積経』「第19郁伽長者会」（大正蔵 No. 310〈19〉）〕には，大乗仏教の在家者の実践のための五つの条件が規定されている。後に，在家者のための戒律が制作された。在家者への戒めの中には，二週間ごとに懺悔が執り行なわれる「布薩」（ウポーシャダ）の期間に守るべき規則などがあっ

た。

　敬虔な在家の仏教徒であるヴィマラキールティ（維摩詰）が出家者たちに法を説き、出家の生活を非難する『維摩経』（『維摩詰所説経』大正蔵 No. 475）は、おそらく、在家仏教の理想の最良の表現であろう。この経典は、150年あるいは200年以前に編纂され、中国や日本でしばしば研究され講じられた経典である。この経典の教えは他のさまざまな経典に継承され、若干のものでは女性が主人公となっている。『仏説月上女経』（大正蔵 No. 480）では、主人公であるヴィマラキールティの娘がさまざまな見解を述べ、ブッダがそれらを承認している。『大荘厳法門経』（大正蔵 No. 818〔異本に『仏説大浄法門経』No. 817〕）では、主人公は娼婦であり、彼女は森での恋人との語らいのなかで恋人に仏教の教えを説くのである。中国や日本で大変尊重された『勝鬘経』（『勝鬘獅子吼一乗大方便方広経』大正蔵 No. 353〔異本に No. 310（48）〕）では、王女が法を説き、その説をブッダが承認している。『仏説須摩提菩薩経』（大正蔵 No. 334〔異本に Nos. 310〈10〉, 335, 336〕）では、スマティという8歳の少女が法を説いている。これらの経典は、「女性は精神的にも肉体的にも男性よりも劣っている」という大乗経典によく見られる性差別に基づくインドの社会の不平等観に反抗しているのである。

　仏教におけるもう一つの在家者の理想である孝行の観念の存在は、中国の文化の刺激のもとで生じたさまざまな価値観の受容と融合を示すものである。「孝」とは儒教の倫理で最も重要な美徳であったが、それには、子供から両親への一方的な服従が必要とされた。この思想は、インド仏教においては決して重要な観念として取り上げられることはなかった。サンスクリット語やプラークリット語の原典には中国語の「孝」に対応する言葉は全く見出せないのだが、この「孝」という語はそれらの漢訳経典中には頻繁に見出されるのである。インドと中国の二つの伝統を融合させるために、中国の仏教徒たちは、仏教の倫理思想という形で「孝」の思想を説く『父母恩重経』（大正蔵 No. 2887）『大報父母恩重経』といった中国撰述経典を制作した。仏教的な「孝」の思想は、『仏説盂蘭盆経』（大正蔵 No. 685〔異本に『仏説報恩奉盆経』No. 686〕）という形でも表明されており、この経典では亡くなった両

親への供養の儀礼が称讃されている。この経典は，部分的にはインドにその起源を求めることができると言われるが，後に中国で増広されたものらしい。盂蘭盆会は中国，ヴェトナム，朝鮮半島，および日本で大変重要な儀礼となり，日本では「お盆」として親しまれている。

## 3．主要経典

伝統的仏教教団の聖典は，少なくとも理念的に一定の構成（すなわち，律蔵・経蔵・阿毘達磨蔵からなる三蔵〈トリピタカ〉）を持ち，西暦紀元後の早い時期までには，ほぼ編纂が終わっていた。一方，大乗経典はさまざまな異質な社会的宗教的な環境で数世紀にわたって成立していった。それらは，内容的にも形態上からもそれぞれ多様なものが含まれていて，多くの場合，伝統的仏教の部派全体に相対立する個々の独立した経典類であると考えられている。それゆえ，これらの経典文学を取り扱う場合，大乗経典を形成するさまざまなグループごとに検証することが最も有益であると考えられる。

### 般若経典類

大乗経典の中でも最初期に現われたものは，般若波羅蜜（プラジュニャーパーラミター；智慧の完成）を扱った経典である[4]。それらは，後の多くの仏教思想の哲学的基盤を形成している。般若経典の中でも最も古いものは，最も古い韻文の部分が前100年頃成立し，紀元1世紀に現在伝わる形に完成したとされる。8000の詩節からなる『八千頌般若経』である。小乗仏教の部派である東山住部（プールヴァシャイラ）は「般若経」のプラークリット語文献を有していたという説も存在するが，ほとんどの日本の学者は，「般若経」は南インド，おそらくアンドラ地方で大衆部（マハーサーンギカ）によって最初に述作されたと主張している。また，「般若経」は西北インドで最初に述作されたという説もある。『金剛般若波羅蜜経』（『ヴァジュラッチェーディカー・プラジュニャーパーラミター』；『金剛般若経』，大正蔵 Nos. 235〔異本に大正蔵 Nos. 220（9），236-239〕），『般若波羅蜜多心経』（大正蔵 No. 251

；異本に大正蔵 Nos. 250-252, 254, 255, 257）の成立は，150年から200年の間と考えられるべきである。『金剛般若経』は，実は，大長編である『大般若波羅蜜多経』(『大般若経』，大正蔵 No. 220〔異本に『摩訶般若波羅蜜経』No. 223〕)の第9会に相当する。『般若心経』はさらに短く，肝要のみを述べたものである。『大般若経』は，大変古い経典であり，中央アジア，チベット，中国，朝鮮半島，および日本で盛んにそして熱心に，布教され，読誦され，講じられた。これらの国々における，この経典を尊重する気風は誕生の地インドよりもはるかに盛んなものがあった。他の般若経典，たとえば『二万五千頌般若経』『一万頌般若経』『七百頌般若経』『十万頌般若経』といった般若経典が『八千頌般若経』に続いて編纂された。これらは，もともとの経典が増広されたり，あるいは異本が合成された結果成立したものとされる。

　般若経典で用いられている術語のほとんどは伝統的なものであるが，しかし，ここで示されている思想は全く新しい。これらの経典の中心主題は，人間存在の真理を悟ること，すなわち「智慧の完成」であった。一切の事象はそれ自体では存在せず，あたかも夢のようなもの，あるいは幻（マーヤー）のようなものであると悟ることによって，この境地に達することができるとされた。生存の究極の真理は「空」（シューニャター）という言葉で理解されるが，これは大乗仏教を支えた思想の中でも最も洗練された奥深い微妙な概念である。「空」を理解するためには，一切の事象はさまざまな因縁（原因と条件）によって成立しており，その意味でそれらはなんら「自性」（スヴァバーヴァ；それ自体の本性）を持たない，という自覚を必要とする。この思想が説く，一切法の純粋なる相対性ということを理解するには，「我」（アートマン）を含むこの世のすべての事柄が，「無明」（アヴィドヤー）と呼ばれる根源的無知が生み出す影響力のもとにつくり出された概念上・言語上の区別の単なる現実化にすぎないと気がつくことが必要である。この世界の事象の現実性というものを縁起（プラティートヤ・サムトパーダ；原因的諸条件の関係性）のみから得ているというかぎりにおいては，それらすべてが分かち合う共通の性質というものは，まさに無自性，すなわち自性（独自の性質）の欠如と言えるのである。

実践的な意味では，われわれの概念的な要素（観念）が強いる二元的把握を伴なわない事象のあるがままの姿を，大乗仏教では法性（「ダルマター」）とか真如（「タタター」）とか呼ぶが，「智慧の完成」には，この根源的に無自性なる（世の）事象に対し不二なる洞察力〔観察者と事象とが一体となり融合したものの見方〕を育んでいくことが必要であるとされる。「空」の同義語としては，法界（「ダルマダートゥ」），法身（「ダルマカーヤ」），仏性（「ブッダダートゥ」）などがある。一連の般若経典では，この方向で，伝統的な涅槃（ニルヴァーナ）と輪廻の観念を再解釈している。すなわち救済の目的は，もはや涅槃ではなく，輪廻の実体が空であることを理解することとされた。究極的に，空はそれ自体，言葉で表現できないものであるが，空の観念はそれを学ぶ者の精神的な能力に従って教えることが可能である。こうして，「方便」（ウパーヤ）という観念が，空と慈悲をつなぐものとして一連の般若経典で確立された。経典によれば，有情〔人々〕を効果的に解脱に導くために，諸仏は人々の理解力に応じて教導しなければならないという。「我」と一切諸法には実体がないとは言うものの，なんら事前の準備もなく果敢にこのように主張することは，「法」（普遍的真理）への信念を失わせ，空性が意味するものとはほど遠い虚無主義を生じさせることとなってしまう。このように，諸仏は多様な「方便」の教えに頼り，それらによって修行者に究極的な真理を明かす準備をするのである。文学的には，このような方法はしばしば隠喩や譬喩（大乗仏教の別系統の『法華経』で特に顕著）という形で表現され，これによって信者は諸仏の教えを（不完全ながらも）より簡単に把握することができるのである。

　すべての般若経典は，無執着の態度を奨励している。般若経典の信奉者たちは，「空」の思想は虚無主義ではなく，むしろ実践の基盤となるものであると主張した。そして，般若経典は実践的な助けをも提供するのである。個人的な不安の解消を望む人々は，宗教的真理に対する徹底した瞑想の実践と六波羅蜜の完成のための手引きとしてこれら般若経典を利用することができる。また，般若経典は成仏を志す者たちの心の段階的な開発の必要性をも見逃してはいない。実践者が成仏に至る過程である十の階梯（ブーミ）すなわ

ち、「十地」がさまざまな経典で、説かれている。般若経典のもう一つの重要な貢献は、心は本来清浄であるという「心性本浄」（チッタスヤ・プラクリティプラバースヴァラター）の観念であり、これは大乗仏教の救済論における根本的な思想である。

## 三昧経典（瞑想に関する経典）

大乗仏教の瞑想に関する経典は、瞑想の実践を強調する瑜伽行派にその起源を求めることができるかもしれない。もちろん、瞑想を重要視することは、仏教が誕生した頃から仏教を特徴づけるものであったし、原始仏教においても部派仏教においても、それぞれ独自の瞑想法を有していた。大乗仏教では、さまざまな仏やその「浄土」を瞑想の対象にすることが、心を静め、煩悩を取り除き、空の悟りに至るための方法とされていた。そして、瞑想は実践者に神通力を授けるとも考えられていたのである[5]。

『修行道地経』（大正蔵 No. 606〔異本に大正蔵 Nos. 607, 608〕サンスクリット原典は散逸）には、瞑想の体系が述べられているが、この経典は、サンガラクシャというインド僧が瞑想に関するさまざまな詩文をまとめたものである。『達磨多羅禅経』（大正蔵 No. 618）では、ダルマタラ（達磨多羅）とブッダセーナ（仏陀斯那もしくは仏大先）が理解していた瞑想について、体系的に解説されている。この経典は、禅仏教の展開と、金剛乗における曼荼羅（マンダラ）を対象とした瞑想法の発展に重要な役割を果たした。『般舟三昧経』（大正蔵 No. 417〔異本に大正蔵 Nos. 416, 418, 419〕）では、実践者が十方の諸仏を目の当たりに見る三昧について説かれている。『仏説観仏三昧海経』（大正蔵 No. 643）では、唯一の仏に対する瞑想が教えられている。『月灯三昧経』（大正蔵 No. 639〔異本に『仏説月灯三昧経』No.640〕）では、「三昧王」（サマーディラージャ）という至高の瞑想の境地に至る一連の瞑想によって菩薩が最高の智慧を獲得する方法が説かれている。

## 輪廻に関する経典

もう一つの経典群は、衆生の輪廻という問題を取り扱った経典群である。

それらの経典では，生存の輪廻の五つの境界（ガティ；趣），すなわち天界・人間界・畜生界・餓鬼（プレータ）界・地獄界が描かれている。『六趣輪廻経』（大正蔵 No. 726）では，第六番目の境界である阿修羅（好戦的な鬼神）界にも言及されている。他の経典では，一つの境界から別の境界への生まれ変わりへ導く業の報いのパターンが分析されている。ある経典では目犍連がこのような因果のパターンについて餓鬼の質問に学んでいる。『正法念処経』（大正蔵 No. 721〔異本に『妙法聖念処経』No. 722〕），『ダルマシャリーラ・スートラ』〔大正蔵 No. 766, 仏説法身経〕では，仏教の宇宙観というより大きな文脈でこの分析を行ない，それから人間の身体についての瞑想を解説している。『占察善悪業報経』（大正蔵 No. 839）では，特定の善悪の行為がもたらす報いのさまざまな形態について詳細に解説されているが，この経典は，中国で撰述されたと考えられている。

　この種の経典の中には，有情の誕生や，その有情の循環的な輪廻の世界への関わりを説明する伝統的仏教の解釈として縁起説を詳しく取り扱っているものがある。また，有情をつくり出す一連の因果の支分（アンガ）の最初である「無明」という概念に特に注目している経典もある。『仏説稲芋経』〔大正蔵 No. 709；異本五種，大正蔵，Nos. 708-712〕では，十二因縁の各支分について，米の生育になぞらえて比喩的に解説されている。

## 法華経とその関連経典

　大乗経典の中でも単独で他に及ぼした影響が最も大きかった経典は，おそらく『法華経』（『サッダルマプンダリーカ・スートラ』；『妙法蓮華経』大正蔵 No. 262，『正法華経』No. 263，『添品妙法蓮華経』No. 264 他）であろう。この経典の中心部分は 1 世紀末頃編纂されたらしく，2 世紀の末頃，ガンダーラあるいはおそらくカピシャ地方で完成された可能性が高いと言われる[6]。この経典は全体として，しばしば，そして突如として場面が変わる説話風の劇とも言えよう。生き生きとした説話の中で，さまざまな仏や菩薩たち，そして人間たちが，互いにふれあうのである。一部の学者は，この経典の性格は，それ自体がギリシア演劇の慣習を踏襲していた可能性の高いインド演劇の影

響を多分に受けている，と信じている。

『法華経』は一切衆生を「仏の子」〔仏子〕と呼ぶ。そして，ブッダとその法を信ずるものはすべて成仏すると主張するため，その教えは尊崇されている。この経典の前半部分で，声聞乗（シュラーヴァカ・ヤーナ；小乗の徒），縁覚乗（プラティエーカブッダ・ヤーナ；ブッダの説かれた法を聞かずに自らの修行により悟りに至った者たち），菩薩乗（ボーディサットヴァ・ヤーナ；大乗の実践者）という伝統的な三つの救済に至る道（三乗）すべてが，さまざまな精神的な発展段階にある仏子を導くために仏が顕わし出した「方便」であることが宣言される。現実には，『法華経』では，「三乗」は「一乗」（エーカヤーナ），すなわち，「仏乗」そのものであると宣説するのであるが，この摂理から言えば，衆生の最終的・精神的到達点とは，仏となることにほかならないとされるのである。

『法華経』の後半部分では，誕生・出家・成道・般涅槃というこの世におけるブッダの存在とは，宇宙規模の救済劇の中の単なる要素にすぎないということが明らかにされている。実際，ブッダは永遠の存在〔久遠の本仏〕であり，彼のブッダガヤーにおける成道は，彼の教えに対する信を鼓舞するための単なる手段であったという。経典によれば，ブッダは常に悟った存在であった。このような教えの内容と，経典中に表現されたそのドラマティックで感動的な描写ゆえに，この経典は特に東アジアに莫大な影響を残したのである。特に，天台宗の伝統と天台宗から派生した学派では，この経典を，ブッダの真説が明かされたものと注目し，ブッダがこの世に出現する理由をまさに述べたものと考えたのであった。

『法華経』の思想に関連する観念を表明する経典がいくつかある。『無量義経』（大正蔵No. 276）は，「空」の思想が「一乗」思想の理論的基盤であるとし，頓悟の方法を説いている。この経が中国で撰述されたと考える学者もあるが，『仏説観普賢菩薩行法経』（大正蔵No. 277）は，この経はブッダの入滅時に説かれた経であると断言している。『大薩遮尼乾子所説経』（大正蔵No. 272）とその原型である『仏説菩薩行方便境界神通変化経』（大正蔵No. 271）は，『法華経』の融和的な思想を敷衍した経典である。ここでは，寛容

の精神が，仏法を説くジャイナ教の苦行者の姿の中に擬人化されている。『金光明経』（大正蔵 No. 663〔異本に大正蔵 Nos. 664, 665〕）にも，『法華経』に匹敵するような思想の跡を見出すことができる。この経は，ブッダの永遠の生命について述し，政治思想を述べ，そして密教的な傾向をも反映している。また，（もともとはヒンドゥー教の女神であった）弁才天（サラスヴァティー女神）の崇拝についても述べられている。その神秘的な性格と，この経典に付加されている懺悔法（金光明懺悔滅罪法）のために，『金光明経』は中国や日本で広く用いられた。

## 華厳経典

　『華厳経』（『大方広仏華厳経』六十巻本；大正蔵 No. 278；八十巻本；大正蔵 No. 279）は多くの仏教文化に影響を及ぼしている経典である。この経典は，さまざまな小さな独立した諸原本の集成であり，350 年頃，初めて 60 巻からなる漢訳経典に編纂された。『華厳経』に出てくる中国やカシュガルに関する記述は，この経典が中央アジアのどこかで編纂されたことを示している。この経典の一部は 2 世紀以前にはすでに存在していたと考える学者もいる。この経典の主要な構成部分である「入法界品」（『ガンダヴューハ・スートラ』）と「十地品」（『ダシャブーミカ・スートラ』）と呼ばれるサンスクリット語経典を，ナーガールジュナ（龍樹）はすでに知っていたとされる。後者は，50 年から 150 年の間に編纂されたと考えられており，言語学的な証拠から，前者もたぶん同じ頃（クシャーナ朝初期）に成立したものであると考えられている[7]。「入法界品」に描かれている場面や登場人物は，8 世紀から 9 世紀のボロブドゥールのレリーフ彫刻に描かれている。この経典が最も影響を及ぼしたのは，中国，朝鮮半島，日本であり，それらの国々では華厳思想が最も奥深く，教理的にも洗練されたさまざまな思想体系の基盤となっている。奈良の東大寺の大仏は，『華厳経』の中心をなす宇宙的な存在である毘盧遮那仏を表現したものであるという。

　釈尊が法を説くほとんどの経典と異なり，この経典では，菩薩や神々のみならず，人間が，諸天を含むさまざまな場所で八会にわたり法を説いている

のである。説法者たちが彼らがブッダの成道直後の時期に生きていた人々であるかぎりにおいて，彼らの説く教えに宗教的な認可と権威が与えられている。この経典は，この経を聞く者たちの精神的な能力の差違をなんら鑑みず，ブッダの悟りの内容をありのままに述べようとしている。このブッダの究極の悟りの状態は，この経典では「海印三昧」（サーガラムドラー・サマーディ）として表現されており，その深淵さと無限の広がりのイメージによって，言葉で表すことのできない悟りの深遠な性格が象徴されているのである。

「十地品」では，十の菩薩の境地（十地）という教義が体系的に説かれるが[8]，一方，「入法界品」では，善財童子（スダナ）という若者が，悟りを得るためにさまざまなところを遍歴し，52人の善知識〔原文は52余人。だが，一般には53人とされる。異本では9人，55人とある〕から教えを受ける，という彼の悟りの探究について述べられている。彼の探求とは，われわれ自身の悟りの探求の比喩的表現であるが，それ自体が菩薩としての生き方を描いたものである。この経典は，一人ひとりの人間存在と全宇宙との相互関連をも強調し，利他的な寛容の精神または慈悲が大乗仏教の基本的な原理である，と主張している。また，ブッダ自身のすべての生きとし生けるものへの大慈悲というもの（タターガタゴートラ・サンバヴァ；如来生起）が，ブッダの宇宙的な身体からあらゆる活動を生じさせる力そのものであると見なされている。誰しも気づいてはいないが，『華厳経』はすべての生きとし生けるもののなかに「胎児の形で」如来の本質が存在している，とも説いている。

## 浄土経典

浄土教はおそらく初期の在家仏教教団から生まれたものであろう。この教えは，「無量寿仏」（アミターユス；無量なる寿命を有する仏）と「無量光仏」（アミターバ；無量なる光の仏）という二つの名で知られる仏を中心に展開される。後者の名が古くから現れており，後に，一切衆生を苦しみから救済するために一連の誓願〔この経典のある系統では四十八願が述べられる〕を立てた，いわゆる法蔵比丘（ダルマーカラ）の本生譚のような物語と結びついた。これらの誓願は，「浄土」をつくろうという法蔵比丘の意志を表明した

ものである。この浄土とは、生きとし生けるものがあらゆる苦しみから解放され、仏の説く法を聴受できるために、悟りが得られるという場所とされる。一つ一つの誓願には、誓願の言葉がまっとうされないかぎり、自ら究極的な悟りに至ることを拒否する、という法蔵比丘の決意が含まれている。さらにこの経典は、法蔵比丘は永劫を経て今や阿弥陀仏となり、この仏はわれわれの宇宙の西方にある極楽浄土（スカーヴァティー；楽のあるところと呼ばれる素晴らしい仏国土）にましますと説いている。この仏を信奉し、この仏に十刹那の間でも心を集中する者は、この浄土に往生することができ、そこでたやすく成仏することができる、と説くのである。

大乗仏教の発展したブッダ観では、それぞれの浄土に住するさまざまな仏たちの存在もまた認められているため、これらの仏たちもまた信仰の対象となったとしても不思議ではない（この点について、阿閦仏の場合は特に顕著である）。しかし、阿弥陀仏の一連の伝承に行きわたる、苦しむ衆生に慈悲を施すという一貫した特質のゆえに、この仏は特に東アジアで非常に人気のある仏となった。そこでは、中国の浄土教、日本の浄土宗、浄土真宗その他の数多くの浄土信仰の伝統が栄え、多くの信者を得ている。

阿弥陀仏はさまざまな経典に現われる。しかし、浄土は阿弥陀の仏国土であるという教えは、主に、『仏説阿弥陀経』（大正蔵 No. 366 他〔異本に『称讃浄土仏摂受経』No. 367〕）『仏説無量寿経』（大正蔵 No. 360〔異本に大正蔵 Nos. 310〈5〉, 361-364〕）『仏説観無量寿仏経』（大正蔵 No. 365）という三経典〔浄土三部経〕に基づくものである。『無量寿経』は紀元200年以前、クシャーナ王朝下、ガンダーラの化地部（マヒーシャーサカ）の比丘らによって編纂されたと言われる。『観無量寿経』は、『阿弥陀経』よりもさらに発展した様相を示し、極楽浄土に関する詳細な描写というより、その浄土に到達するための無量寿仏と極楽浄土についての瞑想（ディヤーナ；禅定）の実践について詳細に述べている。この経典では菩提心を養成すること、阿弥陀の御名を聞くこと、阿弥陀に心を集中させること、善根を積むこと、これらすべてが浄土に往生するための要因である、と説かれている。

しかし阿弥陀仏を対象とする瞑想、すなわち念仏（ブッダ・アヌスムリ

ティ）は，インドのすべての浄土経典によって採用された極めて重要な実践である。これらの浄土経典は純粋で静寂な心の状態，信楽（プラサーダ；浄信）を達成することを強調している。浄土経典における信仰という概念は，もともとその法を説いた仏に対する献身的な信仰である信愛（バクティ）ではなく，その教えそのものに対する信仰である信解（シュラッダー）であり，後の中国や日本の浄土教信仰者の提唱する概念とは全く異なったものであった。阿弥陀信仰の呪術的な性格は特に中国で評価され，中国では「無量寿」という仏の崇拝と道教における不老長寿の概念とが免れがたく結びついて，中国における浄土教の受容が確固たるものとされたのである。この傾向を反映して，中国の僧，善導は「念仏」を阿弥陀仏の御名を唱えることと再解釈した。これは，特に日本において，後の浄土思想家のあいだで「念仏」の規範的な解釈であり続けた。後に，阿弥陀仏を人格としてというよりもむしろ原理（「理」）として捉えるさらに知的で高度な解釈がなされるようになると，阿弥陀仏の本質的身体は普遍的な理法である法（ダルマ）であると解釈されるようになったのである。

### 宝積経

『大宝積経』（120巻，大正蔵 No. 310）は，5世紀以降に現在の形となった。その核となった部分は，現在伝えられている『大宝積経』の第43番目の部分である「普明菩薩会」である。テキスト全体は，一連の長い問答（パリプリッチャー）からなり，それらの問答の内容の多くはいまだ完全には分析されていない。

### 涅槃経

大乗の『大般涅槃経』（大正蔵 Nos. 374, 375）のサンスクリット原典は，紀元200年から400年の間に編纂されたと言われている（小乗仏教の同名経典の成立は『大乗涅槃経』の成立のはるか以前である。どちらもブッダの最後の説法を記録する経典とされる）。「わが般涅槃の700年後，悪魔マーラが正しい教え（サッダルマ；正法）を徐々に破壊していく」〔「我般涅槃七百歳後

是魔波旬漸当壊乱我之正法」〕と伝えるこの一節とその他の部分の文章は，この経が編纂された時代に仏教教団は衰退していて，仏教教団への弾圧が起こっていたことを反映していると考えられる。

　この経典は釈迦牟尼が死の直前に説いた最後の説法であると主張しているため，伝承によれば，それ以前には説かれなかった奥義（すなわち他の経典で説かれることのなかった秘伝）が明かされている，と言われる。仏教の基本的な教理では，衆生に内在する常住不変な実体アートマン（個我・霊魂）など存在しないとされる。しかし，この経典では，ブッダが偉大なるアートマン（大我）を説き，涅槃というものは常住で歓びに満ち，個人的なもので，清浄なものである，という他の経典では特徴的に否定されていた説が説かれている。この経典は，仏の法身は常住不変であり，いかなる人間も生まれつき仏性を持っている〔悉有仏性〕とはっきり説く。この経の冒頭で描かれた仏教教団は，伝統的な仏教教団のように出家の比丘と比丘尼で構成されているが，後半部分では，明らかに在家者が含まれており，信仰が教団を一つに結びつける力であることが強調されている。死刑をも含む厳しい処罰が，大乗の教えを誹謗する者たちに対して規定されており，このような姿勢は，他の仏教文献ではほとんど表現されることがなかったものである。

## 瑜伽行派の経典

　われわれの意識が一切の現象をつくり出しているという説を展開する大乗仏教の一派が瑜伽行派である。この学派の発展に貢献した経典に，『大乗阿毘達磨経論』（現在では散逸しているが，他の経典に引用されていることからその存在が知られている），『解深密経』（大正蔵 No. 676〔異本に大正蔵 Nos. 675, 677-679〕），『楞伽経』（大正蔵 No. 671〔異本に大正蔵 Nos. 670, 672〕）などがある。観念論的な傾向が顕著な『華厳経』が，この学派に影響を与えていることもしばしば指摘されている。『解深密経』は，瑜伽行派の思想に共通するさまざまな術語や教義が初めてまとめられた経典である。すなわち「阿頼耶識」（アーラヤヴィジュニャーナ），現象の「三性」と「三無性」，現象界の諸存在の形成における「識」の根本的役割を洞察する智慧を

もたらす瞑想の実践（特定の対象に心を集中させる「止」〈シャマタ〉やその集中によって正しい智慧を起こし，対象を観る「観」〈ヴィパシュヤナー〉など）が詳細に述べられている。『楞伽経』は決して完全に体系化された経典とは言えないが，また現象界の諸相は心（意識）の所産であって，あらゆる独立した実体性を欠いていること（スヴァチッタ・ドリシャ・バーフヤバーヴァーバーヴァ）を強調している。さらに，この経典は阿頼耶識と一切衆生に本源的な悟りが備わっていることを表す概念である如来蔵（タターガタ・ガルバ）とを同一視している。

## 『大方等大集経』とその他の経典

『大方等大集経』（60巻，大正蔵 No. 397）のさまざまな章は，異なった時代に作られたようである。一部の学者は，この経典が紀元200年から300年の間に完成したと主張しているが，おそらく現在の形になったのは，はるか後代のことであろう。この経典は，ブッダの正しい教え（「正法」）はわずか1000年しか続かず，その後仏教教団は徐々に堕落し，ついにはこの世から完全に消滅していく，という悲観的な考えを吐露している。このような思想は，この経典が編纂されたのと同時代の6世紀エフタル族によるインドへの侵入がもたらした社会的動揺を反映しているものと考えられる。

『蓮華面経』（大正蔵 No. 386）は，6世紀の前半にカシュミールで制作されたという。その内容は，502年から542年に起こったエフタル族のインド侵入とミヒラクラによる破壊的征服の影響を受けているようである。この経典は584年に漢訳されているので，542年から584年の間に制作されたものと見られている。

地蔵菩薩（クシティガルバ）の信仰は，ヴェーダに現われる大地の女神プリティヴィーの信仰に起源があると考えられている。一方，4世紀にイラン系の人々がタリム盆地の南部地域に移住した時，彼らによってゾロアスター教の天使という観念がもたらされ，これによって地蔵菩薩が独立した菩薩として崇拝されるに至ったのだと指摘する学者もいる。地蔵菩薩は，中国のマニ教でも崇拝されている。『大乗大集地蔵十輪経』（大正蔵 No. 411〔異本に

『大方広十輪経』No. 410〕）や『地蔵菩薩本願経』（大正蔵 No. 412）は地蔵信仰に関する主要経典であるが，地蔵菩薩を称揚する多くの経典では，地蔵は常に僧形で表されている。地蔵菩薩を称讃する経典の章句は，さまざまな大乗仏教の論書にも引用されている。

『虚空孕菩薩経』（大正蔵 No. 408〔異本に大正蔵 Nos. 405-407〕）は，虚空蔵菩薩の徳を述べ，虚空蔵菩薩が彼を信仰する者たちに授けるさまざまな福徳について述べている。この経典は，カシュガルでイラン人の仏教徒によって書かれたものらしく，阿弥陀仏の諸概念の影響が認められる。

## 4．哲学学派

　大乗経典文献の興隆がどの程度まで哲学学派の発展を示しているのかについては，全く不明である。インド社会史のほとんどの場合と同様，サンガの教団史的展開は一種の謎であり，それは，たぶんこれからも完全に解明されることはないであろう。特定の作品の内容から，特定の宗教集団の特徴と見なすことのできるさまざまな一群の実践や教義を推論することは確かにできる。しかし，このような推論がかろうじて可能なほかは，さまざまな文献の起源やそのような文献を創り出した集団の生活については依然として不明なままである。もちろん，大乗仏教が自らを理想的な菩薩の姿とその生き方を中心とした第二の救済の道であると考えていたことは確かである。この大乗仏教運動の歴史のある時期に，いくつかの論書（シャーストラ）——しばしば，経典の注釈書である——を著し，その名を歴史に残した学匠が現われた。彼らは，瞑想・論理学・認識論・修辞学などのさまざまな主題について著作した。これらの作品について，注釈書類，注釈書に対する注釈書，反論，修正本など一連の著書が展開され，このような諸文献によって，少なくともわれわれは哲学的実践的な伝統について原典に基づいて論ずることが可能になったのである。しかし，このようなさまざまな伝統について教団史的な概要に関する情報というものは全くない。

　大乗運動の最初期に活躍した学匠の中で最も偉大な大乗の学匠はナーガ

ルジュナ（龍樹または勇猛，150-250頃活躍）である。彼は大乗仏教の最初の哲学学派である中観派（マーディヤミカ）の事実上の開祖とされる。ナーガールジュナは，最初の大乗の思想家であり，彼の著作は現在にまで伝えられているが，さまざまな大乗経典，特に般若経典類で提起された諸問題を，自らの立場を哲学的に意識しつつ，批判的な方法で論じた学匠である。

## 初期の中観派とナーガールジュナ

中観派の起源は明らかではない。一部の学者は，中観派は大衆部の影響を受けたのだと主張している。その中心思想である「空性」（シューニャター）はナーガールジュナによって提示され，仏教諸学派に及ぼした影響は非常に大きいものがあるため，日本ではナーガールジュナは八宗の祖とされている[9]。『中論頌』（『中論』大正蔵 No. 1564），『十二門論』（大正蔵 No. 1568，漢訳のみ），ニヤーヤ学派の思想を論駁した『廻諍論』（大正蔵 No. 1631），『広破経』（『ヴァイダルヤスートラ』チベット訳）とその自注『広破論』（『ヴァイダルヤプラカラナ』チベット訳），『六十頌如理論』（大正蔵 No. 1575），『空七十論』（チベット訳のみ），政治思想を述べた『宝行王正論』（ほうぎょうおうしょう）（大正蔵 No. 1656）と『龍樹菩薩勧誡王頌』（大正蔵 No. 1674），『因縁心論頌・因縁心論釈』（大正蔵 No. 1654），『十住毘婆沙論』（大正蔵 No. 1521），『大智度論』（大正蔵 No. 1509，漢訳のみ）など，極めて多くの著作が彼によるものと考えられている。もっとも，これらの中には彼の著作である信憑性が大いに疑問視されているものもあると指摘されている。

ナーガールジュナは特定の教義を確立することではなく，他者の教義上の論理的誤謬を証明することに努めた。つまり彼は，最初の命題がどのようにして不当な結論に至るかを示すことによって，すべての独断的見解（ドリシュティ）を論駁しようとした。この論法をプラサンガ（帰謬法）といい，ナーガールジュナの著作を特徴づけるものであった。この論法によって，ナーガールジュナは形而上学的問題の論議を避け，机上の空論を減らし，意味のない命題を退けていったのである。彼は，いかなるものも永遠に存在することはなく一切は原因的諸条件によるものであり，独立した実在を有する

ものなどない，と主張したのである。

　中観派の思想の核である「空性」という概念は，ナーガールジュナの著作においてさまざまな方法で説明されている。たとえば『中論頌』では，それは縁起の法（プラティートヤ・サムトパーダ）そのものであると述べられている。一切の事象は互いに依存し合って生起するものであるから，それらにはそれら自体の本質というものはなく無自性（むじしょう）である。それゆえに，それらは空であり（すなわち，事物自体が存在しない），したがってそれらの自性は空なのだという。ナーガールジュナの著作では，「中道」が「空性」や「縁起」の同義語として用いられている。つまり，中観派の思想によると，悟りとは中道を悟ることであるという。それは「無我」という術語，また「空性」と同一とされたが，この場合「無我」を「無自性」（ニヒスヴバーヴァター）として説明し，それが諸法の実相（真実の姿）であるとした。中観派がこのような観念を採用したことは，「世俗諦」（サンヴリティ・サトヤ）と「真諦」（パラマールタ・サトヤ）という二種の真理を立てる説（二諦説）を生み出した。前者は，われわれの日々の世俗的な言葉で表現された真理であり，後者は，言葉では言い表せない究極の真理であり，一切諸法が無自性であるという真理である。しかしながら，この教義のもとでは，二つの真理は相互依存関係にあるという。世俗諦と真諦は本質としては異なったものではないという。なぜなら，世俗諦と真諦との違い，すなわち輪廻（サンサーラ）と涅槃（ニルヴァーナ）との違いは，それ自体実体がないものだからである。

　ナーガールジュナの最も有名な弟子は，アールヤデーヴァ（聖天または聖提婆，170-270頃）である。彼は他学派を激しく攻撃したために，他学派から憎まれ，暗殺されたと言われる。彼の著作には，『百論』（大正蔵 No. 1569），『四百論』（『広百論』大正蔵 No. 1570 に後半 200 偈が伝わる），『百字論』（大正蔵 No. 1572）などが含まれる。彼の著と言われるその他の作品は彼の手によるものかどうかは疑わしいが，思想的には重要なものが多い。彼の弟子ラーフラバドラ（羅睺羅跋陀羅，200-300頃）が般若波羅蜜を讃えた 21 偈からなる詩（『般若波羅蜜多讃』）がサンスクリット語と漢訳で伝えられている。ナーガールジュナの『中論頌』『十二門論』，アールヤデーヴァの『百論』は，

鳩摩羅什（クマーラジーヴァ，413没）によって漢訳され，中国と日本で大変尊崇され，三論宗の教義の基盤となった。

## 初期唯識派

中観派は，いかなる「見解」（命題）を立てることをも否定するという形で，それ自体が業苦の根源であるとして，論争した他学派のさまざまな見解に対して批判に徹することに終始した。一方，唯識派（または瑜伽行派としても知られる）は，このような純粋に批判的な精神には満足できず，衆生存在の起源や世俗的存在と悟りとの関係を体系的に説明しようとしたのである。瑜伽行派という名称が示すように，彼らは瞑想の実践を輪廻からの解放を実現する方法として説いた。

中観派は，「我」（アートマン）は苦の根本原因となる有害な虚構（フィクション）であるという初期仏教の主張をはるかに推し進めて分析し，諸法（ダルマ；存在の諸要素）自体にはなんら独立した実体はないと断言したのである。瑜伽行派の思想も，中観派と同じく現象界の実在を否定するが，現象界を生起せしめる識の実在を肯定した。万有は識の所産である，という教義のため，瑜伽行派は唯識学派という別の名称でも知られている。

瑜伽行派にとって，一切の現象とは，過去の行為によって蓄積された諸々の種子（ビージャ；行為の影響力）の単なる顕現にすぎない。このような種子は阿頼耶識（アーラヤヴィジュニャーナ）という場所に蓄えられるというが，この阿頼耶識とは実体ではなく，単なる種子の集合体であるとされる。種子の蓄積それ自体がすなわち阿頼耶識なのである。しかるべき状態になると，これらの種子が，われわれの精神的・肉体的「我」としてや，またわれわれの日々の意識の内容すなわち客観的な世界としてわれわれの前に現われるさまざまな感覚的出来事として顕現する。このように，主体による認識作用を離れて，いかなる対象物も存在しない。つまり，さまざまな対象物はこのような主体の認識作用に基づいてのみ現われるのである。瑜伽行派は，中道という概念を取り入れたことによって，一切の事象は「確固として存在している」のでも「確固として存在していない」のでもない，という記述を行なう

ようになり，現象界はわれわれの意識の中に現われている「単なる表象」（ヴィジュニャプティマートラター；唯識）にすぎないのだという事実を積極的に洞察することによって，中道の悟りが達成できると説いた。阿頼耶識は，十二（支）縁起の基盤であるとされたのである。

この学派の開祖はマイトレーヤ（またはマイトレーヤナータ，弥勒，270-390頃）とされており，しばしば同名の弥勒菩薩と同一視された。マイトレーヤの著作には，以下のようなものがある[10]。

(1) 『瑜伽師地論』（大正蔵 No. 1579）。瑜伽行派の根本原典。その一部分である「菩薩地」では，菩薩の戒律とその理想的生活が述べられている。チベット仏教ではこの作品を，マイトレーヤの弟子アサンガ（無著，310-390）の作であると伝えている。
(2) 『大乗荘厳経論』（大正蔵 No. 1604）。上述の原典の「菩薩地」と同じ構造の，菩薩の階梯を体系的に述べたもの。中国の伝承では，この原典をアサンガの作とされている。
(3) 『中辺分別論』（大正蔵 Nos. 1599, 1600）。唯識説，ブッダの三身説，三性（現象界の三種のあり方）説，その他の瑜伽行派の教説を取り扱った論書。散文部分は，アサンガの弟と言われるヴァスバンドゥ（世親，320-400頃）に帰せられる。
(4) 『現観荘厳論』（アビサマヤーランカーラ，サンスクリット文とチベット訳のみ）。『八千頌般若経』の概要であり，特に瑜伽行派の思想について説くものではない。この論書は8世紀にハリバドラによって注釈されている。
(5) 『法法性分別論』（チベット訳のみ）。現象的存在の生成における「虚妄分別」（アブータ・パリカルパ；誤った認識）についての短い論書。
(6) 『金剛般若経論』（『金剛般若論』大正蔵 No. 1510〔異本に大正蔵 Nos. 1511, 1513〕）。『金剛般若経』についての論書。

如来蔵説は，マイトレーヤのいくつかの著作と『究竟一乗宝性論』（大正蔵 No. 1611）で論じられており，後者はチベットの伝承ではマイトレーヤの作とされるが，おそらくサーラマティ（堅意または堅慧，350-450頃）の述作

であろう。マイトレーヤと彼の弟子たちのすべての著作において、「仏性」（仏の性質）が一切衆生の根底に存在すると述べられている。

マイトレーヤの弟子であるアサンガは、マイトレーヤの教えを継承し、それを体系化した。『摂大乗論』（大正蔵 No. 1593〔異本に大正蔵 Nos. 1592, 1594〕）では、人の意識によって認識された現象の三つの分類法が紹介されている。この分析によると、一切の現象は三つのあり様（三性）を有するという。それらは、以下の通りである。

(1) 遍計所執性（パリカルピタ・スヴァバーヴァ）；事象は妄想によって創り出されたものであるから、その意味で本質を有さないもので、実在ではないというあり方。
(2) 依他起性（パラタントラ・スヴァバーヴァ）；縁起によって創り出されたものであるかぎりにおいて、事象は、諸原因に依拠した仮の、束の間の存在であるというあり方。
(3) 円成実性（パリニシュパンナ・スヴァバーヴァ）；われわれの意識にイメージを創り出す一切の妄想がはぎ取られた状態で、完全な真如（タタター）としての事象の真実の姿・あり方。

依他起性とは、浄らかな側面と不浄な側面とが合わさったものであるので、これによって、不浄な状態から汚れなき状態への変換が可能となる。円成実性を悟ることは、唯識の自覚を得ることと等しい、とされる。

そのほか、アサンガの作品には、『大乗阿毘達磨集論』（大正蔵 No. 1605）『顕揚聖教論』（大正蔵 No. 1602）が含まれる。後者は『瑜伽師地論』の抄本である。

ヴァスバンドゥは多くの著作の中で唯識哲学の体系化をはかり、その過程で瑜伽行派の中でも最も偉大な思想家として知られるようになった。彼は『唯識二十論』（大正蔵 No. 1590〔異本に大正蔵 Nos. 1588, 1589〕）で客観的な世界の存在を信じる考えに反駁しているが、この論書には、経量部の思想の影響が見受けられる。ヴァスバンドゥは兄アサンガに促され大乗に転向したが、以前は、伝統的仏教哲学の唱導者であったと言われている。彼の『唯識

三十頌』（大正蔵 No. 1586〔異本に『転識論』大正蔵 No. 1587〕）では，諸々の種子から数々の識（初期仏教で言われる六識とマナスと呼ばれる末那〈マナ〉識）が生じる過程である「識の転変」（ヴィジュニャーナ・パリナーマ）がどのように起こるのかが説明されている。瑜伽行派の根本教典とされるこの論書は，後の思想家によって数多く注釈された。彼の他の著作には，中国で『仏性論』（大正蔵 No. 1610）の名で知られる仏性について述べた論書，業を唯識派の立場から論じた『大乗成業論』（大正蔵 No. 1609〔異本に大正蔵 No. 1608〕），『三自性説示論』（『トリスヴァバーヴァニルデーシャ』サンスクリット本・チベット訳），五蘊について保守仏教的志向の立場から著作された『大乗五蘊論』（大正蔵 No. 1612〔異本に大正蔵 No. 1613〕）などがある。

ヴァスバンドゥの著作における，阿頼耶識説に基づく唯識派の哲学体系は，観念論的・唯心論的個人主義を含んでいる。末那識と阿陀那（アーダーナ；阿頼耶識の身体維持機能の側面「執持」）識という二つの識は，「私」とか「自我」という西洋の概念に対応する仏教的な概念である。この学派は仏教哲学の重要な要素である「主観性」という問題について論じている。現象界における対象物の実在を否定するというヴァスバンドゥが採用した厳密な観念論は，他学派からの痛烈な批判を呼び起こした。

## 唯識派・中観派の後の展開

ヴァスバンドゥ以降，多くの思想家が出て先達の思想をさらに発展させた。中観派と瑜伽行派の両者は，説一切有部や経量部，そしてその他の保守的仏教，諸哲学学派と並存しながら独立した学派として発展し，それら諸学派のあいだには，相互に思想の交流が生じた。これらの学派は，互いに結びついたり，多様化したりして，別の学派へと分派していった。

■**唯識派**　唯識派の分派の一つ，無相唯識派（ニラーカーラ・ヴィジュニャーナヴァーダ）は，「識は清浄であっていかなる形態ももたない。つまり，客体も主体も形態は識による想像上のものであるから実在しない」と説いた。この学派は，スティラマティ（安慧，470–550 頃）らによって提唱され，パ

ラマールタ(真諦、499-590)によって中国に伝えられた。パラマールタによって中国に伝えられた瑜伽行派の教えは、この学派の根本教典であるアサンガの『摂大乗論』(『マハーヤーナサングラハ』)にちなんで摂論宗と呼ばれた。瑜伽行派のもう一つの分派である有相唯識派(サーカーラ・ヴィジュニャーナヴァーダ)は、「識は必然的に主体と客体の形態を備えている」と説いた。この学派は、ディグナーガ(陳那、400-480頃)によって創始され、アスヴァバーヴァ(無性)に伝えられ、ダルマパーラ(護法、530-561)によって体系化された。ダルマパーラの体系は玄奘によって法相宗として中国に伝えられ、そこで短い間であったが流行した。その後、法相宗は日本に伝えられて(同名の宗派として栄え)、奈良時代(710-785)の学問伝統の主流となったのである。その他、有相唯識派の伝統の唱導者には、シーラバドラ(戒賢、529-645)とシュバグプタ(650-750頃)がいる。

ディグナーガの哲学的な著作は唯識派の思想に革新をもたらした。『プラジュニャーパーラミター・ピンダールタサングラハ』〔『仏母般若波羅蜜多円集要義論』(大正蔵 No. 1518)〕の中で、彼は十八種の空と十種の分別智(ヴィカルパ;認識判断作用)について論じている。主体(ヴィジュニャーナ;識〈能知〉)は存在するが、単なる認識作用(パリカルピタ)としての対象(ヴィジュニェーヤ;知られるべき対象、所知)は実在しないと考えられる。しかしながら、無分別智(プラジュニャーパーラミター)においては、主体と客体との対峙はありえないという。彼のその他の著作には『アーランバナパリークシャー』〔『観所縁論』、異本に『無相思塵論』大正蔵 No. 1619、『観所縁縁論』大正蔵No. 1624〕、『掌中論』〔大正蔵No. 1621〕、『観総相論頌』〔大正蔵No. 1623〕、『入瑜伽論』『観三世論』などもある。これらの著作では、認識作用と唯識説が分析されている。ディグナーガの論理学に関する研究もまた、後の思想家たちにとって重要であった。

ダルマパーラは、ヴァスバンドゥの『唯識三十頌』の注釈である『成唯識論』(大正蔵 No. 1585)の著者としてよく知られている。ダルマパーラは、ある意味で、諸々の認識作用の対象物(所知)の実在を認めていた。彼はまた、識における「能変」(変化させるもの)と「所変」(変化したもの)との区別を

提唱した。八識という観念を導入したのに加えて，彼は，識の四つの側面，すなわち主体的側面〔見分〕・客体的側面〔相分〕・客観を認識する主観自体を意識する側面〔自証分〕・客観を認識する主観自体を意識する自証分をさらに認知する側面〔証自証分〕という「識の四分」を区別したのである。最初の三つは彼の先達によっても認められていたことであるが，第四の側面は明らかにダルマパーラが付加したものである。ダルマパーラはまた，相対的な意味で，識の客観的な側面において事変が存在するかもしれないという。これはダルマパーラの瑜伽行派思想理解の特異な一面であり，これが東アジアの瑜伽行派の規範となった。

　シャーンタラクシタ（寂護，680-740 頃）と彼の弟子カマラシーラ（蓮華戒，700-750 頃）は無相唯識派の思想を復活させた。前者は，大部の論文である『真理綱要』（『タットヴァサングラハ』）を著し，後者は，それに対する注釈を著した。シャーンタラクシタは中観派と瑜伽行派の思想を統合し，カマラシーラはこの統合された思想を，中観派・瑜伽行派それぞれよりも優れた思想として確立した。シャーンタラクシタの観念論的見解は，外界の事象が存在するという主張を否定し，「自証」（スヴァサンヴェーダナ）とは一切の認識作用の統合であると見なすのである。しかしながら，シャーンタラクシタは，一切の認識には「認識されるもの」も「認識するもの」もともに存在しないと主張した。

■**中観派**　ナーガールジュナ以後の中観派では，ブッダパーリタ（仏護，470-540）とバヴィヤ（またはバーヴァヴィヴェーカ，清弁，490-570 頃）という二人の偉大なる学師の間に大きな論争が生じた。これがチベットの伝承が伝える名称によって知られているブッダパーリタの系統のプラーサンギカ〔帰謬論証〕派とバヴィヤの系統のスヴァータントリカ〔自立論証〕派という二つの学派の形成をもたらした。バヴィヤの代表的著作には『中論頌』の注釈である『般若灯論釈』〔大正蔵 No. 1566〕『中観心論頌』，ならびにその自注である『中観心論頌註思択焔』『中観義集』『大乗掌珍論』などがある。バヴィヤの学派は，精神的な成熟度によって達成されるさまざまな識見と三昧の境地

に依存する，真理の階梯と悟りの段階を認めた。そして，世俗的な真理の立場からは事物の存在についての断言をなすことが可能であると主張している。バヴィヤは，「経典に表れるブッダのなしたすべての行ないは『量』（プラマーナ；正しい認識根拠）であり，それらは道理（ユクティ；論証）による立証を必要としない。ユクティの機能とは聖典（アーガマ）の正しい理解であり，それらの立証ではない」と言う。バヴィヤは無自性または空性を三段論法によって論証しようとした。この姿勢は，すべての命題主張は最終的には自己矛盾（プラサンガ）に陥る，という通常の中観派の見解からは逸脱するものであった。この彼の用いた自立論証（スヴァタントラ・アヌマーナ；独自の推論）にちなんで，彼の学派はスヴァータントリカ派という名で知られた。カマラシーラは，この方法論を継承し，さらに発展させ，この思想をチベットに伝えるのに大きな役割を果たした。

　一方，ブッダパーリタは，ナーガールジュナのプラサンガ論法を論証に用い，自立論証を否定した。彼の『中論頌』に対する注釈書である『仏護註』（『ムーラマディヤマカヴリッティ』，チベット訳のみ）は，彼の著作で唯一現在まで伝えられている論書である。ブッダパーリタの思想は，後にチャンドラキールティ（月称，600-650頃）によって擁護され，バヴィヤの攻撃に対しプラサンガ論法を護ったので，チベットの伝承では彼をプラーサンギカ派と位置づけている。チャンドラキールティはまた，識と真如の実在に関する瑜伽行派の教義を論駁したことでも知られている。彼の主要な著作には，『中論頌』に対する注釈書である『プラサンナパダー』（チベット訳のみ）と『入中論』（『マディヤマカーヴァターラ』サンスクリット本とチベット訳）が含まれている。

　もう一人の重要な中観派の思想家は，シャーンティデーヴァ（寂天，650-750頃）である。菩薩道の実践への入門書とされる『入菩提行論』（『ボーディチャルヤーヴァターラ』，『菩提行経』大正蔵 No. 1662）の中でシャーンティデーヴァは，識の「自証」（スヴァサンヴィッド；自己認識）という説を認識論的立場から批判したが，空の思想と矛盾しないものとして「識」（ヴィジュニャーナ）の一時的な存在性を認めた。プラーサンギカ派の唱導者

の一人であった彼は，無相唯識派の識の概念を受け入れた。彼の主要著作には，その他，『大乗集菩薩学論』（大正蔵 No. 1636,『シクシャーサムッチャヤ』サンスクリット本，チベット訳）『大乗宝要義論』（大正蔵 No. 1635,『スートラサムッチャヤ』）などがあり，両者は大乗経典からの詩文選の集成である。

## 如来蔵思想

　如来蔵（タターガタ・ガルバ）という観念は，究極的真理というものをよりカタファティック〔真理を言表可能とする肯定的〕な方法で表現した大乗経典の一流である。究極的真理はアポファティック〔真理は言表不可能とする否定的〕な表現を通じてのみ語りうるとする空論者たちの主張に対して，如来蔵思想の提唱者たちは，世俗的実在とともに超越的実在をも創り出す。仏たることの不滅の核心がすべての生きとし生けるものの中に存在すると見るのである。如来蔵思想の思想家たちは，日々の生存と悟りの両者に対する存在論的基盤を強調することによって，その二つの境界が究極的には同一であることを効果的に論じることをなしえた。したがって，彼らは一切衆生の成仏の可能性を主張できただけではなく，万物は根本的に始めから悟っているという意味をもまた主張することができたのである。日本では，この「本覚思想」が天台宗の中で伝承され，発展し，日本仏教における主流と言える宗教的・哲学的主題となった。如来蔵思想は，特にその後の発展段階において，主に阿頼耶識思想との融合が生じ，瑜伽行派との関係が顕著となっていった。

　如来蔵経典の展開は，大きく分けて三つの段階を経ている。第一期は，『大方等如来蔵経』（大正蔵 No. 666, 別訳に『大方広如来蔵経』大正蔵 No. 667）や『勝鬘経』によって代表され，この段階では阿頼耶識には全く言及されていない。第二期の経典には，『大乗荘厳経論』や『仏性論』などが含まれ，如来蔵と阿頼耶識の両者に言及するものの，その関係についての詳細はなんら述べられていない。第三期では，阿頼耶識思想が如来蔵思想に取り込まれ，如来蔵縁起の思想を形成するに至ったのである。この時期の経典には，『楞伽経』『大乗起信論』（大正蔵 Nos. 1666, 1667, アシュヴァゴーシャ〈馬鳴〉の作とされるが，一部の学者は中央アジアか中国で撰述されたと主張している）な

どがある。その他、この思想を説く重要な経典に、サーラマティ（堅慧または沙羅末底）の作と考えられる『究竟一乗宝性論』（大正蔵 No. 1611）と『マハーヤーナーヴァターラ』〔『大乗法界無差別論』（大正蔵 Nos. 1626, 1627）〕があり、サーラマティは如来蔵思想を体系化した思想家と信じられている。

『大乗起信論』は東アジアの仏教では特に重要視され、とりわけ華厳宗で広く読まれ、注釈が施された。この高度に精緻で難解な論書では、本覚の性質を「体」（本体）と「用」（機能）との二つの側面から詳細に解説している。「体」とは不変なる悟りを意味し、それが一切衆生の本性であるとする。「用」とは、この根源的な悟り（本覚）がどのようにして現象界に現われるかということである。すなわち、「体」「用」の概念とは、根源的な悟り、無明、そして修行者の意識における無明が転化した悟りの体験の間の相互作用である。このように、現象界の諸事象には独自の実体があるというわれわれの誤った見解を生み出す「無明」が、根本的な「心」自体に依拠しているということを、この論書は論証しているのである。

## 仏教論理学

大乗仏教の認識論にさらなる厳密さを具備するために、仏教思想においては論理学的方法が強調されるようになった。特にニヤーヤ学派のような仏教以外の哲学学派の擁護者たちから自らの立場を護る必要があった。最初期の仏教論理学は、『解深密経』、マイトレーヤの『瑜伽師地論』、アサンガの『大乗阿毘達磨集論』などに認めることができる。ヴァスバンドゥは仏教論理学の創始者と見なされているが、この学問はディグナーガによって最初の完全なる組織立てがなされた。ヴァスバンドゥの論理学関係の著作には、『ヴァーダヴィディ』〔論軌〕、『ヴァーダヴィダーナ』〔論式〕、『ヴァーダカウシャラ』〔論心〕、『タルカシャーストラ』〔漢訳『如実論』大正蔵 No. 1633〕（この最期の著作の由来については異議がある）がある。

この出発点から、ディグナーガは新たな仏教論理学を創始した。ニヤーヤ学派の古い論理学では、(1)「宗」（プラティジュニャー；主張）・(2)「因」（ヘートゥ；理由）・(3)「喩」（ドリシュターンタ；実例）・(4)「合」（ウパナヤ

ナ；適用)・(5)「結」(ニガマナ；結論)という五つの命題を立てる五分作法が用いられていた。たとえば，以下のように立論された。(1) 言葉は無常である。(2) それは，言葉が諸条件によって生み出されているからである。(3) 言葉は瓶のようなものである。(4) 瓶は諸原因によって生み出され，無常なるものである(あたかも言葉がそうであるように)。(5) したがって，言葉は無常である。次の例もまた有名である。(1) あの山に火あり。(2) 煙あるがゆえに。(3) およそ煙のあるところ必ず火あり。たとえばかまどにおけるがごとし。(4) かまどのごとく，あの山には煙あり。(5) ゆえに，あの山に火あり。ディグナーガはこの五分作法の第四番目と第五番目の命題を取り除き，その論証法をアリストテレス派の三段論法に匹敵するような簡潔で明快なものにした。彼は，根拠のある主張と根拠のない主張を九種類に分類する方法〔九句因説〕も提唱した。その中の第五番目は，〔西洋の論理学で〕「不適中の誤謬」に相当するものであるが，ディグナーガはこれを「不定因」(因に論証の能力がないこと)と呼んだ。これは，「存在でもなく非存在でもない」とは「存在」とも「非存在」とも異なった論理的あり方である，という仏教の仮定に基づくものであると推論される。ディグナーガの知識論は『集量論』(『プラマーナサムッチャヤ』，チベット訳のみ)に現われ，一方，彼の『因明正理門論』(『ニヤーヤムッカ』，大正蔵 No. 1629〔異本に『因明正理門論本』No. 1628〕)は論証の諸形態を取り扱ったものである。『ヘートゥチャクラニルナヤ』と『ヘートゥチャクラダマル』も彼の著作とされている。ディグナーガの論理学への簡潔な入門書であるシャンカラスヴァーミン(天主)の『因明入正理論』(『ニヤーヤプラヴェーシャカ』，大正蔵 No. 1630)は，仏教論理学を学ぶ東アジアの多くの学徒が学んだ論書である。

　論理学と認識論を融合させたディグナーガの学説はダルマキールティ(法称，600-650頃)によって錬磨された。ダルマキールティの主な著作には『正理一滴論』(『ニヤーヤビンドゥ』)と，ディグナーガの『集量論』の注釈書であり，直接知覚と推論という二種類の正しい認識根拠(ダルマキールティはブッダをも正しい認識根拠であるとする)を認めた『プラマーナヴァールッティカ』(『量評釈』)，同書の要約である『プラマーナヴィニシュ

チャヤ』（『量決択』）がある。ダルマキールティによると，一切の存在は束の間のはかない存在であるという。個人という連続する存在と考えられるものも，刹那の連続以外の何ものでもない。人は単にわれわれの思惟と分別（ヴィカルパ）によって創り出された存在にすぎないのだという。ダルマキールティにとって，推論の対象とはさまざまな一般概念であるが，一方，知覚の対象は個々の刹那的存在にすぎないのだという。

後の論理学者には 8 世紀のシャーンタラクシタとカマラシーラ，シュバカラ〔シュバグプタ〕（650-750），ダルモーッタラ（法上，730-800 頃），9 世紀のパンディタ・アショーカ，ジターリ（940-980），ジュニャーナシュリーバドラ（925 頃活躍）などがいる。シャーンタラクシタとカマラシーラは，伝統的なニヤーヤ学派の五分作法を論駁して，ディグナーガの三支作法を採用した。シャーンタラクシタはパートラケーサリの論難に対し，ダルマキールティの「因の三相説」（理由概念の三つの条件）を擁護した。ダルモーッタラの師であったと推定されるシュバカラは『バーヒャールタシッディカーリカー』〔外境の成就の頌〕を著し，外界の事物の客観的実在性の論証を試み，仏教的観念論（唯識説）を論駁した。これら後代の仏教論理学者の主要な著作には，ダルモーッタラの『アポーハプラカラナ』〔『アポーハ（他の排除）論』〕，パンディタ・アショーカの『アヴァヤヴィニラーカラナ』〔全体性の排斥〕と『サーマーニャドゥーシャナ』〔普遍の論駁〕，ジュニャーナシュリーバドラの『ランカーヴァターラヴリッティ』〔楞伽経釈〕と『スートラーランカーラピンダールタ』〔大乗荘厳経論総儀〕，ジターリの『ジャーティニラークリティ』〔類の排斥〕（この書で彼は仏教徒・ヴァイシェーシカ学派・ミーマーンサー学派・ジャイナ教徒の間の普遍的実在に対する論争を述べている）や『ヘートゥタットヴォーパデーシャ』〔因の真理解説〕などがある。

ダルマキールティ学派の継承者で 11 世紀のヴィクラマシーラ僧院における学匠ジュニャーナシュリーミトラは，論理学に関する現存する 12 種の論書を著した。同じ頃に活躍したラトナキールティは，彼の『イーシュヴァラサーダナドゥーシャナ』〔自在神論証の破斥〕において相対的真理の立場から自分以外の他者の心の存在を証明したが，『サンターナーンタラドゥーシャ

ナ』〔他人の相続の破斥〕では，〔自他の区別の存在しない〕最高の真理の立場から自分以外の他者の心の存在を否定した。この後者の作品は，唯我論が唯識派の究極のゴールであることを率直に宣言している点で特に興味深い。ラトナキールティの他の著作には，『アポーハシッディ』〔他の排斥の成就〕の他に『クシャナバンガシッディ』〔刹那滅の成就〕『スティラシッディドゥーシャナ』〔恒常性論証の破斥〕という二つの作品がある。無相唯識派の学匠であるラトナーカラシャーンティ（1040頃活躍）は『アンタルヴィヤープティサマルタナ』〔内遍充論〕の著者である。モークシャーカラグプタ（1050-1202頃）は，ダルマキールティの『正理一滴論』に則り，『タルカバーシャー』〔論理の言葉〕という入門書を著した。この時代の特筆すべきその他の学匠には，『アネーカーンタジャヤパターカー』〔相対論への勝利の旗〕を著したハリバドラ（1120頃活躍），そして刹那滅（クシャニカットヴァ）説を広めたラヴィグプタがいる。

## 5．社会思想・政治思想

さまざまな大乗経典の中で，政治的・社会的な理想論が説かれている[11]。そのいくつかは，僧から王への書簡という形で現われる。マートリチェータの『カニカ王への書簡』（『マハーラージャカニカレーカ』），ナーガールジュナの『宝行王正論』（『ラトナーヴァリー』），『龍樹菩薩勧誡王頌』（『スフリレーカ』），マイトレーヤの作とされる『王法正理論』（原題不明，大正蔵 No. 1615；『ヨーガーチャーラブーミ』巻61の別訳）があり，『金光明経』（『スヴァルナプラバーサ・スートラ』大正蔵 No. 663〔異本に『合本金光明経』No. 664,『金光明最勝王経』No. 665〕）第13章は，統治者や善政について述べられた重要な経典である。その他，アールヤデーヴァの『チッタヴィシュッディプラカラナ』（『心性清浄論』チベット訳）や『ヴァジュラスーチー』（『金剛針論』大正蔵 No. 1642）などでは，平等の思想が説かれている。後者は，バラモン教のカースト制度を直接攻撃したものであるが，中国の伝承ではダルマキールティの作とされている。

大乗仏教の政治経済論は，大小数多くの王国が割拠していた時のインド社会の状況を反映している。経典の中には，ダルマ（法）の理想に従って統治しない王を打ち倒せ，と家臣らに訴えているものもある。王は，人にも他の生類に対しても寛大さを持ちつつ統治するよう命じられていた。彼らはすべて彼らの王たちが仏教に帰依し，仏教を保護することによって王国に（必要ならば武力を行使しても）平和を約束し，国内生産を増やし，災難時においては必要なものを人々に供給し，社会秩序を維持し，教育を振興させねばならないとされた。一方，アールヤデーヴァは王たちの特権や権威は架空のものであると主張した。

　大乗仏教の精神的指導者たちは，出世間の生活を送る僧たちであった。彼らは決して彼らの非難してやまぬ世俗的な経済活動に従事することはなかった。しかし，なかには世俗的な経済活動もまた宗教的な意義を有していると考える者もいた。財施が奨励され，貧困の廃絶が支持された。しかしながら，畜産業者，奴隷商，酒の販売のような特定の職業は断固非難されたのである。

　大乗仏教は，課税に関する問題もまた考察していた。大乗教徒は民衆への同情心から，貢ぎ物を徴収し，それらを意のままに処置するという王の権力の行使を最小限にするよう訴えた。税とは生産の6分の1を上限とするべきであると提言し，軽い課税は生産を刺激し，王のこの付加的な義務をも満足させると主張した。王は自分の財宝を家臣に分配し，彼らの幸福を促進することが奨励され，それが今度は王たちの収益を増加させることにつながるとされた。このように，再分配財政の基本的な形が提唱されたのである。

　武力の行使についての助言もまたなされており，その目的は貧困者を保護し，国家の平安を維持するためとされた。罪人は処罰されねばならないが，処罰の割り当てに際しては寛大な措置がとられるべきであるとされた。死刑やあらゆる体罰は禁じられていた。外敵に攻撃された場合，王には家臣を守護し，侵略者を駆逐することが義務づけられていた。したがって，防衛のための戦争は認められていたものの，平和主義の維持が理想とされていたのである。

　王は国の治政においては熱心であり，私生活においても高潔であることが

求められ，官能的な享楽や性的な戯れに陥ることは非難の的とされていた。王は助言者や家臣を賢く選び，彼らを功績に従って昇進させることが奨励されていた。国家の目的は一人ひとりの臣下を救いに導くことであるとされた。もしも王が聖なる法に則って国を治めるならば，彼は国家に吉祥をもたらし，国家は繁栄し，王も臣下も幸福に包まれ，王の天界への再生が保証されるであろうと言われた。

　さらに，慈悲の精神に基づいた利他主義が特に強調された。人間同士の連帯感が大乗仏教思想を形作り，その倫理を支配していた。布施の実行を拒否することは最も重い罪であると見なされた。大乗仏教では，人は誰も一人では生命を維持する力はないという信念のもとに相互に助け合うことが教えられるが，それこそが仏教者の連帯という考えの最たるものなのである。

◇訳　注
1）大乗仏教の起源については，宮本正尊編『大乗仏教の成立史的研究』（三省堂，1954年），平川彰『初期大乗仏教の研究』（春秋社，1968年），静谷正雄『初期大乗仏教の成立過程』（百華苑，1974年）などを参照されたい。
2）大乗仏教では，娑婆世界の釈迦牟尼仏の他に，西方極楽浄土の阿弥陀仏，東方妙喜国の阿閦仏，浄瑠璃世界の薬師仏など三世十方の諸仏への信仰が浄土信仰を背景として展開された。また，大乗仏教では，成仏への誓願を立てて利他行による修道の実践を行なう者を広く菩薩と呼んだが，上述の文殊・弥勒・観音などが，自らは成仏が達成可能であっても，その成仏を延期させて，すべての生きとし生けるものの救済のために働く大菩薩として信仰の対象とされた。
3）大乗仏教の起源については，仏塔を祀る在家者の集団から起こったという説がほぼ定説になっているが，彼ら在家者の運動に理論的基盤を与えたのが空の思想であった。空の立場からすれば，一切の存在はさまざまな原因や条件によって作り出されているものであり，それ自体としてあるものは存在しない。ということは，出家者の生活も，在家者の生活もともにまた空なるものであるという理解が導き出される。したがって，煩悩にまみれた世俗の生活の中で空の智慧を体得することの方がはるかに重要であると考えられ，世俗の生活の中での菩薩としての利他行を中心とする修道実践が促されるに至ったのである。しかし，時代の経過とともに，大乗仏教にも出家化という現象が起こっていった。大乗運動に伝統的仏教教団の教理や従来の修道方法が導入されたり，伝統的仏教教団の人間が大乗運動に参加したりなどということが，さまざまな大乗経典が生み出されていく過程で生じ，出家化が進んでいったということである。
4）日本と欧米の研究者の般若経研究をまとめたものとして，Shoyu Hanayama（花山勝友），"A Summary of Various Research on the Prajñāpāramitā Literature by Japa-

nese Scholars" *Acta Asiatica* 10（1966）がある。

5）『象腋経
      ( ぞうえき )
       』（大正蔵 No. 814）では，瞑想の実践者は象のように強大となると説かれる。また，十方の諸仏をまのあたりに見る三昧である般舟三昧を伝える『般舟三昧経』は，最初期の大乗経典であると言われる。この経典の三巻本のテキストには「般若経」の思想が色濃く反映されているのであるが，一巻本のテキストにはそれが全く認められないとされ，たぶん，般若経典の成立以前のものであろうと考えられている。また，この経典は最初期の大乗運動を推進していた在家者らの瞑想のテキストであったと考えられている。さらに，この経典で言及されている阿弥陀仏の信仰ゆえに，浄土教に影響を与えたことが指摘されている。

6）『法華経』の西北インド起源説などに関しては，小野玄妙『仏教の美術と歴史』47 頁参照。また，法華経の成立した社会背景についての考察は，塚本啓祥『法華経の成立と背景』（佼成出版社，1986 年）がある。

7）『華厳経』の成立年代と場所についての論考は，中村元『大乗仏教の思想』（春秋社，1955 年）821-882 頁を参照されたい。

8）この経典は事事無碍の法界縁起の説に基づいて菩薩の修行を説くと言われるが、自利即利他の菩薩行の実践が進むにつれて、「十地品」では、実践者の精神的な発展段階が 10 の階梯に分けられて説明されている。また、『華厳経』全体では十住・十行・十回向・十地・仏地という 41 の階梯が説かれているが、伝統的仏教教団で説かれた煩瑣な階位を否定して出発した大乗仏教が同様なことを説くに至ったという一面も指摘されている。しかし、『華厳経』では特有な世界観に従って「初めて悟りの心を起こしたときに，すなわち正しい悟りを成就しているのである」（「初発心時便成正覚」）という思想が説かれており、伝統的仏教教団とは異なった立場が主張されている。

9）中観派に関する研究には、山口益『中観仏教論攷』（弘文堂，1944 年）、同『山口益仏教学文集』全 2 巻（春秋社，1972・1973 年）、丹治昭義『沈黙と教説　中観思想研究 1』『実在と認識　中観思想研究 2』（関西大学東西学術研究所，1988・1992 年）などがある。ナーガールジュナの思想を思想の発展史的展望の中に捉えた研究として、玉城康四郎「経典思想上の『中論』」（壬生台舜編『龍樹教学の研究』，大蔵出版，1983 年所載）がある。ナーガールジュナの思想とその後の思想的展開・論争については，中村元『空の論理』（春秋社，1994 年）を参照されたい。付論の第 4 編，第 5 編には，初期中観派の研究史が述べられている。

10）マイトレーヤが実在の人物であったかどうかが疑問視されているように、著作に関しても実はアサンガがマイトレーヤに仮託して著し、それらをヴァスバンドゥが注釈したものであるという説もある。一般的に、マイトレーヤの著作として古来より「五法」が説かれるが、これらは、中国の所伝では『瑜伽師地論』『分別瑜伽論』『大乗荘厳経論』『中辺分別論頌』『金剛般若経論頌』とされ、チベットの伝承では『大乗荘厳経論頌』『中辺分別論頌』『法法性分別論』『現観荘厳論頌』『最上要義論頌』の五論とされる。中国所伝の『分別瑜伽論』は漢訳もチベット訳もされず名称だけが伝わったものであることが確認されて

おり、『最上要義論頌』も漢訳の『究竟一乗宝性論』に相当することからマイトレーヤの著作ではないと考えられている。また、『瑜伽師地論』は漢訳ではマイトレーヤの作とされるが、チベット語訳やサンスクリット語訳ではアサンガの作とされ、分量的にも大部で、教理的にも発展が見られ一時に成立したものではないことが指摘されており、マイトレーヤの著作と考えられている『大乗荘厳経論頌』『中辺分別論頌』『法法性分別論』より部分的には古い思想も認められるため、この作者もマイトレーヤとは異なると言われる。マイトレーヤの著作と考えられる四著のうち、マイトレーヤが著したのは偈頌の部分だけで、漢訳の『中辺分別論』『弁中辺論』はマイトレーヤの偈頌にヴァスバンドゥの釈（説明）を添えたものであると言われ、『大乗荘厳経論』も同様に頌がマイトレーヤ、釈がヴァスバンドゥのものとされる。『金剛般若経論』には漢訳が三種あり、それぞれ「無着造」、「天親造」、「無着頌、世親釈」と述べられているが、宇井伯寿博士は同様に頌がマイトレーヤ、釈がヴァスバンドゥのものであると考察している。
11) 大乗仏教に反映される社会思想・政治思想について、詳しくは、中村元『大乗仏教の思想』（春秋社、1995 年）423-670 頁を参照。

# 【文献ガイド】

Burtt, Edwin Arthur. *The Teachings of the Compassionate Buddha* (New York, 1955).

Conze, Edward. *Buddhist Thought in India: Three Phases of Buddhist Philosophy* (1962; rep., Ann Arbor, 1970).

——————— ed. and tr., *Buddhist Scriptures* (Harmondsworth, 1959).

———————, et al., eds., *Buddhist Texts Through the Ages* (New York, 1954). インドの大乗経典を網羅したもの。

Cowel, E. B., et al., eds., *Buddhist Mahāyāna Texts*. Sacred Books of the East, vol. 49. (F. Max Muller ed., Oxford, 1894; rep., New York, 1969).

Dayal, Har. *The Bodhisattva Doctrine in Buddhist Sanskrit Literature* (1932, rep., Delhi, 1975).

Dutt, Nalinaksha. *Aspects of Mahāyāna Buddhism and Its Relation to Hīnayāna* (London, 1930).

Frauwallner, Erich. *Die Philosopie des Buddhismus* (3rd rev. ed., Berlin, 1969).

Glasenapp, Helmuth von. *Der Buddhismus in Indien und im Fernen Osten* (Berlin, 1936).

Hamilton, Clarence H., ed., *Buddhism: A Religion of Infinite Compassion; Selections from Buddhist Literature* (New York, 1952).

Hirakawa Akira (平川彰). "The Rise of Mahāyāna Buddhism and Its Relationship to the Worship of Stūpas." *Memoirs of the Research Department of the Toyo*

*Bunko* 22 (1963), pp. 57-106. 仏教史の重要問題を文献学的に精緻に分析している。

―――――――――『インド仏教史』全2巻 (春秋社, 1974-79年) インド仏教の通史・概説書であり, 日本語の二次資料の文献解題が充実している。

Lamotte, Étienne. *Histoire du bouddhisme indien des origines à l'ère Śaka* (Louvain, 1958). 脚注と索引が充実しているので, 極めて貴重な書でもある。

―――――――――, tr. *Le traité de la grande vertu de sagesse.* 5 vols. (Louvain, 1944-80). 『大品般若経』のサンスクリット語注釈書『マハープラジュニャーパーラミターシャーストラ』を鳩摩羅什が漢訳した『大智度論』の仏訳。サンスクリット原典はナーガールジュナの撰ともされるが, 現存しない。

La Vallée Poussin, Louis de. *Bouddhisme* (Paris, 1909).

McGovern, William Mongomery. *An Introduction to Mahāyāna Buddhism* (New York, 1922).

Radhakrishnan, Sarvepalli. *Indian Philosophy*, vol. 1. (2nd ed., London, 1927). 初学者向きの平易な入門書。

Schayer, Stanislaw. *Vorbereiten zur Geschichte der Mahāyānistischen Erlösungslehren* (Munich, 1921). その英訳はR T. Knight, *Māhāyana Doctrines of Salvation* (London, 1921).

Stcherbatsky, Theodore. *Buddhist Logic*, 2 vols. (1930-32; rep., New York, 1962).

Suzuki, Beatrice Lane. *Mahāyāna Buddhism* (1938; 3rd ed., New York, 1959).

Suzuki, D. T. (鈴木大拙) *Outlines of Mahāyāna Buddhism* (1907; rep., New York, 1963).

Thomas, Edward J. *The History of Buddhist Thought* (2nd ed., New York, 1951).

―――――――――tr., *The Quest of Enlightenment: A Selection of the Buddhist Scriptures* (London, 1950). 翻訳された大乗仏典より抜粋を集めたもの。菩薩の階位について特に言及する。

Wassiljew, W. *Der Buddismus* (Saint Petersburg, 1860).

*The Way of the Buddha* (Delhi, 1957). インド共和国情報通信省出版局刊。

Wayman, Alex. *The Buddhist Tantras: Light on Indo-Tibetan Esotericism* (New York, 1973).

―――――――――tr., *Calming the Mind and Discerning the Real: Buddhist Meditation and the Middle View, from the Lam rim chen mo of Tson-kha-pa.* (New York, 1978).

Winterniz, Moriz. *Der Mahāyāna-Buddhismus, nach Sanskrit und Prākrittexten*, 2 vols. (Tübingen, 1930).

―――――――――. *A Hitstory of Indian Literature*, vol. 2, *Buddhist Literature and Jaina Literature* (1933; rep., New York, 1971). 今日でもなお仏教文学についての最良の入門書と言えるであろう。〔日本語訳は, 中野義照訳『仏教文献』(日本印度学

## 補 遺

梶山雄一『般若経―空の世界』(中公新書, 1976 年, 中公文庫 BIBLIO, 2002 年)

―――・上山春平『仏教の思想 3―空の論理（中観）』(角川書店, 1984 年, 角川文庫ソフィア, 1997 年)

―――・―――『仏教の思想 4―認識と超越（唯識）』(角川書店, 1985 年, 角川文庫ソフィア, 1997 年)

グレゴリー・ショペン『大乗仏教興起時代 インドの僧院生活』(小谷信千代訳, 春秋社, 2000 年)

勝呂信静『初期唯識思想の研究』(春秋社, 1989 年)

武邑尚邦『仏教論理学の研究』(百華苑, 1968 年)

高崎直道『如来蔵思想』I (法藏館, 1988 年)

―――『如来蔵思想』II (法藏館, 1990 年)

竹村牧男『唯識の構造』(春秋社, 1985 年)

―――『唯識三性説の研究』(春秋社, 1995 年)

田村芳朗『法華経―真理・生命・実践』(中公新書, 1969 年)

長尾雅人・梶山雄一他『大乗仏典』全 15 巻 (中央公論社, 1973-76 年, 中公文庫, 2001-05 年)〔1. 般若部経典 2. 八千頌般若経 I 3. 八千頌般若経 II 4. 法華経 I 5. 法華経 II 6. 浄土三部経 7. 維摩経・首楞厳三昧経 8. 十地経 9. 宝積部経典 10. 三昧王経 I 11. 三昧王経 II 12. 如来蔵系経典 13. ブッダ・チャリタ（仏陀の生涯） 14. 龍樹論集 15. 世親論集〕

中村 元『現代語訳 大乗仏典』全 7 巻 (東京書籍, 2003-04 年)
〔1. 般若経典（『般若心経』『金剛般若経』『八千頌般若経』） 2. 『法華経』 3. 『維摩経』『勝鬘経』 4. 浄土経典（『阿弥陀経』『大無量寿経』『観無量寿経』） 5. 『華厳経』『楞伽経』 6. 密教経典・他（『金光明経』『理趣経』『大日経』） 7. 論書・他（『中論』『唯識三十頌』『菩提行経』）〕

―――『原始仏教から大乗仏教へ』(春秋社, 1994 年)

袴谷憲昭『唯識の解釈学』(春秋社, 1994 年)

平川 彰『大乗仏教の教理と教団』(春秋社, 1989 年)

―――『初期大乗と法華思想』(春秋社, 1989 年)

―――・梶山雄一・高崎直道編『講座 大乗仏教』全 10 巻 (春秋社, 1981-85 年)
〔1. 『大乗仏教とは何か』 2. 『般若思想』 3. 『華厳思想』 4. 『法華思想』 5. 『浄土思想』 6. 『如来蔵思想』 7. 『中観思想』 8. 『唯識思想』 9. 『認識論と論理学』 10. 『大乗仏教とその周辺』〕

松本史朗『縁起と空』(大東出版社, 1989 年)

泰本　融『空思想と論理』(大東出版社, 1987年)
結城令聞『唯識学典籍志』(大東出版社, 1962年)
横山紘一『唯識の哲学』(平楽寺書店, 1979年)

\*

Anacker, Stefan. *Seven Works of Vasubandhu: The Buddhist Psychological Doctor* (Delhi, 1984) 瑜伽行派の主要経典の翻訳。

Burton, David F. *Emptiness Appraised: A Critical Study of Nāgārjuna's Philosophy* (Richmond, U.K., 1999) ナーガールジュナの思想についての有用な批評。

Dreyfus, Georges, and Sara L. McClintock, eds., *The Svātantrika-Prāsaṅgika Distinction: What Difference Does a Difference Make ?* (Boston, 2002) 中観派内の二派間の論争を主に扱う。

Dunne, John D. *Foundations of Dharmakīti's Philosophy* (Boston, 2004) ダルマキールティの論理学説を扱った書。

Nakamura Hajime. *Indian Buddhism—A Survey with Bibliographical Notes,* (Japan, 1980, rep., Delhi, 1987)

Ruegg, David Seyfort. *The Literature of the Madhyamaka School of Philosophy in India.* (Wiesbaden, Germany, 1981) インドの中観派の歴史を述べた大著。瑜伽行派の思想家にも触れる。

Williams, Paul. *Mahāyāna Buddhism* (Routledge, 1989)

―――――, Anthony Tribe. *Buddhist Thought: A Complete Introduction to the Indian Tradition* (London, 2000) インドの伝統的四仏教学派の考えのもとに, 大乗仏教を解説した書。

(髙橋堯英　訳)

# 13 密教
Esoteric Buddhism

アレックス・ウェイマン
Alex Wayman

　密教はインドで起こったが，その起源は明らかではない。この仏教はヨーガや儀式と結びついており，自らを金剛乗（ヴァジュラヤーナ），あるいは真言乗（マントラヤーナ）と称している。金剛とは「不壊なるもの」，真言とは「呪術的な言葉」を意味している。密教以外の仏教経典を一般的にスートラと呼ぶのに対して，密教の教えが説かれている聖典をタントラと呼んでいる。スートラ，タントラともに「糸」，あるいは「とぎれることのない線」という意味がある。タントラの文献では，この「とぎれることのない線」はさまざまに解釈され，師弟の系譜，修行者の意識の流れにおけるとぎれることのない誓約や誓戒，あるいは宗教的到達点へと導くとぎれることのない実践，などの意味がある。

　タントラ文献の多くは，本質的に儀式を尊重するものである。そして呪術的な言葉（マントラ；真言）や火を使った供儀（ホーマ；護摩）を用いることから，バラモン教の影響を受けていることがわかる。マントラとホーマは，ともに古くヴェーダ時代までさかのぼるもので，呪術的な目的で用いられていた。いくつかのタントラに見られる「五風」という考えも同じくウパニシャッドにさかのぼることができる。仏教タントラの実践に見られる手のしぐさや足の構えの多くはインド舞踊にも見られる。しかし，仏教のタントラは特に，仏教の教義と実践，および大乗仏教独特の用語によって特徴づけられている。これらの文献は，通常，身・語・意の三業のような伝統的な仏教用語を用い，方便（ウパーヤ）や智慧（プラジュニャー）のような一般的な大乗仏教の教理概念を使用している。タントラは，神々や悪魔に満ちた三界の存在論を受け入れている。そして，自らの本性である身・語・意の儀礼的操作によって，神々や悪魔の力と関係を持つことができるとしている。そうす

ることにより，神々をなだめるという世俗的な形で「成就」（シッディ；超自然的な力を得ること）を得たり，あるいは，超世俗的な成功である完全な悟り（成仏）を可能ならば現世で得るのである。古い仏教の用語である「一族の子弟」（ここでは仏教徒の一族の意味）という語は，仏の部族を指すようになった。初期の密教文献ではヴァイローチャナ（毘盧遮那）・アミターバ（阿弥陀仏）・アクショーブヤ（阿閦仏）の三如来（三仏）の体系が説かれているが，後にはラトナサンバヴァ（宝生仏）・アモーガシッディ（不空成就仏）を加えて五仏となり，金剛薩埵が加えられて六仏を形成するに至った。そしてマハーヴァジュラダラやヘールカやアーディブッダ（本初仏）など，さまざまに呼ばれる最高仏も説かれるようになった。しかし，これらの文献には，密教に関する西洋の書物に見られるような「ディヤーニブッダ」という語は用いられていない。

## 密教が影響を及ぼした時代と地域

タントラ仏教は東インドに起こり，3世紀頃から，個人的な集団の中で口伝で伝えられていたようである。しかし，タントラ仏教について言えることは，仏教タントラが仏教とそれ以前に存在した非仏教的な伝承の融合（シンクレティズム）の形をとって現われた時期についてだけであり，タントラ仏教自体の起源がいつかということは明言できない。この融合の流れの最初の文献的証拠は，大乗経典の中の「陀羅尼」（ダーラニー；マントラの一種）という題を持つ章に見られる。たとえば『楞伽経』（4世紀）の第9章は，おそらく意味を持たない音からなる呪文に割かれており，その呪文を108回唱えると悪魔を追い払うことができるとされている。最初期のタントラでは，まだ歴史上の仏教の開祖である釈迦牟尼を曼荼羅の中央に据えて，主導的な役割を与えていた。『悪趣清浄タントラ』に基づく五仏（毘盧遮那・悪趣清浄・宝幢・釈迦牟尼・開敷華王）を『大日経』に基づく「胎蔵曼荼羅」の五仏（大日・天鼓雷音・宝幢・無量寿・開敷華王）や，『初会金剛頂経』に基づく「金剛界曼荼羅」の五仏（大日・阿閦・宝生・無量光・不空成就）と比べると，最初期のタントラにおいては，まだ使用されていた釈迦牟尼という名称は，後にはア

ミターユス（無量寿）に，そして最終的にはアミターバ（無量光）に取って代わり，最終的に，『初会金剛頂経』に見られる（金剛界の）五仏が後の時代の標準となったことがわかる。

　タントラ仏教は，3世紀から8世紀の間に，仏説とされた経典とともに師から弟子に秘密に伝授された。そして，8-9世紀までにタントラ仏教の運命に大きな変化が生じた。タントラ仏教が影響力を増していったことは，その頃にウッディヤーナのインドラブーティ王がタントラの奥義を授かったという事実からも推測できる。この時期の文献中にもタントラ仏教が勢力を増大したという重要な証拠が見出される。これ以前の世紀には仏説とされたタントラ文献は全くの匿名で書かれ，その著者を神的な存在としているが，8-9世紀には注釈文献に歴史上の人物が著者として名前を付すようになった。ブッダグフヤ（8世紀後半）は上記の三つのタントラへの注釈を学問的に著した。また，サラハや密教学者のナーガールジュナ（『五次第』の著者）[1]のような有名な著者によって『秘密集会タントラ』や一群の『シュリー・チャクラサンヴァラ・タントラ』への注釈書が多く著された。早い時期に漢訳されたタントラ文献もいくつかあったが，中国で密教が確立されたのは8世紀になってからである。これは，金剛智や彼の弟子の不空の努力に負うところが大きい。彼らの伝えた密教は，日本の才能にあふれた僧であった空海（死後，弘法大師と呼ばれる，774-835）によって日本に伝えられた。彼は『大日経』と『初会金剛頂経』という「両部の大経」に基づいた精緻な密教を日本に紹介した。美術や神秘的な儀式や華やかな衣装や宗教音楽（声明）や立派な書道芸術を伴ったこの密教に，当時の日本は，大きな文化的衝撃を受けたであろう。

　この時期にチベット語に翻訳されたタントラもいくつかある。チベットは，熱心にこれらの教えを受け入れ，まもなく最も広く知られているタントラに関するチベット人自らの著作を生み出すようになった。非常に膨大な量のタントラ文献がチベット語に翻訳されたが，漢訳で残っているものは少ない。中国仏教では，概してタントラは好まれなかった。それは，儀式が複雑であったということと，それ以上に『秘密集会』のようなタントラに見られる

性的な象徴が中国人の心に著しい不快感を与えたからである。

　ジャワでは8世紀に建設が始まったボロブドゥール遺跡の中央のストゥーパに曼荼羅が使用されており，タントラの影響があったことがわかる。また，アティーシャは1042年にチベットに入り，チベット仏教の高峰となった人物であるが，チベットへ来る前にはシュリーヴィジャヤ（現在のインドネシアの一部）の有名なタントラの大学で12年間にわたり勉強をした。以上のように，8世紀以降，タントラ仏教は，ベンガルより北の東インドで確固とした地位を築き，ネパールやチベットに進展し，中国で一時期繁栄し，日本で強い影響力を持つようになり，インドネシア（スヴァルナブーミ；黄金の島）で一大学派を確立するに至ったことは明らかである。

　チベットは，タントラ文献の宝庫であるのと同時に，タントラ仏教の一大中心地になった。インド人のグル（導師）のナーローパ（956-1040?）は，この発展に重要な役割を果たした。翻訳者マルパに密教を伝えたのはこのナーローパである。また，マルパは詩人ミラレーパにその教えを伝授した。その後，この系統からカギュー派が起こり，ナーローパより授かった大印（マハームドラー）の教えと六支ヨーガ（ナーローの六法）[2]の教義を伝えている。近代では，中国のチベット侵攻という悲劇によって，大量のチベット僧の難民が生じた。そして難民となったチベット僧たちがタントラ仏教の伝統を欧米にもたらした。

### タントラ仏教の文献

　チベット大蔵経では，タントラを，所作（クリヤー）タントラ・行（チャルヤー）タントラ・瑜伽（ヨーガ）タントラ・無上瑜伽（アヌッタラヨーガ）タントラの四つに分類している。仏説とされたタントラのチベット訳語は，これらの四つに分類されて，カンギュールと呼ばれる経律の集成中の一部門に収められた。一方，それらのチベット大蔵経の注釈はテンギュールと呼ばれる注釈文献の一部門に収められている。中国や日本では，そのような分類は行なわれなかった。日本の真言宗における二つの根本経典である『大日経』と『初会金剛頂経』は，チベット大蔵経ではそれぞれ，行タントラ，瑜

伽タントラの主要な経典である。西洋の学者たちによく知られている『ヘーヴァジュラ・タントラ』と『秘密集会タントラ』は，無上瑜伽タントラの部類に属し，それぞれの部類の「母」タントラと「父」タントラである。有名な『カーラチャクラ・タントラ』の位置づけについては今までにも議論されてきたが，明らかに無上瑜伽タントラの部類に属する。また，成就法（サーダナ）と呼ばれる小編の著作が多数あるが，それらは特定の仏・菩薩を招請する方法を説明している。そのような著作の集成としては，『サーダナマーラー』がよく知られている。タントラ仏教では，仏・菩薩が曼荼羅と呼ばれる図の中に配置されているため，曼荼羅や曼荼羅に関する儀式を扱った論書もある。『ニシュパンナ・ヨーガーヴァリー』（『完成したヨーガの環』）は26種の曼荼羅に関する著作である。インドで仏教が末期を迎える頃，タントラ仏教が流行して，「大成就者」と呼ばれ，尊敬を集めた一群のタントラ行者が登場し，彼らの超人的な偉業に関する物語が編纂された。彼らが作ったタントラの歌は，『チャルヤーギーティ』と呼ばれるものに収められている[3]。他に有名なタントラとしては，『文殊師利根本儀軌経』（所作タントラ），『悪趣清浄タントラ』（瑜伽タントラ），『マンジュシュリー・ナーマ・サンギーティ』（瑜伽タントラと無上瑜伽タントラの両方）がある。

　チベット大蔵経の編纂者，プトゥン（1290-1364）は，あるタントラが仏教のタントラであるためには，そのタントラが，諸仏のうちの一仏を中心とする部族（系）に属さなければならない，という理論に従って，タントラをそれぞれ先述の四つの部類に分けた[4]。具体的に言えば，無上瑜伽タントラの場合には，母タントラは，七仏，すなわち順に「教師」（［T］トンパ；おそらくは金剛薩埵），ヘールカ（阿閦仏），ヴァイローチャナ（毘盧遮那），ヴァジュラプラバ（宝生仏），パドマラトネーシュヴァラ（阿弥陀仏），パラマーシュヴァ（不空成就仏），ヴァジュラダラ（持金剛仏），のいずれかに分類された。『シュリー・チャクラサンヴァラ』と『ヘーヴァジュラ』はヘールカに含まれる。父タントラは六仏のもとに分類された。その六仏は，母タントラの分類に用いられた七仏から最初の「教師」を除いたものである。『秘密集会タントラ』は阿閦仏のもとに分類され，『ヤマーリ（もしくはヤマーン

タカ)・タントラ』は毘盧遮那のもとに分類された。『マンジュシュリー・ナーマ・サンギーティ』や『カーラチャクラ・タントラ』はこの分類には含まれない。おそらくは，これらがアーディブッダ，すなわち「本初仏」のもとに分類されたからであろう。

　瑜伽タントラの場合には，根本文献の『初会金剛頂経』自体が四つの仏の部族に対応して四部に分けられている。したがって，瑜伽タントラの部類の注釈タントラは，それら四部あるいは四仏の一つに分類され，また「方便」か「智慧」かのどちらに分類されるかが重視された。たとえば『パラマードヤ』(『最上根本』)は主として「智慧」文献に分類される。

　行タントラは，三つの仏の部族に分類された。毘盧遮那の下の如来部族，阿弥陀仏の下の蓮華部族，阿閦仏の下の金剛部族の三つである。『大日経』は如来部族に分類され，『ヴァジュラパーニアビシェーカ』(『金剛手灌頂』)は金剛部族に分類されている。しかし，蓮華部族の中に分類されるものが行タントラにはない。

　所作タントラの配列はかなり複雑である。行タントラと同じ三つの部族を用いて，それらをさらにその部族の正尊，主，母，忿怒尊，使者，従属者に細分している。さらに如来の部族は，仏頂(ウシュニーシャ)，菩薩，浄居天の神々に細分されている。たとえば『金光明経』は，大乗経典としても非常に有名であるが，これは上述の母の部族に入れられる。所作タントラにはまた，『蘇婆呼童子請問経』のような種類の「一般的な」所作タントラと同じく「世間部」というカテゴリーもある。

　当然のことながら，このような分類には常にかなりの恣意性があった。事実，いくつかのタントラはその地位についていくつかの異論がある。チベットに持ち込まれたタントラも，それぞれの仏・菩薩や，行者の好みに応じて，タントラを四つに分類した。仏や菩薩に従って分類される場合，その分類は求愛の度合いによる。すなわち，笑っているものは所作タントラ，男女両尊が互いに見つめ合っているときは行タントラ，手を握り合っているときは瑜伽タントラ，男女が性的に結合しているときには無上瑜伽タントラである。修行者に応じて分類がされる場合は，個々人が外的な儀式を好むか内的な三

昧を好むかが分類の決定要因となる。所作タントラは三昧より儀式を好む人間をひきつける。行タントラでは，儀式と三昧のバランスがとれており，瑜伽タントラでは三昧が儀式にまさり，無上瑜伽タントラでは，三昧のみが不可欠の修行になる。『ヴァジュラヴィダーラ・ナーマ・ダーラニー』（所作タントラで，先ほどの分類で主(あるじ)に分類される）に関するスムリティの注釈には，この四つの分類について正統的でない説明が見られる。この著者はこれらの四つの分類が，四種類の仏教徒や，仏教徒が「空性によって浄化する」四つの方法に対応すると主張する。すなわち，声聞(しょうもん)（小乗の出家者）にとっては，外的な浄化が「身」を浄化し，独覚（聖仙）にとっては，内的な浄化が「語」を浄化し，瑜伽行派（唯識学派）にとっては，秘密の浄化が「意」を浄化し，中観派にとっては金剛のごとき三昧を伴なった「実体の浄化」が「身」「語」「意」を統一する。

## 密教の言葉

　タントラに反対する者は，非難の根拠をタントラ文献の内容に置いた。無上瑜伽タントラの文献の中でも特に『ヘーヴァジュラ・タントラ』や『秘密集会タントラ』は，サンスクリット語原典が残っているため，現代の学者はこれらの文献を調査してタントラ仏教に関して結論を出してきたが，たいていはチベットや中国・日本の広範囲のタントラ文献を調査することはできない。したがって，ある学者たちはタントラ仏教を「左道密教」（ヴァーマーチャーラ）や「俱生(くしょう)乗」（サハジャヤーナ）といった名で呼んできたが，タントラ自体にはこのような語は用いられていないし，また実際にこのような名称ではタントラの内容を明らかにすることはできない。チベットの僧を含め，タントラを奉ずる人々は，文献自体に説かれた言葉のみからタントラを解釈しようとは絶対にしないであろう。タントラの解釈には必ず注釈——おそらくは彼らの師が著したもの——の助けが必要になる。このような背景のもとで，チベット語に翻訳されたタントラの多くが，伝統的に厳格に「部外者の立入りを禁ずる」ものと考えられてきた。なぜなら，これらのタントラは，その「系譜」（権威のある説明）やタントラの仏・菩薩を招請する「許可」

（アヌジュニャー）とともに伝えられたのではないからである。タントラ行者のリーラヴァジュラは，『秘密集会タントラ』の注釈を著す際に，タントラ文献の字面通りの解釈は誤解のもとであると述べている。実際に彼の時代にも，タントラ文献を誤解しているだけでなく，自分たちの堕落した実践を正当化するためにタントラを求めている人々がいたことを認めている。同様に，密教の門外漢である現代の著作者は，文字上の意味が唯一の意味だと考え，彼らが現在手にすることができるタントラの断章を誤って説明している。

　タントラ行者のチャンドラキールティ[5]の『秘密集会タントラ』への注釈書では，文意には四種類あることが説かれている（Wayman, 1977, pp. 116-117）。その四種類とは，(1) 一定不変の意味（アクシャラ・アルタ），すなわち文字通りの意味。(2) 共有される意味（サマスタ・アンガ・アルタ），すなわちタントラ以外の宗教やタントラの中の下の三つのクラスに属するものと共有される意味。(3) 含蓄のある意味（ガルビ・アルタ），すなわちこの意味によって貪欲の教説（ラーガ・ダルマ）を明らかにし，あるいは世俗的真理（サンヴリティ・サトヤ）を示し，三つの知（ジュニャーナ・トラヤ；光明，光明の広がり，光明の完成）を考察する。(4) 究極の意味（コーリカ・アルタ），すなわち清浄なる光明（プラバースヴァラ）を明らかにしたり，一対のものの結合（ユガナッダ；双入）を明らかにしたりする意味，である。

　同様に重要なのは，タントラでは意図的に不明瞭な言葉が頻繁に使用されていることである。無上瑜伽タントラでは，この種の曖昧な言葉は「サンディヤー・バーシャー」と呼ばれ，「たそがれ〔のようにぼんやりと不分明な〕語」とか「意図して（他の意味で）使用される語」と訳される。このように非常に比喩的な語法では，「金剛身」（ヴァジュラ・カーヤ）は経血を表し，「金剛語」（ヴァジュラ・ヴァーク）は精液を表し，「金剛心」（ヴァジュラ・チッタ）は香水を表すのに用いられる。一般の解説書なら，明瞭なほど良いと考えられているが，タントラの言葉は，通常われわれが解説書に期待するものとは明らかに異なっている。経典の中で，意味することを故意に隠そうとすることは，他の仏教には見られない。一方，タントラは，空性（シューニャター）の瞑想といった標準的かつ非密教的な実践と，密教独特の秘密の

実践とを結びつける統合的な性格を持っている。タントラの最も基本的な「秘密」（通常サンスクリット語でグフヤ）という語には，入門していない者，すなわち灌頂（アビシェーカ）を受けていない者や，誓約（サンヴァラ）や誓戒（サマヤ）を授かっていない者にはタントラの理論や実践は秘密にされなければならない，という意味がある。これらタントラの文献で「秘密」という語は，内的であり，隠されていることでその秘密性を保っているものを説明するのに使われる。女性の性に関する秘密がその例である。タントラ文献で秘密とされる主題は，ヨーガの種々の段階や，一群の尊格や，その他通常の意識では近づけない，また全くの俗人の心では評価しえないさまざまな経験から成り立っていると言えるであろう。したがって，タントラの信仰に入信した者が，入信によってこのような秘密の事柄を体験したと主張されることは決してなかった。むしろ，このような儀式を受けた人は導師（グル）と絆を結び，その導師が，特定のタントラの体験知を授けて弟子をその実践に導くということが継続して行なわれてきた。タントラの言葉は，他の多くのインドの著作と同様に解釈が困難である。たとえば，インド哲学論書は簡潔なスタイルであるため，その意味するところに関して議論が割れることになる。タントラの場合，タントラ文献の内容の性質そのものが難解さを増大させ，それが文献の解釈をいっそう難しくしている。

## タントラの実践と類比的思考

タントラの実践の目的は，人間を超俗的な力，あるいは諸尊格に結びつけることにある。その場合，本質的に大きく異なる二つの類比（アナロジー）の体系が使用される。その一つは，すべての実践者に適用できる規則で人間と神的な存在を結びつけるものである。もう一つは，個々の実践者に顕著に見られる個人的特性に応じて，それぞれの仏の部族を割り当てるものである。タントラの四分法によると，所作タントラ・行タントラの二つが前者の方法を採っており，瑜伽タントラ・無上瑜伽タントラの二つが，一般的に後者の方法を採っている。それぞれに支持者は，自分の支持する方法に正覚者（「完全なブッダ」）となる道があると主張している。

上記の前者に属する卓越したタントラが『大日経』である。『大日経』では身体・言葉・心〔身・語・意〕という基本的な三つの組み合わせ，すなわち仏の三密と，その実践によりなんらかの成就を生み出すと定められた実践が説かれる。ここでは，行者は印契（ムドラー）により〔仏の〕「身」と結びつき，真言（マントラ）により〔仏の〕「語」と結びつき，深い瞑想（三昧；サマーディ），特に曼荼羅を瞑想することで〔仏の〕「意」と結びつく。『大日経』では，大日如来は超越的な仏であり，釈迦牟尼仏は人間の身体をした仏である。この関係は初期大乗仏教に見られる，仏の身体を法身（ダルマカーヤ）と色身（ルーパカーヤ）に分けるのと同じである。これと同じ見地から，日本の真言宗の開祖である空海は，大日如来は法身と全く同一であるとした。行タントラでの実践，つまり『大日経』に基づいた実践の基本には，「形像(イメージ)を伴なうヨーガ」と「形像を伴なわないヨーガ」の二種類の基礎があることは注目すべきである。前者では，修行者は「自己の真実」（アートマ・タットヴァ）と「尊格たちの真実」（デーヴァター・タットヴァ）が不可分であることを瞑想し，その結果，等至印(とうじ)（サマーパッティムドラー）を結んだ一面二臂(ひ)の大日如来の中に自己が生ずることを瞑想する。この過程を「主観的な場」と呼ぶ。次に行者は大日如来が自分と同じ姿で面前にいるのを瞑想する。この段階は「客観的な場」と呼ばれる。

　もう一つの「形像を伴なわないヨーガ」では，心には，世俗の方を向いた面（意(マナス)の面）と出世間の方を向いた面（覚(ブッディ)の面）の二つの面があるとされる。修行者は「形像を伴なうヨーガ」の極限に達するとすぐ，世俗の方を向いた心の面で，尊格たちの身体が眼前にあるかのように知覚する。次に修行者はこれに続いて出世間の方を向いた心の面で，尊格たちの身体が明るい幻となって現われるのを瞑想する。行者は，この過程を通して，初期仏教の行者が「止」（シャマタ）と「観」（ヴィパシュヤナー）の瞑想によって達したのと同じ結果に達する。この方法は「如来出現」という語が示す究極の到達点を目指している。この「如来出現」を題に付した章が，『大日経』と大乗経典の集成である『華厳経』の両方に見られる。このようなタントラ的類比の伝統に現われる諸仏は，特定の仏の部族というよりは，無差別的に「一切諸

仏」を指すと考えられる。

　断食を行なう観音信仰では,「オーン・マニ・パドメー・フーン」という真言を唱えるが, タントラ仏教と同じような類比の体系を用いる。この有名な「オーン・マニ・パドメー・フーン」という真言の6音節は, 六仏・六色・六道と相関しており, また一日に6度, 決まった時間に読誦される。個々の修行者は, 儀式でこの真言の6音節を通過しなければならない。それは, 善財童子が,『ガンダヴューハ』(『華厳経』入法界品) に描かれたように, いろいろな師のもとで次々と勉学した期間に相当する。

　第二の類比的体系は瑜伽タントラの『初会金剛頂経』に述べられており, 四部からなる。意識下にさまざまな支配的な悪を持つ人々はこれらの部に各々結びつけられ, 表1のようにそれぞれの部に収められ, それぞれの部は, それぞれ一仏が主尊となっている。注釈者ブッダグフヤの説明によれば, 第四の部は宝部族 (行為者) と羯磨部族 (行為の完成) が合わさったものであるが, 便宜上,『初会金剛頂経』では宝生仏のみを主尊とする。人と特定の仏の部族との相関関係によって, 心の中のどのような支配的な悪がどの特定の仏の部族の「浄化の道」により除かれるのかが示されている。続いて, 四つの浄化の道では, 順に四種類の印契が必要となる。それぞれの浄化の道は, 四つの印契のうちの一つを重視し, 他の三つを従属的なものとする。第一の道では大印 (マハームドラー) を, 第二の道では三昧耶印 (サマヤムドラー) を, 第三の道では法印 (ダルマムドラー) を, 第四の道では羯磨印 (カルマムドラー) を重視する。四つの道は, 表2に示されるように, それぞれ対応する四つの曼荼羅が加わり, 拡大された。

　ケードゥップジェの『仏教タントラの諸原理』(F. D. Lessing and A. Wayman eds. and trs., *Fundamentals of the Buddhist Tantras*, 1968) によると, これらの浄化の道の修行では, 行者は, まず象徴的存在 (サマヤサットヴァ), すなわち行者自ら自分とのつながりを確立した尊格たちの姿を象徴したものを観想する。次に, 智慧の存在 (ジュニャーナサットヴァ; 智薩埵), つまり, 通常は「天から」生じると言われる絶対的な意味における尊格たちを (通常は頭の王冠から) 招き入れる。ケードゥップジェは次のように説明している。

表1 『初会金剛頂経』による類比的対応関係

| | 根本タントラの章(品) | 仏の部族 | 部族の主尊 | 支配的な意識 |
|---|---|---|---|---|
| 1 | 金剛界品 | 如来 | 毘盧遮那仏 | 情欲 |
| 2 | 降三世品 | 金剛 | 阿閦仏 | 嫌悪 |
| 3 | 遍調伏品 | 蓮華 | 阿弥陀仏 | 迷妄 |
| 4 | 一切義成就品 | 宝／羯磨 | 宝生仏／不空成就仏 | 貪欲 |

表2 『初会金剛頂経』による四曼荼羅の対応関係

| | 曼荼羅 | 印契 | 象徴されるもの | 象徴するもの(外的) | 象徴するもの(内的) |
|---|---|---|---|---|---|
| 1 | 大曼荼羅 | 大印 | 尊格の身体の形 | 手のしぐさ* | 自己の尊格との一体化 |
| 2 | 陀羅尼曼荼羅（三昧耶曼荼羅） | 三昧耶印 | 尊格の心の智慧 | 手の象徴物** | 尊格とその智慧との一体化 |
| 3 | 法曼荼羅 | 法印 | 尊格の語の端麗 | 尊格の身中に想像される種字 | 尊格とその内なる種字の配列との一体化 |
| 4 | 羯磨曼荼羅 | 羯磨印 | （言及なし） | （言及なし） | （言及なし） |

\*　「施無畏印」や「定印」といったよく知られたもののことである。
\*\*　手に持たれている具体的な象徴物（例：蓮華、矢）のことである。

「四つの印契を行なう目的は，智薩埵の身・語・意・業と，象徴的存在としての身・語・意・業を統合することである。もし片方のみが単独で存在すれば，両者の合一はありえない」。

　日本の真言宗は，『大日経』（主に第1章〔「住心品」〕）と『初会金剛頂経』（主に最初の「金剛界品」）を所依としている。この二つの文献は，実際には内容的に一致しないが，真言宗はそのことを無視している。真言宗では，金剛界曼荼羅と胎蔵界曼荼羅の二つの曼荼羅が使用される。金剛界曼荼羅は，『初会金剛頂経』に基づき，金剛のように不壊なる智慧の世界であり，胎蔵界曼荼羅（大悲胎蔵曼荼羅）は，『大日経』に基づき，「如来の出現」を可能とする生成変化の世界である。チベット密教の用語では，この後者の成仏の

理論と実践は行タントラに分類される。なぜなら，大悲胎蔵曼荼羅は行タントラに分類される文献に基づいているからである。瑜伽タントラの場合と違って，ここでは行者を，それぞれに支配的な過失によって特定の仏の部族に結びつけるということがないためである。瑜伽タントラの『初会金剛頂経』は，注釈的に付記が加えられたり，関連した修行の方法が説かれたりして，智慧のさらに深い側面についても加えており，金剛界曼荼羅と胎蔵界曼荼羅の二つの曼荼羅の間の一貫性を保つのに役立っている。

　無上瑜伽タントラは瑜伽タントラの修行の過程を継続し，父タントラでは，五仏が五種類の人間に，五通りに対応するように，五仏に個別の性格を割り当てている。無上瑜伽タントラの母タントラではこの対応関係が六通りに増える。無上瑜伽タントラにはまた，生起次第（ウトパッティクラマ）と究竟次第（サンパンナクラマ)[6]という二つの基本的な段階がある[7]。事実，生起次第は，「初瑜伽三摩地」「曼荼羅王最勝三摩地」「羯磨王最勝三摩地」という「三三摩地」があるために瑜伽タントラと重複している。ツォンカパは『真言道次第論』で生起次第を連続する六部に分けて解説している。各部族はそれぞれ，表3に示すように「三三摩地」の中の一つと対応している。これらの「三三摩地」は瑜伽タントラの実践の分類にも使用される。実際，それらが一般化されたときは，「三三摩地」はすべてのタントラ仏教の儀式の三部，すなわち導入部，中心部，帰結部となる。

　無上瑜伽の第二の段階である「究竟次第」は，身体の諸中枢（チャクラ）や五つの神秘的な風（これより数世紀前の『チャーンドーギヤ・ウパニシャッド』やその他のウパニシャッドで初めて言及されている）といった具体的なものを扱っている。この段階は六支ヨーガ（シャダンガヨーガ）からなり，それらはまた五次第に分類されている。この五次第は六支のうちの第三支から第六支を通して完成する。第一支と第二支は生起次第と結びついている。表4は，『ダーキニーの大海』というタントラ（『シュリーダーカールナヴァ・マハーヨーギニー・タントラ・ラージャ』）における六部を示し，またそれらがどのようにしてダーキニー（女神）と同一視されるのかを示している。

表3　ツォンカパ著『真言道次第論』による生起次第

| | 構成支分と三摩地(三昧) | 仏の部族 | 行　為 | 部族との対応理由 |
|---|---|---|---|---|
| 1 | 初瑜伽三摩地 | 毘盧遮那 | 仏の住居である宮殿の瞑想 | 毘盧遮那は色蘊(ルーパスカンダ)の本質であるから |
| 2 | 初瑜伽三摩地 | 金剛薩埵 | 象徴物の輪(サマヤチャクラ)と智慧の輪(ジュニャーナチャクラ)の生成とそれに続く父母尊による貪欲の生成 | 金剛薩埵は父母尊の菩提心から曼荼羅の尊格を「有形化する」のに貪欲を用いるから |
| 3 | 曼荼羅王最勝三摩地 | 阿閦仏 | 明妃により授けられる灌頂 | 阿閦仏は水灌頂の本質であるから |
| 4 | 羯磨王最勝三摩地 | 阿弥陀仏 | 甘露の享受 | 阿弥陀仏は帰依者を満足させる「語金剛」であるから |
| 5 | 羯磨王最勝三摩地 | 不空成就仏 | 供養 | 不空成就仏は羯磨部族の創始者であり、ブッダへの供養と有情のための行為に力を及ぼすから |
| 6 | 羯磨王最勝三摩地 | 宝生仏 | 諸仏の讃歎* | 讃歎は徳をたたえ、宝生仏は身語意の徳を生じるから |

＊他のいくつかの規定は護摩とともに尊格を退去させる行為をもって羯磨王最勝三摩地を終わらせる。

　無上瑜伽タントラにはまた,「さらに高次の入門儀式」についての一節がある。その入門儀式の実践には,現代の学者が「性的瑜伽」と呼ぶものが含まれている。簡単に言えば,これらは,女性崇拝や,おそらくは男性行者が精液を放出しないような性交儀式を扱っている。この問題について説明を行なう前に,大乗仏教にも出家の菩薩と在家の菩薩がいたように,歴史的には,出家のタントラ行者とともに在家のタントラ行者もいたことを述べた方がよいであろう。タントリズムを実践するチベット仏教の各派のあいだで,僧院

表4 『ダーキニーの大海』によるダーキニーと六支ヨーガの段階との対応関係

| 構成支分と名称 | ダーキニー | 五つの段階 | 注 |
|---|---|---|---|
| 1 プラティアーハーラ(引き込み) | カーカースヤー(烏頭女) | | 引き込み，すなわち十の感覚の基礎(五つの主観と五つの客観)の内面化 |
| 2 ディヤーナ(瞑想) | ウルーカスヤー(梟頭女) | | 五如来の本質の瞑想 |
| 3 プラーナーヤーマ(風の制御) | シュヴァーナスヤー(狗頭女) | 金剛読誦(ヴァジュラジャーパ) | 「金剛読誦」による五色の風の制御 |
| 4 ダーラナー(保持) | シューカラースヤー(猪頭女) | 心の浄化(チッタヴィシュッディ) 自身加持(スヴァーディシュターナ) | 心の浄化と自身加持による五つの印の顕現。三智を経て清浄なる光明に進む |
| 5 アヌスムリティ(想起) | ヤマドゥーティー | 現証(アビサンボーディ) | 現証により反対の順序で進むための想起。三智を経て清浄なる光明から進む |
| 6 サマーディ(完成) | ヤマダーヒー | 一対のものの結合 | ユガナッダ，すなわち一対のものの結合による智慧の完成 |

のモラルに関する律（ヴィナヤ）の規則を遵守するのはゲルク派だけである。しかし，それは，ゲルク派が文献から好ましくない部分を削除した「浄化された」タントリズムを実践しているというわけではない。先述のように，現代の学者はよく注釈の助けを借りずに字義通りにタントラ文献を読みたがるが，その必要はない。

　無上瑜伽タントラの四つの入門儀式（アビシェーカ；灌頂）は「瓶灌頂」で始まる。この儀式は三つの下位のタントラでも共通して行なわれる。無上瑜伽タントラでは，これに加えて「秘密灌頂」「般若智灌頂」「第四灌頂」（「音節」や「不断」を意味するアクシャラとも呼ばれる）がある。「秘密灌頂」は，神秘的な「赤と白の要素」，つまり「楽空」の経験を伴っており，この入門儀式が身体のチャクラ（これらの諸中枢は背骨に沿って並んでいるが，同様に微細身にも存在すると言われる）で行なわれるという意味も含ん

でいる。ケードゥップジェの論書などでは羯磨印（女性のパートナー）と智慧印を区別している。「般若智灌頂」は「融解した白の要素」が下降するのに対応する四つの連続した「歓喜」（アーナンダ）を含んでいる。額から首に下降するときに「歓喜」（アーナンダ）が，そこから心臓に下降するときには「最高の歓喜」（パラマーナンダ）が，さらにへそに下降するとき「停止の歓喜」（ヴィラマーナンダ）があり，性器の中心に到達すると「倶生歓喜」（サハジャーナンダ）がある。この場合には先の要素が放出されることはない。今問題となっている白の要素が精液であるならば，それがどうして前頭部から下降することがありえようか。

　無上瑜伽タントラにも四印の説明があるが，それは瑜伽タントラに見られるものとは異なっている。無上瑜伽タントラでは，二つの別々の連続した印契が用いられている。一つは生起次第に使われ，もう一つは究竟次第に使われる。これは母タントラの『シュリー・チャクラサンヴァラ』の第36章と，それに対応するツォンカパの注釈書『密義』に論じられている。生起次第に対する四印は以下の通りである。

(1) 羯磨印：魅力的な女神の形をした外的な智慧の女性を想像する。
(2) 法　印：その身体の中に「フーン」（hūṃ）等の聖なる種字を想像する。
(3) 三昧耶印：その種字からの光線の放射が，完成した曼荼羅の輪の中に収斂する。
(4) 大　印：自分自身をマンダラの主尊の身体を持つものとして想像する。

　究竟次第の場合は三昧耶印と大印の位置が逆になる。それは表5に示される通りである。

　特に表5との関連で注目すべきものは，生起次第と究竟次第の智慧の女性の記述の違いである。前者では，実践者は智慧の女性に自分の想像を通してのみ近づく，つまり実践者は，彼女を体内に光輝く種字を持つ女神であると想像する。実践者はその放出された光を曼荼羅としての自分の体内に引き戻すことを想像し，最終的には自らを主尊であると想像する。究竟次第では，この女性は，先に述べたタントラの四つの分類に相関する四つの求愛の段階

**表 5　無上瑜伽タントラによる四印の対応関係**

| 印 | 道 | 仏身 |
|---|---|---|
| 羯磨印 | 外的な智慧の女性，なぜならば求愛の四つの行為により彼女は歓喜を授けるから | 変化身 |
| 法印 | 中央の脈管（アヴァドゥーティ）とその内側にある智慧の女性 | 法身 |
| 大印 | 大楽（マハースカ）の菩提心（ボーディチッタ），上記の二つの印（ムドラー）の結果 | 報身 |
| 三昧耶印 | さまざまな尊格のイメージの顕現 | 楽空の菩提心を伴なった大楽身 |

（笑う・互いに見つめる・手を握る・結合する）で具体的な歓喜を与えることができる。しかし，もう一人別の智慧の女性がおり，こちらの方は（背骨の位置にあると言われる三つの脈管のうちの）中央の脈管に存在する。文献が智慧の配偶者について述べる時，どちらの女性を意図しているのであろうか。ナーローパは『ヘーヴァジュラ・タントラ』への注釈書でそれに関して重要な情報をいくつか提示している。彼は四印について述べている『マンジュシュリー・ナーマ・サンギーティ』からの偈（10.14）を引用して，法印の代わりに智慧印を用いて，先に述べた究竟次第と同じ順序を与えている。そして，彼は次のような意義深いことを述べている。

　　羯磨印（カルマムドラー；外的な女性）は原因となるものであり，最初のものであり，そこから倶生（サハジャ）の移り変わることのない歓喜がある。これは実際に真理（サトヤ）であるが，真理には（世俗と勝義という）二つの真理があり，（羯磨印の智慧の女性は）世俗の意味での真理であり，鏡の中の像のようなもので，絶対的な意味での真理ではない。したがって，智慧に優れた者は羯磨印を抱擁すべきではない。曼荼羅の儀式が明らかにしているように，個人の蘊（スカンダ）・界（ダートゥ）・処（アーヤタナ）を尊格の姿に浄化するような方法で智慧印を修習すべきである。それらを継続的な摩擦とともに行なうことで，智慧（ジュニャーナ）の火を点火すべきである。獲得されるものは大印である。

どのようにして獲得されるのであろうか。(『ヘーヴァジュラ・タントラ』の第1章の最終偈に述べられているように)「ハン」(haṃ)の字が焼かれたとき，その火を通して〔獲得される〕。大印は夢のようなもので，幻影であり，心の本質である。三昧耶印を直接悟るまで，この大印を抱擁すべきである。三昧耶印は不滅のものである。(『ヴァジュラパダ・サーラ・サングラハ・パンジカー』，「影印北京版大蔵経」，論書部54巻，p. 2-4-8—p. 2-5-5)

このように，ナーローパは，ある男性のタントラ行者たち（おそらくは在家者）が究竟次第のこの部分で，「最初のもの」（母）と「俱にあるもの」（妻）の両者として実際の女性の助けを借りていることを認めている。しかし，ナーローパは続けて以下のように主張する。能力の優れた行者は，もし，より高次の目標に向かって励むのであれば，この羯磨印をとばして，直接に内側にある智慧（プラジュニャー；般若）という配偶者，すなわち大印をもたらす，点火された「智慧の火」に向かうべきである。心の諸作用を幻覚であると内観する。この大印にとどまれば，行者は三昧耶印，つまり「大楽の身体」（マハースカカーヤ）を直接に悟るのである。

諸タントラ文献に対しては，「おぞましい」ものであるという判定が下されがちであった過去においても，それらは恩恵をもたらすものであるというのが事実であったが，上の所見は諸タントラ文献に関するそのような理解を今まで以上に与えてくれるはずである。もちろん，表現形式はそれ以前の仏教聖典のそれとは，極めて異なるものである。

## タントラにおける儀式

『秘密集会タントラ』系文献に説かれる曼荼羅儀軌は概略すると以下のような順序である。

(1) 場所の儀礼：儀礼を行なう場所を浄化する。（瞑想により）その場所を獲得する。障害となる悪魔を除去する。
(2) 準備の行為：（曼荼羅中の最初の）線を水にぬらした白粉をつけた糸で

描く[8]。瓶を用意する（曼荼羅のそばに瓶を置く）。神々に懇願する。弟子の準備をする。
(3) 中心となる儀礼。曼荼羅の建立から始まる：五色の糸（五仏を表す）の設置。（曼荼羅の着色される部分に）色をつける。（曼荼羅中に居を定めるため）神々を招致する。
(4) 瓶灌頂：弟子を曼荼羅に引き入れる。宝冠灌頂，金剛杵灌頂，鏡灌頂（＝水灌頂），名灌頂，標識の灌頂（＝鈴灌頂）。
(5) 供　養：神々への供養。導師への供養。
(6) 許可と統一：弟子に対して諸尊格に祈願する許可を与える。曼荼羅中の諸尊格を統一する[9]。
(7) 終わりの行為：呪術的な小杭[10]の除去。すなわち，護摩供養にそって諸尊格を解放する。

　これらが順調に進むために，それぞれの儀式は，三昧と呼ばれ，またヨーガとも呼ばれる精神集中を伴なわなければならない。「順調に進む」ということは，「汝は三昧耶なり」（汝は象徴である）というマントラで確認されるように，行者が神的な存在との結びつきを常に保つということを意味する。
　これらの儀軌には，正確を期すための詳細な説明が備わっている。特に興味をそそられるのは，弟子の曼荼羅への引入についての詳しい説明である。最初の段階は，「仕切の外側への引入」と「仕切の内側への引入」に分けられる。仕切の外側にいる間は，弟子は赤か黄色の目隠しをしている。この目隠しは儀式の後になるまで取られない。弟子が目隠しを取るのは華を曼荼羅の中に投げ入れて自らを守護する尊格を受け入れる時である。その後，完全な曼荼羅を見るのにふさわしい者となる。阿闍梨は弟子に，心の中に金剛杵を，その上に日輪を，その上に黒い「フーン」（hūṃ）の字を想像するように言う。それから弟子は喉に蓮華を，その上に日輪を，その上に赤い「アーハ」（āḥ）の字を想像する。そして頭に車輪を，その上に月輪を，その上に白い「オーン」（oṃ）の字を想像する。弟子はまた，これらの字が放射する光線で身体が満たされるのを想像する。阿闍梨は弟子を曼荼羅の東の門に導

く。ここから仕切の内側の段階で，弟子はマントラを読誦する。弟子は中央の尊格と東の門の尊格にマントラを唱えながら，東の門から始める。東の門の尊格は弟子に力を与えるために呼ばれ，南の門の尊格は弟子に灌頂を授けるため，西の門の尊格は弟子のために法輪を転ずるために，北の門の尊格は儀礼を効果あるものにするために呼ばれる。弟子はまた，東西南北それぞれの門で礼拝する。東には金剛合掌（ダイヤモンドのように固く，そうすると悪魔から攻撃されない）した手を前に出し，五体をもって礼拝する。南には胸の前で手を合わせて，額をもって礼拝する。西には手を頭の上で金剛合掌し，口をもって礼拝する。北には金剛合掌した手を頭の上から胸の前に下ろして，頭を地面につける。次に東の門で，阿闍梨は弟子の手を持つか，あるいは金剛杵で弟子の頭に触れるかして，「今日汝はすべての如来の部族に入ってよろしい」と言って，誓戒を述べる。このように曼荼羅に入ることによって弟子を如来たちの後継者にするということ，また曼荼羅を見ることによって弟子に諸尊格が顕現するということ，この二つが明確になるのである。

弟子は曼荼羅に入ったことのない他の者に自分の受けた儀式を明かしてはいけない。この誓戒を破ると恐ろしいことが起きると言われている。この誓戒を守ると神秘的な成就がもたらされる。入門する弟子が守るべき誓戒の中に，14 の違犯を避けなければならない，というものがある。特にその中の一番目には，自分の師を悪く言うこと，七番目には，未熟な者（つまり灌頂を受けていない者）に秘密の事項を漏らすこと，というのがある。両者とも法えの違犯である。誓戒を受けた後，司祭は瞑想の過程に入り，天から弟子の中に智薩埵を下ろす。それは司祭が弟子を空性において瞑想することに始まり，次に弟子を種字から生じた仏の中に生み出す。その後，一連の成就法を行ない，弟子の体が光で満たされるのを瞑想する。弟子は右手に金剛杵を持ち，踊りながら曼荼羅のまわりを周回するように指示される。第二段階は，見るという意味において曼荼羅に入ることである。弟子はまだ目隠しをしているが，仏の部族を示す五つの絵のある領域に華を投げるように指示される。華を投げるということが曼荼羅に入ることを表す。その華が上に落ちた尊格がその弟子を守護する尊格である。阿闍梨は金剛薩埵が弟子の金剛眼を開け

るのを瞑想する。弟子も同じように想像し，「オーン・ジュニャーナチャクシュフ・フーン・アーハ・スヴァーハー」という真言を唱えながら，目隠しを取る。この真言の中の「ジュニャーナチャクシュフ」は智慧の眼を表す。次に阿闍梨は「信仰のおかげで汝が曼荼羅の真実を見るように！ 汝が仏の部族に生まれ，印契と真言により力を与えられ，すべての成就（超自然的な力を得ること）を得て，最良の誓戒（三昧耶）になるように！ 金剛杵と蓮華の遊戯をもって真言を悟るように！」と言う。このようにして，弟子は「花輪の灌頂」を与えられる。これは弟子が他の灌頂を受けるべきかどうかを確定する過程である。特定の尊格を招請する許可が弟子に与えられた場合は，次の手順が異なってくる。このような尊格の招請は夢やその他の前兆を判断した後に行なわれる。

護摩は儀式の最終段階である。護摩には四種類あり，それぞれに型の異なる呪術が付随している。その四種類とは，現世的なものを目的とし，尊格をなだめること（シャーンティカ；息災），物質的な繁栄を獲得すること（パウシュティカ；増益），悪魔を征服すること（ヴァシーカラナ；敬愛），敵を倒すこと（アビチャールカ；調伏）である。

以上のことから判断すると，密教は儀式に参加することで達成感を得る仏教徒や，宗教的な動機から秘密の生活を好む仏教徒，自らの存在のあらゆる手段（身・語・意）を訓練することで悟りへの進歩が早まると考える仏教徒たちに大いに訴えかけた，と結論できるであろう。密教の修行者は想像力と信心に強く，自らを主宰する，あるいは守護する尊格に対して日頃から奉仕する堅固な意志を持たなければならないのである。

◇訳 注
1）『中論』を著した中観派の開祖，龍樹とは別人。『秘密集会タントラ』の伝承系譜の一つに聖者流と呼ばれるものがある。その流派ではナーガールジュナ・アールヤデーヴァ師弟をその開祖としている。『五次第』は，このナーガールジュナの手に帰されている。『五次第』の構成と著作問題に関しては，Mimaki & Tomabechi 1994 の Introductoy Remarks を参照。
2）インドの成就者ナーローパに由来する「究竟次第」系の秘法，六つの教法の教え方は，必ずしも一定していない。「究竟次第」系の種々のヨーガを組み合わせて作られたと考え

られている。
3 ）後期インド密教の神秘主義的な教義を，いわゆるアパブランシャという俗語による歌謡形式で説いたものが「ドーハー」および「チャルヤーギーティ」文学である。有名なものはサラハ作の『ドーハーコーシャ』であり，奈良康明による和訳がある（奈良康明「サラハパーダ作ドーハ・コーシャ（翻訳およびノート）(1)(2)」『駒沢大学仏教学部研究紀要』24・25，1966・1967年）。
4 ）プトゥンによるタントラの分類は，仏教タントラの歴史的発展段階に大枠において対応している。しかしながら，それに対応する分類がそのままインド撰述文献に見出せるわけではない。インド撰述文献における分類は，それぞれの立場により，三分法，四分法，五分法などいくつかの差異が見られる。今，その五分法を例に挙げるならば，その分類は (1) クリヤータントラ (2) チャルヤータントラ (3) ヨーガタントラ (4) ヨーゴーッタラタントラ（ヨーガタントラ中の上位のタントラ，の意）(5) ヨーガニルッタラタントラ（ヨーガタントラ中の最上位のタントラ，の意味。自らをヨーギニータントラとも称す），となる。(1) は所謂，「雑密」と呼ばれるものに相当し，外的な儀礼を説く。陀羅尼経典類がこれに相当する。(2)(3) の主要経典は，それぞれ『大日経』『金剛頂経』である。(4) の代表的経典は『秘密集会タントラ』で，(5) にはサンヴァラ系の経典群，『ヘーヴァジュラ・タントラ』『カーラチャクラ・タントラ』などが含まれる。本論文中に使用されている（そして今でも多くの「二次」文献において使用されている）「アヌッタラヨーガ」(Anuttarayoga) というサンスクリット語はいかなるインド撰述のサンスクリット語文献にも見出せない，チベット語資料から誤ってサンスクリット語に還元された語である。Sanderson 1994, pp. 97-98 Note (1) および Tribe 2000, pp. 202-217 を参照。
5 ）通常，チャンドラキールティとして名の通った人物は，中観派の学僧で，ナーガールジュナ（龍樹，中観派の開祖）の『中論』に対する注釈『プラサンナパダー』を著した。『秘密集会タントラ』に注釈を書いた人物はこれとは別人である。『秘密集会タントラ』の聖者流と呼ばれる流派においては，中観派の学僧の名を借りた多くの著作がなされている。
6 ）著者は究竟次第のサンスクリット語原語として「サンパンナクラマ」(sampannakrama) という語を挙げているが，サンスクリット語密教文献ではそのような語は見出せない。これもおそらくは，チベット語資料からの誤ったサンスクリット語への還元であろう。サンスクリット語密教文献に見られる究竟次第の原語は「ウトパンナクラマ」(utpannakrama) あるいは「ニシュパンナクラマ」(niṣpannakrama) である。
7 ）いわゆる無上瑜伽タントラの実践階梯。生起次第は，諸尊を観想し，それとの合一を体験する瞑想の階梯である。一方，究竟次第は，人間の身体に脈管やチャクラなどを想定し，その身体を制御したり，あるいは性交を行なうヨーガを伴ない，ある種の宗教体験に達しようとするもの。この両者の起源は，それぞれ異なると考えられている。
8 ）森 1997, 115-127 頁を参照のこと。
9 ）Wayman 論文の原文は，"drawing together of the deities who are in the *maṇḍala*." Wayman が実際のマンダラ儀礼のどの部分に言及しているのか，訳者には必ずし

も明瞭ではないが、おそらくは「マンダローパサンハーラ」（maṇḍalopasaṃhāra）をこのように訳しているのであろうと推察する。このマンダローパサンハーラとは、儀礼が終了した後、儀礼に使用したマンダラを取り壊す儀礼のことである。「ウパサンハーラ」（upasaṃhāra）には、「まとめる、集める」と「取り払う」という相反する両方の意味がある。おそらくWaymanはこの儀礼の意味を取り違えているのではないかと考えられる。識者の御意見を待つ次第である。

10) サンスクリット語ではキーラ（kīla）。このキーラを地面に打ち込むことで儀礼の妨害者を固定したり、あるいは五色の線を張ることで結界を張ったりするのに用いる。森1997, 95-100頁を参照のこと。

## 【文献ガイド】

Bhattacharyya, Benoytosh. *The Indian Buddhist Iconography* (2nd ed., rev. and enl., Calcutta, 1958).

Chou, Yi-liang. "Tantrism in China." *Harvard Journal of Asiatic Studies* 8 (March 1945), pp. 241-332.

Eliade, Mircea. "Yoga and Tantrism." In *Yoga: Immortality and Freedom* (New York, 1958), pp. 200-273.〔邦訳『エリアーデ著作集10 ヨーガ2』、堀一郎監修、立川武蔵訳、せりか書房、1975年〕

Evans-Wentz, W. Y. *Tibetan Yoga and Secret Doctrines* (2nd ed., London, 1967)

First Panchen Lama. *The Great Seal of Voidness* (Dharamsala, 1976) The Translation Bureau of the Library of Tibetan Works and Archivesの作成。

George, Christopher S. ed. and tr., *The Caṇḍamahāroṣaṇa Tantra, Chapters 1-8.* American Oriental Series, vol. 56 (New Haven, 1974) 英語およびサンスクリット語で書かれている。

Guenther, Herbert V. ed. and tr., *The Life and Teachings of Nāropa* (Oxford, 1963).

―――――. ed. and tr., *Yuganaddha: The Tantric View of Life*. Chowkhamba Sanskrit Studies, vol. 3. (2nd rev. ed., Varanasi, 1969).

Hakeda, Yoshito S.（羽毛田義人）ed. and tr., *Kūkai: Major Works.* (New York, 1972) 空海の生涯と教えについての付記がある。

Kvaerne, Per. "On the Concepts of Sahaja in Indian Buddhist Tantric Literature." *Temenos* 11 (Helsinki, 1975), pp. 88-135.

―――――. *An Anthology of Buddhist Tantric Songs* (New York, 1977)

Lessing, Ferdinand D. *Yung-ho-kung: An Iconography of the Lamaist Cathedral in Peking* (Stockholm, 1942).

―――――. and Alex Wayman eds. and trs., *Fundamentals of the Bud-*

*dhist Tantras*. Indo-Iranian Monographs, vol. 8 (The Hague, 1968). Mkhas-grub-rje の *Rgyud sde spyi'i rnam par bzhag pa rgyas par bshad pa.* 〔東北蔵外 5459〕の翻訳。

Snellgrove, David L. ed. and tr., *The Hevajra Tantra: A Critical Study*, 2 vols. London Oriental Series, vol. 6 (London, 1959).

Tajima, Ryūjun (田島隆純). *Étude sur le Mahāvairocana-sūtra* (Paris, 1936)

―――――――. *Les deux grands maṇḍalas et la doctrine de l'ésotérisme Shingon* (Paris, 1959).

Tsuda, Shin'ichi (津田真一). *The Saṃvarodaya-tantra: Selected Chapters* (Tokyo, 1974).

―――――――. "A Critical Tantrism." *Memoirs of the Research Department of the Tōyō Bunko* 36 (1978), pp. 167-231.

Tucci, Giuseppe. "The Religious Ideas: Vajrayāna." In *Tibetan Painted Scrolls*, vol. 1 (Virginia Vacca tr., Rome, 1949), pp. 209-249.

Wayman, Alex. *The Buddhist Tantras: Light on Indo-Tibetan Esotericism* (New York, 1973).

―――――――. "The Ritual in Tantric Buddhism of the Disciple's Entrance into the Maṇḍala." *Studia Missionalia* 23 (1974), pp. 41-57.

―――――――. *Yoga of the Guhyasamājatantra: The Arcane Lore of Forty Verses* (Delhi, 1977).

―――――――. "Reflections on the Theory of Barabuḍur as a Maṇḍala." In Hiram W. Woodward ed., *Barabuḍur: History and Significance of a Buddhist Monument* (Barkeley, 1981), pp. 139-172.

―――――――. "The Title and Textual Affiliation of the Guhyagarbhatantra" 『勝又俊教博士記念論集 大乗仏教から密教へ』(春秋社, 1981 年) 1320-34 頁.

―――――――. ed. and tr., *Chanting the Names of Mañjuśrī: The Mañjuśrī-nāma-saṁgīti* (*Sanskrit and Tibetan Texts*) (Boston, 1985).

## 補 遺

桜井宗信『インド密教儀礼研究―後期インド密教の灌頂次第』(1996 年)

高田仁覚『インド・チベット真言密教教理の研究』(高野山, 1978 年)〔ツォンカパの『真言道次第論』の部分訳を掲載している〕

立川武蔵・頼富本宏編『シリーズ密教』(1. インド密教 2. チベット密教 3. 中国密教 4. 日本密教) (春秋社, 1999-2000 年)

田中公明『チベット密教』(春秋社, 1993 年)

――――『超密教時輪タントラ』(東方出版, 1994 年)

―――『性と死の密教』（春秋社，1997 年）
―――『両界曼荼羅の誕生』（春秋社，2004 年）
津田真一『反密教学』（リブロポート，1987 年）
栂尾祥雲『秘密仏教史』（臨川書店，1959 年）
早島鏡正・高崎直道・原実・前田専学『インド思想史』（東京大学出版会，1982 年）〔巻末にヒンドゥータントリズムに関する簡単な文献表がある〕
羽田野伯猷『チベット・インド学集成 3 インド篇 1』（法藏館，1988 年）
松長有慶『密教の歴史』（サーラ叢書，平楽寺書店，1969 年）
―――『密教経典成立史論』（法藏館，1980 年）
―――『松長有慶著作集』（第 1 巻 密教経典成立史論，第 2 巻 インド密教の構造，第 3 巻 空海思想の特質，第 4 巻 マンダラと密教美術，第 5 巻 秘密集会タントラの研究）（法藏館，1998 年）〔第 1 巻は，松長 1980 の再版。第 5 巻は，『秘密集会タントラ和訳』（法藏館，2000 年）として別途刊行されている。〕
森 雅秀『マンダラの密教儀礼』（春秋社，1997 年）

\*

Abe, Ryūichi. *The Weaving of Mantra: Kūkai and the Construction of Esoteric Buddhist Discourse* (New York: Columbia University Press, 1999)

Beyer, Stephan. *The Cult of Tārā: Magic and Ritual in Tibet*, Berkeley and Los Angeles (California: University of California Press, 1978)

Cicuzza, Claudio. *The Laghutantraṭīkā by Vajrapāṇi: A Critical Edition of the Sanskrit Text* (Roma: Istituto Italiano pel l'Africa e l'Oriente, 2001, Serie Orientale Roma LXXXVI)

Davidson, Ronald M. *Indian Esoteric Buddhism: A Social History of the Tantric Movement* (New York: Columbia University Press, 2002)

English, Elizabeth. *Vajrayoginī: Her Visualizations, Rituals, and Forms.* (Boston: Wisdom Publications, 2002., Studies in Indian and Tibetan Buddhism)

Gellner, David N. *Monk, Householder, and Tantric Priest: Newar Buddhism and its hierarchy of ritual* (Cambridge, 1992)

Giebel, Rolf W trsl. *Two Esoteric Sutras: The Adamantine Pinnacle Sutra. The Susiddhikara Sutra* (Berkeley: Numata Research Center for Buddhist Translation and Research, 2001., BDK English Tripitaka 29-Ⅱ, 30-Ⅱ)

Hodge, Stephen tr., *The Mahā-Vairocana-Abhisaṃbodhi Tantra* (London: Routledge Curzon, 2003)

Isaacson, Harunaga. "The Opening Verses of Ratnākaraśānti's Muktāvalī (Studies in Ratnākaraśānti's Tantric Works Ⅱ)." In Ryutaro Tsuchida and Albrecht Wezler eds., *Harānandalaharī: Volume in Honour of Professor Minoru Hara on his Seventieth Birthday*, Reinbek; Dr. Inge Wezler, Verlag für Orientalistische Fachpublikationen, 2000 (appeared 2001), pp. 121-134.

―――――. "Ratnākaraśānti's Hevajrasahajasadyoga (Studies in Ratnākaraśānti's Tantric Works I)." In Raffaele Torella ed., *Le Parole e i Marmi: Studi in Onore di Raniero Gnoli nel suo 70° Compleanno*, Roma: Istituto Italiano pel l'Africa e l'Oriente, 2001, pp.457-487. (Serie Orientale Roma XCII, 1)

Kapstein, Matthew T. *Reason's Traces: Identity and Interpretation in Indian and Tibetan Buddhism* (Boston, 2001)

Nihom, Max. *Studies in Indian and Indo-Indonesian Tantrism: The Kuñjarakarṇadharma kathana and the Yogatantra* (Vienna, 1994)

Sanderson, Alexis. "Vajrayāna: Origin and Function", *Buddhism into the Year 2000, International Conference Proceedings*, Dhammakaya Foundation (Bangkok and Los Angels, 1994)

―――――. "Śaivism and the Tantric Tradition." In S. Sutherland, L. Houlden, P. Clarke and F. Hardy eds., *The World's Religions* (London, 1988), pp. 660-704. ヒンドゥー教シヴァ派を中心とするタントリズムに関する概説である。

―――――. "History through Textual Criticism in the Study of Śaivism, the Pañcarātra and the Buddhist Yoginītantras." In François Grimal ed. *Les sources et le temps. Sources and Time. A Colloquium, Pondicherry, 11-13 January 1997*, Pondicherry: École Française d'Extrême Orient, 2001, pp. 1-47 (Institut Français de Pondichérry, École Française d'Extrême Orient, Publications du Département d'Indologie, 91.)

Sferra, Francesco. *Ṣaḍaṅgayoga by Anupamarakṣita, with Raviśrījñāna's Guṇabharaṇīnāmaṣaḍaṅgayogaṭippanī: Text and Annotated Translation*, Roma: Istituto Italiano pel l'Africa e l'Oriente, 2000. (Serie Orientale Roma LXXXV)

Strickmann, Michel. *Mantras et Mandarins: Le bouddhisme tantrique en Chine*, Paris: Gallimard, 1996. 〔Princeton University Press より英訳の出版が予定されている〕

Strickmann, Michel. *Chinese Magical Medicine* (Bernard Faure ed., Stanford, California: Stanford University Press, 2002)

Tanemura, Ryugen. Kuladatta's *Kriyāsaṃgrahapañjikā: A Critical Edition and Annotated Translation of Selected Sections* (Groningen: Egbert Forsten, 2004, Groningen Oriental Studies XIX)

Tribe, Anthony. "Mantranaya/Vajrayāna: Tantric Buddhism in India," in Paul Williams with Anthony Tribe, *Buddhist Thought: A Complete Introduction to the Indian Tradition* (London and New York: Routlege, 2000), pp. 192-244.

Wallace, Vesna. *The Inner Kālacakratantra: A Buddhist Tantric View of the Individual* (New York, 2001)

Wallis, Glenn. *Mediating the Power of Buddhas: Ritual in the Mañjuśrīmūlakalpa* (Albany: State University of New York Press, 2002)
White, David Gordon. ed., *Tantra in Practice* (Princeton, 2000)

（種村隆元　訳）

# 14 中国仏教の諸宗派
The Schools of Chinese Buddhism

スタンリー・ワインスタイン
Stanley Weinstein

　中国仏教の宗派を論じるに当たって考慮に入れるべきことは，広く用いられているschoolという英語は，単に中国語の「宗」を慣習的に翻訳したものにすぎないということである。schoolと宗を同じものであると考えたため，中国仏教での宗という言葉の本質に関して絶えず誤解を生んできた。その問題の根源は，宗という言葉にある。種々の辞典によると，この宗という語には，23もの定義がある。しかし，仏典の中では，この語は基本的に次のような異なる三つの意味で用いられている。(1)特定の教義や論題，あるいはある教義の独特な解釈，(2)仏典の根底にある主題・意図・教え，(3)宗教的あるいは哲学的な学派[1]。

## 教義としての宗

　教義あるいは論題としての宗は，5世紀の仏典に「開宗」，すなわち「(根本的)論題を説明すること」，あるいは「虚宗」，すなわち「空という教義」という言葉でたびたび登場する。特に，一連のものとして列挙される論題の教義的な解釈を分類する際によく用いられている。たとえば，470年代に，僧，曇済が『七宗論』（七つの解釈に関する小論）を著したが，これは，『般若波羅蜜多経』（智慧の完成に関する経典，以下『般若経』）における無自性の意味について七人の僧侶の見解を示したものである。数年後には，著名な在俗の仏教学者である周顒が『三宗論』（三つの論題に関する小論）と題する影響力の大きかった小論を著したが，この書は，仏教における相補的概念である真諦と俗諦を三つの視点から考察している。この場合の宗は，いずれも制度化された宗派を指すものと解釈すべきではない。

　また宗という語は，仏教教義の主要なカテゴリーを指し示す場合にも用い

られた。特に，仏教教義を教相判釈(きょうそうはんじゃく)（教えの格付け）として一般に知られる体系に分類する際に用いられた。そこでは，各々の教義が，相互に関連しながら位置づけられている。仏教の分類の仕方には，教義（宗）を二種，三種，四種，五種，六種，十種類に分類する方法があったが，慧光（468-537）が考案した四宗判と，法蔵（643-712）が考案した十宗判の影響が最も大きかった。慧光は仏教の教えを下記の四つの主要な教義に分けたが，そのいずれも制度化された仏教宗派を意味してはいない。(1) 現象は，先在する原因と条件によって起こるという教義（因縁宗）。現象は自然に発生するという，非仏教の見解への論駁を推し進めた有部の基本的な教えである。(2) 現象は経験上の名前にすぎない，という『成実論』の教義（仮名宗(けみょう)）。現象を生み出す原因や条件を離れて存在することができないからである。(3)『般若経』や三論に説かれている教義（誑相宗(おうそう)）。経験上の名前ですら，その名前に対応する実際の実体的な現象が存在するわけではないので，人を欺くものである。(4) 仏性は常に存在し，それが究極の実在であるという『涅槃経』や『華厳経』，あるいはそれに類した経典に説かれている教義（常宗）。

　法蔵が考案した教相判釈は，仏教教義を十に分類しており，四宗判よりさらに大がかりなものである。その中の最初の六つは，インド小乗仏教の特定の学派の教説に対応している。残りの四種類の教義については，それぞれが大乗の教えを示しており，中国仏教の宗派とされるのは，最後の華厳のみである。

### 注釈の伝統の出現

　401年に訳経僧の鳩摩羅什(くまらじゅう)（クマーラジーヴァ，409没）がクチャ(きじ)（亀茲）から長安に来たことによって，中国仏教はその発展に転換期を迎える。中国とインドの言語に堪能であった鳩摩羅什は，仏教思想を正確に明瞭に伝えることを可能にする用語を数多く作り出した。それは仏教の概念を表現するために道家の用語を用いていた訳経僧たちのなしえなかったことである。しかし，鳩摩羅什が中国仏教の発展のためになした貢献は，単に翻訳家としてのそれだけではなかった。彼は，翻訳事業に非常に多くの中国人僧侶を擁し，

数百あるいは数千の聴衆の前で翻訳中の経典に関して講義を行なうのが通例であった。彼の高弟は，新しく翻訳された経典に序文やあとがきを書き，またそれらに注釈をほどこした。注釈の伝統が初めて誕生したのはまさにこうした弟子たちのあいだにおいてであった。

　鳩摩羅什が翻訳したおよそ35の仏典は，経（ブッダの教説とされるもの），律（僧侶に課せられた戒律），および論（経典に関する論文と注釈の両方を含むもの）という，中国の仏教聖典の三つの主なカテゴリーに属すものである。鳩摩羅什が翻訳した仏典のすべてが等しく重要であったとか，等しく人々の興味を引いたというわけではないが，驚くほどたくさんの経典が，東アジア仏教の基本経典と見なされるようになった。5世紀に江南で最もよく研究された十種の仏典のうちの七種は，鳩摩羅什の翻訳によるものであった。この中には『法華経』『維摩経』『般若経』（二訳あり）『十地経』という四つの経典および，中国語で『十誦律』と呼ばれる説一切有部が用いた律，そして論のカテゴリーに属する『成実論』（真理の完成についての論）と三論（その名の通り，別のものではあるが，相互に密接な関係があるため通常は一緒に研究される三つの論書〔『中論』『百論』『十二門論』の三つ〕のこと）という二つの著作が含まれる。5世紀に江南で使われていた他の三つの主な経典は，421年に曇無讖（ダルマクシェーマ）によって翻訳された『涅槃経』，435年頃僧伽跋摩（サンガヴァルマン）によって翻訳された『雑阿毘曇心論』（普通，『毘曇』の名で呼ばれるアビダルマの本質に関する論）と，436年に求那跋陀羅（グナバドラ）によって翻訳された『勝鬘経』（シュリーマーラーの獅子吼についての経）である。

　420年代および430年代の王朝の戦争と，それに続く440年代の仏教に対する厳しい弾圧により，北方の仏教学は，5世紀には急激に衰退していった。そのため5世紀の最後の数十年間に，僧侶による伝統的な学問の活動（すなわち経典について講義をしたり注釈を書いたりすること）が北方で復活した時には，大部分の僧侶の関心が，南方の仏教で支柱をなしていた仏典とは異なるものに向かっていた。6世紀には北方の僧侶は，南方で人気のあった仏典（『涅槃経』は，その顕著な例である）に関しても講義を行なうことは

あったが，彼らの主な関心は，南方で顧みられることのなかった経典や新たに翻訳された仏典に注がれていた。前者のものとしては，420年に仏駄跋陀羅(ブッダバドラ)によって翻訳された『華厳経』，418年に曇無讖によって翻訳された『菩薩地持経』(菩薩の階梯に関する経)，インドの小乗仏教に属する法蔵部が用いていた律である『四分律』がある。

6世紀の前半，北方に現われた多くの新しい翻訳の中で最も興味を引いたのは，菩提流支(ボーディルチ)らによって511年に翻訳された『十地経論』(一般に『地論』と呼ばれる『十地経』の注釈書)であった。同じように6世紀の後半，二つの翻訳が，江南の学識のある僧侶の注目を集めた。そのいずれも563年に真諦によって翻訳されたもので，『摂大乗論』(一般に『摂論』と呼ばれる大乗仏教の要約)と『阿毘達磨倶舎釈論』である。最後に，5-6世紀に用いられていた中国仏教の主な仏典の仕上げとして，405年に鳩摩羅什によって翻訳された『大智度論』(一般に『大論』と呼ばれる『般若経』の注釈書)を挙げなければならない。これは，三論の学者によって研究が始められる6世紀の後半まで，ほとんど顧みられることがなかった。

4世紀にはほとんどの僧が道家の概念で仏教を解釈しようとする傾向があったのとは異なり，5-6世紀の学識ある僧侶は，仏教と道家は，根本的に相異なる別々の体系であることを認識していたので，仏教をその独自の用語で理解しようと努めた。この時期の僧は，一般的に多くの仏典に精通していたが，特定の仏典を専門とする傾向が顕われ始め，その仏典が，仏教の最高の教えを説いているものであると見なされることが多かった。そのような僧の典型的な例として，生涯に『涅槃経』を84回，『勝鬘経』を24回，『維摩経』を20回，『成実論』を14回，『般若経』を10回も講義したと言われている宝亮(444-509)と，『般若経』『涅槃経』『法華経』『十地経』『毘曇』を講義し，またその注釈を書いた智蔵(458-522)を挙げることができよう。しかし，このように広範囲にわたる経典に精通していたにもかかわらず，同時代の人々から，宝亮は『涅槃経』の専門家であり，智蔵は『成実論』の専門家であると見られていた。

## 経典の根本主題としての宗

　5-6世紀の注釈家は，ある特定の仏典を注釈する際に，当然のことながら用語の定義をしたり，難しい語句を解説することに興味を持った。しかし，最大の関心は，その仏典の宗，すなわち仏典の根本主題や本質的な教義を明らかにし，解説することにあった。ある一つの仏典に精通した学者だけでなく，仏典の比較研究に専念した学者も経師という幅広い名称で知られていたが，ある特定の論書を専門とした僧侶は，たいてい解説を加えた論書の名前で呼ばれていた。たとえば，『成実論』の注釈者は成論師と呼ばれ，『地論』の注釈家は地論師と呼ばれた。この二種の論師の他にも，三論師（または中論師。『中論』は三論の中で最も重要な論書である），毘曇師，摂論師，大論師といった例がある。ただ6世紀後半にのみ学者の関心を引いた『大論』は，教義の点で三論と密接な関係を持っていたので，論書を中心とする注釈の伝統には，基本的に『成実論』『地論』『三論』『毘曇』『摂論』という五つがあったと言える。

　こうした注釈の伝統を，中国仏教に関する現代の多くの学術的な著述の中で用いられているように「宗」と呼ぶのにふさわしいかどうかは，はなはだ疑問である。先に述べた『涅槃経』と二種の律，および上記の五つの論書（または論書類）が，幾世代かにわたる学者たちに集中的に研究され根強い支持者を得ていたことは疑う余地がない。しかし，以下に説明するように，たとえある特定の仏典を研究する学者たちが他のどんなものよりもその仏典をほめ讃えたとしても，宗が単にそのような学者の集まり以上のものを指し示すわけではない。確かに5-6世紀の主な資料の中で，時として成実宗や涅槃宗，毘曇宗といった言葉に出くわすことがあるが，これらの資料を注意深く読むと，仏典の後に宗という語を付け足して用いられるときには，これまで機械的に翻訳されてきたような「宗派」を意味するのではなく，当の仏典の「根本の主題」あるいは「本質的な教義」を意味していることがわかる。

　このように，さまざまな注釈の伝統を宗派と呼ぶことは誤解を招くが，6世紀の終わりまでには，特定の仏典を専門とする「研究集団」（衆）が，政

府により正式に承認されていたことは明らかである。たとえば，596年と597年に隋の文帝が，長安の主要な官寺である大興善寺において地論，律，涅槃，論（すなわち大論）の研究集団を統率するために傑出した僧侶を任命していたことが挙げられよう。

## 成熟した宗派としての宗

　宗という用語は，一般に「初祖」と呼ばれる創始者にまでその起源をさかのぼれる伝統を指す場合にのみ，school（宗派）と訳すべきであり，初祖は根本的な精神的洞察力と信じられている。この定義は，宗という語が持つ本来の意味，つまり同じ祖先の流れを汲む一門という意味に由来する。後の歴代継承者たちは，競合する宗派からの新たな挑戦に応えて創設者の洞察を発展させることもあったが，基本的に彼らは，他のいかなる伝統も主張することのできない唯一の正統性を持つ者であると自認していた。拮抗する宗派は自宗に比べてある程度の正統性を持つにすぎない，と考えられたため，仏教のさまざまな教えを相対的に位置づける教相判釈を行なう必要があった。

　このような基準から判断すると，三論の伝統は別として，5-6世紀の注釈の伝統のどれも，本来の意味での「宗」と見なすことはできない。涅槃，毘曇，成実，地論，摂論および二種の律は，幾世代にもわたり学者によって研究されたが，いかなる宗祖の名も，これらの伝統と結びつけられたことはなく，またこれらの伝統が唯一の系譜によって伝えられたということもない。5，6世紀の間に復興された師弟の系譜を注意深く調べてみると，そこには仏典の特定の解釈を一貫して伝えるということもなく，また必ずしも師と同じ仏典を専門とすることを弟子が求められるということもなかった。

　三論は，6世紀の注釈の伝統と唐代（618-907）の成熟した宗派との中間に位置する。三論の伝統が，明確に定められた系譜を通して伝えられた正統的な伝承であるという考え方は，それを事実上体系化した人物である吉蔵（きちぞう）（549-623）が初めて採用したものと思われる。彼は自らの権威の出所として「摂山における相承」（摂嶺相承）ということを繰り返し述べている。吉蔵によれば，三論の教えは鳩摩羅什によってインドから中国に伝えられ，その羅

什の精神を受け継いだ中国人の僧朗が江蘇省摂山の棲霞寺に移り住んだ。三論の教法は僧朗から絶えることなく3代目の後継者である吉蔵に伝えられた。しかし，三論を純粋な宗派と見なすことは難しい。なぜなら吉蔵が属するこの系譜は，彼の2世代後の後継者である元康の死により，650年頃途絶えてしまったからである。たとえ三論が一つの宗派であると考えるとしても，それは創設者よりもわずかに生きのびたものであるにすぎない。

　開祖がおり，系譜があり，正統とされる教義の伝承もあり，また多くの信徒を有する成熟した宗派が出現するのは，8世紀になってからである。そのような宗派として唐代の後半に禅・天台・華厳の三つの宗派が出現した。初期禅宗史は非常に複雑なため，ここでは扱わないが，ただ8世紀末までにはいくつかの互いに拮抗する系統が存在し，そのほとんど全部が，自らの法系が開祖に認められた正嫡であることを互いに主張していたことだけを述べておこう。この系譜の中で，その中心的位置にあったのが菩提達磨である。彼は，禅の仏教徒から釈迦牟尼仏自身にまでさかのぼる系譜において，第28代目で，インド仏教の最後の祖であると信じられている半ば伝説的な人物である。菩提達磨は，中国で自分のみが「正法」すなわち禅の教えの正当な相続者である，と宣言することによって，中国禅の開祖となり，正嫡の究極的な源泉となった。中国禅の起源に関する歴史的事実が，菩提達磨の伝説と矛盾していることなどは取るに足らないことである。すべての禅の正統性は菩提達磨を経なければならない，ということを認識することが重要なのである。

　史実によれば，最初の本格的な禅の僧団は，その後の禅の伝承で菩提達磨の直系の第4祖とされる道信（580–651）によって創設されたものである。さらに，禅宗という呼称は，9世紀になって初めて東山宗とか東山法門という初期の呼称に取って代わって用いられるようになった。東山というのは，道信の僧団があった湖北省の地名である。

　伝説と事実の相違は，天台にも同様に見られる。天台宗を事実上創設し，また体系化した智顗（538–597）は，自分自身を新しい伝統の創始者とは見なさず，むしろ釈迦牟尼仏から龍樹（ナーガールジュナ）に至るインドの師によって絶えることなく受け継がれた系譜によって伝えられた教えの後継者

であると考えた。智顗は，中国において龍樹の精神を嗣いだ人物は，ほとんど無名な僧であった慧文であると信じていた。その弟子が智顗の師であった慧思である。智顗は，自分の教えはこの伝承から必然的に生まれたもので，真の仏教にほかならないと信じていたため，自ら造り上げた綿密な教義の体系に特別の名前を付けることはなかった。

　天台宗という名称は，智顗から第5代目の後継者であり，また智顗の主要な著作に長い注釈をほどこした湛然(711-782)によって初めて用いられた。湛然は，他の仏教宗派（特に禅と華厳）がすでに出現していた8世紀後半に活躍したので，特にそれらの宗派が天台の立場と相容れないときには，それらの教義に注目することを余儀なくさせられた。湛然は，天台の系譜においては傑出した古典注釈者である龍樹を初祖としているのに対し，禅の初祖である菩提達磨は中国に移り住んだ多くのインド人の師匠のうちの一人にすぎない，と論じて競合する禅宗よりも自宗の方が優れていることを主張した。

　唐代に興った中国仏教の第三の宗派は，華厳である。伝説によると，華厳宗は，法順 (557-640)〔一般的には杜順〕が創設したことになっている。しかし実際は，天台宗の場合と同じように，本当にそれを創設し体系化した人物は，いわゆる初祖ではなく，第3代目の継承者と称される僧，法蔵 (643-712) であった。法蔵は，先達に精神的恩義を深く感じていたが『華厳経』研究において，天台と同じく，自分が組織した綿密な教義体系に宗派の名前を付けることはしなかった。華厳宗という名称は，法蔵の3代目の弟子である澄観 (738-839) の著作にはじめて現われる。また華厳の正統的な系譜は，澄観の弟子である宗密 (780-841) によって定着した。彼は法蔵を第3祖とする系譜を考案した。後代の華厳の史料によると，澄観と宗密は，それぞれ第4祖，第5祖とされる。

## 宋代の記録に残されている仏教宗派

　11世紀に禅と天台との間に繰り返し行なわれた論争は，ともに相手の系譜の正統性を非難するものであった。そのため，両宗とも自宗の正統性を確証しようとする学者たちによってそれぞれの宗派の編年史が作られた。宋代

425

(960-1279) のもので今日なお現存している二つの天台の編年史は,『釈門正統』(1237) と, 百科辞典的な『仏祖統記』(1269) で 13 世紀に仏教の諸宗派が実際どのように見られていたかに関する貴重な情報をわれわれに提供してくれる。

どちらの編年史も宗という項目に, 禅・華厳・慈恩・密 (あるいは瑜伽密)・律 (あるいは南山律) という五つの宗派を記している。さらに両者とも, 天台の系譜を長々と記述しているが, それは宗の項目に書かれているのではなく, 釈迦牟尼仏の伝記のすぐ後に書かれており, これによって, 天台が数ある宗派の中の単なる一宗派ではなく, ブッダ自身に由来する唯一の系譜であることを示している。

唐代に慈恩・密・律が, 実際に, 成熟した宗派を組織していたかどうかは定かではない。慈恩 (日本では法相と呼ばれるため, 現在では一般に法相と呼ばれる) は, 玄奘によって翻訳された瑜伽行派の文献と, 弟子の基 (632-682) によるこれらの文献への注釈や論書に基づいた重要な教義体系である。基は, 後に窺基あるいは慈恩という名で知られ, この教義体系の名前もそれに由来している。玄奘によって伝えられ, 基によって体系化された瑜伽行派の教えは, 8, 9 世紀に盛んに研究され, 天台や華厳の思想の発展にかなりの影響を及ぼした。それにもかかわらず, この教えが, 真に独立した宗派を形成するほどに発展しなかったのは, 悟りは予定されたエリートにのみ約束されるという前提が, 中国仏教の理想に反していたからである。したがって, 宋の編年史が, 中国の「祖」として訳経僧玄奘と彼の弟子である基の二人しか挙げていないのは驚くにあたらない。宋代およびそれ以降に傑出した解釈者が現われた天台・華厳・南山律とは異なり, 慈恩の教えは長い間失われていた論書や注釈書が日本から復元される 20 世紀まで, 事実上顧みられることはなかった。

同じく曖昧なのは, 密教の宗派としての格付けである。『仏祖統記』は三人の祖師を挙げているが, このうち金剛智 (ヴァジュラボーディ, 671 〔一説に 669〕-741) と不空 (アモーガヴァジュラ, 705-774) の二人は密教 (金剛乗〈ヴァジュラヤーナ〉) 経典の単なる翻訳者にすぎない。また三人目である不

空の弟子，慧朗は，『仏祖統記』が編纂される頃には，すでに無名になっていた。実際，彼に関しては何も知られておらず，残されている著作もない。膨大な数の金剛乗の仏典が中国語に翻訳され，また多くの密教的実践が中国の仏教儀礼と混淆するに至ったが，日本のように，密教の包括的な体系を発展させる試みは，中国では全くなされなかった。

南山律宗は，二種類の中国語の律，すなわち『十誦律』ならびに『四分律』に焦点をおいた5，6世紀の注釈の伝統に起源がある。唐代の初めまでには『四分律』は僧団に幅広く受け入れられ，実質的に『十誦律』に取って代わった。彼らは『四分律』を僧団の最高権威であると認めていた。7世紀に『四分律』の注釈を書いた三人の優れた学者の中で最も影響力のあった人物は，南山という通称で知られる道宣(どうせん)（596-667）である。彼は，今日『四分律』に関する最も権威があるとされる論書や注釈書の著者であるとともに，第一級の教団史家でもあり，また書誌学者でもあった。

道宣は『四分律』の伝統を体系化した人であったが，自らを新しい宗派の創設者であるとは考えていなかった。道宣に創設者としての役割を担わせたのは，14代目の後継者，元照（1048-1116）である。彼は宋代の『四分律』に関する優れた学者であり，道宣の主要著作に多くの注釈を書いた人でもある。南山律宗が，唐代に存在したということはいかなる意味においても疑わしいが，宋代に姿を現わしたことは明らかである。『仏祖統記』は，南山律の記述の中で，『四分律』の編纂者と見なされているインドのダルマグプタに始まる系譜において，道宣をその第9祖としている。南山律の系譜は，ほとんどの授戒を執り行なう大僧院に職務する僧たちによって，今日まで連綿と伝えられている。

先に述べた宋王朝の編年史がどちらも，仏教の宗派の中に浄土教を入れていないことに注目することが大切である。『仏祖統記』の一章〔巻26-28浄土立教誌〕は，その全体が浄土教への帰依者の伝記からなるが，浄土信仰は明確な宗派とは認められておらず，むしろ仏教共同体〔仏教社会〕のすみずみまで広まった一種の信仰的実践であると考えられたのである。『仏祖統記』は，浄土信仰者としてさまざまな宗派の継承者の他に，優れた僧や尼僧，蓮

社の人々，信心深い在家の男女などを連ねている。

## 現代中国における仏教宗派

唐代に数多くの独立した宗派が興り，時として教義の諸問題に関して互いに言い争ったり，それぞれの系譜の正統性をめぐって論争することもあったが，なかには，仏教は本質的に一つだという考えを守ろうという希望を抱いて，宗派間の表面的な相違を調和させようと努力した僧侶がいたことを忘れてはならない。一人の僧が，異なる宗派に属する複数の師について学ぶということがあったため，一人の僧が複数の宗派の系譜の中に現われることも，まれではなかった。ちょうど唐代に独立していた宗派の系譜が宋代になって交わる傾向があったように，唐の崩壊につながる戦乱の中で，口伝が絶え，多くの注釈文献が失われてしまったため，後代の僧たちには見られなくなった教義上の優れた諸点の多くも同様であった。天台，華厳，そして規模はもっと小さいが法相の三宗は，教義体系（法門）としては現代まで生き続けているものの，もはや僧伽に対して全面的な忠誠を命ずることはないし，唐代あるいは宋代までにさかのぼる架空の系譜を保とうとするということすらもない。明代（1368-1644）までには禅の優位性が確立していたため，ほとんどすべての仏教僧は，ともに菩提達磨の系統であると主張する臨済か曹洞のいずれかと密接な関係を持つようになった。

宋代以降は，仏教を祖師の伝統（宗門），教義の伝統（教門），規律の伝統（律門）という三つの主な伝統（門）に分類するのが通例となっている。「祖師の伝統」というのは，先に述べた現在まで続く禅の二つの系統を意味する。実際に，今日の中国の僧侶はみな，これら二つの系統のいずれかに属している。僧が一つの系統に正式に入門したとされるのは，師の寺で剃髪し，師から法名を与えられた時である。「教義の伝統」という呼称は，天台・華厳・法相・その他の仏教思想の正式な体系を指し，僧が自ら属する宗派に関係なく，そのうちの一つ（あるいはいくつか）を学問的な関心をもって研究するものである。特定の教義体系を一人の僧に教授する師は，その僧の剃髪をしたり，授戒をしたりする師とは異なるのが普通である。「規律の学派」とい

うのは南山律宗の別称であり，授戒を行なう僧は，ほとんどこの宗派の系統に属している。このように，今日の中国人僧侶は，一般的に禅の系統（宗門）に所属し，おそらく特定の教義体系（教門）をある程度詳しく学んでおり，南山律宗（律門）のいずれかの系統に属す師によって授戒しているであろう。さらに付け加えると，僧の日々の勤行は浄土教に由来するらしい。

◇訳 注
1) 中村元「『宗教』という訳語」（『日本学士院紀要』46-2，1992年）において，インド・中国・日本の三国を中心とする「宗教」という語の意味する内容の綿密な検討がなされている。その中には中国における「宗」の意義の変化などについても言及されており，本項と密接に関連し，広く宗教という語の持つ意味を確認する上で非常に有益な論稿である。

## 【文献ガイド】

中国仏教における「宗」の概念についての研究で唯一最も重要なものは，湯用彤「論中国仏教無十宗」（『現代仏学』4，1962年，pp. 15-23）である。重複する点もあるが，同じく有用なものとして，湯による『隋唐仏教史稿』（北京）がある。これは1920年代末に書かれたものであるが，1962年になってやっと出版された。唐代以後の仏教文献において宗派がどのように論じられたかについては，山内晋郷『支那仏教史之研究』（龍谷大学出版部，1921年）において詳しく調べられている。インド，中国，日本における宗派の興起に関する比較研究については，真野正順『仏教における宗観念の成立』（理想社，1964年）を参照のこと。平井俊栄『中国般若思想史研究』（春秋社，1976年）は，主として三論の伝統に関する研究であるが，中国仏教における宗派の定義についても有益な論説がなされている（25-27頁）。さまざまな宗派の教義に関する伝統的な英文の解説としては，Takakusu Junjirō（高楠順次郎），*The Essentials of Buddhist Philosophy*（Wing-tsit Chan and Charles A. Moore eds., Honolulu, 1947）が挙げられる。20世紀の中国における宗派の役割を解説したもので最も信頼のおけるものは，Holmes Welch, *The Practice of Chinese Buddhism, 1890–1950*（Cambridge, Mass., 1967）である。

## 補 遺

鎌田茂雄『中国仏教史』全6巻（東京大学出版会，1983-99年）
──── 『新中国仏教史』（大東出版社，2001年）
任 継愈主編『定本 中国仏教史』全3巻（丘山新等訳，柏書房，1992-94年）

（堀内伸二 訳）

# 15 日本仏教の諸宗派
The Schools of Japanese Buddhism

荒木 美智雄
Araki Michio

　仏教は，西暦552年に朝廷へ公式に伝えられる以前に，中国大陸や朝鮮半島からの渡来人たちによって日本にもたらされ，おそらくその子孫たちのあいだで広く行なわれていたであろう。『日本書紀』によると，552年（他の史料では538年）に百済の聖明王の使節が仏像，経典，工芸品を日本の朝廷に贈ったとされている。仏教の朝廷への公伝は，仏教に対する朝廷による公認を支持する国際派の蘇我氏と，仏を蕃神(となりぐにのかみ)と見なし偏狭な土着主義の立場をとる諸氏族との間に広がりつつあった対立関係をいっそう深刻なものにした。さらなる衝突が起こるのを避けるために，朝廷は仏教の管理を蘇我氏に委ねた。蘇我氏によって広められた，この仏教は，おおむね呪術宗教的なものであった。しかしながら，貴族や宮廷人は，当初，仏教そのものよりも，大陸（中国や朝鮮半島諸国）の高度に進んだ文化・文明の本質的な部分としての仏教に惹かれたのであり，その文化・文明はまた，儒教や道教，医術や天文学，そしてさまざまな技術や知識を含むものであった。そもそも仏教が大陸で展開したとき，それは一つの宗教としてのみ受け入れられたわけではなかった。仏教は，色彩豊かな絵画や仏像や建築物，さらには舞踊や音楽を含んだ新しい深遠な文化とも関わっていたのである。

　日本人の仏教理解は，受容の初期の段階においては表面的かつ断片的であったが，歴史を経るにしたがって宗教的な深さを獲得していった。日本仏教の興隆と学派や宗派の成長は，国家官僚制の構造と密接に関係しており，またそれによって影響を受けたが，日本仏教の初期の発展段階では，それ自体がそのような影響を受け入れやすい構造として展開していた。用明天皇（在位585-587）は仏教を公式に受け入れた最初の天皇であったが，日本における仏教の最初の大きな展開に貢献したのは，彼の皇子であり，摂政になっ

た聖徳太子（574-622）であった。聖徳太子の活動に関する正確な情報がほとんどないにもかかわらず，太子は仏教の偉大な保護者であったと言われてきている。多くの仏教寺院を建立し，学生や僧侶を中国に派遣，留学させたことに加え，太子は『法華経』『維摩経』『勝鬘経』の三経について注釈書を書き，仏教や儒教の思想に基づいて有名な「十七条の憲法」を発布したと考えられている。後に聖徳太子は，観世音菩薩（救世観音）の化身として崇拝されたり，日本仏教の教主と呼ばれた。しかし太子によってすすめられた仏教の振興は，日本の神聖王権の宗教政治的な枠組みの範囲内に限られていた。すなわち，彼は天皇の王権を中心的な権威として支持し，「天子」としての天皇の神聖なる権威のもとに，神道，儒教，および仏教が適切な均衡を維持するような「多宗教的な制度」を構想したのである。聖徳太子の宗教政策，仏教の教義的・組織的区分に対する無関心，『法華経』の普遍主義的救済論（一切衆生の救済）に対する信頼，さらには平信徒のための道の強調は，日本仏教の後の発展に非常に大きな影響を及ぼすこととなる。

## 奈良時代の仏教

奈良時代（710-784）においては王法と仏法の相互依存の原理の上に成立した律令国家によって，仏教は国家の宗教として認められ，中央政府の官僚制度の中に組み込まれた。このような条件のもとで，仏教は皇室の支持を受け，寺院と僧は富裕であった。しかしながら，仏教に対する国家の庇護は完全に利他的というわけではなかった。奈良時代を通じて政府は，仏教徒が掌握していた政治権力に関心があった。国家は，国を文明化し，強固にし，保護することができる宗教として仏教を推進した。僧侶たちは，おおむね政府に管理された寺院に落ち着くであろうとの予想のもとに，経典の学術的研究に従事することを奨励された。これらの寺院はおそらく国家に従属し，国家の官僚制の本質的な部分を担っていただろう。すなわち，僧侶たちは儀式と式典を国家の平和と秩序を保証するために執り行うよう期待された。僧侶と尼僧は国家の権威のもとで任命され，したがって国家の官僚と見なされたのである。しかも，律令政府は僧侶たちに民衆の宗教的ニーズや運動と関わる

ことを禁止した。しかし，僧侶としての公的な地位を認められなかった人々は民間の仏教的活動に関わっていた。土着の神道，仏教およびその他の宗教的・文化的な要素を統合しながら，優婆塞，聖，山伏などの運動が自発的に生まれてきた。主としてこれらの運動を担った人々は，正式に受戒していない呪術師・僧侶であり山間部に住み，禁欲的，呪術宗教的な修行を通してシャーマン的な技術や癒しの力を獲得していた。後にこれらのグループに属す人々が，強力な民衆宗教運動を鼓舞し，日本仏教の発展に強い影響を及ぼすこととなった。

奈良時代以前においては仏教は無宗派のままであった。しかしながら重要な典籍や経典注釈の研究がよりいっそう深まり，洗練されてくるにしたがって，学者・僧侶の集団が，自ら学派や宗派を形成するようになった。ここで注意すべきは，「宗」（sect）という術語は，必ずしも組織化された学派を意味せず，むしろ，さまざまな経典に則った哲学的立場を示すものだという点である。奈良時代においては，宗派間の違いは，単に研究の中心として選ばれた個々の典籍に基づいているにすぎないのであって，個々の宗派の組織的，教義的，宗教的方向付けが互いに排他的であったわけではない。しばしば，これらの宗派は同じ一つの寺院に共生し合い，律令政府によって課された制限のもとで，国家にも個々の宗派相互にも，依存したままであった。

奈良仏教で最も注目すべき六宗派のうち，二つは小乗仏教の伝統と，他の四つは大乗仏教の伝統と密接な関係があった。最初の二つの宗派は，世親の『阿毘達磨倶舎論』に基づく倶舎宗と，訶梨跋摩の『成実論』に基づいている成実宗である。大乗仏教の伝統にある三論宗は，龍樹の『中論』と『十二門論』，および提婆の『百論』の三論に基づいている。また法相宗は護法の『成唯識論』に，華厳宗は『華厳経』に，そして律宗は，もっぱら道宣（596-667）の著述によって知られる中国の経・律・論の，いわゆる南山宗の伝統に，それぞれ基づいている。奈良時代初期においては，これらの宗派のうち最も著名でしかも威信を誇っていたのは，中国で学んだ日本人僧，道昭によって伝えられた法相宗であった。さらに，法相宗の威信は奈良時代末期から平安時代初期に興福寺などを拠点に全盛期を迎え，一方，良弁の指導のも

とにある華厳宗は東大寺を中心に大きな勢力を誇った。また律宗は僧院の規律や外面的な形式を規定した。残りの三つの宗は，たいていの場合，より強力な寺院がとりうる学術的かつ政治的な選択肢として存在していた。

## 平安時代の学派——天台宗と真言宗

　政府による奈良から京都への遷都決定は，部分的には，巨大で裕福な仏教寺院が保有していた権力を奪い返す必要に迫られてのことであった。奈良時代の終わりにかけて，当時の政治を仏教と統合しようとする努力が，仏教寺院による富の蓄財や広大な荘園の獲得を促し，野心にあふれた僧侶たちによって，仏教は国家政治に巻き込まれてしまった。この傾向はいわゆる「道鏡事件」となって顕在化したが，この事件は，結局のところ，仏教の宗教的権威を至高のものにしようとする企てであった。孝謙天皇（重祚して称徳天皇）の後見のもと，法相宗の一僧侶であった道鏡は，朝廷の官僚制度の地位を一気に駆け上がった。766年に道鏡は法王の地位を賜り，数年後には王権を奪おうとしたが，その企ては宮廷の貴族によってすばやく押しつぶされた。この事件に対応して朝廷は，もう一度仏教を国家に従属させることによって，伝統的な仏教の規律を強化した。平安時代（794-1185）を通じて仏教は国家の安全を祈願し守護する（鎮護国家の）宗教として奨励され続けた。しかしながら，平安時代に起こった宗派は奈良の六宗とはかなり異なったものである。奈良時代の宗派と同じように，平安時代の宗派は，宗教的権威の源泉として中国からもたらされた新しい教えに依拠していた。しかし，平安時代の僧侶は，自らの研究の中心を，奈良時代の僧侶のように日本や中国の経典の注釈書に求めることよりも，ブッダ自身の言葉と伝えられる実際の経典そのものに置こうとし始めた。それに加えて，平安時代の宗派は，それぞれの宗派的伝統の系譜の事実上の「宗祖」と考えられる諸個人によって確立された。平安時代の宗派はまた，その中心を山岳に置く傾向があった。それらの山々は，政治的な権威権力から象徴的な距離をとり，授戒の独自の制度を持っていた。この時代の最も重要な二つの宗派は，天台宗と真言宗である。両者とも，学問，瞑想，秘儀および神秘の重要性を強調した。しかしながら最も重

要なことは，両方の宗派が，すべての宗派を包含する仏教の統合的中心を打ち立てようとしたこと，さらにはそれによって仏教と国家を統合しようとしたことである。

■**天台宗** この宗派の宗祖である最澄（767-822，諡名を伝教大師）は中国からの渡来人の子孫であった。最澄は若い頃，法相と華厳と三論の伝統のなかで訓練を受け，19歳の時に奈良の東大寺で受戒した。その後彼は都を離れ比叡山に引きこもって庵を開いた。ここで彼は，智顗（中国の天台宗の開祖）の著書を研究し始めた。さらに，最澄は中国に留学中に，道邃より菩薩戒を受け，順暁より密教を伝授され，儵然のもとで禅を学び，中国の経・律・論の伝統を学んだ。日本への帰途，最澄は『法華経』の枠組みのうちにこれら四人の伝統を統合した天台宗を確立した。最澄は，普遍的救済の教え，すなわち，すべての存在の中に仏性という根本的本性があることを認め，現象界の価値と意味を肯定する天台の教義に忠実であった。これらの教義は，法相宗の教義に最もよく代表される奈良仏教の標準的な哲学的立場，すなわち仏性を宗教的エリートにのみ近づきうるものとする主張に真っ向から対立するものであった。

最澄の宗派を超える普遍的なアプローチは朝廷の支持を得た。しかし，彼のパトロンである桓武天皇の死後，空海の真言宗が台頭してくると，最澄の朝廷における影響力は著しく弱められた。彼の夢の一つは，天台宗の独立した授戒制度を朝廷に認めさせることであったが，それは最澄の死後になってはじめて公に認められた。天台宗は，しかし，その開祖の死後，数世紀にわたって日本の仏教者の生き方に深い影響を与え続けた。最澄の弟子である円仁（794-864）のもと，天台密教（台密）が全盛期を迎えた。円仁は，同時に，中国からの念仏宗（阿弥陀仏の名号を唱える実践を重視する）の伝来にも一役買った。天台宗のもう一人の重要な僧侶，円珍（814-891）も，台密の伝統を広め，いわゆる天台宗寺門派を創始して，円仁の山門派と組織的権力を競った。それに加え，浄土宗の法然，浄土真宗の親鸞，臨済宗の栄西，曹洞宗の道元，日蓮宗を開いた日蓮など，平安時代に続く鎌倉時代の最も傑出し

た仏教者の多くが比叡山の天台宗の僧坊で学んでいる。彼らを通して，天台宗の遺産は日本の仏教に確固として維持されたし，今もその伝統は巧みに維持されている。

■**真言宗** 真言宗の開祖，空海（774-835，諡名を弘法大師）はもともと儒教の学生であり，朝廷の官僚になることを期待されていた。さまざまな伝説によると，彼は都を離れたい，山にこもって修行をしたいと希う心断ちがたく，山の中でシャーマン的な仏教の僧侶とともに修行したということである。彼は『大日経』に強い影響を受け，そのために密教の伝統に導かれることとなった。804年から806年までの間，彼は中国に留学し，『金剛頂経』系の密教の祖師である不空の直弟子恵果のもとで学んだ。日本に帰った後，彼は真言宗の教義を広め始めた。当時，彼は，『十住心論』を書き，その中で密教の教義を体系化し，現存する仏教の教えと論文を批評した。嵯峨天皇の庇護のもと，空海は高野山に修道施設を開創し，さらに平安京の鎮護として794年の遷都の直後に創建された「教王護国寺」（東寺）が823年に空海に勅賜された。これらの朝廷からの支持の見返りに，空海は朝廷と貴族政治のためのさまざまな加持祈禱を行なった。

真言宗の教えによれば，歴史上に現われたブッダである釈迦牟尼のすべての教えは一時的で相対的なものである。絶対的真理は，ブッダの身・口・意の「三密」を通して大日如来の姿に具現されている。ブッダになることとはすなわち自らの身・口・意の行為を大日の身・口・意に合わせることである。しかしそのために行者は印を結び，陀羅尼を唱え，瑜伽行によって合一することが必要である。真言宗は，あらゆる社会階層の人々の欲求を満たそうとして，曼荼羅や仏具を用いながら，象徴と儀礼の体系を豊かに展開した。天台宗と同様に，真言宗も後の世代に多くの優れた僧侶たちを生み出した。

朝廷と貴族政治の支持を受けたため，天台（台密）と真言（東密）の密教は栄えた。しかし，それぞれの宗派が独自の組織的原理と独自の教義的立場をとったものの，両者ともに朝廷の公的な認可と支持を求めていった。それゆえ，国家の権力が弱まると，天台・真言両派ともに，さまざまな呪術宗教

的儀礼を貴族階級のエリートのみに提供する宗教になってしまったのである。

## 鎌倉時代の仏教宗派

　律令体制の衰退と武士勢力による封建主義の台頭は仏教の組織と実践に多くの変化をもたらしたが，律令の基本的なイデオロギーは応仁の乱（1467-77）に至るまで影響し続けた。鎌倉時代（1185-1333）に出現した新しい仏教宗派が日本における仏教を日本的な仏教に変容させたとは，しばしば論じられてきた。宗教的活動領域を国家社会そのものと考える奈良や平安時代の仏教宗派とは異なり，鎌倉時代の宗派は，独自の宗教共同体を打ち立てようとした。以前の宗派は，僧侶の道と在俗信者のそれとを分ける救済論的二元論を真剣に問うことは一度もなかったし，公の戒律とは性質を異にした独自の規範的原則によって基礎づけられる共同体を生み出すこともなかった。明らかに来世的な信仰を内に抱えているにもかかわらず，奈良時代や平安時代の日本において実践された仏教は，現実世界に強固に根づいた宗教であった。鎌倉時代の新しい宗派の開祖たちは，それぞれにみな，天台宗の中心である比叡山延暦寺で学んだが，天台宗の式典や教義の重要性の強調にも，僧職位階の硬直した授受継承の形態にも満足することはできず，現実の僧侶たちの生活の，誰の目にも明らかな堕落には深刻な危機を感じていた。そのような厳格主義や形式主義の代わりに，鎌倉時代の宗教的指導者たちは，個人的・直接的な宗教体験，敬虔で素朴な信仰，単純化されわかりやすい教義，民衆にとって行じやすい宗教的実践，直観，カリスマ的な力を重要視した。このような新しい宗派の民衆宗教的な実践と教義，ならびに民間の多様な信仰は，至るところで飢餓，疫病，戦争，経済と政治の行き詰まりなど一連の深刻な危機に直面していた平安時代末期の日本社会の圧倒的な終末論的な雰囲気を多くの側面で反映している。この終末の意味は，何よりも，当時広く民間に行きわたっていた末法信仰に現われている。この「末法」という観念は，仏教も社会も全体として不可逆的な衰退の時代に入ったというものであり，その結果，阿弥陀仏崇拝が流行した。阿弥陀仏は，とりわけ末法の時代を生きる者のために救いの道を差しのべる仏である。いずれにしても，これらの民

衆的な信仰は，鎌倉時代の最も代表的な民衆仏教宗派すなわち浄土宗，浄土真宗，日蓮宗は言うまでもなく，そして禅宗の臨済宗，曹洞宗にさえもそれぞれに強い影響を与え，独自の仕方で組み入れられている。

■**浄土宗**　浄土宗の開祖，法然（1133-1212）が登場するまでは，ほとんどの仏教宗派は浄土信仰と念仏行を他の宗教的実践に付属するものとして組み入れていた。法然によってはじめて，阿弥陀仏への絶対的帰依こそが宗派への加入の条件となったのである。多くの同時代人と同じように，法然は奈良仏教や天台宗における青年期の勉学に失望し，末法の考えと阿弥陀崇拝の効験への信仰を勧める叡空のような師匠のカリスマ的な教えに転向したのである。彼らの感化のもとで，法然は戒（かい）（戒律）・定（じょう）（禅定）・慧（え）（智慧）の三学の実践を通して救いや成仏を獲得することは不可能であると認識するに至った。そのような実践を捨てて，法然は，浄土に至る救済の道についての強い信念，すなわち衆生を済度しようとする阿弥陀仏の本願を請い願わねばならないという確信を得たのだった。この点で，法然は源信の『往生要集』（10世紀）に多大な影響を受けている。この著作は，浄土信仰の教義的な基礎を提供するものであった。しかしながら，法然が立脚する立場は，自ら弥陀の本願について著した『選択本願念仏集（せんちゃくほんがんねんぶつしゅう）』において示されているように，この阿弥陀信仰の初期の諸形式から明らかに離脱するものであった。法然がここで主張しているのは，念仏は，絶対的存在である阿弥陀仏によって「選択」された極楽往生への唯一の行であり念仏のみを専（もっぱ）ら修せよということである。それは，阿弥陀仏を絶対視し，念仏以外の人間の行を否定する徹底した「他力」の立場である。法然が京の都に創立した共同体は，個人の信仰と平等主義の考えに基づいて構築されていて，それゆえに血縁や家柄や性別といった社会的な階層差別を超越することができた。そのような組織の原理によって，法然の宗派は後の仏教展開における，新しいパラダイムになったと言うことができる。

■**浄土真宗**　浄土真宗の開祖，親鸞（1173-1262）が人生の形成期に受けた諸

影響については，8歳の時に比叡山，天台宗の僧院に入ったということ以外，ほとんど知られていない。29歳の時，親鸞は法然に出会い，彼のもとで6年間学んだといわれる。阿弥陀仏の救いの力についての親鸞の考えはこの師匠の考えを受け継いでいた。阿弥陀仏への帰依自体が絶対的なものであるという考えにおいても，しばしば指摘されるように，親鸞の独自性とされる思想，つまり「善人なをもて往生をとぐ，いはんや悪人をや」(『歎異抄』)の有名な「悪人正機説」も，法然の説と考えられる。親鸞の考えの特徴は，法然が浄土三部経に軽重をつけなかったのに対し，『無量寿経』を最重要視して，その中で阿弥陀仏が立てた四十八願のうちの第十八願，すなわち，「たとえ私が仏になることができたとしても……わずか10回の念仏の者までも私の国に生まれることができないならば，誓って正しい悟りを得て仏にはならない」に立脚しようとすることである。親鸞は，阿弥陀仏の本願に帰依して念仏することを徹底して，絶対他力の信心を貫こうとする。

　親鸞の教えは法然に従って伝統的な仏教教義からのラディカルな新しい離脱であるということに意義がある。彼は三宝（すなわち，仏・法・僧）を一つ（すなわち，阿弥陀の本願）に還元し，さまざまな霊的修行と瞑想という，それまで悟りへ導く正しい道として一般に認められてきた方法を拒絶した。親鸞はまた，幕府による法然への迫害を批判し，国家の俗なる権威はダルマという永遠の法に従属すべきだと論じた。親鸞を取り囲む宗教共同体においては，僧侶と在俗信者との区別は除去された。親鸞自身，結婚をし，子供をもうけたのである。親鸞は独立した教団を公式には創ろうとはしなかったが死後，その娘覚信尼が廟堂を建て，その孫である覚如は親鸞至上主義と血脈重視によって本願寺の基礎を作った。このことによって日本の仏教史において，宗派の継続が世襲に基づいて行なわれることが始まったのである。

■**日蓮宗**　日蓮（1222-82）は，この宗派の開祖であり，おそらく日本の歴史における最もカリスマ的で預言者的な人物の一人であろう。日蓮は1242年から1253年にかけて比叡山で過ごし，その時，『法華経』こそがブッダの究極的かつ完全な教えを含むものであると信じるに至った。多くの点で，日蓮

の考えは天台宗の教義に根ざすものである。たとえば，日蓮は一念三千（三千世界のすべての実在が一瞬の意識の中に含まれるということ）の考えに基づいて，国家が『法華経』の教えに帰依すべきことをしきりに主張し，普遍的救済を唱道した。しかしながら，また，日蓮は改革者であった。僧院や僧職の権威を通して『法華経』を伝えるという伝統的な考えを受け入れるよりも，むしろ『法華経』は「霊的な継承」を通して伝えられると論じたのである。そして，日蓮は自らを，釈迦牟尼に始まり，智顗，最澄に至る伝承の継承者と見なした。彼はまた，自らをブッダに代わって『法華経』の救いを弘める上行菩薩の生まれ変わりであると信じていた。改革は，この他にも，すでに確立されている仏教宗派，とりわけ浄土宗と禅宗を信頼できないものとすることでもあった。しかしながら，同時に日蓮は，それらの宗派の重要な考えや実践を取り入れてもいた。曼荼羅の利用と即身成仏の観念において，日蓮の考えは真言宗のそれと重なる。また，称名の実践（この場合は唱題），および女性や，本性が悪であるとされた人々の往生という諸観念においては浄土教と重なっている。日蓮は普遍的救済の教義を促進しようとしたが，彼の宗派は日本宗教史において最も排他的でしばしば戦闘的な集団となって展開された。現代日本の新宗教運動のいくつかにおいて，そのインスピレーションは日蓮に由来しているのである。

■**禅　宗**　奈良・平安時代において，禅の瞑想（禅定）は，すべての仏教宗派において他の修行法とともに実践される精神的な修行の一つであった。禅宗の臨済宗と曹洞宗が宋から伝えられた鎌倉時代に至って初めて，禅は独立の宗教運動として登場した。

**臨済宗**　日本における臨済禅の確立は栄西（1141-1215）と関連している。平安時代後期において，仏教の堕落に失望した栄西は，最初，天台宗の伝統の回復に関わっていた。天台の真の伝統を学ぶという目的のために，栄西は，最初は1168年に，ついで1187年から1191年にかけて中国に留学した。そこで栄西は中国禅の臨済宗に導かれた。その当時，禅宗は，その非常に純粋

なアプローチによって注目されていた。すなわち，古典的な仏教経典によらない，師から弟子への直接的な教えの継承の強調，あるいは，いわゆる「教外別伝，不立文字，直指人心，見性成仏」の考えである。しかも，宋の禅僧は世俗的な権威に対して敬意を払うことを拒絶していた。しかしながら，中国における臨済禅のあり方と比べて，日本において栄西が進んで取った態度ははるかに融和的なものであった。栄西は，他の宗派の実践，儀式，経典を学んだばかりでなく，積極的に鎌倉幕府に敬意を示し，その見返りに鎌倉幕府は彼を庇護した。栄西は，仏教の中心的役割の一つは国家鎮護であり，禅は国家の宗教であると固く信じていたのである。一般民衆の生活に接近するどころか栄西の禅の形式はエリートのものであった。臨済宗は，栄西の弟子たちによって独立した宗派として確立され，鎌倉時代を通してエリート集団の中にとどまっていたが，日本人の文化や生活に与えたその貢献は重要である。

**曹洞宗**　中国禅の曹洞宗を日本に伝えた道元（1200-53）は，13歳の時に比叡山の天台宗の僧院に入った。確かなものとして悟りの境地を達成したいという強い探求心から，道元は比叡山を離れ，最初は浄土教の僧に，後に栄西の弟子明全に師事したが，結局，1223年に中国に渡り，曹洞宗の禅匠如浄のもとで得悟した。1227年，道元は日本に戻り，曹洞宗の教義を解説することからはじめ，ついには独立した宗派を創立した。曹洞禅の学徒として，道元は，悟りを得るためのいかなる思想も努力も捨て，ただひたすら坐る瞑想的修練の坐禅行を通して得悟するという段階的な達成（漸悟）を強調した。道元の「坐禅」（只管打坐）の考えは，栄西の用いた頓悟，すなわち直ちに悟りを得ることを意味する「公案」とはまさに対照的である。

曹洞宗の伝統に忠実であろうとしたにもかかわらず，道元はその教えの独自性と自立性を強調する教義でも広く知られている。仏教の真理は誰にでも体現しうる。つまり，それは性の区別，知識，社会的地位にかかわらず，得悟は世俗的な生活においても達しうるものであると彼は確信していた。この教義はすべての存在が仏性であるという道元の言明に最もよく表されている。道元はまた，鎌倉時代の他の宗派において盛んであった末法思想を拒絶した。

彼は，ブッダの「完全なる教え」はいつの世にも存在し，そしていかなる時でも真に禅行を行なう者はそれを達成することができると考えたのである。道元によるブッダへの信仰の強調も，自己実現を強調する伝統的な禅の教えから逸脱していることをよく示している。彼は，禅行を行なう者にとってはブッダへの信仰のみならず，経典や師匠への信仰もまた必要であると主張したので，道元の宗派はしばしば聖職者尊重主義的であり権威主義的であると見なされることもある。しかしながら，道元の死後，道元の宗派は制度化され，後世の展開において政治的にも社会的にも最も強力な運動の一つとなっていくのである。

## 近世以降の仏教

応仁の乱と戦国時代の結果，政治体制は大きな変革を迫られた。織田信長（1534-82），豊臣秀吉（1536-98），徳川家康（1542-1616）の三人は国家を統一し，王法と仏法の相互依存という律令制度の原理を拒否した。そのかわり，徳川幕府（1600-1868）は国家の指導的原理として儒教（朱子学）を採用し，その政治体制を助けるものとして仏教の諸制度を操ったのである。幕府は，その体制の命脈が続く限り，宗教教団の発展，組織，および活動に対して厳格な統制を行なった。同時に徳川幕府は，室町幕府が公的な宗教と見なしたいくつかの宗派を含むすべての仏教宗派を公認し，援助し続けた。しかしながら，仏教に対するそのような施策は，キリスト教に対する迫害と国家のイデオロギーとしての儒教の採用によって刺激されたものである。新しい宗派の教団的組織や改革は言うまでもなく，教義の新しい展開も禁止され，そのために念仏や唱題などの新しい民間の運動は，地下活動をするか，あるいは迫害をこうむったのである。自律性を剝奪された既存の宗派，寺院，僧尼は，政治体制のなかで制度化され，自由な宗教的生命を奪われ形式化していった。浄土真宗において，「妙好人」と呼ばれる信者の運動もあるが，全体として見れば，制度的に仏教宗派は信仰的自由を奪われていた。とりわけ禅と結びついた多くの寺院や地方の寺小屋において，僧たちは儒教の古典を研究し，教えたのであった。

政治的，経済的な近代化とともに，1868年の明治維新は宗教制度に重要な変化をもたらした。明治政府（1868-1912）は，近代化・西洋化によって国力を強めながら，天皇の実際的権力を再建しようとして，封建的な徳川幕府の宗教政策のいくつかの面を拒否した。政府は，神仏分離によってそれまで習合していた神道と仏教を制度的に分離し，仏教を国家の宗教とする宗教制度を廃止し，仏教に換えて神道を重視し，それまで存在しなかった「国家」の神道を「非宗教的」な国家儀礼として位置づけた。制度化された既成仏教宗派は，政府の保護を失い，さらに威信と権力と保証を失ったために，政府に協力せざるをえなかった。それぞれの宗派は，先祖供養や，結婚，葬式などの人生儀礼を行なうことにより，帝国政府の体制の枠組みのなかで活動した。しかしながら政府の積極的支持を得られないことはまた，仏教内に強い精神的な覚醒を引き起こした。多くの仏教の知識人たちは，仏教の教えと伝統を，新しく獲得された西洋の思想や文化や科学技術と統合し，仏教を西洋化による新しい近代の歴史状況のもとで改革しようとしていた。浄土真宗や禅仏教においては，そのような知的エリートの創造的な改革運動が顕著であった。マックス・ミュラーその他のヨーロッパの学問の権威のもとに優れた留学生を送り，仏教の学問の近代化を図り，政府に先駆けて議会制度を導入したのは浄土真宗であったし，1892年に開催されたシカゴの万国宗教会議で活躍した釈宗演をはじめ，その弟子鈴木大拙や，西田幾多郎など禅体験を基礎にして日本や世界の問題を深く考察する人が出ている。また，明治から昭和にかけて民衆仏教は成長し続けた。もともと日蓮宗の僧侶であった田中智学によって導かれた国柱会などの運動は，1890年代の国粋主義者の熱狂によって人気を得た。日蓮宗から出たもう一つの民衆運動は，もともと僧侶であった日扇によって始められ，主に信仰的癒しを行なった本門仏立講である。創価学会，霊友会，立正佼成会などの在家の仏教組織や新宗教は，第二次世界大戦後の日本で民衆の支持を受けて大きな集団となった。

## 【文献ガイド】

家永三郎・赤松俊秀・圭室諦成監修『日本仏教史　古代篇』（法藏館，1967年）

辻善之助『日本仏教史』全 10 巻（岩波書店，1944-55 年）

*

Anesaki Masaharu（姉崎正治）. *History of Japanese Religion*（1935; rep., Tokyo and Rutland, Vt., 1963）

Kitagawa, Joseph M. *Religion in Japanese History*（New York, 1966）

Saunders, E. Dale. *Buddhism in Japan*（Philadelphia, 1964）

Takakusu Junjirō（高楠順次郎）. *The Essentials of Buddhist Philosophy*（Wing-tsit Chan and Charles A Moore eds., Honolulu,1947）

## 補 遺

石田瑞麿『日本仏教史』（岩波全書，岩波書店，1984 年）

宇井伯寿『日本仏教概史』（岩波書店，1954 年）

大野達之助『日本の仏教』（日本歴史新書，至文堂，1977 年）

─────編『日本仏教史辞典』（東京堂出版，1979 年）

五来　重『日本人の仏教史』（角川選書，角川書店，1989 年）

末木文美士『日本仏教史─思想史としてのアプローチ』（新潮社，1992 年；新潮文庫，1996 年）

─────『日本仏教思想史論考』（大蔵出版，1993 年）

田村圓澄『日本仏教史』全 5 巻・別巻 1（法藏館，1982-83 年）

二葉憲香『日本仏教史研究』全 4 巻（永田文昌堂，1979-81 年）

宮坂宥勝『日本仏教のあゆみ』（大法輪閣，1979 年）

*

Goodwin, Janet R. *Alms and Vagabonds: Buddhist Temples and Popular Patronage in Medieval Japan*（Honolulu, 1994）

Jaffe, Richard M. *Neither Monk nor Layman: Clerical Marriage in Modern Japanese Buddhism*（Honolulu, 1999）

Ketelaar, James Edmund. *Of Heretics and Martyrs in Meiji Japan: Buddhism and Its Persecution*（Princeton, 1990）

Payne, Richard K., ed, *Re-visioning "Kamakura" Buddhism*（Honolulu, 1998）

Pilgrim, Richard B. *Buddhism and the Arts of Japan*（New York, 1998）

Ruch, Barbara, ed. *Engendering Faith: Women and Buddhism in Premodern Japan*（Ann Arbor, Mich., 2002）

Stone, Jacqueline. *Original Enlightenment and the Transformation of Medieval Japanese Buddhism*（Honolulu, 1999）

# 16 チベット仏教の諸宗派
The Schools of Tibetan Buddhism

デイヴィッド・L. スネルグローウ
David L. Snellgrove

## 概 説

チベットにおける仏教のさまざまな宗派あるいは学派は「宗教教団」と呼ぶのが最も適切だろう。その大部分が，西洋におけるキリスト教の修道会，すなわちベネディクト会，ドミニコ会などと多くの点で類似している。つまり，チベット仏教の諸宗派は，(13世紀になって最終的に編纂され[1]，ほとんどすべてが仏教混淆梵語原典から翻訳された) 同一のチベット大蔵経を共通の基盤としており，しかも多数の宗派は，キリスト教の修道会と同様に，宗教界の傑出した人物によって設立され，教義と宗教的実践に関するかぎり宗派間には大きな相違はない。これに対して，インド仏教のさまざまな宗派あるいは学派は二つの段階で明確に区分することができる。第一は，伝統的な「戒律」(ヴィナヤ) は釈迦牟尼その人が定めたものと誰もが考えていたが，その内容についての解釈がさまざまに分かれたことによって教団の〔小乗部派〕分裂が始まった段階，第二は，紀元後数世紀の間にいくつかのグループが大乗特有の哲学的見解と宗教儀礼を採用し，他のグループ〔小乗〕が古い伝統を固持して，より大きな分裂が始まった段階である。

このような区分は，チベット仏教には存在しない。それはチベットの宗教教団が，すべて，特定の一つのインド仏教教団の戒律，すなわち中央アジアと北インドで当時特に勢力のあった根本説一切有部の戒律を疑うことなく受け入れたからである。そしてこの部派の中から，チベット人は最初の師となるべきインド人を見出したのであった[2]。さらに，チベットに確立された仏教の形態は，インド仏教の中でも特に後期大乗と金剛乗の形態に相当し，その結果，総じて小乗として知られる初期の宗派はチベット仏教に何の痕跡も

残しておらず，チベットではただ歴史的，教義的な関連で知られているにすぎない。こうしたことから必然的に，チベット仏教にはインドには見られなかった全宗派を包括する単一性があると考えられてきた。それゆえ，チベットの教団間に現に見られるような差異は，チベットに特有の事情によるものである。仏教がチベットに導入されるのには，7世紀から13世紀にまでわたる長い期間がかかったが，教団間の差異も，主にその長期にわたる導入過程に影響を与えたさまざまな歴史的変容の結果生まれたものである。したがってそれらの差異は，チベット人の目からはすぐわかるものであるが，歴史的な背景を考慮してはじめて説明できるものである。さらに仏教教団をキリスト教教団と比較するとき，次の違いに注意しなければならない。すなわち，キリスト教にとって，修道会はある意味で付随的なものであり，必要不可欠なものではないが，一方，仏教にとっては，教団（僧伽）はどんな伝統的な形態のものであれ基礎となるものである。ひとたび僧院が破壊されるか，あるいは「俗化」されてしまったならば，有効な文化的・宗教的勢力としての仏教は消滅してしまう。

　チベットの仏教には，指摘しておかなければならない特徴がもう一つある。それはチベットの宗教生活全般を理解する上で重要であり，チベットの宗教教団相互の関係に深く影響するものである。そもそも「法系」という概念は，ある特定の宗教的伝統ということにほかならず，通常は特殊な宗教的実践を伴なって師から弟子へと相承されるものである。このような概念は，西洋でも全く知られていないわけではないが，チベット人にとっては全く根本的なものであり，まさにこの概念こそが，チベットのさまざまな宗教教団を統合し，教団間に存するであろう，いろいろな関係を明らかにしてくれるのである。一人ひとりは多様な系統から教えを受け，複数の教団に属していることもしばしばあるが，それら個々人の人間関係について言われるものが法系である。一方，「宗教教団」（または宗派）はそれとは異なり，独自の階級組織と行政機構を持ち，多くの僧院を擁し，またそこへの所属が認められた成員がいるという特徴を備えた，外見上それぞれ別個の共同体であると定義づけることができよう。まさにこれらの点から，またその設立のあり方からも，

チベット教団のあるものはキリスト教教団と似ていると言えるのである。しかしながら，法系はチベット仏教では常に非常に重要なものであったので，宗教教団と思われているものの中には，西洋的感覚で理解される教団というよりも，むしろ複数の法系が寄り集まったグループとして存在するものもある。この点は，個々の教団を歴史の流れのなかで扱うことによってはじめて明らかにされよう。

　8世紀末頃にチベットで最初の僧院（サムイェー僧院）が建立されてから，11世紀半ばに至るまでの間，チベットには固有の名前を持つ宗教教団は存在しなかった。王の布告によって説一切有部の戒律を遵奉すべきことが命じられ，さらに新たに僧院が建てられても，この当時はまだそれ以上の区分をする必要もなかった。しかしながら，842年にチベットで吐蕃が分裂し[3]，中央の統制が失われた結果，この新しい宗教に対してチベット民衆の支持を勝ち取ったり，維持したりする方法について一種の自由競争状態となり，また改宗の状況も地域ごとに大きく異なっていった。中央アジア東部の敦煌地域は吐蕃王朝時代にすでに中国仏教の影響下にあったが，チベットと敦煌との接触は吐蕃分裂後も確かに続いていた。一方，インド人の論師やタントラヨーガ行者たちは，西や南の国境を従来通り容易に越えてくることができた。貴族の庇護が失われたことにより，多くの寺院や僧院は朽ち果てていったが，法系は維持され，また新たに始まったものもあった。状況が好転するにつれ，古い僧院跡はよみがえり，新しい僧院が建立された。後世のチベットの記録は，この時代を仏教の伝承がほとんど完全に途絶えた時代であったとするが，後に明らかになったことから判断するならば，必ずしもそうでないことは確かである。

　10世紀の終わりにかけて，新しい王朝〔ガリ王朝〕が西チベットで勢力を伸張し始めた。それ以外の地域も，地方豪族の統治のもとで次第に安定してきた。以前には確かに新しい宗教への反発があったが，今やその兆候も全くなく，王族と貴族の援助が復活して，宗教生活は一応統制された様相を呈するようになった。サンスクリット語の仏典をチベット語に翻訳するという遠大な作業が引き続き優先課題であり，僧院と学堂が活動し始めた。名高いイ

ンドの学者アティーシャ（より正確にはアティシャ）[4]が 1042 年にチベットに招聘（しょうへい）され，1054 年に没するまでその地に留まったのにはこうした状況があったのである。他にも多くの指導者がインドからやって来たが，その中で彼がとりわけ重視されたのは，彼のチベット人の主要な弟子であったドムトゥン（1008〔一説に 1005〕-64）が，師の支援を受けて〔その没後の〕1056 年にラデン僧院を開設し，はじめてチベット独自の宗教教団を築いたからである。カダム（「〈聖なる〉言葉に連なった」）派として知られるこの新しい教団は，出家の宗教生活に，組織化された僧院の戒律による適切な規範を組み入れることを目指していた。数年後，1073 年にもう一つの僧院がクン氏のクンチョク・ギャルポ〔1034-1102〕によってサキャの地に建てられた。ギャルポは，ドクミ（単なる「遊牧民」の意）〔本名シャーキャ・ションヌ〕の名で知られる，旅を愛した学僧（992-1072）〔異説では 993-1064, 993-1074〕の門弟の一人である。

 10 世紀後半以降のこの時代は，チベットにおける仏教の「第二の伝播」期として知られている。先の第一伝播期とは異なって，今回はインドの影響のみを受け，以前の中央アジアや中国とのつながりは大部分忘れ去られていた。第一伝播期の王朝時代を特徴づけていた学究活動と同じレベルの学究活動が，はじめは西チベットの宗教指導者たちによって奨励された。他方で，それに続く数百年以上に及んだ政治的不安定期の特徴でもあった自由な進取の精神が，この時期の発展を支え続けた。

 もう一人の成功した宗祖はマルパ（チューキロトゥ，1012-96〔あるいは 97〕）である。彼は貴族の援助は全く受けなかったようである。東インドへ何度も旅し，さまざまなタントラヨーガ行者，なかでも選りすぐりの師ナーローパ（956-1040）[5]について学んだ。マルパの弟子で最も有名なのはミラレーパ（「綿布をまとったミラ」）〔1040-1128〕であり，厳しい苦行者の人生を歩んだことで知られる。マルパは性的ヨーガの実践に精通していたが，この特異な師資相承の過程でどうやってそれがミラレーパの極めて厳格な禁欲につながりえたのか，興味深いことである。ミラレーパは，名の知れたインドの聖者やヨーガ行者に由来するマルパの教えをガムポパ（〔別名ダクポ・ラ

ジェ〕1079-1153）に伝えた。ガムポパはダクラ・ガムポ僧院を創建した。その僧院が特定の宗教教団の中心となることはなかったが，この教義を絶えることなく伝えた。しかし，ガムポパの直弟子たちが六つの有名な学派を確立し，それらはその後，今日よく知られたカギュー派教団の分派へと発展したのである。それらのどの派の伝統も，みなガムポパ，ミラレーパ，マルパを経て，最高の覚者，持金剛（ヴァジュラダラ）[6]直系のインドのヨーガ行者ナーローパと，その師ティーローパにまでさかのぼる。したがって，いわゆるカギュー派教団とは，相互に密接な関係を持つ分派の集合体を表しているのである。それらの分派は，それぞれが事実上の宗教教団として機能し，当初からかなり固有の伝統を持ちながら独自の階級組織と行政機構を発展させてきた。

ガムポパの最も偉大な弟子はおそらく高僧パクモドゥ（1110-70）であろう。彼はカギュー派の最初の重要な僧院であるデンサティル僧院を建立した。面白いことに，後に繁栄したこの僧院施設は，最初は彼自身が生活するための質素な小屋にすぎなかった。一方，弟子たちはそれぞれ自分の小屋を建てて，その周りに集まった。しかし，富裕なラン氏の庇護のおかげで，パクモドゥの質素な小屋はまもなく裕福な僧院へと変わり，その後は宗教界の先頭に立ち，同時に主要な行政の担い手としての役割を果たしたのであった。有力な聖職者階層と地方の為政者の一族とのこのような緊密な関係は，またサキャ派教団の特徴でもあった。当然予想されるように，これら二つの教団は，ともに国の政治に深く関わっていた。教団のこの機構は，チベットの規範となり，後のダライラマ宗教政府の形態を予示したと言えるかもしれない。

ガムポパのもう一人の弟子，ドゥスム・ケンパ（1110-93）によって設立されたカルマ派教団の名は特に忘れてはならない。彼は1185年にツルプ僧院を建立した。カルマという教団名は，おそらく彼が以前に出身地の東チベットに建てたカルマ・デンサ僧院にちなんだものであろう。この教団の特徴は，宗派の次代の長の地位に就く者を見出し，同定するために転生制度を採用した最初の教団の一つであるということである。この転生による聖職位階制度は今日まで継続されている。他のカギューの分派，特に貴族の庇護の

もとになかった派も同じ制度を採用した。庇護を受けていれば，通常は支配者の一族が，自分の係累のなかでその地位を継承したであろう。おそらく初期のカギュー派は，こうした転生による継承の慣習をインドのタントラヨーガ行者の社会から採用したのだろう。カギュー派の起源はインドのタントラヨーガ行者社会と緊密な関係を持っており，またヨーガ行者の社会では生まれ変わりの出現が伝統的に信じられていたのである。この転生制度は，次第に他の宗派にも取り入れられていった。なかでも最もよく知られている例は，ゲルク派の転生する長，ダライラマとパンチェンラマであるが（後段参照），しかし彼らとて，後に控える大勢のうちの二人でしかない。

「カルマ派」という名称には，伝統的に別の説明もあることを付け加えておかねばならない。伝統的な解釈によると，神々と恐ろしい女神のダーキニーたちが集まり，この宗派の創始者ドゥスム・ケンパに，過去・現在・未来（すなわち原因と結果の連鎖全体について）の知識と，無数のダーキニーたちの髪の毛で編まれた魔法の黒い冠を授けたと信じられている。これが後の「紅帽」派とは区別され，「黒帽」派というこの派の別称になった。一方の「紅帽」派は，タクパ・センゲ（1283-1349）という者が元朝皇帝の一人から美しく紅い帽子を授かるという特別な栄誉にあずかり，分派した[7]。このようなカルマ派の政治への関与については，後で簡単に述べよう。

話をガムポパの弟子たちに戻すと，三人目の重要な人物が想起される。ゴムパ（1116-69）である。彼は，ツェル派として知られる分派を創設した。ツェル派の名前は，彼の最初の僧院グンタンが建てられた土地の名前に由来する[8]。他の三つのカギュー分派は，次の世代の創設で，偉大なる高僧パクモドゥの弟子たちによって始められた。すなわち，ジクテン・グンポ（1143-1212〔あるいは1217〕）が建立したディグン僧院にその名が由来するディグン派，やはりその主要な僧院にちなんで名づけられたタクルン派，そして，実際に中心となった僧院はラルンであるが，中央チベットのドゥク僧院にちなんで名づけられたドゥク派である。これらのカギュー派の支流を教団と呼ぶか分派と呼ぶかは，後の歴史的展開に応じて選べばよいことである。今日まで存続している重要なものは，現在亡命先に定着したカルマ派，ラダック

で生き残っているディグン派，そして17世紀以降ブータンで圧倒的に力があり，またラダックの代表的な存在でもあるドゥク派である。

カギュー（シャンパ・カギュー）とは，より広義には「（聖なる）言葉の継承」を意味することを考えると，シャンパ・カギュー派が注目されるところとなる。これはキュンポ・ネルジョル（1086-1139）が1100年頃（正確な年代は不明）に創設した別の流派である[9]。この優れた学者は，はじめポン教とニンマ派の教義を学んで宗教生活に入り，後に北インドを旅した。そこで彼が付いた師は，ナーローパの姉（妹とも妻とも言われる）で，傑出した女性ヨーガ行者，ニグマであった。ニグマや他のタントラの師たちのもとで学んだ彼は，中央チベットのシャン地方のシャンシュンに僧院を建てて地盤を確立した。彼の学派はそれにちなんで名づけられている。彼の教義の系統は今日まで続いているが，内部の不和がもとで，分派としての彼の学派は終焉に向かった。

これらさまざまなカギュー派の伝統は，大部分がマルパの相承の系譜と結びついているが，そうでないものも，またサキャ派の伝統も含めて，その起源はすべて10世紀から13世紀初頭の北東インドの後期大乗とタントラ仏教に由来している。すべての派がインド仏教の発展した同一の形態を受け継いでいるのである。教義上にみる若干の違いは，それぞれの派が祖とするインドの師がタントラの伝統的教義に若干修正を加えた結果生じた違いにすぎない。他の派は僧院での宗教的生活とともに妻帯生活も認めたが，カダム派だけは，出家戒律を厳格に固守する点において異なっていた。しかしながら，どの派であれ，僧院のあるところで常に遵奉されていたのは，同一の古代インド仏教の戒律，すなわち説一切有部の戒律であった。高い水準の学問が時代の要請であった。インド仏教の遺風をすべてチベットの土壌に移そうという大事業が達成されたのが，まさにこの時代であったからである。とりわけ，西チベットの偉大なリンチェン・サンポ（958-1055）と彼の協力者や後継者たちの膨大な翻訳事業は特筆されねばならない。彼らは，創立当時からカダム派と，そして後に12，13世紀の間は優れた学識を備えたサキャ派の偉大な学者たちとともにこの作業に従事したのであろう。全宗派の学者が，なん

らかの形でやがて来たるべきチベット大蔵経の編纂に貢献したのである。チベット大蔵経とは、釈迦牟尼自身、あるいは彼に代わる正統な説法者に帰せられる教義を収めた100巻を優に越す経典と、その2倍を越える巻数のインドの論師たちによる注釈書・解説書からなるものである。

## ニンマ派とポン教の伝統

　これまでに論じてきたこの国の諸宗派はすべて、それ以降、仏教の伝統が多少なりとも生きていた地域で、8世紀以前ではないにしても、11、12世紀の間に設立された。それより以前には、上に述べたような教えの法統は存在していたが、すでに定義したような固有の階級組織と独自の伝統を持つ宗教教団は存在しなかった。しかし、新興の宗派が彼らの正統性を強く攻撃するようになってきてからなおさら、この頃まで受け継がれていた初期の教義を説き続けていた人々が、自分たちの教義を守るために団結し始めたことは十分に理解できる。このようにして「古派」（ニンマ派）とポン教は、はっきりと別組織の教団として12世紀以降次第に宗教界に登場してくるのである。最も後出のこれらの教団は、最も早く伝わった仏教ばかりではなく、仏教以前の伝統をも併せ持ち、また同時に、新しい時代に蓄積された教義の恩恵をもこうむっている。

　ニンマ派も、ポン教も、先に定義したような厳密な意味での宗教教団ではない。むしろ、一部の高僧（他の多くの教団と同様、彼らも転生制度を採用するようになった）が崇拝されることでできあがった、互いに関連し合う複数の法系の集合体である。そうした性格上、当然、他の新しい教団に見られるような、はっきりと特定しうる歴史上の創設者はいない。ただしニンマ派は、さかのぼって8世紀後半にチベットを訪れたヨーガ行者で、幻術師でもあったパドマサンバヴァを創設者であると主張し、一方ポン教は、彼らの教義を、遠い過去に存した西チベットのはるか彼方のどこかはっきりしない土地、タシク国（旧ソ連にタジクという同名の土地がある。〔現在のタジキスタン共和国〕）出身の神話上の祖師シェンラプに帰している。ニンマ派とポン教徒は多くの宗教教義を共有しているが、彼らの間には一つの根本的な違いが

ある。新しい諸教団はニンマ派の教義のあるものを非正統として退けることはあっても（このため，彼らは余儀なく独自のニンマタントラの全集を作ることになった）[10]，ニンマ派が仏教者であることを確信して疑うことは決してなかった。このようにニンマ派は，まぎれもなくチベット仏教の伝統全体の中の一部を占めているのである。

　他方ポン教徒たちは，自分たちの教義が，内容的には大部分疑いなく仏教的であるにもかかわらず，インド伝来のものではなく完全に神話上の土地タシク，あるいはシャンバラに由来すると主張し，シェンラプがブッダの真の姿であり，釈迦牟尼は仮の姿であると説いて，既成の仏教の枠を超えた立場に立った。推察するに，ポン教の教義となった最も古い仏教の伝統は，7世紀以前，すなわちインドの仏教教義がはるかインドの北西地域や中央アジアから古代の西チベットにすでに浸透してきた頃よりも前にさかのぼるのではないだろうか。その後，似通った教義が王朝の庇護のもとにチベットに移入されても，ポン教徒はその真の歴史的起源がインドであることを決して容認しなかったのではないだろうか[11]。仏教以前のチベットの宗教は，形式的にはポン教の教義に組み込まれているが，彼らが12世紀以降一つの組織体としてチベットに登場して以来，彼らの生活様式全体は，既存の仏教教団にならっており，ここ数世紀間では特にゲルク派にならっている。ポン教徒は，何のためらいもなくゲルク派の大寺院で学んでいた。既存の仏教教団もまた，一般の実践においては多くの非仏教的儀礼を採用してきたので，ポン教も自分たちを明瞭に区別できなくなってきた。チベットの正統派の著作家たちは，ポン教の教義内容の大部分が仏教的であることを表向きは知らぬふりをして，ポン教徒とは，さかのぼって7-8世紀に新しい宗教（仏教）をチベットに導入することに反対した人々を総じて指すのである，としてきた。ともかくも，ポン教とは非常に奇妙な宗教現象である。チベットで宗教が組織的に壊滅された1959年以降，国外で再び宗派を築き上げることのできた他のチベットの宗教教団とともに，ポン教徒もまた，今も亡命先で生き残っている。

　ニンマ派に伝承されている教義にはポン教と多くの共通点がある。なぜならニンマ派は，8世紀以降，中央アジアや中国の仏教の影響下にチベットで

発展した教義を護持してきたからである。そのうちで最も特徴的なのは、ゾクチェン（大究竟）の伝統である。それは8世紀のチベット人の祖師たちを通じて中央アジアや中国の祖師たちにまでさかのぼることができる。ニンマ派はそのようなインド以外の長い伝承系譜に否応なく組み込まれ、インドの原典に接触することがなかったので（その後サンスクリット原典が発見されて、場合によってはニンマ派の主張の正当性が立証されてきたことを付け加えねばならないが）、簡単にネパールや北インドから直接インドの原典を得ることができた新しい教団の学者たちは、多くのニンマ派の教義に真っ向から異議を唱えた[12]。しかし同時に、新しい学派の誰もパドマサンバヴァの重要性を否定しなかった。他の学派でも彼をブッダの示現と認め、彼を中心に据えた儀礼をしばしば取り入れているのである[13]。

　ニンマ派もポン教も、「埋蔵経典」（テルマ）、すなわち宗教書の再発見をしばしば行なった。それは、実際のあるいは仮想上の宗教迫害の時代に、しばしば昔の有名な師によって、実際あるいは仮想上ある秘密の場所に埋蔵されたとされる宗教書が、後のしかるべき時に、それを見つけることに熟達したしかるべき者によって再発見されるということである。これらの著作のうち、あるものは預言書の形式で書かれ、（『聖書』の「ダニエル書」のように）それが言及している後世の出来事から実際の著作年代をおよそ推定することができる。ニンマ派とポン教の伝統は、チベット宗教教団の最も複雑で興味深い側面である。

## 他の新しい教団

　14世紀から15世紀にかけて起こった他の新しいチベットの教団について簡単に触れよう。それらはすでに述べたチベット仏教の形成期が完了してから設立され、そのため指導者たちが教義の正統性を主張するためにしばしば直接インド仏教の原典を持ち出しはしたが、教義内容は、多かれ少なかれ既存の教団に負うところがあった。チョナン派は、14世紀にドルポの高名な学者、シェーラプ・ギャルツェン（1292-1361）が絶対的存在の本性についての教えを明確化して、特異な一学派として登場したものである。ただし類

似の思想は，昔の祖師たち，もちろんこの学派が依拠するインドの瑜伽行派たちにまでさかのぼることができる。この派は，シェーラプ・ギャルツェン自身の師〔トゥクジェ・ツォンドゥ（1243-1313）〕によって建てられたチョモナン僧院にちなんで名づけられた。このように，存在論的意味で仏性の実在を認めるという，ある特定の哲学的教義を宗教教団の旗印とするのは，チベット教団の中でもまれな例だと思われる。インドの瑜伽行派の先達たちと同様，チョナン派も「仏教バラモン」と言われ，非難された[14]。そしてこの教団は，ダライラマ5世が1642年に権力の座に就いた後，彼の命令で正式に禁教となった。しかしそれは，おそらく教義的というよりは政治的動機によるものであっただろう。

　さらに全く無害なもう一つの教団が，チベット大蔵経編纂の作業を成功裏に完成させるという重責を果たした偉大な学者プトゥン（リンチェン・ドゥプ，1290-1364）の弟子たちによって創設された。プトゥンが住んでいたシャル僧院にちなんでシャル派と呼ばれたこの小さな教団は，当時権勢を振るっていたサキャ派教団と密接な関係にあった。15世紀に偉大なサキャ派の学者クンガー・サンポ（1382-1444）が，ノル・エーヴァム・チューデン僧院を建立し，そこを拠点としてノル派として知られる新しいサキャ派の分派が発展した。この派は，他の生き残っているチベットの教団と同じように，今日インドの亡命先で存続している。

　最後に，非常に重要なゲルク派教団に触れねばならない。「黄帽派」とも呼ばれるこの派は，偉大な学者であり改革者であったツォンカパ（ロサン・タクペーペル，1357-1419）によって創設された。ツェル，サキャ，パクモドゥ，シャル，チョナンなどの既存の教団に所属する師たちについて学んだ後，彼はアティーシャの弟子ドムトゥンが創設した偉大なカダム派のラデン僧院に入った。1409年に自分の最初の僧院であるガンデンをラサ近郊に設立し，偉大な先人アティーシャにならって厳格な出家の戒律を守るよう主張したため，彼の学派は「新カダム派」と呼ばれるようになった。教団は繁栄し，優れた徳行によって早々に確実に名声を獲得していった。しかしゲルク派は，こうした優れた資質を犠牲にし，かつて他の宗教教団がしたように，

外国の援助を頼んで，ダライラマ5世の時代，結局は政権の座に就いたのであった[15]。

## 政治との関わり

　チベットの歴史は宗教教団と密接に関わっており，1959年まで，その政治形態は構造上，極めて宗教色が強いものであった。そこでこうした政治との複雑な関わり合いについて簡単に述べておく必要がある。チベットは，おおよそ600年から842年のヤルルン王家（吐蕃王朝）の滅亡の時まで，チベット語を話す人々の自治統一国家として強大な力を誇り，独立していた。その後，分裂したが，チンギス・ハーンのもとに統一されたモンゴル人によって13世紀前半に占領されるまでは，外国から干渉されることはなかった。モンゴル人は，チベットに服従を遵守させるため，チベット人名士の代表者を探したが，全く宗教色のない人物など見あたらず，最も適任としてサキャ派の高僧たちに白羽の矢を立てた。特にクビライ・ハーンが中国最初のモンゴル人皇帝になり，北京に首都を置いた時（1263），サキャ派教団はモンゴルとの関係によって大いに利益を得ることになった。サキャ派が享受していた富と権力を嫉み，カルマ派，ツェル派，ディグン派などの他の教団もモンゴル人の後援者を求めた。こうして，1267年から1290年にかけてサキャ派とディグン派の僧院どうしの戦争が起こったのである。その結果，ディグン派の僧院は破壊され，炎上した[16]。しかしカルマ派は，こうした災厄に見舞われることもなく，元朝から明朝にかけて，中国の宮廷から引き続き大きな利益を得ていたのである。

　サキャ派の優位は，身内の一人の僧にしてラン氏一族のチャンチュプ・ギャルツェン（1302-73）によって終わりを迎えた[17]。ラン氏はパクモドゥ教団に所属し，チャンチュプとその後継者たちによって，チベットは130年間，実質上，独立国家として統治された。彼らの統治は，その後，その有力な大臣であったリンプン氏の諸王子に取って代わられ，さらにツァン氏の為政者たちに取って代わられた。リンプン氏もツァン氏もともにカルマ派の支持者であったので，当然カルマ派は利益を得た。したがって，ダライラマ5世と

彼の新しいモンゴルの支持者たちがツァン氏の支配を壊滅させると、カルマ派が最もダライラマ5世の不興を買うことになった。ダライラマ5世がその非正統的見解によってチョナン派を禁教するに至ったのは、おそらくカルマ派との友好関係から、チョナン派が当然前々から諸氏族の庇護を享受していたためであろう。

　歴史を通して、チベットほど宗教の領域で寛容であった国はまずないだろう。しかし政治的利権が絡むところ、その報いは恐ろしいものであった。より非正統と判断されても当然なニンマ派教団が、政治に関わらなかったおかげで、何世紀にもわたってほとんど無傷で生き残ってきたことは重要である。同じことはポン教についても当てはまる。その思想は、釈迦牟尼個人に関するかぎり全く異端であると理解されてしかるべきものである。カルマ派は、ダライラマ5世の不興を耐え抜き、以来政治の舞台から遠ざかって静かな生活を送っている。しかし、その「紅帽」派の転生活仏は、ネパールに新しく成立したグルカ人政権と関わって裏切りに遭い、その結果、1792年、寂しい最期を迎えることになった。多分に活仏自らの扇動によって、グルカ人は1788年にチベットに侵入し、彼がとりわけ恨みを抱いていたタシルンポで略奪を行なった。後にグルカ人が中国の軍隊に敗れると、活仏は自殺し、チベット政府は当然、彼の転生を禁止した[18]。

　チベットの政治的陰謀の最後の犠牲者は、（もともとはカダム派の創設である）ラデン僧院の転生活仏であった。1947年の事件は、外からの共産主義の占領に脅かされていたちょうどその時であり、国全体にとってまさに破滅的であった[19]。チベット人にとって、宗教教団は宗教上の福利のために有用であった。しかしそれが大きければ大きいだけ、こうした政教一致の形態が内包する本質的な脆さは、政治的にチベットの人々を苦しめてきた。宗派間の嫉妬は別としても、転生制度は、統治者である一人の活仏が死に至る病に倒れてから、幼い後継者が成長して彼の代わりに政務を執ってきた摂政たちから権力を取り戻すまでの間、長い政治の空白期間を生むことになるのである。

## 16 チベット仏教の諸宗派

◇訳 注

1） カンギュール（ブッダに帰せられる経典を集めたもの），テンギュール（インド論師の著した経典についての注釈書，解説書を集めたもの）からなる現在の形のチベット大蔵経の原型は，チョンデン・リクレル，ウパ・ロセル，チム・ジャムペーヤンなどによって収集され，書写されてナルタン寺に安置された「旧ナルタン大蔵経」である。この成立は14世紀初めのことであり，これ以前に大蔵経が編纂されたという記録はないので，このことを指すものと思われる。

2） 779年，シャーンタラクシタとともに，はじめてチベット人の出家6人に具足戒を授け，僧伽を発足させた説一切有部の戒律を守るインド僧12名を指すのであろう。

3） この年，前年即位したばかりのダルマ・ウィドゥムテン王（809-842）が暗殺され，その二人の遺児をそれぞれ王に擁立した王位争いで，吐蕃王国は南北二つに分裂した。

4） カダム派資料では，彼のチベット名をプルドゥチュンワ（傑出した）と伝え，それがサンスクリット語のアティシャヤ（atiśaya）という語に相当することから，アティーシャよりもアティシャを正しい名とすべきであるという意見が，近年学者のあいだにある。H. Eimer, *Berichte über das Leben des Atiśa （Dīpaṃkaraśrījñāna), eine Untersuchung der Quellen*（Wiesbaden, 1977), pp. 17-22 参照。

5） ナーランダー僧院の院長であったが，ティーローパに就いてタントラ仏教の実践を学んだ。生没年については一般に，1016-1100年とされている。

6） 釈迦牟尼の応身として，カギュー派でしばしば挙げられるタントラの祖である。

7） そもそも黒帽派の2代目カルマ・パクシ（1204-83）が元朝皇帝から官位の印である黒い帽子を献じられたことから，この派を「黒帽派」と言い習わし，同様にタクパ・センゲに紅い帽子が位階の印として献じられたので「紅帽派」という名称が起こったと考えられている。カルマ派は元朝モンケ・ハーン（在位1251-59）に接近し，カルマ・パクシはその師となったが，クビライ・ハーン登位後，サキャ派にその権益を奪われた。

8） シャン・ツェル派。ユタクパ（1123-93）を開祖として挙げるのが普通である。

9） 上に述べられてきたガムポパの弟子の系統とは別のカギュー派の系統である。

10） ニンマ派は，10世紀以前の旧訳とされるタントラ文献を集めて独自の『古タントラ全集』を編纂したが，それが正しくインドに由来するものかどうか，他学派から疑問視されてきた。ニンマ派の教義には中国禅の影響があり，インドに由来しない非正統の教えであるとしばしば批判の対象となった。

11） これは著者スネルグローヴの推測である。吐蕃王朝時代より前に仏教が少しずつチベット人のあいだに入ってきたことは確かであろうが，ポン教徒がそれをすでに取り入れていたという証拠はない。古い文献が伝える古代のポン教は，霊の信仰を中心とするアニミズム的宗教で，そこに仏教的要素は認められない。

12） ニンマ派の『古タントラ全集』の中にも，『秘密集会タントラ』などサンスクリット原典の存在するもの，大蔵経にも収録されているものが多くある。ニンマ派の仏教史では，そのタントラ文献の翻訳はサムイェー僧院で行なわれ，サンスクリット原典もそこにあり，

アティーシャがそれを発見したこともある、と主張している。
13) パドマサンバヴァへの祈禱文、請願文などを組み入れた儀礼と瞑想法は、他の学派でもしばしば作られ、実践されている。
14) チョナン派の哲学的立場は、インドの瑜伽行派の祖であったマイトレーヤに帰せられる『究竟一乗宝性論』に説かれた如来蔵思想に基づくと言った方がより正確である。これは、如来蔵あるいは仏性と言われる本性清浄と永遠の実在を認めるので、アートマン（我）の存在を説くバラモン哲学に近いとされる。チベットでは、チョナン派の学説は「他空説」（如来蔵には煩悩の汚れがない〈空である〉という意味での空理解）として、「自空説」（ものには自性がない〈空である〉という意味での空理解）を説くプトゥンやゲルク派から批判された。
15) 1642年、ダライラマ5世がモンゴルのオイラート族にして青海ホシュート部の長、グシ・ハーンの軍事力を頼んでチベット全土を掌握し、ダライラマ政権が成立した。
16) 元朝のクビライ・ハーンと結んで権勢を振るっていたサキャ派に対抗し、ディグン派、パクモドゥ派はイル・ハーン国のフレグの支持を得た。1267年、クビライの軍がディグン派の支配する地域を襲撃、やがてサキャ派はパクモドゥ派を従わせてディグン派を孤立させた。1290年、クビライの軍を合わせた大軍でディグン派を襲撃、壊滅させ、フレグのチベットへの影響力も排除した。
17) チャンチュプ・ギャルツェンは、1322年、パクモドゥ派のラブン職に就いてこの派の長となり、勢力を拡張したので、サキャ派との争いとなったが、元朝の支持を得てサキャ派を圧倒し、1354年、元朝から司徒の印を受け、政権を握った。
18) 1780年、パンチェンラマ3世が没し、その弟であるカルマ紅帽派9代目の転生活仏シャマル・トゥルク・チュートゥプ・ギャムツォが、グルカ人の手を借りて、タシルンポ僧院のパンチェンラマの遺産を力づくで得ようとした。グルカ人はこれを利用して1788年チベットに侵攻、1791年にはシガツェに入り、タシルンポ僧院を手中に陥れたが、1792年、清朝の援軍を頼んだチベットの反撃に遭い、撤退。シャマル・トゥルクが自殺に追いこまれ、すべての罪を帰せられる結果となった、グルカ戦争をめぐる事件である。
19) 1933年、ダライラマ13世の没後摂政に選ばれたラデン・トゥプテン・ジャムペル・イェーシェーが、1941年にその職を辞した後も後任の摂政タクダ・ガワン・スンラプと権力を争い、反政府のさまざまな陰謀に手を染め、1947年、自宅監禁中に謎の死を遂げた事件である。

## 【文献ガイド】

Kapstein, Matthew. "The Shangs-pa bKa'-brgyud: An Unknown Tradition of Tibetan Buddhism." In: Michael Aris and Aung San Suu Kyi ed., *Tibetan Studies in Honour of Hugh Richardson*（Warminster, 1979）, pp. 136–143.

Kvaerne, Per. "The Canon of the Bonpos." *Indo-Iranian Journal* 16（1974）, pp. 18–

56, 96-144.
―――. "Who are the Bonpos?" *Tibetan Review* 11 (Sept., 1976), pp. 30-33.
Li An-che. "Rñin-ma-pa: The Early Form of Lamaism." *Journal of the Royal Asiatic Society* (1948), pp. 142-163.
――― "The bKa'-brgyud-pa Sect of Lamaism." *Journal of the American Oriental Society* 69 (1949), pp. 51-59.
Petech, Luciano. "The 'Bri-gun-pa Sect in Western Tibet and Ladakh." In Louis Ligeti ed., *Proceedings of the Csoma de Körös Memorial Symposium* (Budapest, 1978), pp. 313-25.
Richardson, Hugh E. "The Karma-pa Sect: A Historical Note." *Journal of the Royal Asiatic Society* (1958), pp. 139-165, (1959), pp. 1-18.
―――――. "The Rva-sgreng Conspiracy of 1947." In Michael Aris and Aung San Suu Kyi eds., *Tibetan Studies in Honour of Hugh Richardson* (Warminster, 1979), pp. 16-20.
Ruegg, David Seyfort. "The Jo-naṅ-pas: A School of Buddhist Ontologists According to the Grub-mtha' śel-gyi-me-loṅ." *Journal of the American Oriental Society* 83 (1963), pp. 73-91.
Sperling, Elliot. "The Fifth Karma-pa and Some Aspects of the Relationship between Tibet and the Early Ming." In: Michael Aris and Aung San Suu Kyi eds., *Tibetan Studies in Honour of Hugh Richardson* (Warminster, 1979), pp. 280-287.
Snellgrove, David L. and Richardson, Hugh E. *A Cultural History of Tibet* (1968; rep., Boulder, 1980)
Tarthang Tulku. *A History of the Buddhist Dharma*. Crystal Mirror no. 5 (Berkeley, 1977)
Tucci, Giuseppe. *The Religions of Tibet*, (Geoffrey Samuel tr., Berkeley, 1980)

## 補遺

河口慧海『チベット旅行記』(高山龍三校訂,全5巻,講談社学術文庫,1978年)
―――『第二回チベット旅行記』(高山龍三校訂,講談社学術文庫,1981年)
ゲシェー・ラプテン,アラン・ウォレス『チベットの僧院生活 ゲシェー・ラプテンの半生』(小野田俊蔵訳,平河出版社,1984年)
佐藤 長『チベット歴史地理研究』(岩波書店,1978年)
―――『古代チベット史研究』上下(同朋舎出版,1977年)
―――『中世チベット史研究』(同朋舎出版,1986年)
ジル・ヴァン・グラスドルフ『ダライラマ その知られざる真実』(鈴木敏弘訳,河出書房新社,2004年)

D. スネルグローヴ，H. リチャードソン『チベットの文化』（奥山直司訳，春秋社，1998年）
立川武蔵「トゥカン『一切宗義』サキャ派の章」（『西蔵仏教研究』1，東洋文庫，1974年）
―――「トゥカン『一切宗義』カギュ派の章」（『西蔵仏教研究』5，東洋文庫，1987年）
―――・石濱裕美子・福田洋一「トゥカン『一切宗義』ゲルク派の章」（『西蔵仏教研究』7，東洋文庫，1995年）
谷口富士夫「トゥカン『一切宗義』チョナン派の章」（『西蔵仏教研究』6，東洋文庫，1993年）
長尾雅人他編『岩波講座・東洋思想2　チベット仏教』（岩波書店，1989年）
田中公明『チベット密教』（春秋社，1993年）
―――『活仏たちのチベット―ダライ・ラマとカルマパ―』（春秋社，2000年）
長野泰彦・立川武蔵編『チベットの言語と文化』（冬樹社，1987年）
西岡祖秀「トゥカン『一切宗義』シチェ派の章」（『西蔵仏教研究』2，東洋文庫，1978年）
平松敏雄「トゥカン『一切宗義』ニンマ派の章」（『西蔵仏教研究』3，東洋文庫，1982年）
福田洋一・石濱裕美子「トゥカン『一切宗義』モンゴルの章」（『西蔵仏教研究』4，東洋文庫，1986年）
森　雅秀『マンダラの密教儀礼』（春秋社，1997年）
山口瑞鳳『吐蕃王国成立史研究』（岩波書店，1983年）
―――『チベット』全2巻（東京大学出版会，1987・1988年［改訂版2004年］）
R. A. スタン『チベットの文化』（山口瑞鳳・定方晟訳，岩波書店，1971年）
W. D. シャカッパ『チベット政治史』（貞兼綾子監修，三浦順子訳，亜細亜大学アジア研究所，1992年）

\*

Cabezón, José Ignacio, and Roger R. Jackson, eds., *Tibetan Literature: Studies in Genre* (New York, 1996)

Dreyfus, Georges. *The Sound of Two Hands Clapping* (Berkeley, Calif., 2003)

Goldstein, Melvyn C., and Kapstein, Mattew T. eds., *Buddhism in Contemporary Tibet: Religious Revival and Cultural Identity* (Berkeley, Calif., 1998)

Kapstein, Matthew T. *The Tibetan Assimilation of Buddhism: Conversion, Contestation and Memory* (Oxford, 2000)

Karmay, Samten Gyaltsen. *The Great Perfection: A Philosophical and Meditative Teaching of Tibetan Buddhism* (Leiden and New York, 1998)

Kvaerne, Per. *Tibet: Bon Religion* (Leiden, 1985)

張　其勤（Zhang Qiqin）撰『西蔵宗教源流考』（西蔵人民出版社，1982年）
―――――――撰『番僧源流考』（西蔵人民出版社，1982年）

（吉水千鶴子　訳）

# 第4部　生活と実践

PART 4 **DIMENSIONS OF RELIGIOUS PRACTICE**

# 17 仏教のサンガ
The Buddhist Saṃgha

ハインツ・ベッヒェルト
Heinz Bechert

　サンガ（僧伽）という語は，サンスクリット語，パーリ語，その他多くのプラークリット語の中にあり，「多数」や「会衆」を意味する普通名詞である。サンガは，仏教徒にとって彼らの宗教的共同体を意味する専門用語であるばかりでなく，同じ意味で，ジャイナ教徒や同時代の他の宗教集団の信者によっても用いられた。

　広い意味での仏教のサンガは，四種類の会衆（[S]パリシャド，[P]パリサー）から構成されている。すなわち，出家した男性（[S]ビクシュ，[P]ビック；比丘）出家した女性（[S]ビクシュニー，[P]ビックニー；比丘尼），在家の男性信者（ウパーサカ；優婆塞），在家の女性信者（ウパーシカー；優婆夷）である。ジャイナ教にも広い意味での「四重のサンガ」という語があり，同様に用いられる。狭い意味では，サンガは，比丘と比丘尼だけの生活共同体を意味する。

　仏教のサンガは，ブッダ自身によって創設された。ブッダはヴァーラーナシー近郊の園において5人の修行者の面前で最初の説法を行ない，彼らを最初の弟子として受け入れた。これがサンガの始まりである。ブッダの生存中に生活共同体は相当の成長を遂げ，ブッダ本人がその生活と組織を規則によってこと細かに規定したと見なされている。

## 資　料

　仏教のサンガに対する法律書は，仏教経典の最初の部分を構成する。この部分は，ヴィナヤピタカ（律蔵）と呼ばれ，多くの異なった校訂版で伝えられてきたが，それぞれ初期のインド仏教のある特定の「部派」（ニカーヤ）に属している。これらの文献の主要な部分がかなり似通っていることから，

共通の源を持つことが明らかである。マハーヴィハーラ派（上座部系の主要な部派で大寺派と呼ばれる）の律蔵の完全な文献はパーリ語で伝えられている。その他の版のほとんどは，本来はサンスクリット語で書かれていたが，原書が今日まで残っているのはいくつかの部分にしかすぎない。完全な版のいくつかは漢訳で得られ，根本説一切有部の版はチベット語訳で得られる。漢訳されたものでは，説一切有部，根本説一切有部，法蔵部，化地（弥沙塞）部，大衆部の，ほぼ完全な律蔵が伝えられている。出世間部，飲光（迦葉比）部，正量部の戒律の文献の一部分と，上座部の傍流である無畏山寺派の戒律文献の一部分も現存している。

　律蔵のすべての版は三つの主要な部門から構成されている。律分別（⑤ヴィナヤヴィバンガ），犍度部（⑤スカンダカ，Ⓟカンダカ）もしくは律事（⑤ヴィナヤヴァストゥ），そして付随事項（⑤パリヴァーラ）である。律分別の最古層の部分は波羅提木叉（⑤プラーティモークシャ，Ⓟパーティモッカ）として知られる比丘と比丘尼の行動を規制する禁止命令の規則に代表される。それらのすべてはブッダ自身によって制定されたものと信じられている。その数は，初期のさまざまな仏教部派の間ではそれぞれわずかに異なっており，大衆部の218条の規則から説一切有部の263条の規則にまで及ぶ。これらの規則は，サンガが定期的に行なう懺悔の儀式〔布薩〕において唱えられる告白文として使われ，独立した著作として伝えられてきた。律分別の各規則は単なる規則ではなく，いずれもブッダがそれぞれを制定した状況の説明，決疑[1]，付加的な説明とともに記されている。律分別は二つの部分に分けられ，一方は比丘に対する規則を掲げ，一方は比丘尼に対する規則を掲げる。各規則はそれを犯した場合に一定の制裁が付随する禁止命令なので，波羅提木叉と分別（ヴィバンガ）とは，サンガの刑罰法規の概要を表していることになる。

　犍度部または律事はサンガの手続法として機能する。ここでは，教団への加入〔授戒〕，懺悔の儀式について細則が掲げられている。また，僧院生活のさまざまな側面も規定されており，たとえば雨期において比丘や比丘尼は何をしなければならないか，何を所持してもよいか，また薬はどう使うべき

かなどにも及んでいる。犍度部の各版のほとんどが付録として第一結集，第二結集の記事を載せている。付随事項（パリヴァーラ）には，記憶しやすいように要約したものや説明など付加的なものが含まれている。

## 規則と手続き

サンガへの入門の許可は，ブッダの生存中にはあまり形式的な手順もなく行なわれたが，後に細かな形式的手続きが設けられた。在家の信者が完全に受戒した比丘になるまでの間に二つの段階が要求される。第一段階は出家（Sプラヴラジャー，Pパッバッジャー），すなわち家を出ることであり，それによって，志願者は沙弥（Sシュラーマネーラ，Pサーマネーラ；初心者）になる。第二の段階は，具足戒（Sウパサンパド，Pウパサンパダー）を受けることであり，それによって沙弥は比丘，すなわちサンガの一人前の構成員として認可される。沙弥になるには最年少が8歳とされている。沙弥は戒を受けた後も，20歳になるまでは和上と精神的な師〔教授師〕[2]の指導のもとに置かれる。沙弥と比丘は，僧院の各々の規則（ヴィナヤ）に従うことが求められる。沙弥は十カ条の学処（Sシクシャーパダ，Pシッカーパダ）に従い，一方，比丘は，波羅提木叉に挙げられたすべての禁止命令に従うことが求められる。これらの規則は，それに違反した場合の罪の重大さに応じて，七つのグループ〔七聚〕に分類される[3]。四つの波羅夷（パーラージカ）は性的交渉，盗み，故意の殺人，超人的な力を獲得したと偽って自己本位に主張することを禁止するものであるが，これに違反すると，サンガから永久追放となる。二番目に重い規則〔僧残〕を犯した比丘は，サンガの中において一時的に地位を下げられることになる。小さな犯戒に対しては，懺悔のみで足りると見なされている。

これ以外にサンガの手続きには布薩（Sポーシャダ，Pウポーサタ）がある。これは懺悔の儀式であり，新月と満月の日に行なわれ，その時に波羅提木叉が朗誦される。戒律が有効に機能するためには，すべての手順は定められた規則に厳格に従わなければならない。特定の決まり文句（Sカルマヴァーチャナー，Pカンマヴァーチャー；羯磨文）を用いてある境界（シーマー）を

定めて，その中で完備したサンガ[4]によって，布薩は実行されなければならない。サンガの正規の活動のために定められた，特定の境界内に居住するすべての比丘は，規定された通りの方法で会合し，一緒に行動しなければならない。有効な「律の羯磨（行為）」（ヴィナヤカルマあるいはサンガカルマ）を行なえる最少限の比丘の数は4人であったが，特定の行為に対してはもっと多くの人数が規定された。たとえば，インドにおいては，具足戒を授ける儀式には10人の比丘が必要とされた。しかし，「辺境の地域」では5人の比丘でよかった。正規の活動のほとんどは全会一致の決定が必要であったが，それほど重要でない決定には多数決も許されたであろうと思われる。

　サンガという言葉は，一般的には，「四方サンガ」，すなわち全体としての仏教の僧院的な共同体を意味するものとして使用されたらしい。しかし，律蔵の法的規定の文脈では，律の羯磨を行える特定の地域のサンガを指している。もし，ある特定の地域のサンガの全員がそろわない，あるいは同意しないときには，「サンガの分裂」（サンガベーダ）が起こることになる。そのような分裂は，重大な罪であると見なされた。最初のサンガの分裂はデーヴァダッタによって引き起こされた。彼はブッダの敵対者であり，仏教共同体の首領になろうと試みて失敗した。

　比丘尼の共同体も同じような方法で組織された。しかし，付加的な規則のために，比丘尼のサンガは比丘のサンガに依存する形になっている。

## 比丘の生活

　初期のサンガは乞食(こつじき)僧たちの共同体であった。世俗的な生活を離れるに際し，修行者はすべての所有物を捨て，それ以後は自らの生活の糧を世俗の人に依存することになる。彼が所有できる必需品の数は定められている。彼は毎朝，乞食に歩いて回り，鉢の中に施された食糧によって生活する。彼はまた，個人的な食事の招きを受けることを許されていたが，正午過ぎの食事は禁じられていた。

　共同体としてのサンガは，財産を含めて，ほとんどあらゆる種類の布施を受けてもよいとされていた。そして，在家者によるサンガへの惜しみない寄

付は，非常に価値のある行為と見なされていた。このようにして，ある僧院共同体は裕福になり，その構成員の生活様式は，教義上も戒律上も本来の理想とは異なるものになっていった。それゆえ，僧院の戒律という正規の法を適用することがますます避けられなくなり，これらの規則をあますところなく厳密に満たしているかどうか，その度合いが，仏教の僧院共同体の水準をはかる尺度と見なされたのである。

　最初のサンガは階層的な組織を実質上持っていなかった。ブッダの生存中は，彼が最高の権威であったが，教説のみが彼の弟子たちを導くとして，彼は後継者を指名することを拒否した。初期のサンガにおいて受け入れられた唯一の階層的原則は，年功序列制，すなわち受戒をした日から数えること〔法臘（ほうろう）〕であった。先輩の比丘は，上座（⑤スタヴィラ，Ⓟテーラ）と呼ばれた。原則的には，すべての比丘たちは，平等の権利と平等の義務を持っていた。しかしながら，さまざまな役割を務めるため，特定の比丘がサンガによって選ばれた。それには争議の解決，僧侶の規律違反の際の解決，僧院内の運営に関する事務などが含まれていた。これらの責任の重要性は，サンガが乞食僧の集団から一定地域に居住する僧院的な単位に変容していくのに伴ない増大していった。

## ブッダの教説におけるサンガの位置

　サンガの構造が先に述べられたようなものであると見なすとすれば，サンガは，形式的な規則によって定義される，一種の法的組織であると特徴づけることもできるかもしれない。しかし，ブッダが特に強調しているように，ブッダの教説のすべては，究極の悟りを目指している弟子たちを導くという目的のためにのみ述べられたものである。文献を見れば，僧院の規則とサンガは，単に外的な形式を表現しているにすぎないことが明瞭になる。それは，悟りに集中するために，世俗的責務と世俗世界のしがらみを捨棄する機会を人々に提供するために創造されたものであった。僧院の規律は道徳（シーラ）の形式的側面であり，心と意思決定との正しいあり方であり，解脱に至る道の最初の基礎である。この意味での道徳は自制を通じて実践される。そ

れゆえ，律を遵守することは，ブッダの弟子たちの精神的訓練には不可欠の部分なのである。

在家信者との関係で言えば，サンガの構成員は律を固守することでブッダの弟子として正当と認められる。サンガは，ブッダの法に従い，それを永続させ，それによって「最高の福田」を形成し，尊敬と布施に値するものとなっている。他方，サンガがブッダの教説を伝えていくためには，サンガの存在は仏教の存続のための必要条件である。ブッダは弟子たちに自ら悟ったダルマ（法）を説くように指示したが，その場合，礼儀正しい控えめな態度で，しかも相手から頼まれたときにのみ説くように命じたのである。

## サンガの歴史

ブッダの滅後すぐに，比丘たちの最初の「結集」（Sサンギーティ，Pサンガーヤナー）がラージャグリハ（王舎城）で行なわれ，ブッダの言葉が集められ，それによって仏教聖典が編まれたという。現存している仏典の起源はもう少し時代が下がるが，古代の記録には歴史的出来事が反映されているように思われる。波羅提木叉の最も初期のものは，この結集の際に集められたと考えられる。第二結集は，100年後に，僧院の規律に関するある争議[5]を解決するためにヴァイシャーリーで行なわれたと言われる。仏教がさまざまな部派に分裂したのはこの時代に始まるが，部派を「仏教の分派」と名づけるのは誤解である。最初の時期には，これらのグループが形作られるのは，主に地方のサンガの地理的な多様性と，僧院の規律の細かい規定についての異なった見解に基づいていた。テキストは口伝で伝えられていた。それらが文書に記され法典化していくのは，前1世紀にようやく始まったにすぎない。ほとんどの場合，「部派」の形成は，先述したサンガの分裂に関する禁止命令を公式に侵犯することのないような方法で行なわれた。

諸部派は別々の版の仏典を後代に伝え，さらに仏典を集め，修正する課題のためにさらなる会議や集会を組織した。仏典の集成はインドの異なった諸地域で行なわれ始め，もともとは中期インド・アーリア語の方言で伝えられていた。それらの大部分は，後にサンスクリット語に翻訳されたが，上座部

の仏典は例外的に中央インドに起源を持つ方言であるパーリ語で残された。

いくつかの部派の歴史的な記述は，アショーカ王の時代（前272-231）の第三結集における伝承を含んでいるが，かなり矛盾する記事が含まれていることから，部派の多様化はすでにその時までにはかなり進んでいたことが明らかである。

西暦紀元の始まる頃，つまり大乗仏教が成立した時，初期の部派組織は，その影響を受けなかった。というのは，まさに各部派はどの版の律蔵を受け入れるかによって分化していたのであって，教義的な意見によって分化していたのではなかったからである。したがって，いくつかの事例では声聞乗，つまり小乗の見解を支持する比丘が大乗の信者と一緒に生活し，一緒に律に関する行事をなすこともできたのである。それとは対照的に，異なった部派に属する比丘たちは，たとえ同じような教義的な見解を受け入れていたとしても，共通のサンガを形成しようとはしなかった。やがて時が経つにつれ，また教義的な相違に基づいて新しい部派も形成されるようになった。すべての比丘たちは，小乗であれ大乗であれ，（少なくとも理論的には）ある特定の版の律蔵を受け入れ，それに従ったのであり，またこれによって初期仏教の諸部派のいずれかと関係しうるのである。

## 上座仏教におけるサンガ

比丘の授戒が正当である根拠は，ブッダ自身にまでさかのぼる正当な授戒がとぎれることなく行なわれてきたことによる。波羅夷を犯せば，強制的にその集団から排除されるので，あるサンガに所属する比丘が非の打ちどころのない生活を送っている場合にのみ，その継続の妥当性は保証される。サンガの規律が堕落したときにはいつでも，違反者が比丘の衣を着続けるか否かにかかわらず，サンガの法的な存在は危機にさらされたのである。

本来，仏教のサンガは自治組織であった。そのもともとの法においては，在家からの干渉は，認められなかった。この点では，ジャイナ教の教団は異なっていた。というのは，ジャイナ教では在家者がサンガの統制にかなりの程度まで影響を与えたからである。アショーカ王が仏教のサンガの浄化を達

成するためにどのように行動したとしても，彼は，律の規則に合わせてそうしたのである。この伝統は，アショーカ王の治世に仏教がスリランカに伝来された時から，その地の上座仏教の歴史を方向づけた。王権の庇護のもとにスリランカのサンガが何度か浄化されたことが記録に残っている。やがて，カティカーヴァタ（僧団規約）というサンガの雑事を調整するための付加的な戒律の書が設けられ，階層的なシステムが創成された。同様の発展が，ミャンマー，タイ，ラオス，カンボジアにおけるその他の上座部のサンガの歴史のなかにも観察できる。それらの地域における仏教の特徴は，サンガの浄化に際して，その地域の伝統よりも優れていると思われる他の国々から授戒の伝統を導入したことにある。僧院制度に対する王権の庇護は，古代インドの支配者が果たした役割をはるかに凌ぐものとなり，いくつかの国（たとえばタイなど）においては，僧院管理は一種の政府部門となるまでに発展した。ミャンマーやスリランカにおいてサンガに対する王権の庇護が崩壊した後には，植民地時代またはポスト植民地時代の早い時期に，比丘が世俗的な問題に干渉した事実があった。ミャンマーにおいては，1978年以来，政府の庇護のもとにサンガの自治的な階層的組織を樹立しようとする新しい努力が続けられている。

　しかし，サンガは精神的な目的のみに専心すべきであるという古い伝統もまた，上座部の国々には生き残っている。この目的のために，比丘たちは森林住者（アランニャヴァーシン）というグループを形成する。時が経つにつれ，そのようなグループは，公的なサンガ組織の体系の中に統合され，一方，その他の比丘たちは，十分に組織化された僧院生活という確立された習慣を捨てて，独居生活へと入る決心をしたのであった。もちろん，サンガの構成員であることは，他の比丘たちとある種の最低限のつながりがあることを常に暗示しているので，規定された律の羯磨は行なわれていると思われる。

　上座部の歴史には，さまざまな時代に新しい部派の形成が見られる。古代のスリランカにおいては，無畏山寺派が前1世紀に独立した部派を形成した。4世紀の祇陀林寺派も同様であった。12世紀には，パラークラマバーフ王1世によって三つの部派が再統合するよう命ぜられ，大寺派の伝統が，正統で

あると宣言された。19世紀の初頭以来，スリランカのサンガは多くの部派へと再び分裂していった。ミャンマーにおいては，最初の大きな分裂は，土着的なムランマサンガに対抗して，チャパタが，彼の弟子たちとともに，シーハラ・サンガ（スリランカから導入された授戒の伝統に基づく）を樹立した時に発生した。18世紀の初期から1784年の国王の決定に至るまで，ミャンマーのサンガは，僧服である袈裟の正しい着用法をめぐって分裂していたのである。19世紀中には，多くの新しい部派が樹立された。タイとカンボジアにおいては，サンガは現在，大部派と改革主義の法相応部派（1864年にモンク王によって彼がまだ比丘であった時に設立された）とから成立する。この分派のために，異なった部派に属する比丘たちが一緒に律事を行なうことはできないが，しかし，別の儀式を行なうこと，その他の多くの方法で協力することまでも妨げてはいない。これらの分派の大部分は，教義に関する意見の相異から起きたものではなく，律の羯磨の正当性に関する論争から起きたものである。在家の仏教信者にとっては，そのような分派は，ほとんど重要ではない。

　例によって，サンガはさまざまな方法で，村落の生活と密接に関わるようになった。特に，村落内の住民の大半が仏教徒であると自認しているような場合，両者の関係はより密接になる。聖典（パリヤッティ）を学ぶこと，解脱（パティパッティ）への道を実現することは，比丘の伝統的な職務として残ったが，宗教的な実践は，主に功徳を積ませることに集中し，それは比丘と在家信者との協力を通じて達成されていった。サンガと在家信者の間の日常の関係は，在家信者から比丘や僧院への豊富な布施と，たとえば葬式のような重要な行事に（出家者が）参加してほしいという招請とが特徴的である。比丘は宗教的な説教をしたり，聖典を読誦したり，儀礼において護呪（パリッタ）を唱えたりして，人々を邪悪な力や災難から守るのである。近代的な学校制度が創設されるまでは，比丘は教師としても活動し，僧院において在家信者に一般的な教育も施していた。僧院学校，僧職試験およびその称号という高度に洗練された体系は，スリランカ，ミャンマー，タイにおいては今もなお機能しているのである。

しかしながら、ほとんどわき目もふらずに苦行と瞑想に集中している比丘たちも常に存在しており、瞑想の師という生きた伝統が、ミャンマーとタイの多くの僧院の中において維持されている。近年、これらの地域においては、高名な比丘が指導する瞑想センターも、関心のある在家信者のために開かれてきている。

## 大乗仏教におけるサンガ

古代の部派の多くは、イスラームの征服者によって仏教が最終的に破壊されてしまうまで、インドに生き残っていた。それらの僧院には小乗と大乗の比丘が住み、その状況は東部トルキスタンにおいても同様であった。大乗仏教は、中国、朝鮮、日本、チベットに広まったが、制度としてのサンガは古い律の伝統のいずれか一つに依拠し続けたのである。中国の比丘は法蔵部という部派の律に従い、この点は中国から仏教が導入された国々——ヴェトナムを含む——においても採用されてきた。チベット人は根本説一切有部の伝統に従い、この部派の伝える波羅提木叉が、今日でも依然として僧院で朗誦されている。大乗と金剛乗の仏教は、別の形の宗教的入門儀礼をもたらし、伝統的な僧院主義の外部に宗教的な共同体が生じた。しかし、中国とチベットの仏教の歴史をひもといてみると、古代の僧院規律の復興に成功している事実が幾度となく存在し、また、比丘と在家信者との間に形式上の相違が依然として見られる。しかしながら、これは東アジアの仏教すべてに当てはまるものではない。特に日本においては、古代の僧院の伝統は、その本来の重要性をほとんど喪失しており、また仏教宗派の大多数は、もはや僧院共同体を形成することはない。

サンガが仏教の中で果たす中心的な役割は、上座部も大乗も含めてほとんどの仏教共同体で今日もなお認められている。1966年には、コロンボにおいて国際的サンガの組織である世界仏教者サンガ会議（WBSC）が、スリランカ、ヴェトナム、マレーシア、台湾、香港、ネパール、カンボジア、韓国、パキスタン、インド、シンガポール、タイ、イギリス、ラオスからの代表と、亡命チベット人のサンガからの代表団によって、創設された。その第3回目

の会議(台北, 1981)において採択された宣言の中で、今日世界中には100万人を越える仏教僧侶がいることを述べている。

◇訳 注
1) 社会的慣行や宗教上の規範などを適用して、行為の道徳的正邪を判定すること。
2) 和上とは、具足戒を受けた新参の比丘を日常的に教導する役目を担う、指導教員的な比丘のこと。新参の者は、具足戒を受ける前に誰を和尚にするのかを選定する必要があった。また和上は具足戒を受けてから10年以上が過ぎていて、かつ信頼に足る比丘でなければならないとされた。教授師は威儀を教える比丘であり、具足戒受戒後5年以上の者であることが求められた。
3) 比丘・比丘尼の犯戒の罪は、大きく五篇七聚に分けられる。五篇は教団追放になる波羅夷罪、一定期間の謹慎と懺悔という手続き(出罪羯磨)を経て、教団に対し懺悔をすることにより許される僧残罪、サンガに対してではなく二、三人の比丘、または一人の比丘に対して懺悔をすることで許される波逸提罪(具体的には尼薩耆波逸提法と波逸提法に当たる)、一人の比丘の前に懺悔することで許される波羅提提舎尼罪(対首懺)、悪いことをしてしまったと心で反省して許される突吉羅罪とに分けられる。この五篇に、未遂罪としての偸蘭遮罪を加え、また突吉羅罪を悪説罪(悪いことを言ったと反省して許される罪)と悪作罪(悪いことをしたと反省して許される罪)に分けたものが七聚である。
4) 境界線によって仕切られたある一定領域内が成立するサンガを「現前サンガ」と呼ぶ。布薩などの場合、その現前サンガの構成員すべてが出席することが求められた。欠席者のないサンガが、完備したサンガである。
5) この争議は戒律に関するもので、ヴァイシャーリーの比丘たちが十事(塩を蓄える、日中より二指の広さまで非時食としない、ある村で食しまた別の村で食してもよい、などの十カ条)を行なっていたことに起因する。700人の比丘たちの審議の結果、十事は非事であるとされた(十事の非法)。これを契機に戒律を厳格に守るべきだとする長老たちと緩やかな遵守を主張した一般の比丘たちとの対立が生じ、教団は上座部と大衆部に分裂したという。これを根本分裂といい、その後の分裂は枝末分裂という。なお漢訳『異部宗輪論』は、大天の五事(漏失の問題、無知の問題など)が根本分裂の原因であったと記しており、別の伝承を伝えている。

## 【文献ガイド】

パーリで書かれた上座部の律蔵は、Hermann Oldenbergによって *The Vinaya Piṭakam* 5 vols. (London, 1879-83) として編纂され、I. B. Hornerによる英訳本 *The Book of the Discipline,* 6 vols. "Sacred Books of the Buddhists," vols. 10-14, 20, 25 (London, 1938-66) が刊行されている。その他の仏教部派の律について、その文献を網羅したものに、Yuyama Akira (湯山明)、*Vinaya-Texte: Systematische Übersicht über die buddhistische Sanskrit-Literatur*, pt. 1（Wiesbaden, 1979）がある。律に関する文献の発展については，Erich Frauwallner, *The Earliest Vinaya and the Beginnings of Buddhist Literature*（Rome, 1956）が優れている。初期の仏教サンガと初期の仏教の部派についてのより詳しい情報は，定評ある Étienne Lamotte, *Histoire du bouddhisme indien: Des origines à l'ère Śaka*（Louvain, 1958）の中の関連する章を参照されたい。羯磨文に関しては，Herbert Härtel, *Karmavācanā: Formulare für den Gebrauch im buddhistischen Gemeindeleben*（Berlin, 1956）がある。サンガの分裂と部派の分裂，アショーカ王のサンガの再統合の問題については，拙稿 "The Importance of Aśoka's So-Called Schism Edict," L. A. Hercus and others eds., *Indological and Buddhist Studies: Volume in the Honour of Professor J. W. de Jong*（Canberra, 1982）に所収を参照のこと。波羅提木叉の披見可能なすべての版に対する概説は，Wang Pachow, *A Comparative Study of the Prātimokṣa*（Shantiniketan, 1955）に見ることができる。不幸にも，現存している初期のサンガに関する専攻論文は利用できる範囲が限られている。というのは，それらの著者は，法的体系としての律の規則を理解できず，歴史的側面のみに焦点をあて，疑わしい理論を呈示していることが多いからである。この種の著作としては，Sukumar Dutt, *Early Buddhist Monachism, 600 B. C.–100 B. C.*（London, 1924）や，Gokuldas De, *Democracy in Early Buddhist Saṃgha*（Calcutta, 1955）や，Charles S. Prebish, *Buddhist Monastic Discipline*（University Park, Pa., 1975）や，Rabindra Bijay Barua, *The Theravāda Saṅgha*（Dacca, Bangladesh, 1978）などがある。スリランカ資料の重要なものを編集，翻訳したものは，Nandasena Ratnapāla, *The Katikāvatas: Laws of the Buddhist Order of Ceylon from the Twelfth Century to the Eighteenth Century*（Munich, 1971）である。後期の上座仏教のサンガと国家との関係については，拙著 *Buddhismus: Staat und Gesellschaft in den Ländern des Theravāda-Buddhismus*, 3 vols.（Frankfurt, 1966–73）を参照されたい。ジャイナ教におけるサンガに関しては，Shantaram Bhalachandra Deo, *Jaina Monastic Jurisprudence*（Varanasi, 1960）と，*History of Jaina Monachism, from Inscriptions and Literature*（Poona, 1956）を参照のこと。

## 補 遺

生野善應『ビルマ上座部仏教史』(山喜房佛書林，1980年)
石田瑞麿『日本仏教における戒律の研究』(在家仏教協会，1963年；中山書房，1976年)
橘堂正弘『現代スリランカの上座仏教教団：アマラプラ派とラーマンニャ派の存在形態の研究』(山喜房佛書林，2002年)
佐々木教悟『インド東南アジア仏教研究1 戒律と僧伽』(平楽寺書店，1985年)
佐藤達玄『中国仏教における戒律の研究』(木耳社，1986年)
佐藤密雄『原始仏教教団の研究』(山喜房佛書林，1963年)

17 仏教のサンガ

土橋秀高『戒律の研究』(永田文昌堂, 1980 年)
袴谷憲昭『仏教教団史論』(大蔵出版, 2002 年)
早島鏡正『初期仏教の社会生活』(岩波書店, 1964 年)
平川　彰『律蔵の研究』(山喜房佛書林, 1960 年)
――――『原始仏教の研究』(春秋社, 1974 年)
――――『平川彰著作集 14　二百五十戒の研究 1』(春秋社, 1993 年)
――――『平川彰著作集 15　二百五十戒の研究 2』(春秋社, 1993 年)
――――『平川彰著作集 16　二百五十戒の研究 3』(春秋社, 1994 年)
藤田宏達・菅沼　晃・櫻部　健『原始仏教と部派仏教―釈尊とその弟子』(佼成出版社, 1975 年)
前田惠學『現代スリランカの上座仏教』(山喜房佛書林, 1986 年)
　　　　　　　　　　　　　　　＊
Bechert, H. *Buddhismus, Staat and Gesellschaft in den Ländern des Theravāda Buddhismus,* new enlarged ed., 2 vols (Göttingen, 1988–2000)
Chung Jin-il. *Die Pravāraṇa* (Göttingen, 1988)
Günzel, Marcus. *Die Taiwan-Erfahrung des chinesischen Saṅgha* (Göttingen, 1988)
Heinze, Ruth-Inge. *The Role of the Sangha in Modern Thailand* (Taipei, 1977)
Heirman, Ann. "The Discipline in Four Parts" *—Rules for Nuns according to the Dharmaguptaka vinaya,* 3 vols. (Delhi, 2002; with translation)
Hinüber, Haiyan Hu-von. *Das Poṣadhavastu, Vorschriften für die buddhistische Beichtfeier* (Reinbek, 1994)
Hüsken, Ute. *Die Vorschriften für die buddhistiche Nonnengemeinde* (Berlin, 1977)
Kabilsingh, Chatsumarn. *The Bhikkhunī Pātimokkha of the Six Schools* (Delhi, 1998)
Lamotte, Étienne. *History of Indian Buddhism from the Origins to the Śaka Era,* English translation, Sara webb-Boin tr., (Louvain-la-neuve, 1988)
Olivelle, Patrick. *The Origin and the Early Development of Buddhist Monachism* (Colombo, 1974)
Panabokke, Gunaratne. *History of the Buddhist Sangha in India and Sri Lanka* (Colombo, 1993)
Pülz, Petra Kieffer. *Die Sīmā* (Berlin, 1992)
Simson, Georg Von. ed., *Prātimokṣa sūtra der Sarvāstivādins,* Part 2 (Göttingen, 2000)
Vajrañanavarorasa. *The Entrance to the Vinaya, Vinayamukha,* 3 vols. (Bangkok, 1969-83)
―――――――――. *Ordination Procedure* (Bangkok, 1973)
Welch, Holmes. *The Practice of Chinese Buddhism* (2 nd ed., Cambridge, Mass.,

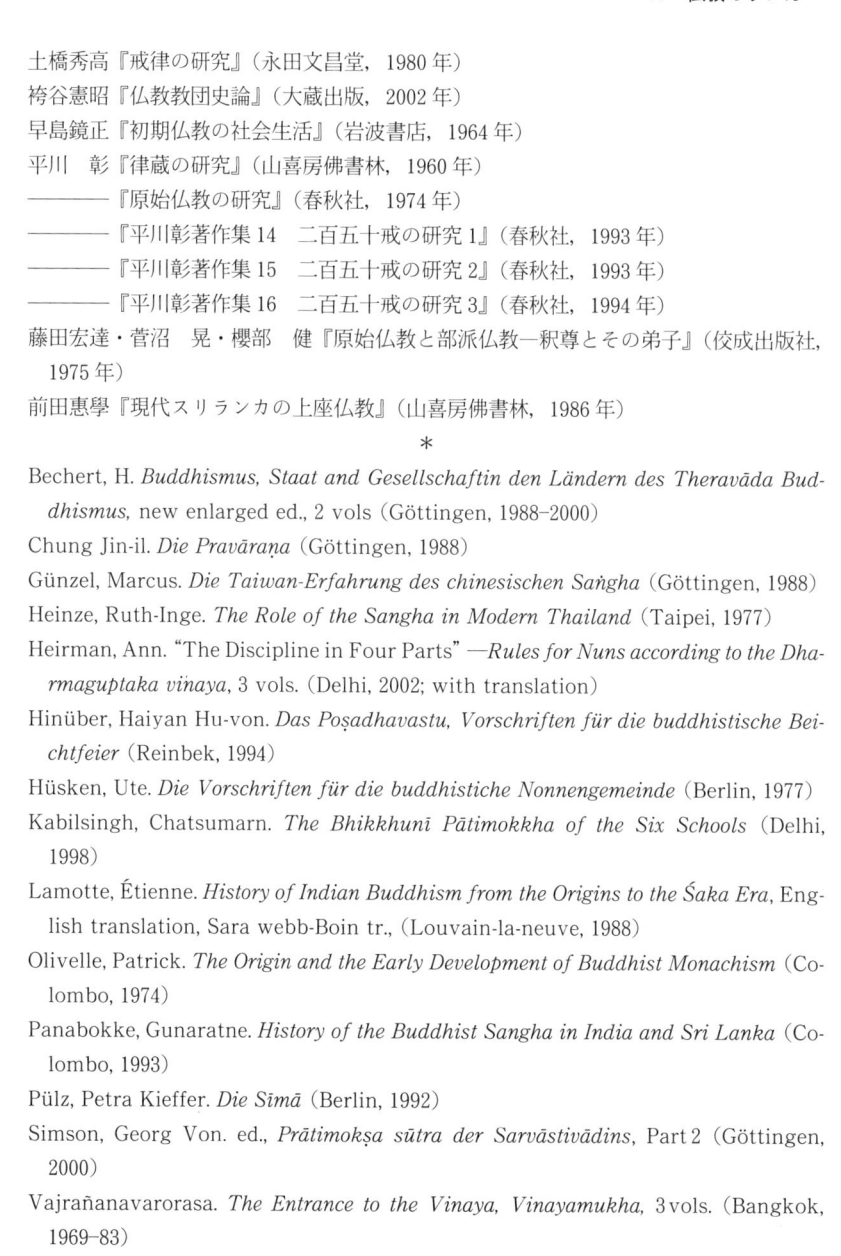

1973)
―――――. *The Buddhist Revival in China* (Cambridge, Mass., 1968)
Yuyama Akira. *Vinaya Texte* (Wiesbaden, 1979)

（蓑輪顕量　訳）

# 18 サンガと社会
Saṃgha and Society

H. L. セーネーウィラトネー
H. L. Seneviratne

　サンスクリット語のサンガ（Ⓟサンガ）は仏教の出家修行者の集団を意味する。しかし、北インドにおけるその初期（前500頃）の用法においては、この語はその時代の部族の共和政体の集まりを意味していた。サンガと社会との関係を論じる場合、その歴史的起源の考察から始めるのが最もよいと思われる。サンガの意味するものは、仏教の思想や哲学の意味するものと不可分なので、サンガの起源を考察することは、そのような哲学の社会的起源の考察をもまた含むことになろう。

　古代インドの歴史は細部では議論の余地を残しているが、主要な概要については広く受け入れられている。そこでわれわれは、仏教が発祥した北東インドの中央の地域（マディヤデーシャ）において、仏教が生まれる直前の物質的かつ社会的な背景に焦点をあてることができる。前1500年頃にインドに侵入し、東進を続けていたアーリア人は、ブッダの生まれた前6世紀頃までには、その地域に定住していたと思われる。しかしながら、人口分布は決して単純ではなく、その地域にはチベットやミャンマー系の人々も住んでいたものと思われる。当時は、定住農業が広く発展した時期の一つであり、それは、卓越したアーリア人に帰せられる従来の遊牧生活からの変化でもあった。手工業や製造業のような他の分野の発展とともに、この経済的な進展は余剰生産物を生み出し、都市を勃興させ、古代の部族共和制から君主制へと政治的な組織にも変化をもたらした。仏教の経典の中では、六つの大きな都市がとりわけ異彩を放つ。サーバッティ（Ⓢシュラーヴァスティー）、サーケータ、コーサンビ（Ⓢカウシャーンビー）、カーシー（現代のヴァーラーナシー）、ラージャガハ（Ⓢラージャグリハ；王舎城）、チャンパ（Ⓢチャンパー）である。カピラヴァストゥ、ミティラー、ヴェーサーリー（Ⓢヴァイシャー

リー）およびガヤーのような，中小都市もしばしば挙げられた。それらの都市は人口密度が高く，複雑な労働分化がすでに発達していたようである。

　部族共和制による集団的な統治は，君主制という統治形態に取って代わられたが，それは，一人の人間への権力の集中，都市の勃興，労働の分化を反映したものであり，それは，個々の専門家の価値を強調するものであった。一部の研究者によって，これらの要因は，社会の中における個人の価値が根底から変化したことを示すものであると見られている。これまで，個人は集団の中に埋没する状態にあったが，次第に近代西洋における個人状態にほぼ匹敵するような，何か相対的な独立を達成した。さらに，多くの学者が主張するのであるが，この時期の個人の台頭は，競争によってその個性を育成する補完的な必要があったので，利己的な自己形成に賛同して，相互依存という伝統的な社会価値を過小評価する傾向にある無規制状態（アノミー）的な諸勢力を潜在的に動かし始めたというのである。

　仏教は，早くから都市性と密接に結びついていたことは明らかであり，そこから仏教が存在の問題を自我や自己を過大視する考えによって生じたものと考えたとしても，決して驚くには値しない。目に見える現実の苦悩は，政治や経済の領域（あるいは競争主義と利己主義が優勢なあらゆる領域）における極端な個人主義が原因で生じたものであるが，それは超越的な領域へと容易に移され，個的存在の不安は自我や個別的自己の過大視であると考えられた。この分析によれば，心の平安の本源はそのような自己を価値あるものと考えないことの中に求められなければならない。この第一歩は，自己とは幻であるという哲学的な表現によって達成される。とは言え，この見解を採る者が，仏教哲学，とりわけその中心的教義である無我（⑤アナートマン，⑫アナッタン）の見方を一つの社会学的な現象に矮小化しようとしているわけではなく，むしろ両者は単に対応関係にある，と言おうとしているだけである。

　もし人間の苦悩が，過剰な自我の知覚とその欲望への執着に根ざしているとすれば，その自我と欲望の自制によってのみ，苦悩は和らぐ。自我は社会状況の中で，全く調和を失って肥大するのであるが，一方で，その同じ社会

のしくみが，自我の価値を低めることに使われる。すなわち，不変の霊魂など存在せず，ただ〔五蘊という〕知覚の集まりによって生み出されるプロセス〔五蘊仮和合〕が存在するのみと認識することができるのである。この理解は，究極的には個人的なものでなければならないが，その十分な理解は社会組織によって促進される。その個人的悟りを促進する社会組織がサンガであり，インドの宗教思想の中でも独特な発想なのである。遊行する苦行者の集団は，仏教のサンガの基礎が形成される前後にも存在したが，しかし，これほどよく組織され，複雑な制度を持つものは他にはなかった。それ以前の集団とは異なり，サンガは僧院の規律と礼儀作法を定めたヴィナヤ（律）という詳細に規定された法典を中心に組織された。森林や洞窟に隠棲することによって，精神修養に努めることは持続されたが，この「犀のごとき，〔独居の〕理想」は，仏教以前から行なわれてきた実践の名残であると思われる。非常に上手に組織された社会集団であるサンガの中で宗教的な修行を行なうことは，仏教独自の革新であった。サンガの理想は精神的なものであったけれども，あたかも出家者の断固たる実践が在家信者一人ひとりの見習うべき美徳であったように，利己的でなく，社会主義的かつ共和的なサンガのあり方は，それ自身が平和であるべき世俗社会にとって模範となったのである。

## サンガの経済的生活

　西洋の研究者たちの中には，仏教は個々の出家者の救済に関わるものであると考える者もいるが，仏教はその当初から明らかに行政的な部分をも持っていた。ブッダは説法を聞いた求道者たちに対して「多くの人々のために，多くの人々の安楽のために」，法を遠く広く伝えるようにと教えている。やがてこの純粋に伝道的な機能と並んで，サンガの学問探究的な傾向と在家信者に対する教育の必要とから生じた，教育的，ならびに教区的な性質を持つ機能も伸長した。このようにして，サンガの中に二つの部門が生長した。精神統一を担う部門（ヴィパッサナー・ドゥラ）すなわち自己の精神性を瞑想を通じて発展させる部門と，経典を担う部門（ガンタ・ドゥラ）すなわち学問探究的，教区的に機能する部門とである。結局は，後者の部門が評価を得

たのだが，これはサンガが社会と親密な関係を維持するよう期待されていたことを示唆している。同時に，社会はサンガを支え維持する義務を引き受けたのである。しかしながら，この取り決めは草創期における必要不可欠なものであるとは言え，仏教が社会状況の中で興起した結果であるとも考えられる。

　サンガの経済的な生活が，なぜ在家信者の物惜しみのない布施を抜きにしてはありえないのか，に関してもっと根本的な理由が存在した。サンガの個々のメンバーは，沙門（シュラマナ，女性形シュラマナー）すなわち出家者であり，彼らは清浄で精神的な解放の道を歩むために自ら所有するものすべてを捨てたのである。そのような出家者たちに必需品を提供することは，在家生活の範囲内に残らなければならない人々にとっては，幸福や来世のより良い生まれという形で実を結ぶ福徳（プンニャ）を蓄えるのに絶好の機会であった。こうしてサンガが貧しいことは，善い行ない（Ⓢプニャ・カルマ，Ⓟプンニャ・カンマ）を積む機会を探している在家信者にとっては実にふさわしいことであった。というのは，可能性として福徳を生じさせる行為としてサンガを支援するほど良いものはないと考えられていたからである。したがって，サンガがその存続のために経済的に在家信者に依存することは，単に必要というだけではなく，複数の研究者も指摘しているように，出家者が自分の財産を放棄して，彼が奉仕する共同体の財産に依存することをあからさまに示すしるしだったのである。こうして仏教が発達する初期においては，出家者の必需品は四つの資具（チャトゥ・パッチャヤ；四依）すなわち食・衣・住・薬に限られていた。比丘個人は，八つの資財（アッタ・パリッカーラ），衣，鉢，その他最低限の個人用の装具を除いて，私的なものは一切所有しないことが理想とされる。

　仏教の歴史的な発展のなかにおいて，特に仏教王国であったスリランカ・タイ・ビルマにおいては，サンガの経済的生活は，根本的な変容を経験した。膨大な僧院の資産が生じたのである。逆説的になるが，それはサンガの清貧から生じたものであった。同様に，サンガを政治的な秩序と緊密に結びつける方向へと導いたのは，他にも理由はあったが，特にサンガがもともと階層

性を持たないという性質によるものであった。スリランカにおいては，仏教はまさしくその初期から国教として樹立された。つまり，伝承によれば，王こそが最初の仏教徒であった。したがって，歴代の仏教王朝の王たちがしたように，サンガに惜しみなく布施をすることや，土地という形で巨額の資産をサンガの権限内に持ち込むことは国王に課せられた義務であった。国王の行為は模範であり，世襲王侯の官僚たちから小さな地域の首長に至るまでそれに従った。こうして，政治的階層制度と並行して，膨大な資産を所有する僧院の階層制度ができあがったのである。比丘個人の中には，相当な経済的資産に接しえた者がいたとしても，それにもかかわらず，僧院の清貧という理想は決して捨てられることはなかった。この理想は二通りの方法で維持された。第一に，土地の寄付は僧院に対してなされたが，その管理は僧院から分離して在家の官吏に任された。第二に，特に国王によって僧院に寄進された土地は，実際にはほとんど起こりえなかったにせよ，理論上は撤回することができた。しかしながら，スリランカにおいては，サンガの分離によって，君主はしばしばある僧院の派から別の派へと財産を移転しなければならなかった。大規模な土地を寄付する方策のおかげで，サンガは長期に存続して経済的な逆境を生き抜く力を得ることができた。作物，特に主食の米の栽培を気まぐれな降雨に依存する農業社会においては，豊かさは当然であるはずはなく，しばしば争乱や飢饉が起こるため，在家信者がとぎれることなく敬虔な布施を続けることは困難であった。実際に，飢饉を意味するシンハラ語のドゥルビクシャは，文字通りには「分け前（すなわち，喜捨として与えられる食べ物）の欠如」を意味する。このように，南アジアや東南アジアの仏教王朝においては，僧院の資産はサンガの生長性に関しては，いかなる小さな役割も果たしてこなかったと考えることができる。

　サンガに対する惜しみない布施は，国王にとっては自己を政治的に正当化する役割を果たした。加えて，土地の寄進は，国王がその土地をどこに寄進するかを選定するという，より直接的な政治的効果があった。たとえば，スリランカの国王は，時おり直接支配するには遠すぎる地域（それゆえ謀反を起こすかもしれない地域）にある土地を寄進し，そしてその土地を忠実な部

下の支配下に置いたのである。このようにして境界を決められた土地は，広大な面積のものが多かったが，本来は，王権の及ぶ小地区を構成し，その地方の有力な在地支配者によって引き起こされる脅威への対抗勢力としての役割を果たした。

　それと関連して，僧院の資産が僧院内に社会的構造をもたらしたという議論は，非常に興味深い。この興味をそそる理論は，特にサンガの中にもともとは階層的な組織が存在していなかったという文脈の中で考察すると，重要な核心をついた真実である。ある僧院の社会的な構造が実は資産管理のための機能を果たすものであった，ともっともらしく論じられることもあろう。この理論の弱点は，説明できる可能性が非常に限定されているところにある。僧院の資産は，理論の上では時代や場所にとらわれない理想化されたサンガに寄付されるのだが，実際のところ，現存する世俗の組織に寄付されるのである。そのような資産は，ある特定の時と場に縛られた社会構造のもとにおいてこそ理解されなければならない。その場合にさえ，資産を所有することが社会的な構造の発展に先行したのかどうかは疑わしい。というのは，たとえその社会学的な構造が新たな資産の獲得によって当然ながら変更されうるとしても，資産を受け取ったのは現に存在する組織であるという単純な理由による。どんなに広いレベルで，また長い目で見たとしても，社会的な構造は資産関係の生み出したものだという唯物論的な見解を支持することが困難であるとは言え，両者の間にある種のダイナミックな相互関係が存在することは否定できない。

## サンガと政治的権威

　初期仏教によって示される注目すべき対比の一つは，サンガがインドの古代の部族共和制の政治原理によって秩序づけられているにもかかわらず，サンガが好んだ政治形態は，明らかに君主制であったことである。これは，いくつかの要因から説明できるであろう。すでに指摘したように，仏教は個人主義的精神に対する反動と見られ，それが社会や個人の苦悩の原因であると考えられた。君主制原理の台頭は，同じ個人主義を縮図的に表したものであ

るから，サンガが自らを個人主義的でなく，君主制的でなく，かつまた階層的でない方向で組織することは，ふさわしいことであったと思われる。しかしながら，気質の上で常に現実的である仏教は，君主制と良い関係を持つことによって，その教説の布教がよりいっそう促進されるという見込みを受け入れたように思われる。しかしながら，これは一方的な進行であると考えてはならない。その利益は相互的であった。仏教はその当初から，主として都市階層の関心を集めた運動であったので，いったん政治的権威である君主が，社会的にも経済的にも優勢な都市階層の宗教的イデオロギーを支持すれば，力にあふれた都市の中心部とその副中心部を治めることは，より容易になったのである。

　仏教とそのサンガの王政への親縁性は，仏教王政の神話や象徴などを含めてさまざまに表現されている。仏教文学や伝説の中で，釈迦族という小さな王国の支配者であるブッダの父親は，帝国の皇帝の地位にまで持ち上げられている。ブッダと中インドのコーサラの国王やビンビサーラ王とのごとき親しい関係は，ある種の文学的な潤色によって特徴づけられていることは疑いないが，しかし，その地方の同時代の君主たちとブッダが親和的であったという史的確実性は疑うことができない。仏教と王政との最も精巧な相互関係は，おそらく象徴的な領域における関係であり，特に，ブッダと世界の君主である転輪聖王（Ⓢチャクラヴァルティン）との一体性に見られる。ブッダと転輪聖王の身体的な吉祥の特徴は，仏教の伝承のなかでは同一のものと見なされた。転輪聖王は，政治的征服の車輪を回し，一方ブッダは，正しさという道徳法であるとともに仏教哲学でもある真理の車輪を回すのである。ブッダの葬儀は，仏教文学の中では転輪聖王の葬儀にふさわしいものと考えられている。

　サンガに階層制が希薄なことはすでに言及した。これはサンガが現代の政治的な意味で民主的であったということではない——年長者と年少者，先生と生徒，比丘と沙弥との区別は明確に確認される——が，しかしサンガは，その構成員の階層に円滑に行きわたる法律・命令・規約を伴なった効果的で包括的な組織を持たなかった。サンガは，その組織内に，効果的で強制的な

権威を持たなかったので，道徳的で政治的な完全さを維持し，客観化し，また紛争があれば裁定を下すものをどこか別のところに探さなければならなかった。これらの機能を完璧に保持しているものが国王であった。こうして，サンガは経済的にも政治的にも国王に依存するようになったのである。この依存は，「集団の浄化[1)]」(Sシャーサナ・ヴィショーダナ，Pサーサナ・ヴィソーダナ）という形を取ることが多かった。それは，戒律の学処を破った比丘から罪を除くために，一定の期間サンガからの追放を演じることによってであった。しかも，その浄化は，サンガの純粋性の公的な再確認をも意味し，社会におけるサンガへの高い尊敬はそれに負っていたのである。一般の民衆はその追放を歓迎した。というのは，サンガへの布施が，他のどんな功徳のある行為にも勝っていると広く信じられていたからであり，追放はそのサンガの道徳性と模範性を保証するものだからである。この浄化は，一般的にすべての集団に利益のあるものであった。このために，具体的な浄化の必要性が存在するしないにかかわらず，歴史の資料が具体的に示すように，これらは仏教諸国の中で規則的に行なわれることが可能になったのである。浄化を別にしても，国王のサンガに関わる組織的な役割は，サンガの集団としての完全性を強めるための，教義やその他の法令の聖典化においても明らかであった。したがって，歴史上，国王はサンガにとって不可欠の存在であった。今日では，君主を奪われた仏教社会においては，この役割は政府によってなされている。

　歴史的に，サンガの統合は，しばしば国王の世俗的・世襲的官僚制を模倣し，国王がサンガに課した階層性によって果たされた。ただし，そのサンガに課された階層性の効用は，王権の断固とした実行に依存していた。それが実行された時には，サンガは通常以上の政治的統合を保っていたのではないかと考えられるかもしれない。実際に，他のすべての場合，サンガは政治的に全くばらばらで発言力のない単なる地方の共同体にすぎないと言う方がより正確である。しかしながら，王が世俗国家そのものを統合できる有能な支配者であるとすれば，彼はサンガを統合できる唯一の人物であることになり，その世俗国家は，これらのシステムの中において求心性と遠心性の間で絶え

ず緊張状態にあった。このように，国王が階層性を付与することでサンガを統合すると言っても，それは国王の世俗の権力を強める延長線上のことにすぎなかったのである。逆説的ではあるが，サンガが政治的に最も統合されており，それゆえ最も力を持っていた時には，それは世俗の権威によって，最も支配され統制されていたのである。それと同時に，国王はサンガを一方で支配するとともに，彼の正当性の基盤を覆されないように僧院社会を遠ざける勇気もなかったのである。サンガに受け入れられることは，国王にとって政治的に極めて重大なことであった。宗教が国土の真の支配者であるということが，仏教国家の一般的な文化的イデオロギーの一部分であった。このようにして，スリランカでは，王権は宗教を維持するために，サンガによって授与されたものと記述されたのであった。国王は三宝（仏・法・僧）に敬意を表して定期的に象徴的な退位を演じ，一方，「しきたりを守る」サンガは，国王に王権を復活させる。そして同時にサンガは，見返りとして，国王から土地の寄進など，その真の支配者の証を受けるのである。

　王権とサンガとの間における結びつきの根本的なジレンマの一つは，俗世間と出世間という二つの異なった領域の理想をそれぞれ代表していることである。その二つの領域間の緊張は，仏教国にはよくあることであるが，正義が国家の基礎であると宣言される時に現実となる。治国の策は，最終的には強制的な手段による国内的な法と秩序の維持のみならず，流血によって外部の敵を制圧することをも必要としており，隠れたマキャベリズム的な行為（インドの文脈ではカウティリヤン）によって国家の諸目的が維持されることは言うに及ばずである[2]。そのような行動は「正義」からはほど遠い。

　このジレンマを解決する二つの方策が仏教諸国のなかに認められる。まず支配者の支配が二つの時期に分けられる。不正義の時期の後に正義の時期が続き，前者の罪が後者の清浄な水によって洗い流されるという含意が伴なう。そのような国王の経験上の原型，否むしろ仏教王権全体の原型が，アショーカ王（前268-231）である。彼は，暴虐アショーカ（チャンダーショーカ），すなわち凶悪なアショーカ王として，マウルヤ王朝の先祖から譲られた帝国を残忍な方法で拡大した。彼の治世は，カリンガの血塗られた征服で頂点を迎

えた。後になって，法アショーカ（ダルマーショーカ；正義のアショーカ）として，彼は剣による征服の終焉と法のみによる治世の夜明けを宣言する。このような皇帝の内面における変容は，武力対正義の争いの解決策として役立ったのである。

　国王のジレンマの第二の解決策は，その過程は第一のものほど倫理的な形態を取らなかったが，第一のものと同様に，征服者個人の後悔の念から始まる。未来の生存に起こるであろう道徳的報復を恐れた征服者は，彼の道徳のつり合いの対照表を見て，流血の征服が福徳を凌駕しているのに気づいて恐れを生じる。この葛藤の解決は，普遍的なものの見方を縮小することを含んでいる。というのは，彼が引き起こした流血は，異敵の脅威から法（ダルマ）を護り，法の支配を維持するためであったとして，勝利者に個人的な再保証を与えるという形態を取るからである。こうして，スリランカの年代記である『大史』（『マハーヴァンサ』）の中で，英雄のドゥッタガーマニー王は，その征服の間に数千人もの人々を虐殺したにもかかわらず，その数はわずか一人半にすぎない（残りは異教徒であり，死滅しても国王の道徳的状況にはほとんど影響を与えない），とサンガによって保証されたのである。この第二の解決策は，その諸要素が万人救済的とはとても言えないことは明らかであり，人間の生命を相対的に評価する点で（信者はまさしく人間であり，異教徒たちは虐殺されるにふさわしい），倫理的にいちだんと劣るものであると判定することができる。

　サンガの理想と国王の理想との間に存在するこの緊張は，二者が関係し合っているというまさにその理由によって意味深いものとして特徴づけられる。もし彼らが十分に，しかも完全にお互いに分離していたとしたら，たとえば，もし仮に国王が完全に世俗的であり，また同じように苦行者がもし仮に森林に住み，人間社会と全く関係を持たないような場合には，このジレンマが起こることは決してなかったであろう。しかしながら，現実の世界では，聖的なものと俗的なものとは，理論的には分離していても，実際には共存しているのである。仏教国家の場合には，スタンレイ・J.タンビアが名づける「弁証法的な緊張」が，サンガが社会の一部ではないにもかかわらず，社会

の中にサンガが置かれていることによって,起こっているのである。そのようなな緊張は,国王とサンガの社会的関係や,あるいは異教徒を征服し改宗させる者としての国王の役割から起こるのではなく,むしろ王権についての仏教的な観念において考え出された国王の公務では,聖的なものと俗的なものの区別がつかないことに由来するのである。さらに,この聖俗の区別がつかないことによって,サンガの分裂に干渉するという逆説的な義務が国王に強いられるのである。この義務には,正統的な清浄性に背くと見なされるサンガの構成員への権力の行使が含まれている。しかし,そのような判断の客観性は決して保証されることはない。仏教諸国の歴史をひもとけば,サンガの「追放」が,事実上,宗教組織の「統一」を意味する例が少なくない。ただ,「統一」とは言っても,その耐久力は心もとなく,しかもその意味も厳密ではないかもしれない。しかし,少なくとも追放実施の際には,その行為自体が,国王および国王が支持するサンガの一派の双方にとって,また「統合された」という意味では,サンガ全体にとって勝利を意味するものと考えられていた。原理的には,国王は,浄化され統合されたサンガの力によって今や武装し,重要な政治的かつ宗教的な威光を,自らの行動を通じて得るのである。むろんその行動は,最初はかなり政治的な力を前提とするものではあるのだが。

　政治的な権威である王制とサンガとの関係は,仏教諸国においては非常に密接であったので,サンガの存在は仏教的な王権を前提としていると言われることがある。両者は相互補完的に機能しており,その補完性はサンガが経済的,組織的に国王に依存し,国王が自らの権威を正当化するためにサンガを必要とすることに集中する。しかしながら,サンガと社会の諸関係は,サンガと国王の関係以上に幅広いものである。というのは,全体としての社会は,それを構成する第三の極めて重要な集団,すなわち在家者という大集団を含むからである。このように,仏教国家は,サンガ・国王・民衆の三者で一体の関係から成り立つと見られてきた。やがて,そのような国家は,共通の言語を持つか,現実に共通の民族性を持ったり,あるいはそう仮想されることによって,いっそう強固な同一性を発展させることができた。そのよう

な存在は，求心性と遠心性の絶えざる緊張の中に，少なからぬ統合の可能性を潜ませておくことができるようになった。この潜在力は，危機のたびに，すなわちなんらかの異なる宗教，言語，あるいは民族集団といった外的な脅威があった場合に，力強く立ち現われることができた。そのようなときには，普段は眠っていて構造的には曖昧なサンガが目を覚まし，侮りがたい団結を帯び，そして人々の愛国心を高揚するのかもしれない。しかし，サンガに特徴的なことであるが，危機が去ると，再びもとの構造上の眠気の中に戻ってしまう。このように仏教国家は，二つの注目すべき現象を生じることができる。(1) 内部からのサンガの統一。平生は統一化が国家の強制によってのみ達成されるので，このようなことは考えられない。(2) 政治的な統合とアイデンティティーの感覚。伝統的な世界ではまれであったが，近代民族国家の成立に伴ない，初めて歴史上に遍在するようになった。この危機が原因となって起こる現象が，サンガの真の統合でもなければ政治的な中央集権化でもないことは明白である。

## サンガの分派とセクト主義

　仏教の中には教義的に異なったセクト[3]は存在しないと見られることがある。しかし，教義的に異なるという意味では，上座部も大乗もともにセクトであると見なされうる。仏教の初期に上座部内に発展した多くの部派も同様である。しかし，仏教王国の歴史全体を通じて，この意味でのセクトは，生き残らなかった。しかしながら，分裂，浄化，統合が示すように，派としての意見の相違や呼応する社会的な示威運動は，仏教諸国の歴史上不可欠の部分であった。
　二種類のセクトを理念型として想定することが可能である。第一は，教義上の相違をその根底に持つセクトである。ここではイデオロギーが社会的区分を決定する。第二は，世俗の社会組織から派生したあるいは影響を受けた，サンガのセクトである。経験上はどちらのタイプも純粋な形では存在しないので，ここでは「理念型」という言葉を使用する。教義的に決定された諸セクトは，その発生に社会的要因が絡んでおり，逆に社会的に決定された諸セ

クトは，しばしば教義的な相違を（それらがどんなにささいな区別であっても）持つか，あるいは少なくとも，それらの相違の社会的な起源の上に教義的な外観を装っている。

　近代にも古代にもセクトは存在し，サンガ内の緊張関係を反映している。この緊張は二つの理想のはざまで生まれる。一方には，森に住み「精神統一に励む」という林棲の理想があり，一方には，村に住み「経典を護持する」という僧院の理想がある。仏教の解脱は個人の努力によって生まれるものであるが，先述のように，仏教ではこの目的が共同体の枠組みの中でより容易に到達できると，その当初から考えられていた。それゆえに，仏教においては「第三番目の宝」として，サンガの大きな重要性が存在するのである。同時に，森や洞窟に一人でこもる犀のごとき〔独居の〕理想という仏教以前からの伝統的な救済の方法を実践する者たちもごく少数ではあったが存在したのである。まさに求道の孤高さこそが，より深い浄化と没入を触発し，サンガという共同体の成員や在家者へのいかなる義務からも解放されるのだと考えられたために，独居の理想はおそらく常に高く評価されたのであろう。サンガの歴史の中で，教義上の相違から設立された諸セクトや分派は，独居と僧院との緊張を具体的に表している。また，彼らは正統派の集団からの離脱を常に宣言してきたが，それは，より深い浄化を目指す運動の宣言であり，僧院主義から生じる社会的な関わり合いと，そこから得られる慰めとを放棄する宣言であった。このような宣言は，疑いなく理想化されたものである。したがって，セクト・分派の本当の姿はもっと複雑であり，それほど高尚でもない，変わりやすい諸原因と結びついている。それにもかかわらず，離脱した集団が自分たち自身で概念化したところによれば，独居を志向する運動は，政治的権威がサンガに課した浄化とは対照的に，サンガそのものの中から生じた浄化と見なすことができる。

　サンガの歴史の中では，そのような反逆的な運動は，しばしばカリスマ的な指導者によって鼓舞され，またその周囲に生じたにもかかわらず，結局は彼らがまさに最初に非難した僧院の組織構成（および世俗の経済的・政治的・追従的な随伴者たち）に屈服したのであった。結果として，彼らはもと

の母胎の集団に再び合流するか，別の下位集団としてとどまるか，あるいは全く新しいセクトを形成するかのいずれかであり，世俗的教団制度の枠内に呼び戻されたのであった。新しく戻った集団がどのような態度を取ろうとも，その組織形態はすでに存在するセクトのどれかと同じであるのが普通である。この「カリスマの日常化」は授戒儀式における小宇宙的な形式の中にきちんと表現されている。すなわち，新しく入門する者は極端な苦行を誓い，儀式の終わる頃には，僧院制度の内に高い位置を得て現われるのである。授戒儀式が高度で純粋な苦行の理想を確認することであるのと同様に，苦行的な諸行動は出家の真の道を周期的に想起させるものなのである。

世俗社会的な諸要素が仏教のセクトの形成に決定的な役割を担うような例（19世紀から20世紀にかけてのセクトの形成においてシンハラのカースト制の組織が果たした役割に関して言えば，それは事実であった）に直面すると，社会学者の中には，これらの動きをサンガに対する社会の押しつけとしか評価しない者もあった。この見解には全く長所がないわけではないけれども，これを何の疑いもなく主張することは，イギオロギー的には独立していて，社会的な要因，あるいはそれ以外の要因には帰しえない現象を，社会的な形態に帰着させてしまうことになる。また，この決定論的な見解に基づくことは，セクトの発生に見られる象徴的な分類の役割を無視することにもなる。特にスリランカから得られる証拠は，あるセクト的な分裂は，継続する二元的な区別[4]によって起こることを示唆している。

### 宗派，聖者，千年期の仏教

森林に住む人々は，サンガの中で自己浄化に努めた結果として森林に入ってきたのか，あるいは（可能性は低いが）在家から新たに生じたのかのどちらかであるが，その集団は，既成の世俗の秩序から物理的に離れていることを象徴的に表明する。彼らは政治的反乱者たちの伝統的な聖域である，いわゆる野生の森に住むことで，政治的には周縁の地位にあることをも象徴する。それゆえ，彼らの既成の政治の中核に対する訴えは巨大になりうる。さらに，森林に住むことは美徳や清浄と同義であり，また特に東アジアの仏教諸国で

は，森林に住む者たちには偉大な不思議な力が備わっているとしばしば思われている。タンビアのタイ仏教の研究が具体的に示すように，森林に住む聖者たちは，その古典的な聖典である『清浄道論』に示された真の禁欲主義を実証するだけではなく，時としてニルヴァーナ（P＝ニッバーナ）を目指す航海において「輪廻の流れに打ち克つ」ことができ，実際に解脱に達した森の聖者である，と在家の人々に見なされたのである。したがって，政治の中核に位置する個々人——国王，首相，将軍など——は，かくして宗教的・世俗的関心から，聖者を認め，聖者に敬意を払うことを余儀なくされている。すなわち，彼らは時おり城から出て，聖者が反乱者たちと共存している物理的・政治的周縁の領域へ，不安な旅にあえて出かけるという労苦を強いられるのである。一般に，聖者は政治に無関心である。彼らの関心は，直接の弟子や信奉者たちが修行に専念して精神的豊かさに至ることである。逆に政治の中核にいる人々が，全精力を聖者たちへの深い尊崇に捧げることもまた不可能である。タイでは，聖者の不思議な力によって祝福された鋳物や護符を鋳造して，これを幸福の媒体としている。この鋳物類は，政治の中核に住し支配している人々にとって入手しやすいように作られており，そこでは森の聖者とともに居るのと全く同様な仕方で，宗教的関心と世俗的関心の双方が一つに融合されるのである。また，これがもたらす浄化の道は，世界支配の象徴である須弥山へ通じる道である。

　過去と同じく今日でも，この森林に住む聖者たちを囲む集団は，政治の中核にとっては潜在的な脅威であり，その脅威に対して政治の中核に位置する者たちは次の二つのどちらかで典型的に反応を示す。第一に，既述のように，彼らは平和で熱心な申し入れができ，また聖者によって祝福された不思議なものの加護を祈願することができる。第二に，聖者たちを囲んでいる集団が敵意のあるものに変わった時には，彼らは軍事行動に訴えるかもしれない。軍隊の装備ならぬ千年王国の祝福への期待で武装した反逆者たちは武力には敵対すべくもない。森林に住む聖者たちのあいだには，既成のサンガや政治は堕落しているという暗黙の前提があり，反乱分子を結集させる焦点となることもありうる，これは必ずしもそうである必然性はないのだけれども。体

制側では，サンガと政治的権威は分離しているものの，相互利益と相互依存の点では結びついており，他方，至福千年説の中では，その結節可能な点は森林生活者という原型であるが，出家者と支配者との役割は互いに融合する傾向にある。これは，どんなに脆弱で幻想的であるにしても，世界からの離脱と世界の支配とが理想的に結合するという完全な周期を思い出させる。

◎訳　注
1）ここは字義通りには「教えの浄化」であるが，実際の手続きは次の通りである。戒律違反を犯した比丘の種々の資格を停止し，一切の比丘を礼拝する，食事を末席でする，などの贖罪を行なわせる。この贖罪をマナタ（摩那捶）という。その際，その罪を隠していた期間がある場合には，同じ期間だけ僧伽から遠ざけるパリヴァーサ（別住）を課す。このようにして如法に罪を償わせるが，この行為が僧伽を浄化する意味を持ち，強いては釈迦の教えが忠実に守られていることを保証することになるので，「教えの浄化」と表現される。
2）マキャベリズムは，フィレンツェの政治学者マキャベリ（1469-1527）の『君主論』の中に見える，目的のためには手段を選ばない統治の方法からきたもので，目的を達成するためには強引なことをも辞さないやり方を指す。同じようなことを主張した人物に，古代インドのマウルヤ王朝の宰相であったカウティリヤが存在する。彼は初代の王であったチャンドラグプタに仕え，政治論書である『実利論』（アルタ・シャーストラ）を執筆し，目的のためには手段を選ばないことを主張した。つまり，流血の事態も目的のためにはときにはやむをえないと考え，そのような事態を正当化するために用いられた。
3）キリスト教会の歴史的組織類型を示す語にチャーチ，セクト，デノミネーションがある。これらのうち，信仰の主観的な解釈を重視する人物が，同じような体験を支持する人たちとともに組織するのがセクトである。現在では一般的に制度的組織をチャーチとし，組織的に独立していけるだけの熟成を示した集団をデノミネーション，まだ未成熟で新しく生まれた集団をセクトということが多い。一方，仏教のサンガは，出家者の日常の規律の解釈の相違や，規律が触れていない問題の解釈を廻って異見を生じ分派を起こしたことが知られるので，仏教のサンガの分派をセクトと表現することには，若干，無理が存在することは否めない。ただし，スリランカでは，古代，国王が大乗を強制的に導入しようとしてサンガの分派が起きたことも知られるので，この意味ではセクトと呼ぶことも可能かもしれない（リチャード・ゴンブリッチ『インド・スリランカ上座仏教史』〈森祖道・山川一成訳，春秋社，2005年〉263-282頁，など参照）。
4）スリランカにおけるサンガの分派は，歴史上は国王が関与して生じた例が多いが，19世紀初頭，支配層ではないカースト出身者の僧がミャンマーに赴き，ミャンマーの戒統を受け，アマラプラ派を起こした。これは市民個人の力を結集して成立した派であり，やがて世俗の権威にサンガの問題を規制する権利はないことを主張して活動を続けた。この運

動は，少数ではあるけれども教育を受けた中産階級の人々に支持される改革的なサンガと，伝統的な小作農階級の人々に支持されるサンガという二元的な区分を成り立たせることになった（リチャード・ゴンブリッチ『インド・スリランカ上座仏教史』〈森祖道・山川一成訳，春秋社，2005年〉263-328頁，など参照）。

## 【文献ガイド】

仏教の社会的かつ観念的な背景および初期のサンガについて，簡明でかつわかりやすい資料は，Trevor O. Ling, *The Buddha* (London, 1973) である。社会全般よりもサンガに焦点が絞られてはいるが，初期における詳細と1200年頃までの発展については，Sukumar Dutt の二つの研究，すなわち *Early Buddhist Monarchism* (2nd ed., Bombay, 1960) と *Buddhist Monks and Monasteries of India: Their History and Their Contribution to Indian Culture* (London, 1962) に詳しい。E. Michael Mendelson, *Sangha and State in Burma: A Study of Monastic Sectarianism and Leadership* (John P. Ferguson ed., Ithaca, N. Y., 1975) は，サンガと政治との緊張関係を含めて社会とサンガの関係におけるさまざまな様相が議論されている。Kitsiri Malalgoda, *Buddhism in Sinhalese Society, 1750-1900* (Berkeley, 1976) は，19世紀のスリランカの植民地支配に対するサンガの反応について議論し，その時期の変動から生じたカースト闘争に対するセクト主義についても言及している。教団社会の経済的基盤は，R. A. L. H. Gunawardhana, *Robe and Plough: Monasticism and Economic Interest in Early Medieval Sri Lanka* (Tucson, 1979) に綿密に述べられており，その研究は骨身を惜しまぬ学者魂の賜物として有名である。古代スリランカの社会と政治におけるサンガの卓越した地位は，Walpola Rahula, *History of Buddhism in Ceylon* (Colombo, 1956) に詳述されている。サンガと社会の関係の研究は，タイの資料による Stanley J. Tambiah の三部作が他の追随を許さない。すなわち，*Buddhism and the Spirit Cults in North-East Thailand* (Cambridge, 1970), *World Conqueror and World Renouncer* (New York, 1976), *The Buddhist Saints of the Forest and the Cult of Amulets* (Cambridge, 1984) である。最初の研究は，村落社会との接触の過程におけるサンガの変容について具体的に示す。二番目の研究は，サンガと政治との関係に関する概観である。Tambiah が指摘するように，スコータイ，アユタヤ，初期のバンコク朝などの地方分権の王国においては，サンガと政治との関係は漠然と述べられたが，中央集権化のなった19世紀半ば以降のタイの政治においては，サンガは積極的に政治に参加し，政治によって規制される組織だった教団になった。比丘たちが成し遂げた田舎の教団がどのようにして大都市の教団に発展したのか，本研究はその道程を跡づけている。三番目の研究は，確立されていないサンガ，すなわち森林に住む聖者たちと政治との関係を検討する。政治の中核にいる者が，その周縁の秩序に対して高い敬意を払っていたことや，その影の部分に潜む千年王国の問題が，権威と洞察力をもって議論されている。これら三

部作のすべてに広い学識がみなぎり，優れた書誌が含まれている。近代社会思想の研究者の中で仏教を取り上げたのはマックス・ウェーバーただ一人である。彼は *The Religion of India* (Hans H. Gerth and Don Martindale tr. and ed., 1958; rep., New York, 1967)〔インドの宗教に関するウェーバーの見解は池田昭訳『マックス・ウェーバー アジア宗教の救済理論』(勁草書房，1974年)杉浦宏訳・中村元補注『世界宗教の経済倫理・第二部1』(みすず書房，1953年)池田昭・山折哲雄・日隈威徳訳『アジア宗教の基本的性格』(勁草書房，1970年)の三翻訳書を参照するのが望ましい。〕を著し，初期のサンガの理念型として，社会からは隔離するが，やがては自らを在家の信者の必要に順応して変質させていくさまを描いているが，これは極めて特徴のある見方である。ウェーバーの見解の多くについて，タンビアは激しく疑義を差し挟んだが，タンビアの社会学上の想像や説明の様式は，ウェーバー自身のものが想起され，ウェーバーの見解が，依然として高い蓋然性を持ち，含蓄に富むものであることがわかる。Bardwell Smith の編になる *Religion and Legitimation of Power in Thailand, Laos and Burma* と *Religion and Legitimation of Power in Sri Lanka* (いずれも Chambersburg, Pa., 1978) の二冊には，当該の主題に関する有益な論文が収載されている。

日本やチベットの大乗の僧院集団は，スリランカ，タイ，ビルマの上座部のサンガとは大きく異なり，以下の論文に分析のための資料が収められている。チベットに関しては，社会学的な観点から，学問的に焦点をあてられたことはほとんど無く，研究の大半は文献に関するまたは宗教と哲学に関するものである。チベットの僧院主義（ラマイズム）に関する，短いながら権威のある議論が，Giuseppe Tucci, *The Religions of Tibet* (Berkeley, 1980) と Rolf A. Stein, *Tibetan Civilization* (Stanford, Calif., 1972) に見られる。Daigan and Alicia Matsunaga, *Foundations of Japanese Buddhism*, 2 vols. (Los Angeles and Tokyo, 1978) は，多くの事柄に触れるなかで，律令政府の不思議な使者としての学問仏教の発展と，貴族の宗教からあらゆる階層を包容する宗教へと変わる仏教の一般化について扱っており，また日本の仏教が周期的に再生し，かつ新しい解釈を施す性質を持つことをも述べている。古代中国における仏教寺院と国家の関係について，歴史に基づく議論に関しては，Erik Zürcher, *The Buddhist Conquest of China*, 2 vols. (Leiden, 1972)〔邦訳 エーリク・チュルヒャー『仏教の中国伝来』，田中純男・成瀬良徳・渡会顕・田中文雄訳，せりか書房，1995年〕を見よ。

## 補遺

佐藤達玄『中国仏教における戒律の研究』(木耳社，1986年)
佐々木閑『出家とは何か』(大蔵出版，1999年)
──『インド仏教変移論 なぜ仏教は多様化したのか』(大蔵出版，2000年)
佐藤密雄『原始仏教教団の研究』(山喜房佛書林，1963年)
下田正弘『涅槃経の研究―大乗経典の研究方法試論』(春秋社，1997年)

グレゴリー・ショペン『インドの僧院生活―大乗仏教興起時代』（小谷信千代訳，春秋社，2000年）
杉本卓州『五戒の周辺―インド的生のダイナミズム』（平楽寺書店，1999年）
鈴木正崇『スリランカの宗教と社会―文化人類学的考察』（春秋社，1996年）
塚本啓祥『改訂増補 初期仏教教団史の研究』（山喜房佛書林，1966年）
奈良康明「インド社会と大乗仏教」（『講座大乗仏教10 大乗仏教とその周辺』，春秋社，1997年）
早島鏡正『初期仏教と社会生活』（岩波書店，1964年）
平川　彰『平川彰著作集3 初期大乗仏教の研究1』（春秋社，1989年）
───『平川彰著作集4 初期大乗仏教の研究2』（春秋社，1990年）
───『平川彰著作集5 大乗仏教の教理と教団』（春秋社，1989年）
船山　徹「六朝時代における菩薩戒の受容過程」（『東方学報（京都）』67, 1995年，1-135頁）
リチャード・ゴンブリッチ『インド・スリランカ上座仏教史』（森　祖道・山川一成訳，春秋社，2005年）

＊

Christian, W. A., Sr. *Doctrine of Religious Communities: A Philosophical Study* (New Haven, 1987)

Gombrich, R. F. *Theravada Buddhism: A Social History from Ancient Benares to Modern Colombo* (London/New York, 1988)

Schopen, G. "Mahayana in Indian Inscripition," *Indo-Iranyan Journal* 21 (1979), pp. 1–19

───. "Two Problems in the History of Buddhism: The layman/monk distinction and the doctrine of the transference of merit," *Studien zur Indologie und Iranistik* 10 (1985), pp. 9–47

（蓑輪顕量　訳）

# 19　東南アジアにおける仏教徒の宗教生活
Buddhist Cultic Life in Southeast Asia

リチャード・F. ゴンブリッチ
Richard F. Gombrich

　仏教徒の生活における崇拝儀礼には矛盾があるように思われる。ブッダは宗教儀礼や他の外面的なものに執着することは精神の進歩を妨げる三つの大きな要素の一つであると説いている。人はそれぞれにブッダの説いた教えを内面的に自分のものとしていくべきであり，それは寺院，地域，社会に関わるものではない。仏教の悟りへの道は，伝統的に，戒（道徳性），定（瞑想），慧（智慧）からなると考えられていて，この公式の中に信心の入り込む余地はないように思われる。さらに，上座部仏教の伝統では，ブッダは不死なる存在ではなく，教えや生き方の参考とはなっても，それ以上に人を救う力のある存在とは見なされていない。彼は祈りには応えない。精神的な幸福は，外部のなんらかの存在の助けを借りるのではなく，自分自身の行動の道徳的な質によるものである。その質も，実際問題として，その人の内部，つまり意図にあるものであり，外にあるものではない。こうして道徳的に発展することのみが良き後生に導き，最終的に涅槃に至らしめるのである。物質的な幸福は，この宗教の主たる関心事ではない。

　しかし，上座部仏教徒の宗教生活は，外面的な誓戒の遵守や崇拝，信心といった心情を欠いているわけではない。他の宗教の実状と同じで，世俗的な価値に関心がないわけではないのである。しかし，ブッダは，外面的に戒を守ることは空しい形ばかりのものであってはならないと教え，事実，理論的に正統であることを示す言葉を伴なっている。信心の行為は心を鎮めると言われるゆえに，精神的な幸福をもたらし，だからこそ，戒や定と同じ精神的な訓練の重要な要素をなしている。また，功徳を廻施することにより，物質的な幸福をさえもたらすのである（もっとも，これが正しい動機でないことは確かであるが）。

## 功徳の廻施

　功徳を廻施するということの理論的根拠は，行為の道徳的な質は意図のみによるという教義に内在している。だからこそ，善行に思いをかけ，善行をなした人の心の状態に入ることは，実際に善行を行なうのと同じくらい功徳があるということになろう。さらに，ある人の善行に注意を向けること自体が善である。というのも，それが他人の功徳に思いをかけ，分かち合う機会を与えることになるからである。同時にこうして功徳を分かち合うことは，自分自身の功徳を減らすことにはならない。それは，あたかも一つの蠟燭から他の蠟燭に灯りをともすようなものである。

　仏教徒は，人間は（天界の）神々以上に善き行ないをする機会を持っていると信じている。天界の生活は，あまりにも快適過ぎて，世界の苦に気づかず，それゆえ，そこでは仏教的な活動が十分には行なわれない。そこで，仏教徒が善き行ないをしたときには，この善行をともに喜ぶようにと神々を招き，それによって功徳を分かち合うのである。また，その見返りとして，神々が地上で人々を見守ってくれるよう願うのである。

## 聖典上の典拠

　上座部仏教の大半の崇拝儀礼の聖典上の典拠は，『大般涅槃経』というただ一冊の経典から引き出される。ここに見られるブッダの最後の日々と死の描写はどの編纂仏典にも見られ，おそらく前4世紀までさかのぼることができよう。パーリの伝承では，ブッダは二人の大臣に次のように忠告している。すなわち，聖者に食物を捧げたならば，その行為（によって得られる功徳）を，土地神たちに捧げるべきである[1]。そうすれば，土地神たちは，御利益をお返ししてくれるであろう（*Dīgha Nikāya*,〔T. W. Rhys Davids and J. Estlin Carpenter eds.,〕Pali Text Society ,〔1995〕vol. 2, pp. 88-89）。同じ経典の後の方には，ブッダは仏塔を建てることを勧め（*ibid.*, pp. 142-143），巡礼のやり方を述べている（*ibid.*, pp. 140-141）。この経典は，ブッダの遺骨の分配と，崇拝を述べるところで終わっている（*ibid.*, pp. 164-167）。ブッダは，

仏塔に花を捧げ，香を焚き，塗料で装飾し，崇拝し，あるいはそこから幸せな落ち着いた宗教的心情を得るなら，誰もが長い間恩恵を受けると説いている (*ibid.*, p. 142)。さらに，悟りを開いた人の塔を見て幸福と寂静を感じる者は誰でも天に行くことができ，巡礼の途上で亡くなった人も同様である，と説いている (*ibid.*, p. 143)。なお，付言するならば，涅槃会（釈尊の亡くなった日に行なう儀礼）は，行事暦の上で主要な儀礼であること，そして，タイの仏教徒はブッダの葬儀をも記念していることからも，今述べたこの経典が，仏教徒の宗教慣行にどれほど重要な典拠であるかがわかるであろう。

### 宗教的行動の解釈

　すべての宗教の信者と同じく，仏教徒も同一の宗教的行動にさまざまな意味づけを行なう。その解釈は，知的洗練度，および実際の脈絡，個々人ないし文化的な要素に応じてさまざまである。比丘たちには，概して聖典に示される正統的教理と一致する知的解釈をより強く主張する傾向がある。しかし，今日では，より多くの在家信者が仏教教理の十分な知識を持つようになり，仏教の観念を論じ，自分たちなりに擁護するようになってきている。知的に洗練された人にとっては，「功徳」（Ⓟプンニャ）とは善き行ないをするという意味であり，それを「廻施」（パッティ）することは，この「廻施」自身が功徳を生む重要な源泉であり，上に述べたような方法で理論化されうる。しかし，そうでない人々にとっては，功徳とは，むしろお金のようなもの，つまり，他の宗教の供犠のように，神々から物質的な見返りを得ることができる精神的受領の機構と考えられている。しかし，この例から，知的洗練度にはただ二つのレベルしかないという意味に読み取ってはならない。また，知的に洗練されていない理解が，論理的にも歴史的にも，まず先にあって，後で「理論化」されたと受け取ってはならない。むしろ逆なのであって，知的に洗練されていない信者が，涅槃を，理想的な精神の状態というより天の頂上にある一つの場所だと考えるのであり，これは本来の至高な観念を劣化させるという逆方向の変化なのである。

　いかなる宗教の構造も象徴により成り立っている。それだけに，知的に洗

練されていない人でさえ字義どおりに解釈している，と考えるのは危険である。たとえば，ブッダはしばしば王と言及され，また，その像は王として扱われている。ここでも根拠は『大般涅槃経』に見出される。この経典では，ブッダの遺体は転輪聖王のように扱われるべきだと述べられている (ibid., p. 141)。古代スリランカの王が，仏舎利に王家の紋章を付け，国を超える神聖性まで与えているのであるが，彼らの尊敬の行動が何を象徴しているかは明らかである。したがって，現在，仏教徒が仏像を王のように扱っているとしても，別にブッダを王だと信じていることを意味するものではない。

　脈絡の相違は，知的洗練度の相違と同じほど重要，否むしろ，それ以上と言ってよいものであろう。大半の仏教徒は，ブッダはすでに亡くなっており，自分たちを救うことはないと十分に知っている。しかし，後になって救いを求めたことを恥じるかもしれないが，危機的な状況においては，知的に洗練された仏教徒でさえもブッダに救いを求めて祈っているのである。脈絡の違いは，文化的に類型化することがある。たとえばスリランカでは，新しい仏像が寺院に安置されたとき（寺院とは伝統的に公共のものである。家庭内にある寺院というのは新しい制度である），制作者が仏像に目を描き入れ，開眼させて完成させるという儀式が行なわれる。彼は一人となり，仏像の目を直接見ず，鏡を使って目を描き入れなければならない。開眼した仏像の最初の一瞥は危険なものであるかのように扱われるからである。しかし，このような考えは，ブッダはすでに亡くなっていて，活動をしないばかりでなく，いかなる場合でも完全に慈悲深いという仏教の正統的な見方と矛盾している。もし，誰かがそう考えることがなかったなら，このような儀礼が行なわれるようになったはずがないし，また，昔からの職人はこの儀式を依然として行なっているにちがいない。比丘たちは，仏像に見つめられるのは危険であるという考えを強く否定するであろうし，この習慣を迷信として排除するであろう。その両者の中間には多くの人がいて，何も考えることなしにこの儀式に参列している。このように，宗教行為に関する記述だけでは，参列者の動機，感情や観念についてなんら確実なことを語ってくれないのである。

### 在俗者の宗教的段階と誓戒

　上座部仏教の誓戒を守ることについて述べるとき，まず目につくのは言葉による行為の多様性である。在俗者は，公共の宗教的な集会，個人的な祈り，そして，ある社会では毎日を，同じ方法で始める。すなわち，パーリ語で「世尊・阿羅漢・正覚仏に帰依いたします」と3回唱えてから，仏・法・僧の三宝に帰依することを（ここでも3回）唱える。これはどういうことであろうか。法は必ずや存在しているし，教団もとにかく現存している。しかし，仏はどうであろうか。正統派の者は簡単に，三帰依の句を唱えることがブッダの例にならって自分を鼓舞する方法なのだと言うであろう。しかし，信者たちはもっと直接的にブッダの存在を感じているにちがいない。三宝に帰依する句を唱えてから，不殺生戒・不偸盗戒・不邪淫戒・不妄語戒・不飲酒戒の五戒を受ける。ほとんどの仏教徒にとって，これらの言葉を口にするだけでは意味がなく，それを実行しなければいけないことがはっきりと認識されている。こうして善き行ないが精神的な発展の前提条件であるというブッダの教えは，仏教徒の儀礼と毎日の生活に影響を及ぼしているのである。ラジオ・スリランカのシンハラ語放送は，毎日，公共の場合と同じく，比丘によって在俗者のために詠唱される三帰依文と五戒で始まる。在俗者が，サンガのメンバーとして正式に認められることはめったにないが，三帰依文と五戒は仏教徒であることを自分に確認させているのである。

　仏教徒の行事暦は太陰暦による。太陰月の4分の1ごとの区切りの日は「布薩」（ウポーサタ）で，誓戒の遵守を強化する日々である。満月の日は，もっとも重要であり（それゆえ，多くの祭りがこの時に行なわれる），新月の日がこれに次ぐ。誓戒を守ることの強化は，主に，寺院に参詣し，八斎戒を受けることによってなされる。この八斎戒は五戒が基礎になっているが，その三番目の戒律は厳しくなって，すべての性行為を禁じている。さらに，午後に固形物を食さないこと，娯楽を見ないことと，装飾品を身につけないこと（最後の二つは一つの戒律となっている）と，立派な寝床を使わないことである。このような節制を行なう人は，あたかも得度したかのように行動

する。というのは，低い段階の得度者，つまり見習い僧（パッバッジャー）は，十戒を守るからである。この十戒は，八戒のうち娯楽から遠ざかり，装飾品からも遠ざかるという禁止を独立させ，それに，金や銀を手にしない，つまり，お金を使わないという禁止条項を加えたものである。ウポーサタの日々に八斎戒を守ることは，理想的な行ないであるが，しかし，満月の時にさえ，これを行なうのは少数であり，その大半が女性である。

　得度することなく十戒を受けることもできる。これは，主に老人や未亡人によってなされる。上座部仏教の尼僧教団は消滅しているので，十戒は女性によりなされうる最も厳しい戒律のカテゴリーである。ある女性たちは，宗教共同体の中に入り，あるいは，事実上の隠遁者として，頭を丸め，黄衣をまとい，最も類似性の高い男性である比丘修行僧のような生活を送る。たとえ，比丘のように禁欲的に暮らし，托鉢を行なっていても，彼女たちは比丘と同じ評価を受けないのが通例である。

　沙弥（サーマネーラ；見習い僧）として教団に入る最低の年齢は，7歳頃である。高い段階の得度（ウパサンパダー；具足戒）を受けて比丘になれるのは，20歳になってからである。僧院生活に向かないと思ったときにはいつでも出ることができるが，スリランカにおいては，得度は一生比丘でいることが意図されている。これは，他の上座部仏教社会と異なるところである。ミャンマーでは，すべての少年は一時的に見習い僧として寺院に入るべきものと考えられているが，期間は普通は一週間ほどである。この短期間の見習いは，将来彼が生涯かけて僧侶になるかどうかとは関係がない。タイにも，似たような一時的な入団の制度はあるが，より柔軟に運用されている（1970年代に共産党政権ができるまでは，ラオス，カンボジアでも同様な仏教の伝統と慣行があった）。タイでは，国王でさえ一定の期間僧侶の衣をまとう。最も一般的な短期間の入団は，一回の雨安居（ヴァッサ）の間である（普通は，7月から10月である）。

## 作功徳

　しばしば引用されるパーリ語の詩偈に，功徳を積む10の善行が述べられ

ている。それは，布施，誓戒の遵守，禅定，功徳の廻施，功徳を喜ぶこと，(年長者への) 奉仕，尊敬，説法，説法を聞くこと，そして，正しい信仰である。その一部について，以下解説する。

■**布　施**　布施（ダーナ）は，すべての善行の基と考えられている。実際において，この術語は僧院への布施を意味する（聖典には，教団は「功徳を生み出す最良の田」〔福田〕と述べられている）のが普通である。そして，特に，僧侶に食事を供養することを意味するし，シンハラ語で「布施」を意味する「ダーネー」という語は，普通は僧侶の食事を意味するまでになっている。

■**禅　定**　伝統的に，一般信徒たちが行なっていた禅定とは，パーリ語の偈頌を唱えることのみで，寺院でウポーサタの一部として行なわれるのが普通であった。この偈頌を唱えることは，文化的に「心を落ち着かせる禅定」（Pサマタ；止）と定義されているが，西欧人の目には，彼らが禅定に付随していると考えている強烈さがあるようには見えない。禅定で何を瞑想するかというと，ブッダの徳，慈悲（Pメッター），そして仏身の各要素が一番普通である。禅定のより専門的な形は，「心を落ち着かせる禅定」であれ，「観察」（Pヴィパッサナー；観）であれ，僧院の中で行なわれる習慣になっている。しかし，1950年頃以降，在俗者も次第に禅定に興味を持つようになり，特に僧院に限ることなく，社会のより近代的な部分に瞑想センターが作られるようになった。そこでは一般の人々が，ときには在俗者の指導のもと，瞑想コースで学んでいる。在俗者に瞑想を教えるときに用いられている最も一般的な技法は，呼吸法である。

■**説　法**　人々が集まる公共の場のほとんどで，功徳を積むのにほぼ共通しているのは，在俗者が比丘に食事を供養し，比丘が説法をもって応えることである。何はともあれ，彼らは短い説法をし（本当に決まり文句のようなものでもよい），人々がこの行為の功徳を分かち合い，それによって死後に良

い処(ところ)に生まれ変わり，最後には，未来仏の弥勒の世に涅槃を得ることができるように，との望みを表明するのである。このほか多くの種類の説法があって，それぞれの場合に応じ，その土地の言葉でなされるものなどがある。しかし，上座部仏教で最も特異な説法の形式は「パリッタ」（護呪）と呼ばれるパーリ経典を唱えるものである。パリッタを唱えるのは，幸運を招くことを主な目的とするが，これは単に功徳を積むメカニズムによるだけではない。いくつかの経典に見られるように，彼らは，害をなす力のある悪霊たちに呼びかけ，仏教の慈悲の教えを気づかせることによって，幸運を招こうとするのである。パリッタを唱えることは誰にでもできるが，普通は何人かの比丘が参加する。長い時間にわたって唱えるときは，何人かが組になって交代で唱え，音の流れが途絶えないようにする。伝統的なパリッタ儀礼の最も一般的な形は一晩続くものであるが，しかし，一週間かかるタイプもある。他に普通に行なわれるのは，パリッタの中から最初の三つのテキスト，つまり「マンガラ・スッタ」「ラタナ・スッタ」「メッタ・スッタ」という『スッタニパータ』にある偈を唱えるものである。すべての比丘は，この三経典を暗唱していなければならない。伝統的なパリッタ儀礼では，比丘は唱えながら，糸と水を護るべき財産にかけ，在俗者は後に，この聖化された糸の一部を護符として身につける。

## 年中儀礼

ミャンマーでは，比丘が儀礼を執行する人生の危機は死のみであるが，臨時に行なわれる少年たちの成人の儀礼としての得度式を加えてもよい。しかし，これはミャンマーの人が成人をどのように考えているかを示すものではない。仏教徒が，それによって功徳を積み，宗教的であろうとはしているものの，誕生や結婚それ自体は世俗の出来事である。葬式は比丘たちが，取り仕切らなければならない。いつも説法があり，説教師には僧衣として使われる布が献上される。これは経帷子(きょうかたびら)に代わるもので，元来は比丘が身にまとうにふさわしいとされたものである。死の儀礼は葬式で終わるわけではない。遺族は，続いて，比丘たちを食事に招き，説法をしてもらい，そして，功徳

を故人に廻施する。それは，故人が餓鬼道に再生したのならば，この功徳に感じて善をなし，より良い生により早く生まれ変わることができるからである。スリランカの仏教徒は7日後，3ヵ月後，そして，毎年，布施をして法要を行なう。この3ヵ月目に行なわれる儀礼が主たるもので，普通，一晩中パリッタを唱える。

　仏教徒の年中行事儀礼は，上座部仏教徒のあいだにおいても，国によってさまざまである。すべての上座部仏教徒はヴィサーカ月の満月の日の祭りを尊重する。これは，5月の終わりか6月の初めに行なわれ，ブッダの誕生，成道，涅槃を記念するものであるが，なかでも成道は最も大切である。しかし，ミャンマーでは，この祭りよりも雨安居の終わりの祭りの方が重視される。僧院の雨安居は3ヵ月で，その始めと終わりには重要な祭りが行なわれる。この3ヵ月の間，比丘は雨安居を行なっている僧院を7日以上離れることが許されない。雨安居が終わったその月に，大きな儀式が行なわれる。この時には，それぞれの僧院で住職により一人の比丘が選ばれ，「カティナ」という特別な衣が在俗者から贈られるのである。このカティナ儀礼は，毎年行なわれる儀礼の中で唯一在俗者が参加するものであり，パーリ聖典にもそれが記されて，根拠となっている。

　比丘は一般の人の祭りにも参加するが，個人的に守るべき戒がある。それは比丘にとっては極めて重要である。新月と満月の布薩の前の晩には，比丘は集まって「波羅提木叉」（パーティモッカ；戒本）という律の集成を唱え，そして，律に違反したことがあれば，それを互いに告白し合わなければならない。「自恣」（パヴァーラナー）と言われるこのような特別の儀礼は，雨安居の最後に行なわれる。このとき比丘たちは，お互いに彼らが犯したかもしれない過ちの許しを請う〔懺悔〕のである。より高い段階の得度式は教団にとって極めて重要である。

### 聖　物

　仏教徒は，ブッダがすでに入滅しているのを知りながらも，ブッダが生きていて，救ってくれるよう願う。そのために，ブッダが実際には存在してい

ないことと，心理的に存在してほしいというギャップの架け橋として，ブッダに関わる遺物を崇拝することは不思議ではない。遺物は伝統的に三つのグループに分けられ，聖性の高い順に並べると，第一は，ブッダや他の聖人の肉体の部分である。第二は，ブッダによって使われた物，第三は，ブッダを思い出させる物である。少し拡大解釈すれば，ブッダの生涯に関わる場所も，ブッダが使った物と分類でき，このような場所が主要な巡礼地となっている。「使われた物」のうち最も一般的なものは，菩提樹である。他には，ブッダの衣や托鉢の器である。仏舎利（ブッダの遺骨）はストゥーパ（塔）と呼ばれる土盛りの下に埋められた。ストゥーパは普通仏舎利をまつるために建てられている。しかし，仏塔の形は，信者にブッダを思い起こさせる，目に見えるシンボルと言ってよい。仏像もまたブッダを想起させるものであるが，その中に仏舎利を蔵することもある。聖典もまた，聖なる対象である。おそらくそれは，ブッダが「法を見る者は，私を見る」(*Saṃyutta Nikāya* 3, 120)と言ったように，聖典がダルマ（法）を具体化したものだからであろう。聖典は，ときに仏舎利と同じようにストゥーパに奉納される。ブッダに関わる遺物の前に花や香や灯明が捧げられる。

タイの仏教徒は，護符をよく身につける。この護符は，尊敬すべき比丘が安全と富を招くために作ったものであったり，先述のパリッタによって聖化された糸であったりもする。これらは比丘と関わるからこそ聖なるものとなるが，比丘よりも阿羅漢と呼ばれる聖者の方がより望ましいし，ブッダと関わるものが最高である。崇拝の対象は，理論的にも実践面でも比丘自身である。最も愚劣な比丘であっても「仏子」であり，仏教の理想の象徴なのである。

◇訳　注
1) 著者は「（聖者に食物を捧げたなら），その行為を土地神に捧げるべし」と訳す。この箇所は旧来学者により異論のあったところであるが，今日では，これは「食物を捧げることによって得られた『功徳』を神々に廻施する」と理解すべきことがほぼ確定している。櫻部建「功徳を廻施するという考え方」（『仏教学セミナー』20, 1974年, 93-100頁）および高原信一「廻施について」（『福岡大学人文論叢』11-4, 1980年, 1087-1106頁）参照のこと。

## 【文献ガイド】

　上座部仏教の実践慣行の全体を一冊にまとめた本はない。おそらく，Heinz Bechert and Richard F. Gombrich ed., *The World of Buddhism* (London and New York, 1984) が最も有用で広範な研究であろう。しかし，各国における伝統的な実践慣行に関しては詳しい研究がある。スリランカに関しては，拙著 *Precept and Practice: Traditional Buddhism in the Rural Highlands of Ceylon* (Oxford, 1971) と，J. F. Dickson, "Notes Illustrative of Buddhism as the Daily Religion of the Buddhists of Ceylon, and Some Account of Their Ceremonies after Death, " *Journal of the Royal Asiatic Society* (Ceylon) 8 (1884),pp. 203-236 (ただし，頁は訂正表により 297-330 頁と訂正) がある。ミャンマーに関しては，Melford E. Spiro, *Buddhism and Society: A Great Tradition and Its Burmese Vicissitudes* (New York, 1970) がある。本書は大変包括的なものであるが，著者の精神分析的解釈が安易すぎるきらいがある。タイに関しては以下のような優れた研究が出ている。Kenneth E, Wells, *Thai Buddhism: Its Rites and Activities* (1939; rep., Bangkok, 1960) と Jane Bunnag, *Buddhist Monk, Buddhist Layman* (Cambridge 1973) は両者とも基本的に中央タイの都市の仏教を扱っている。これを補うものとして，村落研究の Stanley J. Tambiah, *Buddhism and the Spirit Cults in North-East Thailand* (Cambridge, 1970) がある。これは，構造主義的アプローチを行なっている。『大般涅槃経』の最良の英訳は依然として T. W. Rhys Davids and C. A. F. Rhys Davids tr., *Dialogues of the Buddha,* vol. 2 (London, 1910) であり，版を重ねている。*Metta Sutta* と *Maṅgala Sutta* は，上座部仏教の比丘である Walpola Rahula の *What the Buddha Taught* (rev. ed., Bedford, England, 1967) の中に英訳がある。本書は上座部比丘の手になる優れた一般的な仏教入門書である。

## 補遺

青木　保『タイの僧院にて』(中央公論社，1976 年)
生野善応『ビルマ仏教―その実態と修行』(大蔵出版社，1975 年)
─────『ビルマ上座部仏教史―サーサナヴァンサの研究』(山喜房佛書林，1980 年)
池田正隆『ビルマ仏教　その歴史と儀礼・信仰』(法藏館，1995 年)
石井米雄『戒律の救い―小乗仏教』(淡交社，1969 年)
─────『タイ仏教入門』(めこん，1991 年)
─────編『講座　仏教の受容と変容 2　東南アジア編』(佼成出版社，1991 年)
片山一良「大般涅槃経」(『原始仏教』8，中山書房佛書林，1995 年)
中村　元『ブッダ最後の旅―大パリニッバーナ経』(岩波文庫，岩波書店，1980 年)

―――――・岩本　裕・笠原一男・金岡秀友監修・編集『アジア仏教史・インド編 6　東南アジアの仏教』（佼成出版社，1991 年）
奈良康明『仏教史 1』（山川出版社，1979 年）
平等通昭『梵詩邦訳　仏陀の死』（印度学研究所，1961 年）
藤吉慈海『南方仏教―其の過去と現在』（平楽寺書店，1977 年）
前田恵学編『現代スリランカの上座仏教』（山喜房佛書林，1986 年）
リチャード・ゴンブリッチ『インド・スリランカ上座仏教史―テーラワーダの社会』（森祖道・山川一成訳，春秋社，2005 年）

（奈良修一　訳）

# 20 東アジアにおける仏教徒の宗教生活
Buddhist Cultic Life in East Asia

海野　大徹
Unno Taitetsu

　東アジア仏教の実にさまざまな宗派や伝統に見られる宗教儀式，式典，あるいは特別な行事は豊富にあるため，彼らの信仰生活の大まかな概略以上のことはとても無理であるが，われわれの目的のためには，以下の三つの主な項目にわたって信仰行事を概観すれば十分であろう。まず，僧侶だけに限られた，主に彼らによって通常，寺院内で執り行なわれるもの，次に，在家信徒やより広く公衆を含むもの，そして最後に，仏教の慣例にその端を発してはいるものの今日では世俗化しているもの，という三つである。これから描こうとする行事は，東アジアのすべての国々にほぼ共通したものであるが，この小論では日本に焦点をしぼることにする。というのも，日本には，仏教に基づく信仰生活の多くの伝統的な形態が今日まで維持されてきており，また東アジアの最も活発な仏教文化が残されているからである。

　第一のグループに当たる，寺院あるいは僧侶の集団に見られる信仰行事には，叙階式，晋山式(しんざんしき)，宗教的な修行（瞑想の修練のようなもの），寺院の儀礼（僧団の生活すべてを律するもの），勤行(ごんぎょう)，記念の儀式，葬儀や回忌の供養，形式化された法話や討論，護摩とか灌頂（浄化の儀式）といった密教儀礼などがある。他にもさまざまな前近代的な行事が仏教の世界観を表現している。これらの儀式には，捕らえられた動物を自由にする式典〔放生会(ほうじょうえ)〕や皇室，平和，国家の繁栄のための祈禱，また天皇の誕生日を祝う式典，そしてある特定の人や社会集団に危機が押し迫ったときに行なわれる厄払いの儀式を含んでいた。

　多くの人が関わり，しばしば民間信仰や地方の慣習との習合が見られる第二のグループには，以下のものが含まれる。新年にまつわる儀式や真夏の盂蘭盆会(うらぼんえ)（精霊会(しょうりょうえ)とも言われる）などの信仰行事，釈迦牟尼仏の生涯，すな

わち誕生・成道・入滅すなわち大般涅槃（パリニルヴァーナ）に関わる儀式，精進料理の宴や仏舎利の讃仰，（主に日本における）春分と秋分の行事，ブッダや宗派ないし法系の開祖または後継の歴代の諸祖らの誕生と命日にそれら諸祖の威徳を讃える行事，各家庭の仏壇の前で行なう日常の礼拝，結婚式や葬式そして特定の追悼の祭式，仏教徒としての生活を送るべく正式に誓うこと，功徳のある行為として経典を写したり〔写経〕，仏像を描いたり〔写仏〕，仏・菩薩を彫刻したりすること，そして巡礼や行道などである。

　第三のグループの中には，舞踊，演劇，民謡，茶道，華道，書道，弓道など，仏教の慣例に起源を持ち，あるいはそれと密接な関わりがあったが，今日ではただ名ばかりの関係にすぎなくなってしまった儀式の伝統がある。この範疇にはまた，旅に出かけるために，ないしはより長い滞在のために家を発つときにお金を包んだ封筒を渡すという伝統的な社会慣習（日本語で餞別と呼ばれる）や，結婚，出産，あるいは人が亡くなったときに行なわれる似たような慣習も加えなければならない。必要なときの相互扶助を強調するこういった風習は，生きとし生けるものの相互関係や相互連関を説く仏教の教えに基づいている。

　これらの宗教的な儀礼は，多くの場合，経典を唱える〔読経〕という宗派的儀礼がその中心となる。特定の宗派や盛儀に即して選ばれた経典を唱えるということは，以下に掲げるいくつかの重要な機能を果たしている。ブッダの徳やその教えに対する讃歎，輪廻（サンサーラ）からの解脱をかなえてくれるブッダやあらゆる存在に感謝の意を表すこと，過去に造った悪〔罪業〕を懺悔すること（これ自体として，独立の儀式であるかもしれない），究極の悟りを達成しようという誓願，法統を讃えること，これまでに積んできた宗教的実践による功徳を，仏道を歩む一切衆生と分かち合おうという願い，などである。さまざまな旋律や拍子で節をつけて唱えたり，銅鑼，鐘，拍子木や管楽器などの楽器でめりはりをつけたりすることによって，神聖な時間と空間の雰囲気を醸し出し，参列した人たちを宗教的な存在領域へと導き入れるのである。

　宗教的儀式に関するいかなる研究も，そこで用いられている宗教的な道具

〔法具〕や聖なる図像に触れない限りは完全なものとはなりえないであろう。そういったものの中には，仏・菩薩の名称や真言を記した神聖な牌や巻き物だけでなく，仏・菩薩や諸天・明王，そして開祖や歴代の諸祖の彫像や画像といった崇拝の中心となる対象物や，ストゥーパやパゴダ，法輪や仏舎利を納めたさまざまな種類の壺といったブッダの存在を示す象徴的な法具が含まれる。ふつう祭壇には，宗教的な礼拝のための標準的な法具が設けられる。家庭の祭壇の場合は，燭台、花瓶，香炉という三つで一揃いの道具〔三具足〕が用いられる。寺院の場合は，祭壇に一対の燭台，一対の花瓶と香炉の五つで一揃いの道具〔五具足〕が設けられる。蠟燭の火は悟りの智慧を，花は無常を，香は清浄をそれぞれ象徴しているのである。果物，ご飯，野菜は，感謝の意を表す供物である。

　僧侶たちの階級や宗教儀礼に応じた法衣〔袈裟〕を身に着ける際の規則や規定もまた信仰生活の重要な側面である。また特定の宗派だけに見られる法具もある。たとえば禅宗における鉢や払子，真言宗の独鈷杵や三鈷杵，あるいは五鈷杵，また浄土宗において幅広く用いられる念珠などである。また鐘，鈴，太鼓，管弦楽器，木魚（中が空洞で魚の形をした木製の打楽器）といった，特に読経の伴奏に用いられるさまざまな楽器の重要性にも注目しておかなければならない。

　仏教に基づく信仰行事は，範囲も広く多様で，しかも複雑なため，ここではいくつかの主だった儀礼（それらは日本の人々によって今もなお行なわれているため，日本風の呼び方が用いられる）を選んで論じざるをえない。宗教的な礼拝を毎週行なうユダヤ・キリスト教の伝統とは異なり，仏教徒の生活は，年ごとあるいは季節ごとに行なわれる儀礼にその中心がおかれている。その中には仏教の全宗派に共通するものもあれば，各宗派がそれぞれ独自に保持する儀式や祭式もある。それらの多くは，寺院と家庭の両方で執り行なわれるが，なかには全国的規模のものもある。

　仏教の各宗派すべてに共通しているのは，釈迦牟尼仏の生涯における三つの主な出来事，すなわち生誕・成道・涅槃を祝うことである。テーラヴァーダの伝統において，それらの釈尊の生涯における三つの主な出来事を，五月

のある宗教祭日の一日にまとめて行なうウェーサク祭とは異なり，大乗仏教が広まった国々においては，これらの行事はそれぞれ別の日に行なわれる。（灌仏会、降誕会、仏生会など）いろいろな呼び方で知られている釈尊の生誕の祝賀は，中国では早くも4世紀には始まったと言われている。インドに向け399年に中国を旅立ち，414年に帰国した中国人巡礼僧の法顕は，マガダとコータンを訪れた際に生誕を祝うこの行事を見たと報告している。これは，伝統的には僧院の儀式の一部として太陰暦の第四の月の八日目に行なわれた。中国と日本では，ひと頃この行事が皇室行事にまで高められたりしたが，普段は各家庭において行なわれた。今日では，出家と在家とを問わず4月8日に行なわれる。中心となる祭壇は，花で飾られた厨子である。これは特にこの時のために設えられ，甘茶の入った鉢の中には立ち姿をした童子のお釈迦様が祭られている。春の花々で覆われた厨子は，ブッダの生誕地であるルンビニー園を象徴している。また片方の手は天を指さし，もう片方の手が地を指している立像は，ブッダの生誕にまつわる伝説を表現している。その伝説では，ブッダは東に向かって七歩進み，世界に対して「天上天下唯我独尊」と宣言されたと言われている。伝説はさらに続けて，その時，大地が振動し，美しい音楽が宇宙に響きわたり，空からは花びらと甘露が降ってきたと伝えている。僧侶の行列と読経に続き，信者は老いも若きもともどもに，仏像に恭しく礼拝し，柄杓でその上に甘茶をかけ，そして花をいただき，甘茶をすするのである。

　この基本的な儀式に加えて，地方によっては提灯祭りが同時に行なわれたり，薬草から作った甘茶を飲んだり（御利益があると考えられている），また子供の健康と安寧を祈る祭りを行なったり，また災厄を未然に防ぐお守りを書くためのインクをその甘茶を用いて作ったりする。基本的に，この誕生の祝賀は，お祝いの祭典，すなわち一年間の農耕の始まりに当たっている，喜びに充ちた春期のお祝いの時なのである。そこで今日の日本では，この祝祭は花祭りと呼ばれている。寺院のなかには，花で飾られた祭壇を引く白象（たいていは台車の上で扮装される）を先頭とする行列が，村や町中を練り歩くところもある。これは古代インドの風習の名残である。

ブッダの成道を記念して，一般に12月8日に行なわれる祝い事（成道会）は，いっそう厳粛な儀式である。ブッダが，快楽主義と苦行主義という両極端の行を棄て，菩提樹下における49日間にわたる禅定の末に，ついに最高の悟りを開くことができたことを記念して，宗教的な儀式が行なわれる。時おり，山を下りる（これは苦行を棄てたことを意味する）ブッダを描いた絵が，その成道にまつわる一連の出来事を偲ばせるものとして飾られる。禅宗では12月1日から8日までの間，釈迦牟尼仏が悟りを開かれたことにならって，臘八大摂心と呼ばれる厳しい修行を行ない，12月8日の明け方まで夜を徹して坐禅を組む。典型的な摂心は，午前2時または3時に始まり，長時間の読経，坐禅と経行を一日中交互に行なう瞑想，午後の茶礼，提唱という講義（真意を提示する），そして入室しての師による問尋と続いた後に食事をとるというものである。坐禅，食事，睡眠のすべてが，修行者に割り当てられた畳（単）の上で行なわれる。7日という期間が，つぎつぎと心中に去来する熱望・落胆・疑惑・怠惰・断念・意気揚々という精神状態を取り払うのにちょうど好い長さであると言われている。12月の修行期間が，年間を通じての摂心の中で最も厳しいものである。

　ブッダの死すなわち大般涅槃の年忌は，伝統的に太陰暦の第二の月の第十五日目に行なわれた。涅槃会として知られるこの儀式は，かの偉大なる巡礼僧，玄奘（596〔600ないし602の誤りか？〕-664）がインドで目にしており，中国では早くも6世紀，梁（502-557）・陳（557-589）の時代に皇帝の支援のもとに行なわれていた。さらに日本でも6世紀，推古天皇が統治していた時代に，その最初の記録が見られる。今日では，それは2月15日または3月15日に行なわれる。この儀式は，ブッダの臨終の時の様子を描いた大きな絵図〔釈迦涅槃図〕を中心に展開される。その絵図には，ブッダが右脇を下にして安らかに横たわり，背景に描かれた森の動物や鳥たちとともに比丘と比丘尼がかしずいてそのまわりを囲んでいる様が描かれている。寺院のなかには，釈迦牟尼仏を荼毘に付すという儀式が再現され，ブッダが最後に説いた教えを，法会の正規な一部として定めて唱えるところもある。

　これまで述べてきた行事はすべて寺院という場で始まったものであるが，

やがて皇室の庇護を得るようになり，さらに時が経つにつれ，一般在家信者も参加するようになった。主に在家の人たちにとって最も一般に普及している儀式は，日本でお盆として知られている盂蘭盆会（ウッランバナ）である。この祭りは7月13日から16日まで行なわれ，8月に行なわれることもある。これは6世紀に中国で始まり，その後まもなく日本にも伝わり，日本において多くの民間信仰や風習と習合した。ひと頃は，国家によって主催される最も重要な儀式であると考えられ，天皇がしばしば国のすべての寺院に対して七代の先祖のために『盂蘭盆経』を講じるように命じた。盂蘭盆会の起源は，神通力によって自分の母が阿鼻(あび)（アヴィーチ）地獄で苦を受けているのを見た目連（⑤マウドガルヤーヤナ，⑰モッガッラーナ）の伝説に見出される。彼は，母を救うために釈迦牟尼の指示に従い何百人もの僧侶に食を施した。そしてこの無私の行為によって，彼は母親を救うことができたのである。目連の取った行為が，親孝行の手本として讃えられたわけである。主だった寺院では，この式典で寺宝を公開するならわしがあり，また在家の人たちのために演芸がたびたび催された。

　今日では，お盆の主な目的は亡くなった人を追慕し先祖を敬うことにある。仏教徒の家庭の仏壇は，死者の霊を迎えるために整えられ，家のお墓はきれいに掃除され，新しく花が供えられる。霊が戻ってくるという信仰は，仏教ではなく民間信仰に由来している。地域によっては，訪れる霊を導く目印として迎え火を焚くところもあり，またお墓の前に供えられた季節の花が霊を運んでくると考えられているところもある。またさらに，トンボが死者の霊の運び手であると信じられている地域もある。お盆の間，戻ってきた霊をもてなすために，太鼓や歌や提灯を伴った多彩な踊りが繰り広げられる。これらの踊りは，平安時代（794-1185）の踊り念仏（阿弥陀仏の名前を唱えながら踊るもの）に由来している。なかには死者の霊を蠟燭を灯した小さな船に乗せ，川や海に流して送る宗派もある。今日，日本全国で行なわれるお盆祭りは，歌を歌う人と太鼓を打つ人が乗る仮設の矢倉を立て，そのまわりで踊って幕を閉じる。手拍子，太鼓，鐘，笛，三味線(しゃみ)が盆踊りの拍子や曲を奏でる。今や民俗舞踊となった盆踊りは地方色豊かで多様である。盂蘭盆会の

513

内容の多くは非仏教的なものに起源があるが，今日では僧侶が寺院と檀家の両方で勤行を行ない，お経をあげ，死者の供養をすることが主な儀式となっている。その一方で，この機会は人々に教えを説くためにも使われている。

　同じく一般に普及している日本仏教に特有な儀礼として，この他に春分と秋分に行なわれる彼岸会がある。彼岸会がすでに国民の生活儀礼の一部となっていることは，「暑さ寒さも彼岸まで」〔この場合の彼岸とは春と秋とのそれを指す〕というよく知られたことわざにおいて明瞭である。平安時代に始まる彼岸会は，春分・秋分の日を中日に前後三日間にわたり行なわれる。この行事が行なわれる期間の日数は，輪廻を繰り返す此の岸から，涅槃の彼の岸（彼岸の文字通りの意味は「彼の岸」である）へと至るために必要とされる布施・持戒・忍辱・精進・禅定・智慧という六波羅蜜に基づいていると言われている。この儀式には，過去の罪を悔い，来世に悟りを得ることを祈ることが含まれる。また死者を追慕して先祖のお墓参りをすることも含まれている。ある場合には，地獄絵が掲げられて極楽と地獄についての説教がなされ，人々は浄土に往生することをひたすら願うよう勧められる。供養のためのお菓子やご飯，野菜といった供物が，集った人々や友人や近所に配られる。盂蘭盆会の場合と同じように，春分と秋分とは僧侶が各檀家に行って勤行を行なう機会でもある。一年を通じて最も穏やかな時節である春分と秋分は，人生の意味を振り返り，ブッダの教えを聞く絶好の時であると考えられている。

　一般に普及したもう一つの仏教儀礼は，新年の行事である。大晦日の午前零時前から元旦の早朝にかけて特別な宗教儀式が行なわれる。真夜中に寺院の鐘が108回打たれる。この108という数字は，来る年に清められなければならない108種類の煩悩（[S]クレーシャ）の数を意味する。修正会は，奈良時代（710-795）においては，皇室の最も重要な儀式の一つであった。その起源や性格は神道であるが，今日では仏教の伝統の一部となっており，寺院ではそれが新年の最初の重要な儀式となっている。この法会は，去る年に感謝の意を表し，新たなる年に仏道を歩む決意するために行なわれる。それは健康や成功や長寿への祈りも含んでいる。

東アジアの人々の生活に及ぼした重大な影響は，仏教の葬式儀礼が導入されたことである。仏教の伝来以後，死者に感謝の気持ちを表し，霊を慰め，家族の深い悲しみに方向を与えて，彼らの思いを悟りへと転じさせるために多くの儀式が行なわれた。葬式儀礼には，初七日，三十五日，四十九日，百箇日，一周忌，三回忌，七回忌，十三回忌，十七回忌，三十三回忌，五十回忌，百回忌などの（中国と日本とでは行事に多少の相違はあるが）一連の追悼行事のみならず，枕経，通夜，葬式，火葬が含まれている。この追悼の日数や年数は，仏教的な考え方と祖先崇拝とが習合されたものに基づいて決定されている。追悼の日の中でも最も大切なのが四十九日である。言い伝えによれば，これが，最後の安住の場を見つけるまでの間，死者の霊がさまよう期間であるという。

　臨終の時，唇を湿らせるために「末期の水」を死者の口に含ませ，湯灌した後，死装束をし，悪霊を遠ざけるために刃物を遺体の上に置き，通夜が営まれることがしばしばある。故人には戒名が授けられ，また祭壇には位牌が置かれ，故人を偲んで人々が集まり，香典を捧げる。これは不幸の時の相互扶助を表し，親戚や友人，あるいはご近所の間の団結を示すものである。葬儀には，経典が読誦され，故人の遺徳を偲び，線香が手向けられ，儀式の締めくくりとして，精進落しで酒やお茶がふるまわれる。

　葬式儀礼に関係する主な宗教行事は，各宗派の開祖や歴代の祖師のために行なわれる記念の法要にも見出される。（誕生を祝う式典も大変重要ではあるが）50年ごと，あるいは100年ごとに行なわれる遠忌は，最も重要であると考えられている。これは，その宗旨への帰依を新たにし，寺院の修繕を行ない，また手の込んだ華麗な儀式を挙行し，祖師たちに報恩感謝を表し，信者間の団結を強める機会である。このような記念法要の例として，日本浄土教の一派である浄土真宗の開祖，親鸞（1173-1262）の場合がある。彼の七百回忌の記念法要が1962年に行なわれ，また生誕800年の生誕会が1973年に行なわれた。今日，浄土真宗には10の末流があり，西本願寺としても知られる最も勢力の大きい本派本願寺は，日本の京都に本部がある。毎月の追悼会〔ご命日法要〕が毎月の16日に行なわれるが，本派本願寺では親鸞を

讃えるために報恩講と呼ばれる法会が，毎年1月9日から1月16日まで行なわれる（この法会は，東本願寺では，11月21日から28日まで行なわれる）。報恩講の間の7日間，門徒はそれぞれの寺院に集い，親鸞がつくった詩（『正信偈』）を唱え，親鸞の伝記（『御伝鈔』）を読み，説法を聴き，そして親鸞から第8世の後継者であり，またこの宗派を中興した中心的人物である蓮如が著した書簡〔『御文』または『御文章』）を聴くといった法会が行なわれる。伝統的に，信者はこの7日間，精進料理のみを食するが，地域によっては，人々が朝，昼，晩と法会のため寺院に行き，そこで食事を共にすることもあるために，この期間中は店が閉められるところもある。報恩講は，浄土真宗の門徒にとって最も重要な宗教行事であるため，開祖を讃えるだけでなく，開祖の宗教的なメッセージを繰り返し浸透させるためにも行なわれる。こうしてこの教えに帰依する人々は，阿弥陀仏（⑤アミターバ）の徳を讃歎し，その教えを聴いて論議し合い，すべての人々の安寧を祈るのである。

報恩講の真の意義は，浄土仏教における歴史的革新という文脈において理解されるべきである。早くも5世紀には，浄土教の儀礼は五つの行から成り立っていた。その五つとは，礼拝すること，阿弥陀仏の徳を讃歎すること，浄土往生を願うこと，精神統一し実在を観察すること，積徳を一切衆生に廻向することである。最初の三つの行は，止（シャマタ；瞑想の準備段階）を詳しく説いたものであり，四番目は，観（ヴィパシュヤナー；実在の洞察）に相当し，これこそ宗教生活の一番の目的であった。この五種の実践に集約する浄土思想の基礎を築いたのは，曇鸞（475-542）である。

善導（613-681）は，この儀則を手直しして五つの正行〔五種正行〕とした。(1) 経典の読誦 (2) 瞑想（観察）(3) 礼拝 (4) 阿弥陀仏の名を称えること（称名）(5) 浄土往生を切望しながら，身においては礼拝し，口においては歌唱し，心においては瞑想をして讃歎し，功徳を一切衆生に廻向する（讃歎）という五つである。その中で善導にとって最も重要であったのは，第四番目の阿弥陀仏の名を称えることであった。

日本の法然（1113-1212）の時までに，阿弥陀仏の名をもっぱら称えること〔専修念仏〕が，浄土仏教における唯一の実践となった。親鸞にとっては，

念仏を称えるということには，阿弥陀仏という次元から見た救済の意義を讃歎し，その恩に感謝し，自己の悪業を悔い，浄土往生を願い，そしてあらゆる人々の安寧を祈るということが含まれていた。こうして報恩講の法会において，宗教的雰囲気に従いつつ上下する海の波のように，念仏が信心深き人の口から7日間の行事を通じておのずと湧き出るのである。

それゆえ浄土真宗では，門徒の儀式行為のすべてが，この念仏を称えるということの中に包含されていると言える。これは単純な行為ではあるが，非常に奥深いものであり，誰でも，どんな時にも，またいかなる状況にあっても実践できるものである。仏教生活の第一の目的，すなわち日々のあり様を清浄にするということは，こうして，この単純な口称という行為において実現されるのである。

この生を讃え，その価値を確かめるということは，あらゆる仏教徒の信仰生活の究極の目標である。このことは，単に浄土真宗ばかりでなく，禅宗，日蓮宗，真言宗あるいは他の宗派においても言えることである。禅宗では，悟りの体験にではなく，むしろ薪を割り水を運ぶという「平常心」に信仰の極致が顕現していることを強調するし，日蓮宗では，この生が，『法華経』の理想に従って世界の変革を求める菩薩の行を実践する活舞台であり，また真言宗では，宇宙を構成する地・水・火・風・空の五大こそが，まさに仏身であると考えて大切にする。

この他にも論ずべき多くの宗教儀式があるが，紙幅の関係上，重要な数例を述べるにとどめざるをえない。中国天台で生まれ日本天台に伝えられた四種三昧は，以下の四つの行法を合わせたものである。(1) 坐したままでの瞑想〔常坐三昧〕(2) 道場内を歩き回りながら阿弥陀仏の名を称える〔常行三昧〕(3) 陀羅尼（ダーラニー）と『法華経』に基づいた瞑想〔半行半坐三昧〕(4) 上記の三つ以外の瞑想修行〔非行非坐三昧〕。最初の行は，禅の形成に影響を与え，二番目は浄土教の実践に影響し，三番目は真言宗と密接に関係するようになった。とりわけ天台や禅において重んじられる悔過の儀式は，過去や潜在的な罪業を修行者に気づかせる。それぞれ東密，台密と呼ばれる真言宗と天台宗の密教では，真言（マントラ）と印契（ムドラー）と曼荼羅（マ

ンダラ）を用いてそれぞれの本質的特徴が秘密の口伝によって伝授される。浄土，真言，天台の各宗の信者に今もなお人気がある伝統的な写経は，死者の霊を慰め，写経する人に功徳を積ませ，書写した経典に対する信仰を深めるために行なわれている。聖地への巡礼は，真言宗の開祖である弘法大師（空海）信仰に集中してはいるが，今日では，感官を浄め，自己の目覚めを促し，人々が自然に親しむことを目的とした民俗宗教的な実践となっている。

## 【文献ガイド】

　仏教徒の信仰生活に関する包括的な研究論文は，どの言語でも入手困難であるが，手ごろで要を得た文献に，松野純孝編『仏教行事とその思想』（大蔵出版，1976年）がある。Kenneth Ch'en の *The Chinese Transformation of Buddhism* （Princeton, 1973）〔邦訳ケネス・チェン『仏教と中国社会』福井文雄・岡本天晴訳，金花舎，1981年〕には仏教徒の宗教生活・社会生活に関する有用な章が収められている。その中で彼は，仏教の幅広い影響力について触れ，『集団でお祭りを祝うとき，中国社会のあらゆる階級の人たちが共通の信仰のもとに結束し一致団結する。そのような共有の心情は，おそらく一切衆生への慈悲と救済を強調する大乗仏教にかなりの程度さかのぼることができよう』（P. 256）と述べている。9世紀の中国における信仰生活については，Edwin O. Reischauer によって翻訳された *Ennin's Diary* とその姉妹編の *Ennin's Travels to T'ang China* （New York, 1955）〔邦訳　E. O. ライシャワー『円仁・唐代中国の旅』田村完誓訳，原書房，1984年〕。を参照のこと。臨済宗の儀式や規則を最もよく解説したものとして，D. T. Suzuki *The Training of a Zen Buddhist Monk* (Kyoto, 1934)〔鈴木大拙著『禅堂の修行と生活』（森江書店，1934），「禅堂生活」（『鈴木大拙全集』17，岩波書店，1969年）〕がある。

## 補　遺

天納傳中・播磨照浩・岩田宗一・飛鳥寛粟編『仏教音楽辞典』（法藏館，1995年）
岩田宗一編『声明・儀礼資料年表』（法藏館，1999年）
鎌倉新書編『仏具大事典』（鎌倉新書，2000年）
鎌田茂雄『中国の仏教儀礼』（東洋文化研究所，1986年）
五来　重『仏教と民俗』（角川書店，1976年）
――――『続　仏教と民俗』（角川書店，1979年）
清水　乞編『新装版　仏具辞典』（東京堂出版，1999年）
藤井正雄『仏教の儀礼』（東京書籍，1983年）

―――編『新装版　仏教儀礼辞典』(東京堂出版，2001年)
―――・花山勝友・中野東禅『仏教葬祭大事典』(雄山閣，1981年)

（堀内伸二　訳）

# 21 チベットにおける仏教徒の宗教生活
Buddhist Cultic Life in Tibet

ロバート・A. F. サーマン
Robert A. F. Thurman

　亡命チベット人たちが今でもヒマラヤ地域で信奉する伝統的なチベットの宗教は，原始的でもあり，同時に中世的でもあり，かつ近代的とも見なすことができよう。チベット人の大多数が，あらゆるレベルで自然現象に命を吹き込んでいる超自然的秩序を信じているという意味で，それは原始的である。また，僧院中心の神聖な下位文化(サブカルチャー)が今もなお繁栄している点で，中世的と言うこともできる。そして，17世紀半ば以来，国民生活の中心を入念な国家儀礼に置き，強力に民族主義的であるという意味で，それは近代的である。チベット仏教は，自らのあり方を出家者の乗り物（小乗），救済の乗り物（大乗），〔インド仏教最後の〕終末の乗り物（金剛乗）の「三乗の統合」と呼んでおり，インドで1500年にわたって徐々に発展してきた仏教の形態をそのまま継承している。布教のためにチベットへ来たインド人の学匠たちは，彼らが出会った民族の伝統をそのまま守るといういつものやり方に従って，そうした伝統を「文化的視野」に入れ，シンボリックに修正しながら仏教の宇宙に組み込んでいった。この仏教伝道の方策は，同化，混淆，融合などとさまざまに言われるが，むしろ古い宗教の形態をシンボリックに昇華し，新しい目的へと向かわせるための変換と価値転換の過程と理解した方がよいであろう。

　仏教の布教師たちがチベットに至る以前，西チベットと新疆のシャンシュン王国はポン教の信徒であった。それは内陸アジアの宗教的観念と，おそらくはゾロアスター教，シャーマニズムとの混淆したものであった。仏教がチベットで開花し始めると，ポン教は多くの仏教の教義と制度を自らの目的のために応用した。（後にニンマ派と呼ばれる）チベット仏教古派の，三つの伝統的な乗（声聞(しょうもん)・独覚・菩薩）とタントラの六乗（所作〔クリヤー〕・行

〔チャルヤーあるいはウパ〕・瑜伽〔ヨーガ〕・大瑜伽〔マハーヨーガ〕・超大瑜伽〔アヌヨーガ〕・最高瑜伽〔アティヨーガ〕のタントラ）からなる「九乗」の教判に従って，ポン教は独自の九乗の教判を開発した[1]。ポン教の乗は，古代チベットのシャーマンの慣習を融合体系化したものであり，また上に述べた仏教の乗を反映している。

　チベット仏教徒は，自分たちの宗教生活をポン教のそれとは明確に区別している。彼らはまた，シャーマニズムを組織的に抑圧しようともした。それは邪道で，部族的・暴力的だと考えたのである。しかしながら，チベット仏教儀礼のあるものは，シャーマニズム的ポン教の最初の四つの乗と関わりを持つ。すなわち，神託の司祭，幻影の司祭，幻術師，癒す者の乗である。しかしチベット仏教徒は，こうした儀礼を宗教的というよりは世俗的と考え，それに対する彼らの態度とその実践や教義内容には，ポン教のそれとは基本的な違いがある。たとえば，仏教徒は輪廻転生の教えを信じ，それに伴って動物の命を尊ぶがゆえに，血を流す生贄は行なわない。動物の代わりに，バターと小麦粉で作られた儀式用の菓子と偶像を供養の品として用いるのである。

　チベット仏教徒は，あらゆる古来の神々と地上・天上・地下の数知れぬ霊の存在を信じる一方で，それらをともに輪廻をさまよう仲間であると考える。彼らにとって，さまざまな仏・菩薩の方がはるかに尊いのである。特に敬われているのは「高貴なる化身ラマ」たちである。人間の姿をした化身であり，ブッダと菩薩たちの最も純粋な具現であると考えられている。このように彼らの信仰は，釈迦牟尼という歴史的存在，その生涯にわたって説かれた教え，そして教団（すなわち三帰依）を根本とする。そして釈迦牟尼を原点としてタントラの〔曼荼羅的〕天空が広がる。（ヤマーンタカやハヤグリーヴァなどのような）「恐ろしい護法神」たち，そして天使のような菩薩たち，なかでも観音，文殊，持金剛と，あらゆる姿のターラー（多羅）がそこにいる。特にこうした神々や菩薩たちへの帰依を中心としてその信仰は開花し，ついにはさまざまな化身，とりわけダライラマの存在を享受することにおいて頂点に達するのである。

チベットの神話的宇宙の中心は，チベット民族を守り，養ってくれると信じられている偉大なる慈悲の菩薩である観音菩薩とその化身たちである。大部分のチベット人は観音菩薩が歴史上の存在として現われることを固く信じている。チベットの偉大な法王たち，たとえば6世紀の〔吐蕃(とばん)〕国王ソンツェン・ガムポや，より時代が下がって歴代のダライラマはその化身であると信じられている。地理的に，ラサの町は，ソンツェン王によって建てられたチョカン〔大昭〕寺とともに観音の祝福された土地の中心であるが，この菩薩を象徴する最も顕著な建造物はポタラ宮である。17世紀に建てられたこの宮殿は，ラサを見下ろす赤山〔マルリ〕の上に立ち，慈悲深き救済者とその人民たちの間の特別な約束を象徴的に記念するものとしての役割を果たしている。国内のチベット仏教のあらゆる聖地には，この巨大な建造物の写真がある。ポタラ宮は古代内陸アジアの城砦であり，いにしえの王たちの墓，寺院，僧院，王宮，政府の官僚機構である。そしてまた一つの曼荼羅でもあり，この地上に実現された完全にして清らかな菩薩の国土たる天界の宮殿である。内部には，たくさんの他の神々の曼荼羅宇宙へと通じるさまざまな儀礼の門が同時に備わっている。建物それ自体が，チベット人の信仰の複雑さを見事に示しているのである。

　人間の精神的な向上に関するチベット仏教の考えによると，人はより良き再生と最終的な仏としての目覚めに至るために，功徳と智慧を積むという二つの階梯を踏まねばならない。一般の人は主に功徳を積むことに専心し，その一方，自ら智慧を身につける代わりに，智慧を得るために学問，省察，瞑想を続ける出家修行者を援助する。功徳は身体・言葉・心によって積むことができる。つまり，身体・言葉・心の発展的完成を目指して向上するのであり，その完成とはすなわち仏になることなのである。チベットの在家信者と出家修行者の重要な宗教行為は，聖地の巡礼や巡回である。チベット人にとっては，生涯のあらゆる歩みのうち，ポタラとラサへ参ることがこの帰依の旅の究極の目標である。

　チベットの基本的な宗教儀礼は，孤独な瞑想であれ，公の儀式であれ，七種類に分かれる。身を投げ出しての礼拝あるいは帰依，犠牲あるいは供養，

告白あるいは免罪，他人の功徳の祝福，ブッダたち〔悟りに至った人々〕の説法への勧請, 悟った人たちの長寿の祈願，そして功徳をすべての衆生に廻向することである。チベットの巡礼は，ラサとポタラを巡ることにしばしば数カ月を費やす。彼らは一足進むごとに道に自らを投げ出してひれ伏し，祈りの文句を唱え，礼拝の動作でそれに劇的表現を加え，その宮殿に住まう生きた救済者を思いながら歩む。

　チベット人たちは，巡礼の途上でなくても，仕事の手を休めることなく手にした数珠の108の珠に指を巡らせながら，観音菩薩の「心の真言」を「オン・マニ・ペーメー・フン」と唱える。こうして身体と言葉で帰依を示し，その間，心は真言の六つの文字が輝く光の輪を作るありさまを思い浮かべることに向けられる。チベット人たちは，真言を唱えながら，その輪が回り，悪を祓い，自らと他のすべての衆生を祝福と平和で満たす虹の光線を放つのを思い描く。これを思い出すようにと，彼らはしばしば祈りのマニ輪〔中に経典の紙が入った円筒形のもの〕を持ち歩く。チベット人はまた，ブッダの心を表すために記念の仏塔（ストゥーパ）を建て，ブッダの言葉を称えるために仏典の印刷と読誦を頼み，ブッダの身体を奉るために肖像や彫像を作らせる。

　出家者には他の重要な儀式がある。（新しく入門する僧・正式に出家する僧・尼僧のための）出家の儀式，月々の清めの儀式，夏安居の儀式，僧院の階級の中での昇進，昇役の就任の儀式である。チベット最大の出家教団ゲルク派では，すべての階級は，教育，実践，達成度に応じて決められている。たとえば特定の実践と分野に分かれた学習課程は，終えるまでに約20年を要し，ゲシェー（博士）の位を獲得するまで続く[2]。そして次にタントラの学堂での9年間の課程へと移り，そこに長い間こもりながら密教の学習と実践を金剛師の位に達するまで集中的に行なう。それからは，教えたり，議論をしたり，本を著したり，灌頂儀式の準備をしたりすることを通じて，今まで修得してきたことを若い僧たちに伝える段階に進むのである。また，出家者は在家信者のためにいろいろな役割を果たす。彼らは帰依の対象〔三宝〕を管理し，仏教への入信，あるいは信仰を新たにすることを指導し，菩薩戒

と教誡を授け，清めの儀式を行なう。僧たちはまた神託をうかがい，助言を与え，薬を分け，ときには怨念の祟りを祓い清めることもある。

最勝ガンデン宮を本拠とし，もともとはデプン僧院にあり，17世紀以来ポタラに置かれていた教団政府は，年ごとに巡る祭りと行事を通して国家の神聖なる繁栄の意義を新たにしてきた。最も大切な行事は，春，陰暦の新年の最初の新月から満月の間にラサで行なわれる大祈願会である。1409年，ツォンカパによって創始されたこの祭りは，釈迦牟尼がシュラーヴァスティー（舍衛城）で勝利の奇跡の数々を行なった2週間を記念している[3]。町の鍵は主な大僧院の座主たちに手渡され，町全体がこの2週間，一つの僧院となる。僧院制度そのものが理想国家の制度化された形態であり，その小宇宙的社会では，個々人とその結びつきが神聖化され，「浄土」的理想国家を特徴づける善きものにまで高められることを考えてみれば，チベット人たちが，観音菩薩の選ばれた民として享受する理想国家の意義をこの年ごとの祭りによって新たにすることも理解できよう。ツォンカパはチベット文化の終末論的意義を確信していたので，初めてのこの祝祭の時，チョカン寺の釈迦牟尼仏の像に神々しい冠と王の飾りを献呈し，これによりチベットが時空を超えた永遠なる存在者釈迦牟尼に帰依していることを象徴的に示そうとした。ダライラマ5世とその側近たち，後継者たちは，歴史を記録し，国の劇団一座を後援し，民族野外劇，仮面舞踊，バターの彫像のコンテストなどに必要な衣装を整えることに多大な努力を払った。彼らは，国民の宗教生活を慈悲深い菩薩たちとの絆として，そしてその勤めを小乗と大乗の宗教的実践の中心である功徳と利他の形で体系的に育成しようとしたのである。

出家者と在家信者を結びつけている多くの儀礼の実践は，下位の三部，すなわち所作（クリヤー）・行（チャルヤー）・瑜伽（ヨーガ）部のタントラの中に形式化されている[4]。そこで重要な神格は，観音，文殊，持金剛，ターラー，ウシュニーシャヴィジャヤー（仏頂尊勝）などの諸菩薩とマハーカーラ，シュリーデーヴィー〔[T]ペルデン・ラモ；ダライラマの守護尊〕などの護法尊である。自分の精神の開発のために高僧が集中的に取り組むのは，無上瑜伽（アヌッタラヨーガ）タントラである。そこには最も高度な実践が

説かれ，彼はそれを学ぶのである。このタントラに属する主な神格は，グフヤサマージャ(秘密集会)，チャクラサンヴァラ，ヤマーンタカ，ヘーヴァジュラ，ハヤグリーヴァ，ヴァジュラキーラ，カーラチャクラ(時輪)などである。こうした仏格が守護尊の姿をとったものは，この文化の中核であり，鍵である。それは，国民の宗教生活を指導する最も学識ある高僧たち，化身たちが何を学び，個人的に何を実践し，何を悟るのか，彼らのアイデンティティーは何か，彼らはどのように活動するのか，を解いてくれるであろう。

　実践では，無上瑜伽タントラは二つの階梯に分かれている。生起と完成(究竟)である。生起次第は「知覚の浄化」として知られる想像力(イマジネーション)の訓練が中心である。ここでヨーガ行者は，完全に精緻にして質的におよそ浄土にも似たヴァーチャルな世界に随意に入ることを自ら訓練し，完全なる自己存在と完全なる環境を体系的に思い描く。それに続いては「三身への転化」と呼ばれる瞑想を行なう。死・中有(アンタラーバヴァ)・誕生あるいは生という通常の生命の循環(ライフサイクル)をブッダの法身・報身・応身という身体の完成にそれぞれ転化する。ヨーガ行者があらゆる日常的知覚からすっかり抜け出て，審美的に完全なる宇宙へ入ることができたとき，生起次第は終わる。

　そして究竟次第が始まる。それには(学派によって)六支あるいは五次第のヨーガがある[5]。ここでヨーガ行者は，死・中有・再生の段階を単に想像することを超えて，トランス状態に入る。その間，外的な呼吸は止み，粗雑な五つの感覚は活動をやめる。彼あるいは彼女は，最も微細な生物学的過程を制御する意志的な力に到達することに心を向け，その微細な意識をもって内なる微細な死と至福の状態に入る。内的火・幻身・夢・中有・光明・転移からなる有名な「ナーローパの六支ヨーガ」〔ナーローの六法〕は，究竟次第のヨーガのあらゆる技法を含んでいる。

　これら無上瑜伽タントラの深い心理学の下に潜む真実が何であれ，チベットの最高位の僧たちはタントラの達人であると考えられ，畏敬の念をもって見られている。大部分のチベット人たちは，こうしたヨーガの存在と性質を知っており，高僧たちは死と再生の過程を自由にでき，人々を祝福し導くために生まれ変わって再びこの世に戻ってくるのだと信じている。このような

タントラはまた，世間に宗教の目的を遂げさせるため，精緻な儀軌の数々を説く。タントラの最終目的は「成就」（シッディ）と呼ばれ，超越的なもの，世俗的なもののいずれかに分けられる。「超越的成就」は仏になることそのものである。それは自動的に他のすべての低い段階の成就を含む。そして密教の塗油とも言うべき灌頂（アビシェーカ）のような最も重要な儀軌の形式は，この成就へと通じるものである。曼荼羅の宮殿を作るためや，入門者の通常の身体・言葉・心を神あるいはブッダの身体・言葉・心に転換するためには，精密な儀軌が必要である。ヨーガ行者は，こうした儀軌の基本型を注意深く組み合わせ，後に瞑想の中でそれらを再現するのである。

　他にも，その性質から魔術と呼んでもよいような，世俗的成就を達成するために行なわれる多くの儀軌がある。これらの儀軌は，主な四つの区分のいずれかに相当する。(1) 鎮めの儀軌（鎮め，祝福し，癒す），(2) 増益の儀軌（寿命を延ばす，幸運を増大させる，報奨と富を生み出す），(3) 力を与える儀軌（神々および人間の個人的・社会的な力をより制御し，服従させ，訓練する），(4) 恐ろしい儀軌（悪霊から守り，障害を取り除く，例外的に，この種の儀軌は生きている命を奪うことを含む）。

　興味深いことに，ポン教の神託・幻影・幻術・癒しという司祭の役割が，ここでは仏教の最高指導者たちによって，無上瑜伽タントラに属する一つの超越的な作業とされている。神託の機能は第三の区分に適合し，幻影は第二の区分に適合する。幻術はすべてに当てはまるが，とりわけ第四の区分に適合する。そして生命を高める機能は第一と第二の区分に属する。

　さらに非常に多くの洗練された儀式があるが，それらを詳しく述べることは不可能である。そのうちの一つに，本来はラサに近いデプン僧院の隣にあり，現在ではダラムサーラに再建されているネチュン僧院に維持されている国家神託の崇拝と関わるものがある。チベットの代表的な部族神ペハルは，8世紀の密教伝道者パドマサンバヴァによって調伏されたが，その神は滅ぼされたのではなく，自分に捧げられていた犠牲の祭式の中止を誓わされたのである。代わりに，仏教の教えに帰依する人々が自分のわがままな心を神に犠牲として捧げることになり，それに報いて，神は彼らを保護し，助言を与

えるようになる。かくして，観音菩薩の主な忿怒相ハヤグリーヴァとその眷属に関連した一つの儀礼が創造された。それはペハルの主な「大臣」である使徒を喚び起こすために特別に訓練された僧侶たちによって行なわれる。ペハル自身は，安全に喚び起こすにはあまりにも精力が強いからである。この使徒たる大臣ドルジェ・ダクデンは，霊媒としての任に堪える特定の一人の僧に取り憑く。そして僧は，この神がそこにいることを証明する超能力を示し，より重要なことには，国家に情報を提供し，質問に答え，差し迫る危険を警告したりするのである[6]。

　年ごとの新年祭の間，この神託の僧は儀式用の衣装を着て，公の場でダライラマの前へ出される。トランス状態に入ると，彼は国家と人民を祝福し，そこに不埒な者がいれば国の大臣たちの間をゆっくりと歩く。そして群衆の喝采のどよめきの中，前の年のすべての悪が魔法によって封じ込められた生贄の偶像の心臓にシンボルとしての矢を射るのである。バターと小麦粉でできたこの偶像は，その後，壮観な祝祭のかがり火の中で燃やされる。

　この儀式は，チベット民族の意識の最奥からの原初のエネルギーを内包している。しかし，それは完全に国家全体の仏教信仰の中に統合され，自己変革という，達成しうる最も高い人生の目的を目指すための慈悲，無我，国家の非暴力主義，僧院の戒律の厳守という仏教の理想の数々を表明しているのである。

◇訳　注
1 ) 神託の司祭（チャ・シェン），幻影の司祭（ナン・シェン），幻術の司祭（トゥル・シェン），存在（癒し）の司祭（シ・シェン），在家（ゲニェン），仙人（ダンソン），清音（アカル），太古の司祭（イェ・シェン），無上（ラメ）という九つの乗である。
2 ) ゲルク派系僧院の学習の過程である。通常，論理学3年，般若学4年，中観学4年，戒律学4年，倶舎学4年のカリキュラムであるが，より長くかかる場合が多い。
3 ) シュラーヴァスティーはコーサラ国の首都で，祇園精舎のあったところである。『ブッダチャリタ』には，釈迦がここで神通の試合を挑んできた異教徒たちに対して，数々の神通を示して彼らを降伏させたという奇跡譚が伝えられている。
4 ) タントラを四つのグループに分類した場合の下の三つを指す。第四は無上瑜伽（アヌッタラヨーガ）である。
5 ) インドのタントラ行者ナーローパによる六支ヨーガ，インドの秘密集会タントラ系聖者

流の五次第を指す。
6）ペハルそのもの、あるいは他の眷属が取り憑くこともある。このネチュンの他にも、サムイェー、ガワドン、ラモ・ツェルセプなど国家と結びついた託宣所があり、無数の小さな託宣所がこれに加わる。憑りつく神もさまざまである。こうした神託は、高僧の生まれ変わりを探すときに特に大きな役割を果たしていた。

## 【文献ガイド】

Avedon, John F. *In Exile from the Land of Snows*（New York, 1984）
Beyer, Stephen. *The Cult of Tārā: Magic and Ritual in Tibet*（Berkeley, 1973）.
Govinda, A. *Foundations of Tibetan Mysticism according to the Esoteric Teachings of the Great Mantra Oṃ Maṇi Padme Hūṃ*（London, 1959）
Gyatso, Tenzin. *My Land and my People*（1962; rep., New York, 1983）.〔邦訳『チベットわが祖国―ダライラマ自叙伝』本村肥佐生訳、中公文庫、2001年〕
Nebesky-Wojkowitz, R. de. *Oracles and Demons of Tibet*（1956; rep., Graz, 1975）
Stein, Rolf A. *Tibetan Civilization*（Stanford, 1972）〔邦訳『チベットの文化』山口瑞鳳・定方晟訳、岩波書店、1971年〕

## 補 遺

川崎信定訳『チベットの死者の書』（筑摩書房、1989年）
河口慧海『チベット旅行記』（高山龍三校訂、全5巻、講談社学術文庫、1978年）
――――『第二回チベット旅行記』（高山龍三校訂、講談社学術文庫、1981年）
ゲシェー・ラプテン、アラン・ウォレス『チベットの僧院生活 ゲシェー・ラプテンの半生』（小野田俊蔵訳、平河出版社、1984年）
佐藤 長『古代チベット史研究』上下（同朋舎出版、1977年）
――――『チベット歴史地理研究』（岩波書店、1978年）
――――『中世チベット史研究』（同朋舎出版、1986年）
ジル・ヴァン・グラスドルフ『ダライラマ その知られざる真実』（鈴木敏弘訳、河出書房新社、2004年）
多田等観『チベット』（岩波新書、岩波書店、1982年）
立川武蔵・石濱裕美子・福田洋一「トゥカン『一切宗義』ゲルク派の章」（『西蔵仏教研究』7、東洋文庫、1995年）
田中公明『チベット密教』（春秋社、1993年）
D. スネルグローヴ、H. リチャードソン『チベットの文化』（奥山直司訳、春秋社、1998年）
森 雅秀『マンダラの密教儀礼』（春秋社、1997年）

山口瑞鳳『吐蕃王国成立史研究』（岩波書店，1983年）
――――『チベット』全2巻（東京大学出版会，1987，1988年〔改訂版　2004年〕）
＊
Alexandra, David-Neel. *Magic and Mystery in Tibet*（London, 1989）
Karmay, Samten Gyaltsen. *The Great Perfection: A Philosophical and Meditative Teaching of Tibetan Buddhism*（Leiden and New York, 1998）
Lopez, Ponald, Jr., ed., *Religious of Tibet in Practice*（Princeton, N.J., 1997）
Kvaerne, Per. *Tibet: Bon Religion*（Leiden, 1985）

（吉水千鶴子　訳）

# 22 仏教と瞑想
Buddhist Meditation

ウィンストン・L. キング
Winston L. King

　宗教的鍛練と精神的達成の手段としての瞑想は，仏教だけに特有なものではない。しかし，その特性からも，また究極的な救済〔解脱〕を得るためには他の手段がないという点からも，仏教の瞑想は比類なきものである。仏教においては，瞑想を，基本的に，一定の事物に意識を集中させるという段階を綿密に組織化した訓練である，と捉えている。このような意識集中は，すべての有情を，永遠に生と死を繰り返す輪廻（サンサーラ）から，最終的に涅槃（ニルヴァーナ）へ導くことを目的としている。

　ゴータマは，菩提樹の下で瞑想を行なうことによって悟った人，すなわちブッダ（「悟りの智慧」という意味のボーディという語の縁語）となったのである。この菩提樹の下での瞑想が，鍛練や修行の原型となっている。上座部仏教（パーリ仏典）は，ゴータマはこの瞑想によって，個体への執着（タンハー）が再生の原因であるということを悟った，と述べており，また大乗（マハーヤーナ）は，ゴータマはこの瞑想によってすべての有情が仏性を持つということを悟った，と述べている。

### 起　源

　仏教の瞑想方法の歴史的起源や内容を正確に把握することは難しい。パーリ仏典によると，ゴータマは，当時流行していた苦行と瞑想方法によって輪廻からの解放〔解脱〕を追い求めた。しかし，厳しい苦行や瞑想は，絶対者（ブラフマン）との完全な結合を行なうには誤った，不十分なものであると考えて，後にはこれらを退けた。しかし，仏教はアートマン（ウパニシャッドにおける自我）の実在を否定し，また，仏教の新しい瞑想の目的は，自我の非実在性（Ｓアナッター，Ｐアナッタン；無我）というあり方をありのまま

に認識することであり，無常（アニッチャ）と，永遠に満足しないという苦しみ（ドゥッカ）によって特徴づけられるあり方を超越することであったにもかかわらず，仏教の修行の目的は精神的にはウパニシャッドの自我の探求に近い。たとえば，ウパニシャッドには，「アートマンには悪，老い，死，悲しみ，飢え，渇きがない。そして，アートマンの欲求は真実である。そのアートマンを捜し求めるべきである」とある。

　涅槃（自我や永続するものへの渇望からの解放）をウパニシャッドの自我に置きかえてみると，仏教の方法論のヒントのみならず，目的とするものについても明確な記述が得られる。ヨーガの体系は仏教とは独立して発展し，バラモン＝ヒンドゥー教徒の中に存続しているけれども，初期仏教の時代に発展したヨーガの方法論は，確かに拡大しつつある仏教運動に，その技術やおそらく信者たちをも資することとなった。

## 上座部仏教の瞑想

　上座部仏教は，ゴータマが悟りを得た時に行なった瞑想を模範として，それに忠実に従って瞑想の理論と実践を構築しようとした。この方法は，『マッジマ・ニカーヤ』（『中部経典』）の中で非常に詳しく述べられている。しかし，作者不明の『ヴィムッティマッガ』[1]（『解脱道論』）とブッダゴーサの大著『ヴィスッディマッガ』（『清浄道論』，いずれも500年頃の著）が分析の深さと厳密さに優れているため，上座部の瞑想の正統的な手引き書となった。

　この両著とも，瞑想は，終わりのない生と死の繰り返しから完全で最終的な解放を得るための唯一の手段であるとしている。瞑想の目的は，瞑想者が知的にも感情的にも，事物への執着心をなくすために，あらゆるものが持つはかなさ（無常），不満足（苦），永続する自己の非実在（無我）という本質を実在化し，内面化することである。そして執着心をなくすことにより，絶えず新しい時空的な存在形態をとることへと欲望を駆りたてる業的推進力を滅することである。

　瞑想は，相互に依存する三つの段階〔三学（戒・定・慧）〕を進む，と考え

られている。瞑想を行なうには，戒（シーラ），すなわち徳性が基礎となり，それは全過程にとって基本的に必要なものである。道徳的に真剣な人だけが正しく瞑想することができる。精神的な発展が生じるに従って中心的な徳目が次第に浄化され，強化され，ついには完全に身につくまでになる。五つの道徳的戒め（殺さない・盗まない・うそをつかない・みだりに性行為をしない・酒を飲まない）と，さらに，苦行ではない五つの禁欲的な規則[2]が戒の中心である。僧の生活は本来ほとんどが瞑想に当てられるが，この土台の上に念入りに築かれた自己制御を徐々に身につけていく。

第二の段階は，一つの事物に長時間一点集中（チッタスヤ・エーカーグラター）できるところまで集中力（サマーディ；三昧）を高めることである。第三の最高段階は般若（[S]プラジュニャー，[P]パンニャー；智慧）と呼ばれるもので，精神集中を正しく行なった後に到達できる。この段階で輪廻の本質について完全に理解した時に，悟り，すなわち涅槃（[S]ニルヴァーナ，[P]ニッバーナ）を得ることになる。

## 上座部の基本的な瞑想方法

初心者は，注意を散漫にさせる音や光景に邪魔をされないように独居することが大切である。標準的な姿勢は，古典的な蓮華座である。まず，足の裏を上に向けて反対の脚の内腿に置き，両手は掌を上にして腹の前に置く。背骨と首はまっすぐに伸ばすが，堅くなってはいけない。この坐り方なら長時間坐っていても疲れにくく，同じ姿勢を保つことができる。この姿勢をとると，下部の感覚中枢である括約筋や性感が鎮められ，抑制される。両眼は半開きにするか，または全部閉じる。

瞑想には伝統的におよそ40の種目があり，それを二つに分類できる。一つは，それらの種目に向く人間のタイプによる分類，もう一つは，それらの種目を行なって得られる瞑想の種類と段階の分類である。人間の性格には五つのタイプがある。信心深い〔敬虔な〕人，知的な人，好色な人，怒りっぽい人，鈍感な人である。ブッダ，サンガ（仏教教団），平和，慈しみ等に対する瞑想は，信心深い人に適している。食物に嫌悪感を持つという瞑想〔食

厭想〔おんそう〕は，知的な人に適している。墓地で行なう瞑想〔白骨観〕は，好色な人に適している。呼吸に意識を集中させること〔安般念〕は怒りっぽい人に勧められる。鈍感な人は，四無量心を実行すべきである。つまり慈（メッター；慈しみ）・悲（カルナー；あわれみ）・喜（ムディター；他人の喜びを喜ぶこと）・捨（ウペッカー；心の平静）の四つである。特定の形と色（カシナ）についての瞑想は，すべてのタイプの人に適している。

　瞑想によって得られる境地には，ジャーナ（止）的なものとヴィパッサナー（観）的なものがある。ジャーナ的な境地は，仏教がヨーガやウパニシャッドを継承したことを示しており，この境地には八種類（九種類とする人も）ある。そのうち四禅[3]は，ブッダが悟りを得るために行なったものとされている。その他の四無色定〔しむしきじょう〕（無形のものを瞑想して至る四つの境地）とは，空間が無限であると感ずる「空無辺処」，意識が無限であると感ずる「識無辺処」，何もないと感ずる「無所有処」，意識も無意識もない「非想非非想処」である。パーリ経典によれば，ゴータマは正しい瞑想方法を求めて，これらのすべてを捨て去った。これらの境地は，典型的に認識が徐々に研ぎすまされ，非物質化されていくカシナ型の瞑想〔十遍処〕[4]に基づいて生み出され，ついには瞑想者は，主体と対象がかろうじて区別できる第八の境地〔非想非非想処〕に到達する。しかしながら，上座部はそのような境地そのものを，涅槃とは見なさない。涅槃を得るためにはヴィパッサナーによる瞑想方法が必要である，と主張している。

　ヴィパッサナーによる瞑想は，瞑想の構成の中で典型的に仏教的な要素を持つ。それは，瞑想者自身をも含めた目に見えるあらゆる有形の実体が，輪廻の本質として本来的に無常・無我・苦であるという意識を強めるためにのみ行なわれる。40種目の瞑想の中のいくつかは，特にヴィパッサナーによる精神集中に適している。食物（消化過程）に対する嫌悪，死体の腐敗していく状態，身体を三十二の構成要素に分解すること，自身の身心の知覚・感情・思考過程などについての瞑想は，おのずから無常，無我，苦の分析に役立つ。これらの瞑想の対象や過程は相互に依存する事物の集合体として認識される。これが縁起（パティッチャ・サムッパーダ）の基本的なあり方であり，

永遠に存在し自己同一性を保つような「自己」や「魂」は部分的にも存在しない。

ヴィパッサナーの段階の精神集中は，ジャーナ的瞑想に入るための準備的な精神集中を離れて生じることはほとんどない（準備的な精神集中とは，ジャーナ的な境地の深さに近づくための道である。これは精神を軽く集中した状態で，通常の音はまだ聞こえるが気にとめるほどでもなく，それに心を乱されることもない）。しかしヴィパッサナーは，最終的には独立した瞑想法になったが，方法として形式化されようとされまいと，本来，輪廻からの解放に必要不可欠な条件である。伝統的にヴィパッサナーは，ジャーナによる瞑想とともに用いられた。ブッダゴーサが「平穏が永続すること」と呼んだジャーナは，瞑想者がそれらにとらわれて，それらをニルヴァーナの達成を考えることがないように，ヴィパッサナーによる精査を受けなければならない。ジャーナ的瞑想によって得られた境地も，やはり輪廻の支配下にある。

しかし，ヴィパッサナーは，経験的性質に全く否定的なわけでも中立的なわけでもない。それは，さらに高いレベルにおいてジャーナに似た結果を生じる。すなわち道を悟ること，つまり絶対的なニルヴァーナの直接知覚を生じるのである。道を悟るということ〔見道〕を初めて経験する時は，ニルヴァーナの本質をほんの一瞬の間だけ直接的に，短時間ではあるが，しかしまちがいなく知覚するのである。その時，瞑想者は，あと7回だけ生まれ変わらなければならないが，「流れに入った者」（ソータアーパンナ；預流果）に到達したことがわかる。それから「1回だけ生まれ変わる者」（サカダーガーミン；一来果），「もう人間には生まれ変わらない者」（アナーガーミン；不還果），「ニルヴァーナを得た者」（アラハント；阿羅漢果）という段階が続く。今や，単なる見道の瞬間が発展して，ついにもっと頻繁に，もっと持続的に起こるようになる。

ブッダゴーサが言う至高の経験は，八つのジャーナ的瞑想によって得られる境地をも完全に修得したアラハント（阿羅漢果）とアナーガーミン（不還果）においてのみ可能である。それは滅尽定（ニローダサマーパッティ；思考と認識の完全な休止状態）と呼ばれ，この世で得ることができる最も満ち足

りた，最も強烈な，最も長期間（7日間）ニルヴァーナ的至福が持続する経験である。しかしながら，この滅尽定は，ヴィパッサナーによってのみ達成される死後のニルヴァーナ〔無余依涅槃〕にとって絶対不可欠なものというわけではない[5]。

## 大乗における発展

紀元前の終わりに始まった大乗仏教の教義と団体は，大きくまた多様に発展したため，瞑想の目標と方法にもかなりの変化が起こった。多くの瞑想の用語と同様に，基本的な姿勢，呼吸，身体，思考制御の方法が維持されてきた。しかし，瞑想の用語の意味内容は根本的に変えられ，あらゆる修行方法は，大乗教義の新しい光のもとで再構築された。

■**関連する教義の変化** 大乗の教義と実践は，下記の四つの進展が重なり合って互いに影響し合ったため，同様に瞑想の様式も改変される傾向にあった。第一に，ブッダの理想像が，前5世紀に不死を求め，ついにそれを得た高貴な人から超越的な存在へと変化し，拡大された。たとえば，それは『法華経』の久遠仏，『浄土経典』の永遠に救い続ける無量寿仏（アミターユス；無量寿），完全なブッダの本質（ダルマカーヤ；法身），『般若経』や他の大乗経典の非人格的な「空性」（シューニャター）などに見ることができる。第二に，『法華経』も，すべての人間の最終目標はブッダになることであると説いている。これは，すべての人間に内在する仏性について説いた後世の教義を暗示している。このように，自ら進んで再生を繰り返し，他者を救い，他者に奉仕する菩薩という理想像が，ニルヴァーナにおける解脱を求める阿羅漢に取って代わった。あわれみと力とを持つ偉大な菩薩たちは，土着の神々を吸収しながら，多くの大乗文化において民衆が帰依〔信仰〕する主尊になった。

第三に，以上の事柄は仏教的価値の世俗化につながった。こうして『維摩経』は，世俗的な活動に関わっている維摩という名の信心深い在家者の精神的な到達点が，すべての天上の菩薩たちよりいかに高いものであるかを述べ

ている。これらの教義と理想は，精神的悟りの高み（仏性）に，まぎれもなく実際に到達できる可能性が万人に開かれていることを保証するかのように見えるが，しかし，時を同じくしていくつかの宗派で儀式と瞑想の方法が多様化し，複雑化したことから，このような民主的傾向の芽はほぼ完全に摘まれてしまった。これに対して禅は，経典至上主義や伝統の価値をおとしめることによって，さらにもっと簡素化を進めようとした。中国と日本の浄土信仰も，阿弥陀仏（アミターユス）の名を繰り返し唱えることを説いて，簡素化を目指した。

第四に，儒教と道教の影響は東アジアの大乗を根本的に変えた。人間をその有機的体系の中に包み込む「天」の概念と，宇宙の万物がそこから流れ出る無限で原初的な無形なる存在としての「道（タオ）」の概念とは，ともに「法身」や「空性」のような仏教の中心的概念と融合した。機能的には，これらは「道」が仏教的に表現されたものである。

■**大乗の瞑想のさまざまな形態**　これらの道教的特徴は，特に禅の瞑想様式の形成に顕著な影響を与えた。禅は，合理的な認識とは対極的な直観的な道教の言葉や，心底から現実と一つになる感覚を取り入れ，また真の充実としての空虚，雄弁としての沈黙，言葉で述べられないものとしての最も深い真理，最も高度な智慧の啓示としての概念上の不合理さを想定する考えをすべて取り入れて，禅的瞑想の方法と哲学の基礎を作った。日本における曹洞宗の黙坐や，形のない，対象を持たない瞑想（只管打坐），臨済宗の不合理で無意味で逆説的な公案は，本質的には完全に道教である。

**禅**　曹洞宗と臨済宗では，共通の伝統を持つにもかかわらず，瞑想の形態や方法がかなり異なっている。曹洞宗では，公案は，全く用いられなかったわけではないが，現在では単に限定的な役割しか持たない。13世紀に日本で曹洞宗を開いた偉大な道元禅師は，公案を用いて悟りを得た人もなかにはいたが，その悟りを促した真の要因が瞑想時における黙坐（坐禅）であることを認めている。道元は，この坐禅がまさにブッダ自身の教えであると主張

した。そのため，曹洞宗では瞑想における師（老師）の役割は極めて小さい。突然悟りがひらめくという体験は，故意に求められるものではない。そのような体験の場では，思考・感情・行動の内面と外面が，より穏やかに，より自然に調和している。坐ることはブッダになることである。継続して忠実に坐ることにより徐々に人生が変わり，人は内なるブッダの本性（仏性）を発見し，発展させることができ，また生活のさまざまな場面でその人自身の公案に出会うからである。

　臨済宗にとって，公案は，言わば上座部のカシナに代わるものである。臨済宗の瞑想は，発光形態を創り出したり，休止状態を創り出したりすることを求めるのではない。むしろそれが目指すのは，心満たされて，心底から法身と一体である状態であり，また，自分自身の心がブッダの心（仏心）であると気づくことであり，全く区別がないという意味ではないが，宇宙や他者との一体感を感じることであり，臨済宗ではこれらを悟りと呼ぶのである。人はこの他者との一体感をもって生活し，自分のあらゆる仕事を行なう。この変化は，概念に縛られ，自己に縛られ，習慣に縛られた個人の大いなる死であり，同時にその人を完全に自由な者に変えると考えられる。そこでは，内的／外的，意識的／無意識的，自／他，聖／俗という二分法が有機的に統一される。臨済宗では，この変換を達成するために公案を用いる。元来は，形式ばらない当意即妙の応答から発生したものであるが，有名な師とその弟子たちとのやりとりは公案と呼ばれ，それが集められて，臨済宗の聖典となった。ある有名な公案集には1700ものやりとりがある。「趙州無字」（犬には仏性がない）や白隠の「隻手の音声」は有名なもので，初心者の瞑想によく用いられる。修行僧は，初歩的な訓練の後に師から公案を与えられる。修行僧は一日に1,2回老師に自分の公案と答えを提示しなければならない。その答えは，一語でも，一句でもよいし，表情，身ぶり，行為でもよい。その答えをもとに，老師はその瞑想者がブッダの心をどの程度まで理解しているかを判断する。老師が，その答えを極めて直観的な洞察であり，正当であると確信した場合には，老師はその公案は解かれたと断言する（瞑想者自身が悟りの経験をしたという主観的な意識が十分でない場合には，老

師はその公案の答えをまやかしであると判断するであろう）。それから瞑想者は他の公案によってこの悟りを広げ，深めるように促され，自分が世界とかけ離れているとか，自身の心が分裂していると感じる心の中の二元性を打破して，自分の生活のより広い領域に，この新しい仏心を適用させることが可能になる。

　**天台**　当然ながら，他にもさまざまな経典に基づき，また他宗派からも取り入れ，種々の瞑想形態が中国や日本で発展した。たとえば『首楞厳〔三昧〕経』では，さまざまな基本的な感覚と，それに関連する感覚器官に次々と意識を集中させたり，いろいろな種類の意識や存在するものの構成要素などについて意識を集中させたりする方法を述べている。

　天台宗は，教義と実践が非常に包括的であり，さまざまな瞑想方法を発展させた。その経典上の根拠は天台宗の重要な経典である『法華経』の第24章〔妙音菩薩品」第24〕である。そこには16種類の三昧（サマーディ；瞑想による精神集中）が記されている。

　天台宗では，三昧を得る方法は下記の四つである〔四種三昧〕。

(1) 90日間，しかるべき主題についての瞑想だけを行なう。
(2) 90日間，阿弥陀仏の御名のみを唱える。
(3) 坐ったり歩いたりして，悪い業（カルマン）に対抗する瞑想をする。
(4) 意識を集中して，究極的実在を以下の三つのように捉える。(a) 存在は空である（空諦），(b) 思考と行為は即時的で仮のものである（仮諦），(c) 究極的には空であり，かつ存在する（中諦）。

　天台宗にとって，特に第3祖智顗（538–597）による指針は大きな役割を果たした。智顗は，瞑想では調和が必要であることを強調し，上記のうち(4)の方法を教えた。彼は，止（Ⓢシャマタ）と観（Ⓢヴィパシュヤナー）という二つの要素が必要であることを常に語った。止とは思考を停止させ，鎮めることである。この瞑想法は，完全な空性に気づかせ，内なる静寂の中にある偉大なる真空を悟らせるが，それ自体，あまりにも消極的なニルヴァー

ナであり，現実逃避的である。観，すなわち自分自身の心の働きを内省的に注視すること（上座部仏教のヴィパッサナーと同じもの）は，心が錯覚を起こすものであることに気づかせ，心と外界の物体が相互に依存しているということと，具現化された菩薩の慈悲とに気づかせる。瞑想のすべての段階でこの止と観とが正しく結合した時に，慈悲に満ちた智慧が生じる。この智慧であらゆるものや状況を見た時，それらは全くの現実でも，全くの非現実でもない。9世紀に最澄が日本にもたらした天台宗は，真言宗と競い合い，密教の方法を採り入れ，また，禅にも影響を受けた。

**浄　土**　浄土教の各派にもそれぞれの瞑想の形態があり，ある信者たちには『観無量寿経』に基づいた視覚化（ヴィジュアライゼーション）の体系もある。瞑想者は，まず，日没（西方浄土の方向）に注意を集中させ，続いて太陽（眼を開けていても閉じていても），水，氷，瑠璃（浄土の基となるもの），経典に述べられている浄土の至福をイメージする。そして，阿弥陀仏と，阿弥陀仏の脇に立つ二人の菩薩〔観音・勢至〕を思い浮かべることによって最高潮に達する。日本では多くの場合，この瞑想の成功は阿弥陀仏の御名を唱える回数といくらか関係がある。天台宗の (2) の瞑想法がこれらの浄土教の実践から影響を受けたことはまちがいない。

　瞑想的視覚化の別のタイプが『般舟三昧経（はんじゅざんまい）』に述べられているが，この初期の大乗経典は在家者向けのものであろう。この三昧を行なおうとする者は，その準備として訓戒を徹底的に厳守し，経典を学び，いつでもどこでも仏を見るよう絶えず努力しなければならない。そして，一定期間の集中的な瞑想で最後を締めくくる。経典は「もし，7日間，昼も夜も続けて瞑想するならば，まちがいなく浄土と阿弥陀仏を見るだろう」と断言している。また経典には，（阿弥陀仏）以外の意識集中の対象についても述べられている。人は，ある特定の仏，あるいは諸仏をまるごと瞑想し，その後に続いて起こる三昧で，すべての仏と随伴する菩薩たちが瞑想者の前に現われる。このような状況は，次のように解釈できるであろう。「瞑想者は，視覚化によって諸仏の住む国へ行き，そこで諸仏が直接説法するのを聞く」。経典では，これらの

視覚化（心に思い浮かべること）は「夢の中にいるようである」と説く。引き続いて起こる三昧では，瞑想者は，昼なのか夜なのか，内にいるのか外にいるのか，何の区別もつかず何もわからない状態にいる。これを，阿弥陀仏を観想する浄土信仰と般若波羅蜜の「空性」哲学とのギャップを橋渡しする試みである，と解釈する者もいる[6]。

## 密教

チベットで発達し，日本の真言宗にいくらか似た形態を持つ，いわゆるマントラヤーナ（マントラ乗）とヴァジラヤーナ（金剛乗）は一般的に大乗であると考えられるが，それとは異なる特徴を持っている。チベットの実践は，タントラ仏教の要素と仏教以前の土着のポン教の要素を持つが，視覚化を行なうこととマントラを繰り返し唱えることを強調している。こうして誘発された視覚化（基礎としてマンダラが，儀礼の補助としてマントラが用いられる）は，表面上はさまざまな悪霊，神々，諸仏，諸菩薩を視覚的に描写するのであるが，実際は，瞑想者自身の中の，心の底にある善や悪の力を具象化したものにすぎない。瞑想者は，なんらか神の御名の持つ力を内に含むマントラを利用することによって，これらの視覚化されたものを全意識の中へ映し出し，それらを克服し，自分のものとしなければならない。身体の中のさまざまなチャクラ（霊体の諸中心器官）への生命エネルギー（気）の流れをコントロールし，生命力を低い状態から高い状態へ変容させるためには，相当な注意と努力が費される。他の視覚化とよく結びつけられるチベットのさまざまな瞑想法において非常に重要なのは，自身の中にブッダの諸特徴を含み込むことを意識的に視覚化することによって，瞑想者のブッダ意識を強め，ついには，彼自身がある程度までブッダになりきることであり，また全宇宙がブッダで満たされていることを視覚化し，その宇宙をマンダラの形でブッダに捧げることである。しかし，繰り返すが，最高の悟りはあくまでも「究極的な空性」を悟ることである。

日本の真言宗は密教を深く修した人々のための精緻な密教儀式を持っており，その儀式では，さまざまな神々が喚び出されて，その力が懇請される。

次に，月輪(がちりん)を思い浮かべることで視覚化が始まる（これは上座部仏教の瞑想における光輝く円形のカシナ型の一種を連想させる）。そこでは，さまざまな神聖な梵字が一つずつ投影され，瞑想者はこの梵字の力を獲得する。最終目標は，この世で，しかもこの肉身において，ブッダになることである。

大乗仏教は，これらの瞑想をするだけで，「すべての者がブッダになる可能性を持つ」という菩薩の理想と，凡夫が日々の生活や仕事を行ないながら，凡夫の能力の範囲内で瞑想訓練を行なえることを可能にした。禅は在家者に瞑想を開放した。しかし一般的には，本当の悟りを得るには僧院生活が必要である，と考えられている。日本の浄土系の宗派では，信徒の日常的な瞑想法に最も近い取り組みとして，念仏（「南無阿弥陀仏」つまり「阿弥陀仏に帰依します」という意味）を唱える。妙好人(みょうこうにん)（敬虔な念仏者）の中には，阿弥陀仏への意識が高じて阿弥陀仏と合一したというほとんど神秘的な感覚に達した者もいる。また，日蓮宗で「南無妙法蓮華経」（「『法華経』に帰依します」という意味）という題目をマントラのように繰り返し唱えることも，民間に普及した瞑想実践の一形態となった。

## 現代の傾向

特に禅と上座部仏教において顕著であるが，概して，現代の瞑想指導は簡素化の傾向にあり，現代人の状況に合わせて幅広い一般層が実践できる方法がとられるようになってきている。上座部仏教では，このことについて，（凡夫には）あまりヴィパッサナーの技法を要求しない，というほとんど独自の主張がなされている。特に，日常生活においてヴィパッサナーをどう実用するかということのみならず，呼吸や身心の過程に注意が向けられている。厳しい鍛練を緩和したり，鍛練の目的を「平常心」つまり仏心に関連づけて，禅を寺から在家者の生活に持ち込む努力が行なわれている。また，両方の伝統において，ヨーロッパやアメリカでは瞑想センターや臨時で短期の瞑想セッションという形での布教伝道が顕著に浸透している[7]。他にも，心身両面に重点を置いたさまざまな自己啓発と自己実現の方法に禅の要素を取り入れている宗派もある。

◇訳　注
1）ブッダゴーサの『ヴィスッディマッガ』が大寺派に属するのに対して、本書は無畏山寺派に属する論書であり、作者を同派のウパティッサに帰す説もある。したがって、同じ上座部の文献であっても、細部については両書に見解の相違がある。
2）装身具や香などを身につけない、歌や踊りを見聞きしない、広く高い寝台に寝ない、正午以後食事をしない、金銀財宝を蓄えないという五つである。
3）四禅とは以下の四つの禅定を指す。
　　初　禅——色界における第一段階の禅定。愛欲を離れるけれども、ものごとを分別してしまうことと、喜楽がある。
　　第二禅——色界における第二段階の禅定。ものごとを分別することがなくなるけれども、喜楽はまだある。
　　第三禅——色界における第三段階の禅定。喜楽はなくなり、正念正知を得るけれども、第三禅に住している楽だけがある。
　　第四禅——色界における第四段階の禅定。すべての精神的・身体的な楽を離し、不苦不楽になり心は清浄となる。これが色界における最高の禅定である。
4）三界（欲界・色界・無色界）の煩悩を離れるための一種の観法を言う。三界が地・水・火・風・青・黄・赤・白・空・識という十のうちの一つに遍満されている、と順次に観ずることによって、認識の対象が非物質化されていき、煩悩が生じなくなるのである。
5）この滅尽定によって非想非非想処に到達するが、前述のように仏教はこれを涅槃とは見なさない。
6）『般舟三昧経』についての最新の研究成果として、末木文美士「『般舟三昧経』をめぐって」（『藤田宏達博士還暦記念論集　インド哲学と仏教』平楽寺書店、1989年）を挙げることができる。
7）イギリスのオックスフォードで行なわれている上座部仏教の瞑想については、島岩「FWBOの女性」（『地域研ニュース　No. 5』国立民族学博物館、地域研究企画交流センター、1997年）に報告されている。

## 【文献ガイド】

Buddhaghosa, Badantācariya. *The Path of Purification* (2nd ed., Bhikkhu Ñyāṇamoli. tr., Colombo, 1964) 上座部仏教の瞑想に関する総合的な手引書として、上座部仏教の人々からその権威を認められている。

Chang, Garma C. C. *The Practice of Tibetan Meditation* (New York, 1963) 明細に論述された信頼のおける数少ない書物の中の一冊であり、本文と方法論に分かれている。

——————tr., and ed., *The Teachings of Tibetan Yoga* (New Hyde Park, N. Y., 1963)

――――――. *The Practice of Zen* (New York, 1970) 西洋の読者のために禅の実践を解説したもので，明確で見識のある解説書である。

Conze, Edward. *Buddhist Meditation* (1956, rep., New York, 1969)『清浄道論』や，数多くのサンスクリット，チベット資料から引用した，仏教の瞑想に関する資料集成である。短い序文がついている。

King, Winston L. *Theravāda Meditation: The Buddhist Transformation of Yoga* (University Park, Pa., 1980)『清浄道論』の型，インドヨーガの起源，上座部仏教の瞑想の動的な構造について系統的な分析を行なっている。また，現代のビルマにおける瞑想方法についても一つの章が当てられている。

Kornfield, Jack. *Living Buddhist Masters* (Santa Cruz, Calif., 1977) 東南アジアにおける多様性に富む現在の上座部仏教の瞑想方法について総合的に解説した良書である。

Luk, Charles (K'uan Yü Lu). *The Secrets of Chinese Meditation* (London, 1964) 著者自身の体験に一部基づいた解説で，一般的にあまり知られていない瞑想方法を取り上げている。

Nyanaponika Thera, tr., *The Heart of Buddhist Meditation* (New York, 1975) 現代の上座部仏教の瞑想論と実践について，明確で，信頼すべき議論と解説がなされている。「ありのままに観る」ヴィパッサナーを中心に扱っている。

Suzuki, D. T. (鈴木大拙), Erich Fromm, and Richard De Martino. *Zen Buddhism and Psychoanalysis* (New York, 1960) 本書では禅と，禅の瞑想の心理的解釈について興味深く，洞察力ある議論が行なわれている。

Tucci, Giuseppe. *The Theory and Practice of the Maṇḍala* (Alan Houghton Broderick tr., London, 1969) 〔邦訳　G. トゥッチ『マンダラの理論と実践』，R. ギーブル訳，（平河出版社，1984 年）〕インドやチベットのマンダラを「心理的宇宙」として扱い，啓発的な議論が行なわれている。

Vajirañāṇa Mahāthera, Parahavahera. *Buddhism Meditation in Theory and Practice* (Colombo, 1962) 古典的正統派の上座部仏教の瞑想の方法と理論を，パーリ経典の伝統的な用語を使って系統的に解説している。

## 補 遺

赤松俊秀『親鸞』（人物叢書，吉川弘文館，1985 年）
内山興正『坐禅の意味と実際，生命の実物を生きる』（大法輪閣，2003 年）
大久保良峻『山家の大師最澄』（吉川弘文館，2004 年）
楠　　恭『妙好人を語る』（日本放送出版協会，2004 年）
佐保田鶴治『ヨーガ入門―ココロとカラダをよみがえらせる』（改訂版；ベースボール・マガジン社，2001 年）
塩入良道『日本仏教基礎講座 2　天台宗』（雄山閣出版，1979 年）

鈴木大拙『禅学への道』(坂本弘訳, アートデイズ, 2003年)
関口真大校注『摩訶止観』(岩波文庫, 岩波書店, 1989年)
田上太秀『禅の思想』(東書選書, 東京書籍, 1980年)
竹内道雄『道元（新稿版）』(人物叢書, 吉川弘文館, 1992年)
竹村牧男『禅の哲学　自己の真実を尋ねる』(沖積舎, 2002年)
田中博美『中国禅僧列伝―禅語をうんだ名問答』(淡交社, 2003年)
ツルティム・ケサン, 正木　晃『チベット密教　図説マンダラ瞑想法』(ビイング・ネット・プレス, 2003年)
田村圓澄『法然』(人物叢書, 吉川弘文館, 1988年)
ダライラマ14世『ダライラマ大乗の瞑想法』〔クンチョック・シタル監訳, 鈴木樹代子・齋藤保高訳, 春秋社, 2003年)
中尾　堯『日蓮宗の歴史―日蓮とその教団』(歴史新書, 教育社, 1980年)
ナムカイ・ノルブ『チベット密教の瞑想法』(永沢哲訳, 法藏館, 2000年)
中村　元『般若経典』『法華経』『浄土経典』『維摩経・勝鬘経』(現代語訳大乗仏典, 東京書籍, 2003年)
―――『ブッダの人と思想』(NHKブックス, 1998年)
平川　彰『インド仏教』全2巻(春秋社, 1991年)
藤吉慈海『南方仏教―その過去と現在』(平楽寺書店, 1977年)
松長有慶『密教・コスモスとマンダラ』(NHKブックス, 日本放送出版協会, 1985年)
―――『密教』(岩波新書, 岩波書店, 1991年)
宮坂有勝『日本仏教基礎講座3　真言宗』(雄山閣出版, 1979年)
山崎泰廣『真言密教　阿字観瞑想入門』(春秋社, 2003年)
頼富本宏『密教―悟りとほとけへの道』(講談社, 1988年)
―――『密教とマンダラ』(日本放送出版協会, 2003年)

（山口　務　訳）

# 23 仏教図像
Buddhist Icconography

シモーヌ・ゴーリエ，ロベール・ジュラ-ブザール
Simone Gauler and Robert Jera-Bezard
＊原文はフランス語。イナ・バグディヤン(Ina Baghdiantz)が英訳

　仏教は発展し流布する過程において，自らを目に見える形で豊かに表現してきた。しかし，それらを理解するためには，長い歳月と広い地域にわたる仏教の教義の深遠な発展を考慮に入れなければならない。特に大乗仏教（偉大な乗り物）が初期の小乗仏教（劣った乗り物）の根本的な教義にもたらした変化は顕著である。

## 釈迦牟尼仏

　その崇拝の発達をもたらしてきた根本的な表象は開祖ブッダの像であり，それは彼の宗教的生涯の極めて重要な瞬間を表現している。これらの瞬間は，ただ印相（ムドラー）と座相（アーサナ）という記号のみを介して，あらゆる文脈を離れて喚起されることが多い。しかしながら，ブッダの像は，浅浮き彫りに残されている初期の寓話の場面には，その姿を全く現わしていない。個人としてのブッダは，般涅槃（パリニルヴァーナ），すなわち死の時点で完全に輪廻の枠外に出たものと見なされたので，彼の存在は，代わりにシッダールタ王子の立派なターバン，尊者の玉座，法輪（図1）の刻まれた足の跡（仏足石），托鉢用の鉢（パートラ），菩提樹などを用いて象徴された。同様に，ヴァーラーナシーにおいて，かつての修行仲間であった修行者たちにした最初の説法は，三宝（すなわちブッダ，ブッダの説いた法，ブッダの共同体〔サンガ；僧団〈僧伽〉〕を表す三つの大切なもの）によって喚起され，そこでは法輪（その動きによって教えが広まることを象徴する）が〔台座〕上に置かれており，鹿がまわりを取り囲んでいる。とりわけ重要な，ブッダの般涅槃は，ストゥーパを拝することによって想起され，そのドーム型の聖廟には，尊師の貴重な遺骨が中に納められていると信じられている。仏像と

図1 法輪

あいまって、ストゥーパは、実際の記念物として、または聖像的表現として（そしてダーゴーバすなわち階段状パゴダ〈図2〉やチベットのチョルテンに変化することによって）、今日もなお、仏教における崇拝および目に見える彫像の中心であり続けている。

ブッダの前生と今生の伝説的な言い伝え（ジャータカ〈本生譚〉とアヴァダーナ〈譬喩〉）は、インド仏教芸術の最初（前3–2世紀）から若き日のシッダールタ王子の宮廷生活を表す聖域内の絵画や浅浮き彫り（バスレリーフ）の中に描かれていた。これらの作品は、白象が王妃マーヤー（母）の胎内に入るという奇跡的な受胎から、愛馬カンタカに乗り在家の生活を離れる「偉大な旅立ち」に至る瞬間までの光景を生き生きと描写する。ブッダが超自然的な側面を帯びるようになると、「偉大な旅立ち」の図は星形の図として表されることになった（それは明らかに太陽であり、古代聖域の丸天井の中央の円形浮き彫りに見られる）。未来のブッダは、高貴な衣服を着て、宝石や精巧な冠をつけているので、マイトレーヤ（弥勒）のよ

図2 ストゥーパとパゴダ

図3 ブッダ坐像

うな他の菩薩と見分けがつかないこともある。

　後世急速に広まる仏像の製作は，おそらく前1世紀から紀元1世紀の間にガンダーラあるいはマトゥラー地方に起こったと考えられる。仏像は比丘（乞食をする者）の衣とゆったりとした外套を着て，頭部には円形の後光が見られるが，おそらくそれは，ヘレニズム文化の影響と考えられる。ブッダを表す三十二の吉相（ラクシャナ，三十二相）の中でも，とりわけ特徴的なものは，眉間にある円形の旋毛のかたまりである白毫（ウールナー）と，髪を束ねたように見える頭頂の隆起である肉髻（ウシュニーシャ），広く垂れ下がった耳たぶ，首に見える数本のしわ〔三道〕，水掻き膜のついた手〔縵網〕，金色をした皮膚などである。彼の姿勢，容貌の静穏さ，そして半ば閉じた目〔半眼〕は，ブッダの瞑想の深さや世俗の世界に関わらないことを示している。この姿形が語る表現は，急速に様式化した（図3）。ただしそれは，とりわけチベットや東アジアの金剛乗（ヴァジュラヤーナ）の曼荼羅の中に顕著に見られるように，複雑化せずにはいられなかった。

　「偉大な旅立ち」に続く二つの主要な出来事は，菩提樹下におけるブッダの悟り〔降魔成道〕と，ヴァーラーナシーの鹿の公園（鹿野苑）における比丘たちへの最初の説法〔初転法輪〕である。しかし，彼の地上における生涯の中で，われわれの感情を最も揺さぶるものは，般涅槃を象徴的に表示する

ものである。そこでは尊き師は敷物の上に右脇を下に横臥し，その前でマッラ族の王子たちと金剛手菩薩やブッダの弟子たちがそろって嘆き悲しんでいる。

　5世紀までには，仏像は巨大化した。立像や坐像，あるいは今述べたような寝姿もあったし，方法もさまざまで，断崖絶壁に彫刻されたり粘土で形作られたり，石に刻まれたり銅で鋳造されたりした。その時以来，ブッダは七つの宝（侍者・将軍・美女・馬・象・車・真珠または宝石）を持った世界の君主（転輪聖王）として描かれた。この概念は，獅子の玉座に威風堂々と坐るブッダの表象として早くから表現されてきた。ときにはヨーロッパ風をしていたり，僧侶の服装の上に王侯のしるし（王冠，宝石，三角形をしたクロークマント）を付けた姿で表されることもあった。しかしながら，最も多いのはインド風の坐像である。すなわち，ブッダが足をいくぶんしっかりと交差させ，草の座（ブッダの成道の直前，マーラすなわち悪魔の攻撃中に組んでいた座），または世界の中軸である須弥山の象徴と思われる階段状の座の上に坐っている像である。シュラーヴァスティー（舎衛城）の偉大なる奇跡[1]において，ブッダは自らの身体を分かち，蓮の花に小さなブッダを坐らせ，この時ブッダ自身も蓮華の台座の上に坐るか立つかの形で現われたと言われている。

### 超越的なブッダ

　大乗仏教の運動が起こると，シュラーヴァスティーの偉大な奇跡に，前触れのように現わされた超自然的な光景は頂点にまで高まり，そこからブッダが宇宙に無数に遍満するという考え方が生まれた。それは紀元3世紀から4世紀のうちに現われ始め，続いて，神聖な場所の壁に繰り返し描かれ，また寺院や塔に彫刻されあるいは形作られたのであった。ブッダが遍在するというこの概念は，しばしば宇宙観としての蓮華の概念と融合され，それぞれの蓮華の花びらが一つの世界を構成し，それぞれの花托は無数のブッダの一人によって占められ，それは世界の過去と現在と未来とを喚起するとされたのである。

23　仏教図像

　この超自然的な力を強調するために，ブッダは世界の主，大日如来（〔マハー〕ヴァイローチャナ・ブッダ）の姿として絵画や彫刻に具体的に表現された。これらの超越的なブッダの体は，須弥山，塔，太陽や月，水生生物や蓮華，ヴァジュラ（雷電），車輪，三宝およびその他の印相や象徴などのイメージで覆われており，また大乗仏教が中国に浸透していく過程のかなり早い時期に出現した。その教義は，ひとたび展開すると，東南アジアの山の寺院（ジャワのボロブドゥール）や岩肌の寺院（カンボジアのアンコール・トムのバヨン）の中に，さらにいっそう精巧な形で表現されるようになった。古い経典の中では非常にはっきりしていたブッダの人間的な特徴が，三身（トリカーヤ）の概念の中にすっかり影をひそめてしまった。三身とは，すなわち形のない法の身体（ダルマカーヤ〈法身〉，これは目に見ることはできない），悦びの身体（サンボーガカーヤ〈報身〉）あるいは光明の身体（世俗を超えた身体），および変化としてのあるいは人間としての身体（ニルマーナカーヤ〈応身〉，すなわち歴史上のブッダのこと）である。この時以降，ブッダの眷属（パリヴァーラ）は，多くの仏教諸神によって顔ぶれがそろってゆく。大乗という新しい救済の宗教の優れた助けとなる諸々の人物〔像〕が，比丘，聖なる長老，無名の信者および王侯貴族の施主のほかに，さらに付け加えられたのである。まず未来のブッダとして人格化された諸菩薩であり，次に五人のジナ（勝者）[2]と彼らの後裔であり，彼らによって，釈迦牟尼の生きざまを想起することができるのである。

## 比丘と長老

　比丘たちは，ブッダ自身が定めたぼろぼろの僧衣（糞掃衣）を身につけていることが多い。この僧衣は，釈迦牟尼の十大弟子のうち，ある者たちが始めたと考えられている。最年少のアーナンダ（阿難）と，最年長のカーシュヤパ（迦葉）は，歴史上のブッダが表現されたものの中では随伴僧としてたびたび登場する。アルハット（阿羅漢）は，小乗の救済論で可能なかぎり最高の悟りの段階に至った修行者であり，また法の守護者と呼ばれる人でもある。彼らは際立った容貌を持つ老人の姿で描かれる。「高位の比丘」や長

老たちの中には，魔術師のそれにとても近い，荒々しい風貌をした二つの特異なグループがある。その一つは五人の法師，およびマハーシッダ（「完全なる成就者たち」）を描いている。チベットの伝承によれば，彼ら八十四人[3]は墓地に出没すると言われており，それゆえ墓地は，熟達したタントラ信奉者たちが熱狂的になる場所にもなっている。もう一方はラマ（チベット仏教で先生を指す）で，それとは対照的に，穏やかに描かれている。

## 菩薩と副次的な神々

弥勒（マイトレーヤ）は，西暦が始まって以降，大変に重要な役割を果たしてきた。というのは，弥勒が独特の性格を持った仏として，またしばしば特徴のある姿勢をとる仏として，にわかに彫刻で表現されるようになったからである。弥勒は他の菩薩と同じように，インドの王子が着るような贅沢な衣装を身に着けるが，しばしば左手にブラフマンの水瓶[4]（カマンダル）を持ち，一方右手には茎の長い青蓮華を持つかあるいは何も持たず指図（ヴィタルカ）の姿勢をとることが多い。また，時おり，塔のミニチュアのついた冠をかぶり，ヨーロッパ風に足を交差させて椅子に腰掛けていることもある。彩られた聖域の装飾画では，彼は兜率天で王位に就き，そこからやがて，釈迦牟尼の後継者としてこの世に再生することになっている者として描かれていることが多い。

観音[5]（アヴァローキテーシュヴァラ，中国語では Kuan-yin）の像もまた早くから現われてきた。もっとも，観音の功徳がよく知られ，それゆえ図像的に精密さを増すのは，大乗仏典が成立して以後のことである。観音と弥勒は，いずれも不老不死の霊薬（アムリタカラシャ）の入った水瓶と蓮華を手にしているので（図4），当初，両者は混同された可能性がある。観音がかぶる冠には小さな瞑想の姿をする化仏が付いており，阿弥陀仏と観音の関係を示している。観音は阿弥陀仏の脇侍として，大勢至菩薩（マハースターマプラープタ）とともに三尊仏の形で現われ，阿弥陀仏の楽園である極楽浄土の偉大な変相図の中にも描かれている。観音は後光の中に姿を変えた小さな化仏によって示される。『法華経』によれば，観音は人が十の危難に遭遇した

23 仏教図像

図4 観音

ときにご加護を呼びかける守護者であるという(十の危難とは、蛇、獰猛な動物、盗賊、毒物、嵐などである)。この十の危難は、しばしば浅浮き彫り(バスレリーフ)や絵画の中に観音とともに描かれている。

絵画や彫刻ではさまざまな観音の形式が見られるが、その中には、インドの神々の影響を受けた際立った特徴のものがある。その観音は「一切を見わたす」とされ、すべての方向に守護の手をのばすために、肩の上にはピラミッド状に配置された十一個の顔が存在(十一面観音)する(アンコール・トムのバヨンにあるいくつもの顔が付けられた面塔も同じ思想に立つ)。観音は、世界の主(ローケーシュヴァラ、すなわち自在主)として多様な力を持つというもう一つの側面を反映して、印相(ムドラー)を表す四本、六本、あるいは八本の腕を持った姿で描かれる。同じことが、「千本の手と千個の目」を持ち、それが後光のようにとり囲んで見える観音(千手千眼観音)によっても示される。そのそれぞれの手は、掌に眼の印があり、塔、数珠、宝石、水瓶、蓮華など、それぞれ意味をもつ持ち物を握っている。極東の美術では、観音は、やがて女性の姿で表されるようになる。

大乗経典の流布に伴ない建設された、あるいは岩石を掘ってできた聖域を飾る絵画や浅浮き彫りの中に、救済に関わる他の菩薩たちも彫像として現われてきている。奉納された銘板や写本に描かれた挿し絵もまた同様であった。文殊師利(マンジュシュリー)と普賢(サマンタバドラ)は、その乗っている動物から判別できる。それは、一般には、順に金色の獅子と白象とである。若々しい文殊には、言葉の師として、教誡を思わせる書が持ち物としてふさわしいだろう。地蔵(クシティガルバ)は熱心な信仰を集め、芸術の分野で広く取り上げられてきた。地蔵は僧の身なりをして、衣を肩に掛け、錫杖

図5　金剛杵

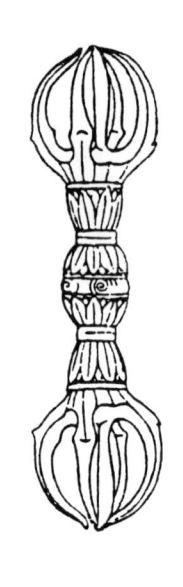

（カッカラ）を振り，巡礼の鉢を持って坐るかあるいは立っている。通常はこのような姿で地獄の諸王の中央にあって，輪廻していく六道の師として位置づけられているのである。

## その他の天界の従者

金剛手（ヴァジュラパーニ）は，忠実な世尊の随伴者であり，まさにその宗教の始まった当初から，小乗の仏教説話のあらゆる場面に登場する。彼はヘラクレスのような屈強な競技者（ガンダーラのレリーフでは剛健に描かれる）の姿で描かれることを突然やめるのだが，インドラ神から受け継いだ守護力の象徴である金剛杵（ヴァジュラ；図5）を手に持ち，武人の装束と鎧を着けている。タントラ仏教の秘密儀軌によれば，金剛手は，分身によって大勢の凶暴な持金剛[6]（ヴァジュラダラ；金剛のように堅い者）に変化するという，恐ろしい一面を否応なく持っている。世尊と並んで多かれ少なかれ，金剛手の命運を明らかに握るのは，ヒンドゥー教に由来する神々，すなわち独特の宝冠をかぶったインドラ神と束髪に冠をかぶったブラフマー神である。後に，大乗仏教の進展につれて，シヴァ神が恐ろしい姿をした大自在天（マヘーシュヴァラ）としてインドラ神とブラフマー神に加わることになった。

東西南北を守る護世天（ローカパーラ；別名，四天王）には，成道直後のブッダに四つの鉢を献じたというエピソードがあり，彼らはブッダの従者として極めて早くから現われている。古い絵画やレリーフの中に，王侯のような姿で，仏教の他の神々と同じく，後光を伴なって般涅槃に至るまでたびたび登場する。しかし，やがて護世天は鎧甲をまとった武人として登場する。この中で，最もよく知られているのは毘沙門天（ヴァイシュラヴァナ；別名，多聞天）である。彼は北方の守護神であり，動物の頭をした夜叉（ヤクシャ）の軍勢の首領である。持国天（ドリタラーシュトラ）は東方の守護神であり，

乾闥婆(ガンダルヴァ)を率いる。乾達婆とは緊那羅と同様に天上の音楽師であり，半人半鳥の生き物である。広目天(ヴィルーパークシャ；西方の守護神)と増長天(ヴィルーダカ；南方の守護神)は同じ服装に身を包み，空中を飛ぶ優雅な天女(妖精アプサラス)や小さな鬼神たちの群れ(ガナ)を支配する。これらはヒンドゥー教から取り込まれた天上の生き物であり，護方神の足元に台座や受け台として描かれていることが多い。門の守護神(ドヴァーラパーラ)は，もともと強健な体格の持ち主であったが，やがて恐ろしい様相の神に変貌した。守護神もまた，相手を征服し説き伏せるためにこのような様相をしているが，タントリズムによってこの表現はいっそう強調された。超自然的な力を持つ精霊・守護神の中で同じように図像化されたものに，天上界に住む10人のデーヴァラージャ，すなわち天の王たちや法の守護神たちがある。その中で最も有名なものはおそらくマハーカーラ，すなわち大黒天であろう。大黒天は異様な形をしたチベット・ネパール様式で，すなわち威嚇する歯を見せるため，唇を後方に引き上げた姿で示される。

　これらの神々と相対をなす女性神として，やがてプラジュニャー(般若)とターラー(多羅)が現われ，その功徳はすぐに明らかになった。男女神双方の相互補完的なエネルギーは，特にネパールやチベットの絵画や浅浮き彫りの中に，抱擁し合う男女の神々という形でしばしば現われている。守護神たちの中でダーキニー(荼枳尼天)や荒々しい形相をしたその他の女性守護神たちは，持ち運びのできる絵画(タンカ)の中に描かれている。チベットの銅像には，頭蓋骨を連ねた首飾りをして，血まみれの人間の死体に乗る恐ろしい女神であるラモが現われる。

　古代のヒンドゥー神話の中に，不老不死の霊薬であるソーマ(聖酒)を盗むために蛇と戦うガルダという鳥の話が見られる。この神話は，半人半獣の生き物に関する他の仏教神話とともに，再生を主題として仏教に取り込まれた。ガルダは，鷲であったり，鷹であったり，人間の頭をした鳥であったり，あるいは鷹の嘴を持った人間であったりもする。行者たちは，ハンサ鳥(野生のアヒルまたは鵞鳥)を見れば，転生していく魂の中間的な状態(中有)[7)]を思い起こす。頭上に蛇の覆いを戴く王侯のような風格のナーガラー

553

ジャ（ナーガ；すなわち水中に住む蛇の王）は，（雲や雨など）水の領域を扱う表現や説話のすべてに現われる。極東の国々では，蛇は龍になる。

## 超自然的なもののさまざまな勧請

　古代の宗教では一般的なことだが，水は豊饒(ほうじょう)の象徴であり，図像の中でも重要な位置を占める。水は，この豊饒の最も端的な表象であり，蓮華は宇宙の無数の世界を表現するにまで至る。蓮華はあらゆる場所，すなわちドームに，壁に，ドーム状の小塔に，天井に描かれ，彫刻されている。蓮華は，清浄の象徴でもあり，浄土に往生した菩薩たちの小さな魂（プッティ）を表すだけでなく，仏教を最もよく象徴する形象となっている。

　芸術家たちは超自然的な光景や，ある種の宇宙観を示唆しようと試みてきたが，それは水生の生き物が群がり住むさまざまな水中や，空中を飛ぶ音楽師の精霊という主題を通じてである。生命を生み出す大地と精妙な諸天界は，複雑化した精神構造に従えば，配列された重層的世界であった。須弥山は，円錐形の柱として，階段状のピラミッドとして，あるいは中央の部分にナーガが巻きついた砂時計として生き生きと描かれ，太古の海の中へと突入する世界の軸を見事に象徴している。ストゥーパの設計でさえも，四角（大地）と円（天空）に基づき，立方体と半円球とを結びつける構成をしており，ますます精妙な建築物へと発展していったのである。にもかかわらず，それらは，いつも原型という象徴主義に活気づけられた諸規則に随っており，機軸となる原理，すなわち宇宙の軸に従っているのである。この原理から，そびえ立つ多層のパゴダが造られ，石窟寺院さえ造り出されるのである。中に入ると，崇拝の対象となるブッダの像が，ホールを丸く取り囲んでいる柱を背に安置されている。装飾に目をやると，空中を飛ぶアプサラス（天女）の姿や天界の音楽師たち（乾闥婆，緊那羅，キンナリ）が見られて，堂内の光景を地上のものとは思えないものにしている。

　歴史上のブッダが超越的な方向へと発展したことは，すでにブッダの表象の多様化のなかで目に見える形となったが，そのような発展は組織立てられ，また系統立てられ，その結果，五つの超越的なブッダ，すなわち如来，ある

いはジナ，すなわち勝者として表現されるようになった。大日如来，すなわち至高のブッダは，中央に位置し，四つの主要な地点にいる如来によって囲まれている（この概念は，ある聖域の概要図や，曼荼羅の中に見られる）。阿弥陀仏すなわち西方世界の統括者は，極東において特に篤い信仰を得ることに成功した。阿弥陀信仰は多くの像を生み出し，特に絵画が多く描かれた。阿弥陀は，「西方浄土」の菩薩の大集団の中央に座を設けて鎮座している。「西方浄土」は，廻廊のある中国式宮殿や蓮の花が一面に咲く池によって表現され，熱心な信者たちは，そこに清浄な魂として再生すること（極楽往生）を願ったのである。この西方浄土の対として，阿閦如来の「東方浄土」がある。さらに弥勒の浄土と，霊鷲山で説法する釈迦牟尼の浄土とが表現されることによって，対照的に存在する超越的な世界が完成されるのである。

　五人の勝者（五仏）は，絵や彫刻に，あるいは礼拝儀式用の装身具（五つの尖頭を持つ冠）に，一緒にまたは個々にその姿を現わす。勝者は侍者に囲まれているのが普通であり，それぞれ独特の儀礼的しぐさによって判別することができる。その中には，シャーキャムニ・ブッダの生涯の重要な出来事に関連する印相（ムドラー）を引き継いだものもある。また彼らのそれぞれの子孫に帰せられる特別な色〔五如来色〕[8]によってもそれぞれに見分けることができる。

　密教では，勝者や神々は，多様な形態の金剛杵のような因習的な象徴物や，サンスクリット語の定型句，あるいは印相によって表現されうる。五人の勝者は，それぞれ対応する忿怒の様相を持っており，それらが，すなわち，「偉大なる徳を備えた知識の王」（明王）である。明王たちは，炎に囲まれて威嚇的な姿勢を呈し，しばしば忿怒の容貌を多く見せ，またいくつもの手で，武器やその他の象徴的な持ち物を振りかざしている。

　このような密教の諸表現があまねく流布するに伴ない，変化が生じた。かつては，穏やかなブッダの姿が描かれていたが，これと並んで新たに考え出された仏教の神々が，多少異様な姿で表現されることが多くなった。これらの異様な形は，極東の絹や麻でできた幕の上に，またはチベットのタンカの上に描かれたり，彫られたりした大きな崇拝像だけではなく，彩色の木製，

ブロンズ製，石製や，奉納および，その場の祭壇のために捧げられた宝石に準じる石（翡翠，アメジスト，石英，水晶）製の小さな彫像にも見られるのである。最初の千年期が終わる前には，木版印刷が盛んとなり，尊崇を極めた仏像類はこれにより彩飾写本に加えていっそう普及した。アフガニスタンや中央アジアのざらざらした木材や型押しされた粘土のような最も粗末な素材でも，特に世尊の聖体を覆うためには，絵の具とともに金箔が使われるのが通例であった。

　密教表現がここまで複雑になると，手ほどきを受けた者でなければその意味を解読することができなくなった。しかしながら，大半の信者にとっては，そのような教学的な問題は大したことではなかった。中国人の巡礼僧である義浄の報告によると，インドにおいては，7世紀までは小乗と大乗の僧の間において，制度上の相違は明確ではなく，全く同じ聖域の中で，小乗の者は小乗の経典を読誦し，大乗の者は大乗の経典を読誦していたという。ともあれ，文献を通してばかりではなく，図像という具体的な表現を通してこそ，信仰がそれぞれどのように優勢になり，どのように展開したかをたどることができるのであり，数世紀にわたって信者たちの深い尊崇の対象となってきた仏画や仏像の不思議な力によって，その信仰は深く貫かれている。

◇訳　注
1) 舎衛城の神変，千仏化現とも言われる出来事。他宗教の行者たちと術比べを行ない，自らの姿を無数に出現させたという。
2) 五人の勝者とは，五仏，すなわち五如来のこと，密教が登場してからの状況を示していると考えられる。金剛界では五仏は大日・阿閦・宝生・阿弥陀・不空成就を指す。
3) チベットの伝統に保存された，インドの神秘主義者を指す。彼らは自己の内部に究極的な原理を観察して体得した者とされ，それによって自身の存在の諸要素までも変化させることができたとされる。物質の上にも変化させる力を及ぼし，錬金術に相当する奇跡を行なったとされるので，「成就者」と呼ばれる。インドの文献にはほとんど残されていないが，チベットでは「八十四成就者」として伝承される。これら神秘的錬金術に関する「成就者」の中には，7世紀中頃のナーガールジュナがおり，鉄の山を銅に変えたという。ラマ・アナガリカ・ゴヴィンダ『チベット密教の真理』（山田耕二訳，工作社，1991年）75-90頁参照。
4) 弥勒の図像は，梵天（ブラフマー神）の図像とつながりを持っており，左手に水瓶を持つ。また弥勒の出自はバラモンであり，修行に励む姿が反映されていると考えられている。

5) 漢訳では，観世音，または観自在と訳される。観世音は Avalokitasvara, 観自在は Avalokiteśvara が原語であったと考えられる。
6) ヴァジュラパーニ（金剛手）は守護尊として仏教内部に登場した尊格であるが，特定のヒンドゥー教神を降伏するために忿怒の相をとるようになったと考えられており，それらの尊格をヴァジュラダラとして示したものと思われる。その際には，降伏した尊格が降伏された神々の性格を受け継ぐことが起こったという（田中公明「密教の尊格とその図像」，立川武蔵・頼富本宏編『インド密教』シリーズ密教 1〈春秋社，1999 年〉所収を参照）。
7) 前世での死の瞬間（死有）から次の生存を得る（生有）までの間の存在が中有と呼ばれる。その期間は 7 日間から 49 日間までと幅がある。
8) 五仏の色は，『大日経疏』20 によれば，それぞれ黄・赤・白・黒・青とされる。

【図 1】
法輪。仏教によって描かれたさまざまな主題の中で，最も古く，かつどこにでも姿を現わすものの一つである。

【図 2】
ストゥーパとパゴダ。図は（左から右へ）インドのストゥーパから中国のパゴダ（塔）への発展を示す。基本的な形態がもっと複雑な，多層のストゥーパへと発展し，それが中国においてはさらに手の込んだ物となり，多重階層のパゴダ（塔）となった。一番右側の線画は，木と瓦葺き屋根からできた，中国北部のパゴダ（塔）の図を描いたものである。

【図 3】
ブッダ坐像。これはインドのサールナートから出土した 5 世紀の彫刻であるが，異なった地域の諸伝統を通じて継承された，たくさんの図像学的な要素を表示している。たとえば，比丘の衣，蓮華坐（すなわち結跏趺坐），印相（ムドラー）〔ここでは転法輪相（法の車輪を回すこと，つまり説法）の意〕，および相（ラクシャナ，吉祥なるさまざまなしるし，すなわち三十二相）である。肉髻（ウシュニーシャ），長く引き延ばされた耳たぶ，そして首に現われたしわ（三道）などが含まれている。

【図 4】
アヴァローキテーシュヴァラ（観音）。紙の上に墨で描かれたもの。中国甘粛省敦煌の出土，10 世紀。菩薩は，水瓶と，悲しみを癒す象徴である楊の枝を手に持つ姿で描かれている。

【図 5】
ヴァジュラ。この五つの先端を持ったヴァジュラ（日本語では金剛杵と呼び，図は五鈷杵である）は，日本の密教で用いられる，いくつかの儀礼法具（一つの先端，あるいは三つの先端を持ったヴァジュラ，およびグンタ，すなわち金剛鈴を含む）の一つである。五つの先端を持ったヴァジュラ（五鈷杵）は，五智（大円鏡智・平等性智・妙観察智・成所作智・法界体性智）と五仏（阿閦・宝生・阿弥陀・不空成就・大日）を表す。

## 【文献ガイド】

Alfred Foucher, *L'art greco-bouddhique du Gandhāra*, 3 vols.（Paris, 1905-23）は、今なお仏教図像学の起源に関する基本的な資料の一つである。Foucher, *The Beginning of Buddhist Art and Other Essays on Indian and Central Asian-Archeology*, rev. ed.（Paris, 1917）もまた参照すべきものになろう。フーシェの見解と異なり、かつそれを補完する見解が、Ananda K. Coomaraswamy, *Elements of Buddhist Iconography*（Cambridge, Mass., 1935）に示されている。David L. Snellgrove ed., *The Image of Buddha*（Paris, 1978）は、幅広い考察であり、図解や写真を豊富に収めた、統括的な著書である。

Étienne Lamotte, *Histoire du bouddhisme indien: Des origines à l'ère Śaka*（Louvain, 1958）は、宗教を歴史的文脈をふまえて考察する。ストゥーパに関し、その起源から最も複雑な形までを扱い、その宇宙論について論じたものに、Paul Mus, *Barabuḍur*（1935, Kees W. Bolle ed., New York, 1978）がある。Marie-Thérèse Mallmann, *Introduction à l'iconographie du tântrisme bouddhique*（Paris, 1975）はタントラの諸神に関する格好な入門書である。

地域研究のためには、Simone Gaulier, Robert Jera-Bezard, and Monique Maillard, *Buddhism in Afghanistan and Central Asia*, 2 vols.（Leiden, 1976）を参照のこと。本書はシルクロード沿いの仏像の発展を分析している。E. Dale Saunder, *Mudrā: A Study of Symbolic Gestures in Japanese Buddhist Sculpture*（New York, 1960）は、儀礼と図像における象徴的な言語を扱っている。また、博物館の図録では Nicole Vandier-Nicolas et al. ed., *Bannières et peintures de Touen-houang conservées au Musée Guimet*, 2 vols.（Paris, 1974-76）および Roderick Whitfield, *The Art of Central Asia: The Stein Collection in the British Museum*, vol. 1, *Paintings from Dunhuang*, 2 vols.（Tokyo, 1982-83）が参考になる。

## 補遺

沖　守弘撮影・伊藤照司解説『原始仏教美術図典』（雄山閣、1991 年）
佐藤宗太郎『インド石窟寺院 The Cove of Temple of India』（東京書籍、1985 年）
高田　修『仏像の起源』（岩波書店、1967 年）
立川武蔵編『曼荼羅と輪廻―その思想と美術』（佼成出版社、1993 年）
――――・正木　晃編『チベット仏教図像研究　ペンコルチューデ仏塔』（国立民族学博物館、1997 年）
田中公明『曼荼羅イコノロジー』（平河出版社、1987 年）
濱田　隆・西川杏太郎監修『仏教美術入門』（平凡社、1990 年）
肥塚　隆責任編集「東南アジア」『世界美術大全集』東洋編第 12 巻（小学館、2001 年）

558

## 23 仏教図像

藤田弘基『チベット仏教美術：藤田弘基写真集』(白水社, 1984年)
真鍋俊照『曼荼羅美の世界』(人文書院, 1980年)
宮地　昭『インド美術史』(吉川弘文館, 1981年)
────『涅槃と弥勒の図像学－インドから中央アジアへ』(吉川弘文館, 1992年)
────『仏教美術のイコノロジー　インドから日本まで』(吉川弘文館, 1999年)
百橋明穂『仏教美術史論』(中央公論美術出版, 2000年)
森　雅秀『インド密教の仏たち』(春秋社, 2001年)
レジナルド・ル・メイ『東南アジアの仏教美術』(駒井洋監訳・山田満里子訳, 明石書房, 1999年)

\*

Bhattacharyya, Benoytosh. *Indian Buddhist Iconography: Mainly Based on the Sadhanamala and Other Cognate Tantric Texts of the Rituals* (Calcutta, 1958)
Bunce, Fredrich W. *Encyclopedia of Buddhist Demigods, Godlings, Saints and Demons*, 2 vols. (New Delhi, 1994)
Chandra, Lokesh. *Buddhist Iconography* (New Delhi, 1991)
────. *Dictionary of Buddhist Iconography* (New Delhi, 2004)
Dehejia, Vidya. "Aniconism and the Multivalence of Emblems" *Ars Orientalis* (1992)
Donaldson, Thomas. *Iconography of the Buddhist Sculpture of Orissa*, 2 vols. (New Delhi, 2001)
Faure, Bernard. "The Buddhist Icon and the Modern Gaze" *Critical Inquary* (1998)
Huntington, Susan. "Early Buddhist Art and the Theory of Aniconism" *Art Journal* (1990)
────. "Aniconism and the Multivalence of Emblems: Another Look" *Ars Orientalis* (1993)
Kinnard, Jacob. *Imaging wisdom: Seeing and Knowing in the Art of Indian Buddhism* (London, 1999)
Sharf, Robert H. and Sharf, Elizabeth Horton ed., *Living Images Japanese Buddhist Icons in Context* (Stanford, 2002)
Swearer, Donald. *Becoming the Buddha: The Ritual of Image Consecration in Thailand* (Princeton, 2004)
Tucci, G. *Theory and Practice of the Mandala* (London, 1961)
〔邦訳『マンダラの理論と実践』R. ギーブル訳, 平河出版社, 1992〕

(蓑輪顕量　訳)

# 24 民俗仏教
Folk Buddhism

ドナルド・K. スウェアラー
Donald K. Swearer

　諸々の宗教伝統は、その本質からして複合的なものである。一方では、人の心や精神が最も熱望するものを象徴化し、他方、最も平凡で一般的な人間の要求と行動を神聖なものとし、意味を与えるのである。宗教の複合性とその機能は、さまざまに分析されてきている。しかし、大方の傾向として、僧侶や支配者のような教養のあるエリートによって作り出され、それが当然だと受容される局面と、無教養の一般民衆が人生の不安と危急に対応する際の助けとなる局面とに分けられることが多い。学者は、しばしばこの区分を「大伝統」と「小伝統」、または「エリートの伝統」と「民衆の伝統」とに分類している。しかし、これは形式上の区分であって、分析を行なうのに有用な機能を持つ範疇ではあるが、宗教伝統の多重性にも、それらを特徴づける有機的統一にも、十分当てはまらないことを心にとどめておくべきである。

　「民俗」仏教とは次のように理解されてよいであろう。すなわち、仏教の伝統のうち、根強く、複合し、重層化している局面であり、呪術的な意図をたっぷりと含み、人々が人生の不安や危機を乗り越えるのを助けるために行なわれる信仰や慣行を特徴としている。この民俗仏教は、他の要素を含みつつも、ブッダと涅槃の概念を本義とする規範仏教の理想と、仏教が制度として定着した土地に固有の文化として伝承されている呪術的アニミズムやシャーマニズムとの間の幅広いスペクトルに沿って多様な形をとって現われている。その結果、民俗仏教は、ある場合（たとえば、仏像、僧侶の外観、禅定(ぜんじょう)の修習）には、仏教の規範的な理想と深く関わっているように見えるが、他方では、土着の非仏教的宗教の形態とほとんど区別できない。民俗仏教の制度としての構造、宗教的実践と実践者、そして口承や文献には、この多様性が反映されている。

## 24 民俗仏教

　仏教は，その発端から民俗的または庶民的な性格を持っている。初期の仏典によれば，僧院では，純粋な修行がなされ，単純で無教養な在俗者の要求や期待に侵害されたり，邪魔されることなく涅槃の追求に専念できたという「黄金時代」は，事実ではなかった。ブッダとその弟子たちは在俗者によって外護されていたが，ここには精神的な恩恵とともに，金品の獲得や呪術的な防御もしてもらえるという理由があったことは否定できない。僧院において絶対必要な修行である禅定でさえ，寂静や悟りに導くだけではなく，呪力を得るためのものとして理解されている。上座部仏教の律蔵の中の『マハーヴァッガ』(『大品』)には，ブッダは単に悟りを開いた師匠としてだけではなく，呪力によって弟子を得たヨーガ行者であることが述べられている。さらに，この資料は後代の注釈書であるとは言え，その資料には，後に仏となった修行者（釈尊）は，悟りを得る直前に，彼を樹神とまちがえた女性から食物を与えられたと記述されていて，これは重要である。概して，仏典には教義的な説明と，デーヴァ（神々）やマントラ（真言）といった呪術的かつアニミズム的人物や要素とが，当然のことのように入り交じっている。

　仏教がアジア中に発展して規模も大きくなり，文化的重要性が増してくるにつれて，制度化され文化として定着した仏教徒の生活の中で，民俗仏教がより優勢となってきたことは確かである。インドにおいては，前3世紀にアショーカ王が教団を強力に外護したことが，仏教が成長し，伝播するための決定的要素となった。そして種々に異なる文化から民俗的な要素を流用したことは，少なくとも1世紀初頭から仏教が広がり，アジア各地の文化に適応していく手段となっていた。それゆえインドのみならず，東南・中央・東アジアにおいても，その土地土地の民俗宗教は，仏教を広げ，定着させる主要なメディアであった。それにもかかわらず，仏教の中の民俗的要素は，その出発の最初から伝統の一部となっていたし，現在に至るまでさまざまな形で存続しているという事実は変わっていない。

　民俗仏教はさまざまな面を持っており，規範的・教義的な制度として定着している仏教と，その土地土地の宗教・文化伝統との間のさまざまな交流のあり方を反映している。いくつかの例では，規範仏教の伝統は，ささいな調

561

整を受けただけという例もあれば，別のところでは，仏教はアニミズムにヴェールを薄くかけただけのものとなっている場合もある。民俗仏教の主要な成分は，通常アニミズムないし呪術的アニミズム，すなわち善意か悪意のある超自然的な力を信じ，それらを除くか，またはそれらに助けを求めることに関わっている。こうした力の範囲は，生きている人ないし死者の霊から，土地神，さらには非仏教的（たとえば，バラモン的）なパンテオンに組み込まれて，全国民に信奉されている神々の力にまで広がっている。チベットにおけるポン教のように，仏教とその土地のアニミズムが相互に関わることは，仏教の地方化を引き起こしたが，同時にチベット，朝鮮，日本やその他の地域では，仏教が遭遇したその土地土地の伝統の様相をも変えたのである。たとえば，日本の土着のアニミズムに根ざした神道は，より洗練された中国仏教の伝統と競合することで発展した。それは，ちょうど中国の道教がインド仏教の影響に対応するなかで，少なくとも部分的には宗教として制度化されたのと同様である。

　民俗仏教の複合的な性格はさまざまな形で分析できるが，しかし，その方法は共通なまたは包括的な要素と同時に，それぞれに顕著な宗教・文化的な環境の特異性を正しく評価するものでなければならない。本質的に重層的な現象としての民俗仏教は，仏教的要素と非仏教的要素が交わりあう三つのタイプまたは様式によって見られるべきである。すなわち，流用（appropriation），適応（adaptation），変形（transformation）である。この分類は歴史的事例を個別に特徴づけると同時に，一般的なタイプを叙述するのにも役立つと考えられる。内容が重複しているにしても，それらは民俗仏教の観念と実践における多様性を示している。

## 流　用

　多くの場合，民俗仏教は土着のシンボル，信仰や実践をほとんど意味を変えずに流用し，従属させている。広範な超自然的な存在や力が仏教のシステムに取り込まれるときは，特にそうである。一般的に言って，これらの超自然的な存在は，それが神であれ，悪意ないし善意の精霊であれ，支配的な仏

教のシンボルやモチーフに従属させられている。これらは、外護の役割を担うことが多く、寺院やマンダラといった仏教の聖域の入り口に立つ守護神として、あるいはブッダに対し、それなりに従属的なあり方で機能している。たとえば、スリランカでは、土着的な村や田の守護霊からスカンダ神やヴィシュヌ神といった地域の神々を頂点とする神や精霊のヒエラルキー、一種のパンテオンが発達しているが、そのすべてはブッダの下に位置づけられている。チベットでは、日常世界の神々（ジクテンパ）は法（ダルマ）の守護者となり、偉大なる〔仏教の〕師匠たちの命令に従っている。その数は多く、一定の順番に並べることもできないので、こうした神々は、普通、天・地・中間といったインドの伝統的な三分法の宇宙論によって分類されている。ミャンマーでは、土着のナッという精霊は、デーヴァ（神）としてミャンマー仏教に取り入れられた。たとえば、タギャ・ミンは、サッカ（バラモン教のインドラ）に同化され、デーヴァの王として三十三天に住するが、同時に「37 ナッ」[1]の支配者とも言われている。タイでは、デーヴァター、チャオやピーなどを含むさまざまな超自然的な存在が、結合、階層化、そして対立と相互補完というような複合した形でタイ仏教と関わっている。日本では、仏教は土着の日本の神々、カミを吸収した。多くの場合、神はブッダや菩薩の化身と考えられた（本地垂迹説）が、特に一定の対応は発展していない。中国、朝鮮や他のアジアの地域の仏教についても、同じことが言える。仏教のシステムに採用された超自然的な存在のそれぞれのリストは、文化によってさまざまであるが、いずれも、仏像、仏教のシンボルやモチーフに依存し、その権威に従い、ときに緊張関係を持ちつつ、力と支配の階層をなして配されている。

　これらの超自然的存在は、仏教の儀礼とアジアの仏教世界観に同化されている。すなわち、正統的な儀礼行為に融合し、あるいは明らかに異なった副次的儀礼のセットになっているのである。仏教を受け入れたアジアにおいて、タイのピーや日本のカミのような寺域の守護霊は、縁起の良い儀式に先立って慰撫されうる。チベットでは、タントラ儀礼は習慣的な宗教行事の枠組みとして用いられていて、ここでは、インド仏教の神々とチベットの神々が併

存している。スリランカでは，信心深いシンハラ仏教徒は，キャンディーのそばのランカティラカの有名な聖域でブッダ〔の像〕を崇拝しながら，〔ブッダの〕建物の周囲におかれている神々の祠堂（デーヴァラ）に祀られているヒンドゥーの神像に供物を捧げる。タイでは，バラモン教系の神々（たとえばヴィシュヌ）は日常的な仏教儀礼の中で勧請されるし，仏教寺院（ワット）で行なわれる新年の儀礼においては，四方の神に供物が捧げられるのである。

　民俗仏教の中で特に重要なのは，個人の霊魂（文献にはその存在はほとんど記されていない），または精霊的要素が信じられてきた上，この信仰に関わるさまざまな儀礼，特に，人生の危機や過渡期の儀礼が行なわれてきたことである。中国，朝鮮，日本において，死者霊に対する葬式儀礼や年忌を行なうのに，仏教がどのような役割を果たしているかは周知のごとくである。日本では，旧暦の7月に行なわれるお盆祭りで，死者の霊魂が帰ってくるのを祀り，寺院にある墓は霊魂が戻ってくるために掃除され，仏壇には花，提灯，果物などの供え物が飾られる。ミャンマーでは，死者の魂が以前いた場所に帰ってきて問題を起こさないように，埋葬儀礼が行なわれる。タイでは，結婚のような人生の転機や，得度式の一部としてさえ，「リアゥ・クワン」という魂呼びの儀礼が行なわれる。

### 適　応

　土着の呪術的アニミズムとシャーマニズムの宗教信仰と実践を同化することで，仏教自身も変容した。この適応と局地化の過程は，その発端から仏教伝統の一部となっている。ブッダは教えを説く者であるが，同時に，奇跡を起こす者であり，禅定は〔真実を〕洞察するとともに，超自然的な力を得る手段でもある。そして僧侶は，涅槃を求める者であり，呪術師でもあった。スリランカや東南アジアの上座部仏教の伝統では，ブッダの奇跡的な力は，呪術的な飛翔とか予言などの超自然的な目を見張るような行為だけではなく，この地域の儀礼を特徴づける仏舎利や仏像崇拝のなかで証明される。大乗仏教やタントラ仏教の伝統では，ブッダや菩薩たちの数が増えたことによって，

ブッダの救済者としての機能が濃厚になった。中国では,道安(312-385)はすべての人を受け入れる天界である兜率天の神である弥勒仏を,救済仏と宣伝することにより仏教を大衆化させた。慧遠(334-416)は,道安が弥勒仏と兜率天について説いたように,阿弥陀仏と浄土(スカーヴァティー;極楽)について説いた。弥勒信仰も阿弥陀信仰も民俗仏教の基本となった。日本で最も顕著な適応の一つは,通俗的な要素を地蔵菩薩(クシティガルバ)の像に同化させたことで,それにより,中国における地蔵(ティツァン)よりも重要な地位を占めることになった。地蔵は,地獄から魂を救うだけではなく,もう一人の人気の高い救済者である観音のように,出産する女性を助け,健康な子供を授け,阿弥陀仏の西方極楽浄土への導き手と見られるようになった。

禅定の熟練者に付与される超自然的な力は,シャーマニズムと密接な関係がある。僧侶が知られるようになったのは,錬金術師としての優れた技能を持っているからであり,または,霊界との交渉できる能力があるからであり,あるいは,未来の出来事を予言できる力があったからである。しかし,こうした行為は本来は律に触れるものである。パドマサンバヴァやミラレーパのようなタントラの熟練者は,この種の仏教の局地化を証明しているし,禅の祖師たちの生涯の記録も,念入りな超自然的な聖人伝の例外ではない。スリランカでは,苦行僧は,その敬虔さだけではなく呪術的能力によって尊敬されている。タイにおいても,聖僧に対する重要な崇拝が発展していて,一般の雑誌は彼らの尋常でない行為を証言し,宝くじの当たり番号から軍事行動に至るまで,彼らの助言が求められるのである。そして彼らの護符は,危険や病気に対するお守りとして身につけられる。

## 変 形

仏教は呪術的アニミズムやシャーマニズムという宗教形態を取り入れ,仏教独自の信仰と実践をこのタイプの文化環境に適応させた。同化し,適応した度合いに応じて,仏教の伝統は大きく変形した。仏教の発展において決定的な転換が行なわれたときにはさまざまな形をとったが,この種の変質に

とって最も実りのある背景の一つを提供したのは，通俗的な宗派運動であった。仏教化したアジアにその多くの例がある。ミャンマーとタイでは，近代になって，カリスマ性を持った指導者を中心としたメシア的仏教集団が出現した。その指導者は，ときに自らを弥勒仏であると称している。中国では，早くも北魏王朝（386-535）時代の5世紀に，「反乱僧」に率いられる集団が僧院から分離した。最も有名なのは白蓮教の運動で，12世紀から19世紀にかけて活発だった反乱的な終末論のいくつかを複合させたものである。他にも，弥勒教・白雲教・羅教・無為教などの大きな宗派があった。これらの派は，在俗者を基盤としており，異端であり，重層〔信仰〕的であり，しばしば政治的争乱を起こした。白蓮教は，彼ら独自の典籍，僧侶の結婚，血統による指導者の制度を発展させている。14世紀半ばまでに，弥勒信仰の伝統とマニ教の両者に由来する完全な終末論を樹立した。16世紀後半までに，白蓮教の中心的な神は母なる女神となった。そして，結局，19世紀後半までには，仏教的要素が希薄となって，民俗仏教の特異な形態というよりも，民俗宗教の寄せ集めになってしまった。

　日本では，平安時代（794-1185）には早くも，「聖」が正統的な教団組織の外で民俗仏教を発展させていた。10，11世紀になると，阿弥陀聖と念仏聖が現われた。なかでも特に抜きん出ていたのは天台宗の在俗者，空也上人であった。これらの聖は，念仏を繰り返すことによって普遍的な救いが得られると説いた。念仏は，死霊や御霊という悪霊に対して強力な防御であり，それらの霊を阿弥陀浄土に導く手段と考えられるようになった。正統的な浄土信仰の開祖である法然と親鸞は，念仏のアニミズム的側面と呪術的側面を否定したが，一般民衆の態度は本質的には変わらなかった。阿弥陀のマントラ（真言）は，死後，浄土に往生するために効果ある手段であると同時に，悪霊を阿弥陀仏のもとに送る呪文とも考えられた。一般の分派活動は現在に至っても盛んである。日本のいくつかの新興宗教は，民俗仏教の特異な形態を代表している。19-20世紀の政治的，社会的危機の時代に，強力なカリスマ性を持つ指導者を中心に発展したこれらの新興宗教は，重層〔信仰〕的であり，ときに呪術的儀礼を用いている。最もよく知られている二つの教団は，

立正佼成会と創価学会である。両者とも『法華経』を中心とする日蓮宗の伝統を引いている。創価学会は，その政治的影響力から，ときに日本の政治において圧力団体となっている。

　仏教が流用・適応・変形の形をとりつつ民俗宗教と出合ったときには，必ず衝突が生じた。東南アジアにおいてふんだんに見られる物語は，ブッダがその土地古来の超自然的な存在と出会い，後者は最後に屈服して仏法（ダンマ）への帰依を誓うというものである。他の英雄的な人物も同様なパターンを示している。特記すべき例は，パドマサンバヴァのチベットにおける仏法の宣布である。先に偉大な師であったシャーンタラクシタは失敗しているが，それと比べて彼の成功の鍵は，彼が呪術を駆使してチベットの強力な神々を屈服させた点にある。このような衝突は，神話や伝説にも，そしてまた仏教儀礼にも反映している。たとえば北部タイでは，新年の儀式の一部として，チェンマイの守護霊（ピー）に水牛の肉を捧げることが行なわれる。しかし，この儀礼行為は，この地域の仏教聖域で行なわれる洗練された儀式と公式の関係はない。

　同様に民俗仏教の職能者も極めて多様である。土着のアニミズムに深く結びついている職能者は，シャーマンに似た方法で機能しているので，シャーマンと見なされるかもしれない。彼らは，超自然的存在の領域に入る力を持っていて，これは，しばしば呪術的な飛翔として象徴される行為である。また，超自然的な存在が彼らに憑依し，あるいは超自然的な存在と人間の領域をつなぐ媒体としての機能を果たし，それによって，彼らの力を利用し，または追い払う知識を持っている。チベットでは，遊行するラマ僧（ラマ）か悪魔払師（ガッパ）が，邪悪な力によって引き起こされる危険・妨害・傷害・病気・障害から身を守るための儀礼（ド）を行なう。除霊儀礼（ト）を行なう者は彼の守護神（イダム）を思念することに通暁していなければならない。日本の山伏は天台宗や真言宗に所属している一方，山岳の苦行者であって，除霊を行ない，村の呪術師の機能を果たしている。中国のシャーマンである巫（ウ）は，悪霊や病気を祓い，災害を除くために踊りかつ歌うが，この存在は，中国における民俗仏教各派のカリスマ的指導とはどういうもの

かという一般的な考え方に影響を与えている。しばしば見られることであるが，在家の仏教徒がこうした民俗伝承の職能者となっている。これは民俗仏教と結びついている呪術的行為が，〔仏教の〕正統の律によって禁止されているか，または好ましく思われていないからである。真言宗のような密教的宗派や，宗派的な活動では，仏教の主流の信仰や実践と民俗的な次元でのそれとの差を認識するのは難しい。東南アジアの上座部仏教国においてさえも，占い・錬金術などを禁止している僧院の厳しい理想的な考え方と，実際の僧院の習慣や実践とはだいぶ違ってきている。

　民俗仏教の文献はまた，規範的な伝統が各地の民俗宗教によって，流用され，適応され，そして変形されたあり方を反映している。民俗文学の重要なジャンルは奇跡譚で，しばしばブッダの生涯や，有名な仏教の人物であるマウドガルヤーヤナ（大目犍連<small>だいもっけんれん</small>）やヴィマラキールティ（維摩詰<small>ゆいまきつ</small>）に仮託して語られている。奇跡譚に属するものは，まず民話を流用した適例であるジャータカ物語であり，天や地獄の神話的な記述（たとえば『ペータヴァットゥ』〈『餓鬼事』〉）であり，年代記の伝説的な部分であり，さまざまな仏教伝承にまつわる聖人たちの生涯であり，中国の「変文」（奇跡的な事象を記した文献）のような地方語の文献群である。その他の文献，たとえば上座部仏教の伝統におけるパリッタ〔護呪〕（聖典の一節で，それを唱えると厄除けの力が得られると言われている）は，その内容が規範的伝統の理想的精神や高次の倫理性を反映しているにもかかわらず，仏教儀礼の中で呪術的な形で機能している。『バルドゥ・トゥドル』（『チベットの死者の書』）は，解脱のためのタントラ的技法の要諦であるが，確かにシャーマン的な要素が取り入れられている。民俗仏教の文献の他のタイプとしては，占星学，未来予知やアニミズム的な儀礼の実践に関係している文献がある。

　最後に，民俗仏教を規範仏教の理想が後代になって堕落したものと見るべきではないという点を申し添えておく。むしろ，それは伝統の複合した一面なのであり，最初から存在しているものであって，仏教の伝統に，各文化ごとに異なる活力と変化を供給してきたものなのである。

◇訳 注
1) 非業の死を遂げた歴史的人物の死霊がもととなった 37 のナッ（精霊）のこと。

## 【文献ガイド】

近年，民俗仏教の研究は，人類学者，特に東南アジアで活躍する研究者によって飛躍的な発展を遂げている。その経験主義的で分析的な研究は，文化史や宗教史の研究に欠けていた重要部分を補足するものである。上座部仏教の文化に関して，まず挙げるべきは，Stanley J. Tambiah の研究，特に *Buddhism and the Spirit Cults in North-East Thailand* (Cambridge, 1970) である。この研究はミクロ的研究であるが，他の人類学者と同じく東北タイにおける宗教システムの幅広い解釈を与えてくれている。Tambiah の構造-機能主義的アプローチは，Melford E. Spiro, *Buddhism and Society: A Great Tradition and Its Burmese Vicissitudes* (2nd ed., Berkeley, 1982) の（たとえば Abram Kardiner の研究に見られるような）社会心理学的な見解と対比を示している。人類学的研究における主要なテーマは，民俗伝統または「小伝統」と，「大伝統」との関係がどのような性質を持っているかにある。このテーマについては，Michael M. Ames, "Magical-animism and Buddhism: A Structural Analysis of the Sinhalese Religious System, " in Edward B. Harper ed., *Religion in South Asia* (Seattle, 1964), pp. 21-52, および Gananath Obeyesekere, "The Great Tradition and the Little in the Perspective of Sinhalese Buddhism," *Journal of Asian Studies* 22 (Feb. 1963), pp. 139-153, および Manning Nash, *The Golden Road to Modernity: Village Life in Contemporary Burma* (New York, 1965), または A. Thomas Kirsch, "Complexity in the Thai Religious System: An Interpretation, " *Journal of Asian Studies* 36 (Feb. 1977), pp. 241-266 においてさまざまに議論されている。このテーマは，中央アジア，東アジアにおける宗教システムの研究においても同じように扱われている。たとえば，J. H. Kamstra, *Encounter or Syncretism: The Initial Growth of Japanese Buddhism* (Leiden, 1967), Alicia Matsunaga, *The Buddhist Philosophy of Assimilation: The Historical Development of the Honji-Suijaku Theory* (Rutland, Vt., and Tokyo, 1969), Christoph von Fürer-Haimendorf, *Morals and Merit: A Study of Values and Social Controls in South Asian Societies* (London, 1967) がある。

近年の民俗仏教の研究において，仏教千年王国運動の研究は新たな研究テーマになっている。東南アジアに関しては，E. Michael Mendelson, "The King of the Weaving Mountain, " *Journal of the Royal Central Asian Society* 48 (July-October, 1961), pp. 229-237, ならびに Charles F. Keyes, "Millennialism, Theravāda Buddhism, and Thai Society, " *Journal of Asian Studies* 36 (February, 1977), pp. 283-302 が白眉である。また，中国に関しては，Daniel L. Overmeyer, *Folk Buddhist Religion: Dissenting Sects in Late Traditional China* (Cambridge, Mass., 1976) が信頼のおける研究

である。

特定のテーマについてなんら見解を示すことなく、漠然と民俗仏教を扱った研究も数多くある。Francis L. K. Hsu, *Under the Ancestors' Shadow; Chinese Culture and Personality*（New York, 1948）は中国の民衆宗教と祖先崇拝を扱っている。H. Byron Earhart, *A Religious Study of the Mount Haguro Sect of Shugendō*（Tokyo, 1970）は、密教と日本の民俗宗教とが結合して生まれた大衆的潮流としての修験道を扱っている。また、René de Nebesky-Wojkowitz, *Oracles and Demons of Tibet: The Cult and Iconography of the Tibetan Protective Deities*（The Hague, 1956）は、チベットの大衆的な守護神を扱っている。日本の民俗仏教については、Hori Ichirō, *Folk Religion in Japan; Continuity and Change*（Joseph M. Kitagawa & Alan L. Miller ed.and tr., Chicago, 1968）〔原著　堀　一郎『民間信仰』、岩波書店、1951年〕がある。

## 補遺

石井米雄編『講座　仏教の受容と変容2　東南アジア編』（佼成出版社、1991年）
鎌田茂雄編『講座　仏教の受容と変容4　中国編』（佼成出版社、1991年）
―――編『講座　仏教の受容と変容5　韓国編』（佼成出版社、1991年）
川崎信定『原典訳　チベットの死者の書』（筑摩書房、1989年）
菅沼　晃編『講座　仏教の受容と変容1　インド編』（佼成出版社、1991年）
鈴木中正『千年王国的民衆運動の研究』（東京大学出版会、1982年）
高取正男『仏教土着　その歴史と民俗』（NHKブックス、日本放送出版協会、1973年）
立川武蔵編『講座　仏教の受容と変容3　チベット・ネパール編』（佼成出版社、1991年）
田中公明『チベット密教』（春秋社、1993年）
福井康順ほか監修『道教』全三巻（平河出版社、1983年）
宮家　準『修験道』（教育社歴史新書、1978年）
―――『修験道と日本宗教』（春秋社、1996年）
山折哲雄編『講座　仏教の受容と変容6　日本編』（佼成出版社、1991年）

\*

Gellner, David N. *Monk, Householder, and Tantric Priest: Newar Buddhism and Its Hierarchy of ritual*（Cambridge, U. K., 1992）

Gombrich, Richard, and Gananath Obeyesekere. *Buddhism Transformed: Religious Change in Sri Lanka*（Princeton, 1988）〔邦訳　森祖道・山川一成訳『インド・スリランカ上座仏教史―テーラワーダの社会』、春秋社、2005年〕

La Fleur, William R. *Liquid Life; Abortion and Buddhism in Japan*（Princeton, 1992）

Mumford, Stan Royal. *Himalayan Dialogue; Tibetan Lamas and Gurung Shamans in Nepal*（Madison, Wis., 1989）

Numrich, Paul David. *Old Wisdom in the New World; Americanization in Two Immigrant Theravada Buddhist Temples*（Knoxville, Tenn., 1996）
Ortner, Sherry B. *High Religion; A Cultural and Political History of Sherpa Buddhism*（Princeton, 1989）
Tannenbaum, Nicola. *Who Can Compete against the World? Power-Protection and Buddhism in Shan Worldview*（Ann Arbor, 1996）

（奈良修一　訳）

# 第5部　悟りへの道

PART 5 **THE PATH TO ENLIGHTENMENT**

# 25 阿羅漢
The Arhat

ドナルド・K. スウェアラー
Donald K. Swearer

サンスクリット語のアルハット arhat（Ｐアラハント arahant〔阿羅漢はその音写〕）は語根√arh（arhati）から派生した言葉で，文字通りには「尊敬すべき」とか「価値がある」とかいう意味である[1]。この言葉は特に上座部仏教で重要であり，そこでは精神的発展段階の最高位を表すが，さらに仏教成立以前にも，あるいは仏教徒以外のあいだでも用いられてきた。

## 「阿羅漢」の歴史と発展

ヴェーダにおいてもその他の文献においても，名詞 arhat と動詞 arhati は一般にある特定の人々・神々に対して用いられた。すなわち，「尊敬すべき」あるいは「福徳に値する」という特性を自己の特殊な立場によって得た人々や神々に対して用いられた。また，この言葉には「なしうる」とか「なす能力がある」とかいう意味もある。たとえば，『リグ・ヴェーダ』1.94.1 ではアグニ〔古代インドの火の神〕が「値する者よ」（arhat）として讃歌の中で話しかけられている。arhat という言葉はウパニシャッドの中には現われない。しかし arhati という動詞は「できる」という意味で5回ほど見られる。また『バガヴァッド・ギーター』の中にも同じような意味で10回ほど用いられている。

ジャイナ教の経典では，この言葉は仏教の経典とよく似た意味合いでしばしば用いられる。ここでは阿羅漢は欲望や憎悪や疑惑を離れ，一切智者であり，神通力(じんづうりき)を備えた人として記されている。これらの特徴は仏教の用法と一致しているが，一方で違いがあることにも注意すべきである。仏教では，阿羅漢とはすべての真摯な宗教的修行者，特に比丘・比丘尼によって達成されるべき理想であるのに対して，ジャイナ教ではこの用語はもっぱらティール

575

タンカラ，すなわち代々の宗祖に対してのみ用いられるのである。

　上座部仏教のパーリ語の経典では，arahant あるいは arahati という言葉は「値する，能力がある，ふさわしい」という一般的な意味を持ち，その用法はヴェーダ聖典や，ヒンドゥー教文献，ジャイナ教文献の場合と同様である。しかし，経蔵や律蔵に非常によく見られる定型句というほどではないが，より独特の使い方としては，この言葉は神通力を持った人，あるいは苦行者に対して適用される。

## 仏教的救済論における位置

　しかし，上座部仏教での最も典型的な用法では，阿羅漢は悟りの境地，すなわち涅槃（Sニルヴァーナ，Pニッバーナ）に達した人たちを意味する。パーリの聖典では，阿羅漢は単に宗祖あるいは布施を受けるに値する人であるだけでなく，心や意識の自由を達成し，欲望や渇愛を克服し，真実の知識や洞察力を得て（輪廻の）流れを断ち切り，彼岸に達し，漏（アーサヴァ；世間への激しい執着）を破壊し，過去・現在・未来の三世に精通する智慧（テーヴィッジャ）を持ち，三十七菩提分法を修得し，涅槃を達成した人である。

　律蔵では，阿羅漢の概念はウッタリマヌッサ（超人）の概念と結びついていると考えられる。ここでは，阿羅漢は四禅（ジャーナ）のうち一つ以上を達成し，聖化の四つの段階〔後述〕のうち一つ以上を達成し，前生についての知識を含む三明と六神通（チャラビンニャー）を修得しており，また，漏すなわち「心のがん腫」をすべて破壊し尽くしていると言われる。このように，阿羅漢という言葉によって指示された念入りに洗練された概念は，その最初期においては，確かにウッタリマヌッサの概念と同一であったと考えられる。

　しかし，阿羅漢の概念が成熟したのはニカーヤにおいてである。『長部ニカーヤ』の最初の巻では，13の経典のうち，10の経典がほとんどすべてこのテーマを扱っている。残りの三つも間接的にこれに言及している。これらの経典において，阿羅漢は最高の社会的地位の者として賞讃され，供養を捧げるに値する唯一の存在であり，最高の修行者であり，梵行（SPブラフマ

チャリヤ）の真の姿を示している。人生の最も価値ある側面を表す言葉はいろいろあるが，阿羅漢なる言葉が生まれたことは，仏教徒がこれらを再評価したことを明確に示している。『中部ニカーヤ』の中では，阿羅漢は物事をありのままに認識し，漏を除き，悪を遠ざけ，生・老・死を超えると言われる。

　パーリ三蔵の中には阿羅漢についての定型句がある。おそらく最も知られているのが次のものであろう。

　　もはや再生は破壊された。高次な人生が実現された。
　　なすべきことは成し遂げられた。この現生の後にこれ以上のものはない。
　　　　　　　　　　　　　　　　　（『長部ニカーヤ』1.84, その他）

　他の定型句も，心の解放，再生の超越，禅定の実現，四諦の理解，漏の克服，救済と完全な智慧の獲得，を強調している。この言葉はまた，ブッダを特徴づける定型句の中にも現われる。「如来・阿羅漢・正遍知・善逝・世間解・調御丈夫・天人師・ブッダ・世尊がこの世に出現した」とあるのがそれである。

　阿羅漢のあり方は，上座部の思想の中に顕著に表れており，そこでは救済の旅が，無知なる感覚の欲求に支配された通常の世間的執着から，完全なる平静と物事をありのままに見る智慧とを本質とする解脱の状態へと徐々に進んでいく道（マッガ）であるとされる。上座部の古典的概要書である『ヴィスッディマッガ』（『清浄道論』）の中でブッダゴーサが述べているように，阿羅漢は道徳的戒律（シーラ）の遵守，精神統一の実践（ジャーナ），智慧の清らかさ（パンニャー・ヴィスッディ）に由来するあらゆる清らかさを達成した者である。この清浄への道の「必要条件」は瞑想である。これを通じて，通常を超えた認識状態および自覚（ジャーナ）の諸段階へと導かれる。また，その主張によれば，さまざまな神通力（イッディ）の獲得へも導かれるという。そして，これらを達成することが聖者崇拝の基本となった。聖者崇拝とは上座部仏教において広く行われている実践の中の重要なものの一つにほかならない。この阿羅漢が持つ一般大衆的側面は，それに関する古典的な考え

とは，必ずしも容易に調停できるものではなかった。というのは，古典的な考えでは，たとえば「縁起」（⑤プラティートヤ・サムトパーダ，℗パティッチャ・サムッパーダ）という言葉によってブッダゴーサが「分析的な智慧」（分別智）として存在の分析に言及するものを獲得することが強調されるからである。

聖化の四つの段階の古典的定型句の中では，人は最初に三つの前段階，すなわち「預流」（⑤スロータアーパンナ，℗ソータアーパンナ），「一来」（⑤サクリダーガーミン，℗サカダーガーミン），「不還」（アナーガーミン）を経た後に阿羅漢になる。これらの段階は，阿羅漢が輪廻（サンサーラ；生と死の循環）の中のすべての状態を超越する再生の業的・宇宙的パターンによって記述される。『ミリンダ・パンハ』では，自ら目覚めたブッダ（独覚；パッチェーカブッダ）と完全なブッダ（サンマーサンブッダ）がより高次の到達段階として描かれている。しかし，これらは極めてまれな例で，一般的には阿羅漢が出家生活の到達目標として掲げられる。

上座部の『カターヴァットゥ』（『論事』）を見ても，世友（ヴァスミトラ）の『異部宗輪論』（『分裂の歴史』，説一切有部の作品）を見てもわかるように，ブッダが入滅した後の数世紀間，阿羅漢の性格や属性の秩序についてしばしば論争があったことはまちがいない[2]。しかし，阿羅漢の理想についての最大の挑戦は大乗仏教から起こった。それは菩薩の生き方の方が阿羅漢のそれよりも優れていると主張するものであった。『法華経』や『維摩経』といった経典は，阿羅漢を受け入れがたい自己中心的な救済の道を追求するものと批判している。

## 崇拝対象としての阿羅漢

一般庶民の仏教では阿羅漢は不思議な，守護的な力を備えているとされる。ミャンマーでは阿羅漢であるシン・ティワリ（℗シヴァリ）はブッダによって弟子の中で最も才能に恵まれた人であると宣言され，彼に祈願すれば繁栄や幸運がもたらされると信じられている。阿羅漢のウパグプタはマーラ（悪魔）を手なずけ，仏教に改宗させた人で，嵐や洪水を防ぎ，またその他の自

然の猛威や望ましくない混乱を防ぐ力を持っていると考えられている。ミャンマーと北部タイの仏教の祭りは，慣例としてウパグプタに供物を捧げることから始まるが，それは行事の成功を保障してもらうためである。ミャンマーでは，ブッダと八人の阿羅漢（サーリプッタ，モッガッラーナ，アーナンダ，レーヴァタ，ウパーリ，コーンダンニャ，ラーフラ，ガヴァンパティ）に，長寿を願う儀式の一部として供物が捧げられる。この儀式においては，各々の阿羅漢はビルマ週の八つの日のうちの一日と，また特定の星と結びつけられている。ピンドーラ・バーラドヴァージャ（賓頭盧尊者）は十六大阿羅漢の一人であるが，中国・日本では，寺院の食堂の守護者として祀られ，また病気治しの神として広く信仰されている。

阿羅漢は，精神的な道において「最高善」を達成した人であるが，民衆のレベルでは福田（プニヤ・クシェートラ）として，また不思議な守護的な力の源として信仰されている。ウパグプタやピンドーラのように，そのうちのいく人かは実際に病気や災害を防ぐ力を持つ守護神となった。彼らの像や彼らを象徴する物へ供物を捧げることは，家の中の儀式でも，公の儀式でも崇拝の行為となっている。しかし，ブッダが存命中に関わりのあった者以外の阿羅漢，あるいは慶友（ナンディミトラ）が『法住記』（大正蔵 No. 2030）に列挙した十六大阿羅漢は仏法を守り布施者に福をもたらす力の源泉としての役割を担ってきた。スリランカ，ミャンマー，タイといった国々では，高徳の僧侶のゆえに彼らは阿羅漢である，という主張が不断になされ続けている。敬虔な在家信者は彼らに恩恵を求め，彼らの肖像や髪や衣の切れ端の入ったお守りを持っている。彼らは錬金術やトランス状態などで不思議な力を発揮する魔術師（ビルマ語でウェイザー）として尊敬されているのかもしれない。よくできた聖人伝には彼らの誕生を告げる奇瑞と奇跡的な事績によって特徴づけられた詳しい生涯が記されている。今度は彼らの僧院が，彼らの存命中にも死後にも，巡礼のセンターとなるかもしれない。

要するに阿羅漢は，仏教の伝統において悟りや涅槃の理想とその達成に伴なって生じる超能力との間におこる基本的な緊張関係の一つを具体的に表すものである。この緊張関係は，文献の中にも見られるが，阿羅漢という存在

に関して一般の仏教信者が取る態度や行為に照らすとき，いっそう際立つのである。

◈訳　注
1) 漢訳では「応供」と訳されることがある。
2) 仏教教団はブッダ入滅後しばらくして，上座部と大衆部に分裂したが，その直接原因は，大天という阿羅漢の性格に関する意見の相違であったとされる。すなわち，阿羅漢はあらゆる面で完全であると考える人々が上座部となり，阿羅漢にもいまだ不完全な点が残ると考えた人々が大衆部となったという。

【文献ガイド】

　　上座部仏教の伝統における阿羅漢の古典的研究として I. B. Horner, *The Early Buddhist Theory of Man Perfected*（London, 1936）がある。近年は宗教史家と人類学者とがともに仏教の聖者を研究してきている。Nathan Katz, *Buddhist Images of Human Perfection*（New Delhi, 1982）では，経蔵の阿羅漢の概念を大乗仏教と密教の菩薩と大聖の伝統的概念と比較している。George D. Bond, "The Problems of 'Sainthood' in the Theravāda Buddhist Tradition," in George Bond and Richard Kieckhefer, ed., *Sainthood in World Religions*（Berkeley, 1984）では，上座部の阿羅漢を広範に分析している。一方，Michael Carrithers, *The Forest Monks of Sri Lanka*（New York, 1983）と Stanley J. Tambiah, *The Buddhist Saints of the Forest and the Cult of Amulets*（Cambridge, 1984）は，現代のスリランカおよびタイの状況を踏まえ，それぞれ上座部の聖者を人類学的に分析する。また，John S. Strong, "The Legend of the Lion-Roarers: A Study of the Buddhist Arhat Piṇḍola Bhāradvāja," *Numen* 26 (June, 1979), pp. 50-87 からは，阿羅漢が上座部と同様に大乗仏教でも称讃されていることがうかがえる。

補　遺

梅原　猛『羅漢　仏と人のあいだ』（講談社現代新書，講談社，1977 年）
道端良秀『中国仏教史全集 8』（書苑，1985 年）〔インド・中国・日本における羅漢信仰史について詳述したもの〕

\*

Buswell, Robert E., and Robert M. Gimello. *Paths to Liberation: The Marge and Its Transformation in Buddhist Thought* (Honolulu, 1992)
Mehta, T. U., and A. K. Singh. *The Path of Arhat: A Religious Democracy* (Varanasi, 1993)

Reginald, A. Ray. *Buddhist Saints in India: A Study of Buddhist Values and Orientations* (Oxford Univ. Pr., 1994 〈Txt.〉, 1999 〈Sd.〉)
Swearer, Donald K. "The Arhat", In *Buddhism and Asian History,* Joseph Mitsuo Kitagawa and Mark D. Cummings eds., (New York, 1989), pp. 361-364

(浅野守信 訳)

# 26 菩薩の人生行路
The Career of the Bodhisattva

中村　元
Nakamura Hajime

　英語の bodhisattva path という言葉は，大乗（マハーヤーナ）仏典において広く用いられているサンスクリット語の bodhisattvayāna すなわち「菩薩乗」，ないしは，より多くは bodhisattvācāryā〔bodhisattva-caryā の誤りか〕すなわち「菩薩道」を翻訳したものである。パーリ文献においてもこの bodhisattva という単語は非常に頻繁に現われるが，小乗（ヒーナヤーナ）仏教と大乗仏教とでは，菩薩という概念の持つ意味がかなり異なることを反映して，上に述べたサンスクリット語に相当するパーリ語は見当たらない。語源学的には，bodhisattva という語は，「〔ブッダの〕悟り」を意味する bodhi と，「生ある者」を指し示す sattva の合成語である。したがって bodhisattva は，悟りを求めている人という意味にもなるし，「覚有情」，すなわち未来に仏となることが決まっている衆生という意味にもなる。またこれとは別に，大乗の伝統においては「心（サットヴァ）が悟り（ボーディ；覚）に定まっている人」という解釈も認められた。

　初期仏教や上座部（テーラヴァーダ）のような保守的部派では，bodhisattva という語は，将来仏になる人のことを意味する。この場合は単に，悟りを成就する以前の，存在のさまざまな段階のなかでも，非常に数が限られた存在者の中の一人を意味する。したがって，それは主に釈尊の前生に限って用いられる。しかし，弥勒（マイトレーヤ）という未来仏にもその前身として弥勒菩薩が認められたように，過去の遠い昔における他の諸菩薩の存在も認められていた。釈尊の菩薩としての前生はジャータカ物語の主題となっており，そこには悟りを求めて自己を完成させるという未来仏の宗教的な生涯が描かれている。

## 用語の歴史と発展

　初期仏教やパーリ仏教においては，菩薩の観念は特に在俗信者のあいだに広まっていた。非常に多くのジャータカ，すなわちブッダの数々の前生譚は，動物の物語などその時代のいろいろな伝承のなかで流行していた人気のある物語に基づいていた。やがて菩薩という観念がジャータカ物語という一つのまとまった体系の中に織り込まれた時には，これらはより教訓的なものへと変容した。しかし，菩薩という観念にそれ以上さらに手が加えられることは，西暦紀元の初め頃，大乗仏教が興るまではほとんどなかった。菩薩という概念を，初期の非常に限定された用法から普遍的救済をなす乗り物へと変容させたのは，まさに仏たることについての理解を極端に変化させ，心の浄化の道を伴なっていた大乗なのである。

　初期仏教では，われわれのこの世界には，一つの時代に一人の仏しか存在しないと主張されていた。ゴータマ・ブッダになるべく運命づけられた人の生涯は，はるか昔，もう一人のブッダ（ディーパンカラ；燃灯仏）の前で立てた悟りを得ようという誓願（プラニダーナ）に始まったと考えられていた。この誓願は，燃灯仏によって与えられた授記（ヴィヤーカラナ），すなわちこの誓願を起こした者は，将来しかるべき時にしかるべき所でわれわれの特定の時代を救うために仏となるであろうという授記によって保証された。未来に仏になる者は，数え切れないほど何度も生まれては，智慧（プラジュニャー）と無私なる布施（ダーナ）とをその要とする諸々の波羅蜜（パーラミター）によって自己を完成させるために修行するのである。このような神話的構造は，また他の時代においてブッダとなるためにも保たれ，彼らもみな，悟りに至る前に誓願を述べ，修行（バーヴァナー）をし，さまざまな方法で自己を完成させたのである。したがって，この宗教的な道は，非常に限られた少数の人だけ（もっとも一般的には八仏または二十五仏が数えられている）に許されたものであり，その人が仏としてこの世に出現することは，比喩をもって「ウドゥンバラの花（優曇華）が咲くのと同じくらいまれなことである」と考えられた。初期仏教においては，ブッダ以外の者が解脱するために

は，諸仏によって発見されたのと同じ真理を悟ることが必要とされた。つまり，悟りの内容や深さという点においては，最初の頃はほとんど違いがなかったようである。しかし，それぞれの修行者が歩んだ仏道には大きな違いがあった。いわゆる声聞（Sシュラーヴァカ，Pサーヴァカ）と呼ばれる，ただブッダの説法を聞くだけという人たちが歩む道では，最終の到達点は，仏果ではなく阿羅漢果を得ることにあると考えられた。ブッダとは異なり，阿羅漢（Sアルハット，Pアラハント）は，他の人によって説かれた真理（ダルマ）を聞くことによってその真理に目覚めるだけであって，仏としてこの世に出現するという宇宙的な劇に参与することなどはない。

一方の大乗仏教は，仏道に関して根本的に異なった見方，すなわち，阿羅漢が理想としたことの批判を具現した見方を展開した。資料によれば，釈迦牟尼仏の滅後およそ100年のうちに，仏教徒の中には，特に大衆部（マハーサーンギカ）の人たちであるが，阿羅漢の精神的階位はブッダよりも劣っていると見なす人たちがいた。サンガの最初の分裂に関する説明では，大衆部の人たちは，阿羅漢は懐疑のとりこであり，欲，特に性欲の残余によって悩まされ，非宗教的な事柄について無知の痕跡をとどめていると主張していたと信じられている。大衆部を大乗教団の発生と結びつける直接的な証拠はないが，阿羅漢に対する批判が，既存の教団に取って代わる仏道の発展を促した一つの要因であったことは明らかである。

大乗仏教は，おそらく仏塔（ストゥーパ），すなわち釈尊の骨壺を埋めた塚に拠点を置いていた，正統的な聖衆（ニカーヤ）の外部にいた出家または在俗信者のグループにその起源があるのであろう。これらの「集い」は，ブッダに帰依することを実践の中心とし，自分たちのことを菩薩と呼んでいたようである。初期のこうしたグループに関してはほとんどわからないが，紀元2世紀までには，彼らによって生み出された運動が，菩薩に関する全く異なった見方を支持する文献とともに出現した。大乗にとっては，阿羅漢の道というものは，個人の救済を目的とする自己中心的な関心に特徴づけられており，物事の本質を十分に悟っているとは決して言えないものである。言い換えれば，大乗では，阿羅漢の悟りはブッダの悟りよりも劣っていると考

えられているのである。

　大乗仏典は、まさしく仏道の目的と考えられるものは、ブッダによって成就された普遍的洞察（一切智）〔の獲得〕にほかならない、すなわち仏道の目的は成仏それ自体であるべきだ、と述べ、さらに次のように主張する。一個人のみの解脱を論じるなどということは、究極的には何の意味もないことである。なぜなら悟りは、他者への全く無私なる憐れみ（カルナー）を必然的に内含するものであるから、と。大乗においては、釈尊のように、ブッダとなり、他の人々の悟りのためにたゆまず働こうという誓願をもって宗教的人生を始める人はみな、菩薩と定義される。そして菩薩としての人生行路は、正しい決意をもってブッダになろうとするすべての人に開かれていると考えられている。さらに大乗仏典のなかには、仏となることに導く人生行路こそ、実はブッダによって説かれた唯一真実の道であると断言している経典もある。他のあらゆる救済論は、大乗の教えを理解するには未熟な者に対してブッダが設けた手だてにすぎないものである、とこれらの仏典は断言している。この運動を自ら大乗、すなわち救済への「より偉大なる道」と呼んだのは、この新しくてより普遍的な救済論であった。

　したがって、結局、伝承によれば、西暦紀元の最初の数世紀までには、少なくとも声聞乗（これは大乗の人々が名づけたものであるが）と菩薩乗という二つの異なった仏道修行が認められていたことになる。前者は自分の解脱を強調する実践を説いたのに対し、後者は他の人々の救済を強く打ち出した、より社会に眼を向けた理想を掲げた。大乗の菩薩は、一人の救済はおのずと一切衆生の救済を内含するものであるという信念のもとに、自らの解脱を先に延ばし、釈尊が悟りを開いた後になしたのと同じように、この世界にとどまって一切衆生が救われるまで他者への慈悲を実践することを誓うのである。

　大乗仏教が教理的に発展するにつれて、大乗仏教はどのようにブッダや菩薩がこの世界で衆生を救おうとするかを説明するために、精巧な仏教哲学（ブッダの本質に関する諸概念）を作り出すようになった。端的に言えば、これらの教理は、ブッダや菩薩はこれまでに実に長い長い精神的な修行によって莫大な宗教的功徳を積み上げてきたので、他者の解脱を助けるために

自由にその功徳を振り向けることができると考えている。この功徳の廻向(えこう)（パリナーマナー）というしくみは，大乗の伝統においてさまざまではあるが，菩薩は修行の階梯のある段階（ブーミ）で，たとえいかなる衆生の世界であっても，その世界にいる衆生の生涯に慈悲深い恩恵を与えるために，意のままに姿を仮現することができると信じられていた。菩薩は，もしそのようにしようと意志するならば，さまざまな地獄の一つに生まれ，そこに住んでいる衆生に恩恵を与えることさえできるのある。衆生の側は，多くの仏典の中で，さまざまな仏や菩薩を念じ，供養し，またその御名を唱えることによって帰依するよう勧められている。これに呼応して，ある偉大な「神々しい」菩薩，すなわち仏教の諸尊の中で最も位が高いと信じられていて，際立った個性を持つ菩薩たちに対する信仰(こうごう)が生まれた。こういったまぎれもなく神話的な菩薩の中で主だったものが，観音（アヴァローキテーシュヴァラ），文殊（マンジュシュリー），弥勒（マイトレーヤ），地蔵（クシティガルバ）などの諸菩薩であり，これらの菩薩はみな，アジアの仏教圏を通じてかなりの信奉者を得た。これらの「大士」（マハーサットヴァ）は，彼らの威厳や洞察力，そして他の者を救おうという慈悲を強調した，精妙につくられた図像の主人公となった。

しばしば菩薩道は，解脱に至る三乗のうちの一つであると考えられた。三乗というのは，菩薩道，阿羅漢道の二つと，教え（ダルマ）が説かれるのを一度も聞くことなく，自分の努力によっておのずと縁起の理法を悟るに至った人によって達成される仏を成就する道〔縁覚乗〕という三つである。この辟支仏（プラティエーカ〈Ｐパッチェーカ〉ブッダ；独覚）は，まさにそう呼ばれているように，悟りを得るに至るまでの状況の特殊さのゆえに，他の者に教えを伝えることはかなわないと考えた。この三つが組織的に述べられるようになったのは非常に早く，説一切有部と上座部のいずれもが三つの異なった救済論があることを認めていた。たとえば，その用語に関する解釈は，おのずと大乗の見解と遠く隔たってはいるものの，パーリ語で書かれた『ウパーサカジャナーランカーラ』は，声聞覚（サーヴァカボーディ）と独覚（パッチェーカボーディ）と正等覚（サムヤクサンボーディ）という三種の解脱

について語っている。いろいろな大乗仏典が，三者の関係を論じているが，最も徹底した見解を述べているのは『法華経』（『サッダルマプンダリーカスートラ』）である。『法華経』においては，ブッダは教えに対する精神的能力がさまざまな衆生を導き入れるために，単なる方便（ウパーヤ）として声聞乗と独覚乗を説いたのであると考えられている。『法華経』においては，三乗とは実は一乗（エーカヤーナ）であり，それはブッダそのものである。『法華経』は，その教えを聞いて信じる者は誰でも，ついには仏になることができると主張していることで有名である。

## 菩薩の実践

　伝統的に菩薩の生涯は，帰依する者がまず菩提心（ボーディチッタ）を起こし，ブッダとなって一切衆生が安楽になるために働こうという誓願を立てる時に始まると考えられている。この誓願を口に出して表明することは，深い価値論的な結果を菩薩にもたらす。というのも，成就するまでに未来永劫もかかる心の完成への道を正式に歩み出させ，宿業を変える究極の要因こそ，実にこの誓願だからである。この誓願の個別の内容は，場合によってまちまちである。あらゆる菩薩が立てる，ある共通した誓願があり，言うまでもなく，その中には，他の者を救おうとしている間は自らの悟りはいくらでも先に延ばそうとか，思うままに功徳を他に廻施しようといった決意などが含まれている。しかし，経典にはまた，仏教の諸尊の中でも偉大なる尊格に固有な誓願が記されている。たとえば阿弥陀仏（アミターバ）は，法蔵菩薩（ダルマーカラ）であった時，一連の誓願を立て，衆生が再び生まれ変わってブッダの教えを聞くことができるような浄土を建立しようと決意したと言われている。『十地経』（『ダシャブーミカスートラ』）は，菩薩の十の「大願」（マハープラニダーナ）を列挙しており，その中では，一切諸仏に帰依し，ブッダの教えを保ち，一切衆生を精神的成熟へと導き，波羅蜜を実践することが誓われている。同様に勝鬘夫人（シュリーマーラー）と普賢菩薩（サマンタバドラ）は，それぞれ十の誓願を立てたと言われている。

　菩薩道は，究極的にはそれを実践する者に波羅蜜（パーラミター；完成）

と呼ばれる六ないし十の徳目を完成することを要求する。『般若経』(『プラジュニャーパーラミタースートラ』)や『法華経』といった経典に見られる(おそらくより早くに成立した)六の徳目〔六波羅蜜〕は,布施(ダーナ)・持戒(シーラ)・忍辱(クシャーンティ)・精進(ヴィールヤ)・禅定(ディヤーナ)・智慧(プラジュニャー)という六つから成り立っている。『十地経』のような後代の経典は,これに方便(ウパーヤ)・願(プラニダーナ)・力(バラ)・慧(ジュニャーナ)を加えている〔十波羅蜜〕。

諸波羅蜜は,小乗の実践者のあいだで行なわれていた,持戒・禅定・般若という心の発達のより古い枠組みを極めて大乗的に焼き直すつもりで説かれているが,波羅蜜をまとめて掲げることは小乗経典になじみのないものではない。たとえば,波羅蜜を列挙することは,ブッダが波羅蜜を完成した具体例であると今日見なされているジャータカ物語を解釈する際の枠組みとして,あらゆる学派においても採用されている。菩薩道の概要を体系的に表すものとしての波羅蜜は,特に寂天(シャーンティデーヴァ)の『入菩提行論』(『ボーディチャルヤーヴァターラ』)の中において扱われている。

菩薩の実践としては,この他にもう一つ,三十七のいわゆる菩提分法(ボーディパクシュヤ・ダルマ;悟りに導く諸原理)が挙げられる。この中には,四念処[1](スムリティウパスターナ)・四正勤[2](プラハーナ)・四神足[3](リッディパーダ)・五根[4](インドリヤ)・五力[5](バラ)・七覚支[6](ボーディアンガ)・八聖道が含まれている。大乗が,波羅蜜の実践と,菩薩地(ボーディサットヴァブーミ)として知られている菩薩の十の階梯をこれに加えたということを除けば,ここに掲げられたものは,大乗と小乗とで共通している。

菩薩地を列挙する古い形は,『十地経』に現われるが,それに代わる体系もいろいろある。『十地経』においては,菩薩道は,少なくとも十波羅蜜の実践に見事に対応する心の完成の諸段階を経て向上すると考えられている。これは,明らかにただ第七地のみを掲げる旧来のものに背いている。このことは,第七地において,修行者は涅槃(ニルヴァーナ)を得るのに十分な修行をすでに積んではいるが,誓願のゆえに敢えて輪廻(サンサーラ)の世界にとどまるのだと考えられている事実を見ても明らかである。伝統的には,

第七地はまた精神的退行がありえない段階〔不退転の位〕であると見なされている。すなわち，この段階に入れば，菩薩は必ず悟りに至りうるのである。『十地経』における菩薩の段階は，以下の通りである。

(1) 初地；歓喜地（プラムディター）
    菩薩は菩提と一切衆生を救いとることとを喜び，布施波羅蜜を完成する。

(2) 第二地；離垢地（ヴィマラー）
    菩薩は持戒波羅蜜を完成し，あらゆる不浄なものから解き放たれている。

(3) 第三地；明地（プラバーカリー）
    菩薩は世界に（智慧の）光をもたらし，忍辱波羅蜜を完成する。

(4) 第四地；炎地（アルチシュマティー）
    菩薩は精進波羅蜜と三十七菩提分法（ボーディパクシュヤ・ダルマ）を完成し，菩薩の実践が無明を焼き尽くす。

(5) 第五地；難勝地（スドゥルジャヤー）
    菩薩は努めて禅定波羅蜜と四聖諦の実践を完成し，ブッダを誘惑する魔の力に簡単には降伏されない。

(6) 第六地；現前地（アビムキー）
    菩薩は縁起（プラティートヤ・サムトパーダ）を悟る智慧を完成し，涅槃（ニルヴァーナ）が目の当たりに現われる。

(7) 第七地；遠行地（ドゥーランガマー）
    この位に至って，菩薩の人生行路もその修行が実を結ぶ。そして今やあるがままに実相を把握することができ，実際住（ブータコーティヴィハーラ）に住して，一切衆生を救うために必要な方便波羅蜜を完成すると言われている（しかし経典には，この位において菩薩は十波羅蜜のす

べてを修することが要求されている)。

(8) 第八地；不動地（アチャラー）
　　菩薩は空と有，因と非因のどちらの思考にも動かされることがなく，願波羅蜜を修して，思うがままにいかなる世界にも身を現じる。

(9) 第九地；善慧地（サードゥマティー）
　　菩薩は四無礙慧[7]（プラティサンヴィッド；分析的知識）を獲得し，力波羅蜜を完成する。

(10) 第十地；法雲地（ダルマメーガ）
　　空に雲が点在するように，この位はさまざまな深い瞑想や精神の集中で覆われている。菩薩は宝石と見まごうばかりに燦々(さんさん)と輝く身を獲得し，衆生を救うために神通を働かせる。また慧波羅蜜を完成し，菩薩の十の「救済」を手に入れる。

『十地経』には，菩薩は，菩提心を起こすと同時に直ちに初地の位に入ると主張されている。しかし，他の諸体系では，初地に至るまでにいくつかの段階が必要であるとしている。一つのよく知られた綱要は，五十二にわたる菩薩の段階から成り立っている。すなわち十信・十行・十住〔原文は十住が前になっているが，十行を前に出す〕・十廻向・十地とそれに続く二つの最高の悟りの段階とである。そこで再び，いくつかの学派――特に東アジアにおける――は，菩薩道をさらに細分化して増やすという傾向を非難し，悟りの体験は直ちに起こるものであると主張した。たとえば禅宗は，悟りは頓悟であるとの主張から，菩薩地に関する型にはまった綱要を事実，無視している。同じように密教は，一方で厳格かつ詳細に精神鍛錬の道を規定しながら，「まさにこの身において」仏になりうると主張する。こうして密教は，成仏するためには途方もなく長い精神的な準備を必要とする，という伝統的な菩薩道の重要性を軽視してしまっている。

## 菩薩の戒律

　大乗が形成されたからといって，仏教の集団が総体的に決裂するということにはならなかった。大乗の救済を信ずると公言する僧侶でも，必ずしも小乗の集い（ニカーヤ）の教団的結びつきから離れるということはなく，事実，相変わらず小乗の律（ヴィナヤ）に従うように命じられていた。しかしながら，大乗の修行者らは，彼らの実践および誓願が持っている性格から，集団の一員としての彼らの生活，特に僧侶としての生活のための指針を定めるようになった。これらの指針は，大乗の思想を貫く利他的な精神と矛盾しない実践や態度を追加してしまうほどには，小乗の律を拒否しなかった。出家者のみが宗教的生活をまっとうして解脱を獲得できるという，小乗仏典において顕著な主張を大乗は一般に拒否するので，在俗信者すなわち大乗教徒にとって，大乗の実践と教理のいっそうの柔軟性や寛大さは非常に重要な役割を演じる傾向があった。こうして大乗の倫理は，在俗の生活が宗教活動の場であることの合法性を保証し，また家庭生活者にのしかかる義務や責務に対する宗教的な認可を提供し続けた。

　菩薩の修行は，伝統的にマイトレーヤに帰せられる『菩薩地持経』に明らかにされている。そこにはいわゆる菩薩の三聚浄戒が説かれている。三聚浄戒というのは，以下の三つである。まず摂律儀戒（サンヴァラシーラ）というのは，修行者の側のあらゆる悪い行為を防止することを目的としている戒本（プラーティモークシャ）を厳守することである。次の摂善法戒（クシャラダルマサングラーハカシーラ）というのは，身・口・意の三業の善い行ない（カルマン）の根を育てることを目的として，あらゆる善根功徳を積むことである。最後の摂衆生戒（サットヴァールタクリヤーシーラ）は，一切衆生に対して慈悲を行ずべきことを他の衆生に教え込むことを目的として，一切衆生に慈悲を与えることである。最後の二つの実践は，単に悪い行ないをやめるだけでなく，他の衆生のために積極的に善を行なうように教え込むことを強調したものであり，菩薩行の極めて大乗的な要素を含んでいる。『梵網経』（『ブラフマジャーラスートラ』）という別の経典は，菩薩戒の根本を説いたも

のとして，東アジアにおいて広い地域にわたって尊ばれた。中国の僧侶のあいだでは，相変わらず法蔵部（ダルマグプタカ）の律に従って授戒を行なっていたが，日本では法蔵部の戒に取って代わって，天台宗の受戒者によって守られていた大乗戒（日本語では，「梵網戒」と言う）が『梵網経』によって提供された。他の大乗戒は，『菩薩善戒経』（『ボーディサットヴァ・プラーティモークシャ・スートラ』；『ヴィナヤヴィニシュチャヤ・ウパーリ・パリプリッチャー』と同一のものである）と『勝鬘経』（『シュリーマーラーデーヴィースートラ』）に説かれている。後者の経典における勝鬘夫人の誓願は，道徳性に反する破戒，怒りの気持ち，貪欲，ねたみ，他人に対する軽蔑を禁止し，寛大さ，思いやり，困っている人の扶助，教えに対する信仰と確信とを享受するという独自の修行からなるものである。

◇訳　注
1）四念住とも言い，身・受・心・法の四つについて思いをこらして，身は不浄である，受は苦である，心は無常である，法は無我である，と観察して，常・楽・我・浄の四顛倒を打ち破ること。
2）四正断とも言い，まだ生じない悪を生まれさせないように勤めること，すでに生じた悪を断とうと勤めること，まだ生じない善を生まれさせように勤めること，すでに生じた善を増大させるように勤めること，という四種の正しい努力を指す。
3）四如意足とも言い，主として四善根位の頂位において修める。欲如意足・精進如意足・心如意足・思惟如意足の四つで，各々，欲願・努力・心念・観慧の力によって引き起こされた定を所依（足）としての種々の神変を表す。
4）信・精進・念・定・慧の五つで，煩悩をおさえて正しい悟りの道に赴かせるとされる。
5）信（信仰）力・勤（努力）力・念（憶念）力・定（禅定）力・慧（智慧）力の五つで，悪を破る力があるとされる。
6）覚（悟りの智慧）を助けるから覚支と言う。心に憶いとどめて忘れない念覚支，智慧によって法の真偽を選択する択法覚支，正法に精励し，たゆまない精進覚支，正法を得て歓喜する喜覚支，身心が軽快で安穏な軽安覚支，禅定に入って心を散乱させない定覚支，心がかたよらず平等に保たれている捨覚支の七つを指す。
7）四無礙解とも言い，意味をよく詮表する文字や文章などに精通した無礙自在な智解弁才である法無礙解，その意味内容に精通した智解弁才である義無礙解，方言に精進した智解弁才である詞無礙解，正しい理に従って滞ることなく説を述べる弁無礙解の四つを指す。菩薩は初地以上で一部を得，第九地で四を得，仏になってすべてがまどかに完成するとされる。

## 【文献ガイド】

Dayal, Har. *The Bodhisattva Doctorine in Buddhist Sanskrit Literature* (1932; rep., Delhi, 1970)
Kajiyama Yuichi. "On the Meaning of the Works Bodhisattva and Mahasattva." In: *Indological and Buddhist Studies: Articles in Honor of Professor J. W. de Jong*, L. A. Hercus et al., eds., (Canberra, 1982), pp. 253–270.
Nakamura Hajime. *Indian Buddhism: A Survey with Bibliographical Notes*. (Osaka, 1980)

## 補 遺

杉本卓洲『菩薩』(サーラ叢書29, 平楽寺書店, 1993年)
中村　元『大乗仏教の思想』(〔決定版〕中村元選集第21巻, 春秋社, 1995年)
───『華厳経・楞伽経』(現代語訳大乗仏典5, 東京書籍, 2003年)
───『論書・他(『中論』『唯識三十頌』『菩薩行経』)』(現代語訳大乗仏典7, 東京書籍, 2004年)
日本仏教学会『仏教における修行とその理論的根拠』(日本仏教学会年報45, 1980年)
平川　彰『浄土思想と大乗戒』(平川彰著作集7, 春秋社, 1990年)
　　　　　　　　　　　　　　＊
Śāntideva, *The Bodhicaryāvatāra*, Crosby, Kate and Andrew Skilton tr., (Oxford, 1996)

(堀内伸二　訳)

# 27 天界のブッダと菩薩
Celestial Buddhas and Bodhisattvas

デイヴィッド・L. スネルグローヴ
David L. Snellgrove

　「菩薩」という語は初期の仏教文献にしばしば現われるが，通常その場合は，悟りを開く以前の釈迦牟尼を指す。彼は，現在のビハール州のガヤーの町の約8キロメートル南にある有名な「菩提樹」の下に坐った時，悟りに達したのであった。「菩薩」という言葉は字義通りには「悟りの存在」を意味する。あるいは，早い時代の方言形である bodhisatta（パーリ語の中にこの語形が残っている）をサンスクリット語で少し誤って綴ったものであるという説に従えば，もともとは「悟りへの志向」を意味した可能性がある。字義の上での意味が何であろうと（たいていの学者は前者の解釈を好むが），菩薩とは生命あるもの——通常は人間であるが，必ずしもそうではない——で，仏となるための長い道のりを歩み始めた者である。そしてその長い道のりは，再生の連続（輪廻）に関するインドの理論を仏教徒が一般に受け入れたのに応じて，さまざまな生存を極めて長く繰り返すなかで，菩薩を導くために立てられたものである。

　このような伝説的な生まれ変わりの物語（ジャータカ）の集積は初期の仏教において行なわれ，膨大な量にのぼる。それらは，将来に釈迦牟尼仏となる菩薩の英雄的な自己犠牲を描き出しており，そこで描かれている釈迦牟尼は，最終的にその目的が世界に明らかにされる（これまた伝説的に語られる）最後の生存へと向かって進んでいくというものである。釈迦牟尼は唯一のブッダとは見なされず，むしろ，別々の劫（時代）に出現する一連のブッダたち（初期の文献中では7名，この数は徐々に増える）の一人と見なされたから，釈迦牟尼の信奉者たちが次の時代に出現する未来のブッダを期待したことは必然であった。こうして，弥勒（慈しみ）という名の新しい菩薩が，他の多くの「偉大なる者」の最初の一人として登場する。そしてやがて，そ

れらの偉大なる者たちが仏教の尊格の数を無限に拡大するに至るのである。弥勒信仰が，後に小乗教徒と侮蔑的に呼ばれる初期の仏教諸部派の信奉者たちのあいだに存在したことは確実に証明できる。この弥勒の出現は，そうした天界の存在へと向かうようになる重要な信仰態度の始まりを印づけているように思われる。

　ここで注意しなければいけないことは，紀元後数世紀間における，いわゆる大乗教徒と小乗教徒の違いは，後世に見られるものほど明確な線引きができるものではないということである。ブッダと菩薩（未来のブッダ）の本質に関する同じ神話的な諸概念が，あらゆる形態の仏教に基本的要素として存在している。後代の大乗仏教のあふれんばかりの発展のすべてを，仏教の最初期の形態に本来的な傾向と関連づけてみることは容易である。確かに大乗教徒は，哲学的な前提において，また通常の宗教生活に菩薩の理論をどう適用するかに関して，小乗教徒とは異なっていた。彼らにとっては，菩薩としての生活が悟りに向かう唯一の純粋な道である。彼らの解釈によれば，初期の仏弟子たちの涅槃は，限定された利己的な願いに基づくものであり，大乗の悟りはこれとは異なるとされた。しかし同時に，大乗教徒は小乗教徒と同じ律に従い，同じ出家集団で生活することもしばしばであった。ただし，やがて教義上の論争が生じ，独自の共同体を形成するようになった。このように独自の共同体として独立した時，彼ら自身の道を歩み始めた。しかし，それから数世紀後まで，彼らの僧院には特に目立った図像学的な変化はなかったようである。

　有名なアジャンターの石窟は，おそらく8世紀まで仏教徒の共同体により占有されていたが，そこには古い諸部派の断固とした支持者を不快にするような像や絵画はほとんどない。弥勒を除けば，アジャンターに描かれている唯一の天界の菩薩は観音（慈しみをもって見下ろす主）である。彼が未来の釈迦牟尼仏であると解釈されていることは全く確実であり，この世界の住人の利益のためにこの世界に生まれることに最終的に同意するまで，兜率天という天界から慈悲をもって見下ろしているのである。アジャンターの石像に残されている多くの仏・菩薩の像の中で，特定の天界の仏・菩薩と同定され

ているものは一つもない。1世紀以降は，大乗経典の中で，多くの菩薩に名前が付けられている。しかし，一般的に受け入れられた図像学的な形態を獲得したもの，つまり，際立った存在として特に人気のあったものと，曼荼羅の中に取り入れられ，図像学的パターンに関連づけられたものには，かなり限られた数の菩薩しかいない。

　最も早く現われた図像学的パターンは，最終的には三人の主要な菩薩の出現となるのだが，おそらく二人の従者を脇侍とした釈迦牟尼仏を表した三尊像であろう。初期の説明によると，釈迦牟尼は誕生時にインドの神々にかしずかれていた。元来は，それらの二人の従者はブラフマーとインドラと考えられたらしい。しかし，彼らは新しく仏教的な名前を与えられるという単純な方法で，仏教の神として受け入れられるようになった。こうして，彼らは蓮華手菩薩と金剛手菩薩と見なされるに至る。そして蓮華手は，同じく手に蓮華を持つ観音と同一視されるようになり，独立した偉大な菩薩になる。金剛手が名声を獲得するのは蓮華手よりずっとゆっくりとしたものであった。なぜなら，大乗仏教の初期を通して彼は釈迦牟尼の個人的な従者と見なされ続け，彼の機能と務めは，他のすべての菩薩を守護するという形で拡大されたにすぎないからである。

　タントラ仏教の初期になって初めて，『文殊師利根本儀軌経』に代表されるように，金剛手は独立した力のある菩薩として現われた。しかし，それはまだ三尊像の脇侍の一人としてであった。この時（おそらく5-6世紀）までに，多くの仏教外の神々が自然に仏教の神々として受け入れられた。彼らが受け入れられていった直接的な理由は，比丘たちの庇護者となった人たちや比丘になった人たち自身が，自分が持つ他の神々に対する信仰を捨てることを必要としなかったからである。そもそも，それらの神々の存在と能力を，釈迦牟尼自身も彼の信者たちも否定しなかった。遅くとも2世紀以降は，土着の神々が仏塔（ストゥーパ）を飾り，すでに述べたように，偉大なヒンドゥー教の神々が，ほどなく仏教への「改宗者」として組み込まれた。この過程はインド仏教の歴史全般を通して続いた。そこでわれわれは，さらに進んで，これによって，より精緻に構成された仏教の諸尊格の中に非常に多く

の天界の者たちが存在することを説明できるのである。

『文殊師利根本儀軌経』において，それらの神々はさまざまな「部族」に分類された。その部族のうちの主たる三つが仏部（あるいは如来部）・蓮華部・金剛部である。すでに完全に仏教徒として受け入れられた神々については仏部に配置され，改宗するはずの柔和な神々は観音菩薩を正尊とする蓮華部に入れられ，改宗が困難であると考えられる忿怒尊は金剛手の指令下に置かれた。というのは，金剛手は，手にした威力のある金剛（ヴァジュラ；雷電）で忿怒尊たちを制圧することができるからである。もともとの仏部は，蓮華部や金剛部の場合と同様に，菩薩が主となるのが適切であった。そこで，この地位は文殊菩薩（マンジュシュリー。「優しく吉祥なる者」の意，あるいはマンジュゴーシャ〈「優しい声」の意〉としても知られている）に当てられた。文殊菩薩は初期の大乗経典では釈迦牟尼の主な代弁者として登場する。文殊菩薩の原型は明らかではないが，後にヒンドゥー教の言葉の女神であるサラスヴァティーと結びつけられ，彼女のマントラ（オーン・ヴァーギーシュヴァリ・ムン）を自らのものとしたことは重要である。これらの偉大な菩薩が一人として現代的な意味で「歴史」を持っていないのは注目される。これらの菩薩たちはみな，神話の中で生み出されたものなのである。

## 天界の諸仏

天にある菩薩を天界の偉大な存在として信仰する起源が，釈迦牟尼は仏であると同時に菩薩であるという，初期の釈迦牟尼信仰にあるのは明白である。しかし，その両者の関係がすべてが明らかになってくるのは，ほぼ1世紀以降，大乗仏教の特有の教えを採用した人たちが現われてからである。釈迦牟尼は，伝統に従ってわれわれの現在の劫の唯一のブッダであると宣言され，初期の伝説では，彼がメーガまたはスメーガというバラモンの少年であった時，過去仏の一人である燃灯仏の面前で，仏になるため菩薩の自己犠牲の道に従うという誓願をどのように立てたかが語られている。この点に照らして次のことは強調されてよい。それは，後の概念が先の概念を否定するということは決してなく，筆者がこれから説明する観点の変化にもかかわらず，過

去仏の信仰も,未来仏の信仰と同様,決して捨て去られることはなかったということである。「(現在・過去・未来の)三世の諸仏」は大乗の文献に頻繁に述べられており,その信仰はチベットにおいて今日に至るまで続いている。

　大乗仏教の理論におけるブッダ観の変化は,おそらくより現実的に宇宙の本質を観察した結果であろう。初期の仏教徒は,世界を閉ざされたものと見た。それは,中央の聖なる山,須弥山——西チベットのカイラーサ山と同一視されている——を取り巻く四つの主要な大陸からなっている。他方,大乗の教えは,宇宙を,空間のあらゆる方向に無限に広がっている大銀河世界として描く見方に大きく傾いた。ここから,宇宙の他の諸世界でも,仏は活動しているはずである,と論理的に帰結される。大乗教徒とそれより早い時期の考え方を持つ人たちとの間に起こった最初期の論争の一つは,まさしく一人以上のブッダが同時に存在しうるかどうかという問題に関するものであった。彼らが異なる宇宙観上の背景をめぐって議論をしていることは明らかである。このような無数の世界の本質について大乗仏教がどう考えたかは,どの大乗経典を読んでもわかる。その中では,諸仏が諸菩薩に囲まれ,さまざまな仏国土(ブッダクシェートラ)にあって,同時に説法を続けているのである。

　このような世界のすべてが,いかなる時にもブッダがいるという幸運に恵まれているわけではない。ブッダのいる世界は一般的に「清浄土」と「不浄土」の二つに分類される。清浄土にはブッダへの道の途上にある人々,つまり菩薩のみがおり,他方,不浄土には精神的に前進し,あるいは後退するすべての段階のあらゆる種類の者がいる。重要な大乗経典である『維摩経』(維摩の教え)には,菩薩が一つの仏国土から別の仏国土に奇跡のように行き来する様子が描かれ,またその中では,なぜ釈迦牟尼が清浄土に生まれるよりも不浄土に生まれることを選んだのかという当然問われるべき質問が問われている。この釈迦牟尼の選択こそ,彼が優れていることを証するものであった。経典ではそのことが,清浄土から訪ねてきた菩薩たちによって承認されている。すなわち,その菩薩たちは宣言する。「釈迦牟尼の偉大さは揺るぎない。彼がどのようにして身分の低い人,不幸な人,手に負えない者を

帰依させたかは，驚嘆すべきことである。そのうえ，この劣悪な仏の領域（すなわち，われわれの世界）において揺るぎなく立つ菩薩たちも，思い描くことができないほどの深い慈悲を持っているにちがいない」と（É. Lamotte tr., *The Teaching of Vimalakīrti*, 1976, pp. 204-218)。

釈迦牟尼が本質的に他のすべての仏と同一であるということが，ときには微妙な表現で，ときには極めて明晰に，しばしば主張される。たとえば，『法華経』の第15章〔如来寿量品第16〕がそうである。また『首楞厳三昧経』においては，堅意菩薩が釈迦牟尼に寿命の長さについて尋ねている（É. Lamotte tr. and ed., *La concentration de la marche héroïque*, 1965, pp. 267-270)。すると釈迦牟尼は，毘盧遮那仏（輝ける者）のところへ行って尋ねるようにと堅意菩薩に言う。毘盧遮那仏は，東方三万二千の仏国土の彼方にある「荘厳」という仏国土の主である。堅意菩薩がその荘厳国土に着くと，毘盧遮那如来は「私の寿命は釈迦牟尼仏の寿命と全く同じである。もしおまえが本当に知りたいのであれば，教えよう。私の寿命は七百阿僧祇劫[1]である」と言われる。釈迦牟尼仏のもとに戻った探求心のある堅意菩薩は報告する。「私が世尊のお言葉を理解するかぎり，世尊よ，荘厳国土におられるのは世尊であって，そこであなたは別の名前で，衆生の幸福のために活動しておられるのです」と。

大乗経典においてあまりに多くの種類の仏の登場が当然視されたため，それらを秩序立てる学術的な努力がなされてきた。このような試みの最良の成果が『成唯識論』（世親の『唯識三十頌』に対する10の注釈を玄奘が編集したもの）に見られる（La Vallée Poussin ed. and tr., *Vijñaptimātratāsiddhi: La Siddhi de Hiuan-tsang*, vol. 2, 1929, p. 762)。

仏のあり方を最も単純に図式化したものは三身説である。これは徐々に一般に受け入れられたものだが，それによれば，「絶対的な仏身」（初期仏教の伝統の法身〈ダルマカーヤ〉）がそれ自身を，天界にいる高位の菩薩に対してさまざまな「輝かしい身体」（報身〈サンボーガカーヤ〉；享受した身体）として顕現し，われわれ自身の世界のような汚れた仏国土においてはさまざまな「人間の身体」（変化身〈ニルマーナカーヤ〉；顕現した身体）——これは人間で

ある必要はないが通常はそのように考えられている——として顕現すると考えられている。後代の密教の伝統においては「自性身」（自性としての存在）として知られる第四の最高の仏身が示される。しかしこれは，密教以前では法身の別名として使用されている。さらに，第六の最高の仏が宇宙的な五仏の上に置かれるといった，仏が「いっそう超越的な」状態に至る傾向について以下に述べよう。われわれは，後代の大乗仏教の思索の所産として，また瑜伽タントラとして知られるタントラ文献群の土台として，これらのことに注意を向けなければならない。

　初期の「仏であること」の概念に応じて，通時的な流れにおいて考えられた仏の顕現が，「三世の諸仏」として言及される三尊仏，すなわち燃灯仏，釈迦牟尼，弥勒（後代の文脈ではもはや菩薩ではなく仏として言及される）によって表されるに至ったのと同じように，後期大乗仏教の宇宙観に応じた空間を通してあらゆる方角に同時に存在するものとして共時的に考えられていたそれら他の仏の顕現が，宇宙の中心と四方の枢要な点を表す五仏によって象徴されるようになった。この五仏は「ディヤーニ・ブッダ」（瞑想の諸仏）として言及され，よく知られている。この「ディヤーニ・ブッダ」の用語は，ブライアン・ホジソンがネパールのある地方で用いられていたのを聞いたらしい。しかし，伝統に基づいてそれを正当なものとする根拠はないようである。これらが言及される二，三の経典と多くのタントラやその注釈文献はあるが，そこでは単に五仏や五如来として言及されており，どういう名前の仏であるとも言われていない。もし求められるとしたら，「宇宙仏」という名称が適当と思われる。というのは，その仏たちの第一の機能は，五仏よりなる曼荼羅によって象徴されるような，宇宙的な次元において仏として現われることだからである。

　予想されるように，この五仏の組み合わせは徐々に発達した。最初，それらの名前の組み合わせはさまざまなものであったが，そのうちのあるものはだんだんと固定されるようになった。西方の仏としてのアミターバ（「無量光」）もしくはアミターユス（「無量寿」），つまり阿弥陀と，東方の仏としての阿閦（アクショーブヤ；「動揺しない者」）の二つは，初めから何度となく

登場する名前である。ところで，西方の阿弥陀仏は，最初は，インド亜大陸の北西部にいた仏教徒たちの帰依の対象として受け入れられたもので，「光」と「生命」(寿)とは，ゾロアスター教の主神であるアフラ・マズダの本質的な性格であるため，それはペルシャの文化と宗教の影響を受けた結果である，という説が，大いに可能性のあるものとして提示されてきた。この仮説は，中央アジアや特に中国，日本——そこでは，特定の宗派の一群(一般に浄土教として知られる)がこの仏を信仰している——において，この特定の仏に対して篤い信仰が生じたことによって支持される。けれども，このような特別な信仰がインドの別の場所で発展したことを暗示するものは何もない。インドにおいては，阿弥陀仏は単に五仏の中の一つとしてとどまっているにすぎない。これに対して，東方の阿閦仏は，発見された像の数の多さから判断して，おそらくは仏教が13世紀の初頭まで存続したインドの北東部において，最も人気のあった仏であろう。図像学的に言えば，阿閦仏は釈迦牟尼仏と同一である。釈迦牟尼は悟りを開いた時，悪魔マーラに挑戦され，彼が成仏したという主張を証明するように求められた。釈迦牟尼は大地の女神にその証人となるように，右手の指で地面を軽くたたいて女神を喚び出した。女神はマーラの敗北を正式に証言するために現われた。この右手で地面を軽くたたくスタイルのブッダの像は，東インドのボードガヤー(ガヤーの南に位置する)での成道時のブッダの典型的な像となった。そこで釈迦牟尼は，悪魔の激しい攻撃にもかかわらず，自分を「動揺しない者」(アクショーブヤ)として示したのである。

　後に五仏が定型化されるなかで，この特定の仏(阿閦仏)を地理的に東方の仏に選んだことは理解しがたいことではない。なぜなら東の地方では，この仏は広く信仰されていて目立つ存在であったからである。中央の仏は，もう一つの有名な巡礼の地である，鹿野苑(ヴァーラーナシーから約10キロメートル離れていて，今はサールナートとして知られる)——ここで釈迦牟尼が初めて説法をしたと信じられている——で典型的であったにちがいない仏の像と同一視されるに至った。その説法の姿は「転法輪」を示すために胸の前に組んだ両手によって象徴されている。釈迦牟尼は，この法輪を，ちょう

ど世界の統治者（チャクラヴァルティン；転輪聖王）の戦車の車輪がこの世界のすみずみまで巡るように，転がしたと言われている。

　宗教的な面でのブッダの優越性は，最初期の仏教の伝統においては，半ば歴史的ではあるが，神話的色彩の濃い「転輪聖王」が持つ優越性と等しいものであった。その結果，菩薩は一般的に一種の皇太子として理想化された。そのために菩薩は，一般に皇太子の衣服をまとった姿で描かれる。特に，初期大乗経典において釈迦牟尼の代弁者である文殊菩薩は，他と区別して皇太子（クマーラブータ；法王子）として言及されている。五仏の中央の仏として，説法する釈迦牟尼が毘盧遮那（輝く者）と言われるようになるのは驚くべきことではない。『首楞厳三昧経』の中で，釈迦牟尼はこの大劫の仏と同一であることを宣言している。実際にはその仏のフルネームは照明荘厳自在王（「輝ける，光線に飾られた，変現自在の王」）という。南と北に位置する残りの二仏は，この配列の中で，おそらく釈迦牟尼の無限の寛大さを象徴する宝生如来と，釈迦牟尼の超自然的な力を象徴する不空成就如来とにおおむね固まってくる。

　以上のようにさまざまな種類の仏が現われているが，それをまとめると，次のようなことが観察されよう。

(1) 仏であるという状態は本質的には唯一，あるいはより安全な言い方をすれば，不二で，いかようにも顕現しないものである。このようなものが，仏の絶対的本体〔法身〕である。
(2) この法身がはっきりと目に見える形をとるさまざまな段階は，さまざまな等級の仏身として説明される。そのなかで，法身のほかに一般的に使用されるのが，輝かしい身体，すなわち報身と，人間の身体，すなわち化身の二つである。
(3) 初期の仏教徒の信じていたところによれば，諸仏は一種の連続する歴史の中で姿を現わし，それぞれが異なった劫を司る。
(4) 後代の大乗仏教の理論によれば，諸仏はあらゆる時に，空間のあらゆる方角に姿を現わし，それぞれの仏国土を司る。

これらのさまざまな概念は，仏教外の人には多少矛盾していると映るかもしれないが，後代の体系化を担った人々によって保持される。その一方で，一般的に言って，「歴史的な」釈迦牟尼仏は舞台の中央を占め続ける。

## 菩薩と女神

　大乗経典の中では，数多くの菩薩がさまざまな仏国土に住む者として出てくる。しかし，それらのうちで，偉大な者として特別に信仰されるようになる菩薩は極めて少ない。文殊，観音，金剛手の三人の主要な菩薩については先に述べた。これらの菩薩は，後代にはそれぞれ，釈迦牟尼（別名，毘盧遮那），阿弥陀，阿閦の主要な仏の「法王子」と同一視される。さらに五仏の概念が生まれたことから，仏の部族の数が初めの3から5に増え，その結果主導的な役割を果たすもう二人の菩薩が，五仏を完成させるために必要とされるようになる。この二人の菩薩は，宝生如来の宝部のラトナパーニ（「宝を手に持つ者」）と，不空成就如来の剣部もしくは羯磨部のヴィシュヴァパーニ（「すべてを保持する者」）として知られる。両者とも後から出てきたもので，その人為性は名前からしてうかがえる。

　初期の大乗経典中にはさまざまな名前の菩薩が見られる。学生・常啼菩薩（「常に泣いている者」）の話は般若経典中に見られる。堅意菩薩（「堅固な心を持った者」）は，『首楞厳三昧経』での主要な話者である。法蔵菩薩（「法の表現」）は，一連の多くの誓願を通して，自分の仏国土建立の諸条件を整えている。この誓願を完成することは，彼が阿弥陀如来になるための必須の条件であった。これらの菩薩たちのうち，阿弥陀如来となった法蔵菩薩を除いては，誰も単独で有名になることはなかった。法蔵菩薩自身も，最後に釈迦牟尼仏になったバラモンの少年メーガのように，ほとんど阿弥陀如来を形づくるために必要な影以上のものではなかった。すでに述べた維摩は，中央アジアや中国で一般の信奉者を獲得した。今まで述べられていない他の菩薩に関して言えば，『法華経』に「薬王」と名づけられている，かつて菩薩だった者がいる(H. Kern, tr., *Saddharma-Puṇḍarīka, or The Lotus of the True Law*, 1963, p. 378.)。この菩薩は，すぐわかることだが，薬師という名前で仏の位

にまで上っている。いくつかの尊格の組み合わせの中で，虚空蔵菩薩は宝部の主として宝手菩薩（ラトナパーニ）に取って代わった。しかしながら，これらの主導的な菩薩のいずれも特別な信仰を引きつけることはなかった。虚空蔵に，少なくとも名前だけは，類似するのは地蔵菩薩である。地蔵菩薩は，おそらく単なる名前の偶然により，死後の幸福を左右する存在として，中央アジアと中国で大いに成功をおさめた。仏教の「偉大なる神々」の中で最も人気を博したのは観音菩薩（アヴァローキテーシュヴァラ）である。この菩薩はまた，ヒンドゥー教の伝統におけるシヴァ神の称号であるローケーシュヴァラ（「世界の主」）という名前を持っている。彼の名前は，シヴァ神の称号を，音節を変えて「（慈悲をもって）下を見そなわす主」という新しい意味を与え，故意に模倣した可能性がある。もし先述の釈迦牟尼の脇に仕える蓮華手菩薩を含めないなら，6世紀以前のどの観音像もそれと同定されうるかどうかは疑わしい。しかし6世紀までに，観音信仰はすでに確立されており，そのことは彼に敬意を表して編集された経典『カーランダヴューハ』によって証明されている通りである。有名なマントラ「オーン・マニ・パドメー・フーン」（おお，宝珠で飾られた蓮華を持つ者よ）が初めて確実に同定されうるのも，この経典においてである。文殊菩薩のマントラのように，このマントラが女性の呼格の形をとる理由はすぐに明らかになる。

　女性の尊格は，偉大な菩薩たちの小間使いとして初めて仏教の諸尊の中に現われた。彼女たちは，インドの王子が通常少人数の女性の付き添いとともに描かれているのと全く同じ方法で，その菩薩たちに仕えている。『文殊師利根本儀軌経』（A. Macdonald tr., Le maṇḍala du Mañjuśrīmūlakalpa, 1962, p. 107.）において，観音菩薩がパーンダラヴァーシニー（白衣明妃），ターラー（多羅女；女性の救世者），ブルクティ（「眉をしかめること」〔という女性名詞の尊格化〕），プラジュニャーパーラミター（般若仏母），タターガタローチャナー（仏眼仏母），ウシュニーシャラージャー（仏頂尊勝母）に囲まれていることに目を留めてよいであろう。これらのうちのいく人かは，五仏の曼荼羅の体系の中に再び見出されることになるが，このうちの二人かおそらくは三人は，すでに自身への信仰を予期しつつある。なぜならば，彼女たちは

仏教における偉大な女神になるからである。般若仏母は大乗仏教の哲学における根本的な智慧を表している。これは，キリスト教の伝統におけるSancta Sophia〔聖智〕に多くの点で対応する概念である。より人気があったのはターラーで，その信仰が盛んになったのは，彼女の名前自体に救済が保証されていたことによるところが大きい。ターラーは，すぐに観音菩薩の女性の対偶者（タントラ的な意味でのパートナーではない）と見なされるようになった。ターラーは観音菩薩の女性形であり，それはサラスヴァティーが文殊の女性形になったのと同様である。こういうわけで，偉大な尊格のマントラはまたその尊格を表現するもの（しばしば呼ばれるように，ヴィドヤー〈女性名詞〉，つまり特別の知識）であるから，そのマントラもまた女性形をとるのである。ターラーは，他の多くの女性の尊格は彼女のさまざまな形である，と見なされるほどに重要なものとなった。それゆえ，ターラーは自分の不快さを示そうと思うときはブルクティとして顕現する。あるいは，決してグロテスクにならないように，千の腕と千の頭——それらは高貴で精緻な頭飾りに見えるように絵の中に配置される——を持って顕現するときは，ウシュニーシャシタータパトラー（白傘蓋仏頂母）という勝利を示す姿で現われる。この場合のターラーは十一面千手観音に相当する。

　これらのより複雑な形は，引き続くタントラの発展に明らかに関係しよう。そこにおいては，曼荼羅の中央の尊格は自分の内にさまざまの方向にわたって現われる4から1000の姿を含むと考えられていると言ってよい。性が変わることは，この広大で複雑な構成を持つ諸尊格を念入りに作り上げていく初期の段階においてはまれなことでない。周知のように，後代の中国仏教の伝統では，観音菩薩は女性の尊格となるためにターラーと融合する。

　『文殊師利根本儀軌経』に戻ると，そこでは，観音菩薩が（おそらくブルクティを除いて）柔和な女神に取り囲まれているのと全く同様に，金剛手はヴァジュラーンクシー（「金剛鉤女」），ヴァジュラシュリンカラー（「金剛鎖女」），スバーフ（「強い腕を持った女性」），ヴァジュラセーナー（「金剛軍女」）という忿怒尊に囲まれているのに気づく。ときに菩薩と偉大な女神との間に線を引くことは難しいが，さまざまな形で顕現するターラーは最も偉大な菩

薩と同じくらい偉大である。ターラーはすべての仏の母として敬意を表されており，やがて，釈迦牟尼のこの世での母は彼女の顕現の一つである，と見られたのも当然のことであった。

　629年から645年にかけて，中央アジアからインド亜大陸の僧院を訪ねた有名な中国の巡礼者である玄奘の旅行記〔『大唐西域記』〕は，7世紀頃のいくつかの偉大な菩薩の像に対して，いかに多くの民衆が篤い信仰を持っていたかをよく描いている。玄奘自身は大乗仏教の学者であったが，このような菩薩の像の超自然的な力のことを聞いて喜び，特に弥勒菩薩や観音菩薩，ときに文殊菩薩や偉大な女神であるターラーについて述べている。そして多くの場合，彼はそれらの菩薩に対して自ら敬虔な祈りを捧げた。玄奘は同様に，阿羅漢（応供）の信仰にも興味があった。彼ら阿羅漢は，釈迦牟尼仏の早期の弟子たちで，涅槃に到達した後，人里離れた山の中で，ある仕方で生き続けていると多く信じられた。いっそう不思議な，阿羅漢についての話──インドの大乗教徒の仲間から聞いたにちがいない話──を彼は自分の記述の中に菩薩についての話よりも多く書き留めている。実際，この阿羅漢の信仰は，中央アジアから中国にまで広がった。そして，チベットの仏教徒にもよく知られているように，16人もしくは18人を一組として受け継がれている。これは無視されることが多いのであるが，こうした，より早い時期の伝統から大乗教徒と小乗教徒の興味深いつながりがわかる。このように，1, 2世紀頃の仏教世界には天界にさまざまな者たちがおり，彼らの中から，好まれた一群の菩薩たちがようやく前面に登場し始めたのである。

　タントラ仏教は，少なくとも高次のあり方として望まれるところでは，儀礼的なヨーガ，あるいは肉体的・精神的なヨーガの実践の体系として記述することができる。実践者はそのヨーガを通じて，自分を守護する尊格と自分自身とを一体化する。また，その尊格は，実践者自身の師，および最終的な到達点としての悟りと同一視される。このような対象に向かう主な手段の一つに曼荼羅がある。これはあらゆるレベルでの存在を象徴する尊格の神秘的なサークルであり，実践者はそれらの存在が本質的に同一であることを，自分の師（グル）の指導を通して経験することを学ばなければならない。初期

**図1　金剛界曼荼羅（その1）**

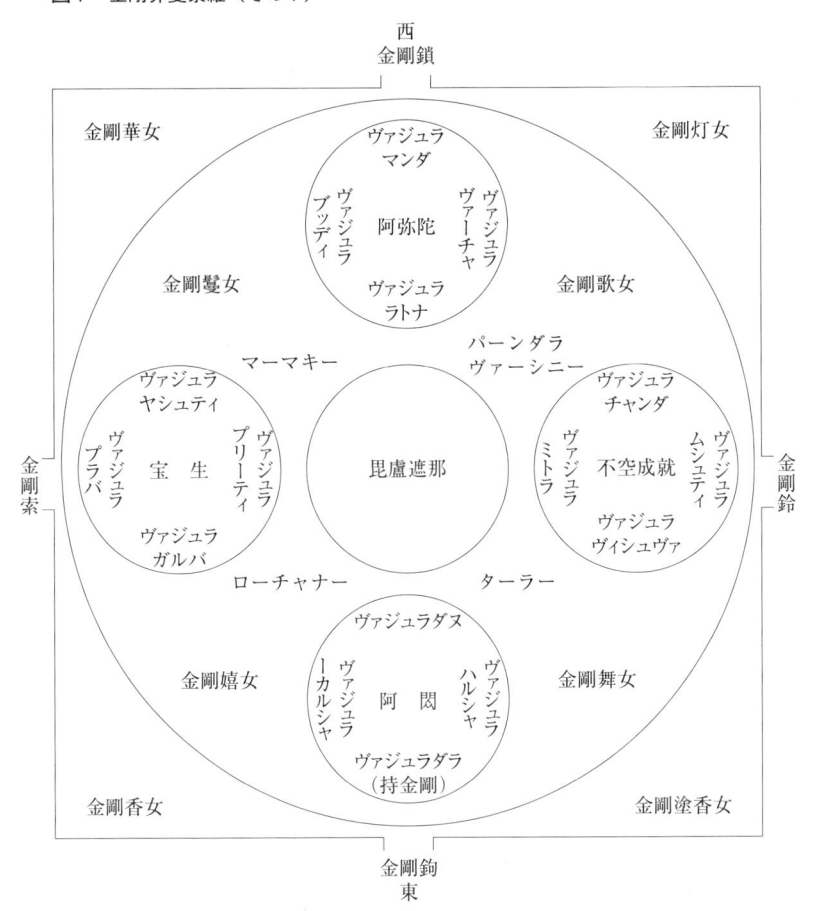

```
                          西
                         金剛鎖
         金剛華女                        金剛灯女
                    ヴァジュラ
                     マンダ
                 ヴァ      ヴァ
                 ジ       ジ
                 ュ  阿弥陀 ュ
                 ラ       ラ
                 ブ       ヴァ
                 ッ       ー
                 ディ     チャ
         金剛鬘女    ヴァジュラ       金剛歌女
                     ラトナ
                 マーマキー   パーンダラ
                            ヴァーシニー
              ヴァジュラ              ヴァジュラ
               ヤシュティ              チャンダ
           ヴァ      ヴァ         ヴァ      ヴァ
           ジ       ジ          ジ       ジ
    金     ュ       ュ          ュ       ュ    金
    剛     ラ  宝生  ラ          ラ 不空成就 ラ    剛
    索     プ       プ          ミ       ム     鈴
           ラ       リー        ト       シュ
           バ       ティ        ラ       ティ
              ヴァジュラ              ヴァジュラ
               ガルバ              毘盧遮那  ヴィシュヴァ
                 ローチャナー   ターラー
                    ヴァジュラダヌ
                 ヴァ      ヴァ
                 ジ       ジ
                 ュ  阿閦   ュ
                 ラ       ラ
                 カ       ハ
                 ル       ル
                 シャ     シャ
         金剛嬉女    ヴァジュラダラ      金剛舞女
                     （持金剛）
         金剛香女                        金剛塗香女
                         金剛鉤
                          東
```

のタントラに記されている曼荼羅では，「三部」が配されたものが優勢であった。しかし，五仏の配された曼荼羅を備えた，いわゆる瑜伽タントラが登場するようになって，はじめてこの新しい象徴体系が効果的に機能しうるようになった。

　初期のタントラにおいては，さまざまな部族の重要性に段階がある。仏〔如来〕部が優位を占め，柔和な尊格を伴なった蓮華部がその次にくる。金剛手とその忿怒の子供たちからなる金剛部が最後にくる。しかし，瑜伽タントラにおいては，金剛手は釈迦牟尼，別名毘盧遮那の主たる代理として前面

**図2　金剛界曼荼羅（その2）**[2]

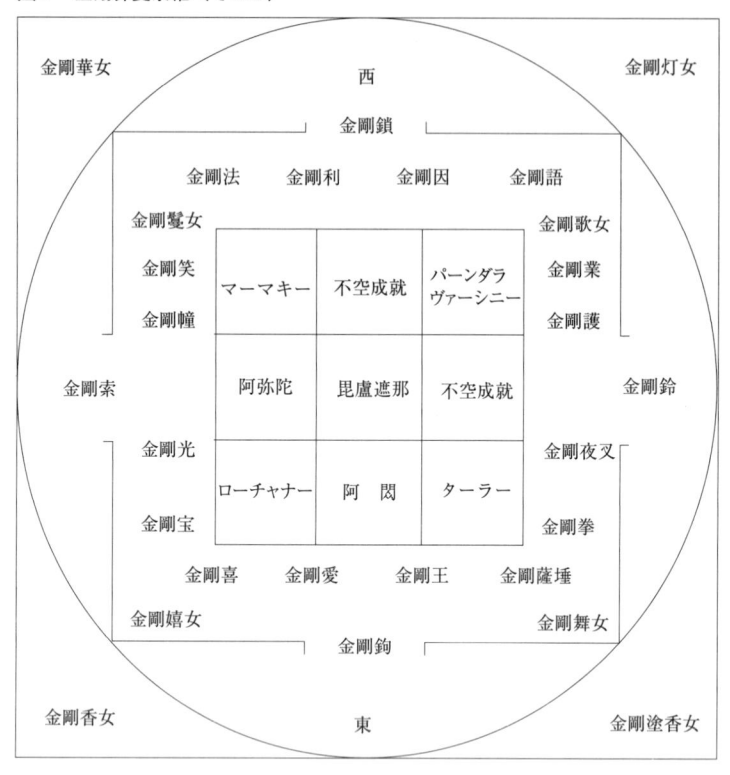

```
                          西
         金剛華女                      金剛灯女
                      金剛鎖
           金剛法  金剛利  金剛因  金剛語
      金剛鬘女                          金剛歌女
         金剛笑                            金剛業
              マーマキー 不空成就 パーンダラ
         金剛幢                ヴァーシニー  金剛護
  金剛索     阿弥陀  毘盧遮那  不空成就       金剛鈴
         金剛光                            金剛夜叉
              ローチャナー  阿閦  ターラー
         金剛宝                            金剛拳
           金剛喜  金剛愛  金剛王  金剛薩埵
         金剛嬉女                        金剛舞女
                      金剛鈎
         金剛香女                      金剛塗香女
                          東
```

に出ることになる。金剛手はまた持金剛や金剛薩埵とも呼ばれるが，これらの名前は後代の仏教タントラの発展段階においては，六番目の最高の仏のみを指すものとなる。瑜伽タントラの主なタントラは『初会金剛頂経』（『真実摂経』）で，ここでの主たる曼荼羅は金剛界曼荼羅として知られている。これは，「ダイヤモンドのように堅固な領域の曼荼羅」の意味で，そこでは菩薩の名前には「金剛」が付されており，すべてが本質的に金剛手の顕現したものとされる。そしてそれらの菩薩たちが，五仏と四女神の周囲にサークルを形成している（図1）。曼荼羅とはサークルを意味するが，主要な尊格は中心にあるサークルの中央の四角形の周囲に配置されることもある。この四角形は，通常四つの精巧な門を備え，主要な尊格が住む聖なる宮殿を表現し

表1　瑜伽タントラの四部族

| 部　族 | 関　連　す　る　尊　格 | | |
|---|---|---|---|
| 金　剛 | 金剛薩埵もしくは持金剛 | 金剛手 | 普賢 |
| 宝 | ヴァジュラガルバ | 金剛宝 | 虚空蔵 |
| 蓮　華 | 金剛法 | 金剛眼 | 観音 |
| 羯　磨 | ヴァジュラヴィシュヴァ | 金剛業 | ヴィシュヴァヴァジュラ |

ている（図2）。

　次に，五仏についで重要なのが四女神で，四維の方角〔乾(し)(い)（北西）・坤(い)(ぬい)（南西）・艮(うし)(とら)（北東）・巽(たつ)(み)（南東）の四隅〕を占める。それぞれの名前は，ローチャナー，マーマキー（「仏自身」），パーンダラヴァーシニー，ターラーである。この四女神は通常，四大要素（地・水・火・風）を象徴していると解釈され，他方，第五の要素（空）は中央の最高仏と結びついている。後代のタントラにおいては，中央の女神はヴァジュラダートゥヴィーシュヴァリー（金剛界の女主人）と名づけられるが，瑜伽タントラの曼荼羅では通常現われない。なぜなら瑜伽タントラにおいては，これらの男女一組の神格（チベットにおいては，「ヤブ・ユム」〈父母〉として知られている）は，その象徴体系の一部とはならないからである。すべて名前に「金剛」がつく十六大菩薩から離れて，中央からはずれて四維の方角に配置された八人の低級な供養の女神と四つの主要な入り口にいる四人の門番に目を向けてみよう。八人の供養の女神は，その名からすぐにわかるように，単なる象徴である。

(1) 金剛嬉女（ヴァジュララースヤー）
(2) 金剛香女（ヴァジュラドゥーパー）
(3) 金剛鬘女（ヴァジュラマーラー）
(4) 金剛華女（ヴァジュラプシュパー）
(5) 金剛歌女（ヴァジュラギーティ）
(6) 金剛灯女（ヴァジュラーローカー）
(7) 金剛舞女（ヴァジュラヌリトゥヤー）
(8) 金剛塗香女（ヴァジュラガンダー）

四人の門番の名前は，東のものから始めて，金剛鉤，金剛索，金剛鎖，金剛鈴と解釈される。
　この基本的な形の中で可能なヴァリエーションは相当数である。このように，十六人の菩薩は四人ずつの四つのグループに分かれ，その形で四つの方角の仏に配置される。これらの四つのグループのリーダーは，上述した主たる菩薩と直接同定される。それと同様に，まだ述べられていない他の菩薩とも同定しうる（表1）。このような菩薩の名称は，一般的に金剛部の中で交換可能である。金剛部は，瑜伽タントラにおいて，いわゆる一切仏の部族と緊密に結びついている。この論文でまだ出てきていない名前の中では，特に普賢（「すべて良い」）菩薩が注目される。この菩薩から金剛手が生じたと言われる。それはまた，中央の仏である毘盧遮那の称号としても用いられるから，後に六番目の最高仏の名前の一つとして使用されるのは驚くべきことではない。
　瑜伽タントラに属する他のタントラは，一般的にすべての女神や十六の菩薩や下位の神々を保持する一方で，五仏に関して異なった名前と図像学的特徴を導入している。（おそらく7世紀以降）インドにおいてタントラ師たちが，広い名前の選択範囲——それらの名前には，さらに師が望むままに，他の名前が加えられたこともありうる——から，案出したものであるから，こうした組み合わせは，少なくとも理論的には，無限である。四面八臂(はっぴ)で顕現する文殊は，中央の釈迦牟尼と交代しうる。そして，八人の仏頂尊と，十六大菩薩および下位の神々の主を伴なう四方の仏たちを含む高度に複雑化した曼荼羅は，法界曼荼羅として知られる。その好い例が，サンカルにある11世紀のスンダの僧院に残っている。

## 恐ろしい仏たち

　北東インドのタントラ仏教のヨーガ行者たちは，シヴァ教の影響を受けた。その結果として，おそらく9世紀以降，大乗仏教の社会には，恐ろしい容貌をした天界の諸仏が守護神として受け入れられるようになった。それらの尊格を記述するタントラのほとんどが独自の曼荼羅を提示するが，それは，

ヘールカ，ヘーヴァジュラ，チャンダマハーローシャナや他の恐ろしい姿をした者たちが，同様に恐ろしい容貌の女性のパートナーを抱擁し，自分たちのヨーギニーの一団の中央について死体の上で踊るというものである。このような集団の中に菩薩はまれである。名前がついている変わった容貌の仏の中で，チャンダマハーローシャナだけが四つの方向に男性の尊格を持っている。これらの尊格のすべては不動明王の顕現したもので，不動明王は阿閦如来の異名の一つである。これらを広めた者たちは，先行するすべてのタントラに対する優位を説くのに際し，五仏を包含する第六の最高仏の存在を主張し，それを彼らの特定の守護尊と同一視する。その尊格には通常，金剛薩埵，または持金剛の名が与えられるが，それらはともに，すでに述べた通り，初期の瑜伽タントラにおける金剛手の称号である。

　ここで『秘密集会タントラ』について，特に言及しておかなければならない。なぜなら，一つには，このタントラは後代には，いわゆる無上瑜伽タントラとして述べられる他のタントラと一緒のグループに入れられるにもかかわらず，より確実に五仏の体系を受け継いでいるからである。また，一つには，その中では阿閦如来が五仏の中心の仏にされているにもかかわらず，第六の最高仏が大毘盧遮那として知られるからである。チベット仏教の「古派」（ニンマ派）は，大部分が瑜伽タントラの五仏の体系にヘールカの型の忿怒尊を加えたものに基づいている。彼らの最高仏は，チベット仏教の異端であるポン教徒の場合のように，普賢と名づけられるが，この称号もまた，初期には金剛手と密接な関係を持つものである。

## 最後に

　われわれは，紀元後数世紀の大乗仏教と，その時期にすでに発展していた小乗教徒が受け入れた仏教とを比較するとき，往々にしてその対照があまりに明瞭すぎることを指摘してきた。しかし，最後の2, 3世紀（10-12世紀）にわたって，北西辺境のカシュミール地方と東部のビハール，ベンガル，オリッサ地方とに集中する北インドの仏教徒の生活に関して，この対照が明瞭に表れたことは疑いがない。諸々の僧院は古くからの同じ律の実践を続けた

が、その律のうちの一つ（いわゆる根本説一切有部として知られる部派の律で、この部派は特に中央アジアと北インドにおいて勢力があった）が8世紀以降チベット人により受け入れられた。他方、仏・菩薩・偉大な神々や下位の神々・さまざまな侍者たちへの信仰が上記の方法で発展し、寺院には新しい多くの図像的な形が導入され、壁は壁画で飾られた。その壁画は、今ではラダックや西チベット（10-13世紀）の古い寺にしか残っていない。このような壁画はインドでは残っていない（8世紀までのアジャンターのものが唯一残っているものである）。しかし初期のチベットの絵画と、今では失われてしまったインドのオリジナルのものとの間に密接な関係があったことは、仏教の最後期に東インドを統治していたパーラ朝の時代の写本にある細密画の形で見られる多くの絵画によって証明される。これらはネパールやチベットに残っており、インドでの仏教滅亡後も引き続き保たれてきたことが知られる。

　大乗諸経典の中で、天界の菩薩は重要な役割を果たしている。しかしそれにもかかわらず、「初期の」諸学派（小乗）と後期の仏教との信仰の間に広がった大きな相違に関して、大乗仏教にそれほど原因があるようには思われない。すでに記したように、6世紀以前ひいては7世紀以前においては、これら弥勒、観音、文殊、偉大な女神であるターラー、金剛手といった、菩薩たちのほとんどが図像学的には同定されない。最後に挙げた金剛手が前面に出てくるのは大乗仏教の最後期である。金剛手はすべての仏教の聖なる存在の中で、その「経歴」が最もよく文章に残っているが、結果として金剛乗となったのは金剛手（というよりむしろそれへの信仰）である。金剛手は現存するいくつかの図像学的な例では、蓮華手と一緒に現われ、釈迦牟尼の脇にいる。そして、蓮華手と人気のある菩薩である観音との同一化は、金剛手のより高い地位をも示唆したにちがいない。この高い地位を、金剛手は初期のタントラ群において獲得する。だがそこでは、まだ三つの部族のうちの最も低い部族の主にとどまっている。というのは、金剛手の金剛部において入門儀礼（灌頂）を受ける者たちは、他の二つのより地位の高い部族の儀礼は執行できないことが明確に教えられるからである。

金剛手が主導的な菩薩として完全に前面に出るようになったのは，8世紀以降よく知られるようになった瑜伽タントラにおいてである。なぜならば，ここではすべての曼荼羅が，仏（または一切仏の）部の曼荼羅さえも，金剛界曼荼羅に基礎を置くからである。したがって金剛乗を，大乗と多くの点で異なるものとして話すことができるのは，この時期からである。無上瑜伽タントラとして分類される後代のタントラはすべて，事実上金剛部に属している。釈迦牟尼仏の教導に関しても，金剛手自身がそれらのタントラを説いたのだとさえ言われている。なぜなら，瑜伽タントラとすべての初期のタントラは，あらゆる大乗経典と同じく，ブッダ（釈迦牟尼）自身の言葉として説かれているにもかかわらず，ヨーギニータントラ群（早くにはこう呼ばれていた）を直接釈迦牟尼に帰するにはためらいがあったと理解されるからである。さらに，上記のように，これらのタントラの第六の最高仏は金剛薩埵や持金剛と名づけられているが，これらの称号は，瑜伽タントラにおいては金剛手にのみ適用される。こうして，これらの独占的な称号とわずかに発展した図像学的な形によって，金剛手は仏教の諸尊格において，可能な限り最も高い地位を獲得したのである。これはすでに指摘したが，後代の発展がそれ以前のものを無効にすることはない。その結果，金剛手は上記のすべての役割を満たすことになるのである。

　文殊もまた，法界曼荼羅において最高の仏を代表する者となった。後代には文殊は，このクラスのタントラのすべての偉大なタントラ的な仏神たちのやり方にならって，女性のパートナーを胸に抱き，それによって「方便」（ウパーヤ）と「智慧」（プラジュニャー）の結合を表現するという形を受け入れた。文殊は文殊金剛として知られているが，本質的には持金剛や金剛薩埵と同一である。他方，観音は，特に十一面千手の勝ち誇った姿で，偉大な菩薩たちの中で一番の人気を保っている。しかし，観音の女性パートナーであるターラーとの密接な関係にもかかわらず，両者ともその純潔を失ったとは全く考えられていない。図像学的な変化にかかわらず，すべての偉大な菩薩たちが仏教の歴史全体を通して，自分たちの最も本質的な属性をどのぐらい保っているかに注意を向けるのは興味深いことである。敵を強力に鎮圧する

ので，金剛手はヒンドゥー教の主たる神々を強制的に改宗させ，その結果，それらの神々の主導者となり，最終的には仏教の高い地位に上ったすべての恐ろしい神々の代表者となった。文殊は（その文殊金剛としての変形にもかかわらず，）純粋な仏教の教説の代弁者であり続けている。ツォンカパ（1357-1419）の後継者たちは，チベット仏教の改革派であるゲルク派（黄帽派）の指導者としてふさわしい聖なる系譜の者を探すが，そのとき，その指導者をこの文殊菩薩の化身と見なす。観音は，すべての有情の苦しみに対する無限の慈悲により，その人気を保っている。有情を救うために，苦しんでいる動物や，さいなまれている精霊の間といった，どのような悲惨な生存の場所にも，また地獄の領域にさえも生まれる準備ができている。したがって観音もまた，それとわかる化身として地上に意図的に現われるかもしれないと，困難もなく思われるようになった。仏教伝来以前の信仰に応じて，チベット人は早い時代の王たち（6世紀から9世紀）を，天界からの神の代理として受け入れていた。そこで仏教がはじめてこの国に導入された時に統治していた王（いわゆるソンツェン・ガムポ王，650没？）がさかのぼって観音菩薩の化身と見なされたのは，全く驚くべきことではない。

ダライラマ5世が1642年にチベットを再統一した時，同じように彼を化身として区別することが要求された。そしてその時以来，すべての後継のダライラマは，論理的には先代の生まれ変わりでありながら，同時に観音の化身として敬われている。他の興味深い身分の高い化身は，タシルンポ僧院のパンチェンラマとヤムドク湖の近くの（今はおそらく破壊されている）サムディン僧院の尼僧院長で，前者は伝統的に阿弥陀仏の化身と見なされており，後者は恐ろしいタントラ的な仏であるチャクラサンヴァラのイノシシの頭をしたパートナー，ヴァジュラヴァーラーヒー（金剛猪女）と同一視されている。これは，このような仏教に「改宗させられた」ヒンドゥー教の神々が，実際には菩薩の位に列せられたことをよく示している。

上の説明から，後期のインド仏教とその伝統の大部分を受け継いだチベット仏教において，菩薩と実質的に菩薩の地位に引き上げられた他の神々とが区別しがたいことは明らかである。したがって，筆者の知るところでは，

ローチャナー，マーマキーなどの四明妃の位置は，（それ自身が明らかに完全な仏の位に列せられた）偉大なタントラの神々の女性のパートナーの位置と同様，伝統的な仏教用語ではほとんど説明できないものである。少なくとも後代のタントラの理論によれば，それらの神々はすべて智慧の完成（般若波羅蜜）の顕現したもので，したがって副次的な仏の位がそれらの神々のために仮定されなければならないのである。しかしながら，仏と菩薩の間にはより明確な区別が引き続き残っており，それは最初期の仏教において広く行きわたった考えに一致するものであった。最も純粋な理論によれば，菩薩がいったん悟りに到達し，その結果仏となれば，実質的に不完全な有情の領域を越える。釈迦牟尼が35歳で悟りを開いてから80歳で般涅槃するまでの45年間，他の人々の利益のために働き続けたという事実は，初期の学派の哲学者たちに哲学的な問題を引き起こした。疑いもなく，菩薩としてのみ，自分より低い存在の要求に答えることができる——おそらくこのような理由で，いくつかの初期の仏像は，菩薩像として刻まれているのであろう。なぜなら最初期には，釈迦牟尼は仏であり，かつ菩薩であると見なされていた可能性があるからである。

未来仏としての弥勒の信仰は，仏が寂静な状態に入らないうちは，有情を助けるという菩薩に対する要求にすぐに応えるものであった。弥勒信仰の後に観音，すなわち「（慈悲をもって）下を見下ろす主」への信仰が続くが，これはまちがいなく，前世に天界にあって菩薩として苦しむ衆生を見下ろしていた時の釈迦牟尼の姿から示唆されたものである。菩薩の教理のすべては，仏教の宗教としての特徴的な側面を表しており，他のインドの宗教伝統においては，仏教と比べてほとんど発展しなかったか欠けていた，他人への思いやりの度合いを表している。達成されるべき理想の状態を表す仏と，そこへの途上で人を助ける菩薩との間にある違いは，仏教の歴史全体を通してかなり明確なものであり続けた。仏が祈りと嘆願の対象になることは，ごくまれである。よく知られた例外は，西方の仏である阿弥陀である。しかし中国や日本で非常に強い阿弥陀信仰は，『無量寿経』に基づいており，この経典では，浄土で仏になるための法蔵菩薩の多くの誓願を挙げている。しかも阿弥

陀仏は，その浄土にあって，まだ可能な最も驚嘆すべき態度で有情に安らぎを与える役割を担っていることを忘れてはならない。したがって，この特定の仏への信仰は，例外的なのである。

◇訳 注
1) 阿僧祇は，サンスクリット語 asaṃkhya（数えきれない）の訳語で，実際は数の単位として使用されている。
2) 金剛界五仏のうち，阿弥陀は西に，宝生が南に配されるのが一般的であるが，この曼荼羅は出典が明記されていないため，原著のままとした。

## 【文献ガイド】

Beal, Samuel, tr., *Si-yu-ki: Buddhist Records of the Western World* (1884; rep., Delhi, 1969)
Conze, Edward, tr. and ed., *Buddhist Scriptures* (Harmondsworth, 1959)
―――――――, tr., *The Large Sūtra of Perfect Wisdom* (Berkeley, 1975)
Dayal, Har. *The Bodhisattva Doctrine in Buddhist Sanskrit Literature* (1932; rep., New Delhi, 1975)
Hodgson, Brian H. *Essays on the Languages, Literature and Religion of Nepal and Tibet* (1874; rep., New Delhi, 1974)
Kern, Hendrik, tr., *Saddharma-Puṇḍarīka, or The Lotus of the True Law* (1884; rep., New York, 1963)
Lamotte, Étienne, tr. and ed., *La concentration de la marche héroïque* (Brussels, 1965)『首楞厳三昧経』の訳。
―――――――― tr., *The Teaching of Vimalakīrti* (London, 1976)『維摩経』の訳。Étienne Lamotte, *L'enseignement de Vimalakīrti* (Louvain, 1962) の英訳。
La Vallée Poussin, Louis de, ed. and tr., *Vijñaptimātratāsiddhi: La Siddhi de Hiuan-tsang.* 2 vols. (Paris, 1928-29)
Macdonald, Ariane, tr., *Le maṇḍala du Mañjuśrīmūlakalpa* (Paris, 1962)
Skorupski, Tadeusz. *The Sarvadurgatipariśodhana Tantra: Elimination of All Evil Destinies* (Delhi, 1983)
Snellgrove, David L. *Indo-Tibetan Buddhism, Indian Buddhists and Their Tibetan Successors* (Boston and London, 1986)
―――――――――― and Tadeusz Skorupski. *The Cultural Heritage of Ladakh.* 2 vols. (Warminster, 1977-80)
Tucci, Giuseppe. *Indo-Tibetica.* 4 vols. (Rome, 1932-41)

## 著者による補遺

Bhattacharyya, Benoytosh. *The Indian Buddhist Iconography*（1924; 2nd. rev. ed., Calcutta, 1958）

Getty, Alice. *The Gods of Northern Buddhism*（1914; rep., Oxford, 1963）

Mallmann, Marie-Thérèse de. *Introduction à l'iconographie du tantrisme bouddhique*（Paris, 1975）

Snellgrove, David L., ed., *The Image of the Buddha*（London, 1978）

Tucci, Giuseppe. *Tibetan Painted Scrolls*. 2 vols.（Virginia Vacca tr., Rome, 1949）

---

## 補 遺

立川武蔵『曼荼羅の神々―仏教のイコノロジー』（ありな書房，1987年）

―――「マンダラ―構造と機能」（長尾雅人他編『岩波講座 東洋思想10 インド仏教3』，岩波書店，1989年，289–314頁）

田中公明『曼荼羅イコノロジー』（平河出版社，1987年）

―――『インド・チベット曼荼羅の研究』（法藏館，1996年）

栂尾祥雲『栂尾祥雲全集4 曼荼羅の研究』（臨川書店，1982年）

森 雅秀『インド密教の仏たち』（春秋社，2001年）

頼富本宏『密教仏の研究』（法藏館，1990年）

＊

Bhattacharyya, Benoytosh ed., *Niṣpannayogāvalī of Mahāpaṇḍita Abhayākaragupta*, Gaekwad's Oriental Series 109（Baroda, 1949）

bSod nams rgya mtsho. *The Ngor Mandalas of Tibet, Listing of the Mandala Deities*, Bibliotheca Codicum Asiaticorum 4（Tokyo, 1991）〔立川武蔵・小野田俊蔵・野口圭也・田中公明による改訂版〕

bSod nams rgya mtsho and Musashi Tachikawa（立川武蔵）. *The Ngor Mandalas of Tibet*, Plates, Bibliotheca Codicum Asiaticorum 2（Tokyo, 1989）

（種村隆元 訳）

# 28 完全なる成就者
## The Mahāsiddha

レジナルド・レイ
Reginald Ray

　仏教のマハーシッダ（完全なる成就者），あるいは単にシッダ（以下「成就者」）は，インド仏教の最後の主要な発展の段階をなし，特に8世紀から12世紀にかけてインド亜大陸において主役であった密教，すなわち金剛乗仏教にとって，中心的な覚者の理想像である。最もよく知られているのが，八十四人の最も偉大な成就者の一覧（12世紀にインド人の著者アバヤダッタによって列挙された）と，成就者の七つの宗派への分類（チベット人著者ターラナータによる）とである。初期仏教〔原始仏教〕にとってのブッダのように，部派仏教にとっての阿羅漢のように，そして大乗仏教にとっての菩薩のように，成就者は金剛乗の伝統にとって，完成された人格の卓越した模範の地位を占める。また密教に先行する伝統にとって，これらの理想像がそうであるのと同様に，成就者は，彼の人格の中に金剛乗の持つ特別な性格や理想像を体現している。すなわち，瞑想，個人的な悟り，師弟関係，そして家長や放浪するヨーガ行者という僧院を離れた生活様式，などを強調するものである。

### 起　源

　仏教の成就者についてのわれわれの知識は，主にチベットの文献に残っているかなりの量の伝記資料に由来する。その資料は，インド人の記述や口伝の翻訳か，それらに直接的あるいは間接的に基づくものである。これらの成就者の伝記は，数行のものから何百ページに及ぶものまで長さはさまざまであるが，凡夫の状態から完全に目覚めた者へと至る彼ら個人の旅程を述べた，彼らを主題とする「解脱の物語」を語る。

　成就者の伝記は特に極めて神秘的，象徴的かつ呪術的な含蓄によって特徴

づけられている。伝記の中における釈迦牟尼仏と同様に，否それよりはるかに大げさに，成就者はその生涯が超越的で超自然的なものに満ちている人物として描かれている。と同時に成就者は，日常の歴史的世界に固有のつながりを持った実在の男性や女性として示されている。彼らの物語は，彼らを，特定の場所に生まれ，あるカーストに属し，さまざまな職業に従事している人として描いている。彼らの師，密教の修行，そして宗派は入念に記されている。彼らの中で最も偉大な成就者は，偉大な師，宗派の創立者，僧院の役人，そして現存する密教文献を多く著した著者として現われる。多くの成就者がインドからチベット，中国，東南アジアへの金剛乗の伝播に重要な役割を果たしたことが歴史的に知られており，また彼らはそれらの国々の社会史と政治史の重要な部分を占めている。このように，一方の神話的かつ超越的な性格と，他方の歴史的に具体的かつ個別的な性格との合流が，成就者そして金剛乗一般の際立った特徴の一つである。

## 理想像である成就者の構造

成就者は彼らの伝記の中で，類まれな個人として，かつ平凡なただの人としてもまた描かれている。彼らの生涯は，ここに要約したようなある普遍的な構造もしくは傾向を共有しているが，それが彼らを仏教の成就者として特徴づけているしるしなのである。

■**悟り以前** 成就者の伝記は一般に，その生誕から始まる。生誕地はカーマルーパ（東北インド），ウッディヤーナ（北西インド），またはナーガールジュナコーンダ（東南インド）といった密教の盛んな地であることもあり，また他の地域であることもある。次に，例によってカースト身分について詳しく語られる。初期仏教では，より高いカーストが望ましい，と暗黙のうちに考えられているが，それとは対照的に，成就者はバラモン（僧侶）やクシャトリヤ（軍人）という高いカーストのみならず，低いカーストの出身であることもよくある。最も偉大な成就者たちの中には，もとは猟師，漁夫，牧者，織工，靴屋，鍛冶屋，売春婦，そして泥棒であった者さえいる。古典

的仏教徒の主張によれば、「カーストと社会的差別とは、実際のところ宗教に根ざしたものでもなく、生まれつきのものでもないのであり、悟りは、慣習的に述べられたその人の社会的価値がいかなるものであれ、いかなる条件下においても平等に起こりうる」とされるが、このような成就者の社会的出自の多様性によって、この主張はとりわけ真実性を帯びたものになる。

　成就者たちは多くの場合、彼らの生涯のはじめに、ときに普通の願望を持つ平凡な人として描写される。彼らは男性でもあり女性でもあり、僧侶でもあり在家の人々でもあり、特権階級でもあり貧困者でもある。しかし彼らはすべて、避けることのできない満たされぬ思いや、彼らの生涯における循環性を共有している。彼らが、瞑想すること、習慣的行動パターンを脱ぎ捨てること、目覚めることという神聖な道へ至る可能性を与えてくれる密教の師に出会う時、彼らは自らの宗教的生涯において転機を迎えるのである。その時の彼らの反応はしばしば魅惑と畏れとの入り混じったものであるが、彼らは、師と師が発するお告げとに結びついているという感情を共有する。この出会いの後、未来の成就者はグル（師）のもとで、厳しさが要求される修行の道程（プロセス）を始める。各々の成就者の伝記における師弟関係の重要性は、金剛乗が、個人の目覚めと、その道程へ個人的に導いてくれる自らも悟りを具現した師の必要性とを第一に強調することを反映している。

　その後、成就者の生活には師とともに勉強する期間が続く。その師とは、学生が多年の間仕える人のことであり、また、定期的に新しい教えを受けるために出会う人のことでもある。無定形な瞑想と礼拝を行なう密教的実践（サーダナ；成就法）は、学生が常にしなければならない修行である。しかし世間における営みもまた同じである。後に成就者になるこれらの人々の多くは、自分が属するカーストの職業に就き、結婚をするように師から指示される。ある人たちは、以前の身分では、カースト上は禁止されている仕事を行なうように指図される。たとえばバラモン階級のバドラパやルーイパは、それぞれトイレを掃除することと娼婦に仕えることを命じられた。一般的に、困難な労役や以前の自己の理想像への屈辱は、成就者が学生である間に行なわれる試練であり修行でありまた無我という古典的仏教の悟りへの旅程を表

しているのである。

■**悟った者としての成就者**　多年にわたる厳しい修行の後，成就者たちは完全に悟った人々として現われる。歴史的ブッダは，はるか遠い時代の人である。阿羅漢の悟りはブッダの悟りよりも劣っていると見られる。そして菩薩は，〔人々が悟るのを見届けるまで〕完全な目覚めを延期するように課せられた人である。これら三者と比較すると成就者は，完全な目覚めを得た者として，また「まさにこの世での悟り」を可能にさせるという金剛乗の目的を成し遂げた人として描かれている。

　悟った者の姿として，成就者は家長，ヨーガ行者，あるいは僧侶として生き生きとした個性を発揮する。成就者は基本的に僧院に属さないことを理想とするが，外面上は僧院の戒律に従う者としてではあっても，内面的には悟りを得た成就者としてしばしば現われる。

　古典的金剛乗は，自身を大乗の発展と考える。ゆえに成就者は，他の人々の利益のために働くことを第一の動機とする菩薩として描かれている。したがって，悟った成就者はすべて，まず第一に他の人々の師なのである。後世のチベットの伝承は，成就者の出自，修行，教え方の多様性は大乗の菩薩の誓願の実現された姿なのであり，それは成就者の生き方を採用することによって衆生をいかなる状態や条件においても助けようとする姿なのである，と説明する。

　成就者のまぎれもない独創性も，この慈悲深い動機によって説明される。すでに述べたように，師たちは時として，彼らのカーストには因習的に禁じられている状況に学生を送り込んでいる。成就者たちも，彼らの教えの一部として，しばしば社会的・宗教的なタブーを犯している。そのような独創的な活動についての描写は，真の精神性はどのような特定の外的な社会形態にも与(くみ)しない，という密教の主張を強めるために行なわれる。ここで成就者は，ブッダの古い格言について特徴ある表現を示す。すなわち，「悟りとは，世界の縁起的な構造をあるがままに見ることであって，特定の生活様式や宗教的規範に卑屈に従うことではない」と。

■**呪術的要素**　呪術もまた，悟った成就者の生涯において重要な役割を果たす。古来，仏教徒（およびすべてのインド人）のあいだには，人は精神的な目覚めにより奇跡を行なう力を獲得するという信仰があるが，成就者の伝記はこの信仰を一様に明言している。この意味で成就者は，ブッダや何人かの阿羅漢や高位の菩薩たちと同じように描写されている。しかし，成就者の生涯において，呪術は前時代の聖人伝の伝統においてよりももっと顕著な役割を演じている。この顕著さは，おそらく次の三つが組み合わさった結果によるものと思われる。(1) 金剛乗では修行と悟りを特に強調すること。(2) それが非僧院的生活，つまりヨーガ行者のような放浪生活や世俗の生活と結びつくこと。(3) それに，初期仏教の持つ保守性や非活動性を破壊する傾向があること，である。

　呪術の記述の中には隠喩（メタファー）と思われるものもある。たとえば，成就者が他人を石に変える時には，独創的な教えで彼らを「石のように立ちすくませている」のである。他の芸当，たとえば，取るに足らない物から宝石を作り出すことなどは，おそらく心理的なものであり，成就者が彼らの洞察力によって，個人の無価値に見える激情を最高の賞品である悟りへと変える方法を示しているのである。呪術の他の例，たとえばサラハが水の上を歩くことなどは，成就者が因果関係から解放されているという事実を説明するものであろう。これらのすべての例における成就者の呪術の使用は，常識的な世界は目に見えているほど明確なものでも固定されたものでもなく，実は無限の自由と力と神聖さとを含んでいるという，金剛乗の（そして古典的仏教の）基本的な教えを示しているのである。

　悟った成就者の最後の特徴は，彼の死去である。それは普通の意味における死としてではなく，目には見えないが実在し，人といつでも会ったり話したりできるような状態へと移行することとして理解されている。成就者は死ぬのではなく，むしろ天上の領域へ行くのであり，そこからいつでも現われることができると言われている。

## 史実と成就者の伝記

　成就者の伝記の歴史的具体性，彼らが創った教典や，歌や宗派の存在，彼らの社会的・政治的影響，そして密教そのものの存在から，成就者が歴史的に実在した人物であったことについて，ほとんど疑いは残らない。しかし彼らの物語は，どの程度までが単なる歴史的記述であるのか。また，特定の人物に関して，もともと異質の諸要素をどの程度まで集めているのか。

　金剛乗の伝記自体を研究すると，それらを，少なくとも通常の意味で，単なる一個人の記述であると理解するのは誤りであろうということがわかる。一人の成就者について，同一の，または異種の文献の中に，ときには異なった，ときには明らかに矛盾する多くの記述が与えられている。加えに，何人かの異なった成就者の生涯に全く同じ題材，さらにまるごと同じ物語さえもが現われるのである。これらの要因に照らして考えると，おそらく成就者たちの生涯というのは聖なる伝記であると理解するのが一番よいであろう。そこでは，いくつかの要素はまちがいなく各々の成就者の生涯における出来事であり，他の要素は他に起源があるものである。これら成就者たちの伝記は仏教伝統における共有財産となり，そして特定の伝記を媒介にして理想的な成就者の性質を明らかにするために，これらの要素が何回も使われるのである。

　歴史的記述におけるこのかなり柔軟な態度は，金剛乗の伝記作者に歴史的認識が欠けていたことを反映しているのであろうか。肯定的に即答したくなるけれども，少なくとも歴史に対する金剛乗の特殊な態度がはっきり理解されるまでは，この質問に対する肯定的回答を控えなければならない。西洋では，個人の「生涯」は典型的に，誕生から始まり死に終わるまでが正当な範囲であると理解されているが，成就者の「生涯」はそのような範囲に限定されない。成就者の「生涯」は誕生以前と死後の「出来事」を含み，また，他の尊敬を受ける人たちが，彼ら成就者たちが誕生以前，生存中，死後彼らについて夢を見たり，幻を見たり，超常体験をしたであろう内容も含む。金剛乗が成就者の生涯に対して取った，このより包括的な態度は，歴史的認識を

欠くことによるのではなく，むしろ金剛乗の有する特殊な歴史理解によるのである。成就者たちは実在の人々であるが，まさしく人間の真の宇宙的，超時間的，普遍的な諸次元を体現しているからこそ重要なのである。彼らは通常の人間の面からも，超人間的な面からも，均しく自分自身を表現するだろう。伝承そのものにとって，一人の成就者についての矛盾する物語は，ただその人の多様な現われ方を示しているにすぎず，他方，数人の生涯の中に同じ物語が繰り返されることは，後の成就者が先行する〔成就者の〕典型的な見本に従っているのかもしれない。このような要素は，金剛乗においては，成就者についての適切な歴史的記述にとって正当であるばかりではなく必要な部分でもあると考えられる。

最後に，成就者の伝記を理解する上で，祈禱の重要性と後世のチベット密教の師たちの生涯の重要性について述べなければならない。成就者の普遍的，超時間的本質と理解されるものは，祈禱を通して，成就者という生きた触れうる実在を喚び出すことができるのである。さらに，多くの最も有名な成就者は，後の化身たち，つまりチベット人のトゥルク（肉体を持ったラマ僧）の中に存在すると考えられる。トゥルクの生きた実例や，儀礼において成就者たちの存在を目の前に喚び出すことは，その生涯や教えが文献においてしか読みとれないような成就者たちを現前させ，それら成就者たちの実像を解釈するのに大いに役に立つ。

## 成就者の歴史的役割

成就者の大きな歴史的遺産は，彼らが演じ描いた伝承と，彼らがその創立を手助けした密教の諸宗派とであり，その多くの宗派は今でも存続している。ずっと限られた範囲内においてだが，成就者たちは多くの偉大な密教的作品の著者であり，それらの多数はチベット訳に残っている。成就者による最も特徴的な作品は，おそらく彼らのドーハー（悟りの歌）であろう。それらは独立した作品集や伝記，そして密教経典自体の中にある。これらの歌は，悟りを得た時の個性と神聖さを表明する儀式の中で作られたことになっている。成就者は，また他にも経典に対する注釈書，偉大な師たちの伝記，儀軌など

を含むさまざまな文献を作った。インド人の成就者によるおよそ600の作品の一覧表がチベット大蔵経のテンギュール（論部）の密教部の中に見られる。成就者の作品は，論部の他の部分やインド仏教文献のチベット訳全集の中にもある。

　成就者たちはまた，インドやアジアの仏教の歴史において重要な役割を果たしている。インドでは成就者は千年間にわたり，金剛乗の最も重要な伝道者であった。その千年間は次のように区分できる。すなわち，形成期（8世紀以前），隆盛期（8世紀-12世紀），イスラム教徒による僧院仏教の破壊が行なわれた12世紀の終わりから16世紀まで，に分けられる。16世紀は，同時代のチベットの記事がインドにおける力強く活気のある金剛乗の伝統の姿を直接伝えている時期である。チベット仏教の歴史において，金剛乗をチベットに伝えたのは成就者たちである。現存する大きな四つの宗派のすべて，また今は現存しない多くの宗派も，結局はインドの成就者たちに由来する。つまり，カギュー派はティーローパ（988-1069）とナーローパ（1016-1100）に，ニンマ派はパドマサンバヴァとヴィマラミトラ（両者とも8世紀）に，サキャ派はドクミ（922-1022）に，そしてゲルク派はアティーシャ（982-1054）に，それぞれ由来する。なお，アティーシャは成就者ではないが，成就者たちのいくつかの伝統を受け継いでいた。

　シュバカラシンハ（善無畏）やヴァジュラボーディ（金剛智）そしてアモーガヴァジュラ（不空）などの成就者たちは，すべて8世紀に中国（唐）へ旅し，かの地に金剛乗をもたらした。彼らの独創的で驚異的な活動は，結局中国文化とは調和せず，また彼らがもたらした金剛乗も中国に長く存続することはなかったが，彼らの活動は空海（774-835）が日本に金剛乗を伝える基礎となった。空海は日本に真言宗を創立することになる。成就者の理想像は，モンゴルの宗教史においても，間接的ではあるが役割を演じている。モンゴルは，13世紀にはチベット仏教一色に染まったのである。

　最後に，成就者たちは金剛乗を東南アジアにもたらした。9世紀はじめから，ジャワ，スマトラ，カンボジアに彼らの活動の跡が残っている。金剛乗は，その地で少なくとも16世紀までは存続していた。16世紀にインドの金

剛乗教徒であるブッダグプタナータがその地を訪れ，その地の密教の伝統について直接得た記事を残しているのである。

## 【文献ガイド】

　Abhayadatta, *Caturśīti-siddha-pravṛtti*（八十四人の成就者の歴史）は成就者について現存する最も重要なインドの文献であり，James B. Robinson tr., *Buddha's Lions*（Berkeley, 1979）は，そのチベット訳からの英訳である。パドマサンバヴァとナーローパという二人の最も重要なインドの成就者についてのチベット語による詳細な伝記は各々W. Y. Evans-Wentz, *The Tibetan Book of the Great Liberation*（Oxford, 1954）およびHerbert Guenther, tr., *The Life and Teachings of Naropa*（Oxford, 1963）として英訳されている。Per Kvaerne, *An Anthology of Buddhist Tantric Songs*（Oslo and New York, 1977）はインドの成就者の歌の重要な集成を分析している。Shashibhusan Dasgupta, *Obscure Religious Cults*, 3rd ed.（Calcutta, 1969）はインドの成就者たちを，彼らのより大きな宗教的背景において見ようとしている。拙稿"Accomplished Women in Tantric Buddhism of Medieval India and Tibet," in *Unspoken Worlds*（Nancy A. Falk and Rita M. Gross eds., New York, 1980）,pp. 227-242,はインドの女性の成就者について論じたものである。この他，インドの成就者の役割とインドの密教の外観について有益な要約を行なっているものもある。チベットについては，David L. Snellgrove and Hugh Richardson, *A Cultural History of Tibet*（New York, 1968; rep., Boulder, 1980）,pp. 95-110, 118を参照されたい。中国についてはKenneth Ch'en, *Buddhism in China*（1964; rep., Princeton, 1972）,pp. 325-337を参照のこと。日本についてはDaigan and Alicia Matsunaga, *Foundation of Japanese Buddhism*（Los Angeles, 1974）,vol. 1, pp.171-200を参照のこと。東南アジアについてはNihar-Ranjan Ray, *Sanskrit Buddhism in Burma*（Calcutta, 1936）, pp. 12-14, 62-99を参照のこと。

## 補遺

ソナム・G・ゴンタ『チベット密教　心の修行』（藤田省吾訳，法藏館，2000年）
斎藤保高『チベット密教修行の設計図』（春秋社，2003年）
ダライ・ラマ14世『ダライ・ラマ　日々の瞑想』（三浦順子訳，講談社，1999年）
チュギャム・トゥルンパ『心の迷妄を断つ智慧・チベット密教の真髄』（宮坂宥洪訳，春秋社，2002年）
トゥッチ，G.『マンダラの理論と実践』（R. ギーブル訳，平河出版社，1984年）
中島　要『密教神通力』（ガイア出版，2003年）

バッタチャリヤ『インド密教学序説』(神代峻通訳, 密教文化研究所, 1962年)〔特に86-107頁〕

ペマ・リンジン『八十四人の密教行者』(杉本恒彦訳, 春秋社, 2000年)

松長恵史『インドネシアの密教』(法藏館, 1999年)

松長有慶『密教』(岩波新書, 岩波書店, 1991年)

─────『秘密集会　タントラ和訳』(法藏館, 2000年)

─────『密教21世紀を生きる』(法藏館, 2002年)

松本照敬『密教経典入門』(東京書籍, 1991年)

宮坂宥勝・梅原　猛・金岡秀友編『講座 密教』全3巻 (春秋社, 1976-78年)

ミラレパ『ミラレパの十万歌　チベット密教の至宝』(おおえまさのり訳, いちえんそう, 1983年)

頼富本宏『密教　悟りとほとけへの道』(講談社, 1988年)

W. Y. エヴァンス・ヴェンツ編『パドマサンバヴァの生涯　チベット密教の祖』(加藤千晶, 鈴木智子訳, 春秋社, 2000年)

＊

Katz, N. *Buddhist Images of Human Perfection: The Arahant of the Sutta Pitaka Compared with the Bodhisattva and the Mahasiddha* (Delhi, 1989)

Marpa, et al. *The Life of the Mahasiddha Tilopa* (Dharamsala, 1995)

Ray, Reginald. "The Mahasiddha", in *Buddhism and Asian History*, Joseph Mitsuo Kitagawa and Mark D. Cummings eds., pp. 389-394 (New York, 1989)

White, David G. *The Alchemical Body: Siddha Traditions in Medieval India* (Chicago, 1996)

(山口　務　訳)

# 29 ニルヴァーナ
Nirvāṇa

トーマス・P. カスリス
Thomas P. Kasulis

およそ2500年前の北インドで，ガウタマ・シッダールタ（Pゴータマ・シッダッタ）はニルヴァーナ（涅槃）に到達した。その出来事はアジアの各地で，さらにごく最近では西洋でも，精神的な性格を究極的に変化させた。実際に何か重大なことが起きたことは疑いない事実である。起きたことがまさに，現代に至るまで，思索，分析，論争の対象となってきたのである。

ニルヴァーナは，術語であるとともに理想でもある。それはサンスクリット語（Pニッバーナ）としてインドのさまざまな宗教集団に用いられてきたが，主として仏教徒の生活における精神的な目標を指す。最も広い意味で，ニルヴァーナという語は現在の標準英語の enlightenment（悟り）とほとんど同様に使用される。ニルヴァーナはいかなるアジアの特定の術語にも文字通りには翻訳できないが，至高の精神的〔霊的〕体験を示す仏教概念として用いられる一般的な言葉である。仏教は，多様な一連の宗教現象や，パーリ語・サンスクリット語・チベット語・中国語という四つの主要な正典言語で書かれた聖典を有する伝統や，世界中に広がる精神的信奉者を包括する。したがって，究極の精神的な理想を語るとき，仏教徒の多くの集団が，ニルヴァーナの代わりに各自独特な術語を好んで強調したとしても驚くことではない。

## 初期仏教・アビダルマにおけるニルヴァーナ

ブッダの逝去から2-3世紀の後に書かれたか，あるいは作られたパーリ語のニカーヤや中国語に翻訳されたアーガマには，ニルヴァーナの本質についての哲学的な議論はほとんどない。実際，それらの経典は悟った人間の死後の状態のような専門的な点について，そのような形而上学的な思索は究極的

な目標に到達するのにむしろ障害になるだけだと戒めている。たとえば,『中阿含』(『マッジマ・ニカーヤ』)に見られる有名な話では,マールンキャープッタがブッダに「ブッダは死後にも存在し続けるのか」というものを含むいくつかの形而上学的な質問をしている。ブッダは,そのような質問は的はずれであるとし,それは毒矢を射られた人が,矢を抜くことよりも,その矢がどこから射られ,どんな形状のものであったかについて悩むことにたとえられている。

> マールンキャープッタよ,如来が死後も存在し,かつ存在しないという見方のいずれであっても,また如来が死後存在するのでもなく,存在しないのでもないという見方のいずれであっても,生があり,老いがあり,死があり,苦悩,悲しみ,苦痛,悲嘆,絶望がある。私は今ここでそれらを鎮めることを主張する。(I. B. Horner tr., *The Middle Fifty Discourses* 〈*Majjhimapannasa*〉 1954-59, vol. 2, pp.100-101)

端的に言えば,初期仏教の文献では主として,人間の苦悩という実存的な問題に対する実践的な解決策としてニルヴァーナが追求された。とりわけ当時の文献の主張するところによれば,仏教の実践者は,修行によって,現実,とりわけ自己が相互依存する実体のないものであるという確固とした目覚め(ボーディ)を獲得できるとされた。そのような洞察を通じて,欲深い渇愛に対する執着やその結果として生じた苦悩から解放されることができる,と信じられていた。

多くの場合,ニルヴァーナは「滅(ニローダ)[1]」「渇愛の滅(トリシュナー・クシャヤ)」「離脱」「迷いの消滅」「無為(アサンスクリタ)」のような否定的な術語で表されている。ニカーヤやそれに続くアビダルマの学派の注釈家が,たとえば,「安楽(スカ)」「平安」「至福」「彼岸」のような超越を意味する比喩に見られるように,肯定的に言及することはあるが,否定的なイメージが優勢である。確かに,「ニルヴァーナ」という語そのものは「消滅」を意味し,「モークシャ」「ムクティ」のような,「解脱」を意味する他の語と同じ意味で用いられる。しかし初期の文献では,何が消滅するのか,

何から解放されるのかが、必ずしも明確ではなく曖昧なのが難点である。有力な一つの意図は、ニルヴァーナをサンサーラ（輪廻）、すなわち、貪欲・憎悪・無知によって支配されている苦悩に満ちた生と死の世界からの解放、と理解することである。初期の文献によれば、ニルヴァーナへと導く八正道は、この循環を離脱し、飽くことなき渇望をその根本から除滅する唯一の方法である。その「道」は、単に倫理的な訓戒をひとまとめにしたものではなく、むしろ、人をサンサーラの苦悩から解放する精神的な修練のためのプログラムなのである。

再生の概念として発達してきたサンサーラに対する仏教の見解は、古代インドにさかのぼる。悟りは、再生の可能性が消滅すること（ニルヴァーナ）、すなわち死後にはどんな同一人格が持続することもなくなること、と理解されるようになった。これによって、この世で、欲望によって生じる苦悩を超越した人間の悟りと、人間が死んで、生・死・再生というサンサーラから解放されたときにだけ獲得される完全なニルヴァーナとを区別する必要が生じた。したがってパーリの文献では、「有余依涅槃」（サウパディセーサ・ニッバーナ）と「無余依涅槃」（アヌパディセーサ・ニッバーナ）とが、さらに、もっと単純に、「涅槃」（ニッバーナ）と「般涅槃」（[S]パリニルヴァーナ、[P]パリニッバーナ）とが区別されている。

アビダルマの伝統では、次のような方法でその区別を解釈している。すなわち、幾多の生涯における努力や再生という境遇での全体的な進歩の後、八正道を実践して、最終的に欲望とそれに付随する好ましくない結果がもはや生じなくなる段階に達する。これが「有余依涅槃」である。というのは、前世の行為の好ましくない業果が残っているからである。悟った人間もいまだ肉体的な苦痛――たとえば、それ自身が業の「果報」である肉体的な存在という単純な事実の結果としての苦痛――を経験する。ひとたびこの残滓が燃え尽きてしまえば、その人間は死後、完全な「無余依涅槃」を獲得するのである。

サンサーラとニルヴァーナの違いの曖昧さは、その対比された術語が心理学的な状態に言及しているのか、それとも存在論的な状態に言及しているの

かという点にある。つまり，サンサーラとニルヴァーナは精神の状態なのか，それとも存在の種類なのか，ということである。もしサンサーラが苦しみに資する心理学的な世界観を示すならば，その場合サンサーラからニルヴァーナへの移行は，単に態度・見方・動機づけの深い変化にすぎない。他方，もしサンサーラが苦悩に打ちひしがれたこの世界それ自体を示すならば，その場合，ニルヴァーナはどこか別の場所であるにちがいない。この点で，ニルヴァーナを「はるかな岸辺」とする古代の比喩は，ある形而上学的な状態を想定していたのであろう。事実ニルヴァーナは，生・死・再生という世界を超越した，永久的な至福の状態として理解できただろう。そのような解釈に対する反動が大乗仏教の悟りについての見解に影響を与えたのである。

### インド大乗仏教におけるニルヴァーナ

インド大乗仏教徒は，ニルヴァーナは苦悩の世界からの離脱であるという考え方を捨てて，ニルヴァーナとサンサーラの対立を極小化させた。それに代わって，彼らは悟りをその苦悩の世界のなかで賢く慈悲深く生きる方法と見なした。インド大乗仏教哲学の二大分派である中観派と唯識派の信奉者たちは，各々，アビダルマの解釈が導いている現実逃避主義を拒絶する独自の方法を発達させた。

■**般若波羅蜜と中観派の伝統**　大乗の特色の一つは，ニルヴァーナとサンサーラの鮮明な違いに対する認識論的・論理的な根拠を切り捨ててしまうことであった。ニルヴァーナがなければサンサーラもない。逆もまた同じである。それでは，どうして一方が絶対的で，他方が相対的でありえようか。この問題は般若文献で最もはっきりと取り上げられ，ナーガールジュナ（龍樹，150-250頃）によって創始された中観派で哲学的に分析された。

事実上，中観派の思想は，このような両極的な問題に対してブッダが最初から取っていた沈黙の態度をより徹底させたのである。なぜなら実体を特徴づけるどのような哲学的な試みも，言葉や概念自体が論理的に相互依存せざるをえないがゆえに，限界があるからである。ナーガールジュナは，言葉と

非言語的な言葉の対象との異種同形的(アイソモルフィック)な関係を想定して、言葉には相互依存的な性質があるため、どのような絶対的で依存しない実体も言い表せない、と論じたのである。それゆえ、ニルヴァーナやサンサーラについて話したり論じたりできると極論すれば、この二つの概念は相互に依存していなければならず、どちらもそれ自体で絶対的であることはありえない。

　中観派によれば、人間が迷う本当の原因は、存在するものを理解し把握しようとする際に、ただ単に言葉の約束上の区別によって名称を与えたり分析したりするところにあるのだという。このような見通しから、仏教徒の実践は「プラジュニャー」（般若）、すなわち事物のあり方に対する明確で直観的な洞察を深めることによって、概念に対する執着から自らを解放するのである。ひとたび実体的な自我意識が、究極的な基盤のない言語上の区別に基づいていることに気がつけば、他のすべての生きとし生けるものの苦悩を積極的に共有していこうとする悟りの態度が成長してくる。このようにして、「プラジュニャー」という智慧は悲、すなわち「カルナー」の普遍的な形態であると見なすこともできる。この「プラジュニャー・カルナー」という理念は、結果として、インド、チベット、東アジアにおけるすべての大乗仏教の伝統において、悟りの主要なパラダイムとなったのである。

■**観念論と瑜伽行派におけるニルヴァーナ**　『楞伽経』[2]やそれに関連する哲学学派である瑜伽行派[3]のように観念論的な文献における典型的なアプローチは、ニルヴァーナとサンサーラには心の活動という共通の基盤があると主張することであった。術語は個々の文献、個々の思想家のあいだでさまざまであるが、この大乗仏教の一派の際立った特徴は、心が迷い（サンサーラと理解される）と悟り（ニルヴァーナと理解される）の両者の共通の基盤だということである。瑜伽行派の多くの人々にとって、このことは、各々の人間に仏性という先天的な核が備わっていて、それが妄想による執着という殻に覆われているということを含意していた。この核は「如来蔵」（タターガタ・ガルバ；「ブッダの子宮」「ブッダの胎児」「ブッダの母胎」）と呼ばれることもあり、迷いや悟りの経験となって発芽する種子を含む「貯蔵の意識」

（蔵識；アーラヤ識）の一部と見なされることもあった。いずれにせよ，仏教徒の実践は，個人に内在するブッダとしての心，すなわち仏性を磨き，発現させるための方法と見なされた。心が仏教の実践に関連するという考え方は，後の大乗仏教や，東アジアで最初に栄えた天台・華厳・禅のような各派の発達にさえも影響を与えた。

　悟りに対するより心理学的なアプローチを行なう際に提起される問題は，普遍性についてである。ある人が持つ悟りの先天的な核は他の人と同じものなのか。それは誰にも等しく存在するのか。そのような疑問とともに，悟りの存在論的な状態に関する難題が再浮上した。すなわち，もし，ニルヴァーナもサンサーラも，ある意味で心に依存するのならば，瑜伽行派の思想家たちは，ニルヴァーナの客観的な基盤を説明しなければならなかった。さもなければ，〔ニルヴァーナという〕真実は単なる主観的なものになってしまうだろう。アサンガ（無着，4世紀）やその弟ヴァスバンドゥ（世親）のような瑜伽行派の思想家は，アーラヤ識と呼ばれる，すべての経験に対する超個人的で心的な基盤を主張することによって，この問題に取り組んだ。しかし瑜伽行派の思想家の中でも，ディグナーガは，そのような蔵識という存在を認めず，心の認識それ自体内における客観的実在の必然的根拠を確立しようとした。同時に彼は，認識作用以外のどんな対象の実体的な存在をも否定した。一般に，アサンガ，ヴァスバンドゥら前者の考え方は，瑜伽行派の哲学が東アジアへ伝わるなかで保持され，そこでは悟りや仏性の基盤について考えることが主要なテーマとなった。

■**信仰的な大乗仏教における仏性**　ニルヴァーナの存在論的あるいは形而上学的な特徴は，思想家の堅苦しい考察とは全く別に，大乗の宗教的な実践における一つのテーマでもあった。この思想の発達は，前5世紀に亡くなった歴史上のブッダは，永遠のブッダあるいは仏性それ自体が実際にこの世に現われたものにすぎない，という考え方が興ってきたことと関連がある。この思想の流れが，さまざまな天界に住み，救済的な方法で人間と相互に交流し合う諸仏・諸菩薩のパンテオン〔万神殿〕の構築へと発達していった。これ

らの天国の姿が瞑想・模倣・崇拝・祈願の対象となった。

　仏教のパンテオンの発展は，慈悲は悟りにとって必然的な構成要素の一つである，という大乗の基本原理と調和していた。ブッダは，まだニルヴァーナに到達できず，依然として苦悩の状態にある者たちを見捨てようとはしない，と信じられていた。ブッダの肉身は消滅したが，彼のブッダとしての慈悲は持続しているにちがいないからである。このような推論に従って，歴史上のブッダは悟り自体が肉体を持って現われたにすぎない，と見なされた。この解釈は，生・死・再生という循環からの解放としてのニルヴァーナに対して問題を投げかけた。もし，悟った人物が肉体的に消滅した後にも仏性が存続するならば，悟りは，獲得されるものというよりは，むしろ現われるものとなろう。このような考え方は，大乗仏教が東アジアに伝わる一助となったのである。

## 東アジア仏教におけるニルヴァーナ

　一般に大乗仏教徒たちは，苦しみから解放されることよりも真理によって目覚める悟りの方に関心を持っていた。そして，このように悟りの肯定的な面を強調することにより，再生からの解放としてのニルヴァーナの概念は重要ではなくなった。この見方は中国の思想によく適していた。中国人には「再生の循環」という固有の観念がなかったため，その循環からの解放は，中国においては，インドの場合とは異なって実存的な問題とはならなかった。

　中国人が受け入れやすかった大乗のもう一つの観念は，誰もがまさしくこの生涯において悟りを得られるということであった。一般にアビダルマの伝統では，悟りへの道は計り知れないほど長い年月がかかり，この長く続く生死の道における最後の再生は僧侶としての生であろう，と考えられた。なぜなら僧侶はその「道」の最終段階に専念するのに最も資する環境に恵まれているからである。この見方によれば，出家者と在家者との精神的な発展段階に区別が生じることになる。つまり在家者は，宗教的な探求において出家者を援助しなければならなくなった。その見返りとして，そのような援助が逐次よりよい再生に導く功徳ある業となり，やがていつかは彼らもまた「道」

の最終段階に到達することが可能な僧侶の境遇に生まれるものと考えた。

　他方，大乗の理想は菩薩であった。菩薩とは，悟った者（より専門的に言えば悟ったも同然の者）のうち，人々を悟りに導くことによって，彼らの苦悩を軽減しようと意欲的に専念する道を選ぶ者を言う。言い換えれば，菩薩は自分の悟りよりも人々の悟りを優先させるのである。アビダルマも大乗も，すべての者が悟ることを目的としている。しかしアビダルマの見方では，悟りは一人の人が一時に到達するものであり，集団が全体的に，頂点にいる人々の精神的な進展をひたすら支えつつ，ピラミッド効果で上へと押し上がる。それに対して大乗仏教では，頂点にいる菩薩たちが，誰もが同時に悟りに到達する準備が整うまで，彼らの後ろにいる人々を引き上げるために戻ってくるのである。結局，大乗の理想は東アジアで優勢であった。その理由の一つは，集団主義者的な見方が仏教伝播以前の中国固有の考え方と一致したからである。

　西暦紀元の初め頃に仏教が中国に伝わった時，儒教と道教はすでに十分確立されていた。儒教は社会が調和的に機能するため，美徳のある人間関係の育成を第一に強調した。この社会的責務と集団主義的な美徳を強調することは大乗の悟りに対する見方とよく融合した。

　儒教と比較すると，道教は比較的，禁欲主義的・神秘的・超世俗的である。しかし，自然と調和することによって「道」との合一を求めた道教の聖人たちの神秘主義は極めて自然主義的である。道教では，大乗仏教と同様に，絶対的な原理はこの世界に内在しており，適切な瞑想と自己修練の実践によって，その原理と調和しようとする誰もが接近可能なものである。「タオ」という用語の根本的な意味は「道」であるから，中国人は仏教徒における「道」の意味とタオとの一体性を成就する道教徒の理解とが類似していると考えた[4]。

■**天台宗と華厳宗におけるニルヴァーナ**　ついに，東アジアに特徴的な新しい形の大乗仏教が興った。それは，インドでは未知のものか，あるいはまだほんの萌芽でしかないような学派である。ニルヴァーナという術語は，おそ

らく再生や存在の本来的苦悩というような観念に満たされた異質な世界観をもたらしたため，「覚醒」（覚）や「開悟」（悟）というような術語にふさわしい特権的地位を失う傾向にあった。

中国の天台宗や華厳宗は，インドの聖典から示唆された観念を広げて，独自の洗練された哲学的世界観を形成した。両学派はすべての事物の相互融通性を強調した。智顗（ちぎ）（538-597）のような思想家が発達させた天台の術語では，「三千世界」のすべてがわずか一瞬の思いの中に反映されている〔一念三千〕という。実在を基礎づけ，その統一の要因となっているのは心であると理解された。智顗の後継者たちにとって，根本的な心はそれ自身常に清浄であり，インド瑜伽行派の大半が主張していたように，迷いと悟りの種子をともに含んでいるわけではない。

心が基盤となり，本来的に清浄であると仮定する智顗の主張は，二つの重要な結果をもたらした。第一は，「休止と観察」（止観）として知られる天台宗の主要な瞑想修行の目標が，心の浄化というよりは，むしろ心への沈潜であると説明されたことである。ありふれた現象の表面的な流れを注視するのをやめることで，人はすべての事物の根源に唯一の心を見出すことができる。第二は，基盤となる心が清浄，つまり悟っているのだから，たとえそれが無生物であっても，すべての事物がもともと仏性を賦与されていることになる。この結論は，「世界全体はあるがままに，すでに悟っている」という見方を表明した天台宗の第9祖[5]，湛然（たんねん）（711-782）によって最初に提示された。したがって，自分自身の生活の中にある悟りに気づき，目覚め，〔悟りを〕顕現させることが目的となる。先天的な悟りと後天的なそれとの関係は，天台宗学伝統の中心的な問題となり，さらに鎌倉時代の日本仏教におけるさまざまな学派の発展の背後にある主要なテーマともなった。

中国華厳宗もすべての事物における相互依存性と調和性を主張した。しかし天台宗の支持者たちとは異なり，華厳の思想家たちは，心を存在の基礎としてそれを統一しているものとは考えなかった。たとえば，法蔵（643-712）は，基盤となるどのような単一の統一的要因をも否定し，「事物間に妨げがないこと」（事事無礙）という表現を好んで用いた。言い換えれば，個々の

現象それ自身は他のすべての現象を反映していると考えられた。他方，宗密(780-841)は「絶対的な原理と事物の間に妨げがないこと」（理事無礙）という表現を好んだ。このように，彼は原理（理）を存在の基礎としてそれを統一する基本，さらには実在の創造的な根源とさえ見なしたのである。

これらすべての天台・華厳の理論に東アジア特有の回帰的なニルヴァーナの解釈を見出すことができる。儒教徒たちが社会秩序のなかに調和を求め，道教が自然の秩序に調和を求めたように，天台・華厳の仏教徒たちは調和という観点から悟りを理解した。天台・華厳の仏教は，世界の苦悩の様相やそこからの解放の手段を強調するよりも，宇宙の本質的な調和を認識し，自己がその一部分であることを深く感じることに焦点をあてたのである。

■**禅宗におけるニルヴァーナ**　禅はインドに起源を持ちつつ，東アジアでのみ成熟したもう一つの宗派である。それは師匠から弟子への直接的な「以心伝心」を支持して，形式的な学説や経典の役割をあまり重視しない点に特色がある。禅では，悟り体験の人間関係の側面に焦点をあてた。悟りとは，歴史上のブッダにまでさかのぼる，悟った者たちの特別な系譜のなかで体現された足跡であった。偉大な師匠と弟子との直接の出会いが，後の世代の瞑想の対象として役立つよう記録に残された。

禅宗では，悟るのは「突然」（頓）なのか「漸次」（漸）なのかという点について論争があった。北宗では，心の本来的な清浄さを強調し，したがって，その本質的に汚れのない核を覆っている妄念を除去するための修行を唱導した。それによって，心の本来的な悟りがよりいっそう鮮やかに輝き出すと考えたのである。南宗の文献『六祖壇経』によれば，この立場は神秀(606-706)の詩で次のように表現されている。

　　身体は菩提樹であり，
　　心は澄んだ鏡のようである。
　　常にわれわれはそれに磨きをかけようと努めなければならないし，
　　ほこりがたまらないようにしなければならない。

(P. B. Yampolsky tr., *The Platform Sutra of the Sixth Patriarch*, New York, 1967, p. 130)

他方，南宗は，北宗が悟りを独立して存在するものの中に具体化させようとしていると批判した。さらに『六祖壇経』に収録されている慧能（638-713）の言葉は次のようである。

　菩提には，もともと木はないし，
　鏡にも台座はない。
　仏性は常に澄んで清浄である。
　ほこりのたまる余地などどこにあろうか。　　　　　(*ibid*., p. 132)

言い換えれば，悟りは，いつでも，いかなる行動においても顕現されるべきである。それは独立自存の状態ではなく，世話をしたり育てたりする種子でもない。したがって，南宗の目標とは，日常生活を通じて悟りを顕現させることである。結局，この見解によって，南宗の師匠たち，特に馬祖（709-788）の系統の人たちは，声を発したり打ったりして驚かせる方法や，公案を用いたりすることを好んで，単なる瞑想をあまり重視しなくなった。これらの特別な技法はすべて，突然の方法で弟子を悟らせ，仏性を顕現させるための方法であった。

頓悟・漸悟の問題に対するもう一つのアプローチは，元来，前述の華厳（および禅）の師匠である宗密によるものであり，後に，朝鮮の偉大な禅の師匠である知訥（チーヌル，1158-1210）によって大きく発展した。彼らの見解は，南宗（南宗は結局，宗教的・哲学的な理由だけでなく，政治的な理由によっても優勢となった）が，悟り——すなわち自分自身の仏性に目覚めること——は頓悟でなければならない，と主張する点では正しいというものであった。しかし，また宗密と知訥は，悟りは精神修練の修行を絶えず深めることを通して，徐々に自らの生活に統合されなければならないとも主張した。このようにして，彼らの立場は「突然の目覚めと突然の修練」〔頓悟頓修〕ではなく，「突然の目覚めと漸次の修練」〔頓悟漸修〕として知られている。

この区別は，禅の思想家に修行と悟りの関係をできるだけ正確に定義する必要性を認めさせるほど重要であった。日本の曹洞宗の開祖である道元〔1200-53〕は，悟りが本来的であるのに，どうして修行がさらに必要になるのかという問題を提起した。すなわち，もし人々が本来すでに悟っているならば，なぜ，わざわざ坐って瞑想する必要があるのだろうかと。道元は修行を悟りの活動そのものであると理解した〔修証一等〕。すなわち，人は悟りを達成するために坐って瞑想するのではなく，むしろ坐って瞑想することのなかに悟りが表現されているのである。

すべての禅宗にとって，事実上，悟りは洞察あるいは調和の感覚という以上のものである。さらに，それは毎日の生活で絶えず実行され，試されるべき行動様式でもある。師匠と弟子の間の個と個のぶつかり合いの大半は，瞑想のみならず，話す，働く，食べる，洗たくをするなどの平凡な活動のなかにニルヴァーナを顕現させようと意図されている。

■**浄土教におけるニルヴァーナ**　今まで論じてきたあらゆる形の仏教は，人は何年にも（あるいは，幾多の生涯にさえも）わたる集中的な修行によってのみニルヴァーナに到達することができると考えてきた。しかし，特に日本の親鸞（1173-1262）によって発達した浄土教〔浄土真宗〕は，仏教徒の修行という考え方を徹底的に解釈し直した。

浄土仏教は，インドの仏典に基礎を置きながら，東アジアでのみ開花したもう一つの大乗仏教の伝統である。それは来世への志向とともに始まった。すなわち，歴史の現実は非常に堕落していると見なされるため，人間が本物の仏教を修行してニルヴァーナを達成することはもはや不可能と考えられた。しかし，ダルマーカラという名の菩薩（法蔵菩薩）は，「もし信仰を持って私の名前を唱える人々が浄土——仏教徒の修行にとって理想的にふさわしい場所——に再生しなければ，私は自らが成仏するのを許すまい」と誓願した。浄土において，人々は悟りを達成できるだろうし，人々を精神的に高めるために菩薩としてこの世に戻ってくることさえもできるだろう。浄土の諸聖典は，法蔵菩薩が阿弥陀仏になったと説明する。したがって，法蔵菩薩はその

誓願を実現させたにちがいない。だから，もし人々が法蔵菩薩の慈悲と救済の力を深く信じて阿弥陀仏の名前を唱えるならば，彼らが浄土に再生することが保障されるであろう。

　親鸞のような浄土仏教徒は，このような説明から，今日の人間は「自らの力」（自力）ではニルヴァーナを達成できないと理解した。人々は，計算された自意識による行為によって自身を救済するよりも，むしろ「他者の力」（他力），すなわち阿弥陀の慈悲に満ちた誓願の力〔本願力〕にひたすら自らを委ねるべきである。「心を委ねる」（信心）というこの行為でさえも，それ自身が阿弥陀仏の誓願の現われの一つであり，自分自身の努力によるものではない。このようにして，悟りは究極的に，まず自己をはからいのない「自然性」〔自然法爾〕——この世そのものとしての阿弥陀仏の慈悲による積極的な恵み——のなかへと解放することによってのみ達成できる，と親鸞は主張した。「阿弥陀仏は，われわれが『自然』に目覚めるための媒介者である」(Ueda Yoshifumi, *The Letters of Shinran: A Translation of Mattosho*, Kyoto, 1978, pp. 29-30)。親鸞は阿弥陀仏やその誓願をも，このようなはからいのない自然性という原理の下位に置くことによって，浄土教の中の来世的な痕跡を取り除いて，それを東アジア，特に日本の状況により適したものとしたのである。

■**密教におけるニルヴァーナ**　一般に，密教や金剛乗，すなわちタントラ的な仏教は，大乗の延長と考えられている。しかし，概して密教はチベット（チベット仏教傘下のモンゴルも含む）と日本に最も永続的に影響を与えた。前者はポン教，後者は神道というように，密教はその修行と教義を土着のシャーマニズム的・古代的な宗教に混淆させた。

　ニルヴァーナの理解という点で，密教は一般の大乗の見解とは異なる重要な次元を付加した。すなわち，悟りは法身の悟りに参与することとして理解されるべきとした。この観点からすると，真言（マントラ），印契（ムドラー），曼荼羅（マンダラ）は神聖なる特徴を備えた仏教徒の儀礼的実践を構成している。すなわち密教徒は，儀軌に即した儀礼を執行するなかで，自ら

の言葉・行為・思考が宇宙的(コズミック)ブッダ自身の悟りの具体的な現われになる〔三密加持〕と信じたのである。

　この観念は，空海（774-835）によって確立された日本の真言宗で特に明確に形成された。空海によれば，真言宗における修行と哲学の根本的な原理は「法身説法」——「法身」が真実の教え（法）を説法すること——である。こう主張して，空海は「化身」「応身」（ニルマーナカーヤ）あるいは「報身」（サンボーガカーヤ）だけしか説法できないという顕教の考えを拒絶した。空海によれば，すべての実在それ自身が法身仏の悟りの活動の象徴的な表現であり，そういうものとして，直接的に真理が顕現しているという。この象徴的な表現を理解する方法は，それに対する聴衆の一人となることではなく，むしろ，密教儀礼を通じて直接それに参与することである。個人の悟りは宇宙的ブッダの悟りの活動の一側面であると見なされた。空海は，法身仏，つまり宇宙的ブッダを「大日如来」（マハーヴァイローチャナ）と同一視した。

　したがって，空海の悟りに対する見方は「まさにこの身体のなかに，そして，身体を通じて仏に達する」（即身成仏）という言葉に要約される。世界への儀礼を通じた身体的な参与を通して，大日如来の悟りの活動を具体的に表現することとなる。空海は個人と大日如来とのこの親密な関係を「仏が自己に入り，自己が仏に入る」（入我我入）と表現した。事実上，大乗仏教がニルヴァーナと世界とを同一視するのは最も極端な結論だと考えられた。すなわち，真言宗の見地からすると，まさにこの世界こそが大日如来なのである。これは，悟りがこの世界に内在するのではなく，むしろ世界そのものが悟りの経験であることを意味する。

## 結　論

　本稿で示したように，ニルヴァーナに関する単一の見解は存在しない。仏教の理想は，文化，歴史上の時期，言語，学派，さらに個人によってさえも変化する。それでもなお，ニルヴァーナに関する仏教の考え方の中には，かつてルードヴィッヒ・ヴィトゲンシュタインが「家族的類似性」と呼んだもの——すなわち，一つの家族において構成員〔すべて〕が完全に備えている

わけではないが，他の家族と区別できるほどには構成員すべてが共有している一連の特徴を意味する——を見出すことができる。この場合，仏教のニルヴァーナの概念は，以下のように要約できる一連の特性を共有している。

(1) ニルヴァーナとは，この世界のあり方に対する無知からの解放である。われわれは人間存在の本質と人間生活に影響を与える法則を理解していないため，完全な苦悩や不調和の状態のなかに生きている。ニルヴァーナとは，究極的にはこの世界の諸真理を承認し，それに則って生きてゆくことである。その点で，現世志向である。

(2) ニルヴァーナがもたらす知識は，単に知的なものでも精神的なものでもない。ニルヴァーナは自己中心的な思考や行動の形態の方向転換を目指す心理的・物理的調整の過程を通じて到達される。ニルヴァーナは，身体を軽蔑するのではなく，身体を通じて，身体とともに到達される。

(3) 人は「道」において孤独ではない。文献，哲学的な教説，宗教的実践，僧団，師匠という手本からの支えがあり，岩や木々さえも助けてくれているのである。それらほとんどすべてに他者から受ける慈悲の力があって，その慈悲の力は，他者に捧げるほど，それだけいっそう強くなっていく。

(4) ニルヴァーナは，人間と自然，自己と他者，主観と客観，またニルヴァーナとサンサーラでさえも，両者の隔絶を突き破り解消することによって到達できるものである。個々の対立概念は，仏教が，ある特定の時代に既存の文化において最も有害な特定の二分法〔二項対立〕を攻撃するにつれて時と場に応じて変化する。ニルヴァーナは，森羅万象の内在的な調和と平等性の認識を必然的に伴っている。

(5) ニルヴァーナは本来，倫理的な側面を持っている。悟った人はすべての自己中心的な考え・感情・行動を排除することによって，全く平静に他者と接する（そのなかで自己と他者は全く同じものとして扱われる）。苦悩にさいなまれている人を見れば慈悲心抑えがたく，それを軽減しようと自

ら渦中に入っていく（そこでは，自己はあまり幸せでない者たちの要求に対して下位に置かれる）。倫理性は，ニルヴァーナのアルファでありオメガである。すなわち，「道」はさまざまな規則や行動上の訓戒を受け入れるところから始まる。ところが他の人々や事物に対して，ニルヴァーナは倫理的にも寛大な扱いをするまでに至った。

(6) 一般に，どのような状況にあっても，一つの観点が他の観点に対して強調されるが，ニルヴァーナは心理学的展望，あるいは存在論的展望からも理解することができる。心理学的に見れば，ニルヴァーナとは，自己中心的な思考の悪影響をもはやこれ以上経験しないというほどまでに根本的な態度の変化である。しかしながら，もしこの展望が誤解され，過度に強調されると，それは，真理は，外界の実在とは全く関係なく，ただ心の中だけに存在するという心理主義(サイコロジズム)に行き着くことになる。この歪みへの対応策として，ニルヴァーナの存在論的な側面を強く主張する必要がある。

　存在論的に言えば，ニルヴァーナとは，この世界，さらには人間の本性にさえ，生得的に善良さが備わっていることを肯定することである。この意味で，ニルヴァーナは単なる（心理学的な見解によって描写された）経験の一種であるばかりでなく，経験の内容，あるいは「場」でさえある。ところが，もしこの存在論的な観点が過度に強調されると，それは，精進や修行が恣意的なものであり，あるいは不要でさえあるという歪んだ考えに行き着くことになる。対応策として，今度は反対に，ニルヴァーナの心理学的な側面をより強調して歪みを中和する必要がある。

　要するに，心理学的見解も存在論的見解も，ともにニルヴァーナの本質に関するいくつかの真理を含んではいるが，もし一方の見解が他方を排除するような形で展開されることになれば，仏教の「道」を歪める結果となってしまう。この理由のため，二つの観点は仏教の歴史を通して共存し，一方の観点が絶えず他方を補足しながら，一方的な視野によって歪みが生じてしまうのを点検しているのである。

◎訳 注
1)「滅」と訳されるニローダには「抑制」という意味がある。したがって，涅槃が欲望の「滅」と言われるにしても，文字通り，欲望が消滅するという解釈だけではなく，欲望の顕現を抑制するという解釈も可能であろう。
2)『楞伽経』は唯識思想を説くが，中観思想や如来蔵思想にも言及しており，必ずしも，観念論だけを説く経典とは言えない。中観派もこの経典を重視している。従来の研究では，この経典の編纂者を唯識思想の正統に属さない人々に帰している。
3)「瑜伽行派」と訳されるヨーガーチャーラは文字通りには「ヨーガ行の実践者」を意味する。この呼称は「中観派」に対して特定の学派を指す語として使用されることが多いが，中観派，たとえばチャンドラキールティのような思想家は，この呼称を彼らに対しては使用せず，「認識論者」(ヴィジュニャーナ・ヴァーディンあるいは，ヴィジュニャプティ・ヴァーディン)と呼んでいる。
4)仏教の中国伝播は主として道教と結びついて進行した。当初，ブッダは老子とともに祀られていたことが記録されているし，老子が西域に行き，ブッダとなったという老子化胡説も流布していた。さらに，大乗仏教思想の基本学説の一つである空性説も道教の「無」に準じた形で受け入れられ，仏教は道教との類似性のもとに理解された。いわゆる格義仏教である。
5)この第9祖というのは，『中論』の著者である龍樹を開祖として位置づけた場合に出てくる数字である。

## 【文献ガイド】

仏教の基本的な理想として，ニルヴァーナは幅広いさまざまな作品の中で議論されている。すなわち，それらは聖典・注釈の他さまざまな学派の学者による二次的で批判的な作品である。したがって，どんな文献リストも不完全で，せいぜい厳選したものにならざるをえない。以下に挙げる作品は，前記の項目で論じられた問題にとって特に適切なものとして選ばれたものである。

■**インド仏教の伝統におけるニルヴァーナ**　初期インド文献のニルヴァーナに関する多くの文献に関しては，伝統的にある特定の章句に最も精力が注がれてきた。たとえば，パーリの聖典では，ブッダの死（パリニルヴァーナ）後の状態はさまざまな方法で取り扱われてきた。確かに最も著名なのは，『大般涅槃経』の第6品に描かれているブッダの逝去の伝統的な説明である。T. W. Rhys Davidsによる本経典の英訳は，F. Max Müller ed., "The Sacred Books of the East," (1881; rep., New York, 1969) の第11巻 *Buddhist Suttas* として容易に入手できる。この説明の興味深い特徴は，ブッダのニルヴァーナと，知覚・思考・感情の完全な止滅（ニローダ）をもたらすブッダの瞑想の能力とを明確に区別していることである。したがって，この一節は初期仏教の見解が単

なる虚無主義であり、遁世的であるという主張に反対して、しばしば引用される。しかも注目すべきことに、この文献には「有余依涅槃」「無余依涅槃」という標準的な区別についての詳細な論述が全く見られない。その区別は Ernst Windisch ed., *Itivuttaka* (London, 1889)、特に pp. 38-39 でより明確に示されている。F. L. Woodward による英訳は C. A. F. Rhys Davids ed., *Minor Anthologies of the Pali Canon* (London, 1935) の vol. 2 に収められている。

通例分析されるもう一つのテーマは、ブッダ自身が、悟った人の死後の状態について沈黙している点である。これについては、文献に二つの注目すべき特徴的な記述がある。一つは Vilhelm Trenckner, Robert Chalmers, and C. A. F. Rhys Davids ed., *Majjhima-Nikāya*, 4 vols. (London, 1887-1925)、suttas 63-64 に見られる、マールンキャープッタにまつわる既述の話である。もう一つは、Léon Freer ed., *The Saṃyutta-Nikāya of the Sutta piṭaka*, 6 vols. (London, 1884-1904), vol. 3, p. 118 である。これら二つの完本の英訳としては、前者については I. B. Horner tr., *The Collection of the Middle Length Sayings*, 3 vols. (London, 1954-59)、後者については C. A. F. Rhys Davids and F. L. Woodward trs., *The Book of Kindred Sayings*, 5 vols. (London, 1917-30) がある。

すでに指摘したように、ニルヴァーナについての記述の大半は否定的な術語の中で出てくる。したがって興味のある読者は、たとえば上述した初期パーリ文献の全集に付された優れた索引を調査することによって多くの用例を見つけられよう。しかし、この原則に対して、とりわけ注目すべき例外が *The Saṃyutta-Nikāya*, vol. 4, p. 373 に見られる。この一節は、おおむねニルヴァーナについて肯定的な意味を持つ同義語が列挙されたかなり長い一続きの部分で、「真実」「彼岸」「安定性」「平和」「平穏」「清浄」などを意味する術語を含んでいる。ニルヴァーナに関するそのような肯定的な特徴づけは他の箇所でも見出されるが、表に集約されるほどではない。

初期仏教の伝統におけるニルヴァーナの超越的、神秘的、形而上学的な側面の問題については、Paul Steinthal ed., *Udāna* (London, 1948) の中に文献上の極めて重要な言及がある。英訳も前掲 Woodward, *Minor Anthologies*, vol. 2 に出ている。*Udāna* の pp. 80-81 には、生死を超越し、すべての区別や通常の知覚を超越した心の状態あるいは場所についての明確な記述がある。その一節[1]の妥当な解釈をめぐっては、いまだに論争がある。たとえば、Rune E. A. Johansson, の *Psychology of Nirvana* (London, 1969) では、悟った心の状態を神秘的・超経験的・無区別的な意識の状態とする不断の議論がある。当然のことながら、*Udāna* からの一節は Johansson の論考の中で特に目をひく。他方、この見方は David J. Kalupahana, *Buddhist Philosophy: A Historical Analysis* (Honolulu, 1976) の第 7 章で厳しく批判されている。この一節をこの世界における通常の涅槃ではなく、ブッダの死の直前の止滅（ニローダ）の状態を述べたものと解釈することによって、Kalupahana は、初期仏教はニルヴァーナに到達するのにどのような超経験的な類の知覚も必要ないと絶えず主張していた、と論じている。

645

これに関連して同氏は，Kulitassa Nanda Jayatilleke が *Early Buddhist Theory of Knowledge* (London, 1963) ではじめて十分に展開させた解釈である「初期仏教の見方はもともと経験主義的なものであった」という理論を拡大している。

現代の学者たちのあいだで論争となっているもう一つの問題は，初期仏教と同時代のヒンドゥー教の形態との関係である。Kalupahana は初期仏教のニルヴァーナという見解と同時代のヒンドゥー教におけるアートマンとブラフマンの統合という観念（梵我一如）とを厳密に区別したが，Johansson はその両者のなかに共通の神秘的な要素を見出す傾向があった。この点に関して，一般に，よりつり合いがとれ，説得力のある立場は，Kashi Nath Upadhyaya の *Early Buddhism and the Bhagavadgītā* (Delhi, 1971) における完全な論考に見出すことができる。

Walpola Rahula, *What the Buddha Taught* (rev. ed., Bedford, England, 1967) の第4章は，唯一生きたアビダルマの伝統である上座部の立場から見たニルヴァーナの現代的な見方をうまく紹介している。この小さな作品は，わかりやすく，正確に，しかも専門的でない手法で，何世紀にも及ぶアビダルマの分析の要旨を説明しえたものとして高く評価されている。上座部の日常生活における倫理的な理想として，今日でも実際に機能しているニルヴァーナの様相については，Winston L. King, *In the Hope of Nibbana: An Essay of Theravada Buddhist Ethics* (La Salle, Ill., 1964) を参照のこと。初期アビダルマのニルヴァーナ観の発達に対する歴史的・専門的な研究法については，Edward Conze, *Buddhist Thought in India* (1962; rep., Ann Arbor, 1970), 特に第1章5節，第2章3節を参照のこと。この本は記述も編集も上手ではないが，英語で書かれたもののうち，他では容易に得られないような情報を含んでいる。

ナーガールジュナと中観派については，ナーガールジュナの『中論頌』第25章に見られる議論が標準的な典拠である。膨大な注釈を伴なったこの作品の完全なサンスクリット原典と英訳は David J. Kalupahana, *Nagarjuna: The Philosophy of the Middle Way* (Albany, 1985) に見られる。さらに，ナーガールジュナのニルヴァーナに関する基本的立場についての優れた論考は Frederick J. Streng, *Emptiness: A Study in Religious Meaning* (New York, 1967), pp. 69-81 に見られる。

瑜伽行派や唯心論的な立場の研究については，鈴木大拙訳の『楞伽経』（英語版 1932, rep., Boulder, 1978) を参照するのがよいかもしれない。ニルヴァーナを，虚妄分別から解き放たされた心だけでなく，純粋なアーラヤ識や如来蔵と同一視する考え方は，特に第 18，38，63，74，77，82 節で議論されている。瑜伽行派のより体系的な哲学的発達については，次の作品を参照するとよい。Étienne Lamotte, *La somme du Grand Véhicule d'Asaṅga*, vol. 2 (Louvain, 1939) の中で翻訳・校訂されたアサンガの『摂大乗論』。Sarvepalli Radhakrishnan and Charles A. Moore eds., *A Source Book in Indian Philosophy* (Princeton, 1957) に見られるヴァスバンドゥの『唯識二十論』と『唯識三十頌』の英訳（前者は Clarence H. Hamilton, 後者は Wing-tsit Chan による）。Sylvain Lévi, *Matériaux pour l'étude du système Vijñaptimātra* (Paris, 1932) は，

今でもヴァスバンドゥの著作に対する最も信頼のおける論考である。ディグナーガの思想の分析に関しては, Hattori Masaaki（服部正明）, *Dignāga, on Perception* (Cambridge, Mass., 1968) を参照のこと。

インド仏教のニルヴァーナ論へのわかりやすく詳細な論考については, Nalinaksha Dutt, *Mahāyāna Buddhism* (rev. ed., Delhi, 1978), 第7章を参照のこと。アビダルマに対する偏見が時々見られるが, インド仏教の諸学派間の違いに対する彼の説明は非常に優れている。西洋の学者たちが, ニルヴァーナの観念を主としてパーリ経典に見られるようなものとして解釈する試みについて, 完全で魅惑的な論考としては, Guy R. Welbon, *The Buddhist Nirvāṇa and its Western Interpreters* (Chicago, 1968) を参照のこと。Welbon は西洋の諸言語で書かれた作品についての優れたビブリオグラフィーをその中に入れている。彼の著作は, Louis de La Vallée Poussin (1869-1938) と Theodore Stcherbatsky (Fedor Shcherbatskii, 1866-1942) との間の有名な論争を扱うに至って最高潮に達している。両者はともに大乗仏教に関する第一級の解説者として知られているが, 彼ら独自の人柄や気質によって, 仏教とその意義についての見解において明確な違いを持つに至った。このようにして, 初期仏教の同じ文献を考察する際にも, 前者がヨーガ的・宗教的な側面を強調するのに対して, 後者は哲学的な側面を支持した。しかし, 彼らのこのような限界にもかかわらず, La Vallée Poussin, *Nirvāṇa* (Paris, 1925) と Stcherbatsky, *The Conception of Buddhist Nirvāṇa* (Leningrad, 1927) は, この主題（ニルヴァーナ）についての古典的な作品であり続けている。

■**東アジアの伝統**　この論文で示した理由のため, 東アジアにおいては, ニルヴァーナという観念は, 南アジアほどには明確に議論されていない。東アジアの仏教徒によってニルヴァーナが分析されるとき, インド大乗の諸学派のあいだに鋭く刻み込まれた違いは緩和される。この明確な例は D. T. Suzuki（鈴木大拙）, *Outlines of Mahayana Buddhism* (New York, 1963), 第13章である。この章, そして, 実に本全体を通じて, 鈴木は, 別々の伝統に由来しても基盤となる共通の精神を含むものとして, 大乗仏教徒の考え方を追求している。

智顗によって発達した天台宗の見方については, Leon N. Hurvitz, *Chih-i (538-597); An Introduction to the Life and Ideas of a Chinese Buddhist Monk* (Brussels, 1962) が最も徹底した論考である。天台宗の本覚という観念が鎌倉時代の日本仏教に与えた影響については, 田村芳朗の包括的な研究『鎌倉新仏教思想の研究』（平楽寺書店, 1965年）を参照のこと。

西洋では, 天台宗と同様に, 華厳宗についてもまだ包括的に研究されていない。悟りに関する, 華厳の理論についてのよりよい哲学的な概観については, Fung Yu-lan, *A History of Chinese Philosophy* (Derk Bodde tr., Princeton, 1953), 第2巻, 第8章の法蔵に関する論考がある。さらに法蔵については, Francis D. Cook, *Hua-yen Buddhism: The Jewel Net of Indra* (University Park, Pa., 1977) でも分析の中心に置か

れている。華厳の修行の歴史に関する論文が *Studies in Ch'an and Hua-yen*（Robert M. Gimello and Peter N. Gregory eds., Honolulu, 1984）の中に含まれている。

「事物間に妨げがないこと」を頂点とする真理の四つの領域（法界）の理論については、澄観の『華厳法界玄鏡』が不可欠な文献であり、その翻訳が Thomas Cleary, *Entry into the Inconceivable*（Honolulu, 1983）の中に見られる。しかし、特筆すべき点を一つ指摘すると、その翻訳では、「理」を "noumenon"、「事」を "phenomenon" と訳していることである。これは初期の英訳では一般的な訳し方であったが、現在では通常、それぞれ "principle" と "event"（あるいは "principle" と "thing"）のような、思弁的でなく哲学的な誤解の少ない術語に替わっている。

禅における頓悟・漸悟の違いについては、『六祖壇経』の最初の十の章に記録されている神秀と慧能の詩頌のやりとりがある。その優れた翻訳として、Philip B. Yampolsky tr., *The Platform Sutra of the Sixth Patriarch*（New York, 1967）がある。宗密の頓悟・漸修の見解については、これに関する知訥の労作のみならず、Robert E. Buswell, Jr. tr., *The Korean Approach to Zen*（Honolulu, 1983）の論考を参照のこと。道元の、修行と悟りが一つであるとする見解については、Hee-Jin Kim, *Dōgen Kigen: Mystical Realist*（Tucson, 1975）、第3章と拙著 *Zen Action/Zen Person*（Honolulu, 1981）、第6–7章を参照のこと。

浄土教の概観、特に、悟りは自分自身のどのような努力によっても達成できないという親鸞の見方については、Alfred Bloom, *Shinran's Gospel of Pure Grace*（Tucson, 1965）を参照のこと。これは英語で書かれた唯一の主要な客観的親鸞研究である。親鸞の作品については『龍谷翻訳シリーズ』と『真宗翻訳シリーズ』（いずれも京都）という二つの優れた翻訳集がある。どちらも完結していないが、二つの中で、親鸞のほとんどの作品が十分に翻訳されている。上述の論文で引用したのは後者のシリーズの第1巻、すなわち、Ueda Yoshifumi（上田義文）ed. and tr., *The Letters of Shinran: A Translation of Mattōshō*（Kyoto, 1978）である。

密教の独自性に関する空海の見解については、『弁顕密二教論』（二つの教説——顕教と密教——の相異を論じたもの）が必須文献である。悟りにおける儀式の役割については、彼の『即身成仏義』と『声字実相義』を見よ。これらや他の作品の英訳は Yoshito S. Hakeda（羽毛田義人）, *Kūkai: Major Works*（New York, 1972）で便利に見ることができる。

◇補 注
1）具体的には、『ウダーナ』第8章の初めにある世尊の教説を指している。その教説では、生じたものでもなく、存在するものでもなく、作られたものでもない、などという形でニルヴァーナのあり方が示されている。

## 補 遺

下田正弘『涅槃経の研究―大乗経典の研究方法試論』(春秋社, 1997年)
日本仏教学会編『悟りと救い―その理念と方法』(平楽寺書店, 1979年)
仏教思想研究会編『仏教思想8 解脱』(平楽寺書店, 1982年)
─────編『仏教思想10 死』(平楽寺書店, 1988年)
〔特に高崎直道「死と永遠―〈涅槃〉の意義をめぐって」は,ニルヴァーナを「不死」と捉える理解について詳細な考察を加えており,丹治昭義「生死即涅槃―中論,特にプラサンナパダーを中心として」は中観派のニルヴァーナ観について幅広い考察をしている〕

\*

Bareau, André. "La composition et les étapes de la formation progressive du Mahāparinirvāṇasūtra ancien." *Bulletin de l'École Française d'Extrême-Orient* 66 (1979), pp. 45-103.

Chitkara, M. G. *Buddhist Nirvāṇa: With text of Nāgārjuniyam Madhyāmakashāstram* (New Delhi, 1999)

Collins, Steven. *Nirvāṇa and Other Buddhist Felicities: Utopias of the Pali Imaginaire* (New York, 1998)

Gombrich, Richard F. *Kindness and Compassion as Means to Nirvāṇa* (Amsterdam, 1997)

Harvey, Peter. *Selfless Mind: Personality, Consciousness and Nirvāṇa in Early Buddhism* (Richmond, 1995)

Lester, Robert C. *Buddhism: The Path to Nirvāṇa* (San Francisco, 1987)

Obermiller, E., and H. S. Sobati, *Nirvāṇa in Tibetan Buddhism* (Delhi, 1988)

Sukla, K. *Nagarjuna Bauddha Pratisthanam, Nature of Bondage and Liberation in Buddhist Systems: Proceedings of Seminar Held in 1984* (Gorakhpur, India, 1988)

Swaris, N. *The Buddha's Way to Human Liberation: A Socio-Historical Approach* (Dehiwala, Sri Lanka, 1999)

Thomas, E. J. *The Road to Nirvāṇa: A Selection of the Buddhist Scriptures Translated from the Pāli* (Rutland, Vt., 1992)

Tilakaratne, Asanga, and the University of Kelaniya. *Nirvāṇa and Ineffability: A Study of the Buddhist Theory of Reality and Language* (Sri Lanka, 1993)

(岸根敏幸 訳)

# あとがき

　本書は、『仏教とアジアの歴史』(*Buddhism and Asian History*, Macmillan Publishing Company, New York, 1989) 全編の日本語訳である。原著がどのような性格のものかについては、詳しくは「原著序文」を参照されたいが、その中の論考はすべて、もともとミルチャ・エリアーデ主編『宗教百科事典』(*The Encyclopedia of Religion*, Macmillan Publishing Company, New York, 1987) に収載されたものである。それゆえ、本書の原著は、この事典全16巻の一部で、仏教に関する諸論考を抜粋して編集したものということになる。本書を『エリアーデ仏教事典』という書名のもとに世に送る所以である。

　原著の執筆者は、世界各国から選ばれた各専門分野の権威者であり、原著は、一冊の中に世界の仏教研究における最高水準のエッセンスが凝縮されていると言ってよいほど贅沢なものである。本書においては、それをできる限り正確・平易な日本語に翻訳するとともに、訳注を加え、索引を付し、参考文献を充実させるなど、原著にはない日本語版ならではの工夫も施している。

　なお、『宗教百科事典』は、昨年末に第2版が刊行された。内容を比較してみると、かなり大幅な増補・改訂がなされていることがわかる。仏教関係でも、著者が代わったり、項目そのものが削除されているところもある。本書では、最新の仏教研究の成果を生かすために、この第2版も参考にした。

　原著『仏教とアジアの歴史』の編者は、ジョセフ・キタガワ氏（Joseph M. Kitagawa）とマーク・カミングス氏（Mark D. Cummings）である。

　このうち、主編者と目されるキタガワ氏は、1915年に大阪で生まれ、後にアメリカ国籍を取得した日系の著名な宗教学者で、第二次大戦前後に日米両国で神学を修め、やがてエリアーデの同僚として、さらに後年にはその後任としてシカゴ大学で教鞭をとり、現在は同大学の名誉教授である。すでに

早く1960年代に邦訳された，エリアーデとの共編著『宗教学入門』（原題は *The History of Religions—Essays in Methodology*)，単著『東洋の宗教』（原題は *Religions of the East*）をはじめ，多くの著書があり，それらは日本でも広く親しまれ，宗教学の発展に大いに貢献してきている。

　本書『エリアーデ仏教事典』の刊行が企画されたのは，今から10年ほど前にさかのぼる。翻訳・編集等の作業がある程度まで進んだ段階で，本書の監修者，故・中村元先生は，巻頭に掲げた「序文」を寄せられ，エリアーデの思い出を印象深く語られるとともに，本書への熱い期待を表明された。
　しかし，諸般の事情から作業は途中で頓挫した。かねがね残念に思っていたところ，幸いにも昨秋より仕事が再開され，ここに発刊の日を迎えることとなった。嬉しい限りである。訳者諸氏をはじめ，関係者のみなさんに厚く御礼を申し上げると同時に，まもなく七回忌を迎えられる中村元先生のご遺徳を偲びつつ，心から刊行の喜びを分かち合いたい。また，原著に寄稿されている田丸徳善氏，荒木美智雄氏には，ご多忙なところ，原著をもとに日本語版用の加筆修正を行っていただくなどのご助力を賜った。深く感謝申し上げたい。

　さて，故ミルチャ・エリアーデ（Eliade, Mircea; 1907-86）教授は，20世紀を代表する宗教学・宗教史学者の一人であり，特に宗教の形態学的ないし現象学的研究における第一人者と評される。また，日本ではあまり知られていないが，著名な小説家でもあった。
　彼は，ルーマニアの出身で，ブカレスト大学を卒業後，東洋の宗教に強い関心を持ち，インドに渡ってヨーガ（インド的瞑想）を学んだ。この経験が，彼の宗教学者としての歩みを決定的なものにするとともに，宗教についての考え方の基礎を作ったと思われる。帰国後，彼はインドで進めた「ヨーガ研究」の成果をまとめて学位を取得し，母校で教鞭をとるかたわら，自伝的な恋愛小説『マイトレイ』を発表するなど，文学・評論活動も精力的に行なっている。

第二次大戦中は，英国・ポルトガルに滞在し，外交官として活動した。戦後は，社会主義化したことを嫌って母国へは帰らず，フランスのパリに住んで，貧乏な生活に耐えながら学問に励んだ。『宗教学概論』や『ヨーガ』などの名著は，この時期に著されたものである。1956年，渡米。翌年，ヨアヒム・ヴァッハ（Wach, Joachim）の後を継いでシカゴ大学教授となった。以来，エリアーデ教授は，宗教学の分野において縦横無尽の活躍を見せるが，特に1961年，前記のキタガワ教授らとともに学術誌『諸宗教の歴史』を創刊された意義は大きい。さらに彼は，雄大なスケールの「世界宗教史」を構想し，1976年からその刊行が始まった。しかし，83年，第3巻が出たのを最後に，この大著は未完に終わっている（のち，1991年，同第3巻第2部〈＝第4巻〉がヨアン・クリアーヌ女史の編集で刊行）。そして，前記の『宗教百科事典』全16巻は，彼がその編集主幹を受諾したのが1979年，それが刊行されたのは死去の翌年，1987年である。本事典は，エリアーデ教授が自らの晩年を賭けて取り組んだ二大事業のうちの一つなのである。その内容が，同教授が残した偉大な功績に恥じないものとなっているのは，むしろ当然であろう。

　ところで，エリアーデ教授は，おそらく最晩年に書いたと思われる『宗教百科事典』の「はしがき」（preface）において，この事典が長く待望されていたものであること，最近数十年の間に宗教学のさまざまな分野で研究が大きく発展したことなどを強調する一方，編集の方針として，次のような点を明記しておられる。

(1)「聖なるもの」の体験を簡潔・明瞭に，かつ客観的に記述することを目指したこと。

(2) 還元主義と西欧的な文化的偏見を避けるために，西欧以外の地域における宗教の論考に，これまでよりはるかに大きなスペースを割いていること。

(3) この事典を，宗教学のあらゆる分野をカバーする「辞書」としてではな

く，地球上の宗教の歴史のなかで役割を演じてきた重要な思想，信仰，儀礼，神話，象徴，および人物に関する論考の体系とすること。

(4) 宗教的人間の長く多面的な歴史を，現代の視点から洞察するのに役立つものとすること。

このようなエリアーデ教授らが志向した編集の意図は，本書の原著にも，そしてもちろん本書にも貫かれている。そのため本書は，日本の仏教概説書一般からはあまり感じられない新鮮で知的な刺激にあふれ，読み物としても十分に楽しめるものとなっている。また，「宗学」（各宗門内の学問）の伝統が強く，ややもすれば閉鎖的で，方法論の上でも論理性の点でも甘くなりがちなわが国の仏教研究のあり方に照らして，本書から改めて学ぶべきことも少なくない。本書を出版する最大の意義は，ここに存するのである。宗教としての仏教のすがたとその本質を，真摯に，かつ科学的に学びたいと願うすべての人々，特に，仏教学・宗教学などを専攻する学生諸君，仏教をはじめとする人文系諸分野の研究者，および，仏教に深い関心を抱く一般社会人の方々に，強く本書を推薦する所以である。

最後になるが，本書刊行に至るまでにお世話になった多くの方々，別けても，いさぎよく出版を引き受けられた法藏館の西村七兵衛社長，ならびに，索引作成などに多大の助力をいただいた久間泰賢氏，編集事務一切を担当された棟髙光生氏に対して，心から感謝の意を表したい。

2005 年 8 月 1 日

編訳者代表

木 村 清 孝

# 索 引

## ＜凡　例＞

① 本書索引の収録項目は，1）人名，2）書名・経典名，3）事項その他の三種類とした。
② 採録の対象は本文と訳注のみとし，文献ガイドや補遺は除外した。なお，カタカナ表記（原語の併記は省略）を含む和文索引のみとし，五十音順で配列した。
③ インドの宗教・哲学関係，ならびに仏教関係の語句を中心として採録した。
④ 「人名」の原語と漢訳名は，必要に応じて相互に参照できるようにした。なお，王の名称や近現代の学者・研究者，ならびにゴータマ・ブッダやアショーカ王など本文中に頻出する人名については，一部を除き省略した。
⑤ 「経典名・書名」は，原則として原語のカタカナ表記を中心に掲載したが，漢訳（和訳）名の知名度が高い文献については，漢訳名からも参照できるようにした。なお，漢訳仏典で冒頭に「仏説」が付されているものはこれを省き，『大正新脩大蔵経』の収録番号および異訳・異本の文献名についても省略した。
⑥ 「事項・その他」には，宗派・教団名，諸仏・菩薩名，主要概念などが含まれるが，地名・寺院名・王朝名・時代区分・部族名，ならびに重要ではあるが本文中に頻出する基礎的な仏教用語についても採録対象から外すこととした。
⑦ 朝鮮・韓国の人名や事項については，漢字の日本語読みに従って配列し，原語に近い発音をカタカナ表記でかっこ内に示したが，一部逆引きもできるようにした。
⑧ 同一の原語に対する訳語が複数見られる場合には，必要に応じて矢印を付し，相互に参照できるようにした。

# 人 名

† ア

アーナンダ（阿難） 92, 549, 579
アーラーラ・カーラーマ 89
アールヴァール 153
アールヤシューラ 111
アールヤデーヴァ（聖提婆；提婆；聖天） 122, 134, 261, 371, 383, 384, 432
アサンガ（無着） 122, 134—137, 335, 373, 374, 376, 380, 386, 633
アシュヴァゴーシャ（馬鳴） 24, 62, 111, 122, 214, 333, 379
アスヴァバーヴァ（無性） 376
アチャン・チャ 205
アティーシャ 35, 154, 160, 285—287, 292, 299—301, 394, 447, 454, 457, 458, 625
アナガーリカ・ダルマパーラ 156, 157
アニルッダ（アノーヤター） 178, 184—186, 339
アヌルッダ 208, 330
アノーマダッシー 190
アノーヤター ⇌アニルッダ
アバヤダッタ 618
アモーガヴァジュラ ⇌不空
アラウンパヤー 196
アンベードカル 44, 83, 156, 157

† イ

異次頓（イチャドン） 246
イフェーグワン ⇌李晦光

† ウ

ウィサン ⇌義湘
ウィチョン ⇌義天
ウー・ウィサラ 200
ウー・オッタマ 200
ウー・チャン・フトン 199

ウー・ヌ 200, 201
ウー・バ・キン 205
ウォンチュク ⇌円測
ウォンヒョ ⇌元暁（がんぎょう）
ヴァーチッサラ 335
ヴァーツィープトラ 336
ヴァイローチャナ 284, 286
ヴァジュラニャーナ 202
ヴァジュラボーディ ⇌金剛智
ヴァスバンドゥ（世親） 27, 134—137, 214, 261, 331, 335, 338, 373—376, 380, 386, 387, 432, 599, 633
ヴァスミトラ（世友） 336, 578
ヴィシェーシャミトラ 332
ヴィジャヤバーフ1世 185, 186
ヴィニータデーヴァ 207
ヴィニータルチ ⇌毘尼多流支（びにたるし）
ヴィマラミトラ 295, 625
ヴィルーパ 288, 299
ヴェーデーハ 330
ウッタラ 173, 336
ウッタラジーヴァ 187, 208
ウドラカ・ラーマプトラ 89
ウパーリ 57, 92, 579
ウパグプタ 578, 579
ウパシャーンタ 336
ウパティッサ 330, 332, 542

† エ

叡空 437
栄西 268, 269, 434, 439, 440
慧遠 235, 565
慧可 249
慧光 419
慧思 425
慧超 215, 221
慧能 638

656

# 索引

慧文　425
慧朗　427
円測（ウォンチュク）　248
円珍　434
円仁　434

## †オ

オーゲン・リンパ　294, 301

## †カ

カーシュヤパ（迦葉）　549　⇌マハーカーシュヤパ
カートヤーヤニープトラ（迦多衍尼子）　336
ガヴァンパティ　579
カウンディンヤ　92
覚信尼　438
覚如　438
カッサパ　330, 334
カマラシーラ（蓮華戒）　137, 152, 282, 299, 377, 378, 382
ガムポパ　290, 300, 447—449, 457
訶梨跋摩　⇌ハリヴァルマン
カルマ・パクシ　300, 457
元暁（ウォンヒョ）　248
元照　427
鑑真　338
カンハ　145
韓龍雲（ハンヨンウン）　252

## †キ

基（窺基；慈恩）　426
ギータミトラ　217
義浄　26, 176, 178, 319, 320, 337, 556
義湘（ウィサン）　248
吉蔵　423, 424
義天（ウィチョン）　249, 250
キュンポ　291, 450
行基　262
鏡虚（キョンホ）　252
清沢満之　274

## †ク

クーナ　191
空海（弘法大師）　74, 263—265, 393, 400, 434, 435, 518, 625, 641
空也　566
グェ・ロツァーワ・ションヌペル　295
求那跋陀羅（グナバドラ）　420
弘忍（ぐにん；こうにん）　249
鳩摩羅什（クマーラジーヴァ）　219, 221, 237, 337, 372, 419—421, 423
クルーバー・シーヴィチャイ　202
クンガー・ニンポ　306　⇌サキャ・クンガー・ニンポ

## †ケ

恵果　435
元康　424
玄奘　26, 30, 129, 215, 221, 237, 238, 248, 261, 319—321, 337, 338, 352, 376, 426, 512, 599, 606
源信　437
堅慧　⇌サーラマティ

## †コ

康孟詳　219
弘法大師　⇌空海
ゴーシャカ　336
コーンダンニャ　579
護法　⇌ダルマ・パーラ
ゴムパ・ツルティム　291, 301, 449
金剛智（ヴァジュラボーディ）　140, 178, 393, 426, 625

## †サ

サーラマティ（沙羅未底；堅慧；堅意）　135—137, 373, 380
サーリプッタ　188, 334
サーリプッタ（舎利弗）　⇌シャーリプトラ
最澄（伝教大師）　263, 264, 352, 434, 439, 539

657

サキャ・クンガー・ニンポ　288
サキャ・パンディタ　289, 295, 301, 305, 308
サッダンマゴーサ（正法音）　330
サヤー・サン　202, 203
サラハ　145, 393, 412, 622
サンガヴァルマン　⇌僧伽跋摩
サンガバドラ（衆賢）　331, 335
サンガラクシャ　360
サンガラッキタ　335

† シ

シーラダルマ　218
シーラバドラ（戒賢）　376
シェンラプ　451, 452
シクシャーナンダ　218
ジクテン・グンポ　290, 295, 449
竺仏念　338
竺法護（ダルマラクシャ）　219
ジクメー・リンパ　296, 297
ジターリ　382
支遁　235
ジナグプタ　220
シャーリプトラ（舎利弗）　61, 92, 111, 122, 579
シャーンタラクシタ（寂護）　137, 152, 281, 298, 377, 382, 456, 567
シャーンティデーヴァ（寂天）　122, 129, 134, 140, 296, 353, 378, 588
釈宗演　442
闍那崛多　350
ジャムゴン・コントゥル・ロドゥ・ターイェー　297
ジャヤヴァルマン7世　179, 183, 189, 192
シャンカラ　153, 159
シャンカラスヴァーミン（天主）　381
シャンペン・ターイェー　296
周顒　418
周達観　192
宗密　250, 425, 637, 638
朱士行　217

ジュニャーナガルバ　137
ジュニャーナシュリーバドラ　382
ジュニャーナシュリーミトラ　382
シュバカラシンハ　⇌善無畏
シュバグプタ　376, 382
シュリーラータ　336, 341
順暁　434
順道（スンド）　245
世友（しょう）　⇌ヴァスミトラ
聖徳太子　30, 246, 259, 260, 431
清弁　⇌バーヴァヴィヴェーカ
聖武天皇　260, 262
シン・アラハン　178, 187
真覚慧諶（チンガクヘーシム）　250
神秀　637
真諦（パラマールタ）　338, 375, 421
シン・ティワリ（シヴァリ）　578
親鸞　35, 268, 434, 437, 438, 515, 516, 566, 639, 640

† ス

鈴木大拙　442
スティラマティ（安慧）　132, 135, 375
スマナ　190, 191
スマンガラ　335
スムリティ　286, 397
スンド　⇌順道

† セ

青原行思　249
西山休静（ソサンヒュジョン）　251
世親　⇌ヴァスバンドゥ
善導　366, 516
善無畏（シュバカラシンハ）　140, 625

† ソ

ソーナ　173
僧伽跋摩（サンガヴァルマン）　420
僧璨　249
僧肇　58
僧嵩　337
僧導　337

658

索引

僧朗　424
ソサンヒュジョン　⇒西山休静（せいざんきゅうじょう）
ソナム・ツェモ　289
ソンツェン・ガムポ　31, 293, 522, 614

†タ

ターラナータ　13, 46, 291, 618
大慧宗杲　250
諦観（チェーグワン）　249
太虚大師　241
太古普愚（テーゴプウ）　250
大天　⇒マハーデーヴァ
提婆　⇒アールヤデーヴァ
タクパ・ギャルツェン　289
タクパ・センゲ　291, 300, 449, 457
田中智学　442
ダライラマ5世（ガワン・ロサン・ギャムツォ）　292—294, 300, 301, 454—456, 458, 524, 614
ダライラマ3世（ソナム・ギャルツェン）　306, 308
ダルマキールティ（法称）　136, 138, 140, 289, 381—383
ダルマキールティ（スマトラ）　⇒ダンマキッティ
ダルマクシェーマ　⇒曇無讖（どんむしん）
ダルマグプタ　427
ダルマシュリー　336
ダルマスヴァーミン　152
達磨大師　⇒菩提達磨
ダルマタラ　360
ダルマトラータ　336
ダルマパーラ（護法）　135, 138, 178, 376, 377, 432
ダルマラクシャ　⇒竺法護（じくほうご）
ダルモーッタラ　382
湛然　425, 636
ダンマキッティ　155, 190, 335
ダンマゼーディー　192
ダンマパーラ　330, 334

†チ

チェーグワン　⇒諦観
智顗（天台大師）　264, 424, 425, 434, 439, 538, 636
智蔵　421
智達　338
智通　338
知訥（チーヌル）　250, 251, 638
チャオ・プラヤ・ティパコラワォン　197
チャパタ　187, 188, 208, 471
チャンシッター　178, 184, 193, 208
チャンチュプ・ギャルツェン　455, 458
チャンドラキールティ（月称）　133, 378, 412
チャンドラキールティ（密教の祖師）　147, 398
チュ・ミパム・ジャムヤン・ナムゲル・ギャムツォ　297
チュラロンコン　196, 198, 202
澄観　425
チンガクヘーシム　⇒真覚慧諶（しんがくえじん）

†ツ

ツェワン・ノルブ　296
ツォンカパ　292, 293, 300—302, 403, 406, 454, 524, 614

†テ

デーヴァプラジュニャー　218
ティーローパ　145, 159, 448, 457, 625
ディグナーガ（陳那）　132, 136, 376, 380—382, 633
ティソン・デツェン　31, 281, 284, 294, 297, 298
ティック・ティエン・ミン　201
ティック・トリ・クワン　201
ティック・ナット・ハン　205
テルダク・リンパ　294

659

## ト

道安　565
道義（トゥイ）　249
道鏡　433
道元　269, 270, 434, 440, 441, 536, 639
道昭　432
道信　249, 424
道邃　434
ドゥスム・ケンパ　290, 448, 449
道宣　261, 338, 427, 432
ドクミ　288, 299, 447, 625
杜順　425
ドムトゥン　286, 287, 447, 454
曇果　222
曇済　418
曇無讖（ダルマクシェーマ）　221, 420, 421
曇鸞　516

## ナ

ナーガールジュナ（龍樹）　24, 115, 133, 134, 136, 137, 159, 261, 355, 363, 369—371, 377, 378, 383, 386, 393, 412, 424, 425, 432, 631, 644
ナーガールジュナ（密教の祖師）　144, 147, 411, 556
ナーヤナール　153
ナーローパ　145, 146, 155, 159, 289, 291, 394, 407, 408, 411, 447, 448, 450, 525, 527, 625
ナラパティシードゥー　187, 188

## ニ

ニグマ　291, 450
西田幾多郎　442
日蓮　35, 46, 270, 271, 434, 438, 439
日扇　442
ニャン・ティンゲージン　282, 298
如浄　440

## ハ

バーヴァヴィヴェーカ（バヴィヤ；清弁）　133, 377, 378
パートラケーサリ　382
白隠　537
パクチュンビン　⇌朴重彬
パクパ　288, 305, 308
パクモドゥ　290, 448, 449, 455
ハシャン・マハーヤーナ　⇌摩訶衍（和尚）
馬祖　638
パドマサンバヴァ　38, 74, 175, 281, 282, 284, 286, 293, 294, 297, 301, 451, 453, 458, 526, 565, 567, 625
バドラパ　620
パラッカマバーフ1世（パラークラマバーフ1世）　185, 334, 470
パラマールタ　⇌真諦
ハリヴァルマン　261, 332, 336, 337, 341, 432
ハリバドラ　373, 383
ハンヨンウン　⇌韓龍雲
パンディタ・アショーカ　382

## ヒ

毘尼多流支　194
ピンドーラ（賓頭盧尊者）　579

## フ

不空（アモーガヴァジュラ）　178, 393, 426, 435, 625
ブッダヴァンサ（長老）　188
ブッダグプタナータ　626
ブッダグフヤ　147, 393, 401
ブッダゴーサ（仏音）　27, 108, 109, 158, 174, 186, 208, 330, 334, 531, 534, 542, 577, 578
ブッダセーナ（仏陀斯那；仏大先）　360
ブッダダーサ　45, 206
ブッダダッタ（仏授）　330, 334
ブッダナーガ　335

660

ブッダパーリタ（仏護）　133, 377, 378
仏駄跋陀羅（ブッダバドラ）　421
仏陀耶舎（ブッダヤシャス）　216, 338
プトゥン　13, 15, 159, 289, 294, 295, 299, 300, 395, 412, 454, 458
プラ・アチャルン・ムン　205
プラジュニャーラクシタ　221
プラ・ムアン・コウ　191

† ヘ

ペマ・カルポ　291

† ホ

法順　425
法乗　219
法蔵　248, 261, 419, 425, 636
法然　35, 267, 268, 434, 437, 438, 516, 566
宝亮　421
法朗（ポムナン）　249
ボーディバドラ　155
朴重彬（パクチュンビン）　253
菩提達磨（菩提達摩；ボーディダルマ）　236, 249, 424, 425, 428
菩提流支（ボーディルチ）　350, 421
法顕　26, 216, 511

† マ

マートリチェータ　111, 214, 383
マールンキャープッタ　629
マイトレーヤ（弥勒；マイトレーヤナータ）　134, 135, 300, 373, 374, 380, 383, 386, 387, 458, 591
マウドガルヤーヤナ（大目犍連；目連；モッガッラーナ）　61, 92, 513, 568, 579
摩訶衍(和尚)　284, 298, 299
マチク・ラプキドンマ　292, 300
マッカリ・ゴーサーラ　86
マディヤーンティカ　336
マハーヴィーラ　50, 70, 86
マハーカーシュヤパ（大迦葉）　92
マハーサーミ　188, 190

マハーデーヴァ（大天）　107, 336, 580
マハーパサマン　193
マハープラジャーパティー　92
マハガンダレ・ウェイクザド・アプウェグヨーク　205
摩羅難陀（マーラーナンダ；クマーラーナンディン）　245
マルパ　288, 289, 394, 447, 448, 450

† ミ

ミパム・ナムゲル・ギャムツォ　302
　⇌チュ・ミパム・ジャムヤン・ナムゲル・ギャムツォ
明全　440
ミラレーパ　289, 290, 394, 447, 448, 565

† ム

無学自超（ムハクチャチョ）　251
無染（ムヨム）　249
無相（ムサン）　249
無着　⇌アサンガ
無羅叉（モークシャラ）　217

† メ

メーダンカラ　330, 335
馬鳴（めみょう）　⇌アシュヴァゴーシャ

† モ

モークシャーカラグプタ　383
モークシャラ　⇌無羅叉
目連　⇌マウドガルヤーヤナ
モッガッラーナ　⇌マウドガルヤーヤナ
モッガリプッタティッサ　106, 108
モンクット（ラーマ 4 世）　196—198, 335, 340

† ユ

儵然　434
ユモ・ミキョー・ドルジェ　300

† ラ

ラーフラ　579

661

ラーフラバドラ（羅睺羅跋陀羅）　371
ラーマ1世　197
ラーマ・カムヘン　185, 189, 190, 193
ラヴィグプタ　383
ラトナーカラシャーンティ　383
ラトナキールティ　382, 383
ラトナ・リンパ　294
ランダルマ　283, 299

† リ
リーラヴァジュラ　398
李晦光（イフェーグワン）　252
リ・タイ　190, 196, 197
李通玄　250
龍樹　⇌ナーガールジュナ
リンチェン・サンポ　285, 299, 450

† ル
ルーイパ　142, 620

† レ
レーヴァタ　579
レディ・サヤドー　205
レンダーワ　292
蓮如　516

† ロ
良弁　432
ロチェン・ダルマシュリー　294
ロンソム・チューキ・サンポ　286, 294, 299
ロンチェン・ニンティク　296
ロンチェン・ラプチャムパ　294—296
ロントン・マウェー・センゲ　289, 292

† ワ
ワチラウット　202

## 書名・経典名

### †ア

アーターナーティヤ経　140
アーディカルマ・プラディーパ　148
アーランバナパリークシャー（観所縁論）　376
アヴァダーナシャタカ（撰集百縁経）　333
アヴァヤヴィニラーカラナ　382
悪趣清浄タントラ　392, 395
アショーカーヴァダーナ　20
アタルヴァ・ヴェーダ　139, 148
アッガンニャ・スッタ（アッガンニャ・スッタンタ；小縁経）　19, 181, 207
アッタカヴァッガ　91　⇌スッタニパータ
アナーガタヴァンサ　330
アネーカーンタジャヤパターカー　383
阿毘達磨倶舎釈論　421
阿毘達磨倶舎論　⇌倶舎論
阿毘達磨順正理論　331
阿毘達磨大毘婆沙論　⇌大毘婆沙論
アビダンマッタサンガハ（摂阿毘達磨義論）　188, 208
アビニシュクラマナ・スートラ　62, 63
アポーハシッディ　383
アポーハプラカラナ　382
阿弥陀経　159, 365
アンタルヴィヤープティサマルタナ　383

### †イ

イーシュヴァラサーダナドゥーシャナ　382
郁伽長者経　355　⇌ウグラダッタ・パリプリッチャー
一万頌般若経　358
異部宗輪論　473, 578
因縁心論頌・因縁心論釈（プラティートヤサムトパーダフリダヤ）　370
因明正理門論　381
因明入正理論　381

### †ウ

ヴァーダヴィダーナ　380
ヴァーダヴィディ　380
ヴァーダカウシャラ　380
ヴァイダルヤスートラ　370
ヴァイダルヤプラカラナ　370
ヴァジュラヴィダーラ・ナーマ・ダーラニー　397
ヴァジュラスーチー（金剛針論）　383
ヴァジュラパーニアビシェーカ（金剛手灌頂）　396
ヴァジュラパダ・サーラ・サングラハ・パンジカー　408
ヴィスッディマッガ（清浄道論）　27, 330, 334, 491, 531, 542, 577
ヴィナヤヴィニシュチャヤ・ウパーリ・パリプリッチャー　129, 592　⇌ボーディサットヴァ・プラーティモークシャ・スートラ
ヴィナヤサングラハ　332
ヴィナヤスートラ　144
ヴィナヤマートリカー　332
ヴィムッティマッガ（解脱道論）　330, 332, 531
ウグラダッタ・パリプリッチャー　120　⇌郁伽長者経
ウダーナ　113
右繞仏塔功徳経　354
ウパーサカジャナーランカーラ　586
ウパーリ・パリプリッチャー（優波離問仏経）　⇌ヴィナヤヴィニシュチャヤ・ウパーリ・パリプリッチャー
優婆塞戒経　120
盂蘭盆経　356, 513

663

† エ

廻諍論　370

† オ

往生要集　437
王法正理論　383
御文　516

† カ

カータン・デガ（五部教戒）　294
カーラチャクラ・タントラ　146, 291, 300, 395, 396, 412
カーランダヴューハ　604
海東高僧伝　244
ガクリム・チェンモ　⇒真言道次第論
カターヴァットゥ（論事）　106, 108, 328, 578
月上女経　356
月灯三昧経　360
カニカ王への書簡　⇒マハーラージャカニカレーカ
観三世論　376
観総相論頌　376
ガンダヴューハ　120, 183, 401　⇒華厳経「入法界品」
観普賢菩薩行法経　362
観仏三昧海経　360
観弥勒菩薩上生兜率天経　349
観無量寿（仏）経　365, 539

† キ

キチャヌキット　197

† ク

空七十論　370
究竟一乗宝性論　136, 300, 373, 380, 387, 458
クシャナバンガシッディ　383
倶舎論　27, 261, 286, 331, 335, 338, 432
グフヤサマージャ　143, 147　⇒秘密集会タントラ

クンサン・ラメィ・シェルルン　296

† ケ

華厳経　27, 75, 140, 261, 350, 364, 367, 386, 400, 419, 421, 425, 432
─── 「十地品」　363, 364　⇒十地経
─── 「入法界品」　363, 364　⇒ガンダヴューハ
解深密経　138, 367, 380
解深密経疏　248
解脱戒経　216　⇒ボーディサットヴァ・プラーティモークシャ・スートラ
解脱道論　⇒ヴィムッティマッガ
現観荘厳論（アビサマヤーランカーラ）　373
現観荘厳論頌　386
賢劫経　348
賢聖集伽陀一百頌　352
顕揚聖教論　374

† コ

広破経　⇒ヴァイダルヤスートラ
広破論　⇒ヴァイダルヤプラカラナ
校量数珠功徳経　354
虚空孕菩薩経　369
護国菩薩会　⇒ラーシュトラパーラ・パリプリッチャー
五次第　393, 411　⇒パンチャクラマ
古タントラ全集（ニンマ・ギューブム）　294, 457
御伝鈔　516
御文章　516
コルスム・スム（三つずつの三組）　295
金剛針論　⇒ヴァジュラスーチー
金剛頂経　412
金剛般若経　217, 357, 358, 373
金剛般若経論　373, 387
金剛般若経論頌　386
金剛般若波羅蜜経（ヴァジュラッチェーディカー・プラジュニャーパーラミター）　⇒金剛般若経
金光明経　363, 383, 396

索 引

## † サ

サーサナヴァンサ　175, 207, 208
サーダナマーラー　395
サーマーニャドゥーシャナ　382
最勝妙吉祥根本智最上秘密一切名義三摩地分　348
最上要義論頌　386, 387
サウンダラナンダ　111, 222
サッダルマプンダリーカ・スートラ　⇌法華経
サトヤシッディ　⇌成実論
作仏形像経　354
サンガク・ラムギ・リムパ・リンポチェ・セルウェー・ドンメ（秘密道次第）　293
サンケーパヴァンニャナー　188, 208
三国遺事　244
三国史記　244, 247
三自性説示論　375
三宗論　418
サンターナーンタラドゥーシャナ　382
サンマティーヤ・ニカーヤ・シャーストラ（三弥底部論）　332
サンユッタ・ニカーヤ　58, 69　⇌相応部経典
三律義決定（ドムスム・ナムゲー）　295, 301
三律義細別（ドムスム・ラプイェ）　295, 301

## † シ

シェーチャ・クンキャプ（所知遍満）　297
シクシャーサムッチャヤ（大乗集菩薩学論）　134, 353, 379
地蔵菩薩本願経　369
七宗論　418
ジナカーラマーリパカラナ　182, 190, 192, 193
ジナチャリタ　330
四百論　371
四分律　338, 421, 427
ジャータカ註　64
ジャータカマーラー　111, 183
ジャーティニラークリティ　382
釈門正統　426
シャタパンチャーシャトカ　111
舎利弗阿毘曇論　329
十地経　420, 421, 587, 588, 589, 590　⇌華厳経「十地品」
十地経論　421, 422
十住心論　265, 435
十住毘婆沙論　370
十誦律　420, 427
十七条の憲法　246, 260, 431
十二門論　261, 370, 371, 420, 432
十万頌般若経　358
成唯識論　599
修行道地経　360
出生菩提心経　353
須摩提菩薩経　356
シュリー・チャクラサンヴァラ・タントラ　393, 395, 406
首楞厳三昧経　538, 599, 602, 603
集量論（プラマーナサムッチャヤ）　381
長阿含（経）　76, 216, 328　⇌ディーガ・ニカーヤ
摂阿毘達磨義論　330　⇌アビダンマッタサンガハ
小王統史　331
上宮聖徳法王帝説　256
浄業障経　354
成実論（サトヤシッディ）　261, 332, 336—338, 419—422, 432
清浄道論　⇌ヴィスッディマッガ
正信偈　516
摂大乗論　374, 376, 421, 422
掌中論　376
小部経典（小部ニカーヤ；クッダカ・ニカーヤ）　327, 328, 329
長部経典（長部ニカーヤ）　327, 576, 577　⇌ディーガ・ニカーヤ
正法念処経　361

665

勝鬘経（シュリーマーラーデーヴィースートラ）　137, 353, 356, 379, 420, 421, 431, 592
勝鬘経義疏　260
成唯識論　376, 432
正理一滴論　381, 383
摂論　⇒摂大乗論
初会金剛頂経　141, 392—394, 396, 401—403, 608
諸徳福田経　354
諸法無行経　352
地論　⇒十地経論
真言道次第論（ガクリモ・チェンモ）　293, 403, 404
心性清浄論　383
真臘風土記　193

† ス

スートラーランカーラピンダールタ　382
スートラサムッチャヤ（大乗宝要義論）　134, 379
スヴァヤンブー・プラーナ　155
スッタニッデーサ　188, 208
スッタニパータ　91, 127, 208, 503
スティラシッディドゥーシャナ　383
スフリレーカ　⇒龍樹菩薩勧誡王頌

† セ

セーコーデーシャティーカー　146
青冊史（デプテル・グンポ）　295, 299, 301
世間施設論　⇒ローカパンニャッティ
施設論　341
説一切有部律毘婆沙論　331
施灯功徳経　354
禅家亀鑑　252
占察善悪業報経　361
選択本願念仏集　267, 437

† ソ

雑阿含経　329　⇒相応部経典
雑阿毘曇心論　420—422

増一阿含経　329　⇒増支部経典
象腋経　386
相応部経典　327　⇒サンユッタ・ニカーヤ
増支部経典（アングッタラ・ニカーヤ）　327
造立形像福報経　354
ゾェドゥン（七つの宝蔵）　295
蘇婆呼童子請問経　396

† タ

ダーキニーの大海（シュリーダーカールナヴァ・マハーヨーギニー・タントラ・ラージャ）　403, 405
ダーターヴァンサ　331
大薩遮尼乾子所説経　362
大史　331　⇒マハーヴァンサ
大乗阿毘達磨経論　367
大乗阿毘達磨集論　374, 380
大乗起信論　249, 379, 380
大乗五蘊論　375
大荘厳法門経　356
大乗三聚懺悔経　354　⇒トリスカンダカ（三聚懺悔経）
大乗集菩薩学論　355　⇒シクシャーサムッチャヤ
大乗成業論　375
大乗荘厳経論（マハーヤーナスートラーランカーラ）　355, 373, 379, 386, 387
大乗荘厳経論頌　386, 387
大乗掌珍論　377
大乗造像功徳経　354
大乗大集地蔵十輪経　368
大乗不思議神通境界経　349
大乗宝月童子問法経　348
大乗宝要義論　379　⇒スートラサムッチャヤ
大智度論　158, 159, 370, 421, 422
大唐西域記　606
大日経　28, 141, 392—394, 396, 400, 402, 412, 435
大般涅槃経（マハーパリニッバーナ・スッ

# 索 引

タ）　65
大般涅槃経（マハーパリニルヴァーナ・スートラ）　59, 65, 128, 137, 247, 366, 497, 499
大般若波羅蜜多経（大般若経）　358
大毘婆沙論　24, 109, 158, 331
大宝積経　350, 366
―――「郁伽長者会」　355
―――「護国菩薩会」　119
―――「普明菩薩会」　366
―――「発勝志楽会」　350
大方等大集経　354, 368
大方等如来蔵経　379
大報父母恩重経　356
大論　⇒大智度論
ダシャブーミカスートラ　⇒十地経
ダショーッタラ・スートラ（十上経）　105
タットヴァサングラハ（真実摂経）　⇒初会金剛頂経
タットヴァサングラハ（真理綱要）　377
ダムガク・ゾゥ（教誡の蔵）　297
陀羅尼自在王経　137
タルカシャーストラ（如実論）　380
タルカバーシャー　383
ダルマシャリーラ(カ)・スートラ（法身経）　105, 361
達磨多羅禅経　360
歎異抄　438
ダンマヴィラーサ　188
ダンマタート　188
ダンマパダ　⇒法句経

† チ

チッタヴィシュッディプラカラナ　⇒心性清浄論
チベットの死者の書　⇒バルドゥ・トゥドル
チャーンドーギヤ・ウパニシャッド　403
チャクチェン・カンゾー（大印契の蔵）　291

チャルヤーギーティ　145, 395
チューラヴァンサ　190
中阿含経　329　⇒マッジマ・ニカーヤ
中観義集　377
中観心論頌　377
中観心論頌註思択焔　377
中部経典（中部ニカーヤ）　327, 577　⇒マッジマ・ニカーヤ
中辺分別論　373, 387
中辺分別論頌　386, 387
中本起経　222
中論（中論頌）　127, 261, 370, 371, 377, 378, 412, 420, 422, 432

† ツ

ツェーマ・リクペィテル　289

† テ

ディーガ・ニカーヤ　140, 181　⇒長部ニカーヤ, 長部経典
ディーパヴァンサ（島史）　54, 64, 340
ディヴァーヴァダーナ　183, 333
テクパ・チェンポィ・ツル・ラ・ジュクペィ・ゴ（大乗実践入門）　286
デプテル・グンポ　⇒青冊史（せいさっし）　295
天台四教儀　250

† ト

ドーハーコーシャ　145, 412
トゥーパヴァンサ　331
稲芋経　361
島史　331　⇒ディーパ・ヴァンサ
道次第（ラムリム）　300
ドムスム・ナムゲー　⇒三律義決定　295
ドムスム・ラプィェ　⇒三律義細別　295
トライブーミカター（三界論）　190, 196―198
トリスカンダカ　130

トリスカンダカ（三聚懺悔経）　129
　⇒大乗三聚懺悔経
頓悟大乗正理決　46

† ナ

七百頌般若経　358

† 二

ニシュパンナ・ヨーガーヴァリー　395
ニダーナカター（因縁物語）　64
二万五千頌般若経　217, 358
ニヤーヤビンドゥ　⇒正理一滴論
ニヤーヤプラヴェーシャカ　⇒因明入正理論
ニヤーヤムッカ　⇒因明正理門論
入中論（マディヤマカーヴァターラ）　378
入菩提行論　⇒ボーディチャルヤーヴァターラ
入瑜伽論　376
ニンティク・ヤシ（四箇心髄）　295
ニンマ・ギューブム　⇒古タントラ全集

† ネ

涅槃経　27, 419―422　⇒大般涅槃経（マハーパリニルヴァーナ・スートラ）

† ハ

バーヴァナークラマ（修習次第）　137
バーヒャールタシッディカーリカー　382
バガヴァッド・ギーター　575
八吉祥神呪経　348
八千頌般若経　119, 126, 346, 357, 358, 373
パティサンビダー　58
パドマ・テンイク（蓮華生伝；パドマサンバヴァ伝）　294
パラマードヤ（最上根本）　396
バルドゥ・トゥドル（チベットの死者の書）　568
般舟三昧経　360, 386, 539, 542

パンチャクラマ（五次第）　144, 147
般若灯論釈　377
般若波羅蜜多讃　371
般若波羅蜜多心経（般若心経）　357, 358

† ヒ

悲華経　349
毘曇　⇒雑阿毘曇心論
秘密集会タントラ　393, 395, 397, 398, 408, 411, 412, 457, 611
百字論　371
百論　261, 371, 420, 432

† フ

不増不減経　137
仏護註（ムーラマディヤマカヴリッティ）　378
仏性論　375, 379
仏蔵経　353
仏祖統紀　426, 427
ブッダヴァンサ（ブッダの系譜）　69, 70
ブッダチャリタ（仏所行讃）　24, 62, 111, 222, 333, 527
仏名経　348
仏母大孔雀明王経（マハーマーユーリー）　140
仏母宝徳蔵般若波羅蜜経　119
フマンナン・マハーヤーザウィンドージー　177, 178, 192
普明菩薩会　366　⇒大宝積経
父母恩重経　356
プラサンナパダー　378, 412
プラジュニャーパーラミター・ピンダールタサングラハ（仏母般若波羅蜜多円集要義論）　376
プラマーナヴァールッティカ（量評釈）　136, 289, 381
プラマーナヴィニシュチャヤ（量決択）　381
プラマーナサムッチャヤ（集量論）　381
プンニャヴァンタ・ジャータカ　221
分別瑜伽論　386

索 引

† ヘ

ヘーヴァジュラ・タントラ　147, 288, 395, 397, 407, 408, 412
ペータヴァットゥ（餓鬼事）　568
ヘードゥタットヴォーパデーシャ　382
ヘートゥチャクラダマル　381
ヘートゥチャクラニルナヤ　381

† ホ

ボーディヴァンサ（菩提史）　331
ボーディサットヴァ・プラーティモークシャ・スートラ（菩薩戒経）　131, 353, 592
ボーディチッタシーラーダーナカルパ　144
ボーディチャルヤーヴァターラ（入菩提行論）　134, 296, 378, 588
ボーディパタ・プラディーパ ⇒菩提道灯論
宝行王正論（ラトナーヴァリー）　370, 383
宝積経　118　⇒大宝積経
法集経　141
法住記　579
法と非法の区別　299
法法性分別論　373, 386, 387
法律三昧経　353
法華経　27, 46, 71, 77, 79, 119, 140, 217, 234, 238, 264, 266, 270, 350, 359, 361—363, 386, 420, 421, 431, 434, 438, 439, 517, 535, 538, 541, 550, 567, 578, 587, 588, 599, 603
法華経義疏　260
菩薩行方便境界神通変化経　362
菩薩解脱戒経　353　⇒ボーディサットヴァ・プラーティモークシャ・スートラ
菩薩地持経　353, 421, 591
菩薩善戒経　592　⇒ボーディサットヴァ・プラーティモークシャ・スートラ
菩薩瑜伽行四百論　134

菩提道次第大論（ラムリム・チェンモ）　292, 300, 301
菩提道灯論（ボーディパタ・プラディーパ）　286, 292, 300, 301
法句経（ダンマパダ）　216, 217, 328
発勝志楽会　350　⇒大宝積経
発智論　331
仏の三身への讃歌　122
梵網経（ブラフマジャーラスートラ；梵網菩薩戒経）　353, 591, 592

† マ

マイトリシミト（マイトレーヤサミティ）　220, 221
摩訶般若波羅蜜経　⇒大般若経
マッジマ・ニカーヤ　⇒中部ニカーヤ、中部経典　57, 531, 629
マハー・アパダーナ・スッタンタ（マハーヴァダーナ・スッタ）　69, 94
マハーヴァイローチャナ　⇒大日経　147
マハーヴァストゥ（大事）　62, 63, 97, 111, 328, 332
マハーヴァッガ（大品）　561
マハーヴァンサ（大史）　54, 64, 182, 486
マハーニッデーサ（義釈）　58
マハーヤーナーヴァターラ（大乗法界無差別論）　380
マハーラージャカニカレーカ　383
マンガラ・スッタ　191
マンガラディーパニー　191
マンジュシュリー・ナーマ・サンギーティ　395, 396, 407

† ミ

未曾有経　354
妙法蓮華経　⇒法華経
ミリンダ・パンハ（ミリンダ王の問い）　75, 158, 330, 578
弥勒下生成仏経　349
弥勒大成仏経　349
弥勒菩薩所問本願経　350

669

† ム

ムーラサーサナ　175, 191
無常経　355
無量義経　362
無量寿経　159, 365, 438, 615

† モ

文殊師利根本儀軌経（マンジュシュリームーラカルパ）　141, 147, 395, 596, 597, 604, 605
文殊師利所説不思議仏境界経　349
文殊師利般涅槃経　349
文殊師利問菩提経　349
文殊般若経　57

† ヤ

薬師如来本願経　350
ヤマーリ（ヤマーンタカ）・タントラ　395

† ユ

唯識三十頌　135, 374, 376, 599
唯識二十論　135, 374
維摩経　120, 140, 141, 159, 234, 356, 420, 421, 431, 535, 578, 598
維摩経義疏　260
瑜伽師地論（ヨーガーチャーラブーミ）　134, 373, 374, 380, 386, 387

† ヨ

浴像功徳経　354

† ラ

ラーシュトラパーラ・パリプリッチャー（護国菩薩会）　119　⇌大宝積経
ラサヴァーヒニー　330
ラトナーヴァリー　⇌宝行王正論
ラムリム・チェンモ　⇌菩提道次第大論
ラリタヴィスタラ（方広大荘厳経）　62, 111, 183, 332, 333
ランカーヴァターラヴリッティ　382

† リ

リグ・ヴェーダ　575
龍樹菩薩勧誡王頌（スフリレーカ）　370, 383
楞伽経（ランカーヴァターラスートラ）　27, 138, 367, 368, 379, 392, 632, 644
量決択　⇌プラマーナヴィニシュチャヤ
量評釈　⇌プラマーナヴァールッティカ

† レ

蓮華面経　368

† ロ

ローカパンニャッティ　330
ローカプラジュニャプティ　332, 341
六十頌如理論　370
六趣輪廻経　361
六祖壇経　637, 638

# 事項その他

**† ア**

アーディブッダ（本初仏）　73, 146, 183, 392, 396
アーラヤ識　633　⇨阿頼耶識
アヴァンタカ学派　317
アヴァローキテーシュヴァラ　550　⇨観音（菩薩）
アクショーブヤ　⇨阿閦（仏・如来）
アグニ　575
アシュヴィン双神　350
阿閦（仏・如来）　73, 349, 365, 385, 392, 395, 396, 555, 600, 601, 603, 611
アプサラス　553, 554
アミターバ　⇨無量光（仏）
アミターユス　⇨無量寿（仏）
阿弥陀（仏・如来）　25, 28, 71―75, 159, 178, 215, 238, 266―268, 349, 350, 352, 365, 366, 369, 385, 386, 392, 395, 396, 434, 436―438, 513, 516, 517, 536, 539―541, 550, 555, 565, 566, 587, 600, 603, 614, 615, 639, 640　⇨無量光(仏), 無量寿(仏)
アモーガシッディ　⇨不空成就（仏・如来）
阿頼耶識　27, 135, 367, 368, 372, 373, 375, 379, 633
アルドクショー　214
アンコール・トム　183, 549
アンドラ派　317, 325, 326

**† イ**

一説部　316
印契（ムドラー）　147, 150, 400, 401, 406, 517, 640
印相（ムドラー）　265, 551, 555
インドラ　552, 563, 596

**† ウ**

ヴァイシェーシカ学派　382
ヴァイシュラヴァナ　⇨毘沙門天
ヴァイバーシカ　335　⇨毘婆沙師
ヴァジュラキーラ　525
ヴァジュラダラ　395, 552, 557　⇨持金剛（じこんごう）
ヴァジュラパーニ　⇨金剛手（菩薩）
ヴァジュラヤーナ　⇨金剛乗
ヴィシュヴァパーニ　603
ヴィシュヌ（神）　103, 153, 179, 349, 563, 564
ヴィシュヌ派　153
ヴィニータルチ派　194
ヴィパシュイン　69, 93
ウシュニーシャヴィジャヤー　⇨仏頂尊勝
ウシュニーシャシタータパトラー　⇨白傘蓋仏頂母（びゃくさんがいぶっちょうも）
ウシュニーシャラージャ　⇨仏頂尊勝母
有相唯識派　376
ウパサンパダー（具足戒）　465, 501
ウパニシャッド　55, 391, 403, 530, 531, 533, 575
ウポーサタ（布薩）　94, 95, 98, 465, 500―502
盂蘭盆会（ウッランバナ）　38, 357, 513

**† エ**

円融宗　247
円仏教（ウォンブルギョ）　42, 253

**† オ**

王山部　317, 321
飲光部　318, 321, 323, 329, 337, 464

## † カ

カーラチャクラ　525
開敷華王　392
戒律宗　247, 251
カギュー派　36, 299, 394, 448—450, 457, 625
カダム派　287, 292, 447, 450, 454, 456, 457
（カルマ）紅帽派　291, 299, 300, 301, 449, 456, 458
（カルマ）黒帽派　291, 299—301, 449
カルマ派　290, 292, 299, 300, 448, 449, 455—457
観世音菩薩　130, 431　⇌観音（菩薩）
観音（菩薩）　28, 37, 126, 177, 183, 238, 280, 350, 385, 521—524, 527, 550, 557, 586, 595—597, 603—606, 612—615

## † キ

義成部　317, 321
祇陀林寺派　317, 320, 470
吉祥天　246
曦陽山派　249
経量部　27, 134, 136, 284, 317, 323, 325, 331, 336, 340, 341, 374, 375
緊那羅　553, 554

## † ク

クシティガルバ　⇌地蔵（菩薩）
倶舎宗　261, 432
―――（中国）　338
―――（朝鮮）　245
倶生乗　141, 397　⇌サハジャヤーナ
グフヤサマージャ　525
クルクッラ学派　317

## † ケ

鶏胤部　316, 317, 324
華厳宗　31, 75, 247, 261, 262, 380, 432, 433
―――（中国）　27, 248, 425, 428, 636

化地部　107, 130, 134, 317, 323, 325, 326, 328, 337, 365, 464
ゲルク派（黄帽派）　35, 289, 291—293, 296, 300—302, 308, 405, 449, 452, 454, 523, 527, 614, 625
乾闥婆（ガンダルヴァ）　553, 554
賢胄部　317, 321
犍度部　61, 464
堅慧派　132, 135, 137

## † コ

洪州宗　249
広目天（ヴィルーパークシャ）　553
コーナカマナ　69
五戒（パンチャシーラ）　88, 98, 500, 532
虚空蔵菩薩　369, 604
国柱会　442
金剛薩埵　73, 142, 392, 395, 410, 608, 611, 613
金剛手（菩薩）　548, 552, 557, 596, 597, 603, 605, 607, 608, 610—614
金剛乗（ヴァジュラヤーナ）　14, 28, 35, 39, 141, 142, 360, 391, 426, 427, 444, 472, 520, 540, 547, 618—625, 640
根本説一切有部　176, 207, 318, 327, 328, 332, 337, 340, 444, 464, 472, 612

## † サ

サーダナ　⇌成就法（じょうじゅほう）
在家仏教協会　274
サキャ派　288, 289, 292, 293, 297, 299, 301, 302, 305, 308, 448, 450, 454, 455, 458, 625
左道密教（ヴァーマーチャーラ）　397
サハジャヤーナ　142, 145　⇌倶生乗
サマンタバドラ　⇌普賢（菩薩）
サラスヴァティー　597, 605　⇌弁才天
三聚浄戒　353, 591
三論宗　261, 338, 372, 432
―――（中国）　337, 423, 424
―――（朝鮮）　245

672

索引

## †シ

シヴァ（神）　179, 183, 214, 552, 604
シヴァ派（シヴァ教）　153, 177, 183, 610
持国天（ドリタラーシュトラ）　552
持金剛（ヴァジュラダラ）　395, 521, 524, 552, 608, 611, 613
四種三昧　517, 538
四聖諦　17, 90—92, 96, 325
地蔵（菩薩）　28, 37, 368, 369, 551, 565, 586, 604
シチェー派　292, 299, 300
十波羅蜜　125, 352, 588, 589
シャーマニズム　38, 262, 306, 520, 521, 560, 564, 565, 640
ジャイナ教　50, 55, 69, 84, 86, 153, 363, 575
シャル派　289, 454
シャン派　291, 300
十一面観音　551
十地　125, 360
十事の非法　340, 473
十善戒　352
シュエジン派　209
修験道　35
出世間部　111, 464
須弥山派　249
シュリーデーヴィー　524
上座部（テーラヴァーダ）　13, 14, 18, 23, 27, 58, 60, 63, 64, 70, 71, 75, 102, 103, 105, 107, 114, 124, 174, 176, 178, 184, 185, 190, 193, 194, 207, 316, 317, 320, 322, 324, 340, 344, 464, 468, 470, 472, 473, 488, 531, 533, 537, 577, 580, 582, 586
成実宗　261, 338, 432
―――（中国）　337, 338, 422
―――（朝鮮）　245
成就者（シッダ）　139, 149, 556, 618—625
成就法（サーダナ）　149, 395, 410, 620
浄土教　35, 238, 350, 364—366, 427, 429, 440, 516, 539, 640
聖徳宗　262
浄土宗　268, 365, 434, 437, 439, 510
浄土真宗　268, 354, 365, 434, 437, 441, 442, 515, 517, 639
正量部　176, 178, 207, 317, 321, 322, 324—326, 332, 337, 464
摂論宗　376
真言　149, 150, 517, 640　⇌マントラ
真言宗　28, 35, 73, 74, 263, 265, 338, 394, 400, 402, 433—435, 439, 510, 517, 518, 539, 540, 567, 625, 641
真言律宗　338
真宗大谷派　252

## †ス

スヴァータントリカ（派）　133, 137, 159, 377, 378
スカンダ　563
スカンダカ　⇌犍度部（けんどぶ）

## †セ

西山住部　317, 321
制多山部　316, 317
青年仏教連盟（YMBA）　200, 204
世界教会会議（WCC）　204
世界仏教者サンガ会議（WBSC）　472
世界仏教連盟（WFB）　204
説一切有部　13, 14, 24, 27, 60, 102, 107, 109, 111, 114—116, 118, 121, 124, 130, 134, 157, 176, 178, 207, 216, 217, 220, 221, 245, 284, 317, 318, 321—329, 331—333, 335—337, 340, 375, 420, 446, 457, 464, 586
説仮部　121, 317, 324
説出世部　316, 319, 321, 323, 324, 328, 329, 332
雪山部　318
説転部　317, 323
善財童子　364, 401
善歳部　323　⇌飲光部
禅（禅宗）　34, 236, 238, 239, 266, 268,

673

424, 428, 439, 510, 517, 539, 541, 637, 639
千手千眼観音　551
禅門九山　249, 250

† ソ

創価学会　43, 271, 274, 442, 567
曹渓宗（チョゲサ）　250, 251, 253
増長天（ヴィルーダカ）　553
曹洞宗　252, 269, 270, 434, 437, 439, 440, 536, 537, 639
———（中国）　440
———（朝鮮）　249, 252
ゾクチェン　282, 284, 286, 290, 294, 295, 296, 299, 301, 453
ゾロアスター教　368, 520, 601

† タ

ダーキニー　403, 449, 553
ターラー（菩薩）　38, 521, 524, 553, 604—606, 609, 612, 613
第一結集　51, 92, 101, 108
大黒天（マハーカーラ）　553
太古宗（テーゴジョン）　253
第三結集　108, 469
大自在天（マヘーシュヴァラ）　552
大寺派　317, 320, 330, 331, 464, 542
帝釈天　246
大衆部　18, 105, 107, 115, 118, 121, 176, 316, 319, 320—326, 328, 329, 332, 336, 340, 357, 370, 464, 473, 580, 584
大乗上座部　319, 352
大勢至菩薩（マハースターマプラープタ）　550
大天の五事　107, 158, 322, 340, 473
第二結集　18, 51, 61, 95, 101, 102, 105, 106, 108, 316, 468
大日如来　143, 144, 400, 435, 549, 641
大毘盧遮那（仏）　75, 143, 611
大部派　471
大目犍連　568
第四結集　24, 109, 158

タクルン派　449
タターガタガルバ　⇌如来蔵
タターガタローチャナー　604
多聞部　317, 321, 324, 332, 336
ダライラマ　35, 44, 280, 293, 308, 448, 449, 458, 521, 522, 524, 527, 614
陀羅尼（ダーラニー）　25, 140, 392, 435, 517
タンカ　72, 553, 555
タントラ　14, 28, 30, 36, 138, 139, 141, 144, 146—148, 155, 159, 264, 279, 285, 298, 302, 391, 393—400, 406, 412, 525—527, 610, 613, 615
タンマユット　198, 199, 208, 335

† チ

チャクラサンヴァラ　525, 614
チャンダマハーローシャナ　611　⇌不動明王
チュー派　292
中観派　13, 27, 132—135, 137, 144, 152, 159, 237, 261, 284, 337, 370—372, 375, 377, 378, 386, 397, 412, 631, 632, 644
チョナン派　291, 299—301, 453, 454, 456, 458

† ツ

ツェル派　291, 299, 301, 449, 455
ツダンマ派　209

† テ

テーラヴァーダ　320, 325—331, 333, 334, 336, 339, 340, 510, 582　⇌上座部
ディーパンカラ　70　⇌燃灯仏
ディグン派　293, 295, 299, 301, 449, 450, 455, 458
ディヤーニ・ブッダ　392, 600
天鼓雷音　392
天台宗　35, 263—265, 270, 362, 379, 433—436, 438, 439, 517, 538, 539, 567, 592
———（中国）　27, 238, 245, 424, 425, 428, 636

索　引

────（朝鮮）　249, 251

† ト

ドーハー　290, 412, 624
道果説（ラムデー）　288
ドゥク派　291, 299, 449, 450
東山宗　424
道次第（ラムリム）　290, 293
東山住部　118, 317, 321, 324, 325, 357
犢子部　176, 207, 317, 322, 325—327, 332, 336

† ナ

ナーローの六法　289, 394, 525
ナッ（nats）　37, 563
南山律（南山宗）　261, 426, 427, 429, 432

† ニ

日蓮宗　43, 252, 434, 437, 438, 442, 517, 541, 567
日蓮仏教　266, 267, 270, 271　⇌日蓮宗
ニヤーヤ学派　136, 370, 380, 382
如来蔵（タターガタガルバ）　27, 77, 135, 136, 144, 300, 368, 379, 458, 632
ニンマ派（古派）　36, 74, 282, 285, 286, 289, 293, 295—297, 301, 302, 450—453, 456, 457, 520, 611, 625

† ネ

涅槃宗　245, 247, 422
燃灯仏（ディーパンカラ）　583, 597, 600

† ノ

ノル派　454

† ハ

バイシャジュヤグル　⇌薬師（仏・如来）
バイシャジュヤラージャ　⇌薬王（菩薩）
パーリ聖典協会　157
パーンダラヴァーシニー（白衣明妃）　604, 609
白雲教　566

パクモドゥ派　299, 300, 458
ハヤグリーヴァ　521, 525, 527
波羅提木叉　464, 465, 468, 472, 504　⇌プラーティモークシャ
バラモン教　148, 173—175, 179, 189, 192, 193, 195, 383, 391
パンチェンラマ　74, 449, 458, 614
般若仏母（プラジュニャーパーラミター）　604, 605

† ヒ

ピー（phī）　37, 563, 567
毘沙門天（ヴァイシュラヴァナ；多聞天）　552
毘曇宗　422
毘婆沙師　331
白衣明妃　⇌パーンダラヴァーシニー
白傘蓋仏頂母　605
白蓮教　566
譬喩師　317, 323
毘盧遮那　392, 395, 396, 602, 603, 607, 610　⇌大毘盧遮那仏, 大日如来
毘盧遮那仏　73, 178, 179, 183, 261, 363, 599
ビルマ人団体総評議会（GCBA）　200
ヒンドゥー教　17, 22, 28, 31, 38, 84, 93, 103, 117, 118, 121, 132, 138, 146, 148, 153—156, 173, 179, 180, 184, 194, 339, 345, 552, 553, 596, 614

† フ

不空成就（仏・如来）　73, 392, 395, 602, 603
普賢（菩薩）　349, 551, 587, 611
布薩　355, 464, 465, 473　⇌ウポーサタ
仏教協会（Buddhist Society）　157
仏教教義会議（Buddhist Sasana Council）　201
仏教の友（Amis du Bouddhisme）　157
仏教論理学　136, 380
仏眼仏母　604
仏頂尊勝　524

675

仏頂尊勝母　604
不動明王　611
プラーサンギカ(派)　133, 159, 377, 378
プラーティモークシャ　88, 93―96, 98, 99, 129, 464, 591　⇒波羅提木叉
ブラフマー(神)　552, 556, 596
プリティヴィー　368
ブルクティ　604
分別説部　317, 318, 320

† ヘ

ヘーヴァジュラ　525, 611
ヘールカ　392, 395, 611
弁才天(サラスヴァティー)　363

† ホ

宝生(仏・如来)　392, 395, 401, 602, 603
法上部　317, 321
法相応部派　471
法蔵部　107, 118, 158, 178, 216, 317, 321, 323, 325, 326, 328, 329, 337, 338, 421, 464, 472, 592
法蔵菩薩(法蔵比丘)　364, 365, 587, 603, 615, 639, 640
宝幢　392
法性宗　247
法相宗　261, 262, 376, 432, 433
―――(中国)　248, 338, 376, 428
―――(朝鮮)　247
保唐宗　249
ボロブドゥール　182―184, 363, 394, 549
ボン教(ボン教)　28, 282, 289, 298, 450―453, 456, 457, 520, 521, 526, 540, 562, 640
本地垂迹(説)　265, 563
本門仏立講　442

† マ

マーマキー　609, 615
マーラ(悪魔)　548, 578, 601
埋蔵経典(テルマ)　294, 453
マイトレーヤ　546, 582　⇒弥勒(仏・菩薩)
マニ教　28, 219, 368, 566
マハーヴァイローチャナ　641　⇒大日如来, 大毘盧遮那(仏)
マハーヴィハーラ派　174, 187, 191, 193, 464　⇒大寺派
マハーカーラ　524, 553　⇒大黒天
マハーニカイ　208
マハーボーディ協会　156
マハームドラー(大印契)　290, 394
マヘーシュヴァラ　⇒大自在天
マンジュシュリー　⇒文殊(菩薩)
マントラ　140, 147, 177, 264, 265, 391, 400, 561　⇒真言

† ミ

ミーマーンサー学派　382
密林山部　317
弥勒(仏・菩薩)　25, 28, 70, 71, 74, 126, 215, 246, 330, 349, 350, 373, 385, 503, 550, 556, 565, 582, 586, 594, 595, 600, 606, 612, 615
弥勒教　566

† ム

無為教　566
無畏山寺派　317, 320, 330, 332, 464, 470, 542
無相唯識派　375, 377, 379
ムドラー　⇒印契, 印相
無量光(仏)　25, 364, 393, 600　⇒阿弥陀(仏・如来)
無量寿(仏)　364―366, 393, 535, 600　⇒阿弥陀(仏・如来)

† モ

文殊(菩薩)　28, 37, 126, 177, 178, 300, 349, 355, 385, 521, 524, 551, 586, 597, 603―606, 612, 614

† ヤ

薬王(菩薩)　350, 603

# 索　引

薬師（仏・如来）　28, 72, 74, 350, 385, 603
ヤマーンタカ　521, 525

### †ユ

唯識派　13, 135, 372, 375, 376, 631
瑜伽行（自立論証）中観派　142, 281, 282
瑜伽行派　27, 75, 132, 134, 135, 137, 138, 144, 149, 238, 247, 261, 284, 360, 367, 372, 374—379, 397, 426, 454, 632, 633, 636, 644

### †ラ

羅教　566
ラトナサンバヴァ　⇒宝生（仏・如来）
ラトナパーニ（宝手菩薩）　603, 604
ラマ教　240, 287

### †リ

律宗　261, 262, 338, 432, 433

立正佼成会　271, 274, 442, 567
臨済宗　269, 434, 437, 439, 440, 536, 537
───（朝鮮）　249

### †レ

霊友会　42, 271, 274, 442
蓮華手（菩薩）　596, 604, 612
蓮華尊如来（ブッダ・パドモーッタラ）　349
連合仏教協会（United Buddhist Association）　201

### †ロ

ローケーシュヴァラ　173, 192, 551, 604　⇒観音（菩薩）
ローチャナー　609, 615　⇒タターガタ・ローチャナー
六波羅蜜　352, 359, 514, 588　⇒十波羅蜜（じっぱらみつ）

## 監修者・編訳者・翻訳者の紹介

〈監修者〉

### 中村 元(なかむら はじめ)

1912年島根県生まれ。文学博士。東京大学名誉教授・日本学士院会員・東方学院長・比較思想学会名誉会長。文化勲章受章。勲一等瑞宝章受章。1999年逝去。グローバルな視点から壮大な比較思想研究を行ない，海外の主要大学でも客員教授を歴任された国際的にも著名なインド学・仏教学の泰斗。著書に『インド思想史』『初期ヴェーダーンタ哲学史（全4巻）』（岩波書店），『中村元選集〔決定版〕（全32巻／別巻8巻）』『構造倫理講座（全3巻）』（春秋社），『広説佛教語大辞典（全4巻）』『比較思想事典』『現代語訳大乗仏典（全6巻）』（東京書籍），『論理の構造（全2巻）』（青土社）など多数。

〈編訳者〉

### 木村 清孝(きむら きよたか)

1940年熊本県生まれ。東京大学大学院修士課程（印度哲学）修了。東京大学名誉教授・国際仏教学大学院大学教授・放送大学客員教授。文学博士。著書に『初期中国華厳思想の研究』『東アジア仏教思想の基礎構造』（春秋社），『中国仏教思想史』（世界聖典刊行協会），『華厳経』（筑摩書房），『華厳経をよむ』，『ブッダの世界』（共著，日本放送出版協会）など多数。

### 末木 文美士(すえき ふみひこ)

1949年山梨県生まれ。東京大学大学院修士課程（印度哲学）修了。東京大学大学院人文社会系研究科・文学部教授。博士（文学）。著書に『日本仏教思想史論考』（大蔵出版），『仏教—言葉の思想史』（岩波書店），『日本仏教史—思想史としてのアプローチ』（新潮社），『鎌倉仏教形成論』（法藏館），『近代日本の思想・再考』（トランスビュー）など多数。

### 竹村 牧男(たけむら まきお)

1948年東京都生まれ。東京大学大学院修士課程（印度哲学）修了。東洋大学文学部教授。博士（文学）。著書に『唯識三性説の研究』『唯識の探求』『華厳とは何か』（春秋社），『親鸞と一遍』（法藏館），『大乗仏教入門』（佼成出版社），『西田幾多郎と仏教』『西田幾多郎と鈴木大拙』『般若心経を読みとく』（大東出版社），『インド仏教の歴史』（講談社学術文庫）など多数。

〈原著ならびに日本語版執筆者〉

田丸　徳善（第8章）東京大学名誉教授・大正大学名誉教授

荒木　美智雄（第15章）筑波大学名誉教授・国士舘大学教授；Ph.D.

〈翻訳者〉

浅野　守信（第11, 25章）：國學院大學非常勤講師

石上　和敬（第4章）：武蔵野大学通信教育部専任講師

岩城　英規（第6, 7章）：（財）東方研究会研究員・学習院大学非常勤講師

上田　昇（第3章）：目白大学人文学部教授；博士（文学）

岸根　敏幸（第5, 29章）：福岡大学人文学部教授；博士（文学）

久間　泰賢（第2章）：三重大学人文学部助教授；Ph.D.

髙橋　堯英（第12章）：立正大学仏教学部教授；Ph.D.

種村　隆元（第13, 27章）：東京大学大学院人文社会系研究科助手；Ph.D.

奈良　修一（第19, 24章）：財団法人　東方研究会　研究員

西本　照真（第1章）：武蔵野大学人間関係学部教授；博士（文学）

堀内　伸二（第14, 20, 26章）：財団法人　東方研究会　主事・研究員

蓑輪　顕量（第17, 18, 23章）：愛知学院大学文学部教授；博士（文学）

山口　務（第22, 28章）：東方学院〔関西支部〕講師

吉水　千鶴子（第9, 10, 16, 21章）
：筑波大学人文社会科学研究科専任講師；Ph.D.

（五十音順）

### エリアーデ仏教事典

2005年10月15日　初版第1刷発行

| 監修者 | 中村　元 |
|---|---|
| 編訳者 | 木村清孝・末木文美士・竹村牧男 |
| 発行者 | 西村七兵衛 |
| 発行所 | 株式会社　法藏館 |

京都市下京区正面烏丸東入
郵便番号　600-8153
電話　075-343-0030（編集）
　　　075-343-5656（営業）

装　幀　　上田晃郷

印刷・製本　亜細亜印刷株式会社

© K. KIMURA, F. SUEKI, M. TAKEMURA 2005
ISBN 4-8318-7030-7 C3515　*Printed in Japan*

R 本書の無断複写（コピー）は、著作権上法での例外を除いて禁止されています。複写をご希望される場合は、日本複写権センター（Tel. 03-3401-2382）にご連絡ください。